蘭汀 南廣祐 文集 I

國語學과 國語教育

韓國語文教育研究會

도서출판 월인

刊行辭

사람은 어느 누구나 無限한 可能性을 지니고 태어납니다. 그럼에도 不拘하고 우리 주변에는 한 평생을 거저 뜻없이 살다가 生을 마감하는 분들이 많습니다.

그러나 蘭汀 南廣祐 先生께서는 남달리 뛰어난 天賦의 才能을 지니고 태어나신데다가, 萬事에 積極的이고 推進力이 强하였으므로 당신께서 세워 놓은 目標達成을 위하여 平生 동안 조금도 흔들림이 없이 一路邁進하셨습니다.

그리하여 1969年에 漢字敎育을 통한 國語敎育의 正常化를 推進하고자 一石 李熙昇 先生과 함께 결성하신 韓國語文敎育硏究會의 國語運動과 硏究活動을 盤石위에 올려놓으셨고, 漢字敎育을 振興시키기 위하여 韓國漢字能力檢定會를 設立하셨으며 이들 두 團體의 活動을 確固不動하게 뒷받침하고자 社團法人 韓國語文會를 조직하셨습니다.

선생은 國語運動家이면서 國語學者이었으며 漢字音 專攻學者이면서도 國語史 硏究에 必須的인 귀중한 語彙資料를 心血을 기울여 整理하셨습니다.

8·15 光復後 우리나라 學界를 主導해 온 한 분으로서 國語國文學會, 國語學會 등 여러 硏究團體 成立에 中樞的 구실을 하셨을 뿐만 아니라 學問的 著述에도 精進하여 많은 量의 業績을 남기셨습니다. 先生의 글은 모든 글이 理路整然하고 論證이 精緻하여 學界에 크게 貢獻하셨습니다.

이에 本會에서는 先生의 10週忌를 맞이하여 先生의 不朽의 學問的 業績을 길이 기리기 위하여 『蘭汀 南廣祐 文集』을 上梓하였습니다. 應當 先生의 모든 글들을 한자리에 모으는 作業이 進行되어야 할 것이나, 이번에는 우선 國語學, 國語敎育, 國語政策, 漢字語 그리고 漢字政策에 관련한 글들을 우선 모았습니다.

여러 論文集에 실린 논문들을 모아보자는 작업의 趣旨에 따라 이미 單行本으로 정리된 논문들은 이번 작업의 對象에서 除外하였습니다만, 이번에 간행되는 『蘭汀 南廣祐 文集』이 온 국민과 世界各國 韓國學硏究家의 必讀 參考文獻이 될 것으로 믿는 바입니다.

2007年 11月 30日

社團法人 韓國語文會 第4代 理事長 姜信沆 사룀

차례

國語敎育

國語國文學

國語國文學은 어디까지 왔나

1

우리 文化史上 찬연히 빛날 世宗大王의 訓民正音 창제는 이미 15C에 우리의 국어학이 고도로 발달했었음을 입증하는 것이다. 西歐의 實證的 言語學이 17C에 발달하기 시작하였음을 생각하면 2百여년을 앞서고 있다 할 것이다.

이 訓民正音의 창제는 중국의 聲韻學을 소화한 결정이라 할 것이나 그 후 쇠퇴의 길을 걷다가 崔世珍, 申景濬, 柳僖. 등 몇, 업적을 남긴 이가 있으나 국어학에서 西歐思潮의 수입과 함께 국어에 대한 새로운 인식을 가지게 된 것은 甲午更張 전후해서의 일이다.

西歐宣敎師들이 宣敎사업의 필요에서 우리 국어에 대한 관심을 갖게 되었고 辭典의 편찬, 文法書의 출현이나 국어系統, 國字에 대한 관심을 보였으니 이것이 뒤에 國內外學者에게도 영향을 끼쳤음은 물론이다.

국어에 대한 새로운 認識은 우리말의 科學的인 연구를 싹트게 하고 이러한 社會的 新機運은 國立國語硏究所를 낳게 하였는데 그것은 1千9百7년의 일이다. 이 연구소에서는 池錫永의 新訂國文에서 提起된 문제와 국어의 表記法문제 등을 토의하였었다.

以後 1千9百30年代까지에는 學術總覽 제1집 國語國文學篇(學

術院刊行)을 보면 60여편의 論文中 文字와 綴字에 관한 것이 35편정도, 文法 4,音韻 3,그 밖의 것 20편정도다. 單行本에 있어서는 40여책中 文法 28,文字와 綴字 4,音聲 音韻 4다. 이 시기의 人物로 가장 후에 영향을 끼친 이가 周時經이라 할 것이다. 「國語文典音學」, 「朝鮮語文法」, 「말의 소리」와 같은 著書가 있고 그의 이른바 순우리말식 造語에 의한 文法術語 「임(名詞), 움(動詞), 기난갈(品詞論)」 따위는 崔鉉培 등에 이어지고 아직은 餘脈을 유지하고 있는 것이다.

兪吉濬의 大韓文典은 西洋文法의 지식과 그 영향을 받은 초기의 日本文法의 知識, 그리고 종래의 국어학적 지식이 혼합된 것이다. 이는 국어문법의 嚆矢로서 그 意義가 크며 8次나 改稿한 것으로 先驅的인 공로를 높이 평가해야 할 것이다.

이 시기에 日人의 연구는 政治的 目的에서 비롯된 것이라 하겠는데 金澤庄三郞의 日韓兩國語同系論, 前間恭作의 龍歌故語箋, 麗言攷, 小倉進平의 朝鮮語學史, 鄕歌及び吏讀の硏究 등이 중요한 업적이라 하겠다.

2

1千9百31년 1월에 朝鮮語硏究會(1千9百21년 12월 周時經의 제자와 그 영향을 받은 이들로 조직)가 朝鮮語學會로 改稱되었는데 이 학회에서 朝鮮語綴字法統一案(33년), 사정한 조선어 표준어 모음(36년), 外來語表記法(40년을 制定하고 한편 국어사전 편찬사업은 朝鮮語辭典編纂會를 조직(29년), 조판(40년)까지 하게 되었으나 학회 受難事件으로 중단되었다.

이 朝鮮語學會의 기관지인 「한글」은 32년 5월 제1권 제1호에 이어 42년 5월까지 通卷 93호를 냈는데 이 학회의 국어통일사업들과 밀접한 관계를 가진 논문들이 대부분이나 한편 국어의 通時的인 문제가 提起되고 書誌學, 音韻論, 形態論, 語彙의 문제가 논급되었다. 筆陣은 李克魯, 崔鉉培, 李熙昇, 金允經 등이었다.

朴勝彬을 중심으로 31년 12월 조직된 朝鮮語硏究會는 朝鮮語學會와 正面으로 대립하는 처지에 서서 朝鮮語綴字法統一案에 대한 맹렬한 비판을 하였다. 34년 2월부터는 「正音」을 기관지로 내면서 統一案에 대한 반대理論을 전개하였는데 統一案이 表意性을 많이 고려한데 반해 傳統的 表記法을 존중하고 表音主義를 내세웠다.

이 두 단체와는 별도로 31년에 京城帝大 朝鮮語文學科를 중심으로 한 同人들이 모여 朝鮮語文學會를 조직하고 朝鮮語文學報를 창간하여 순수한 학문적 입장에서 국어의 諸問題를 연구하고자 하였다. 국어학의 新機運은 여기서부터 싹트게 되었다 하겠는데 李熙昇, 李崇寧, 方鍾鉉 등이 主要筆陣이었다.

이들 학회의 機關誌밖에 震檀學報나 雜誌 등에 국어국문학관계의 논문들이 약간씩 실려 나왔다. 국어학관계는 앞에서 學論된 세 학회의 筆陣들의 것, 국문학관계로는 崔南善, 李秉岐, 趙潤濟 등의 것이 主였다.

이 시기의 비중이 큰 論著로는 다음과 같은 것들이 있다.

朴勝彬 朝鮮語學講義要旨 (31년), 朝鮮語學 (35)
崔鉉培 우리말본 (37), 한글갈 (42)
金允經 朝鮮文字及語學史 (35)
梁柱東 朝鮮古歌硏究 (43)
小倉進平 朝鮮語方言硏究 (44)
河野六郎 朝鮮方言學試攷 (45)
G. J. Ramstedt Korean Grammar (39)
安自山 朝鮮文學史 (26)
金台俊 朝鮮漢文學史 (31)
趙潤濟 朝鮮詩歌史綱 (37)
文世榮 朝鮮語辭典 (38)
方鍾鉉・金思燁 俗語大辭典 (40)

3

8·15光復으로 우리말과 글을 되찾게 되었고 朝鮮語學會는 會員의 出獄과 함께 再建, 그 후 한글학회라 改稱하였다.

해방직후 이 학회는 국어정화운동과 국어교육의 당면과제를 해결하는데 앞장섰고 한글專用法案의 통과, 한글專用방향의 교육으로 이끌어 나갔다. 그 主導人物은 崔鉉培였다. 맞춤법 簡素化案반대, 중·고등학교 문법술어를 이름씨, 움직씨, 임자말 따위 이른바 순우리말식으로 고집하기도 하였다.

29년에 조직되었던 朝鮮語辭典編纂會에서 시작했던 辭典편찬은 迂餘曲折 끝에 57년에서야 完刊을 보게 되었다.

이 학회의 기관지 「한글」은 속간되어 현재 1백47호까지가 나온 바 해방후 5편 이상의 論文筆者는 金亨奎, 金敏洙, 李崇寧, 南廣祐, 李鐸, 崔鉉培, 崔鶴根, 許雄 등이다.

이 학회는 현재 한글專用 실현을 위해 앞장서는 한편 국어조사연구위원회의 중추가 되어 한글맞춤법통일안의 修正문제와 표준말再査定문제에 주력하고 있다.

52년에 발족한 국어국문학회는 해방후 大學을 卒業한 新進學徒들의 모임으로 기관지 「국어국문학」 발간, 全國國語國文學硏究發表大會와 월례硏究發表를 계속해 왔다. 현재까지 52호의 會誌가 나왔고 14회의 全國大會, 92회의 月例발표를 했다. 近 4百名의 會員으로 大學教授·講師들이 주축을 이루고 있다.

「국어국문학」誌에 5편이상의 論文을 寄稿한 이는 許雄, 金敏洙, 李崇寧, 南廣祐, 崔鶴根(이상 국어학) 金東旭, 李泰極, 張德順, 李家源, 李能雨, 金起東, 金一根, 丁奎福, 黃浿江(이상 국문학) 등이다.

이 밖에도 국어학회 韓國語文學會(在大邱) 등의 學會活動이 있으며 震檀學報. 東方學志 亞細亞硏究 各大學校의 人文科學系統의 論文集이나 學術院論文集, 崔鉉培, 李熙昇, 李秉岐, 梁柱東, 趙潤濟, 李崇寧 등 元老學者들의 回甲, 頌壽紀念論文集 등에는

앞에 들어보인 筆陣밖에도 方鍾鉉, 鄭寅承, 劉昌惇, 李基文, 朴炳采, 朴昌海, 兪昌均, 姜信沆, 李東林, 安秉禧, 金完鎭, 鄭然粲, 李承旭(以上 국어학), 金思燁, 池憲英, 梁在淵, 鄭炳昱, 朴晟義, 鄭鉒東, 李丙疇, 徐首生 등의 論文이 있다.

4

한편 이 시기에 들어와 單行本으로 된 論著가 해방 전에 比해 많이 刊行되었는데 다음과 같다.

國語學槪論

金亨奎 國語學槪論 49 4・6版 2百53面
改訂 〃 62 A5版 2百72面
李珍模 國語學槪論 53 菊版 2百99面
李崇寧 國語學槪說 54 4・6版 1百80面
李熙昇 國語學槪說 55 菊版 4백58面
金敏洙 新國語學 64 菊版 3百76面
語文學硏究會 國語學槪論 65 菊版 3百7面
姜馥樹外 5人共著 國語學槪論 66 菊版 2百88面

國語史

金亨奎 國語史 55 菊版 4百61面
國語史硏究 62 A5版 3百71面
劉昌惇 國語變遷史 61 A5版 3百54面
李朝國語史硏究 64 菊版 4百23面
語彙史硏究 71 菊版 5百14面
李基文 國語史槪說 61 A5版 1百85面

國語學史

洪起文 正音發達史 上下 46

方鍾鉉 訓民正音通史 48 4・6版 2百20面
兪昌均 國語學史 59 菊版 4百52面
新稿國語學史 69 菊版 3百7面
兪昌均・姜信沆 國語學史 69 菊版 1百98面
崔鉉培 고친 한글갈 61 菊版 7百10面
金允經 새로지은 국어학사 63 菊版 4百8面
小倉進平・河野六郎 補注 增訂 朝鮮語學史 64 菊版 6百77面 +51+14+2百35面+2
金敏洙 新國語學史 64 菊版 4百24面+24
高大民硏 言語・文學史(韓國文化史大系) 67 菊版 1千3百45面

音韻・音聲論

李克魯 實驗圖解朝鮮語音聲學 47 菊版 52面
李崇寧 朝鮮語音韻論硏究・音攷 49 菊版 5百95面
兪昌均 國語音韻論新講 62 菊版 2百31面
許 雄 國語音韻學 65 菊版 5百52面
黃希榮 韻律硏究 69 菊版 2百96面
金完鎭 國語音韻體系의 硏究 71 菊版 2百46面

表記法・文法

洪起文 朝鮮文法硏究 47 4・6版 4百20面
李熙昇 한글맞춤법통일안강의 47, 53, 59 3百57面
金敏洙 國語文法論硏究 60 4・6倍版 3百92面
國語文法論 菊版 4百11面
李崇寧 中世國語文法 61 菊版 3百75面
최현배 한글바로적기공부 61 4・6版 2百87面
한글만쓰기의 주장 70 菊版 2百93面
金根洙 現代文法論小考 62 菊版 1百18面
李基文 國語表記法의 歷史的硏究 63 菊版 1百65面+23面
開化期의 國文硏究 70 菊版 1百18面, 國文硏究報告

書影印
鄭暻海 綴字法改正의 原理 65 菊版 2百64面
許　雄 옛 말 본 70 菊版 1百89面
南廣祐 現代國語國字의 諸問題 70 菊版 3百22面
국어정서법안 71 4·6版 36面
金錫得 국어구조론 71 菊版 1百13面

方言學

石宙明 濟州道方言集 47 菊版 1百88面
崔鶴根 國語方言學序說 59 菊版 4百18面
全羅南道方言研究 62 菊版 3百81面
崔鶴根外 6人共著 國語方言學 71
玄平孝 濟州道方言研究第1輯資料篇 62 菊版 5百59面

漢字音

南廣祐 東國正韻式漢字音研究 66 菊版 3百20面
朝鮮(李朝)漢字音研究 69 4·6倍版 1百90面
兪昌均 東國正韻研究 66 菊版 5百86面, 復原篇
河野六郎 朝鮮漢字音の研究 68 菊版 2百8面+2百40面
李東林 東國正韻研究 70 4·6倍版 4百52面, 在構篇

語源·意味論

G. J. Ramstedt Studies in Korean Etymology 49 菊版 2百83面
李乙煥·李庸周 國語意味論 64 菊版 2百75面
千時權·金宗澤 國語意味論 71 菊版 3百98面

註釋·國語教育

梁柱東 麗謠箋注 46 菊版 4百36面+27面
池憲英 鄉歌麗謠 47 4·6版 1百28面

李秉岐 註解恨中錄 47 4・6版 1百65面
校註意幽堂日記 48 4・6版 82面
編註近朝內簡選 48 4・6版 1百2面
選解要路院夜話記 49 4・6版 1百75面
方鍾鉉 松江歌辭註 48 3・6版 1百3面
古時調精解 49 4・6版 3百57面
申瑛澈 古時調新釋 48 4・6版 2百66面
校註 蘆溪歌集 48 3・6版 1百15面
金三不 校註 海東歌謠 50 4・6版 1百37面+1百23面
校註 裵裨將傳 雍固執傳 50 4・6版 1百11面
金思燁 校註 春香傳 52 4・6版 2百29面
校註・解題 春香傳 62 4・6版 2百20面+1百6面
李家源 詳註 金鰲新話 53 4・6版 1百52面
校註 九雲夢 55 菊版 3百35面+44面
金亨奎 古歌註釋 55 菊版 4百33面
朴晟義 註解 松江歌辭 56 4・6版 2-4面
蘆溪歌辭通解 57 4・6版 2百4面
註釋 孤山詩歌 57 4・6版 1百72面
註 九雲夢・謝氏南征記 59 4・6版 2百72面
許　雄 註解 龍飛御天歌 56 4・6版 3百52面
許雄・李江魯 註解 月印千江之曲上 62 菊版 1百80面
金聖培 新國語敎育論 57 菊版 3百55面
孫洛範 校註 朴氏夫人傳 56 3・6版 1百74面
校註 興夫傳 57 菊版 1百91面
鄭鉒東・兪昌植 珍本靑丘永言 57 菊版 7百84面
金一根 校說 太平廣記諺解 57 菊版 58面+44面
金敏洙 註解 訓民正音 58 菊版 1百70面
李丙疇 杜詩諺解批注 56 菊版 5百80面
姜漢永 校註 癸丑日記 58 4・6版 2百52面
校註 春香歌 59 菊版 3百16面

李東林 註釋 釋譜詳節 59 菊版 2百54面
劉昌惇 古時調新解 59 4・6版 5百 58面
金聖培・朴魯春・李相寶・丁益燮 共著 註解 歌辭文學全集 61 菊版 5百74面
趙潤濟 註 春香傳 62 4・6版 2百74面
全圭泰 高麗歌謠註解 68 4・6版 2百 55面
全在昊 杜詩諺解論釋 68 菊版 5百31面
朴炳采 高麗歌謠語釋研究 68 菊版 4百11面
李江魯 국어교육의 바른길 69 菊版 3百70面

國文學概論

高晶玉 國語國文學要綱 49 4・6版 4百66面+28面
우리어문학회 國文學概論 49 菊版 3百66面
李能雨 入門을 爲한 國文學概論 54 4・6版 1百64面
金起東 國文學概說 55 菊版 2百97面
趙潤濟 國文學概說 55 菊版 5百66面
梁濂奎 國文學概說 59 菊版 5百86面
張德順 國文學通論 60 菊版 4百47面+14面
李秉岐 國文學概論 61 菊版 2百50面
金東旭 國文學概說 61 菊版 2百12面+6面
李在徹 兒童文學概論 67 菊版 4百74面

國文學史

權相老 朝鮮文學史 47 菊版 2百48面
具滋均 朝鮮平民文學史 48 4・6版 1百35面
우리어문학회 國文學史 48 4・6版 1百68面+5面
白 鐵 朝鮮新文學思潮史 48 4・6版 4百19面
〃 (現代篇) 49 4・6版 4百13面
李明善 韓國文學史 48 4・6版 1百53面
金思燁 朝鮮文學史 48 4・6版 3百57面

改稿國文學史 54 菊版 5百86面
趙潤濟 國文學史 49 菊版 4百95面+ 32面
韓國文學史 63 菊版 6百4面+ 32面
李秉岐・白鐵 國文學全史 57 菊版 5百57面+ 32面
文璇奎 韓國漢文學史 61 菊版 2百98面
金俊榮 韓國古典文學史 71 菊版 4百52面

小 說

周王山 朝鮮古代小說史 50 4・6版 3百19面
金起東 韓國古代小說論 56 菊版 4百13面
李朝時代小說論 59 菊版 6百8面
朴晟義 韓國古代小說史 58 菊版 4百58面
九雲夢의 思想的背景研究 70 4・6版 87面
鄭鉒東 洪吉童傳研究 61 菊版 3百21面
古代小說論 66 菊版 3百76面
金東旭 春香傳研究 65 菊版 4百32面

詩 歌

趙潤濟 朝鮮詩歌의 研究 48 菊版 2百80面
韓國詩歌史綱改正版 54 菊版 4百53面+ 10面
安自山 時調詩學 49 4・6版 1百92面
高晶玉 朝鮮民謠研究 49 4・6版 5百21面+ 15面
金思燁 鄭松江研究 50 4・6版 4百33面
李朝時代의 歌謠研究 52 菊版 6百24面
松江歌辭 59 菊版 2百39面
李在秀 尹孤山研究 55 菊版 2百65面
韓國小說研究 4・6倍版
李能雨 理解를 위한 李朝時調史 56 菊版 2百60面
古詩歌論攷 66 菊版 5百22面
李秉岐 時調의 概說과 創作 57 4・6版 1百58面

李秉岐・辛夕汀 古今名詩調鑑賞 58 4・6版 2百52面
李泰極 時調概論 59 菊版 4百80面
　　　時調硏究論叢 65 菊版 4百55面
金東旭 韓國歌謠의 硏究 61 菊版 5百51面+9面
李相寶 改稿朴蘆溪硏究 62 菊版 2百63面
朴貞圭 靑丘永言硏究 62 4・6版 1百5面
金俊榮 鄕歌詳解 64 菊版 2百2面
金鍾雨 鄕歌文學論 71 4・6倍版 1百67面

論文集

李熙昇 朝鮮文學硏究抄 46 4・6版 1百5面
　　　朝鮮語學論攷 47 4・6版 2百72面
方鍾鉉 朝鮮文化叢說 47 4・6版 2百14面
　　　一簑國語學論集 63 菊版 5百96面
李克魯 國語學論叢 48 4・6版 1百22面
金思燁 俗談論 53 菊版 1百99面
鄭寅普 薝園國學散稿 55 菊版 3百29面
李　鐸 國語學論攷 58 菊版 3百92面
鄭炳昱 國文學散藁 59 菊版 4百39面+10面
鄭漢模 現代作家硏究 59 4・6版 2百48面
李崇寧 國語學論攷 60 菊版 4百4面
　　　國語造語論攷 61 菊版 4百62面+13面
　　　國語學論叢 66 4・6版 3百37面
梁柱東 國學硏究論攷 62 菊版 4百8面
南廣祐 國語學論文集 62 菊版 5百面
許　雄 中世國語硏究 63 菊版 3百81面
金允經 한결國語學論集 64 菊版 5百98面
白　鐵 韓國文學의 理論 64 4・6版 3百72面
金相善 新世代作家論 64 4・6版 3百43面
徐首生 國文學論攷 65 4・6版 3百71面

鄭鉒東 金時調研究 65
趙演鉉 韓國新文學考 66 4・6版 3百34面
姜信沆 韻解訓民正音研究 67 菊版 1百65面
朴晟義 韓國古典文學背景論 68
李丙疇 杜詩研究 70 4・6倍版 1百54面
金用淑 李朝女流文學 및 宮中風俗의 研究 70 菊版 4百99面
張德順 韓國說話文學研究 70
趙東一 敍事民謠研究 70
張德順外 共著 韓國文學의 諧謔 菊版 1百 83面
최현배 선생환갑기념논문집 54 菊版 5百90面
최현배 박사고희기념논문집 69 菊版 5百78面
一石 李熙昇先生頌壽紀念論叢 57 菊版 7百6面
无涯 梁柱東博士華誕紀念論文集 63 菊版 6百76面
陶南 趙潤濟博士回甲紀念論文集 菊版 6百35面
가람 李秉岐博士頌壽紀念集 66 菊版 6百 75面
蓮圃 異河潤先生華甲紀念論文集 66 菊版 4百47面
杏丁 李商憲先生回甲紀念論文集 68 菊版 5百65面
李崇寧博士頌壽紀念論叢 68 菊版 6百36面
한메 金永驥先生古稀紀念論文集 71 菊版 4百74面

辭典類

李允宰 표준조선말사전 47 菊版 1千4面
한글학회 큰사전 47-57 4・6倍版 3千6百84面
중사전 58 菊版 1千7百57面
柳　烈 현대학생우리말사전 50 4・6版 1千4百面
國語國文學會 국어새사전 58 4・6倍版 1千5面
申琦澈・申瑢澈 표준국어사전 58 4・6倍版 1千7百14面
金敏洙・洪雄善 새사전 59 菊版 1千3百4面
종합국어사전 68 포켓版 1千7百53面+ 40面
李熙昇 국어대사전 61 A5版 16+3千3百30面+1百17面

南廣祐外 3人 新撰國語大辭典 63 菊版 2千12面+1百16面
李崇寧 삼화학습국어사전 69 포켓版 1千6百10面
方鍾鉉 古語材料辭典前後集 47 4·6倍版 1百33面+1百94面
丁泰鎭·金炳濟 朝鮮古語方言辭典 4·6版 2百44面
鄭熙俊 朝鮮古語辭典 4·6版 5百12面
李常春 조선옛말사전 49 4·6版 6百86面
南廣祐 고어사전 60 4·6版 5百53面 6p活字
　　　補遺 63 4·6版 43面
　　　補訂古語辭典 71 5百97面+12面
李基文 俗談辭典 62 4·4版 7百11面
張泰鎭 韓國隱語辭典 63 3·6版 1百68面
劉昌惇 李朝語辭典 64 4·6版 8百30面
裵亮瑞 韓國外來語辭典 菊版 3百18面
崔常壽 國文學辭典 53 4·6版 3百19面
尹在天 國文學辭典 67 4·6版 3百38面

以上 극히 概括的으로 「國語國文學」, 오늘에 이르기까지를 훑어왔다. 4에서는 주로 學術總覽(66년)을 참고하였기로 그 이후 것에는 약간의 누락이 없지않아 있을 것이요, 특히 國文學分野는 필자의 分野밖이므로 더욱 그러한 疎漏點이 있을 것이다. 惠諒을 빌어둔다. 國語學分野는 拙稿 「國語學 60年」(語文論集 제6집, 中央大)을 참고하기 바란다.

〈『文耕大學報』 第30輯, 中央大學校 文科大學 學生會, 1972.〉

國語國文學會 30年의 回顧와 展望

우리말 韓國語는 알타이 共通語에서 갈려나온 것으로 新羅語가 基幹을 이루고 高句麗語의 要素도 섞여 이루어진 高麗시대의 국어가 오늘의 體制를 확립했다고 하는 견해가 있다. 그는 어떻든 그 우리말을 적을 수 있는 글자를 만들어 내지를 못하고는 漢字의 借用을 시작했다. 鄕歌의 표기례들이 그것이다. 그러다가 世宗때에 訓民正音을 창제한 것은 우리 文化史上 찬연히 빛날 一大 金字塔이라고 아니할 수 없다.

「訓民正音解例」에서 그 制定原理를 해설하고 한편 「龍飛御天歌」나 「釋譜詳節」을 짓게하여 그 實用을 시험했으며 「東國正韻」을 만들어 漢字音을 바로잡아 보려는 시도를 했다. (中略)

1894年(高宗 31) 甲午更張 후 우리말 우리글에 대한 自覺이 高調되었는데 兪吉濬은 美洲유학에서 돌아와 學部大臣으로 있으면서 바로 이해 "모든 法律과 命令을 모두 國文을 本을 삼고, 漢譯을 附하며, 或은 國漢文을 混用"하는 勅令을 發布케 했으며, 1895년에는 스스로 國漢文混用體로서 「西遊見聞」을 쓰는 한편 教科書도 國漢文混用體를 쓰는데 진력했다. '독닙신문'(1896), '뎨국신문'(1898)이 한글전용으로, '朝陽報'(1896), '皇城新聞'(1898), '大韓每日申報'(1906)들이 國漢文混用으로 나왔다.

이러한 時代的 機運에 따라 1907年(光武 11) 7월, 정부기관으로 學部안에 國文研究所가 설치되기에 이르렀다. 魚允迪・李能

和·周時經·權輔相·宋綺用·池錫永·李敏應·尹敦求 등이 위원이었는데 이들의 연구결과는 1909年 12月 28日에 학부에 제출되었다. 23회의 회의를 거듭하여 文法體系와 正書法의 확립이 당면목표였는데 오늘날의 正書法과 같은 原理에 도달해 있다.

한편 國文同式會(나중에 조선말모=朝鮮語文會), 池錫永의 國文研究會가 있었으나 1921년 12월 3일 朝鮮語研究會(1931년 1월 10일 朝鮮語學會로, 해방후 1949. 9. 5 한글학회)가 周時經의 제자들을 중심으로 발족했는데 그 목적을 "朝鮮語의 正確한 法理를 研究함"에 두었다. 國文研究所는 文字研究가 主였음에 比해 言語까지에 확대하겠다하여 발전적인 면을 보여주고 있다. 창립당시의 幹事長은 任璟宰(徽文校長), 幹事는 崔斗善(中央校長), 張志瑛(朝鮮日報 文化部長)이었다. 기관지 「한글」(申明均 主宰)이 1927年 2月에 창간되었고 朝鮮語綴字法統一案(1933. 10), 查定한 조선어표준말모음(1936. 10), 外來語表記法統一案(1941. 1) 등 업적을 남겼는데 1942年 10月 1日 조선어학회사건이 터져 會의 중심인물인 李克魯·崔鉉培·李熙昇·鄭寅承·丁泰鎭 등은 實刑宣告를 받고 獄苦를 치르기도 했으며 이 사건에서 李允宰·韓澄은 獄死하기도 했다. 한편, 이 朝鮮語學會의 새 철자법에 대해 반대론을 편 朴勝彬(高大 前身인 普專校長)을 중심으로 한 朝鮮語研究會가 1931年 12月 10日 발족되었는데 1934年 2月에는 기관지 「正音」을 내기 시작하여 한동안 활발한 움직임을 보였다.

1931年 7月에는 朝鮮語文學會가 京城帝大 朝鮮語文學科 출신의 同人會로 발족되어 조그마한 會報가 7호까지 나왔었고 1934年 5月에 李丙燾를 중심으로 한 震檀學會가 國學研究를 표방하고 창립되었ㅇ며 震檀學報가 나왔다.

1935年 4月 24日에는 국어音聲의 조직적인 연구를 위해 20여명이 모여 朝鮮音聲學會를 조직하고 幹事로 金尙鎔·異河潤·鄭寅燮을 선출하여 활동을 하기도 했다.

해방이 된후, 조선어학회사건으로 獄에 갇혔던 이들이 풀려나와 조선어학회(후에 한글학회)는 재건되고 「한글」도 속간되었다. 한편 1948年 6月 方鍾鉉 등 경성제대 조선어문학과 출신 7명에 의한 「우리어문학회」(전신은 國語教育硏究會)가 있어 공동연구를 하고 회지 「語文」도 작은 책자로 3호까지 나왔다.

「國語國文學」誌의 創刊(1952. 11. 1)

조국 광복의 기쁨도 잠시요, 동족상잔의 6·25가 터지자 한글학회도 우리어문학회도 그 활동이 중단된 채 피난살이에 허덕이고 있었다. 이런 어려운 與件下에서도 52年 9月 24日 釜山에 피난중이던 新銳 국어국문학도들이 科學的 방법에 의한 學問硏究를 표방하고 國語國文學誌를 내고자 첫 모임을 가졌는데 梁在淵·鄭炳昱·金東旭·李泰極·姜漢永·金敏洙 등 6명이었고 그 해 11月 1日 「國語國文學」誌 창간호가 4·6배판 16면으로 代表 梁在淵, 主宰 金敏洙의 이름으로 나오게 된 것이 후일 國語國文學會의 기관지가 된 것이다.

國語國文學會 창립(1952. 12. 14)

1948年 5月 29日 서울大 文理大 朝鮮語文學硏究會에서 발기한 제1회 全서울 各大學 朝鮮語文學硏究懇談會를 가진 일이 있는데 이때에 9개 大學(서울文理大·서울師大·高大·梨大·淑大·中大·東大·檀國大·成大)에서 45명의 학생이 모였었다. 6·25前까지 6회의 모임을 大學을 옮겨가며 가졌다. 이 모임 이후의 「國語國文學會」와 맥락이 닿는 것이 아닌가 생각되기도 한다. 한편 1952年 4月 6日 韓沽劤, 千寬宇, 金哲埈, 全海宗, 高柄翊 등에 의해 歷史學會(회장 洪以燮)가 창립되고 9월에는 국판 200여면의 歷史學報 창간호가 나왔다.

위의 두 사실은 국어국문학회 창립에 直·間接으로 촉진의 구실을 했는지도 모른다. 그는 어떻든 「國語國文學」誌를 낸 同人

들은 1952年 12月 14日 서울大 본부 강당에서 창립의 모임을 가져 梁在淵을 대표로 뽑았는데 창립회원은 17명이요, 임시사무소는 許雄(총무)댁으로 결정했다.

국어국문학회 회칙 제3조에 따르면 "本會는 國語及國文學을 研究함으로써 民族精神을 앙양하여 世界文化에 寄與함을 목적으로 함"이라 되어 있다. 기존 學會가 國語國字의 정책면에 치우친 느낌이 있었던 터에 순수하게 學問研究를 志向하겠다는 意志를 보인 것이다.

學會의 研究活動

會誌 계속 刊行(87호까지) ;

회지는 창간호 체제로 12호까지 중 7호까지는 피난지 釜山에서, 8호부터는 서울에서 나왔고 13호는 1955年 6月 국판 258면으로 나왔는데 그후로 여러 우여곡절을 겪었지마는 그런저런 대로 學會誌로서의 체모를 갖추어 87호에 이르렀다. 처음에는 창립회원들의 호주머닛돈으로 시작되었으나 13호부터는 아시아財團의 종이援助, 大學國語(新丘文化社), 국어새사전(東亞出版社) 편찬에 따른 印稅나 代價, 東亞文化研究委員會의 研究費 보조 등이 會誌출판을 가능케 했다. 초창기 10년동안의 歷代代表와 몇몇 헌신적으로 활동한 任員들의 功을 특기하지 않을 수 없다. 피난살이의 어려움이나 4·19, 5·16의 어려운 與件下에서의 성장은 學會의 굳건한 基盤을 구축하기에 이르렀고 70년대에 들어와서는 省谷財團, 韓國文化藝術振興院, 韓國精神文化研究院, 文敎部 등에서 학회지 發刊 보조를 받았으며 1978年 10月에는 그동안의 學的 業績으로 中央文化大賞 學術部門 本賞을 받았다.

한편 研究年鑑, 研究叢書, 學會誌影印에 의한 印稅收入이나 856명(會誌 87호, 1982. 5. 30발행 揭載名單)의 會員의 年會費도 큰 收入源이 되기에 이르렀다.

회원의 논문 揭載回數 통계(1호∼85호까지에 5회 이상)는 다음

과 같다. ( )은 非會員

金東旭 金敏洙 金一根 南廣祐 朴魯春 (李崇寧) 丁奎福
崔鶴根 黃浿江 (이상은 10회 이상)

姜吉云 姜信沆 康允浩 姜銓燮 姜漢永 丘仁煥 金慶漢
金起東 金相善 金聖培 金昇坤 金鍾均 金烈圭 金容稷
金智勇 金鉉龍 南豊鉉 文璇奎 朴炳采 徐大錫 徐在克
徐正洙 蘇在英 安秉禧 柳基龍 李家源 李基文 李男德
李能雨 李炳銑 李相寶 李勝明 李承旭 李翊燮 李仁模
李泰極 李勳鍾 張德順 張泰鎭 全光鏞 全在昊 丁益燮
鄭在鎬 趙東一 池春洙 崔康賢 崔範勳 許 雄 黃忠基

등을 비롯하여 회원 非회원 것을 합해 347명의 것이 게재되어 있다.

研究發表

연구발표로는 定例研究發表와 全國國語國文學研究發表大會를 가져왔는데 정례연구발표회로는 54年 2月 14日 서울文理大 강의실에서 제1회 발표(朴晟義, 李能雨)를 시작하여 79年 9月 13日 131회를 마지막으로 이 발표회는 하지 않기로 되었다.

전국 국어국문학연구발표대회는 58年 11月 1日∼2日 서울大 강당에서 제1회 발표를 가진 以來로 정례적으로 가을에 가져오다가 제10회때(67. 6. 17∼18)부터 6월에 열어 오늘에 이르고 있다. 한편 定期總會는 全國大會와는 별개로 열어오던 것인데 67년부터는 一元化해서 열어오고 있다. 全國大會는 이틀에 걸쳐 열어왔는데 個人發表와 主題發表로 갈라 研究發表를 하고 主題發表에 대해서는 토론을 해왔다. 67년부터는 대체로 첫날 午後 늦게는 총회를 열어 사업보고, 결산보고 등을 하고는 任員改選을 해왔으며 총회가 끝나면 개최장소를 제공하는 대학의 總學長

이 초대연을 베풀어온 것이 상례여서 전국 各地의 회원들이 한 자리에 모여 對話를 나누는 場이 되고도 있다. 81년도까지의 全國大會는 大邱에서 두 차례, 釜山에서 한 차례 열린 外에는 서울에서 열렸는데 24회에 이르고 定期總會(臨時總會 제외)는 29회를 가졌었다. 以上의 두 硏究發表會에는 총 294명의 회원(非會員, 李熙昇 李崇寧 崔鉉培 趙潤濟 白鐵 鄭寅燮 金亨奎 등 포함)의 발표가 있었다.

個人別 定例, 全國大會 發表回數(5회이상) 一覽은 다음과 같다. (定例 131회, 全國 24회, '定'은 定例發表, '全'은 全國大會 발표회수)

姜吉云(定 2,全 4) 姜信沆(定 2,全 3) 高永根(定 2,全 3) 金慶漢(定 2,全 8) 金起東(定 9,全 9) 金東旭(定16,全 8) 金敏洙(定 3,全 6) 金錫得(定 2,全 3) 金聖培(定 3,全 4) 金昇坤(定 5,全 3) 金烈圭(定 2,全 3) 金容稷(定 5,全 6) 金允植(定 2,全 3) 金一根(定 5,全11) 金智勇(定 1,全 6) 金鉉龍(定 4,全 3) 南廣祐(定11,全 8) 南豊鉉(定 1,全 4) 朴魯春(定 8,全 6) 朴炳采(定 1,全 5) 朴晟義(定 4,全 3) 朴昌海(定 3,全 3) 徐大錫(全 5) 徐正洙(定 3,全 3) 成元慶(定 4,全 1) 蘇在英(定 2,全 5) 安秉禧(定 2,全 4) 梁在淵(定 4,全 1) 柳穆相(定 3,全 2) 李家源(定 7,全 5) 李基文(定 4,全 7) 李能雨(定 5,全 2) 李杜鉉(定 4,全 2) 李東林(定 4,全 4) 李東英(全 5) 李炳銑(全 5) 李相寶(定 6,全 7) 李淳燮(全 5) (李崇寧)(全 8) 李翊燮(全 5) 李仁模(定 2,全 3) 李勳鍾(定 1,全 8) (李熙昇)(全 5) 張德順(定 2,全 6) 張師勛(定 3,全 2) 張泰鎭(全 6) 丁奎福(定 1,全 5) 鄭炳昱(定 3,全 3) 丁益燮(全 6) 鄭漢模(定 3,全 4) 趙東一(全 5) 崔鶴根(定 6,全 3) 黃浿江(定 6,全 6) 黃希榮(定 3,全 2)

刊行物

『硏究叢書』 제1집(入門을 위한 國文學槪論, 李能雨 4·6판 총 184면 1954. 3) 제2집(李朝時調史—史的 時調의 理解, 李

能雨 국판 총 260면 1956. 6)
『標準 大學國語』新丘文化社 1957. 4
『국어새사전』東亞出版社 1958. 3
『國語國文學』1∽12 影印 1972.
『原文國語國文學叢書』大提閣 1976. 9
『국어국문학』1∽85 太學社 影印 1979. 9∽1982. 3. 5
『國語國文學研究叢書』중 國文學分野 10권 正音社 1979. 6∽1982. 4
『국어국문학연감』(1977년) 二友社 80. 6

學會의 對外活動

한글 波動과 本 學會

1953年 7月 3日 당시의 李瑄根 문교부장관이 한글 簡素化案을 발표하였다. 1953年 7月 10日 본 학회는 임원회를 소집하여 '간소화안'을 반대하기로 하고 許雄, 金敏洙가 '한글간소화안 이유편에 대한 비판'이란 文案을 만들어 임원회의 승인을 얻어 발표해서 각 紙上에 보도되었다. 이 波動은 그해 9월 19일 간소화안을 취소한다는 李大統領 담화로 일단락되었다.

學校文法統一과 本 學會

학교 문법이 통일되지 않아 중·고교 학생이나 教師들의 부담이 큰 것을 염려한 本學會는 우선 品詞分類나 文法用語만이라도 통일해보고자 하였다.

1958年 11月 2日 제1회 전국 國語國文學研究發表大會가 열리는 것을 기회로 '學校文法體系確立을 위한 토론회'를 열어 여론을 조성하고 1962年 1月 9日 임시총회에서 '학교문법의 통일이 필요하다'(43대 1)의 의견을 모아 文教部에 건의하였다. 문교부는 이 건의를 받아들여 學校文法統一專門委員會(위원장, 李熙昇)를 구성하여 1년 6개월餘에 걸쳐 예비회의·분과위원회·전

문위원회의 審議를 거쳐 '국어교육과정심의 위원회 통일안'이란 이름으로 1963年 7月 25日 文敎部長官의 公告로 일단락을 지었었다. 本學會는 건의 후에도 다시 62年 10月 7日 제5회 전국대회에서도 이 學校文法統一문제를 討論 案件으로 세워 의견을 모았으며 公告 후 일부의 반대에 맞서 1964년 10月 30日 「學校文法에 關한 國語敎育課程審議委員會統一案支持建議書」(外 3개 學術단체)를 내기도 했다. 本學會에서는 이 통일안에 있어 漢字말로 된 名詞식 술어를 34대 9로 의견을 모았었다.

建議 · 聲明

○ 國語政策에 관한 建議書 學校文法통일 · 中高국어교과서 國定解除 · 한글전용 · 國語國文硏究所設置 등 문제 : 1962. 1. 9 (會誌 25호 참조)

○ 中高國語敎科書 國定解除와 學校文法統一에 관한 建議書 : 1964. 5. 31(會誌 26호 참조)

○ 中高國語敎科書 國定解除 促求聲明書 : 1964. 4(會誌 27호 참조)

한글전용문제 討議 "한글전용을 漸進的으로 하는 것이 좋다. 漢字敎育은 국민학교부터 단계적으로 해야 한다."는 원칙 확인. 1968. 11. 2(임시총회)

會員에게 書面으로 設問해서 얻은 결과는 응답자 109名 중

한글전용은 漸進的으로 해야 한다 73名
국민학교에서 漢字敎育해야 한다 71名
1,300字 制限漢字 37名
2,000字 制限漢字 47名

(會誌 44 · 45호 참조)

이 내용은 東亞 · 朝鮮 등 日刊紙에 보도되었다.

○ 國語敎育强化促求建議書 : 제21회 전국국어국문학연구대회

(78. 6. 10～11)때의 總會決議로 다른 6개 국어국문학 관계 학술단체 공동명의로 당국에 냈다. 1978. 7. 13(語文硏究 20호 참조)

○ 國立國語國字問題硏究所 設置建議 : 제23회 전국국어국문학연구대회(80. 6. 7～8) 때의 總會決議로 다른 4개 국어국문학 학술단체 공동명의로 大統領께 建議했다. 1980. 6. 7(국어국문학 84호 참조)

國語正書法案 制定

1971年 4月 17日 國語正書法硏究委員會(위원 35名)를 조직하여 委員長 李應百, 起草委員長 南廣祐, 9名의 起草委員(金敏洙 등)으로 일을 진행, 6月 20日 總會에서 修正通過되었다. (會誌 52호 참조)

그 후, 1972年 9月 8日부터 文敎部의 국어조사연구위원회 10人委員會에서 委員 2名의 파견 위촉이 있어 南廣祐·全光鏞 두 회원이 나가서 표기법 재심위원으로 참여하였다.

外來語表記法案 制定

1975년 本 學會는 外來語表記法委員會를 조직하고 9명의 起草委員을 위촉, 金敏洙가 그 起草를 맡았었다. 그 결과 신중을 期하는 것이 좋겠다고 하여 問題點만을 지적하여 제18회 국어국문학 연구발표대회에서 토의하고 총회의 同議를 얻었다. (會誌 68·69호 참조)

이것을 근거로 그후, 수차 위원회에 논의된 의견을 종합하여 南廣祐가 마련한 草案을 다른 起草委員과 검토하고 外來語表記法委員會와 본 학회 任員會에 회부 審議하고 77年 5月 총회의 同議를 얻은 案이다. (會誌 79. 80호 참조)

마무리

이상에서 본 바와 같이 本學會는 30년 동안 成長해왔고 많은 研究업적도 쌓아왔다. 그러나 유감인 것은 會館 하나 가지지 못했다는 점이다. 약간의 會館基金이 마련되어 있다하나 아직은 막연한 실정이다. 우리 學會會員은 전국 각 대학 國語國文學科나 國語敎育科 출신으로 각대학 敎授나 講師가 주종인데 入會는 반드시 學術論文을 제출케 해서 任員會에서 심사, 통과시키는 제도를 固守해 왔다.

이제 900名에 육박하는 회원을 가진 全國 規模의 大學會다. 1982年 4月 30日 東亞日報는 「創立 30돌 國學發展의 두 기둥」이라 하여 歷史學會와 함께 本 學會의 이름을 들고 있다. 회원의 연령도 이제 다양해서 70고개를 넘어선 高齡이 있는가 하면 30대 안팎의 젊은 層도 있고 물론 女性會員도 있다.

한편 本 學會가 成長하는 동안 우리 회원들이 관여하는 국어국문학 관계의 새 학회들이 계속 생겨 갔다. (다음은 設立順)

○ 國語敎育硏究會 : 1955. 2. 25 會長 李應百, 會誌 「국어교육」 發刊 41호(82. 3. 25), 會報 42호, 論文集 22호

○ 韓國語文學會(在大邱) : 1956. 10. 8 창립 당시 代表 姜馥樹, 總務 兪昌均(現會長 權寧徹) 會誌 「語文學」 發刊 42호(82. 5. 20)

○ 國語學會 : 1959. 11. 22 金敏洙, 南廣祐, 劉昌惇 發起하여 創立. 현 會長 李崇寧, 代表理事 姜信沆, 會誌 「國語學」 發刊, 1981.

○ 韓國言語文學會(在光州) : 1963 여름, 창립당시 會長 池憲英, 會誌 「韓國言語文學」 發刊 20호(81년 12. 25), 現 會長 崔勝範 12. 20(10號)

○ 한국국어교육학회 : 1963. 9. 29 회장 金聖培, 회지 「새국어교육」 發刊 1981. 12. 29(33·34 합병호)

○ 韓國語文敎育硏究會 : 1969. 7. 31 創立. 會長 李熙昇, 代表理事 南廣祐. 會誌 「語文硏究」 1982. 6. 30(34호)

들이 그것인데 이밖에도 同人모임의 성격인 硏究會 學會가 있고 大學 단위의 硏究會도 있어 그 會誌, 大學論文集이 있으며 硏究發表會들이 있다. 本學會의 定例硏究發表會를 안 가지게 되고 支會活動도 釜山·大邱·大田·淸州 등지에서 있었던 것인데 有名無實해진 것은 그러한데 연유가 있는 것이다.

本學會가 생기기 이전은 文學의 李秉岐, 趙潤濟, 語學의 崔鉉培, 梁柱東(이상 作故) 李熙昇·李崇寧 등의 개인이 연구했던 시기라는 지적도 있고 또한 전국적인 학회로 양적팽창을 거듭하여 초기의 同人 비슷했던 회원의 意識도 엷어지고 또 70년대 이후에는 발표기회가 많아져 논문의 수준도 낮아지는 등 學會가 연합회처럼 돼버린 느낌이 있다는 問題點의 지적(李基文)도 있다. 최근 論文표절이라는 不美한 사건도 있었으며 任員선출에 熱氣를 올리는 事例도 있는 듯하다.

그러나 國語國文學界의 大學會로서 뚜렷한 업적을 남겼노라고 해도 지나친 말은 아닐 것이요, 앞으로도 계속 健全한 學會로서 발전되도록 회원이나 任員들이 노력해야 할 것이고 또 그렇게 되리라고 믿는다.

1952年 12月∽1963年 6月까지 초창기 10년 동안의 역대 대표는 梁在淵 李能雨 許雄 李泰極 鄭炳昱 南廣祐 金敏洙요, 1963年 6月∽1973年 6月까지의 10년 동안은 金東旭 金聖培 南廣祐 全光鏞 朴魯春, 1973. 6∽現在까지의 대표는 金一根 朴晟義 金起東 李相寶 金錫夏로 이어지고 있다.

歷代任員들은 거의 다달이, 경우에 따라서는 그 以上의 會合을 가져 學會의 일을 수행해 왔다. 歷代任員 중 10年 以上을 任員으로 수고한 이를 적으면 다음과 같다.

이 름	代表	理事	이 름	代表	理事
1. 李泰極	4년	14년	2. 南廣祐	3년	22년
3. 金敏洙	1년	13년	4. 金東旭	2년	21년
5. 金聖培	2년	14년	6. 全光鏞	2년	23년

7. 朴魯春	2년	21년	8. 金一根	2년	15년
9. 朴晟義(作故)	2년	10년	10. 金起東	2년	10년
11. 李基文	/	13년			

以上 歷代 任員은 현 任員까지를 합해 총 47名, 理事年數에는 초창기의 分科會長, 한때 있었던 副代表理事, 監事를 포함시키고 代表理事만은 理事에 포함시키지 않았다.

〈『국어국문학』 88號, 국어국문학회, 1982.〉

韓國語文教育研究會 初代會長

一石 李熙昇先生의 平生을 照明한다

先生은 1896년 6월9일(陰 4월28일) 京畿道 廣州(지금의 儀旺市)에서 全義李氏의 후예로 탄생, 13세에 結婚, 그 해에 上京하여 상투를 자르고 官立漢城 外國語學校 英語部에 입학, 同校 폐지에 따라 3학년 중도에서 졸업하셨는데 同期에는 申翼熙, 鄭求瑛 선생 등이 있었다.

그 후로 京城高普(現 京畿高), 養正義塾(現 養正高)에서 法學 전공, 1914년 1월엔 사립 新豊학교 교원, 그 이듬해엔 朝鮮 총독부 臨時土地調査局整理課 교원으로 있으면서 4월부터 中東學校 夜間部에 통학, 다음해인 1916년 4월에는 中央學校(現 中央中・高) 第三學年에 編入, 1918년 3월에 同校(4년制)를 졸업하는 등 이 학교 저 학교를 轉轉하는 길을 밟으셨다.

이렇게 外國語學校, 京城高普, 養正義塾, 中東學校, 中央學校 등 어렵사리 중등 과정을 마친 先生은 경성직조주식회사, 경성방직주식회사 書記 등으로 6년을 보내면서 學資金을 마련하는 한편 진학하고자 공부에 몰두, 1923년 10월에는 專門學校 입학자 檢定試驗에 합격, 이듬해인 1924년에는 延專 數物科 1학년에 입학, 그 이듬해인 1925년 3월에는 同校를 退學하고, 4월에는 경성제대 예과부 文科에 入學, 1927년 中學시절부터 우리말 研究에 뜻이 서 있었던 先生은 同 法文學部 朝鮮語學 및 文學科에 進學해서 1930년 3월에 同科를 졸업하였으니, 이때에 先生

의 나이 35세로 城大 제2회, 어지간한 晩學徒이시다.

중앙학교 在學 당시의 恩師인 古下 宋鎭禹 선생이 늘 先生을 가리켜 "참으로 立志傳중의 인물이다"라고 한 것은 家貧한 탓으로 會社員 노릇을 하면서 勤儉貯蓄한 것을 學資 삼아 城大를 나오시게 된 것을 두고 한 말씀일게다.

刻苦와 집념으로 그 어려운 京城帝大를 나온 선생은 곧바로 京城師範 敎諭로 就任하고 그 달에 朝鮮語學會에 입회하였으니 이때로부터 學會活動이 시작된 것이다.

한편, 1931년 京城帝大 朝鮮語學 및 문학과 출신을 중심으로 朝鮮語文學會를 창립, 「朝鮮語文學會報」를 간행하였으니 이 會報는 7호까지 나오고 중단되었다.

1932년 4월에는 梨花女專 敎授로 취임, 같은 달에 朝鮮語學會(한글學會 前身) 幹事에 被選되어 계속 重任(8·15후 理事로 개편)하셨는데, 1934년 4월 25일에는 幹事長(代表幹事)에 被選되어 2년간 勤務한 일도 있는 朝鮮語學會의 핵심멤버이시다.

1940년 4월에는 東京帝大 大學院에 입학, 2년間 言語學 연구, 1942년 4월에는 梨花女專 文科科長에 補任, 이 梨花 재임 당시의 弟子들에 金玉吉 前 梨大總長이나 盧天命, 田淑禧, 趙敬姬, 鄭忠良, 李鳳順 諸氏가 있다.

1942년 10월 1일에는 저 유명한 朝鮮語學會事件으로 被檢되어 咸南 洪原경찰서와 함흥형무소에 3년간 投獄되어 옥고를 치르셨다. 같은 날 檢擧된 분으로는 張志暎, 李允宰, 金允經, 崔鉉培, 李克魯, 鄭寅承 등 諸氏가 있고 이 事件에 연루되었던 이는 모두 33명이요, 이 중에서 구속되어서 경찰서 유치장의 감방신세를 진 사람이 29명이었으며 이 밖에 證人으로 불려갔던 사람도 약 50명에 이르렀는데 이 분들도 대체로 被疑者나 다름없는 苛酷한 심문과 학대를 받았다 한다.

朝鮮語學會事件이란 게 본디 咸興의 永生女高의 한 學生의 묵은 日記帳 속에 "國語(當時 日語)를 常用하는 者를 處罪하였다"라는 記錄을 꼬투리로 잡아 證人으로 불려간 丁泰鎭씨(永生女高

敎師를 지내고 朝鮮語辭典 편찬위원)를 酷毒한 고문 끝에 "敎壇을 통하여 民族意識을 고취하였다", "朝鮮語學會가 民族主義者들의 集團體"라는 자백 아닌 자백을 얻어 내고 꾸며낸 天人共怒할 蠻人劇이었다.

당시의 홍원경찰서에서 이른바 自白書 쓰는 光景을 적은 一石 선생의 글은 「思想界」誌에 朝鮮語學會事件이라 하여 여러 回에 걸쳐 連載하던 것을 韓國語文敎育硏究會의 「語文硏究」 7·8합병호(1975. 5. 1 一潮閣)부터 4회에 걸쳐 連載하였는데 이 朝鮮語學會事件에서 韓澄·李允宰 두 분은 獄死를 하였고. 선생은 祖國 光復이 되자 8월 17일에 咸興刑務所에서 同志들과 함께 出獄하셨다.

一石 선생은 五尺短軀요, 본시가 蒲柳의 質이었던 분인데 그 무서운 拷問을 이겨내고 囹圄生活을 견뎌내신 것은 그 굳센 精神力, 超人的인 意志의 所致라 하겠는데 선생의 식사시간이 남달리 길었던 것은 獄中生活을 견뎌내려면 충분한 咀嚼이 필요하다 하여 그것을 實踐하셨고, 그 실천은 晩年까지 이어진 것으로 안다. 평생을 웬만한 毒感에는 服藥을 하지 않으시며, 택시타기를 忌하고 버스 타시기 아니면 걸어다닌다는 固執(?)을 견지하셨다. 凡人으로서는 흉내도 낼 수 없는 강인한 생활신조이셨다.

光復되던 해 12월에 경성대학 법문학부 교수, 학제개편으로 1946년 10월 국립 서울대 문리대 교수로 국어국문학과 주임교수, 나는 1950년 5월 선생의 주임교수 시절에 문리대 국문과를 졸업하였다.

지금 내 기억으론 선생님께서는 한 번의 休講도 없으셨던 것이 아닌가 하는데, 休講은 커녕 講義시간의 에누리도 없으셨다. 그 언젠가는 먼발치에서 뵙자니 文理大 교문을 들어서신 선생이 종종걸음 치시다 못해 뛰다시피 하시지 않는가. 아마 講義 시간에 늦을세라 걸음을 재촉하신 것이었으리라. 선생의 말씀은 한 마디 한 마디를 끊어서 또박또박 하시고 좀 미심쩍은 것은 반드시 뒤를 다지시는 식이지만 講義 노트를 부르시는 것도 그런 식이셨다.

시간마다 출석을 부르시는 것이었는데 얼마나 철저하셨는지 "악질교수(?)"라는 별명을 붙여드린 제자 하나가 있다. 前 S여대 P교수는 나하고는 大邱사범 동기로 같은 해에 서울文理大 불문과를 졸업했는데 이 친구가 一石 선생의 "국어" 講義를 들은 것이다. 그 때에는 나도 지금 서울고등의 前身, 서울중학의 선생으로 있으면서 文理大를 다녔지만 이 친구도 시내 모 중학 선생으로 있던 터라 完全 출석은 불가능하던 때다. 그런데 한 번의 休講도, 講義 시간의 에누리도, 거기에다 출석까지 꼬박꼬박 부르시니, 이런 고학생 괴롭히는(?) 선생에게 "악질교수"라는 칭호를 붙여드릴 수밖에 지금도 가끔 P교수를 만나면 당시를 회상하고 呵呵大笑하기도 한다. 지금도 내가 講義 시간마다 출석이나 지각을 엄히 따지는 것이 선생님께서 배운 버릇(?)인지도 모른다.

6·25사변 때 渡江을 못하셨던 선생께서 1951년 1월 3일 單身으로 서울을 출발, 죽 步行으로 大邱에 도착하신 것이 19일이었으니 당시 60노인께서 겪은 民族受難의 극히 작은 일단면이었다고나 할 것인가. 일제에 의해 겪은 囹圄생활의 傷痕이 채 가시기도 전에 동족에 의해 저질러진 同族相殘戰으로 또다시 이런 고초를 겪으시다니. 이 6·25로 선생은 충정로에 있던 댁이 잿더미로 化했고 그 통에 무엇보다도 애써 모으셨던 책이나 카드를 모두 잃었으니 당시의 傷心 失意는 얼마나 크셨을까.

1·4 후퇴 때의 일. 보행으로 大邱에 닿으신 一石 선생께선 故 具滋均 선생(前 고려대 교수)의 안내로 나의 大邱사범 때 恩師인 金永驥 선생댁(당시 경북여고 교장 사택)에서 꽤 여러 날 신세를 지신 일이 있다. 이때 나는 먼저 大邱에 도착해서 피난 온 몇몇 사범 동창들과 함께 선생댁의 食客이 되어 폐를 끼치고 있는 판에 선생이 오신 것이다. 제몸 하나 추스르지 못하는 주제에 어찌 하겠는가. 束手無策 다만 선생을 모시고 한 방에서 지낸 것이 고작이었다. 이때 선생께선 大邱에 있는 몇몇 대학 동창을 찾아 새로운 방도가 생길 때까지 얼마 동안이라도 寄食

하실 생각이셨던 것이 아닌가 하는데 冷待를 받으시고 인심의 각박을 歎하지 않을 수 없으셨을 것이다. 얼마나 다급하셨으면 동창생보다는 서먹서먹하셨을 金선생님댁을 찾으셨을까 다행히 우글대던 피난 제자들을 싫은 내색하시지 않고 흔연 대접하던 金선생 내외분 人品 덕분에 一石 선생님께서는 꽤 여러 날 이 댁에 머무셨던 것이다.

그 후로 釜山에 정착, 피난생활을 하셨는데 이때에 선생께서 "담배"를 새로 피우기 시작하셨다. 60평생 피우지 않으시던 담배를 시작하신 선생의 심경 변화(?)는 어디에서 온 것일까?

1952년 2월 피난지 釜山에서 서울대 대학원부원장, 1953년 9월 美 國務省 초청으로 도미하여 캘리포니아대학과 예일대학에 각 반년씩 1년 동안 체류하여 言語學 연구, 滯美 중 學術院會員에 피선, 그 후에 文理大학장(2차)을 정년으로 퇴임, 명예 文博이 되시고 그 이듬해 명예교수가 되셨다. 그 후로 잠깐 동아일보 사장(2년 임기)직을 지내셨지마는 바로 대학에 복귀, 1965년 9월 大邱大學 대학원장, 1969년 9월 成均館大 대학원장, 그리고 1975년 1월부턴 檀國大 동양학연구소장으로 계셨다.

한편, 1960년 6월엔 학술원 임명회원(종신회원), 1968년 7월엔 학술원부원장에 피선, 그 후로 원로회원이셨다.

선생의 일생은 이상과 같이 學者로서 敎育者로서 찬연히 빛나는 바이거니와 일제하이면서 國語學(당시 조선어학)을 정규 코스로 專攻한 분은 다섯 손가락으로 꼽으실 정도인데, 그 중 가장 선배이시다. 著書로는 『한글맞춤법통일안 講義』, 『朝鮮語學論攷』, 『國語學槪說』, 『국어대사전』에 중·고교 『문법교과서』, 『중학작문』이 있는데 『한글맞춤법통일안 강의』는 선생이 "조선어 철자법 통일안"의 제정위원 중에서도 핵심적인 존재로 이 일에 참여하셨던 터여서 철자법 이론의 온축을 기울이신 著作이고, 『朝鮮語學論攷』는 주로 해방 전 『한글』誌에 발표하신 논문을 모은 것이요, 『國語學槪說』은 文理大 講義案을 정리하신 것인데, 선생은 그 저서 첫머리에

> 6·25사변이 나던 해 9월 27일 새벽, 천만 뜻밖에 祝融의 作戱로 말미암아 요행히 가족 전원만은 겨우 禍를 면하였으나 나의 身邊에 관련된 모든 所有物은 완전히 그리고 깨끗이 박탈당하고 말았다… 나 한 사람만이 이런 일을 당하였다면 아마 自決이라도 하지 않고는 견딜 수 없었을 것이다. 一朝一夕에 이루어질 수 없는 數千장의 카드와 함께 이것저것 끄적거리던 原稿 뭉치는 그림자나마 꿈에라도 다시 찾아볼 길이 가히 없다. 記憶이 한결 무디어진 지금에 와서는 더욱 그러하다. 나의 半生-아니 三分之二生 이상-일할 수 있는 능력이 가장 旺盛하던 시절은 완전히 空白으로 되어 버리고 나는 그만 呱呱의 소리도 지를 수 없는 初生兒가 되고 말았다. 참으로 餘年이 없는 初生兒다. 이번에 上梓를 보게 된 이 책은 光復後 서울大學校 文理科大學에서 濟濟한 聰俊에게 國語學의 槪念이나마 넣어주려 한 나의 講義案의 노트를 修正한 것이다. 不幸으로 이 노트만이 살아 있다… 泰山같이 믿었던 藏書는 터무니도 없이 烏有로 돌아가 버리고 半信半疑로 내어 주었던(筆者 註: 갑작스레 피난 간 子弟에게 주어 보낸) 이 노트가 고맙게도 목숨을 부지하고 있었다. 이것이나마 남지 않았으면 나는 半半世紀 이상 계속하던 學究 노릇도 廢業하지 않으면 안 될 뻔하였다.

라고 적고 있으시다. 「국어 대사전」은 23萬 단어가 수록된 획기적인 것으로 版에 版을 거듭하는 것이 바로 그 聲價를 나타내는 것이요, 그것은 바로 선생의 명성의 소치이기도 하지만 이것은 한국출판문화상에 빛나는 책이기도하다.

선생께서 光復 전 綴字法 제정, 標準語 査定, 外來語 表記法 제정, 辭典編纂 등 조선어학회의 일에 핵심적인 위치에서 활동하신 것은 널리 알려진 사실이요, 그것은 이른바 朝鮮語學會 事件 때 刑量이 무거웠던 것으로도 뒷받침이 된다 하겠는데 선생께서 光復 후에는 서울文理大에서 문법론 講義를 하게 되고 여러 차례 중·고교 문법교과서를 집필하시게 되었다.

이런 著書 말고도 국어학 논문이 더 있어 학계에 기여하신 공이 크지마는 한편 해방 전 梨花女專에서 문과교수로 문학지망의 여성교육에 임하셨던 관계도 있어 文學方面에도 관심을 기울이셨다.

『歷代朝鮮文學精華』(1938년)나 『朝鮮文學硏究抄』(1946년) 등이 그 소산이다. 선생께서 문학연구뿐이 아니라 직접 詩作도 하시고 주옥같은 수필도 쓰셨다. 詩集에 『박꽃』, 『心臟의 破片』이 있는데 우리의 傳統詩인 時調작품도 있다. 隨筆集에는 『벙어리 냉가슴』, 『소경의 잠꼬대』, 『먹추의 말참견』과 마지막이 된 『메아리 없는 넋두리』가 있다. 선생 스스로 『벙어리·소경·먹추』를 자처하시거나 아니면, 『벙어리·소경·먹추』이기를 自願(?)하는 것인지는 모르겠으나 세상 돌아가는 일을 정확하게 보고, 바르게 듣고, 옳게 판단하셔서 빈틈없는 글솜씨로 하고 싶으신 말씀은 다 하고 있으시다. 한편 작문 교과서의 집필이 있을 뿐 아니라 "한국 글짓기 지도會長"으로 作文 교육에도 애정을 기울이셨다.

『중학작문』은 東亞出版社에서 "이희승, 남광우, 전광용"의 이름으로 나온 것이다. 1967~1978년 사이에 발행된 것인데 이 책을 편찬할 때는 선생께서 東亞日報 社長으로 계실 때였다. 그런 바쁘신 자리에 계시면서도 직접 집필을 맡아서 해주시는 성의를 보이셨다. "誠實"하게 살아오신 한 斷面을 보이신 것이다.

선생은 張忠植 총장의 三顧의 禮로 東洋學硏究所長직을 맡으셨고, 그 張총장의 知遇로 이 연구소를 국내 屈指의 연구소로 키워나가는 데 誠을 다하셨다.

學報(東洋學)와 叢書를 내고 『大漢韓辭典』의 편찬 韓·中·日 학자의 會同으로 국제학술회의를 여는 등 동양학연구소가 開所의 역사는 日淺하지만 자타가 공인하는 실적 있는 연구소로 성장한 것은 첫째로 張총장의 文化에 대한 이해와 열의가 큰 몫을 차지함은 물론이지만 선생의 後光之德에 의한 것임은 두 말할 나위 없는 일이다.

一石 선생께서 晩年에 힘을 기울이신 일이 두 가지 더 있다. 하나는 68년 9월 創立된 顯正會 이사장으로서 檀君을 宗敎나 宗派를 초월해서 國祖로서 崇仰해야 한다는 一念으로 돌아가실

때까지 顯正會를 이끄셨고, 檀君聖殿 改築의 일에 마음을 쓰셨다. 다른 하나는 韓國語文敎育硏究會의 일이다.

韓國語文敎育硏究會는 69년 7월에 창립되었다. 당시 한글專用論者들의 적극적인 활동으로 한글전용 방향으로 치닫던 때요, 1970년 신학기를 기해 각급 학교의 모든 敎科書가 순한글판으로 개판되는 擧措가 K장관에 의해 감행되던 때다. 한글전용을 반대하면 마치 민족문화의 逆徒처럼 몰아붙이던 풍조가 팽배하던 때다.

그러나 뜻있는 이들은 "한글전용의 語文敎育이 이 나라의 국민 知性을 저하시키고, 敎育效果를 감퇴시키며, 學術의 발전을 저해하고, 社會生活에 適應할 수 있는 힘이 부족할 뿐만 아니라, 國語의 혼란을 야기하며, 文化의 전통을 말살하고, 국제적 孤立을 초래하는 결과를 빚어내고 있다."고 지적하고 그의 是正을 촉구하는 聲明書를 낸 바 있는데 학계, 언론계, 문단 법조계의 有志들로 이 會가 창립되고 그 회장에 선생을 추대한 것이다.

그 후로 선생 主導의 이 연구회가 중심이 되어 계속 성명서, 건의서, 강연회 등을 통해 漢字敎育의 부활이나 그 강화를 촉구하여 오늘에 이른 것인데 아직도 우리들의

1. "漢字 교육이 바로 국어교육의 지름길"임을 인식하고 국어교육의 일환으로 國民學校부터 한자교육을 하라.
2. 교육의 효율을 높이기 위해 모든 교과서를 國漢混用으로 하라.

는 주장에는 미치지 못하고 있는 실정이다.

이 연구회는 「語文硏究」(一潮閣 발행)를 내어 우리 국어교육 정상화를 위한 노력을 계속하고 있으며 (현재 64號까지 나옴), 어문강연 硏究發表會도 78회나 가졌다. 그 「語文硏究」 제4號(1974, 여름)의 권두언에서 다음과 같이 말씀하고 있는 바 선생의 語文觀이 집약되어 있어 소개하기로 한다.

<前略> 기분상으로는 우리 二世敎育에 우리 國字인 한글만을 專用하는 것이 좋을 듯이 생각될는지 모르지만 이는 어디까지나 民族的 感情에서 流露되는 집념에 지나지 않을 것이요, 우리 민족의 文化創造 내지 문화생활의 역사적 過程과 현실적 狀況을 통찰하고 또 국내적으로, 대외적으로 文化活動과 文化交流를 가장 활발히 展開하기 위하여는 무엇보다도 言語學的, 文字學的 원리와 법칙이 제시하는 방법에 따라 이에 순응하는 것이 이 文化創造를 촉진하는 가장 효과적인 최선의 방책이라는 것을 명심하여야 할 것이다.

이러한 방도란 다름 아닌 적당한 數의 漢字를 한글과 混用하여 二世를 敎育하고 또 온 국민의 日常生活에 이용하는 것이 가장 현명한 길이라는 것을 강조하여 마지않는다. 普通敎育에서 1千 8百字 가량의 漢字를 배운다는 것은 그다지 어려운 일이 아니다. 물론 전연 안 배우는 것보다는 그만한 노력을 필요로 하는 것만은 사실이다. 그러나 過半數의 어휘가 漢字語로 된 국어에 있어서는 同音異議語가 너무도 많으므로 이것을 순한글로만 기록한 文章을 읽을 적에, 그 難澁의 정도는 국민 누구나가 다 날마다 경험하는 바이므로 이것은 누누이 설명할 필요가 없을 것이다.

한글專用論者는 문맥을 통하여 이해할 수 있다는 답변이나 난삽한 경우는 하루도 수없이 겪는 일이요, 일생 동안을 합계한다면, 또 全國民 각 개인의 경우를 총합계한다면, 참으로 天文學的 數字에 이를 能率低下라 하겠다. 이러한 불편에 낭비되는 시간과 노력에 비하여 어려서 基礎漢字 1千 8百字를 학습하는 노력이란 말할 수 없이 수월한 대가를 치르기만 하면 될 것이요, 따라서 文章讀解의 능력은 엄청난 高性能을 발휘하게 된다. 이것이 國民活動과 文化創造에 있어서 얼마나 效率的이겠는가는 自明한 사실이라 단언할 수 있다. 이와 같이 되고 보면, 한글專用만이 愛國的이겠는가, 國漢字倂用이 愛國的이겠는가 그 해답도 저절로 내려질 것이다. 왜냐하면, 文化創造에 있어 능률의 高揚이 愛國的이겠는가, 그 遲鈍이 愛國的이겠는가 再考, 三思의 여지도 없는 일이다.

그리고 漢字는 表意文字이기 때문에 눈으로 보는 순간에 그 의미를 즉각적으로 파악할 수 있는 장점을 가지고 있으며, 따라서 同音異議語의 구별이 一目瞭然할 뿐 아니라 오늘날에 있어서는 이것이 반드시 外國文字라고 배격할 것이 아니라, 西歐여러 민족에 있어서 로마자가 共同文字로 되어 있다는 것을 再認識할 필요가 있다. 이번에 우리 文敎當局이 晩時의 歎은 있으나마, 보통교육에 있어서 國漢字를 倂用하는 勇斷을 내린 것은 앞으로 우리 民族文化의 創造와 발전을 위하여 또는 다른 文化民族과 어깨를 나란히 하고, 나아가서는 先導的 역할을 할 수 있는 기틀을 마련한 점에 쌍수를 들어 찬성하는 바이며, 國民學校에까지 그 범위를 확충 강화할 것을 懇望하여 마지 않는다.

선생께선 1969. 12. 3 第1回 語文講演會를 비롯해 1982. 8. 29. 第35回 語文강연회까지 7回의 講演을 하셨고, 1970, 1971년에는 두 차례에 걸쳐 大邱, 慶州에까지 강연을 다녀오시는 등 열의를 보여 주셨으며 會誌創刊號에서 漢字교육 부활 강화운동에 所信대로 一路 매진하실 것을 밝히기도 하셨다. 그리고 비교적 자주 열린 硏究發表會나 理事會 등에도 거의 皆勤하다시피하셨는데 晩年에는 補聽器 신세를 지시면서도 그 딱딱한 發表會場 걸상에서 끝가지 자리를 지키시던 일, 비오는 날 혹은 추운 날씨에도 나오셔서 불기 없는 썰렁한 會場에서 견디셨던 일 등 凡人으로서는 따를 수 없는 일들이다. 1988. 3. 19 회장직을 그만두고 명예회장으로 추대되신 후인 1988. 9. 6 國民學校 국한 혼용 국어교재 "韓國語" 刊行出捐者인 辛春浩 農心會長에게 感謝牌 증정모임에까지도 나와 주셨다.

이상에서 나는 선생의 과거를 年譜에 의해 두서없이 소개하였다. 나의 어줍잖은 글로 어찌 선생의 참모습을 그릴 수 있을 것인가? 이제 나는 선생의 글 가운데에서 선생을 찾아보려 한다. 선생의 珠玉 같은 수필 몇 편은 중·고 교재로 혹은 대학 교재로 다루어지고 있지마는 그 중 "딸깍발이"란 一文이 있다. "딸깍발이"란 "南山골 샌님"의 별명인데 나는 선생에게서 이 "딸깍발이"의 선비像을 발견힌다.

선생은 이 글에서 "딸깍발이"의 성격을 "앙큼한 자존심, 꼬장꼬장한 고지식, 양반은 얼어 죽어도 겻불을 안 쬔다는 志操, 이 몇 가지가 그들의 生活信條였다.", "그들은 너무 剛直하였다. 목이 부러져도 屈하지 않는 기개, 死六臣도 이 샌님의 부류요, 三

學士도 "딸깍발이"의 典型인 것이다…", "우리 현대인도" "딸깍발이"의 정신을 좀 배우자. 첫째, 그 義氣를 배울 것이요, 둘째, 그 강직을 배우자. 그 지나치게 淸廉한 美德은 오히려 분간을 하여 가며 배워야 할 것이다"로 표현하신 선생은 바로 이 "딸깍발이"의 生活信條를 선생의 生活信條로 삼아 평생을 살아오신게 틀림없다.

이제 다신 한 두 분, 선생과 親交가 있으셨던 분의 글을 옮김으로써 선생을 投射하여 내 모자라는 글을 기워 보기로 하자. 斗溪 李丙燾 선생은 一石 李熙昇 博士「八旬慶祝 論文特輯」賀序에서

> 一石 선생은 본래 勤勉不怠의 美質을 가져 手不釋卷, 가위 "敎不倦而學不厭"의 심벌이라고 할 수 있다. 資質이 또한 溫厚하여 對人接物에 있어 항상 和氣와 親切로 임하고 있지만, 不義不正에 대해서는 조금도 허용하지 않는 外柔內剛의 高潔한 人格의 所有者인 것이다. 號도 一石이지만 평소에 돌(石)을 좋아하고 사랑하여 旅行中에서도 자기 趣味에 맞는 돌이면 한 두 개씩 주워 가지고 돌아오는 奇癖이 있다. 이것이 역시 그의 精神力과 意志力이 돌과 같이 단단하고 굳센 生活信條의 발로라고 보겠다…

라고 했고, 선생의 第一 隨筆集 "벙어리 냉가슴" 서문에서 樹州 卞榮魯 선생은

> 무엇보다도 나는 一石의 性格과 言行 등 凡百의 穩健 明哲 端正 敦篤함에 昏倒까지는 아니란대도 心醉하였던 것이다. 性格과 言行의 反映인 그의 槪念이나 文章 또한 淸澄과 雅潔 바로 그것이다. 너스레가 없고, 군더더기가 없으며 흐리터분한 것이 꼬물만치도 없는 것이다. "衒學"의 불건전한 악취를 풍기움 없이 아는 것도 줄여 쓰고, 골라 쓰며, 추려 쓰는 그 꼼꼼하고 알뜰한 그 조심과 그 규모를 나는 더욱 기리는 同時에…

라고 써 있다.

"過讚은 非禮"일 수 있다. 過讚인지 寡讚인지는 다른 분들이 평할 일이로되 나로서는 사실대로 쓰노라 했다. 서울대를 정년퇴직하시고도 동아일보 사장, 大邱大 대학원장, 成均館大 대학원장, 檀國大 동양학연구소장의 重職을 계속 맡게 되신 것은 고지식과 至誠으로 일관하신 과거, 高邁하신 인품, 학계에서의 큰 비중에 의한 것이라 하겠다. 무엇보다도 일제하 우리의 고유문화를 사랑하는 나머지 국어와 국문을 연구하고 그것을 정리 통일하는 데 盡心竭力하시다가 옥고를 치르시는 등 갖은 시련 속에서도 꿋꿋이 淸節을 지키신 이 民族의 師表, 一石 선생의 딸깍발이의 信條로 살아오신 평생 高潔하고 誠實하고 규모 있고 溫厚하게 살아오신 평생을 欽慕해 마지 않는다.

끝으로 선생께서 勤儉節約으로 모으신 淨財를 후학들과 韓國語文敎育硏究會와 顯正會에 던지신 본뜻을 우리는 저버릴 수 없다. 生前에 선생께서 그렇게 바라셨던 "國語學"의 발전이나 漢字敎育 復活과 강화, 檀君崇慕의 일들이 後學들이나 同志들에 의해 結實될 날이 있으리라 믿는다.

〈『語文硏究』 第65·66號, 韓國語文敎育硏究會, 1990. 7.〉

나와 외솔先生

내가 처음으로 崔鉉培 박사를 뵈온 것은 1956년 봄이었을 것이다. 피난지 大邱에서 歸京한 것이 그 때였기 때문이다.

내 원고가 처음으로 한글誌에 실려 나온 것이 1955년 6월 1일인데 그에 앞서 한글학회 會員으로 加入했을 것으로 생각되나 분명치 않고 入會때 학회 사무실에 들렀었을 듯하나 기억은 불분명하여 그 때 외솔을 뵌 것 같지는 않다.

歸京 後로 한글학회 總會에는 빠지지 않고 출석했던 것이 아닌가 하며 내 원고도 한글 134호(1965. 3. 16펴)까지 前後 10여년 동안 8차나 실렸으므로 비교적 자주 학회 사무실에 들렀던 편이므로 그런 기회에 뵈었을 것이다.

분명한 기억으론 1956년 한글학회 총회 席上에서와 1957년 11월 10일 한글학회 月例 發表會에서 「ㅎ曲用攷」라는 論文의 내 발표 때는 분명하고 국어 국문학회 주최 「全國國語國文學 論文發表大會」 席上이나 그 밖의 국어학 관련 각종 總會에서나 내 古語辭典 출판기념회, 62년 5월 내 長侄 基南(현 延大 국어학교수) 결혼식 主禮 때 등 매년 한두 차례 혹은 그 以上, 다른 분에 비해 비교적 자주 만나 뵙는 편이 아니었던가 한다.

1

1956년엔가 한글학회 총회 席上에서 李仁模 발언으로 문교부 새 교과서 맞춤법과 한글학회 지은 사전의 맞춤법에 일선 교사로서 고충이 있다는 이야기가 있었다. 그것은 다름 아니라 교과서에는 「-ㄹ지라도, -ㄹ수록, -ㄹ가」인데 큰 사전에는 「-ㄹ찌라도, -ㄹ쑤록, -ㄹ까」와 같은 표기이니 양편 중 어느 쪽을 따라야 하는가라는 고충이 있다는 것이었다.

결국 小委會가 구성되어 세 가지 案이 마련되어 총회에서 논의하게 되었다.

제1案 -니가 -ㄹ가 -ㄹ지라도 -ㄹ수록
(한글학회 理事長 崔鉉培 案)
제2案 -니까 -ㄹ가 -ㄹ지라도 -ㄹ수록
(文敎部 표기법)
제3案 -니까 -ㄹ까 -ㄹ찌라도 -ㄹ쑤록
(한글학회 큰사전 표기법)
제4案 -니까 -ㄹ까 -ㄹ지라도 -ㄹ수록
(著者 案)

나는 제4案을 提案했다. 결국 이 네 案이 표결에 붙여졌는데 1次 투표에서

1案 12표 4案 7표
2案 6표 3案 5표

로 3案이 폐기되고 2次 투표 결과

1案·4案 각각 12표
2案 6표

로 2案이 폐기되고 3次 투표 결과

4案 15표 1案 14표 기권1표

로 결국 15표로 4案이 可決된 바 있다. 이 때 崔鉉培 이사장은 委任狀 7枚가 있어 本人 몫까지 8票를 행사한 것이다.

2

내가 古語辭典을 펴냈을 때 외솔은 1960년 11월 10일字 서울신문에서

…그렇듯 수많은 원전과 낱말들을 이렇게 정확 명백하게 정리하느라고 쓴 엮은이의 각고면려의 고심과 학자스런 양심에 대하여는 누구나 다 같이 감사하지 않을 수 없을 것이다….

라는 찬사를 주셨고 그 出版모임에서도 祝辭를 해주셨으며 그때 학술원 제2분과(語文) 위원장의 자격으로 학술원상 후보로 추천까지 해주신 일이 있다. 고마운 일이었다.

3

光復 후 南北韓 모두 한글전용으로 치달은 것은 오랜 세월 漢字漢文力에 짓눌렸던 諺文, 倭政 35년간 특히 그 末期에 보였던 朝鮮語 말살정책으로 朝鮮語科를 학교교육에서 폐지하고 朝鮮·東亞 등 民族誌를 폐간하였으며 朝鮮語事件을 조작하여 많은 人士를 구속하는 등 蠻行에 대한 민족의 울분도 加勢한 一面이 있었던 것이 아닌가 한다.

南韓에서는 한글전용을 主導한 이가 여럿 있지마는 아무래도 주역은 軍政 3年, 독립정부 3년 前後 6년 동안 편수국장 자리에

앉아 語文정책을 專橫한 崔鉉培, 北漢에선 한글전용을 비롯한 語文政策의 주역은 金科奉이다.

그런데 공교롭게도 南北韓의 한글전용 主導者가 한글전용의 鼻祖로 推仰되는 周時經의 首弟子들이다.

周時經과 崔鉉培는 基督敎信者요, 金科奉은 共産主義者다.

崔鉉培는 그의 著 『글자의 혁명』에서 지은이는 "열일곱살 되던 한성 제1고등학교(지금의 경기고등학교) 학생시절부터 "조선 사람은 한자 쓰기를 그만 두고, 한글만 쓰기로 하여야 한다."고 해오던 생각을 광복이 되자, 다시 새로 정리하여 지어낸 것"이라 하였다. 그러나 이 말씀은 한글史의 뿌리나 東洋文化史를 제대로 모르는 水準에서 나온 것이라 할 수 밖에 없다.

외솔은 民族主義者요, 정확하게 말하자면 國粹主義者라고 해야 할 수밖에 없다. 나라 사랑의 一念으로 국어연구에 몰두하여 한글갈(正音學)과 우리말본을 지어내고 한글전용 정책을 펴는데 渾身의 노력을 기울인 분이다.

5·16 군사혁명이 일어나자 한글전용론자들의 의견에 귀를 기울인 정부는 1962년 3월 1일부터는 신문·잡지 그 밖의 모든 刊行物에 한글을 전용시키겠다고 했다. 그것은 61년 12월 下旬의 일이었다.

이때 국어국문학회 대표이사였던 나는 임시총회(1962. 1. 9)를 열어 한글 專用 문제에 當面한 國語政策에 관한 建議書를 내기로 決議를 했다.

建議書는 "公文과 정부기관지 및 出版物에 限하여 즉시 전용하도록 하고 民間誌 및 出版物은 되도록 한글전용을 권장하되, 연구기관을 통해 調査硏究케 하여 점진적으로 시행하기로 하고 강요하지 않는 것이 좋다"고 하여 "상설기관으로 國語國文硏究所를 둔다"와 같은 것이었다.

1962년 1월 27일 '서울신문'은 한글학회 理事長 崔鉉培와 國語國文學會 代表理事 南廣祐의 "한글專用問題를 말한다"의 라이벌 對談이란 것을 李御寧 사회로 가진 일이 있다.

이 자리에서 崔는 한글 즉시 전용과 이름씨式 文法述語를 주장했고, 南은 漸進論과 名詞式 술어를 내세웠다.

그 후, 1962년 1월 29일 '경향신문'은 1962년 1월 14일 崔鉉培의 「한글만 쓰기 단행하라」는 公開質議에 대해 本紙를 통한 最高會議답변(문교위원장 孫昌奎)에서

> 政府에서는 公文과 政府 직영기관지 및 출판물에 한하여 즉히 전용하도록 하고 民間紙 및 出版物은 漢字를 제한하여 되도록 한글전용을 권장하되 硏究機關을 두어 調査硏究케 하여 점차적으로 施行하는 것이 좋다고 생각한다.

라고 하여 국어국문학회 建議 내용을 그대로 반영한 바 있다.

그 후로 한때 각급학교 교과서에 限해 漢字를 노출하는 일도 있었으나 대통령 朴正熙의 결연한 意思로 (筆者 註-그 후 77년 8월 18일에 이르러 「常用漢字를 없애자는 것은 잘못」이란 견해를 표명한 바 있다.)

결국 1970년 1월 1일부터 한글전용을 단행한다 하고 그 해 신학기를 期해 權五炳 문교부장관의 暴擧로 改版하는 조치가 취해진 일이 있는데 최현배 한글학회 理事長의 한글전용에 대한 집념이 정부를 움직여 結實을 본 것이라고 할 것이다.

4

나는 "學校文法統一 是非<1963. 5. 28 한국일보>"라는 글을 쓴 일이 있다.

> 명사니 동사니 하는 文法 述語를 主張한다 하여 "우리말의 대적이 우리 내부에서 일어날 줄이야 누가 생각했으랴?"고 크게 怒하여 명사라는 述語의 主張者를 우리말의 大敵으로 몰아치는 愛國的(?)인 발언이 있다.
>
> 韓國 사람치고 正常的인 判斷을 가진 사람이면 오랜 漢字文化圈

> 內에서나 短期間이나마 日帝下에서의 語文生活을 달갑게 생각하는 이는 없으리라.
>
> 그러나 言語가 歷史性이나 現實 社會性을 무시할 수 없는 것이므로, 몇몇 個人의 人爲的인 造作에 의하여 그것도 제대로 잘 만들어지지도 못해서 大衆의 共鳴을 얻지 못한 채 물 위에 기름 돌 듯 어색하고 生硬하여 마치 異邦語를 대하는 듯한 것을 다만 그 만든 말의 材料가 우리말이라 하여 덮어놓고 盲從할 수는 없다.
>
> 崔鉉培 박사의 文法學者로서의 權威는 認定한다손 치더라도, 그분의 새말 創造가 그대로 至上命令처럼 學界의 述語로 君臨할 수 없다고 생각한다.
>
> 言必稱 '순수한 우리말'이라 하여 순박한 民族感情에 호소하여 眩惑시키고 있지만, 필자의 본 바로는 '순 우리말式이라고 하여 억지로 만든 말'이라 함이 더 적절하다고 생각하는데, 이제 몇 가지 예를 들어 이를 實證하려 한다.

라고 하여 "말본갈말, 대이름씨, 움직씨·어찌씨, 어림·걸림·숱·바탈·월·안갖음·감목법·함께자리·나란히마디·거듭월"과 같은 述語에 대해 우리말 傳統的 造語法에도 없는 造語의 無理함을 批判한 바 있다.

한편 學校文法의 統一과 表記法 問題-특히 崔鉉培 博士 '말본'에 나타난 用語와 表記法 批判-<新世界 1963년 7월호>란 一文에서 崔 박사의 중등말본 1·2·3(1959. 3. 5 발행)을 대상으로 그 用語와 表記法에 대해 批判을 加한 일도 있다.

(1) '첫째 매', "말소리갈, 씨갈, 월갈"에서 '매'나 '갈'과 같은 生梗한 造語를 쓴 점.
(2) '치우낱말', '치우 월', '치우 닿소리', '치우 홀소리', '치우 말본스런', '치우 내용스런' 등 '主로' 하면 된 것을 '치우'로 고집한 점.
(3) '두째'와 '둘째'를 구별한 점.
(4) "보히다·높히다·깎히다·적시히다·쌓히다"와 같은 국어교과서에도 없고 辭典에도 없는 표기를 하여 個人의 主張을 중학교과서에 반영한 것은 不當하다는 내 의견을 제시한 것이었다.

마무리

외솔 선생은 한글전용論였고 나는 國漢混用論者다.

나는 한글專用論의 功過<정책연구 86년 가을호(통권 10호)>라는 一文을 쓴 일이 있다. 그 功의 一面을 알지만 그 過가 功에 비해 너무나 크다는 것이 나의 主張이다.

국민학교부터 단계적으로 漢字 섞인 冊을 가지고 漢字 교육을 철저히 하여 국어의 太半인 漢字말의 뜻을 제대로 理解하게 함으로써 讀書力을 길러 知力을 높이고 忠·孝·仁·禮·信 등 德目의 字意를 제대로 알려 靑少年들의 道德性 涵養에도 도움이 되게 해야 할 것이다.

폐단이 없는 限 한글 愛用정신은 좋으나 한글 專用은 얻는 것보다 잃는 것이 많은 옳지 않은 主張이라고 나는 생각한다.

韓·中·日이 漢字恢復勢에 있음이 분명하다. 1世紀 남짓의 西勢東漸의 영향에서 벗어나 東洋文化·東洋思想이 回歸하는 大勢인 것이다. 西歐의 物質文明時代는 가고 21세기는 「漢字威力發揮時代」라는 口號가 대두하기 시작한 것이다.

漢字恢復勢에 우리만 뒤질 수는 없다. 東洋文化圈의 同質性을 회복하고 外交上으로나 文化交流를 위해서나 交易 등 經濟交流를 비롯하여 情報化時代에 對應하기 위해서도 적절한 數의 漢字를 학교교육에서 철저히 行해져야 한다고 믿는다.

〈『새국어생활』 제3권 제3호, 국립국어연구원, 1993. 가을〉

健齋 선생과 나

1. 健齋 선생과 나와의 첫 인연은 中央大에서의 만남이다. 56년 1학기부터의 일이다.

나는 피난지 大邱에서 慶北高·大邱教育大·慶北大 助教授를 거쳐 56년 4월에 中央大로 오게 되었는데 어느 記錄에 의하면 健齋 선생은 52년 4월부터 61년 3월까지 全北大·中央大 在職으로 되어 있으나 中央大 校史에 의하면 52년 10. 31. 현재 中央大 裡里(지금의 益山) 分校 教職員 名單에 들어 있다. 그 당시는 兼職이 가능하던 때였으므로 全北大 교수와 겸직이었던 것까지 通算된 것이 아닌가 한다. 中央大 기록으로는 本校 근무는 56년 6월부터라 한다.

그러니까 健齋 선생과는 近 5년간 同僚교수로서 모셨던 분이다. 特히 내 『古語辭典』(1960년 刊行) 머리말에 의하면 뜻풀이에 좋은 意見을 말씀하여 주신 분으로서 劉昌惇·姜吉云 두 분과 함께 尊啣이 앞에 적혀 있다. 古語辭典 편찬에 도움을 주신 것이다.

당시 中央大엔 우리나라 女性指導者 任永信(창립자)총장. 文理大학장에는 著名한 文學評論家인 白鐵교수, 國語國文學科 主任교수로는 古典文學者인 梁在淵교수, 동료로 역시 古典文學者인 金東旭교수가 있었고 국어학교수로는 健齋 선생과 내가 있었는데 나를 中央大에 소개하고 高大로 자리를 옮긴 金敏洙교수가 계속 출강하였다. 현대문학으로는 小說에 崔仁旭, 詩에 趙炳華 두 분이 강사로 출강했었다.

선생은 1897년생이므로 나보다 23년 年長이시다.

柳穆相교수가 "내가 아는 그 분"(語文硏究 51號. 86. 10)에서 소개한 바에 의하면 一石 선생은 선생을 가리켜 '銳利한 知性, 組織的인 頭腦, 차분한 끈기, 빈틈없는 企劃性, 溫和한 人情味'를 들어 人物評을 했고 그 首弟子인 柳교수는 '閃光처럼 번쩍이는 直觀的 判斷力을 덧붙이고 싶다'고 했다. 외솔 선생은 '天佑의 健在로써…'라 하여 健齋의 健在를 讚한 바 있다.

선생은 그 무렵 寬勳洞에 있던 한글학회에서 1936년(1935년?) 9월부터 시작했던 큰사전 편찬의 일이 42년 10월 저, 유명한 朝鮮語學會사건, 光復, 6·25動亂 등으로 지연되었던 次에 그 끝마무리 作業에 拍車를 加하던 때다. 中央大 강의와 한글학회 일로 바쁜 나날을 보냈지만 그 분의 人品이 剛直·誠實하여 講義나 교수로서의 所任을 충실히 다한 분이었다고 기억한다.

2. 국어국문학 17호(1957. 12.)彙報에 의하면, 국어국문학회 創立 5주년 기념식에는 李熙昇·崔鉉培·金允經·李鐸·金亨奎·張志暎·具滋均(以上 국어국문학자) 韓喬石·金秉喆(영문학자)씨 등을 비롯한 近 500명의 大盛況이었는데 선생의 참석도 있었다. 이때 대표이사는 李泰極교수로 記念辭를 하고 總務로서 司會를 맡아 開式辭·經過報告를 했었고 崔鉉培·李熙昇·韓喬石씨의 祝辭도 있었다.

3. 1958년 11월 1~2일 제1회 全國國語國文學 연구발표대회가 있었는데 첫날은 서울大 醫大강당에서 4:30~7:00 學校文法體系確立을 위한 토론회가 있었다. 이 討論會에 健齋 선생도 一石·외솔·心岳(金允經 선생은 不參) 선생과 함께 참석하여 朴炳淳·姜吉云 兩씨의 質疑에 대해 답변한 바가 있다. 이 討論會의 司會·進行을 내가 맡았었다. (회지 20호 참조)

이날 祝辭에서 一石 선생은 "…場內를 살펴보니, 超滿員을 이룬 聽衆中에는 成人學徒보다 가장 進就性이 많고 强한 학생이 절대 多數를 점령하였을 뿐 아니라, 특히 女子聽衆이 이와 같이 많이 모인 것은 斯學의 將來의 進展을 촉망하여 크게 期待를 가질 수 있어 滿足을 禁할 수 없습니다."라는 말씀으로 激勵해 주셨다.

4. 1961년 4월 23일(月) 오후 5시 30분 太平路 所在 국민회장(지금의 市議會)에서 한글학회와 국어국문학회 공동주회로 그 해 3월1일 建國功勞勳章을 받은 국어국문학관계 人士

故 李允宰	故 韓澄	故 丁泰鎭 선생과
崔鉉培博士	李熙昇博士	鄭寅承 선생

의 受章을 축하하는 모임이 열렸었는데 開會辭는 李崇寧 박사가, 經過報告는 내가 한 일도 있다.

5. 中·高校 國語教科書 國定解除建議에 얽힌 이야기

국어국문학 26호에 1962. 1. 9. 국어국문학회(대표 南廣祐)에서 당면한 國語政策에 관한 建議中 에 中·高교과서 國定解除에 관한 것이 있다.

國語教育의 不合理 是正에 관한 建議書를 당국에 提出이라 하여 1961년 12월 李熙昇·崔鉉培·金允經·鄭寅承·金亨奎·朴鐘和·梁柱東·李崇寧·白鐵·具滋均 등 대학교수 50名이 署名捺印하였다.

이에 앞서 국어국문학회(대표 南廣祐)는 1962. 1. 9. 緊急임시총회에서 學校文法統一·中高교과서 國定解除·한글전용문제 등을 다루었는데 이날 取材記者가 많이 왔었다. 이 記事는 다음날 아침 신문에 民國·서울·東亞·韓國·京鄉·大韓 등에 실렸다. 民國日報가 가장 仔細히 報道했다고 내 日記에 적혀 있다.

이틀 뒤 日記를 보면 '鄭寅承·李江魯 兩氏 만남'이라 있는데 內容은 기록이 없어 알 수가 없다. 그런데 1월 14일字에는 "1월 9일 總會 決議에 대한 한글학회 反駁聲明을 보고 그대로 있을 것이냐에 대해서 한글학회側 聲明書 內容을 검토하여 任員會를 열기로 (16일 午後 5時, 學會)하고 헤어지다.", "1월 15일 羅孫

(金東旭)・若泉(金敏洙)과 함께 한글학회에 들러 聲明書 프린트 한 것 얻다. 健齋 만나 理事會 經緯를 듣고 한글학회 聲明의 不當함을 指摘하였다."라 하여 健齋 선생을 만난 기록이 있다.

6. 1962년 10월 7~8 국어국문학회 주회 第5回 全國國語國文學 硏究發表大會(代表理事 金敏洙)가 서울대 講堂에서 열렸던 첫날 午前 내 司會下에 健齋 선생의 '사이 된소리와 표준말 문제'라는 論題로 발표가 있었다.

7. 1962년에 국어국문학회・한글학회・中央大 국어국문학회 공동주최로 열렸던(12월 28일 小公洞 東明그릴) 내 첫 論文集 出版記念會에는 내 오른쪽으로 朴寬洙(나의 大邱師範 때 恩師, 反共聯盟理事長 지냄)・李熙昇・金允經・白鐵(後參)・鄭寅承・金元圭(내가 在職했던 서울高校長・서울시教育監・京畿高校長 등 지냄)・具滋均・金亨奎・李浩盛 선생 등이 앉아 있는 寫眞이 남아 있고, 日記帳에는 李熙昇・朴寬洙・金允經・鄭寅承・金元圭・李炳圭(大邱時節 내 4년 선배 醫師, 국회의원 지냄) 등 여러분이 각각 祝辭를 해 준 것으로 되어 있다.

8. 씨派와 詞派

나는 文法學者는 아니다. 그러나 共著이긴 하지만 中・高校 文法교과서의 著者이다.

새 중등 문법(金敏洙・劉昌惇・許雄과 共著 1960~1965 東亞出版社)
새 고등 문법(金敏洙・劉昌惇・許雄과 共著 1960~1967 東亞出版社)
중학 문법(劉昌惇・李應百과 共著 1966~1978 東亞出版社)

그런데 鄭寅承 선생의 文法 교과서에는 표준 중등 말본(1949~1955 語文閣), 표준 중등 말본(1955~1966 신구문화사), 표준 고등 말본(1956~1967 신구문화사) 등이 있다.

以上 두 종류 文法 교과서의 이름은 하나는'~文法'이요, 하나는 '~말본'이다.

물론 品詞의 명칭도 '~詞'와 '~씨'로 서로 다르다. '文法과 말본', '名詞와 이름씨'로 갈리는 것이다.

1963 6월 15日字 東亞日報 '書舍餘話'에 李萬甲교수(서울文理大 社會學 교수·現 서울大 명예교수·學術院 人文·社會科學部 會長)의 '사파 씨파'란 글이 실려 있다. 그 글에 의하면 "요새 文法用語를 가지고 야단들이다. 歷史의 H 선생은 이것을 가리켜 '詞派와 씨派의 논쟁'이라 命名하고 있다."고 쓰고 있다.

아닌 게 아니라 당시 詞派 對 씨派란 말이 유행했을 만큼 學校文法統一을 에워싼 論戰은 치열하였다. 聲明戰과 署名戰에 寧日이 없었고 나는 '文法·名詞'란 술어를 내세운 主役의 하나였으므로 詞派로, 健齋 선생은 말본·이름씨를 쓰고 있으므로 씨派였다. 이 論戰 무렵 나도 가담하였지만, 許雄교수도 1963년 7월 3일부터 京鄕新聞에 上下 2回에 걸쳐 실린 '文敎部의 統一方案을 보고'라는 글에서 國文法術語에 대하여 批判하고 있다.

그렇다고 선생과의 사이에 한글專用이나 학교문법 등의 문제에 관해 意見交換을 하거나 論戰(?)을 한 기억은 없다. 나는'-이다'를 잡음씨(指定詞)로 보자는 의견보다는 풀이자리토씨(敍述格助詞, 필자는 助辭로 씀)로 보는 선생의 見解에 同感이다.

9. 묵은 日記를 뒤지다 보니까 私的으로 두어 차례 선생과 술을 나눈 記錄도 나와 있지만 1962년 6월 4일(日)字에 이런 게 있다.

> "…下午 2時부터 李熙昇·具滋均 兩先生 招請 學術講演.
> 426号에서 紹介를 함. 끝난 後 집에서 커피와 딸기 待接.
> 下午 4時 지나 出發, 택시로 한글學會 총회 참석
> 위임장문제로 長時間 說往說來, 下午 9時 10分 閉會
> 任員選擧 結果"
> 鄭寅承 39,崔鉉培38,金允經36,許雄35,李鐸28,李熙昇26,張志暎17

최고표로 健齋 선생이 당선된 것이다. 선생의 한글學會에서의 人望을 짐작할 수 있다. 나도 이날 한글學會 入會 後 최초요, 마지막으로 7표를 얻었다.

10. 내 記憶으로 그 분의 回甲(57년)잔치나 七旬(67년)잔치에

도 참석한 일이 있었는데 특히 七旬잔치 때에는 와달라는 선생의 전화도 있어 갔더니 마침 健齋 선생(당시 建國大 정년퇴임 후 계속 대우교수로 있을 때)이 中央大 在職 당시에 가깝게 지내던 몇 분 동료 교수가 와서 함께 유쾌하게 談笑하며 술 마신 기억이 있다. 그날 아마 健齋도 氣分이 좋으셨던지 꽤 藥酒를 드셨지만 나도 꽤 마셔 기분 좋게 취했었다. 그날 一石 선생도 참석해서 德談으로 祝辭를 하셨는데 나도 옛 동료 교수라는 명분으로 祝辭를 하라 해서 한 일이 있다.

11. 1970年 1月 22日字(木) 朝鮮日報에는 "새 한글 맞춤법 그 方法論을 들어보면"이라는 表題下에 金善琪·南廣祐·劉鳳榮·李熙承·鄭寅承·崔鉉培(가나다順)의 산진과 함께 그들 주장을 소개해 있는데 "南廣祐(中央大 교수)씨도 한글의 表意化가 視覺的인 잇점은 있으나 원칙에 너무 매여 오히려 배우고 쓰기에 어렵게 되었다고 불평을 말한다. '바치다'의 경우 ①바치다(목숨을) ②받히다(뿔에) ③받치다(받침을) ④밭이다(체에 술을) ⑤밭치다(힘줌)를 누가 정확히 분별해 쓰고 있는가 하고 그는 반문한다. 그리고 同音異議語가 한글보다 더 많은 漢字語의 경우에도 받침은 6개뿐이며, 서구外來語는 7개임에 비해 우리말의 현행 받침수 28개(현재는 27개)는 너무 많다는 주장이다."

"鄭寅承씨(한글학자)의 견해도 신중론에 속한다. 대체적인 원칙은 벗어날 수 없고 세부문제에 들어가 異論이 있으나 실태를 조사하고 연구, 의논해 보아야 미흡한 결론에 도달하고 말 것이라고 내다봤다. '바치다'의 경우 뜻이 여러 가지인 만큼 表記가 다를 수 있으며, 다만 물고[꼬]기와 불고[고]기의 경우나 장군[장군], 문자[문짜] 등 된소리 發音表記를 재검토할 것을 요망했다."

12. 그 밖에 나는 1960년 2월부터 1966년까지 文敎部 國語審議會 委員으로, 1962년에 발족되었던 한글專用特別審議會 委員으로, 1966년 4월 全國大學國語國文學敎授團 理事로, 한글학회가 主動한 1970년 以來 맞춤법 修正 표준말 再査定 작업이

있었는데 내 履歷 各種 委員난에는 1972. 9. ~1972. 12. 文敎部 한글맞춤법 改定審議委員會 委員(副議長), 1972. 12~1977. 5. 國語調査委員會 표준말 審議委員으로 되어 있으므로 비교적 자주 선생을 만났을 것이다.

13. 韓國語文敎育硏究會에서는 1982년 9월 12일 朝鮮語學會事件의 回顧 座談會가 있었는데 獄苦를 치르신 生存者 李熙昇·鄭寅承 두 분을 모시고 金觀鎬·南廣祐·朴魯春·申淳彦·安秀桔·安鐘沄·李謙魯·李炳主·李崇寧·李應百·李喆洙·丁來東·李勳鍾·曺基沆·韓萬年·趙容郁 등 人士와 함께 懇談會를 내 司會下에 進行한 기록이 있다.

> 鄭寅承: "우리 네 사람을 2층에 데려다 첫 방에는 내가, 둘째 방엔 一石, 세 번째 방엔 崔鉉培, 네 번째 방엔 李克魯가 있었는데 하루는 看守들한테 이런 얘기를 들었어요. 벌써 그 봄에 뭇솔리니 伊太利가 거꾸러졌고, 그 다음엔 獨逸이 거꾸러졌으니 왜놈이 남았거든요? 이제 그 때는 뻔한 거지요. 그 때부터는 마음이 놓였습니다. …… 8월 15일이 되니까 거의 다 나가고 우리만 남았는데 …… 16일이 되어도 서울에서 아무 통지가 없고 17일에도 통지가 없으니까 …… 그 때까지 내보내지를 않더니, 17일 밤에 朝鮮 看守長 녀석이 올라와서는 '이제는 선생님들을 나가시게 해야 할 텐데, 제 책임이 아니기 때문에 어쩔 수 없이 말아 두었지만, 이제는 기다려도 아무 소식이 없으니 제가 모든 것을 책임지고 선생님들을 내보내 드릴 테니까 나가시라.'고 그래요."

그런데 이 朝鮮語學會事件에 대해서는 다른 분의 回顧談도 있지만 健齋 선생은 1972년 11월 末부터 25回에 걸쳐 中央日報에 "남기고 싶은 이야기들" 連載 중 '朝鮮語學會사건'이라 하여 국한혼용문으로 回顧談을 쓰셨다. 第25話 光復과 出獄篇에서 "獨立祝賀酒 드시오." '警備員이 勸酒 종일 咸興有志들 歡待받고 서울로'라는 감격어린 述懷를 하고 있으시다

그런데 그 追記에,

"이 조선어학회사건을 中央日報에 連載하기 시작한 지 3일 만에 나의 옥바라지를 하며 고생하던 아내가 세상을 떠났다. 결혼 60년의 回婚禮를 가진 지 3년, 옛 朝鮮語學會사건을 회상할 때 우연의 일치라기에는 너무도 묘연한 생각이 들어 감개무량한 바를 금할 길이 없었다."

라는 喪妻하신 설움을 토하고 계시다.

14. 그 후 세월은 흘러 1986년 7월 7일 健齋선생은 90의 나이로 天壽를 다하셨는데, 다음은 그해 내 旧日記帳의 기록이다.

7월 8일(火)맑음 저녁나절 흐림
…鄭寅承씨 作故記事, 朝鮮日報에 내일 永訣式이라고…
7월 9일(水) 맑음 한때 소나기
… "10시 지나 鄭寅承씨 永訣式參席 一石(李熙昇 선생), 象隱(同德女大學長을 지낸 趙容郁 선생)"

이라고 적혀 있으므로 두 분도 참석하셨다는 것.

이것이 선생과 나와의 이승에서의 마지막 만남이었다.

1956년부터 1986년까지 滿30年餘 因緣의 마지막이었다.

〈『語文研究』第92號, 韓國語文敎育研究會, 1996. 12.〉

陶南 선생의 語文觀

光復後 美軍政下 조선교육심의회에서 초·중등학교 교과서에서 漢字를 폐지하고 다만 필요한 경우 괄호 안에 漢字를 넣을 수 있음을 決議하였다.

이 決議에 반대한 이는 당시의 城大(지금의 서울大)교수 趙潤濟와 普專(지금의 高麗大) 교장 玄相允 등이었던 것으로 전해진다.

陶南 선생은 "국민(초등)학교에서 漢字교육이 폐지된 것을 無謀한 짓"이라 하고 "2千餘年의 歷史를 가지고 순전한 國字로서 사용된 것을 아무 硏究와 計劃이 없이 一朝에 그냥 폐지했다는 것이 愚謨妄策이 아니겠느냐"고 지적, "漢字폐지는 民族文化의 파괴는 될지언정 建設은 되지 않는다."고 했었다. 한글전용이란 도도한 激浪 속에서 용기 있는 주장이요 正論이었다.

陶南 선생은 1929년 3월에 경성제대 문학과(조선어문학 전공, 지금의 서울大 국어국문학과 前身) 제1회 출신으로 日帝下 1937년 朝鮮詩歌史綱을 비롯하여 광복 후, 國文學史·國文學槪說 등 많은 著書를 낸 우리 古典文學硏究의 開拓者의 한분으로 大國文學者다.

陶南 선생의 학술적 업적에 대해서는 分外의 일이므로 접어두기로 하고 선생의 語文觀에 대해서만 再照明해 보기로 하겠다.

「國語敎育의 當面한 問題」(1947년 刊)란 一著가 있다.

로 되어 있다.

序 첫마디에 "國語는 곧 우리의 生命이다.", "우리의 民族的 精神이 속속들이 그 가운데 배고 있으니 어찌 우리의 自身이 그 가운데 있지 않으며 그것이 곧 우리의 生命이 아니고 무엇이겠는가", "國語敎育의 任務는 重且大한 것이 있다"라고 해 있다.

1) 國語와 敎育

"朝鮮(한국)교육은 조선의 傳統的 精神에 입각한 조선의 民族敎育이 되지 않으면 안된다."라 하고 "국어는 모든 敎育에 있어 관련이 안되는 곳이 없고 그만큼 중요한 學科目이다"라 하였으며 "대학에서도 모든 學科에 必要科目으로 되어 있음은 적절한 措置"라고 하였다.

<引用文 중 漢字는 좀 줄였고 긴 說明을 좀 줄이기도 했다. 以下 同>

2) 國語의 힘

"國語의 힘은 실로 위대한 것이다", "民族文學·民族敎育·民族文化가 온통거기에서 形成되어 나오고 民族國家의 興亡盛衰가 또한 거기에 매어 있다고도 할 수 있다.", "조선 民族이 滅亡할지도 모를 危機에 處하였던 것은…곧 국어에 대한 倭政의 심한 壓迫 때문이었었다"라고 진단하고 "國民된 者…다 같이 國語의

愛護와 그 發達에 힘쓰지 않으면 안 될 것이다"라고 하였다.

3) 漢字問題

"국어에서 漢字를 폐지하느냐 않느냐 하는 문제는 국어교육상 重大한 문제일 뿐 아니라 국어 그 자체에 있어서 크나큰 革命이다. 국어는 우리의 生命이라 한다면 우리도 모르게 우리의 生命이 變革되어 나가는 것을 우리는 참을 수 없거니와 그 국어는 教育뿐이 아니라 政治·경제·종교 기타 모든 文化와 生活과 분리할 수 없는 관계에 있는 만큼 국어의 單獨革命이라는 것은 있을 수도 없고 또 승인할 수도 없다."

"그런데…朝鮮教育審議會가 여리니 青天霹靂으로 한자폐지문제가 상정되자 그날 議決되어…國民學校에서는 漢字가 폐지되고 말았다", "내 자신 委員의 한사람으로 해당문제를 審議하고 分科委員會의 委員이 되어 맹렬히 反對했으나 分科委員 전부가 漢字폐지를 주장하는 데는 어떻게 할 수 없어 票決에는 棄權하고 총회에 가서 또 反對하였었다. 다행히 여러 委員의 찬동을 얻어 첫날은 流會가 되었으나 그 다음 총회에서 내가 缺席한대로 多數決로 원안이 통과되었다고 한다.

漢字폐지라는 문제가 民族의 發展, 국가의 運命에 걸리는 큰 國事인데 충분한 議論의 여유도 없이 一朝에 몇 사람의 투표 몇 장으로 可決이 되어 실행에 옮겨 가는데 대하여는 悲哀와 痛憤을 금할 수가 없다."라고 憂國衷情을 토로하고 있다.

그리고 끝맺음에 가서 "國民教育에 있어 國民生活에 있어 漢字가 중대한 문제이니 이 문제가 원만히 해결되어 民族文化가 明朗히 進展되어 나가기를 우리 民族으로 더불어 焦心若待하여 마지않는 바이다."라 하였다.

4) 綴字法問題

"초·중등학교 교과서에 사용되고 있는 국어철자법은 朝鮮語學會의 한글 맞춤법 統一案 그것이다.", "한글式 綴字法은 被壓

迫時代에 그 공로는 컸었다. 그러나 時代가 바뀌었다 한글式 綴字法의 재검토의 필요가 있다.", "우리 국문이란 것이 결코 어려운 것이 아니다. 世界文字 중에서 가장 발달한 文字가 우리 國字로 가장 合理的이요 가장 科學的인 文字가 우리 國字다. 그런데 우리 한글綴字法은 너무 어렵다. 완전히 解得하여 쓸 줄 아는 전국의 학생이 그 몇 사람이 되는가", "'좋다 않다'로 적을 경우 語幹·語尾가 분명한 점 科學的이라 할 수 있다. 그러나 한글 綴字法은 學者의 硏究用이지 일반 교육용은 아니다. 文字는 말을 적는 符號요, 表音文字는 音을 충실히 記寫함으로써 能을 다한 것이니 文法에 맞고 안 맞는다는 것은 도리어 둘째 問題요, 그를 완전히 표기하느냐 않느냐가 첫째 문제일 것이다."라 하여 "國民的이고 大衆的인 綴字法이 다시 案出되기를 提言 한다"고 했다.

以上 陶南 선생의 著書에 나타난 語文觀을 요약하면

1. 국어는 곧 우리의 生命이다.
2. 우리 교육은 傳統的 精神에 입각한 民族敎育이 되어야 하며 국어교육이 가장 중요한 學科目이다.
3. 국어 尊重·愛護의 운동이 필요하며 國語의 힘은 위대한 것이다.
4. 國民學校에서의 漢字교육 폐지를 痛憤한다.
5. 현행 맞춤법은 너무 어렵다. 學者의 硏究用이지 敎育用은 아니다. 국민적이고 대중적인 綴字法 案出이 필요하다.

오늘날 世界化의 물결 속에 英語敎育의 熱風으로 그 교육은 국민학교 3학년부터 正課時間에 2시간씩 가르치는데 국민학교 국어교육은 한글전용 교육으로 다만 校長 재량과목으로 漢字교육은 3학년 이상에서 週 1시간씩 하겠다는 것이다. 그러나 그것도 英語교육의 熱風에 밀려날 것이 아니겠느냐는 憂慮의 소리도 있다.

中·高校에서의 漢字敎育도 校長 재량시간으로 전락하고 大學에서의 必須이던 敎養國語도 位相이 흔들리고 있다고 한다.

국어교육의 重大한 危機를 切感하지 않을 수 없다. 果然 이래도 되는 것인가.

나는 최근 '南·北韓 國語의 統一'이란 글을 쓴 일이 있다(憲政 1996. 2월호).

南韓에선 光復後 軍政 3년, 政府수립후 3년 合 6년 동안을 편수국장 자리에 있던 崔鉉培 주도下에 한글전용은 자리잡게 되고 北韓은 소련에서 돌아온 金日成이 소련의 庇護下에 집권하면서 傳統文化를 파괴하고 한글 전용을 실시했는데 한글전용을 主導한 이는 金科奉이었다 한다.

이 南韓의 崔鉉培, 北韓의 金科奉은 함께 한글전용의 元祖라 할 周時經 선생의 제자들이다. 이것은 한글전용에 국한된 것이 아니고 오늘날 南北韓의 국어표기법이 1933년에 定해진 朝鮮語綴字法통일안에 근거를 두고 있으므로 철자법통일안은 주로 周時經 제자들에 의해 이루어진 것이라 할 수 있으므로 결국 南北韓의 語文政策은 周時經主義의 所産이라 할만하다.

陶南 선생의 語文觀은 이 周時經主義에 반대되는 것으로, 이 所論은 正論이므로 충분히 존중되어야 한다고 나는 생각한다.

한글전용은 世宗의 뜻이 아니다. 龍飛御天歌가 國漢(한漢)混用인 것 하나만으로도 알 수 있다. 2,000字 정도의 常用漢字制定과 국어교육의 一環으로 국민학교에서 1학년부터 1,000字, 中高까지에는 常用漢字教育을 서둘러야 한다. 그게 國益에 도움이 된다. 지나친 表意主義로 27개의 받침을 案出해 낸 것도 訓民正音創制者들의 終聲에 있어 '然ㄱㆁㄷㄴㅂㅁㅅㄹ 八字可足用'의 정신에 어긋난 것이다. 南北韓의 현행 表記法이 종전의 比해 다소 나아진 面이 있기는 하나 통일 후의 우리 후손들을 위해 創制者들의 뜻으로 돌아가 좀 더 쉽게 고쳐지도록 衆智를 모아볼 일이다.

〈『語文研究』 第90號, 韓國語文教育研究會, 1996. 6.〉

一簑先生을 追慕함

-40週忌를 맞아-

오는 11월 18일은 국어학자 一簑 方鍾鉉先生이 돌아가신 지 40周가 되는 날이다.

一簑先生은 1905년 平北 定州 出生으로 34년 京城帝大 朝鮮語文學科를 졸업·同大學院, 東京帝大 大學院에서 國語學·言語學 研究를 한 분으로 一石 李熙昇 선생의 뒤를 이은 心岳 李崇寧 선생과 함께 국어학계의 三巨星중의 한 분이었다.

선생은 40년~43년 12월 朝鮮日報社의 「朝光」을 主幹한 한편 財團法人 東方文化學院을 창설, 「民族文化」 研究에 盡力하셨는데 45년 6월에는 日帝敗亡直前의 어려운 시기에 倉洞에서 爲堂 鄭寅普 선생과 등과 隱居한 일도 있으시다. 光復 뒤인 45년 11월 새로 출발한 京城大學 豫科교수, 46년 11월에 國立서울大學校가 창립되고 同 文理科大學 교수로 취임, 6·25동란으로 釜山으로 피난, 10월 收復과 더불어 文理大 管理책임자로 취임, 學園 再建에 진력, 51년 3월에는 釜山에서 開設된 戰時聯合大學 副學長, 51년 12월에 서울 文理大 學長에 취임하셨는데 激務에 過勞탓이었던지 52년 8월 臥病, 11월 18일에 永逝하신 것이다.

이 무렵의 일을 心岳 선생은 「故一簑의 追憶」(一簑 國語學論集에 실린)에서 다음과 같이 쓰고 있으시다.

"그는 光復하자 곧 文理科 大學長으로 任命되어 事變 뒤처리를 公正하게, 그리고 溫威를 갖춘 훌륭한 솜씨로 해냈음에 나는 그 德望의 所致로 보았지만 새로이 一簑를 評價하게 되었다.

政治家 못지않은 큼직한 度量과 手法, 古風이 갖는 大人의 風度에, 親知에게도 嚴肅할 수 있는 몸가짐을 보고 나는 一簑는 果然 人物이구나를 느꼈던 것이다. 그는 재차 南下 뒤 釜山에서 大學運營에 놀라운 手腕과 文字 그대로의 誠意를 보여 주었다."

이 책 序에서 一石 선생은 "一簑는 一見 무뚝뚝한 듯하면서도 다사로운 人情美가 풍부하였는데 豪放한 듯하면서도 자상한 性格의 所有者였다. 疎脫한 듯하면서도 치밀한 思考力을 품었으며, 義에 强하고 情에 약하였었다…"

나는 외람되게 「一簑 方鍾鉉 선생을 追慕함-10週忌를 맞이하며-」란 一文을 朝鮮日報에 起稿한 바 있다. 그 글에서 다음과 같이 밝혔다.

"先生은 해방 전후를 통하여 20년에 걸쳐 國語硏究에 精進하여 많은 업적을 남겼을 뿐 아니라 여러 大學이나 講習기관에도 出講하여 後進 양성에 성의를 기울였고 한편 한글학회·震檀學會·우리어문학회·書誌學會·山岳會 등 委員으로 활약하였으며 또한 귀중한 古文獻의 蒐集에도 뜻을 두어 屈指의 藏書家이기도 하였다.

先生이 남긴 著書로는 『俗談大辭典』(共編), 『古語材料辭典』(前後編), 『朝漢英俗談集』, 『歲時風俗集』, 『訓民正音通史』, 『松江歌辭註』□『民謠集成』(共編), 『古時調精解』 등이 있고 論文으로는 『鷄林類事硏究』와 『訓蒙字會攷』를 비롯하여 주로 『한글』誌 등을 통하여 발표한 大小論文과 未發表遺稿 등 數十篇이 있다. (이들 遺稿 中 一部는 十週忌를 기념하여 『一簑國語學論集』으로 民衆書館에서 나왔다.)

<中略>

先生은 古語·俗談·謎語·方言·時調·民謠의 蒐集에서 書誌에 이르기까지 손을 대신 것은 풍부한 자료 위에 장래의 大成을 뜻한 雄圖에서 온 것이라 본다.

여러 論著로 學界에 큰 업적을 남긴 先生은 또한 여러 貴重한 古書의 蒐集으로 學界에 功을 끼쳤으니 현재 先生의 藏書는 서울大學校 中央圖書館 一簑文庫에 보관되어 後進들에게 좋은 자료를 제공해 주고 있다.

先生이 古書의 蒐集家로 자연 書誌學에도 손을 대게 된 것이라 생각되는데 先生을 遺稿인 國語學圖書解題(乙酉文化社에서 진행 중 事變으로 中斷)가 햇볕을 보지 못한 것은 先生이 계획 진행 중이던 국어사전(一成堂)의 未完成과 함께 遺憾으로 생각한다."

돌이켜 보면 내가 처음으로 先生을 뵙게 된 것은 46년 4월이었다. 京城大學 豫科 附設 中等敎員 養成所 國文科生으로 先生의 講義를 듣게 된 것이 첫 因緣이었다. 그때 一石·心岳 두 先生께서도 出講하셨는데 그런 因緣으로 서울大 文理大에 進學하게 되어 세 분 先生께 가르침을 받은 것이 내가 國語學徒로 平生을 보내게 된 動機다.

특히 49년 5월 선생께서 국어사전 편찬을 거들어 달라는 말씀이 있어 처음에는 『俗談大辭典』에서 俗談을 추리고, 다음으로는 『古語材料辭典』에서 古語를 추리기로 하여 이 일은 6·25사변 중에도 줄곧 계속되었다. 그러나 사변의 추이는 이 사전 편찬사업의 계속을 불가능케 하였다.

그 후 나는 피난지 大邱에서 이왕에 추렸던 古語자료를 버리기도 아까워 뜻을 바꾸어 古語辭典 편찬에 착수한 것이 51년 가을이었다.

60년 9월 拙編 『古語辭典』이 나온 것이 바로 一簑先生의 『古語材料辭典』을 根幹으로 資料를 더 추려 모아 엮은 것이요, 그 동기 또한 一簑先生이 마련해 주신 셈이다.

참으로 先生은 誠意의 敎育者요, 大人風度의 人格者였다. 폭넓게 學問의 基盤을 마련하신 위의 遺著나 遺稿 등이 얼마나 良心的이요, 學究的이었는가는 學界周知의 사실이지마는 先生은 「…것인가 한다」, 「…誤字라고 본다」, 「…것이라고 생각한다」라고 하여 斷定을 하지 않는 분이었다. 그분의 人品을 가늠할 수 있는 한 斷面이다.

圓滿·誠實·自虛·豪放 그러면서도 不義와는 타협하지 않는 곧은 意氣, 사변 중 어려운 환경과 荊棘 속에서도 끝까지 學園을 지키신 學者的 志操 등 先生의 學問·人格을 다 그릴 수 없음을 恨 한다.

先生이 뿌리신 씨는 擴散되어 學界 구석구석에 자리하고 있는 것이다. 冥福을 삼가 빌 뿐이다.

〈『語文研究』第76號, 韓國語文敎育研究會, 1992. 12.〉

心岳先生과 나

내가 心岳先生을 처음 뵈온 것은 光復 다음 해인 1946년 봄의 일이다. 내가 大邱師範 尋常科 5학년을 졸업한 것이 1938년 3월인데 그 후로 慶南 泗川·京畿 利川·黃海 瑞興을 전전하면서 國民學校 教師 노릇을 하다가 光復이 되자 單身으로 越南 上京하여 서울 竹添(지금의 金華)國民學校 교사가 되었다가 46년 봄 京城大學 豫科附設 中等教員 養成所의 학생모집광고를 보고 그 國文科에 應試 입학한 것이 4월 29일이었으므로 그게 선생을 뵙게 되어 師弟의 緣을 맺게 된 契機가 된 것이다.

그때 국어학 講師는 선생과 一石 李熙昇, 一簑 方鍾鉉 선생의 세 분이 맡아 주셨는데 선생께는 釋譜詳節 講讀講義를 들었다. 처음으로 ㅸ, ㅿ 등 글자를 대하고는 神奇도 하였는데 세 분 恩師님과의 因緣으로 나는 晩學의 꿈을 갖게 되었다.

중등교원양성소를 마친 나는 그 해 9월부터 지금의 서울高에 취직이 되고 당시의 校長 金元圭 선생(후, 서울市 교육감)의 특별 배려로 教師職을 가진 채 47년 9월에 서울大 文理大 국어국문학과에 들어가게 되었다. 덕분에 세 분 恩師님께 국어학 강의를 듣게 되었고 50년 31세의 나이로 뒤늦게 대학졸업을 한 것이다.

그때, 文理大 專任으로는 국어학 교수 세 분과 국문과 교수로는 陶南 趙潤濟, 가람 李秉岐 두 분 선생 모두가 우리나라 최고의 學者들이셨으므로 당시의 학생들은 모두가 矜持와 自負를 가지고 공부를 열심히 하느라고 힘썼다. 文理大 국어국문학과 恩師 다섯 분 중 제일 먼저 他界하신 분이 一簑 선생이었다. 48세 한창 연세에 피난지 釜山에서 돌아가셨다. 52년 11월 18일 밤 9시의 일이다.

心岳 선생과 一簑 선생은 至近한 사이셨다. 1963년 11월 18일 一簑 선생 10周忌에 나온 一簑 國語學論集에 실린 心岳 선생의 '故一簑의 追憶'이라는 一文을 읽으면 두 분의 관계를 잘 알 수 있다.

心岳 선생과 一簑 선생과는 成大 同期生인데 졸업은 一簑 선생이 1년 늦으셨다. 光復이 되자 平壤師範에 계시던 心岳 선생이 먼저 귀경하셔서 새 출발한 成大 豫科교수가 되시자 바로 一簑 선생을 成大 同僚 豫科敎授로 맞이하셨다. 官舍도 이웃에 있게 되어 두 분은 위아래 宅에서 지내게 되셨고, 職場도 같아서 거의 매일 만나시게 되었는데, 두 분은 46년 9월 새 출발한 서울 文理大 교수로서 근무 중 6·25를 맞이하셨던 것이다.

心岳·一簑 두 분이 成大 朝鮮語文學科 1학년일 때는 助手로는 1회의 陶南, 2회의 一石은 新出 졸업생으로 京城師範에 취직하셨던 때였다 한다.

1953년 11월 釜山 東大新洞 方鍾鉉 선생 永訣式에서 떨리는 손으로 弔辭를 펴든 선생은 "一簑!"하자 쏟아지는 눈물로 글자가 보이지 않았고 목이 메어 한 줄을 읽어 내려가기가 힘들었다. 내가 이렇게 울어 본 적은 처음이었다. 이를 악물고 겨우 읽어 내렸다. 그의 靈柩 앞에 弔辭를 말아 놓고 나서 부끄럼도 없이 수건을 얼굴에 댄 채 나는 한층 흐느껴 울었다." 라고 쓰셨다.

그런데 그 弔辭를 읽으셨던 心岳 선생께서 이제 가고 없으시다. 아! 人生無常!

89년 2월 4일 發病, 2월8일 原子力병원에 入院, 腦幹哽塞症으로 氣道를 切開하여 치료를 받으시다가 病勢好轉으로 3월에 退

院, 6월 18일에 再入院, 7월 4일에 다시 퇴원하셔서 7월 18일에 있은 外孫女(서울大 金完鎭 교수의 따님)결혼식에 참석하시기도 했다 한다. 그 후 9월 10일에 3次로 入院 후 91년 3월 19일까지 오랜 病院에서의 놀라운 鬪病생활은 계속되셨고, 退院 후 돌아가실 때까지의 너무나 기나긴 苦難의 세월이셨다.

그러나 少時的 乘馬나 水泳 등으로 몸을 다지신 위에 平生을 登山으로 健康管理를 해오신 덕분으로 돌아가시기 10일前 쯤 갑자기 惡化되실 때까지만 해도 화장실 출입도 하시고 가끔 바깥出入도 願하셨다 한다. 놀라운 意志의 化身이셨다.

一簑 선생이 돌아가신 후, 뒤를 이어 他界하신 분이 가람 李秉岐 선생이시다. 69년 11월 29일 새벽 3시 鄕里인 全北 益山에서 78세를 一期로 가신 것이다.

陶南 趙潤濟 선생은 76년 4월 10일 아침 7시 敦岩洞에서 돌아가셨고, 一石 李熙昇 선생은 89년11월 27일 오후 7시에 東崇洞에서 94세 天壽를 다하고 永眠하셨다. 이제 唯一의 生存者셨던 선생께서 精誠어린 師母님의 看護의 보람도 없이 지난 2월 2일 새벽5시에 87세로 이승을 떠나신 것이다.

이렇게 해서 나는 다섯 분 大學恩師분을 모두 잃은 것이다. 그 중 가장 오랜 師弟의 緣이 이어진 것이 心岳 선생님이시다.

이제 마지막 生存者이셨던 선생마저 가신 것이다.

내가 在學 당시엔 主로 국어학 선생宅에만 드나들었던 것으로 기억한다.

忠正路 一石宅과 淸凉里의 心岳, 두 선생宅이었다.

피난지 大邱에서 지금의 慶北高・大邱敎育大・慶北大를 전전하다가 歸京하여 中央大교수로 옮긴 뒤로는 李泰極・金東旭・金聖培 諸씨와 어울려 一石・心岳宅을 찾고 一簑(遺族宅)을 찾기도 했는데, 一行에 金聖培씨가 끼어 있었던 관계로 无涯 梁柱東 선생宅도 들렀었다. 한편 陶南・가람宅에도 들렀는데 뒤에는 李能雨・金錫夏씨와 어울리기도 했었다.

그런데 歲拜를 함께 다니던 金東旭・金聖培씨는 가고 歲拜를 받으시던 恩師님 모든 분이 가셨다. 이제 歲拜 다닐 곳이 없어진 것이다. 하기야 내 나이 75세가 되었으니 그럴 수밖에 없겠지.

내가 心岳 선생을 자주 뵙게 된 것은 56년 피난지 大邱에서 歸京하여 中央大로 오게 된 뒤의 일이다. 그해 9월 국어국문학회 總務理事가 된후 代表理事를 거치는 등 학회일이나 語文政策, 語文敎育政策일도 있고 하여 비교적 자주 전화도 걸고 찾아뵙기도 한 편이다. 뿐만 아니다. 59년 11월에는 金敏洙·劉昌惇씨와 함께 국어학회를 創立했는데 그 후 65년에 선생을 理事長으로 모시기도 했고, 69년 7월 31일에 創立된 韓國語文敎育硏究會 發起人으로, 후에 副會長(會長 李熙昇 선생)으로 모셨고, 一石 선생 돌아가신 뒤에는 선생을 名譽會長으로 모시기도 했다.

原稿請託을 드리기도 하고 講演이나 硏究發表 청탁을 하기도 했으며 建議書에 署名을 부탁드리기도 했는데 한 번도 거절한 일 없이 선선이 快諾을 해 주셨다.

선생의 國語學論叢(東亞出版社 刊行) 1966년에 내는데 주선해 드리기도 했고, 1968년(~78년) 東亞出版社에서 낸 高校敎材로 「古典」책을 共著로 내기도 했다.

1968년 7월 2일 「李崇寧博士 頌壽紀念講演會」에서 나는 「國語學 60년」이라는 演題로 강연을 했는데 나는 이 강연에서

> "單行本으로 나온 編著(두 편 以上)로는 李熙昇·方鍾鉉·李崇寧·金亨圭·許雄·金敏洙·兪昌惇·兪昌均·梁柱東·李基文·金允經과 필자의 것들이 있다. 해방 전후를 통해 많은 論文(65년까지 20편 이상)을 쓴 이들은 崔鉉培·李熙昇·金允經·李崇寧·方鍾鉉·許雄·劉昌惇·金敏洙·李基文과 필자 등인데 그 중에서도 가장 많은 분이 이번에 回甲을 맞은 李崇寧 박사다. 主要 著書만도 「國語學論攷」, 「國語學論叢」 등 8편이다. 李熙昇 박사의 말씀을 빌면 '그 業績은 量으로 많고 質로 優秀하여 우리 國語學 構築의 本格的인 役軍'으로 국어학 60년의 最高峰을 이룩한 분이다."

라고 한 바 있다.

73년 3월 나는 仁荷大 師大學長이 되었는데 그 다음 해인 74년 2월 서울文理大 教授職을 停年退任하셨을 때 總長에게 얘기해서 선생을 招聘교수로 모셔 漢陽大 文理大學長으로 가시기 前 2년 동안 出講하셨고, 그후로도 大學院生을 宅으로 보내 受講케 했었다.

내가 1960년 9월 30일 古語辭典을 發刊한 데 대해 先生을 筆頭로 鄭寅燮・金一根・崔鉉培・全光鏞・金允經・兪昌均・中村 完 등 諸氏의 書評이 各紙誌에 실린 일이 있다. 이 古語辭典은 한국일보사 制定 「第1回 韓國出版文社賞」(著述部門)을 받았는데 그 한국일보紙面에 書評을 써 주셨다.

□ 李崇寧(1960年 10月 26日字 韓國日報)

「아카데믹」한 努力의 表現

專攻者로서 筆者는 南廣祐教授의 「古語辭典」 編纂의 進行에 유달리 神經을 써왔던 것이다. 더구나 昨年 「하바드・燕京協會」의 日本側 報告書를 보고서 筆者는 緊張을 하게 되었는데 河野六郎氏가 小倉博士의 引繼事業으로 前記協會援助로 우리 中期語辭典의 編纂을 進行시키고 原稿紙로 7,000餘장에 達한 것임을 알자 筆者는 南教授의 이번 刊行의 國際性을 생각하여 所信도 폈던 것이다. 南教授는 解放後 이에 留意하여 十餘星霜의 苦心끝에 이제 本著를 刊行하게 된 것은 결코 一般辭典이 가지는 뜻과는 자못 다름이 있을 것이라고 하겠다. 참으로 學界의 慶事가 아닐 수 없다.

採擇된 語彙 11,315語, 對象이 된 文獻 200餘種, 引用原典의 卷장數까지 밝히고 聲調表示인 傍點까지 表記한 것이며, 本文 500面에다가 卷末에 文獻解題와 語尾 一覽表 提示 等 우리 國語學界로서 처음 보는 일이며 이로써 專攻者는 勿論이려니와 大學生들의 「카아드」 作成의 勞苦를 덜 것이요, 國語學의 史的 研

究面에 다시 없는 큰 이바지가 될 것임을 의심하지 않는다. 南教授는 各 學者 所藏의 稀貴한 文獻을 찾아 그간 例文의 更新도 數次에 걸쳐 있었고 組版 뒤 校正을 보다가 그 組版을 몇 차례나 부수고 苦心한 이 結晶을 아는 이는 알 것이다.

例文에서 어느 語彙의 形態의 偏在를 發見하면 곧 이를 是正하고 均衡있게 하고자 例文更新을 꾀한 것이니, 이는 精力家나 높은 理念의 所有者가 아니고서는 될 일이 아니다. 그리하여 註解의 正確은 우리 國語學徒나 一般教師나 知識人에게 크게 安心을 줄 것이며, 國語學論文도 이 冊을 가지고 비로소 이루어질 수 있을 것이다. 여지껏 몇 種의 「古語辭典」이 있기는 했지만 原典의 出處의 明示도 없고 그 語彙數도 이와는 比較가 되지 않는다. 여기 南教授의 功勞를 衷心으로 讚揚하는 바이다.

이 冊은 國際性을 띨 수 있게 될 것이라고 믿음은 西歐나 美國 또는 日本에서는 東洋語 硏究上 至極要望되고 있는 때를 맞춘 業績이기로이다. 이 冊은 크게 宣傳되어야 하므로 筆者는 英文으로 卷頭의 一文을 붙이었으며, 다시 近近 參加할 極東 三國間의 文化問題會議에 正式으로 宣傳하려 하며, 또한 日本 學界에도 紹介하려고 한다. 日本 學界의 歡迎을 받을 것을 조금도 疑心하지 않는다.

끝으로 東亞出版社가 그 施設을 가지고도 多年間 古字活字의 鑄造 其他刊行에 큰 犧牲을 한 것임을 알고 있는 만큼 또한 協助의 高邁한 精神을 讚하며 아울러 그 勞를 깊이 謝하는 바이다.

참으로 나로선 過分하기도 하지만 弟子 사랑의 情이 담겨 있는 書評이나.

卷頭에는 英文評을 써주시기도 했다.

1962년 6월 20일 「國語學論文集」을 냈을 때는 一石・无涯 두 분 선생과 세 분이 論文集에 각각 1面 분량의 短評을 써주시기 했는데 「古文獻에 나타난 稀貴語考察-古語辭典 編纂 其一-」이란 일문을 써주셨다.

> "이것은 語原論 또는 意味論에 들 것이요, 註釋學으로도 볼 수 있다. 우리 學界에서 所謂 「뜻풀이」란 것이 있지만 이만한 誠實하고 安心할수 있는 試圖는 찾아보기 어려우며 흔히 獨斷과 合目的인 附會가 눈에 뜨이는데 氏는 豊富한 考證을 가지고 나온 것 누구에게나 一讀 권하고 싶다."

…(後略)라는 評을 주셨으며 1984년 12월 20일 「韓國語의 發音硏究[Ⅱ]」가 나왔을 때는 "알찬 내용, 學界에 큰 刺戟"이란 副題로 評을 주셨다.

□ 李崇寧 박사 <학술원원로회원>(1985年 2月5日 聯合通信)

알찬 내용, 學界에 큰 刺戟

이번에 仁荷大學校 出版部에서 간행한 南廣祐교수의 「韓國語의 發音硏究[Ⅱ]-常用漢字 및 漢字말의 표준발음 硏究-」란 단행본은 학계로서 처음 보는 내용으로서 南교수의 오랜 연구가 이같은 결실을 한 것이다. 이 책은 學界에서는 물론이려니와 國語敎育界에서도 큰 자극으로 받아들일 것이다. 이 책의 체재는 국판 4백 81페이지의 것으로서 한 과제의 연구업적으로는 두터운 양으로서 내용에서 조금도 낭비가 없는 알찬 노고의 결정으로 본다.

이것은 南교수의 40년간의 줄기찬 연구의 결과이며 그것이 1984년 10월에 「韓國語의 發音硏究[Ⅰ]」로 간행되고 뒤이어 11월에는 한국어표준발음사전으로 간행되었으며 12월에는 이 책으로 간행된 것이니 숨가쁜 重複刊行이다. 여기서 南敎授의 기백과 외길을 달리는 그 성격이 잘 나타난 것이라고 본다. 학계로선 참으로 연거푸 대작을 얻게 된 것이니 自祝할 일이 아닌가 한다.

"이번 책의 내용을 보면 漢字로는 기초漢字 1천 8백字에 9백

70字를 더한 총 2천 7백 70字의 한자와 그 한자로 된 語彙 즉 漢字語를 역사적으로 聲調가 어찌 변해왔는가를 여러 문헌을 가지고 고찰해서 서울말 즉 現代標準語와 비교한 것이니 우리의 言語生活에서 종래의 의문을 풀어준 셈이다.

> "이번 책의 내용을 보면 漢字로는 基礎漢字 1千 8百字에 9百 70字를 더한 총 2千 7百 70字의 漢字와 그 漢字로 된 語彙 즉 漢字語를 역사적으로 聲調가 어찌 변천해 왔는가를 여러 문헌을 가지고 고찰해서 서울말 즉 現代標準語와 비교한 것이니 우리의 言語生活에서 종래의 의문을 풀어준 셈이다. …(後略)…"

라고 써주셨다.

韓國語文敎育硏究會는 1980년 5월 15일 「語文硏究」 25・26 合併號로 당시 代表理事였던 내 還甲紀念特輯을 낸 바 있다. 金錫夏・全光鏞・金敏洙 세 분의 글과 선생님의 글이 실렸는데 선생께선 다음과 같은 破格的인 글을 써주신 것이다.

나와 南敎授는 解放 直後부터 맺어진 因緣으로 오늘날까지 往來가 잦다. 부인은 정말 '賢母良妻'의 尊敬의 對象인데, 內子와는 親族으로 家庭的으로 親交가 두텁고, 어른이 된 令胤・令愛를 보아도 南敎授야말로 家庭的으로도 걱정할 것을 가지고 있지 않은 多福한 學者다. 斗酒不辭는 아니지만, 前日 大邱에서 봄바람에 酒氣를 띠고 宅의 골목에 들어설 무렵, 그 목소리와 그 웃음소리로 골목의 雰圍氣를 明朗하게 만들었다고 한다. 南敎授의 웃음소리는 可謂 天下一品이다. 知己가 모인 酒席에서 으레 痛快無比한 웃음소리가 터져 나오면, 生活의 愁心도 단번에 霧散되는 것이 아닌가 한다. 南敎授와 그 痛快한 웃음소리는 人間 南敎授를 알기 위해선 失禮이지만 同一實在의 兩面觀 같다고 할까, 知己에게 깊이 아로새겨진 印象이려니 한다.

南敎授는 일찍이 國語學者로서 많은 業績을 公刊했고 지금도 바쁜 仁荷大學校의 補職을 가진 터이지만, 勤工을 계속하고 있으니, 當然하다고 하면 그만이지만 筆者로서는 그저 고맙기만

하다. 「古語辭典」은 學界의 첫 産物로서 그 記錄은 永遠히 傳해질 것이다. 그리고 漢字硏究에도 많은 硏究를 거쳐 여러 論文으로, 또는 여기서 未開拓 分野에 첫손을 댈 業績이 있을 것으로 믿는다. 國語의 發音辭典類도 여지껏 누가 손을 대었단 말인가. 南教授는 言語政策面에서 一部에서 主張해온 漢字一掃運動에 抗拒하여 뚜렷한 態度를 보이고 있다. 始終一貫, 漢字敎育의 必要性을 强調하고 韓國語文敎育硏究會가 南教授의 主張에 呼應한 同志들의 學會이며, 여기서 堂堂한 主張을 내세우고 있다. 南教授는 情熱의 사나이이고, 正義의 人間이고, 不義를 보고 奮起하는 學者이고, 믿는 바에 따라 오직 前進만을 아는 者라고 하겠다. 世上엔 明哲保身, 조금 이라도 다칠세라 하고, 몸을 사리는 패가 많지만, 南教授는 그런 類型의 人間과는 距離가 먼 學者다. 이 點에서 나는 南教授를 높이 評價하련다.

끝으로, 南教授에게 몇가지 付託을 하겠다. 우선 健康을 조심할 것, 筆者는 老境에 들어선 者는 健康이 第一이라고 主張해온 者로서, 이런 意味에서 健康을 지키라고 勸한다. 설사 數百億의 財産을 가져도 健康없이는 家畜에게 眞珠를 던져준 것밖에 아무것도 아니다.

다음에 人生이 60부터라니 부디 이 뒤에는 人生을 즐긴다는 點을 留意해 주기 바란다. 內外同伴하고 八道江山으로 다시 外國으로 나다니시기 바란다. 소위 엔조이를 滿喫하라고 부탁하는 바이다.

끝으로 一言한다면 더욱 좋은 業績을 내어놓아서 '逆旅過客'이라지만, 그 보람을 뚜렷이 한 大作을 남기시기 바란다. 어느 때인가는 우리는 다 간다. 그러나 學者로서 무엇인가 큰 것을 남기고 가야 한다. 南教授는 너끈히 큰 것을 남길 분이니 이 點을 부탁하는 바이다.

南教授여! 人生은 이제부터니 부디 뜻있게 보람 있게 그리고 多福하게 生活을 開拓할 것을 권하는 바이다.

하찮은 조그마한 著書에 대한 지나친 評을 주신 데 대해선 고맙기도 하고 悚懼스럽기도 하지만 그 뿐이 아니다. 尹弘老(딸 基惠의 남편, 현 檀國大大學院長<현대문학>), 아들 基卓(현 江原大敎授<국어학>), 尹馨培(딸 姸朱의 남편, 현 檀國大敎授<醫學>)의 婚禮 때 主禮를 서 주시기도 했다.

너무나도 긴 緣의 연속이었다.

이제 그 모든 緣이 끊긴 것이다. "어느 때인가는 우리는 다 간다"라고 하셨는데 말씀처럼 가신 것이다. 큰 足跡 남기시고 가셨다.

〈『語文硏究』 第81·82號, 韓國語文敎育硏究會, 1994. 7.〉

心岳先生의 語文觀

나는 앞에 소개된 여러분과의 視野를 달리 해서 語文政策・語文教育政策面에서 선생께서 뚜렷한 所信을 가지고 正論을 펴신 一面을 照明하는 작업을 해볼까 한다.

내가 46년 教員養成所에 다닐 때 成大 英文科 출신인 左翼評論家 金東錫씨의 강의를 들은 일이 있다. 生後 처음으로 聖賢으로만 알고 있던 孔子・孟子를 資本主義의 앞잡이로 罵倒하고 한글 전용을 적극 주장하며 漢字쓰기를 주장하는 것은 貴族主義요, 事大思想의 發露라는 등 極論에 당혹했던 기억이 있다. 그런데 그 金東錫씨가 한글전용론을 펴면서 攻擊의 主對象으로 삼았던 분이 내 기억으론 李崇寧・金東里(小說家) 두 분이 아니었던가 한다.

1945년 12월 18일 美軍政廳 初・中學校의 教科書를 한글로 하기로 決議(조선교육심의회)를 할 때에 反對意見을 편 이는 玄相允(普專校長)・趙潤濟(成大 교수) 두 분이었다고 한다.

趙潤濟先生은 1947년 6월 『國語教育의 當面한 問類』란 冊子에서 漢字폐지에 앞서 1,000字 내외의 國民常用漢字로 制限할 것의 提案한 바도 있다.

그러나 滔滔했던 한글전용論의 大勢에 밀렸고 1948년 10월 9일에는 「대한민국의 공용문서는 한글로 쓴다. 다만 당분간 필요할 때에는 漢字를 병용할 수 있다.」라는 한글전용법을 公布하기에 이르렀던 것이다.

그러나 그 이듬해인 1949년 9월 국민의 與論에 밀려 「漢字使用에 관한 建議案」(任永信議員)을 在席 119名 중 可89, 否1로 可決, 1950년에 政府는 國民學校에서 漢字教育을 하기로 했던 것이다.

이 무렵의 先生은 한글전용법 公布 직후인 1948년 11월 2일 京鄉新聞에 "朝鮮語學의 危機"라는 一文에서 世界的인 우랄・알타이語學者인 람스테트의 "韓國語의 管見(英文)", "韓國語의 것(事物)(獨文)"을 말씀하면서 韓國語學의 危機를 淸算되어야 된다고 하여 朝鮮語學의 危機를 歎하였다.

"朝鮮語學은 곧 一般言語學이다."라고 規定하고 "朝鮮語學의 學的 體系에서 言語學的 方向과 文獻學的 方向의 두 방향이 있어 後者는 前者의 補助的 方向이라는 것을 깨달아야 한다."라고 해서 지나치게 文獻學에 치우친 현실을 지적하고 "해방 이전에는 綴字法운동(制定과는 다르다)으로 해방 후에는 綴字・橫書・述語…문제로 教育者나 行政家가 할 事跡에 消費하는가."라고 하여 危機를 경고하셨다.

이에 앞서 47년 1월 6일 조선일보에는 『國語教育에 對하여』라는 一文에서 "當局者는 民間의 刊行인 副讀本의 採用에 干涉말기를 바라며…", "過去의 教育이 너무도 綴字法에 구애된 느낌이 없었을까 初等學校에서도 綴字, 中高 大學에서도 綴字, 심지어 講習會에서도 綴字이던 느낌이 없던가…", "內容 파악으로 파고 들어가야 한다. 綴字는 作文에서 講讀에서 倂用하면 될 것이니…"라고 하여 당시의 국어교육을 염려한 글이다.

48년 9월 7일 조선일보에는 『國語淨化』라는 標題下 "말은 時代를 따르는 것-지나친 語彙制定은 混亂을 惹起"라는 副題下에 "앞서 과도정부 문교부와 조선어학회로 조직한 「국어정화위원회」에서는 우리말 가운데서 없어진 말을 도로 찾아 쓰는 동시에 불순한 日本말을 一掃하고 국어 정화한다"고 하여 862단어를 완성한 바 있는데 그 중에는 '동물학'을 '옮살이갈', '향토생활'을 '고장생활'로 하고 또 외국말로서 우리말화한 것까지 고친다는 것은 도리어 우리말에 혼란을 일으킬 염려가 적지 않아 이에 대한 일반의 非難이 적지 않은바 各界人士의 談話를 소개한 바 있다.

이에는 趙潤濟(서울대 副院長 · 후에 文理大學長 · 成均館大 大學院長), 李崇寧(文理大 豫科部長 · 후에 서울大 大學院長), 李泰圭(文理大學長 · 世界的인 物理學者), 崔奎東(中東中學校長 · 후에 서울大 總長,) 朝鮮語學會談이 실려 있는데 모두가 지나친 語彙(새말) 制定에 대해 混亂惹起를 염려하고 있다.

心岳 선생은 "言語는 生命이 있는 것이므로 言衆과 遊離된 것은 생명이 길지 못함"을 지적하고 있으시다.

1948년 12월 7일~9일 국제신문에 『漢字撤廢是非』라는 題下에 漢字의 表意性을 들어 漢字制限論을 주장하였다.

1949년 4월 25일 京鄕新聞에 『學術用語制定에 物議-一部 教授陣서 反對蹶起-』라는 題下 記事에서 "音聲學을 조선말로 음성학이라 할 것이지 '말소리갈'이라고 고쳐야만 될 이유가 어디 있는가…이것은 반드시 '失敗할 것이다'"라고 人爲的 制定의 失敗를 豫言한 일이 있다.

1945년 5월 27일~29일 京鄕新聞의 「新造語 强要(上 · 中 · 下)」라는 題下의 글에서 "적어도 數千語의 國語가 朝鮮語學者의 손에서 料理되어가고 있는 것이다. 만일 이것이 總決算되는 날 文化界의 一大 混亂은 지금부터 염려되는 바이다.…(後略)" 이 선생의 豫言은 的中하여 거의 失敗로 돌아갔다고 보아야 할 것이다.

50년 1월 17일 下午 3시 조선일보에서 마련한 玄相允(高麗大 總長), 李熙昇(한글학회 幹事, 文理大 教授), 李崇寧(震檀學會 總務, 文理大 教授), 金道昶(京城女子高等學校長, 史學者), 金元圭

(서울中學校長, 후에 서울市 教育監), 徐榮鎬(壽松國校長), 李撰百(校洞國校長), 尹在千(惠化國校長), 崔秉和(兒童文學家), 朝鮮日報 方應模社長, 劉鳳榮 編輯局長이 참석한 座談會 記事의 문제는 「한글專用에 有罪-社會와 學窓間의 矛盾을 造成-」, 「文化政策에 矛盾-社會現實을 따라야 한다-」라는 標題가 달려 있는데 이 자리에서 玄相允 선생은 "나는 한글전용을 절대 반대 합니다…한글밖에 못쓰게 된다면 우리文化는 쇠퇴하고 맙니다."라고 하였고, 心岳 선생은 "교육은 現實을 기반 삼아야 하는데 신문이나 잡지에는 그대로 漢字로 쓰게 하고 教科書만 한글전용을 하다니 되지 않습니다."라고 하여 한글전용 교과서를 반대하고 있다.

그렇다고 한글의 優秀性을 沒却한 분은 아니다. 그 누구보다도 그 優秀性을 認識하고 强調한 분이다. 그것은 1956년 10월 9일 서울신문에서 「한글은 言語科學의 극치-잘 키우고 살려나가자」는 一文에서 "母音字가 현대 音韻論의 理論에 그대로 들어맞는 對立의 體系에서 線과 點으로 이루어진 言語科學의 高度의 理論에서 만들어진 文字다."(子音體系에 대한 것 省略)라고 한데서도 잘 나타나 있다.

1957년(신문이름, 날짜 未詳)에 쓴 「漢字制限論」에서는 "아무런 준비도 없이 즉시 전폐(漢字)가 될 줄 알았던 필자가 처음부터 反對한 것같이 一般 社會가 共鳴하지 않는 限 또는 입으로 共鳴하고 실지로는 이행하지 않는 限 두 경우가 다 같은 것이므로 실패할 것이니 오늘날 漢字制限論이야말로 정당한 정책이 될 것이다." …… (中略)

"전일 國民學校에 漢字 千字를 가르치라고 막연한 통고를 하고 어찌 가르치라는 一言의 설명이 없어 지방 강습에 가 보면 장학사도 말을 못하게 만든 과거의 文教部의 알쏭달쏭한 정책은 참으로 졸렬하였다. 그래서 거기서온 혼란은 말이 아니었다…" 라고 쓰셨다.

1960년 10월 10일 釜山日報에 『言語政策과 漢字問題』라는 一

文에서도 "日本이 오늘날의 漢字政策에 이르기까지 解放(敗戰)직후의 이야기인데 調査報告에 의하면 60종의 著書와 무수한 評論을 가지고 있지만 우리나라에서는 이 문제에 관하여 단 한 卷의 冊子도 나와 있지 않다. 또 一篇의 心理學的 調査論도 없이 상식으로 曰可曰否하고 여기 '民族의 將來'를 붙이고 나오니 이것이야말로 後進國다운 비약을 意識치 못하는 태도가 아닌가 한다" …… (中略)

"漢字卽時철폐論을 주장하는 학자 중 '날틀'式 新造語를 들고 나선 것은 方法으론 참으로 正當한 것이다. 왜냐하면 漢字철폐와 漢字語폐지는 本質的으로 不可分의 관계에 있기로이다. 그래서 人名·地名부터 改革이 됨이 先決 問題인 것이니……"

필자는 현 단계로도 漢字制限時代라고 주장한다.

"그 이외의 어떠한 主張에도 同調할 수 없는 것이다."라는 斷乎한 태도를 보이고 있다.

1963년 7월 1일 서울大學新聞에 『言語政策의 獨善性-解放後 言語革命試圖의 概觀-』이라는 一文에서 「民族文化發展의 惡影響 -公器인 言語가 幾個人의 손에서 愚弄될 수 없다-」, 統一性없는 提議 四次나 豹變이라는 題下에

(1) 로마字로의 文字革命試圖- '한글'을 버리고 로마字로 改革하자.
(2) 新造語 是非-옮살이갈(動物學), 넘보라살(紫外光線), 떠돌이별(衛星), 얼씨(精충), 밥통(胃), 쪼개국물(細胞液). 復古主義도 이만하면 可觀이다.
(3) 우리말 도로찾기

新造語 造作과 竝行하에 反日感情을 이용하여 外來語 중 오직 日語系 外來語만을 「날틀」式 新造語로 바꾸려는 것이었다… 오직 料理名에서만 料理業者의 順從으로 약간 採擇되었을 뿐이다.

(4) 풀어쓰기 提唱

로마字改革이 실패하자 뒤이어 한글을 풀어 써야 한다는 色다른 主張을 또 내세웠다. 「한글이 世界 第一이라」고 하다가 一變하여 한글을 버리고 로마字로 써야 한다고 하더니 再變하여 이

번에는 그것도 버리고 한글을 풀어 써야 한다니 志操를 찾을 길이 없다.

(5) 字形改造論

다시 三變하여 字形改造論으로 나섰다. 이것은 釜山 피난 때에 美國 援助金이 남은 것을 이용하여 인쇄소의 活字의 字形을 고침으로써 全 字形을 改革하려고 提起한 것이나 또한 完全失敗였다.

(6) 쉬운 말 是非

작년에 革命政府의 힘을 빌자는 것인지(?) 文敎部의 '뒷받침'으로 法的機關인 國語審議會가 있는 데에도 불구하고(그 人員構成이 말썽꾼이가 많다고 보았는지?) 非法的 기관인 한글전용대책위원회를 꾸려가지고 長官을 委員長으로 올려놓고(形式임은 물론이다) 말썽꾼이는 처음부터 除去한 뒤에 한 學會의 人員을 基幹으로 짜고서 急速度로 서둘러 '아내무섬장이(恐妻家)'式 新造語를 만들어 公表하고 社會의 嘲笑와 憤激을 사고서 失敗하였으니 이 어쩌잔 金力·精力·時間의 浪費거리만 만드느냔 말이다. 이 失敗같이 창피한 例는 다시없을 것이다.

(7) 「한글 專用特別審委會 會報」 문제

文敎部 예산을 얻어가지고 「아내무섬장이」, 「날틀」式 造語를 꾸며 제3권까지 내다가 社會의 冷待로 國費만 浪費하는 셈이 되었다.

以上 같은 同一人 또는 同一 그룹에서 試圖된 提唱 또는 活動을 그 性格에서 大別하면 다음과 같이 된다.

(1) 文字革命 試圖
- (A) 로마字改革
- (B) 풀어쓰기 提唱
- (C) 字形改造
- (D) 풀어쓰기 再提唱

로마字式 改革에서 字形改造까지(1945~1952年) 6년간에 展開된 朝變夕改式 태도에 얼마나 社會가 精神的 피해를 입었는가는 헤아릴 바 아니며 그 動機가 어디에 있나를 스스로 폭로하고 있다.

(2) 言語革命 試圖
(A) 學術用語 造成 試圖
(B) 우리말 도로찾기
(C) '쉬운말' 選定
(D) 文法用語 統一

이것은 날틀式 造語主張에 巧妙하게 기회를 포착함에 놀라게 되면 「레텔」은 달라도 目標는 하나다. 이것이 우리를 얼마나 괴롭히는가 생각하면 참으로 진저리가 난다. 이제야 한 個人, 또는 몇 少數 「그룹」이 獨善的으로 新造語를 造作하는 외람된 行動은 용서 없이 完全 봉쇄해야 한다. ……(後略)

峻烈한 正論의 宣告다.

이밖에도 先生의 글은 내 手中에 더 있다. 65년 2월 世代誌(1964. 12. 24 글) 「誌上 세미나」에서 '이름씨가 아니라 名詞다'에서 "「날틀」式 造作의 史的 考察", "言語政策과 世代的 斷層", "學校文法統一專門委員會" 등으로 갈라 썼는데 당시 專門委員會 위원 16명(心岳 선생은 渡美中으로 不參)이 名詞식 述語가 8:7로 통과되자 崔鉉培 선생 등 몇 분이 퇴장한 경위에 대해서 술하고 있다.

"여기에서 우리는 崔씨의 태도에 무한한 疑訝를 금할 수가 없다. 만일 그 최종표결에서 7:8로 「이름씨」가 통과되었더라면 반드시 民主主義의 원칙을 들고 그 統一을 文敎部에 촉구했을 것이다. 여기서 묻노니 그 專門委는 崔씨가 제의했고, 그 위원결정에 崔씨가 제의해서 채택된 것이고, 최종 票決까지 崔씨가 참가하고도 공동제안하여 결정한 統一案인데, 崔씨로서 어떻게 이에 反對할 수 있느냔 말이다."라고 준열한 筆鋒을 휘두르고 있으시다.

1968년 11월 2일 동아일보에 "한글專用 그 問題點에서 國學

臨終의 序曲-無準備狀態의 한글專用이 가져올 것은-"

1968년 3월 亞細亞 3號에 「한글專用 뒤에 올 問題들」

1969년 12월 15일 서울大學新聞에 「우리말 찾기 "장개석總統과 사또오首相"이란 글도 쓰셨지만 國語學硏究에만 골몰하시겠다던 先生께서 잘못되어 가는 語文敎育 내지는 國語政策에 관해 吾不關의 태도를 취하시기에는 良心이 허락지 않으셨을 것이다.」

語文硏究(韓國語文敎育硏究會<1969. 7. 31 創立>誌 73. 9創刊)에 「漢字敎育의 必要性」을 執筆하신 후 제4호(74년 여름호), 제7·8호(75년 봄·여름호), 제10호(75년 겨울호), 12호(76년 여름호 卷頭言), 제25·26호(80년 봄·여름호), 제41호(84년 봄호), 제45호(85년 봄호), 제59·60호(88년 가을·겨울호)에 投稿해주셨고 한편 語文講演會에도 제4회(72년10월4일) 漢字語와 韓國文化를 비롯, 제13회(75년 10월 7일)제 16회(76년7월8일) 仁川支會에까지 나와서 78년 11월8일 世宗大王의 文化觀이란 演題로 講演해 주시는 등 韓國語文敎育硏究會에 대한 熱意를 모여 주셨고 돌아가실 때까지 會費도 꼬박꼬박 내 주셨다.

오직 국어사랑·국어교육·心慮의 表出이시다.

끝으로 '한글專用 뒤에 올 問題들'은 韓國語文敎育硏究會編 「한글과 漢字」에 실려 있고 '國語醇化方法'에 대하여는 「語文硏究」(16호, 76년 7월8일)에 실려 있으므로 그리 미루고 先生의 語文觀(語文硏究 41호, 84년 봄회)만을 再錄하면서 이 글을 끝마치려 한다.

〈『語文硏究』 第81·82號, 韓國語文敎育硏究會, 1994. 7.〉

나와 若泉

나와 若泉과는 1947년 9월로부터 오늘날(1997년 6월)까지 50년간의 因緣이다. 47년 9월 若泉은 서울文理大 국어국문학과 助教였고 1학년에 籍을 두었다.
나는 2학년 때 편입학을 했는데 당시 서울中學(현 서울高 前身) 教師였다. 두 사람은 비슷한 처지의 身分이라고나 할까. 하나는 助教와 學生이라는 二重身分이었고 하나는 中學教師와 학생이라는 二重身分으로 大學을 졸업한 것이다.

그 후로 6·25사변 후 若泉은 釜山으로 가게 되었고 나는 日帝때 大邱師範을 졸업한 인연으로 대구로 피난을 했었다.

1. 국어국문학회

국어국문학회는 1952년 12월 4일에 釜山에서 9명의 젊은 국어국문학자들이 모여 創立한 學會인데 이 發起의 주동인물이 梁在淵과 若泉이었다. 大邱에 있던 나에게 동참을 권한 것도 若泉이었는데 會員番號 14번이 許雄. 15번이 李家源, 내가 16번으로 돼 있는 기록이 있고. 1953. 6. 1 發行 會誌「國語國文學」5호에 내 入會 記錄이 있으므로 국어국문학회 초창기부터의 멤버로 활동을 함께 한 동지다.

若泉과 내가 좀더 가깝게 지내게 된 것은 1956년 봄 내가 慶

北大 文理大 조교수에서 中央大 文理大 조교수로 자리를 옮기게 된 후의 일이다. 若泉이 高麗大로 자리를 옮기면서 나를 中央大 후임 자리로 천거해 주었고 그 해 9월에 내가 국어국문학회 총무로 被選되면서부터다. 이 때 若泉은 편집 일을 맡게 되었다.

國語國文學會 三十年史(편찬위원장 南廣祐)에 의하면 文法論爭(집필 金敏洙)에 있어 若泉과 나는 같은 中高校 文法교과서의 著者이기도 했지만 뜻을 함께하는 同志였다.

若泉과 나는 劉昌惇·許雄과 함께 東亞出版社에서 새중등문법(1960~1965) 새고등문법(1960~1967)을 낸 일이 있다.

그런데 문교부에서 學校文法의 用語와 체계를 단일화하기 위한 統一案을 작성하는 과정에서 특히 '말본'派와 '文法'派가 '이름씨'냐 '名詞'냐의 용어문제로 1961년 10월부터 1966년 12월까지 격돌한 일이 있는데 이 때 若泉과 나는 文法派의 主役으로 신문을 통한 論爭에도 같이 가담한 일이 있다.

실상 학교문법 체계 확립을 위한 토론회는 1958년 11월에 열렸던 전국 국어국문학 硏究發表大會 때에 있었으므로 文法論爭의 씨앗은 이때에 뿌려진 것이다.

국어국문학회가 한창 財政形便이 어려워 會誌發行이 어렵게 되었는데 마침 東亞出版社(社長 金相文)가 入手된 국어사전의 원고를 修正補完해 국어국문학회 이름으로 간행하기를 학회 총무인 나에게 교섭해와 계약이 이루어지고 全任員이 여름·겨울방학 동안 이 일에 專力하여 1958년 3월 20일 出刊(새 국어대사전) 되었고, 그 辭典은 날개 돋친 듯 팔려 초기에 2萬部가 팔렸다던가? 그 代價로 4회의 會誌(每回 150面, 2000部씩)가 出刊된 일이 있는데 이 때 若泉도 任員으로서 이 일에 同參했던 것이다.

(1) 한글 專用 반대 학교문법 統一 교과서 國定解除 문제 등 建議

1962년 1월 9일에 열린 국어국문학회 임시총회(대표이사 南廣祐)에서 한글專用문제 등 당면한 국어정책에 관한 建議書를 내기로 결의했는데 이 建議書는 若泉이 起草하였다.

1. 學校文法(중・고 문법교과서) 통일
2. 中・高 國語 교과서(독본)國定解除
3. 한글專用 반대
4. 國語國文의 研究機關(假稱 國語國文研究所)設置

등 5개항의 建議였다.

(2) 國語正書法案 制定의 일

국어국문학회의 1971년 6월 20일 定期總會에서 國語正書法案이 制定된 일이 있는데 研究委員 30名이 選定되고, 起草委員長에는 내가, 起草委員으로는 若泉・柳穆相・李應百・李翊燮・鄭然粲・崔世和 등 9명이 選出 되었었다.

이 正書法案은 받침을 15개(ㄱㄴㄷㄹㅁㅂㅇㅈㅌㅍㄺㄻㄼ)로 하고 지나친 形態素 밝히기를 止揚하자는 案이었다.

1. 草案 原稿作成(起草委員 全員)
2. 草案 前文作成(金敏洙委員 主宰)
3. 草案 解說文(뒤에 붙이는 말 포함 - 南廣祐 起草委員長 主宰)
4. 本 草案과 現行 한글맞춤법과의 對照表 作成(李應百 研究委員會 委員長 책임)

위에서 보는 바와 같이 若泉은 이 일에도 적극 참여해 준 主役의 하나였다.

(3) 外來語 表記法案 制定의 일

1972년 6월 4일 定期總會에서 外來語表記法안이 통과되었는데 制定委員으로는 南廣祐・李基文・全光鏞(以上 任員)・姜信沆・金敏洙・裵亮瑞・李東林・李乙煥・李應百 등 9명이었는데 起草委員으로 南廣祐・李基文・金敏洙 등의 3名이 選定되었고

일단 金敏洙 위원에게 草案을 의뢰했다. 그 후 拙速한 案을 내는 것보다는 신중을 期하기로 하고 問題點만을 지적하기로 하는 등 우여곡절을 겪고 최종적으로 내 責任下에 다듬어진 案에 '解說'과 '外來語表記法안을 내놓으면서'를 탈고하여 任員會에 넘겨져 修正이 가해지고 總會에서 통과되기에 이르렀다. 土着音主義를 骨子로 하고 漢字로 된 人名·地名 등은 우리 漢字音으로 表記함을 원칙으로 한다는 것으로 이 點 若泉과 나 사이는 거의 같은 意見이었다 나(10·12代)와 若泉(11代)은 앞서거니 뒤서거니 代表理事를 歷任했다. 국어국문학회는 96년 4월 현재 會員 1. 750명, 會誌 「국어국문학」 115호. 1997년 5월 現 代表는 林基中이다.

2. 國語學會 發起

국어국문학회 發起의 主役이었던 若泉은 나와 劉昌惇에게 국어학회 發起를 제의해 와서 1959년 11월 22일에 세 사람 共同發起로 학회를 創立, 會誌 '國語學'을 창간하고, 돌려가며 幹事長을 맡아 硏究發表회 등도 가져 오다가 李崇寧을 會長으로 추대하기에 이르렀고, 金亨奎를 거쳐 현재는 南基心이 會長이다. 96년 4월 현재 會員 550명, 會誌 26호를 발행했다.

3. 한글학회 時節

내 原稿가 한글誌에 처음 실려 나온 것이 1955년 6월 1일이었는데 한글학회 會員으로 加入한 것이 이보다 앞섰던 것으로 생각된다. 그 때 若泉은 한글학회에서 큰사전 편찬의 일을 거들고 있었으므로 나는 若泉의 주선으로 한글학회에 入會한 것이 아닌가 하며 그 후 한 10여년 한글학회 會員으로서 함께 활동한 일이 있는데 그 후 나는 한글專用 反對論의 先鋒이라는 낙인이 찍혀 한글학회 활동은 중단되었다.

4. 韓國語文敎育硏究會 活動

나는 그 후 1969년 7월 31일 韓國語文敎育硏究會 창립으로 이 會의 일에 專力했다. 理事·常任理事·代表理事(74~88)를 거쳐 李熙昇의 뒤를 이어 會長(88~現在)을 맡고 있다. 若泉은 그 후 二重言語學會長, 周時經學會長 등 다른 길을 걷다가 현재 우리 會 評議員이다. 南北統一對備 분과위원회의 委員長으로서 國語傳統性 恢復·국어교육 正常化를 위한 獻身的 노력을 함께 하고 있다.

이번 東崇學術財團 設立은 참으로 若泉의 眞面目을 보이는 快擧요. 壯한 일이 아닐 수 없다.

「나와 若泉」이란 一文으로 그 壯擧를 축하하는 글로 삼고자 한다.

또한 若泉과는 국어국문학회·국어학회 任員으로뿐 아니라 한참 동안 七友會員(金敏洙·南廣祐 外에 金聖培·朴魯春·李泰極·李勳鍾·張師勛)으로서 어지간히 술을 마시기도 한 술친구이기도 하다.

종로에 있던 陽地다방에서 만나 慶尙道·心園·浪漫·海州집… 등 주로 武橋洞 一帶를 무대로 이루 헤아릴 수 없는 술집 巡禮에 갖다 바친 술값만도 상당액에 이를 것이다.

若泉은 꼼꼼하고 치밀하고 빈틈없고 用意周到할 뿐만 아니라 맺고 끊는 一面도 있으며 무엇보다도 誠實해 내가 敬畏하는 친구의 하나다. 그러고 보니 한 가지 생각나는 일이 있다. 아마 若泉이 釜山에 있었고, 내가 大邱에 있었을 때 서로 편지를 주고받은 일이 있었는데 若泉이 보낸 편지를 나는 한통도 가지고 있는 것이 없었는데 그 언젠가 歸京後 서울에서 만났을 때 내가 보낸 편지를 그대로 간직했다가 모두 돌려주는 것이 아닌가. 앞으로 自敍傳이라도 쓰게 되면 資料가 될 것이라는 것이다. 참으로 기가 막힌 若泉의 一面이기도 하다. 妄言多謝.

〈『語文硏究』 第95號, 韓國語文敎育硏究會, 1997. 9.〉

國語辭典과 語彙

韓國語辭典의 現況과 問題

古語辭典·韓國語標準發音辭典·韓國漢字音訓變遷辭典

나는 1960년에 『古語辭典』을, 1971년에는 그 補訂版을 내었으며, 1984년에는 『韓國語標準發音辭典』을 발행하였고, 그에 이어 현재는 『韓國漢字音訓變遷字典』과 『古語大辭典』(假題)의 完刊을 서두르고 있는 중이다.

Ⅰ. 古語辭典

머리말

해방 전에 우리는 우리의 고어사전 한 권 갖지 못하였었음이 사실이다. 그러나 해방이 되자 지금은 고인이 되신 일사(一簑) 方鍾鉉 선생의《古語材料辭典》전·후집이 1946·7 양년에 걸쳐 프린트판으로 나오게 되었으니, 이는 선생의 10여년에 걸친 꾸준한 재료 수집의 결정체로 이것이 학계에 끼친 공헌은 큰 바 있었으며, 이《고어재료사전》에 이어 나온 李常春[뒤에 李永哲씨 이름으로 바뀌었음], 정희준[뒤에 劉昌惇씨 증보] 編《고어사전》등이 각각 학계 및 교육계에 비익된 바 컸으리라 보며, 그 先功을 치하하여 마지 않는다.

그러나 이와 같은 고어사전들은 해방이 되자 황망히 나왔을 뿐 아니라 우리나라 제반 실정으로 학자들의 연구생활이 보장되어 있지 않았으며, 또 인쇄부문에 있어서의 모든 후진적 조건 밑에서 나온 관계로 여러 미비점이 있음은 否認하지 못할 일로, 학계나 교육계에서 더 나은 고어사전의 출현을 고대하는 소리가 높았음을 우리는 알고 있다.

이제 이《고어사전》이 시기적으로 이러한 기대 속에 간행을 보게 된다는 자체에 대하여 편자는 적지 않은 두려움을 느끼는 바이다.

編纂경과

1. 1949년 5월 경 方鍾鉉 선생(前 서울大學校 文理科大學 教授, 뒤에 學長 역임)께서 사전편찬을 거들어 달라는 말씀이 있어 처음에는《俗談大辭典》에서 속담을 추리고, 다음으로는《고어재료사전》에서 고어를 추리기로 하여, 이 일은 6·25사변 중에도 줄곧 계속되었다.

2. 그러나 사변의 추이는 이 사전편찬 사업의 계속을 불가능하게 만들었을 뿐 아니라 方선생의 피난지 부산에서의 작고는 마침내 이 일의 중단을 불가피하게 하였다.

3. 그 후 나는 피난지 大邱에서 기왕에 추렸던 고어를 버리기도 아까워, 뜻을 바꾸어 고어사전 편찬에 착수한 것이니 그것은 1951년 가을이었다.

4. 그리하여 처음에 원고지에 썼던 것을 카드에 옮기고《고어재료사전》에 실린 자료는 물론, 대구의 金永驥 : 慶北高校長, 千時權 : 慶北大教授, 兪昌均 : 青丘大教授, 沈載完 : 青丘大教授, 崔正錫 : 曉星女大教授 등 여러분의 藏書와 경북대학교 도서관 所藏本을 빌려다가 자료를 추리고 다시 경북대학교 대학원에서 찍어낸 海印寺板 각종 諺解本에서 자료를 추려 일단 카드 작성을 마치고, 1954년 겨울에 서울 壯文社와의 사이에 출판 口頭契

約이 맺어졌다.

5. 그 뒤 장문사의 사정으로 조판에 착수 못한 채, 저자가 前직장 경북대학교에서 이곳 서울의 中央大學校로 옮겨 온 것이 1956년 4월이요, 귀경 후 장문사 양해 하에 동아출판사와 계약을 맺은 것이 1957년 10월이었는데, 카드 작성은 계약 전후를 통하여 다시 계속되었으니, 즉 서울대학교 문리과대학 국어국문학과 연구실, 一簑文庫 서울대학교 중앙도서관을 비롯하여 국립도서관, 중앙대학교 도서관의 藏本과 개인의 所藏本으로서는 李秉岐 : 前서울大 文理大敎授, 李熙昇 : 서울大 文理大學長, 李崇寧 : 서울大 文理大敎授, 세 恩師의 것을 비롯하여, 崔鉉培 : 延世大敎授, 劉昌惇 : 延世大敎授, 金敏洙 : 高麗大敎授, 鄭輝萬 : 慶熙高敎師, 李謙魯 : 通文館社長 등 제씨의 것에 私藏本을 합하여 나대로는 어지간한 정력과 시간을 자료 수집에 바쳤다.

6. 조판이 시작된 것은 계약이 된 다음 해인 1958년 봄이었던가 하며, 그로부터 2년하고도 반, 7校까지를 거치는 동안에 숱한 고어 활자나 한자의 벽자(僻字) 활자를 새로 만들어야 하였고, 거기에다 저자의 욕심으로 새로운 자료가 나타날 때마다 보충을 하느라고 6교까지에도 보충 원고를 넣어 새로 짜다시피 했다는 점 등이 이 <고어사전>이 더디게 세상에 나타나게 된 주요 원인이다. <以下 略>

1960年 7月 17日 制憲節날

古語辭典에 대한 客觀的 評價로 "우리학과 명저순례"(새소식 11호 서울대 국문과 동창회)라는 金文昌(19회 · 인하대 교수)의 <南廣祐, 「補訂 古語辭典」>(一潮閣, 1971) 評文을 옮기기로 한다.

(1) 蘭汀 南廣祐 교수의 「補訂 古語辭典」은 우리 학계의 빛나는 금자탑 중의 하나로 평가되고 있다. 이 사전보다 앞서 이미 몇 종의 고어사전류가 간행된 일이 있으니, 질과 양의 면에서

기존 업적들에 비하여 南교수의 사전이 단연 올연히 뛰어나다는 점, 그리고 아직도 이를 능가할 만한 새로운 노작이 별달리 보고된 바 없다는 점에서 南교수의 업적은 여전히 斯界의 소중한 성과로 인정되지 않을 수 없는 것이다. 더구나 이것은, 著者가 서울대학교 국문과 재학시절부터 준비한 결과였다니 더욱 놀라운 일이라 하겠다.

(2) 이 사전의 가치와 특성을 파악하려면, 우선 다른 고어사전들에 대하여 간단히라도 살펴보아야 할 것이다. 학계에 보고된 고어사전들은 대체로 아래와 같다.

連番	年度	著者名	書名
①	1946	方鍾鉉	古語材料辭典 前集
①	1947	方鍾鉉	古語材料辭典 後集
②	1948	丁泰鎭・金炳濟	朝鮮古語方言辭典
③	1949	鄭熙俊	朝鮮古語辭典
④	1949	李常春	조선옛말사전
⑤	1953	李永哲	옛말사전
⑥	1955	劉昌惇	古語辭典
⑦	1960	南廣祐	古語辭典
⑧	1964	劉昌惇	李朝語辭典
⑨	1971	南廣祐	補訂 古語辭典
⑩	1976	金圭泰	古語辭典

① 方鍾鉉의 「古語材料辭典」은 한국 고어사전의 효시라는 점에서 그 중요성은 至大하다고 하겠다. 이 사전은 동학 및 후학들에게 하나의 典範이요, 자극제로서 많은 영향을 미쳤던 것이다. 前集이 1946년 東農社에서, 後集은 다음 해에 東省社에서 각각 프린트판으로 간행되었다. 뒷날 이것은 희귀본이 되어 구

할 길이 없게 되자, 1983년 弘文閣에서 영인본으로 간행하여 비로소 후학들이 다시 구독할 수 있게 되었다. 아쉬운 것은, 활자본이 아닌 프린트판이라는 것, 어휘해석 즉 뜻풀이가 없다는 점 등이라 하겠다. <中略>

⑦ 南廣祐 교수의《古語辭典》은 東亞出版社에서 1960년 9월에 간행되었다. 表題語數가 1만 1315개, 出典 206종, 四六版 553面으로 그 당시 최대 최고의 업적이었다. 이에 걸맞게 출간되던 해 10월에 韓國日報社가 主宰하는 韓國出版文化賞(著作賞) 제1회 受賞圖書로 선정되었다. 그 뒤로는 韓國圖書館協會選定優良圖書로 거듭 뽑히는 등 최초의 본격적인 고어사전으로서의 聲價는 대단한 것이었다. 그러나 著者는 이에 만족하지 않고 보완작업을 계속하여 11년 뒤에는 좀더 손질한 사전을 새로 냈으니 그것이 ⑨의《補訂 古語辭典》이었다.

⑨ 南廣祐교수의《補訂 古語辭典》은 一潮閣에서 1971년 간행되었으며, 그 체제 및 내용은 아래와 같다.

본문 : 表題語 11,315개(pp. 1-500)
부록 : Ⅰ. 引用圖書解題(pp. 501-546)
Ⅱ. 15世紀語 添用·活用形一覽(pp. 547-553)
補訂 : 表題語 1,263개(pp. 555-597)
(全表題語數 : 12,578개)
(出典數 : 206종 이상)

이상으로써 「補訂 古語辭典」의 특성 및 그 의의를 종합하면 다음과 같지 않을까 한다.

첫째, 문헌제시용 참고문헌이 최대한 제시되었다는 점이다. 用例의 出處를 밝히기 위하여 現存 古典文獻이 206종 이상 다량 동원되어 표제어의 이해를 크게 돕고 있다.

둘째, 표제어가 1만 2578개로, ⑧ 유창돈에 버금가는 최대의 양이다.

셋째, 표제어의 선정·뜻풀이 방법 및 출전 제시의 풍부성 등에서 여타 사전에 비하여 뛰어나다.

넷째, 부록은 이용자의 시간과 노력을 절약시켜 준다.

다섯째, 量과 質 양면에 걸쳐 명실공히 우리 학계의 최대 명저의 하나로 인정되고 있다.

위와 같은 이유로 著者 및 本書는 이 방면의 개척자로서 또한 본격적인 저술로 기념비적 典範을 보여준 획기적 명저로서, 유창돈의 저술과 함께 학계의 雙璧으로 오래 남아 기억될 것임에 틀림없다.

다만 아쉬운 점은, 위의 모든 사전에 공통되는 것이기도 한데, 이 사전은 역사적 즉, 각 시기의 공시적 자료를 제시하고 있을 뿐 각 어휘의 통시적 변화를 체계적으로 보여 주지 않고 있다는 점이다. 따라서 음운·형태·의미 등 통시적 변화양상도 함께 보여주는 새로운《古語大辭典》의 출현이 기다려지는 바이다. 南廣祐 교수는 이 점을 이미 염두에 두고 이 책 서문에서도 '기약' 한 바 있었거니와, 지난 20여년 동안 새로 발굴된 전적에서 새로운 자료를 광범위하게 꾸준히 수집·정리하는 작업을 지켜보고 있는 필자로서는, 어서 빨리 보다 완벽한《大古語大辭典》이 나오기를 고대한다.

現在 完刊을 서두르고 있는 新編『古語大辭典』(假題)의 序文과 일러두기는 다음과 같다.

序 文

나는 1960년 9월에 東亞出版社에서 古語辭典을 낸 바 있고 그 후 1971년 4월에 一潮閣에서 그 補訂版을 낸 바 있다. 初版이나 補訂版이 상당히 普及된 것으로 알고 있으나, 완벽한 것이 아님을 불만스럽게 생각해왔고 利用者들에게 늘 미안한 마음을 가졌었다.

이번 教學社 楊澈愚社長의 厚誼로 새 版이 나오게 된 것을 무척 고맙게 생각한다. 책 안 읽는 風土에서 不況인 出版界임을 잘 알고 있는 터에 打算을 떠난 篤志에 敬意를 표한다.

본격적인 『古語大辭典』의 출현을 위해 내 나름대로는 꾸준히 資料수집을 해왔다.

中央大 在任기간(∼73. 2)이나 仁荷大 在任기간(73. 2∼85. 8)은 물론, 停年 퇴임 후(85. 8∼) 현재에 이르기까지에 걸친 作業이었다.

博士學位 논문(69. 2) 준비, 韓國語文敎育研究會의 일(69. 7∼현재), 9년간의 補職생활(73. 3∼82. 2), 發音辭典을 비롯한 몇 권의 著書, 光復 후 최초의 國漢混用으로 만들어진 국민학교 敎材인 『韓國語』(栗村獎學會 研究費 支援) 出版의 사이사이에 새로 發見되어 發行된 古文獻이거나 이미 調査된 문헌에서도 새 資料가 발견되면 틈틈이 追加하는 등 작업을 진행했었다.

이 작업의 進行過程에서 文敎部(現 敎育部)의 研究支援(78. 6∼79)을 받기도 하여, 鄭琦鎬 박사(仁荷大 敎授) 등 몇 분 敎授의 협조를 받기도 하고, 資料카드 移記 등을 도와준 講師(閔丙俊 씨 등)·助敎·國語敎育科 學生 諸君에게도 謝意를 표한다.

<新版刊行 關聯資料>

1. 刊行社 및 代表	(株)敎學社	楊澈愚
2. 組版社 및 代表	(株)東國電算	洪佑東
3. 編纂主幹	徐德洙	
編纂員(원고정리, 교정)	宣奇德 黃貞淑 柳敬美	
4. 編纂企劃	1992. 9. 10∼1992. 11. 30	
原稿整理	1992. 12. 1∼1994. 4. 30	
見樣組版	1994. 5. 27∼1994. 6. 6	
組版送稿	1994. 6. 24	
校正始作(初校)	1994. 8. 16∼	

일 러 두 기

1. 編纂方針(편찬방침)

(1) 이 古語辭典은 옛 문헌에 기록된 우리의 古語를 최대한(새로 發見되어 發刊된 文獻 포함)으로 채록(採錄)함을 기본 방침으로 삼았다.

(2) 이 古語辭典은 古語 채록에서 固有語에만 국한하던 태도에서 벗어나 우리의 옛 漢字語도 두루 채록했다.

(3) 이 古語辭典은 現代語와 같은 表記의 옛 단어들도 古語로 다루어 그 쓰임의 같음과 다름을 보이기로 했다.

(4) 이 古語辭典은 다양한 용례(用例)를 時代順으로 수록하여 시대에 따른 國語의 변천 모습을 分明히 살펴볼 수 있게 했다.

(5) 採錄語彙(어휘)의 年代 上限線(상한선)과 下限線을 넓히는데 힘썼다.

(6) 添用形(첨용형)과 活用形도 다양하게 採錄(채록)하도록 하였다.

2. 標題語(표제어)

(1) 이 古語辭典에는 여러 字母와 竝書(병서)를 標題(표제)로 실었다.

(2) 이 古語辭典의 標題語(표제어)는 固有語와 漢字語로 크게 나뉜다.

(3) 實辭(실사)-體言으로 명사, 대명사, 수사, 用言으로 동사, 형용사, 修飾語(수식언)으로 관형사, 부사, 獨立言인 감탄사를 실었다. 虛辭(허사)-關係言(관계언)인 조사와 用言과 어미, 접두사, 접미사를 실었다.

(4) 調聲母音(조성모음), 接尾素(접미소)인 接尾音도 표제로 실

었다.

(5) 漢字語 標題語의 漢字音은 原典표기대로 하는 것이 원칙이나 그 표기가 漢字로 되어 있는 경우, 東國正韻式 漢字音이 아닌 그 당시의 現實音으로 고쳐 실었다.

以下 3. ~9. <중략>

10. 辭典의 體裁

(1) 版型 : 4·6版
(2) 體裁 : 二段 横組
(3) 標題語 活字 : 10·8級 고딕體
本文活字 : 10級 明朝體
(4) 豫定面數 : 4·6版 1,600面 內外

Ⅱ. 韓國語標準發音辭典

南廣祐·李喆洙·兪萬根 篇
韓國精神文化研究院 1984. 11. 30發行

머리말

암흑의 일제시대, 우리말과 글의 교육이나 연구가 제대로 행해질 수 없었던 그 시대는 말할 것도 없거니와 조국이 광복된지도 수십년의 긴 세월이 흘렀건만 우리는 아직 本格的인 우리말 發音辭典 하나 가지지 못하고 있다.

하기야 여러 종류의 국어사전이 있어 그 사전의 표제어에 긴소리나 사이된소리 등의 표시가 되어 있기는 하다. 그러나 이 사전들은 앞 辭典을 그대로 따랐거나, 現實發音을 지나치게 외면한 것이 있는가 하면, 반대로 지나치게 첨단적으로 앞서가는 發音을 따른 사전도 있고 어떤 것은 編纂者의 出身地域의 발음이 영향을 끼친 듯한 사전도 있으며 綴字發音에 치우친 경향이나 관념적으로 規格化하려는 경향 등 갖가지 문제점이 있는 것이 아닌가 한다. 한마디로 科學的인 硏究가 되어 있지 않다고 해도 지나친 말은 아닐 것이다.

이제 때늦은 감은 있지만, 한 권의 本格的인 標準發音辭典이 있음직하다. 先進國들이 모두 發音辭典이 있는 터에 우리만 뒤질 수는 없다.

오늘날 학교교육에서 발음문제가 소홀히 다루어지고 있음은 유감이 아닐 수 없다. 학교교육에 있어 마땅히 올바른 發音敎育의 노력이 있어야 하고, 國語醇化라는 면에서도 이 문제는 크게 浮刻되어야 한다.

표준국어발음의 普及으로 全國民이 같은 말을 쓴다면 國民總和는 이미 절반 이상 저절로 이루어진 것으로 보아도 좋을 것이다. 地方色을 돋보이게 하는 사투리발음으로 인하여 불필요한 지역 간의 편견과 違和感이 생기는 것은 현대국가 발전에 막대한 지장을 초래한다.

이렇게 國家統治, 특히 國民總和에 國語統一醇化가 지대한 영향력을 가진다는 사실을 일찍이 간파한 유럽 각국은 翰林院을 통하여 그 나라의 국어를 統一·整理·醇化해 왔다.

철자가 발음을 정밀하게 반영하는 경우에는 正書法의 정리로 표준발음의 보급이 쉽게 될 수 있겠으나, 그렇지 않은 대부분의 경우에는 發音辭典이 따로 필요한 것이다.

우리 現代國語의 경우, 母音의 장단이나 '사이 된소리' 등 現行 맞춤법에 반영되지 않은 音韻 때문에 맞춤법만 가지고는 사투리 사용자가 진정한 표준발음을 배울 수 없으므로 따로 발음 표기를 하지 않을 수 없는 것이다.

세계 선진 각국에는 으레 권위있는 발음사전이 있고(佛 P. Fouchè의 「발음사전」, 日 平山輝南의 「악센트사전」 등), 특히 우리에게 잘 알려진 영국의 경우, 1917년에 初版이 나온 D. Jones의 「영국발음사전」은 그 후 계속 판을 거듭하여 1967년에 제13판이 나왔고, 지금도 영국 안에서는 물론 全유럽·아프리카·동남아시아 각국에서 영어발음 교육상 절대적인 권위를 누리고 있는 것이다.

오늘날 우리말, 즉 순우리말이나 漢字말 발음의 混濁現象의 要因은 다음과 같다.

1) 訓民正音 制定 후 壬亂에 이르기까지는 聲點 표시를 하여 발음의 典範을 보인 것인데, 壬亂·丙亂 등으로 우리말 표기의 規範性이 무너지고 傍點 표시가 없어졌다.

2) 三韻聲彙·奎章全韻 등이 있으나 中國韻書의 四聲 그대로여서 上·去聲은 현실 聲調와 距離가 있다.

3) 池錫永의 字典釋要나 總督府사전 이래의 현대어 사전에 발음표시가 있으나 각 사전 사이에 통일성이 없다.

4) 1934년 표준말 査定 때 긴소리·사이된소리 등 표준발음 査定을 하지 못했다.

5) 日帝下 국어교육의 不在(이른바 조선어교육이 행해지기는 했으나 日語教育에 比해 시간수가 적었으며 그나마도 1938년에는 隨意科目(오늘날의 선택과목)으로 되었었고 1941년에는 폐지됨)로 傳承발음 교육의 기회가 없었고, 한편 日本漢字音의 영향을 받았다.

6) 8·15해방과 6·25사변으로 인한 越南同胞나 피난민의 이동 등이 있어 서울발음의 혼란이 빚어졌다.

7) 해방, 6·25, 4·19, 5·16, 10·26 등 해방 후 오늘날에 이르는 사이의 연달은 혼란 상태나 데모事態 등으로 人心은 메마르고 각박해질대로 각박해져서인지 이것은 사람의 心性에도 적잖이 영향이 미쳤을 것으로 보인다. 특히 된소리化 경향에서 그 점을 느낀다.

8) 지금까지 국어교육에 있어 읽기·쓰기 중심의 教育으로 말하기·듣기의 教育이 소홀해서 發音教育은 不毛地帶였다.

9) 한글전용 방향의 교육으로 漢字聲調에 대한 認識이 缺如되어 있고, 따라서 발음교육이 있을 수가 없었다.

10) 혹 발음교육에 뜻이 있는 이가 있었다 하더라도 표준발음이 定立되어 있지 않았다.

11) 학교 敎師나 라디오·TV 등 放送員이나 出演人士들의 잘못된 발음에 의한 오염이 또한 크다.

그러나 그 要因이야 어디에 있건 多數言衆(서울말을 쓰는 교양있는 壯年層)의 現實發音을 존중하는 방향으로 표준발음이 확립되어야 할 것이다.

이 「한국어표준발음사전」의 편찬 경위는 다음과 같다.

필자가 우리말의 發音에 관심을 가지고 연구하기 시작한 것은 1946년 9월부터다. 꾸준히 자료를 모으고 분석하고 정리하여 논문을 발표해 왔는데, 오늘에 이르기까지 國語發音의 有關論文은 22편에 달한다. 이들 論文을 정리하여 아래의 두 권으로 묶었다.

韓國語의 發音研究[Ⅰ]-순우리말과 漢字말의 표준발음을 중심으로 (84. 10 一潮閣)

韓國語의 發音研究[Ⅱ]-常用漢字 및 漢字말의 표준발음研究: 긴소리·사이된소리를 중심으로(84. 12. 仁荷大 出版部)

國語發音辭典의 필요성을 切感하여 발음사전 편찬을 위한 준비작업을 시작한 것은 1957년 국어국문학회편 「국어새사전」(1958. 3. 발행)의 긴소리표시를 검토하는 일을 맡은 후였다.

1973년 1월부터 「한국어표준발음사전」의 편찬을 위하여 본격적인 작업에 착수했다. 약 7만 단어에 달하는 標題語를 선정하여 한글 발음표시와 뜻풀이까지 하여 辭典 편찬을 위한 원고작성의 일을 끝마친 것이 1978년 9월이었다.

이러던 중 韓國精神文化研究院의 研究費 支援을 받아 '國語發音辭典 편찬을 위한 調査研究'에 착수했다. 1979년 1월부터 1981년 12월까지의 3개년 계획으로 연구가 추진되었다. 필자를 代表 研究者로 李喆洙(현 仁荷大 교수, 國語學·國語敎育), 兪萬

根(현 成均館大 교수, 言語學·音聲學)을 硏究者로 하여 조사·연구가 진행되었다.

우선 순수한 發音辭典 편찬을 위하여 계획을 세우고, 기초자료를 수집하고 조사·정리하였다. 초·중·고교 교과서에 나오는 어휘를 조사하여 적합하다고 생각되는 단어를 수집하였고, 국어조사연구회의 '표준말 자료'(1970), '새로 정한 표준말'(1972), '표준말 재사정 시안'(1979) 등을 재검토하였으며, 문교부 '우리말 말수 사용의 찾기 조사'(語彙使用頻度調査)(1956)도 참고하였다. 또한 여러 국어사전을 참고로 하여 필요한 標題語를 선정하였다.

한편, 國語發音辭典 편찬을 위한 調査·硏究 계획에 따라 發音記錄에 관한 說問紙를 작성하여 國語國文學 및 言語學부문의 학자와 發音指導에 관심을 가진 국어과 교사 및 방송인 등을 대상으로 設問해서 응답을 받았으며, 1980년 5월 30일부터 5월 31일까지 1泊2日間에 걸쳐 '國語發音辭典편찬을 위한 세미나'를 韓國精神文化硏究院 대강당에서 개최하여 20명 교수의 의견을 듣기도 하였다.

이 사전이 나오기까지에 애써주신 韓國精神文化硏究院 語文硏究室長 兪昌均, 金忠會, 宋基中, 趙東一 諸氏와 이 일을 도와준 仁荷大 師大 國語敎育科 助敎·學生들에게 謝意를 표한다.

本 辭典의 活用과 效用

本 辭典은 다음과 같이 活用되기를 기대하며 醇正한 국어, 우리 民族이 통일된 國語生活을 하기 위한 표준발음사전으로서의 效用을 거둘 수 있도록 뜻있는 人士들의 협조와 활동을 또한 기대한다.

(1) 가정에서 어린이들에게 바른 發音指導를 할 수 있도록 主婦나 未婚女性들이,

(2) 학교에서 학생들에게 바른 發音指導를 할 수 있도록 敎員들이,

(3) 社會에서 온 國民에게 바른 발음을 자연스럽게 귀를 통해 익힐 수 있도록 放送媒體에 종사하는 放送員이나 出演人士들이,

(4) 軍隊에서 군인들이 醇化된 국어를 쓸 수 있도록 指揮官들이,

솔선해서 本 辭典의 活用으로 自體硏修와 아울러 어린이들에게, 학생들에게, 다른 이에게 바른 발음에 대한 관심을 환기시키고, 모든 국민이 呼應해서 文化民族으로서(傳統的으로 連綿히 이어온 醇正한 국어의 사용으로) 地域感情을 해소하고 一體感을 가질 수 있도록 올바른 국어생활을 하는 데 활용되기를 바란다.

專攻學徒들의 연구자료로는 물론, 외국인의 韓國語 학습자료로도 效用이 있을 것이며 활용될 것으로 기대한다.

1984. 11. 30

일 러 두 기

I. 한국어의 音聲目錄과 그 記號 (앞 部分 略)

(1)-(11) 略

本辭典에 사용된 국제음성기호(IPA)와 補助記號는 다음과 같다.

b̥ 바람[[b̥aram]]의 ㅂ

p 입술[ips'ul]]의 ㅂ

b 지붕[[ɟ̊ibuŋ]]의 ㅂ

p' 뿔 [[p'ul]]의 ㅃ

p^h 풀 [[p^hul]]의 ㅍ

d̥ 달[[d̥al]]의 ㄷ

곧바로[[g̊od̥p'aro]]의 ㄷ

바다[[b̥ada]]의 ㄷ
t' 땅[[t'aŋ]]의 ㄸ
tʰ 토끼[[tʰok'i]]의 ㅌ

g̊ 가을[[g̊aɯl]]의 ㄱ
g 목숨[[moks'um]]의 ㄱ
얼굴[[ʌlgul]]의 ㄱ
k' 까치[[k'a：cʰi]]의 ㄲ
kʰ 콩[[kʰoŋ]]의 ㅋ

ɟ̊ 저울[[ɟ̊ʌul]]의 ㅈ
ɟ 어제[[ʌɟe]]의 ㅈ(dʒ의 代用)
c' 짝[[c'ak]]의 ㅉ(tʃʰ의 代用)
cʰ 춤[[cʰum]]의 ㅊ(tʃʰ의 代用)

m 물[[mul]]의 ㅁ
n 나무[[namu]]의 ㄴ
ɲ 어머니[[ʌmʌɲi]]의 ㄴ
ŋ 지붕[[ɟ̊ibuŋ]]의 ㅇ
l 말씀[[ma：ls'ɯm]]의 ㄹ
r 우리[[uri]]의 ㄹ(ɾ의 代用)
ʎ 빨리[[p'aʎʎi]]의 ㄹ

s 사람[[sa：ram]]의 ㅅ
ʃ 쉰[[ʃɥi：n]]의 ㅅ
ʃ' 씨[[ʃ'i]]의 ㅆ
s' 쌀[[s'al]]의 ㅆ
h 하늘[[hanɯl]]의 ㅎ

w 원숭이[[wəːnsuŋi]]의 ㅜ
ɥi 쥐[[ɟ̊ɥi]]의 ㅟ
wi 위[[wi]], 휘[[hwi]]의 ㅟ
j 옛날[[jeːnnal]]의 ㅖ 소리에 내포된 첫소리 또는 의사(醫

師)[wjsa]의 ㅢ 소리에 포함된 끝요소

i: 실(絲)[[ʃi:l]]의 l
i 이름[[irɯm]]의 l
e: 셋(三)[[se:d̥]]의 ㅔ
e 에누리[[enuri]]의 ㅔ

ɛ: 개(犬)[[g̊ɛ:]]의 ㅐ
ɛ 매듭[[mɛdɯb̥]]의 ㅐ
a 아들[[adɯl]]의 ㅏ
a: 밤(栗)[[b̥a:m]]의 ㅏ
ʌ 어디[[ʌdi]]의 ㅓ
ʌ: 열(十)[[jʌ:l]]의 ㅕ 소리에 내포된 ㅓ

o 오늘[[onɯl]]의 ㅗ
o: 곰(熊)[[g̊o:m]]의 ㅗ
u 꿀[[k'ul]]의 ㅜ
u: 둘(二)[[d̥u:l]]의 ㅜ

ɯ: 그림(畫)[[g̊ɯ:rim]]의 ㅡ
ɯ 그늘[[g̊ɯnɯl]]의 ㅡ
ɯ̆i 정의(正義) 정:의/정:이[[ɟ̊ə : ŋɯ̆i]]의 ㅢ 소리
ə: 언제[[ə:ɲɟe]]의 ㅓ
ə 각면(各面)[[g̊aŋmjən]]의 ㅕ소리에 내포된 ㅓ

한글 發音表示에 사용한 補助記號는 다음과 같다.

: 長音表示 <예> **없다** 업 : 따
· 半長音表示 <예> **어림없다** 어리 멉 : 따
+ 舌前進(齒莖音化)表示 <예> 무늬 무$^{+}$니
¯(ㅗ의 代用) 高舌化表示 <예> **어른** 어:른
각면(各面) 강면

IPA 發音 表示에 사용한 補助記號는 다음과 같다.

˚ 無聲音表示 <예> **길**[[gil]]: b̥, d̥, g̊를 각각 p, t, k로 표기하는 체계도 있음)

ʰ 有氣音表示 <예> **털**[[tʰʌl]]

' 된소리表示 <예> **꽃** 꼳[[k'od̥]]

학교(學校) 학꾜[[hag̊k'jo]]

˘ 音節副音(半母音化)表示 <예> **의**(義) 의/이[ɯ̆i]

Ⅱ. 본 발음사전의 구성과 體裁

1. 標題語의 선정

(1) 발음사전에 수록된 어휘는, 일상생활에서 자주 쓰이는 단어와 初·中·高의 教科書에 나오는 말과 현대문학 작품·신문·잡지 등에서 보충하였다.

(2) 古制度語·人名·地名 등 고유명사는 初·中·高 교과서와, 필요하다고 인정되는 것을 수록하였다.

(3) 「표준말 자료」(1970)에 들어 있는 어휘는 모두 수록했고, 좀 생소한 단어라도 發音에 유의해야 할 말은 수록하였다.

(4) 外來語는 借用된 지가 오래되어 우리말처럼 慣用되는 借用語만을 선정하여 附錄에 별도로 수록하였다.

2. 標題語의 배열

모든 標題語는 다음의 차례에 따라 배열한다.

(1) 初聲 : ㄱ(ㄲ), ㄴ, ㄷ(ㄸ), ㄹ, ㅁ, ㅂ(ㅃ), ㅅ(ㅆ), ㅇ, ㅈ(ㅉ), ㅊ, ㅋ, ㅌ, ㅍ, ㅎ

(2) 中聲 : ㅏ, ㅐ, ㅑ, ㅒ, ㅓ, ㅔ, ㅕ, ㅖ, ㅗ, ㅘ, ㅙ, ㅚ, ㅛ, ㅜ, ㅝ, ㅞ, ㅟ, ㅠ, ㅡ, ㅢ, ㅣ

(3) 받침(終聲) : ㄱ, ㄲ, ㄳ, ㄴ, ㄵ, ㄶ, ㄷ, ㄹ, ㄺ, ㄻ, ㄼ, ㄽ, ㄾ, ㄿ, ㅀ, ㅁ, ㅂ, ㅄ, ㅅ, ㅆ, ㅇ, ㅈ, ㅊ, ㅋ, ㅌ, ㅍ, ㅎ

괄호속의 初聲글자는 그 괄호 앞의 字母와 함께 섞어 배열한다.

3. 標題語의 發音表示

(1) 發音表示 : 발음표시라 함은 한글 字母나 국제음성기호를 사용하여 발음 사실을 記述함을 말한다. 한글 발음표시는 주로 簡略表記 broad transcription의 방식을 따르되 국제음성기호 발음표시는 다소 精密表記 narrow transcription 방식을 가미한다. 이것은 언어학자가 아닌 사람으로서 한국어의 音素 및 變異音에 통달하지 않은 외국인 초보 학습자에게 한국어의 音聲的 실상을 좀더 정밀하게 알려줌으로써 실제 학습에서 그의 발음을 정확한 쪽으로 유도하기 위함이다.

(2) 發音表示의 段階(범위) : 발음표시의 단계는, 첫째로 個別 單語의 발음을 기록하는 단계, 둘째로 體言에 토가 添用되거나 複合 혹은 派生하거나, 用言이 活用할 때의 발음을 기록하는 단계, 셋째로 문장이나 句에서의 發音變動을 기술하는 단계 등 세가지 단계가 있는데, 本辭典에서는 둘째 단계까지의 발음을 記述한다.

(3) 發音表示의 순서 : 標題語의 발음표시는 표제어 옆에 한글 발음표시를 하고(경우에 따라서는 補助記號를 사용한다), 국제음성기호 IPA를 [ ] 안에 倂記한다.

한글 발음표시는 주로 국어사용 話者를 위한 것이고, IPA 發音表示는 국어사용 話者는 물론 外國人도 참고 · 이용할 수 있도록 하기 위함이다.

(4) 標題語의 綴字와 한글 발음표시가 같은 경우 : 번잡을 피하기 위하여 한글 발음표시는 하지 않고 IPA 發音記號만 기록한다.

사랑[saraŋ]

(5) 長音表示 : 長音表示는 길게 소리내는 完全長音表示(全長

表示) /:/와 약간 길게 소리내는 半長音表示 /·/를 구별하여 표기한다.

한글 발음표시에서의 長音表示는 각각 長音으로 발음되는 音節의 오른쪽에, IPA 발음표시는 長音으로 발음되는 母音의 오른쪽에 표기한다.

웃다 욷 : 따[u : d̥t'a]
감기(感氣) 감 : 기[g̊a : mgi]
자연보호헌장(自然保護憲章)
자연보 : 호-헌 : 장[ɟ̊ajʌnbo·ho-hə : nɟaŋ]
경황없다(景況∽) 경황업 : 따[g̊jʌŋhwaŋə·b̥t'a]
가건물(假建物) 가 : 건 : 물[g̊a : gə·nmul]
분석연구(分析研究) 분성년:구[b̥unsʌŋɲə·ngu]

(6) 경우에 따라 한 標題語에 두 가지 발음이 共存하는 경우는 斜線 /을 그어, 앞쪽에 綴字原音에 충실한 발음을 기록하고, 뒤쪽에 多數言衆의 현실발음을 표기한다. 현실발음이 綴字原音과 현격하게 다른 것은 괄호 안에 한글발음표시를 하여 나타내 보인다.

나쁘다 나쁘다/(나뿌다)[nap'ɯda/-p'u-]
좋아 조 : 아 (조 : 와)[ɟ̊o : a/-wa]
일어서다 이러서다/(-스다)[irʌsʌda/-sɯda]
괴괴망측(怪怪罔測) 궤궤망측/(—망칙)[g̊wegwemaŋcʰɯg̊/-cʰig̊]
괄시(恝視) 괄씨/(괄쎄)[g̊walʃ'i/-s'e]

천천히 또박또박 발음할 때와, 조금 빠르게 발음할 때, 서로 다르게 발음의 變動이 생길 경우, 두 가지의 발음표시를 斜線 / 앞뒤에 기록한다. 斜線 / 앞쪽이 또박또박 천천히 발음할 때의 발음표시고, 뒤쪽이 조금 빠르게 발음할 때의 발음표시다. 이 때의 斜線 /은 두 發音의 共存과 同等한 자격임을 나타내는 標識다.

가들막하다　가들막카다/—마카다[g̊adɯlmag̊kʰada]
답답하다　답땁파다/답따—[d̥ab̥t'ab̥pʰada]
갸웃하다　갸욷타다/갸우— [g̊jaud̥tʰada]
급행(急行)　급팽/그팽[g̊ɯb̥pʰɛŋ]
고요히　고요히/고요이[g̊ojohi]

(7) 精意的 表現에 따라 長短 양쪽으로 다 발음되는 단어는 完全長音表示를 괄호 ( )로 묶어 情義的 表現의 발음 표시임을 나타낸다.

노랗다　노(:)라타[no(:)ratʰa]
누르스름하다　누르스름(:)하다[nurɯsɯrɯ(:)mhada]

(8) IPA 音聲記號의 斜體(이탤릭體)表示 : 단어 안에서 한 子音(半子音 포함)이 발음될 때와 발음되지 않을 때가 동등한 자격으로 共存할 경우, IPA 表記는 해당 子音을 斜體로 하여 그 소리가 流動的임을 나타낸다.

/ㅎ/의 流動 : [*h*]
　많이　만:히/마:니[ma:ɲ*h*i]
/ㄱ/의 流動 : [*g̊*]
　학교(學校)　학꾜/하꾜[ha*g̊*k'jo]
/ㄷ/의 流動 : [*d̥*]
　갸웃하다　갸욷타다/갸우타다[g̊jau*d̥*tʰada]
/ㅂ/의 流動 : [*b̥*]
　급행(急行)　급팽/그팽[gɯ*b̥*pʰɛŋ]
/j/의 流動 : [*j*]
　되어　뒈어/뒈여[dwe*j*ʌ]
/ɯ/의 流動 : [*ɯ̆*]
　주의(主義)　주의/주이[ɟu*ɯ̆*i]

(9) '의'의 發音表示 : 단독으로 쓰일 때는 /ɯi/를 원칙으로 하

되, 語頭에서처럼 /ɯ/音에 힘주어(강하게) 발음할 경우는 /ɯj/로 표기하고, 語頭 아닌 音聲環境, 특히 語末에서는 /i/로 표기한다. 그리고 所有格 조사 '의'는 /e/로 표기한다.

[ɯ̆i] **의**(義) [ɯ̆i]
[ɯj] **의정부**(議政府) [ɯjɟʌŋbu]
[i] **주의**(主義) 주의/주이 [ɟ̊uɯ̆i]
[e] **나의 집** 나에-집[nae-ɟib]

(10) '위'의 發音表示 : '위'의 IPA表示는 /wi/와 /ɥi/로 한다.
① 첫소리가 /零, ㅎ, ㅁ, ㅂ, ㅃ, ㅍ/일 때는 /wi/로 표기한다.

위(上) [wi]
휘다 [hwida]

② 첫소리가 /ㄱ, ㄲ, ㄴ, ㄷ, ㄸ…/ 등 ①항 이외의 경우는 /ɥi/로 표기한다.

쉬[ʃɥi]
쥐[ɟ̊ɥi]

(11) 사잇소리 /ㅅ/의 發音表示 : /ㅅ/이 語源的 어간의 일부가 아닌 사잇소리일 때에는 다음과 같이 發音表示한다.

바닷가 바다까[b̥adak'a]
혓소리 혓쏘리[hjʌss'ori]
잇몸 인몸/임몸[inmom/immom]
콧날 콘날[kʰnnal]
뒷일 뒨:닐[d̥ɥi:ɲɲil]

그러나 /ㅅ/이 어원적 語幹의 일부일 때에는 /ㄷ/으로 발음표시한다.

거짓부렁 거:짇뿌렁[g̊ə ː ɟid̥p'urʌŋ]
놋그릇 노끄릗[nod̥k'ɯrɯd̥]

(12) 品詞類에 따른 發音表示 略

4. 略號 및 符號

(1)-(3) 略

刊行辭·머릿말·일러두기 18面
本文·附錄 1017面
外來語에 대한 외국어 原音表記의 국어 現實音 대조표 포함

總 7萬5千單語 內外

Ⅲ. 韓國漢字音訓 變遷辭典

序 文

本 字典 出刊의 動機

지금까지 國內에서 發刊된 漢韓大辭典이나 字典類가 여러 種類 있음을 안다.

그럼에도 굳이 「韓國漢字音訓變遷字典」을 내려함은 까닭이 있다.

이제까지 中·日에서 나온 漢字字典·辭典類로는 유명한 「康熙字典」(1716년)<諸橋註에 의하면 49,020字>이 있고 日本 諸橋轍次의 「大漢和辭典」(1959년)이 約 5萬字 수록되어 있으며 臺灣에서 나온 「中央大辭典」(1973년)이 49,888字를 收錄하여 나왔고 中國에선 300여 명의 學者들이 10년간 執筆한 끝에 「漢語大字典」(1991년) 총 8책이 完刊되었다.

우리 나라에서도 李家源·張三植의 共著의 「詳解 漢字大典」이

란 게 있고 東亞出版社 「漢字大辭典」과 金敏洙 「새 字典」이 있다. 방대한 「漢韓大辭典」을 檀國大學校 東洋學硏究所에서 그 出刊을 진행 중에 있으며 敎學社도 같은 大辭典의 刊行을 서두르고 있는 중이다.

그런데 編者가 構想한 것은 이러한 방대한 것이 아니다.

朝鮮朝에 나온 三韻聲彙(英祖 1746년 刊)에 12,965字, 奎章全韻(正祖 1796년 刊)에 13,345字가 실려 있는데, 이들 중 實用된 漢字가 얼마나 되는지는 알 수 없으나 이를 포함해 字典釋要나 新字典 등에서 實用 例가 있는 것과 用例도 採錄하여 實用字典 性格의 것을 하나 엮었으면 하는 생각을 하는 것이다.

編者가 펴낸 「朝鮮(李朝) 漢字音硏究」 <壬亂前 現實漢字音을 중심으로>(1969. 3, 4×6倍版, 190面, 東亞出版社, 重版 一潮閣)에는 四書諺解(두 가지 以上의 漢字音이나 聲調 延計算 총 2,420字)를 비롯한 각종 諺解文獻이나 訓蒙字會(3,360字), 新增類合(3,000字), 千字文 등 字學書에서 추려내어 硏究對象으로 한 漢字는 總 5,945字다. 1960년 古語辭典을 펴낸 바 있는 編者는 곧이어 漢字의 音 硏究를 시작하여 「東國正韻式 漢字音 硏究」(1966. 4. 菊版, 320面, 韓國硏究院), 「朝鮮(李朝) 漢字音 硏究」를 끝낸 것이다. 이 字典 편찬은 그 後續作業으로 漢字의 訓 硏究를 進行 중 그 필요에 의해 構想해 오던 것으로

1. 漢字의 標準音・訓을 設定한다.
2. 漢字의 音・訓(釋)・聲調가 訓蒙字會(比叡山本・東中本・尊經閣本・東國書林本), 新增類合, 千字文(光州・石蜂・註解本), 字類註釋, 兒學編, 字典釋要, 新字典, 倭語類解와 經書諺解나 그밖의 諺解文獻에 어떻게 나타났느냐를 通時的으로 한 눈에 볼 수 있도록 한다.

라는 생각에서 종래의 字典類와는 다른 特色있는 이 字典 편찬을 企圖한 것이다.

本 字典 出刊의 意義

1. 현재 우리나라의 상황에서 康熙字典이나 中文大辭典 漢韓大辭典 등 큰 字典이나 辭典을 필요로 하는 人士는 현저히 줄어들었고 臺灣에서조차 1萬字 以內의 漢字를 常用(1982년 9월 2일 教育部 公布4,808字)이니 次常用(1982년 12월 20일 公布 4,399字)이니 하고 있는 實情이므로 各 知識人의 書架, 各 公共圖書館, 各級 圖書室, 漢字·漢文教育 혹은 東洋學 從事者들이나 學父兄들에게는 이 정도 漢字의 字典이면 足하다고 생각한다.

2. 收錄 漢字는 訓蒙字會(1527년, 3,360字), 新增類合(1576년 3,000字), 千字文(石峰 1583년 1,000字)와 四書諺解를 비롯한 諺解文獻(東國正韻式이 아닌 現實音<聲調 포함>에 나타나는 實用漢字와 字類註釋(1756년 10,800餘字), 字典釋要(1906년), 新字典(1915년) 등에서 추리고 文教部(현 教育部) 制定 基礎漢字 1,800字와 北韓教育用漢字 3,000字, 韓國語文教育研究會 등 5個學會(韓國國語教育研究會, 韓國國語教育學會, 韓國漢文教育學會, (社)漢字教育振興會가 選定한 常用漢字 2,000字와 準常用漢字 1,500字 등도 참고로 하여 實用面을 重視하였다.

3. 本 字典은 國語教育面이나 漢文教育面에서 필요할 뿐만 아니라, 韓國語史나 意味論 분야의 開拓資料를 제공하는데 寄與할 것으로 기대한다.

本 字典의 概要

本 字典에서 常用性 漢字는 물론 訓蒙字會, 新增類合, 千字文, 北韓 教育用 3,000字에 수록된 漢字는 모두 실어 그 標題字 數는 7,246字이며, 標題字의 字解內容에 언급되는 漢字(俗字, 本字, 古字 등 포함) 數는 康熙字典의 數를 넘는 것이며, 한글 古語字도 무려 2,500餘字가 넘는 點이 組版上 書體作業에 큰 어려움이 따랐음을 特記한다.

종래의 字典類가 部首別로 되어 있던 것이 常例인데 本 字典

은 漢字音을 가나다順으로 하여 漢字를 쉽게 찾을 수 있도록 배려하였고 各 漢字音別로는

加 伽 架 枷 迦 哿 茄 袈 跏 嘉 駕 痂 癘……
己 杞 芑 紀 記 起 忌 跽……

와 같이 글자의 類型別로 配列하였다.

1. 標題字

1) 標題字形(略)
2) 標題字訓
① 訓의 傳統性을 살리는 방향으로 노력하였다.

예) 地 따 지
三 석 삼

② 지나치게 守舊的인 것은 現代化하였다.

예) 戶 지게 호 → 집 호
會 모들 회 → 모일 회

③ 標題字訓은 代表的으로 널리 쓰이는 訓만을 보이기로 하고 使用頻度順을 고려하였다.

예) 經 1. 지날　2. 올 경
管 1. 주관할　2. 대롱 관

3) 標題音
① 標題字音은 널리 통용되는 音을 標準音으로 設定하였다.
② 한 標題字에 두가지, 세 가지 音을 가진 것은 傳來文獻의

字解에 따라 代表音을 設定하여 標準音을 삼고자 했다. 但, 현재 두 가지, 혹은 세 가지로 굳어져 사용되고 있는 것은 代表音을 먼저 配列하고 使用頻度順으로 배열하였다

예) 見 1. 볼 견:
　　 2. 뵈올 현:
　說 1. 말씀 설
　　 2. 달랠 세:
　　 3. 기쁠 열
　樂 1. 즐길 락
　　 2. 노래 악
　　 3. 좋아할 요

③ 같은 뜻이면서 두 가지 讀音이거나, 轉音, 訛音, 慣音이 있을 경우 「→」로 그 標準音이라고 생각되는 標題字로 보냈다.

예) 刺 척 → 자
　則 즉 → 칙

4) 標題字의 聲調

東國正韻, 三韻聲彙, 全韻玉篇이나 新增類合, 千字文 등 字學書의 聲調는 傳統的이어서 中國韻書 그대로이다. 그 平聲, 入聲은 오늘날 短音이다.

그러나 訓蒙字會를 비롯 壬亂前 諺解文獻에는 당시의 現實 聲調를 반영하고 있어 오늘날의 長短音과 대체로 有關하다. 대체로 上聲이 오늘날 긴소리로 去, 平, 入聲이 짧은 소리로 이어져 聲調의 전통성이 유지되어 있는 것이다.

但, 그 의미에 따라 두 가지 聲調로 볼 수 있는 것은 (　)로 표시하여 보였다.

예) 便 편할편(:) 편 ∽ 便利 便法 便安 便易

편: ∽ 便紙

5) 標題字의 字解와 引用文獻(總 104鍾)

① 標題字의 字解는 傳來文獻의 原典에 의해서 정확히 이를 引用하였고 字類註釋, 字典釋要, 新字典의 것을 全載하였다. (中略)

② 文獻의 引用 順序는 대체로 年代 順序는 대체로 年代順으로 하였으나 利用者의 편의를 위해 訓蒙字會, 千字文의 각 板本을 하나로 묶고 壬亂前 文獻은 諺解文獻과 字學書別로 한데 모았다.

韓國漢字音訓變遷字典 體裁는 다음과 같다.

架(가:) 시렁 가: 架空・-橋・-設・-가 書架・十字 -去(東6:18) :가(宣孟2:18) 실・에:가又造屋曰-又造屋曰-又棚也(訓蒙比叡中7b), (訓蒙比叡中14a), (訓蒙尊經(訓蒙東國) 실에가(類合上24b), 시렁가(倭解上33a) 가去(三聲下12) 거리가杙也棚也屋-衣-(字類上90b) 시렁가(兒學上9b) [가] 棚也시렁가○起屋집세울가[禡] (釋要上63b) [가] 杙也所以擧物틀가락・장강틀○棚也사닥다리○衣-홰대○屋-실엉[禡] (新字2:29b)

刻(각) 새길 각:刻骨・-薄-각 時刻・正-・彫-・遲-入(東1:1)-ᄀᆞᆨ(六祖序7) :외골ᄀᆞᆨ俗稱時-晝夜百刻時分八刻子午各加二刻又-(訓蒙比叡上1b), (訓蒙東大上2a), (訓蒙東經) 사길 <以下上同>(訓蒙東國) 시ᄀᆞᆨᄀᆞᆨ·ᄀᆞᆨ할ᄀᆞᆨ(類合下 37b) 사실ᄀᆞᆨ(光千23a),(石千) 사길ᄀᆡᆨ鏤也(註千) 사길ᄀᆞᆨ(倭解下42b) ・ᄀᆡᆨ入(三聲下62) ・ᄉᆡᆨ일ᄀᆡᆨ鏤也晷-又-薄(字類上5b) [각]鏤也색일각 ○晷시각각[職] (釋要上10b) [각]鏤也삭일[爾雅] 木謂之- ○痛也몹시 ○割剝긁을 ○-薄慘覈이심할 ○각색할 ○晷-漏箭시각 ○害也해할 [書]我舊云-子 ○豕跡도야지발자국(職)(新字1:15a)

〈『第二回 韓國學國際學術會議論文集』, 仁荷大 韓國學研究所, 1995. 8.〉

『韓國漢字音訓字典』에 나타난 漢字訓研究(Ⅰ)

-韓國語史 및 意味論分野 새 開拓을 위해-

序

필자는 歷代 漢字學習書나 字典類 즉 訓蒙字會(比叡山本・東中本・尊經閣本・東國書林本)・新增類合・千字文(光州・石峰・註解)・倭語類解・字類註釋・字典釋要・新字典에 나타나는 漢字의 音・訓(聲調包含)과 東國正韻・三韻聲彙 그밖의 諺解文獻에 나타난 漢字音(聲調包含)을 한눈에 볼 수 있는 작업을 하여 "韓國漢字音訓字典(假稱)" 刊行準備를 마쳤다.

이 字典에 收錄되는 資料文獻을 간략히 소개하면

訓蒙字會…(訓蒙) 全3卷 中宗22年(1527) 崔世珍著 比叡山本(比叡) 東京大學中央圖書館本(東中) 尊經閣本(尊經) 東國書林本(東國) 등이 있다.

新增類合…(類合) 上下兩卷 宣祖9年(1576) 眉岩 柳希春의 序붙어 있음.

千 字 文…(千字) 6世紀 周興嗣지음. 光州千字文(光千)은 「萬曆三年月日光州刊上」이란 刊記. 宣祖8年(1575)刊. 石峰千字文(石千) 韓濩(號 石峰)가 쓴 千字文 宣祖 16年(1583)刊. 註解千字文(註千) 純祖4年(18.04)刊

倭語類解…(倭解) 18C初 洪舜明刊으로 乾坤2卷
字類註釋…(字類) 鄭允容著 哲宗7年(1856刊 上下2冊)
兒 學 編…(兒學) 丁若鏞著 上下2卷
字典釋要…(釋要) 純祖3年(1909) 池錫永著 2卷2冊 序文은 1906年仲秋
新 字 典…(新字) 崔南善著. 그 序에 의하면 乙卯仲節(1915年) 12月刊. 4 卷1冊

과 같으며, 위에 든 文獻 이외의 略號는 拙編著 補訂版 古語辭典(初版은 1960年 東亞出版社, 補訂版은 1971年 一潮閣刊)에 따르기로 한다. 다음에 나올 略號나 符號는 다음과 같다.

平 … 平聲　上 … 上聲　去 … 去聲　入… 入聲
(無點)　(2點)　(1點)　(1點)

例→架 :가(宣孟2 : 18) … 宣祖版孟子諺解卷2. 張 18에 '가' 音인데 上聲으로 되어 있다는 것.

(가:)는 현대음으로 긴소리임을 나타낸 것이고 '시렁'은 標準訓을 적은 것이다.

韓國漢字音訓字典 體裁 과 같다.

架 (가:) 시렁. 가:-架空・-橋・-設-가 書架・十字-去(동6 : 18) :가(宣孟2 : 18)실•에:가又造屋曰-又棚也(訓蒙比叡中7b) (訓蒙東大中14a) (訓蒙尊經) (訓蒙東國) 실에가 (類合上24b) 시렁가 (倭解上33a) 가去(三聲下12) 거리가杙也棚也屋-衣-(字類上90b) 시렁가 (兒學上9b) 〔가〕棚也시렁가 **o** 起屋집세울가〔禡〕(釋要上63b)〔가〕杙也所以學物틀가락・장강틀 **o** 棚也사닥다리 **o** 衣-홰대 **o** 屋-실엉〔禡〕(新字2 : 29b)

刻(각) 새길.각-刻骨・-薄 -각 時刻・正-・彫・-遲-入(東1 : 1)・ᄀᆞᆨ(六祖序7) :외ᄑᆞᆯ ᄀᆞᆨ俗稱時-晝夜百刻時分八刻子午各加二刻又 - (訓蒙比叡上1b) (訓蒙東大上2a) (訓蒙東經) 사길 <以下上同> (訓蒙東國) 시ᄀᆞᆨ ᄀᆞᆨ・ᄀᆞᆨᄒᆞᆯ ᄀᆞᆨ(類合下37b) 사길ᄀᆞᆨ(光千23a) (石

千) 사길긱鏤也(註千) 사길극(倭解下42b). 긱入(三聲下62) 싁일긱鏤也畧-又-薄(字類上5b) 〔각〕 鏤也색일각0畧시각각 〔職〕 (釋要上10b) 〔각〕 鏤也삭일 〔爾雅〕 木謂之-0痛也몹시0割剝긁을0-薄慘覈이심할0각색할0畧-漏箭시각0害也해할[書] 我舊云-子0豕跡도야지발자국(職) (新字1 : 15a)

本 論

	漢字	標音準訓	訓字蒙會 1527	新類增合 1576	光千1575 石千1583 註千1804	倭類語解 18C初	字註類釋 1856	兒編學 20C初?	字釋典要 1906	新字典 1915
1	加	더할가		더을가		더ᄒᆞᆯ가	더ᄒᆞᆯ가	더ᄒᆞᆯ가	더할가	〔가〕 더할 · 업수이역일 · 덥칠

현대어 '덤:'이 '더으+ㅁ으로 이루어진 말. 더음>덤:

	漢字	標音準訓	訓字蒙會 1527	新類增合 1576	光千1575 石千1583 註千1804	倭類語解 18C初	字註類釋 1856	兒編學 20C初?	字釋典要 1906	新字典 1915
2	伽	절가					승가가		절가	〔가〕 절 · 중의집

승가는 '僧家'

	漢字	標音準訓	訓字蒙會 1527	新類增合 1576	光千1575 石千1583 註千1804	倭類語解 18C初	字註類釋 1856	兒編學 20C初?	字釋典要 1906	新字典 1915
3	架	시렁가	실에가	실에가		시렁가	거리가	시렁가	시렁가 집세울가	〔가〕 틀가닥 장강틀 · 사닥다리 · 홰대 · 실엉

'거리'는 '의(衣)걸이'의 뜻. '장강틀'은 '長杠틀' 즉 물건을 올려 놓거나 매어달고 앞뒤로 사람이 들어서 메게된 굵은 멜대

'실〔載〕+에'는 마치'울〔←우르 · 號 · 呼 · 叫 · 咆 · 嗥 · 吼〕+에' 〔雷〕

울에 우르ᄃᆞ시 ᄒᆞᆫ갓 우르노소니 : 雷吼吼徒咆哮(杜解2 : 70)

울어 : 叫喚號(永嘉上44)

울우ᄆᆞᆫ(南明上4b)

울여 : 鳴(初杜解22 : 22)

우르고(月釋7:25)

놀〔演奏〕+애〔歌·謳·頌·歌詠·詠歌曲·謠〕

七寶琴 놀오 놀애 블러(月釋21 : 207)와 같은 造語다.

'실〔載〕+엉'은 마치 '굽〔曲〕+을+엉'〔肘〕

ᄑᆞᆯ구브렁듀 : 肘(訓蒙上26)와 같은 造語인데 'ᄑᆞᆯ구븨'와 同義語가 ᄑᆞᆯ구븨듀 : 肘(類合21) 肘은 ᄑᆞᆯ구븨라(家禮解1 : 39)

현대어 "마중(←마종 맞+옹)·꾸중(꾸죵)·거멍·노랑·누렁·파랑·퍼렁·하양……"

등이 비슷한 造語다.

'누룽지' '누룽이'('누룽지'의 慶尙方言)[1] 이는 '눋다[燋]'의 派生語로 본다.

눋게 : 焦(救簡1 : 81·2 : 73)

눌디(救簡2 : 33)

누러 : 燋(金三5 : 45)

누를쵸 : 焦(訓蒙下13 : 類合下57)

누르붓가 : 焦(救簡1 : 27)

그런데 '실+에' '실+엉'의 '실'이 '싣다〔載〕' 動詞의 변칙어간이냐, 아니면 '실'또는 '시르' 語幹이냐는 매우 중요한 의미를 갖는 것이 아닌가 한다. '울에'의 '울'이 "우르ᄃᆞ시·우르노소니·우르고·울어·울우ᄆᆞᆫ·울여" 活用形에서 보면 '우르→울'이 可能하기 때문에 '시르→실'을 推定할 수 있기 때문이다.

'누룽지'의 '누룽'도 '눌+웅'으로 분석하면 '누르→눌'이 抽出된다.

'싣다'는 '시러·시론·시로ᄆᆞᆯ·시ᄅᆞᆯ·시를·싣ᄂᆞᆫ·싣ᄌᆞ바·시루미·싣디·싣ᄂᆞ니라……'

---

1) 李崇寧, 改訂初版 中世國語文法, 乙酉文化社, 1981. 5. 20, pp. 103~104.

와 같은 活用形을 보인다.

현대문법에서 ㄷ변칙인 '걷:다(:걷다步)·겯:다(結·編)·긷:다(:긷·다汲)·눋:다(:눋·다焦)·묻:다(:묻다問) 붇:다(:붇다脹)·싣:다(:싣·다載)'의 語幹母音이 子母語尾위에서 길게 소리 나고 이것이 中世語文獻에서 子音語尾 위에서 上聲點이다.

그런데 '시르→싣'이냐 '싣→시르'냐의 論斷은 매우 어려운데 '시르→싣'의 可能性은 다음과 같다.2)

즉

㉠ 日本語가 開音節語요, 促音法이 있다. 우리말과 日語의 文法構造가 酷似한 것은 누구나 아는 사실이지만 日語가 開音節요, 促音現象이 있다는 사실은 우리말 받침의 發生에도 크게 參考가 된다고 생각한다.

㉡ ⌊바브(飯)⌉ ⌊무르(水)⌉와 같은 咸鏡方言.

㉢ ⌊시므디·시므고·시브기⌉·⌊시브다⌉·⌊만ᄒᆞ고⌉·⌊우르고·우르놋다⌉의 歷史的 表記에서 ⌊심다·싶다·많다·울다⌉로, ⌊올모ᄃᆡ·니부ᄃᆡ·머구ᄃᆡ·바도ᄃᆡ……」가 「옮되·입되·먹되·받되」로 된 事實.

㉣ 現代語의 ⌊가지다·디디다⌉가 ⌊갖고·갖게·갖더니·갖세·갖네⌉나 ⌊딛고·딛게·딛더니·딛세·딛네⌉와 같이 略音 되는 事實. 그러면서 ⌊가지면·가지니까⌉ ⌊디디면·디디니까⌉는 줄어들 수 없는 事實.

㉤ 英語⌊desk⌉를 ⌊데스크⌉로 받아들이는 것은 ⌊捕 자블초·抱 아늘포⌉와 같은 漢字訓讀法과 아울러 생각해 볼 일이다.

㉥ ⌊드르·기르마·거우루·비두로기⌉에서 ⌊들·길마·거울·비둘기⌉로, ⌊어느제⌉가 ⌊언제⌉로 줄어들면서 각각 ⌊ㄹ·ㅁ⌉받침이 생겼다는 事實.

㉦ 오늘날의 長母音은 두音節이 줄어든 것이 많다는 것은 實證이 있다.

---

2) 필자, 朴勝彬著「한글맞춤법 통일안」에 對한 批判 讀後感, 通文舘, 1973. 3, pp. 87~89.

드르→들　가히→개　ᄇᆞ얌→뱀

부들(途孛)→둘　ᄉᆞᅀᅵ→새

ᄌᆞ올다→졸다　버히다→베다

다히다→대다

따라서 오늘날의 長母音은 두 音節이었을 可能性이 있다.(모든 긴소리가 그렇다는 뜻은 아니다)는 假說을 세울 수 있다. 그런데 오늘날 ㄷ變則 ㅅ變則 ㅂ變則用語 語幹母音에 각각 長母音이 많다는 사실은 매우 示唆的인 현상이 아닌가 생각해 본다.

더구나 變則用言은 우리말에 있어서 ㄹ받침 붙는 名詞가 複合語를 이룰 경우 促 音化 하는 것은 古文獻에서나 現代語에서 숱하게 그 例를 찾아낼 수 있음을 아울러 생각하면 ［무르→묻］으로 促音化했을 可能性을 排除할 수 없다.

한편 '싣→시르'의 可能性은 다음과 같이 말할 수 있다.

㉠ 東國正韻 序文에

端之爲來 不唯終聲 如次第之第牡丹之丹之類 初聲之變者 亦衆이라 있는 바

牧丹 모란(供養13) 단>란

牧丹 모란(類合上　7)

第 ᄎᆞ례데(訓蒙上34·類合上3) 데>례

道場 도량(六祖序 4·18) 당>량

菩提 보리(六 祖序3·13) Bodhi 보디(菩提) >보리

대롱［竹筒］(心經67·初杜解10:6)

대롱ᄡᅡ온ᄃᆡ 녀코:置竹筒(宣賜 內訓1:67)

대롱애 녀허 : 內竹筒(救簡6:30)

㉡ '듣다［聽］'가 平安方言으론 規則活用을하는데, 이것이 古形의 維持가 아닌가

하며 ㉠의 漢字音의 ㄷ>ㄹ 變異는 우리 국어에 同化되는 過程에서 생긴 것이

라 推想된다.

㉢ ㄷ規則動·形容詞의 語幹母音이 모두 短母音(얻다 例外)인

걷다(捲, 收) 곧다
(直) 굳다(固) 닫다(閉) 돋다(昇) 묻다(埋, 染) 믿다(信) 받다(受) 벋다(延) 뻗다
(伸) 쏟다(瀉)

등은 母音語尾위에서 'ㄷ'소리가 유지되지만 ㄷ變則動詞('듣다:滴' 變則動詞)의 語幹母音이 子音語尾 위에서 모두 길다(닫다:走·듣다:聽 例外)는 사실에서 母音사이에서 ㄷ소리가 有聲音化 하는 濃度가 짙어 ㄷ>ㄹ이 이루어진 것으로 생각하면 ㄷ>ㄹ의 變異가 漢字音에서만 孤立的으로 이루어진 것이 아니라고 생각할 수 있다.

즉 '시르→:싣'은 두音節 縮約으로 '싣'이 上聲化한 것으로 볼 수도 있으나 逆으로 ' :싣'이 上聲이기 때문에 母音사이의 'ㄷ>ㄹ'이 되어 '시드→시르'로 變則活用을 하게 된 것으로 볼 수는 없을 것인가 하는 것이다.[3]

마치 ㅅ.ㅂ規則用言의 語幹母音이 모두 短母音인

벗다(脫) 빗다(梳) 솟다(湧) 씻다(洗) (':웃·다'例外, 中世語文獻에는 上聲으로 긴소리)

곱다(屈曲) 꼽다(屈指) 굽다(曲) 뽑다(選拔) 씹다(咀) 업다(負) 입다(被) 잡다(捕)

접다(折) 좁다(狹) 집다(拾)

등은 母音語尾 우에서 'ㅅ·ㅂ'소리가 유지되지만, ㅅ變則 ㅂ變則用言의 語幹母音들이 子音語尾 위에서 길게 발음되는

긋다(劃) 낫다(癒, 勝) 붓다(注, 脹) 잇다(繼) 잣다(紡) 젓다(攪拌) 짓다(作) 겹다

(不勝) 곱다(麗) 굽다(炙) 깁다(補) 눕다(臥) 덥다(暑) 돕다(助) 쉽다(易) 줍다(拾)

<맵다(辛) 밉다(憎) 춥다(寒) 例外>

들이 母音語尾 위에서 ㅅ·ㅂ소리가 有聲音化 하여 드디어는 ㅅ

---

3) 拙著, 朝鮮(李朝) 漢字音 硏究, 一潮閣, 初版 1969 再版 1973, p. 101.

소리가 떨어지고 ㅂ소리가 圓唇母音하는 것과 軌 를 같이 하는 것으로 해석할 수도 있다는 생각이다.

	漢字	標音準訓	訓字蒙會 1527	新類增合 1576	光千1575 石千1583 註千1804	倭類語解 18C初	字註類釋 1856	兒編學 20C初?	字釋典要 1906	新字典 1915
4		도리깨가	도리채가			도리채가	도리찌가	도리찌가	도리채가	〔가〕돌이개

'도래채'는 '돌(廻)+ 이+ 채(鞭)'로 구성된 것이고 '돌이개'는 '돌(廻)+ 이+ 개(名詞化接辭)'로 된 造語다.[4]

	漢字	標音準訓	訓字蒙會 1527	新類增合 1576	光千1575 石千1583 註千1804	倭類語解 18C初	字註類釋 1856	兒編學 20C初?	字釋典要 1906	新字典 1915
5	嘉	아름다울 가	됴흘가	아름다올 가		아름다울 가 仝佳		아름다을 가 포장할 가 佳通		〔가〕아름다울 착할·기릴·질거울 佳同 假通

'포장할'은 '褒奬할'

	漢字	標音準訓	訓字蒙會 1527	新類增合 1576	光千1575 石千1583 註千1804	倭類語解 18C初	字註類釋 1856	兒編學 20C初?	字釋典要 1906	新字典 1915
6	駕	멍에가	멍에가	멍에길가	멍에가 註千 메올가	멍에가			멍에할가	〔가〕임금탄수레 멍에멜·멍에

	漢字	標音準訓	訓字蒙會 1527	新類增合 1576	光千1575 石千1583 註千1804	倭類語解 18C初	字註類釋 1856	兒編學 20C初?	字釋典要 1906	新字典 1915
7	可	옳을 가		ᄒᆞ얌직 가	光직가 石올ᄒᆞᆯ가 ·허ᄒᆞᆯ가 ·극突厥 酋-汗	올ᄒᆞᆯ가	올ᄒᆞᆯㅅ 가又극	올흘가	올을가 허락할 가 오랑캐 극	〔가〕오를·올타할·가히·바 〔극〕突厥 酋長曰-汗

	漢字	標音準訓	訓字蒙會 1527	新類增合 1576	光千1575 石千1583 註千1804	倭類語解 18C初	字註類釋 1856	兒編學 20C初?	字釋典要 1906	新字典 1915
8	呵	꾸짖을 가							괴운불가 웃는소래가 괴우붉가 ᄭᅮ지즐가	〔하〕俗〔가〕ᄭᅮ지즐·깔깔웃을·내불·ᄭᅮ지람할·불

---

4) 拙稿, ㄱ시개研究, 拙著 國語學 論文集, 一潮閣, 初版 1962. 6. 4版 1974. 9, p. 128.

	漢字	標音準訓	訓字蒙會 1527	新類增合 1576	光千1575 石千1583 註千1804	倭類語解 18C初	字註類釋 1856	兒編學 20C初?	字釋典要 1906	新字典 1915
9	苛	가혹할 가		하찰하			ᄶᅡ다로올 하諺가		가는풀 가	〔하〕俗〔가〕잔풀·ᄶᅡ달을·흔들·살필·옴·ᄭᅮ지즐

'하찰'은 '苛察'로 현대음으로 '가찰', '옴'은 '疥'. '가혹(苛酷)·가책(苛責)'이 가장 자주 쓰이는 말이므로 그중 '가혹할'을 標準訓으로 잡는다.

	漢字	標音準訓	訓字蒙會 1527	新類增合 1576	光千1575 石千1583 註千1804	倭類語解 18C初	字註類釋 1856	兒編學 20C初?	字釋典要 1906	新字典 1915
10	訶	성내어 꾸짖을가					ᄭᅮ지즐하 俗 가		ᄭᅮ지즐 가 呵 通	〔하〕俗〔가〕성내여 지즐·ᄭᅮ지람 呵同何通

'摩訶衍'의 '訶'는 '하'

	漢字	標音準訓	訓字蒙會 1527	新類增合 1576	光千1575 石千1583 註千1804	倭類語解 18C初	字註類釋 1856	兒編學 20C初?	字釋典要 1906	新字典 1915
11	蕳	박하가	박핫하				박하하			

새字典에 '박하가'로 '가'音을 표준音으로 한 것에 贊成. '呵·苛·訶·魺'들이 '可'音을 따라 類推로 '하>가'를 보인데서 그렇게 생각한다.

현대어사전에 '薄荷'로 했으나 訓蒙에는 '亦作薄荷'로 되어 있다. 근원을 따지면 '薄蕳'라야 옳을 것이나 쉬운 글자로 代用한 셈이다.

	漢字	標音準訓	訓字蒙會 1527	新類增合 1576	光千1575 石千1583 註千1804	倭類語解 18C初	字註類釋 1856	兒編學 20C初?	字釋典要 1906	新字典 1915
12	歌	노래 가	놀애가	놀애가	光千놀애가 註千노래가	노ᄅᆡ가	노ᄅᆡ가	로ᄅᆡ가	노래가	〔가〕노래·읍조릴·쟝단마칠

	漢字	標音準訓	訓字蒙會 1527	新類增合 1576	光千1575 石千1583 註千1804	倭類語解 18C初	字註類釋 1856	兒編學 20C初?	字釋典要 1906	新字典 1915
13	佳	아름다울가		됴흘가	光됴흘 千가 石아름다 千올가 註아름다 千올가 又다름다올 개		아름다울 개 又가소 嘉	착할개 嘉 見		［개］착할·조 흘 ［가］아름다 울·기릴 嘉同

石千以來「아름다울가」가 優勢함은 石千의 위치를 느끼게 한다. '개'는 잊힌 音으로 처리해 좋을 듯

	漢字	標音準訓	訓字蒙會 1527	新類增合 1576	光千1575 石千1583 註千1804	倭類語解 18C初	字註類釋 1856	兒編學 20C初?	字釋典要 1906	新字典 1915
14	街	거리가	거리개			거리가	네거리가	거리가	거리가	［가］네거리

訓蒙부터 訓은 '거리'가 優勢, 音은 訓蒙·三韻에 '개'이나 이것은 東漢音을 이은것. 倭解등 '가'가 우세하고 '가'音으로 實用되고 있으므로 '개'音은 잊힌 音으로 처리 해 좋을 듯.

	漢字	標音準訓	訓字蒙會 1527	新類增合 1576	光千1575 石千1583 註千1804	倭類語解 18C初	字註類釋 1856	兒編學 20C初?	字釋典要 1906	新字典 1915
15	家	집가	집가	집가	집가	집가	집가	집가	집가	［가］집·나나·남편· 셔방·용한이

新字典의 '나나'란 '婦謂夫'라 있으므로 아내가 남편을 '나나'라

	漢字	標音準訓	訓字蒙會 1527	新類增合 1576	光千1575 石千1583 註千1804	倭類語解 18C初	字註類釋 1856	兒編學 20C初?	字釋典要 1906	新字典 1915
16	嫁	시집갈 가	얼일가	남인마 졸가		셔방마 칠가	싀딥가	셔방마질 마	시집갈 가	［가］싀집갈·갈밀·써 넘길
17	稼	심을가	시믈가	녀름지 을가	光千시믈가 石千곡식시 믈가 註千곡식시 믈가 又벼가		심을ㅅ 가	곡식심을 가	곡식시 믈가	［가］여름지을·심을
18	假	거짓가 빌 가	빌가	빌가	光빌가 石빌가 註빌가 又거즛가 又말ᄆᆞ가 又니ᄅᆞ격		거딛가 又격소 格徦	빌릴가 거짓가	거즛가· 클·또· 빌·비닐 ·쒸일가 徦 見	［가］빌·클·아름다울 헛·거짓·가령·이를터면 ·대컨·嘉瑕·빌릴·쑤 일暇通 [격]이를徦格同

고한다는것

	漢字	標音準訓	訓字蒙會 1527	新類增合 1576	光千1575 石千1583 註千1804	倭類語解 18C初	字註類釋 1856	兒編學 20C初?	字釋典要 1906	新字典 1915
19	暇	겨를가		겨를가		겨를가	겨를하諺가		한가할가결을가	[하] 俗 [가] 한가할·겨를

'겨를'이란 말은 "어느 겨를에 그런 일을 해" "그런 겨를이 있어야지"로 現用되고 있다. 그러나 "겨르롭다·겨르로이·겨를ᄒᆞ다" 등은 "閑暇롭다·閑暇로이·閑暇하다"라는 漢字말로 쓰이고 있다. 이 漢字말은 이미 "閑暇ᄂᆞᆫ 겨르리라(月釋序17)" "나ᄆᆞᆫ 位次ᄂᆞᆫ 閑暇ᄒᆞ야 니르디 몯호라 ᄒᆞ시니(永嘉下81)"가 보이지 마는 "겨르로운"등 再生을 試圖해 봄직하다.5)

	漢字	標音準訓	訓字蒙會 1527	新類增合 1576	光千1575 石千1583 註千1804	倭類語解 18C初	字註類釋 1856	兒編學 20C初?	字釋典要 1906	新字典 1915
20	賈	성 가 장사고	흥졍홀고	가 댱ᄉᆞ고 音			갑가價ᄉᆞ又쟝샤고	장ᄉᆞ고	갑 가 안즌장사고	[가] 갑價同 [고] 안진장사
21	價	값 가				갑 가	가	갑 가	갑가 賈通	[가] 賈通

"갑ᄉᆞᆯ 갑디말라(飜老上63)"에서 '갚다(報)'라는 動詞가 '값(價)'에서 派生된 말임을 쉽게 알아차릴 수 있을 것이다.

	漢字	標音準訓	訓字蒙會 1527	新類增合 1576	光千1575 石千1583 註千1804	倭類語解 18C初	字註類釋 1856	兒編學 20C初?	字釋典要 1906	新字典 1915
22	各	각각각		제굼각		각각	각각		각각각	[각] 각각·제각금·ᄯᅡ로

'제굼'은 "제각기(各其)·제각각(各各)·제가끔의 뜻" "제곰(飜小8 : 3)·제여곰(釋譜6 : 34)·제금제금 :各人各人(漢淸8 : 58)"등과 같은 뜻이다.

	漢字	標音準訓	訓字蒙會 1527	新類增合 1576	光千1575 石千1583 註千1804	倭類語解 18C初	字註類釋 1856	兒編學 20C初?	字釋典要 1906	新字典 1915

5) 拙稿, 古語의 再生은 可能한가? 拙著 國語學論文集 pp. 439~442.

23	恪	삼각각		조심각			공슌각		공경할각	［각］경셩.삼갈
24	閣	누각각	집 각	층집각			놉흔집각	집 각	루각각 비계각 찬ㅅ장각 ᄭᅩᆺᄭᅩᆺ할각	［각］층집·찬장·사다리·ᄭᅩᆺᄭᅩᆺ할·개구리소리

'비계'는 '飛階'로 '栈道通'의 뜻

漢字		標音準訓	訓字蒙會 1527	新類增合 1576	光千1575 石千1583 註千1804	倭類語解 18C初	字註類釋 1856	兒編學 20C初?	字釋典要 1906	新字典 1915
25	却	물리칠각		므르드롤각			각수郤(郤물리칠각)		물니칠각 郤수	［각］물니칠·사양할郤俗子
26	脚	다리각	발 각	다리각		다리각		다리각	각腳수 腳종아리각 발각	［각］종아리
27	角	뿔 각	ᄲᅳᆯ각	ᄲᅳᆯ각		ᄲᅳᆯ각	ᄲᅳᆯ각·록	ᄲᅳᆯ각	ᄲᅳᆯ각·밦을각·다툴각 사람의일흠록	［각］ᄲᅳᆯ·씨를·다툴·비교할·모퉁이·대평소·휘·쌍상투 ［록］-靑山四皓之--里
28	刻	새길각	외ᄑᆞᆯᄀᆞᆨ 東國사길ᄀᆞᆨ	시ᄀᆞᆨᄀᆞᆨ ᄀᆞᆨ흘ᄀᆞᆨ	光千石千 사길ᄀᆞᆨ 註千사길긱	사길ᄀᆞᆨ	삭일긱		색일각 시각각	［각］삭일·몹시·긁을이심할·각색할·기각·해할·도야지발자국

'긱'音은 註千(1804) 字類(1856) 뿐 아니라 이에 앞선 敬信錄諺解(1796)에도 '경긱(頃刻 11b) 긱박히(刻薄 51b) 시긱(時刻 51a)'인데 '긱'音 은 三韻奎章音과 一致하나 訓蒙·類合·石千뿐 아니라 大祖序7·家禮7 : 27·倭解下42·漢淸6 : 22. 無寃錄1 :66 등 '긱' 一色. '외ᄑᆞᆯᄀᆞᆨ'의 '외ᄑᆞ다'는 "左鏤" '외로ᄑᆞᆯ'의 뜻으로 본다.6)

漢字		標音準訓	訓字蒙會 1527	新類增合 1576	光千1575 石千1583 註千1804	倭類語解 18C初	字註類釋 1856	兒編學 20C初?	字釋典要 1906	新字典 1915
29	殼	껍질각					ᄭᅥᆸ질각 殼수	ᄭᅥᆸ질각	겁질각 나라짜릴각	殼殼 同 殼［학］구역질할 殼同

6) 朴秉喆 : 訓蒙字會 字釋硏究, 仁荷大 大學院 碩士論文, 1984. 2 p. 8.

									殼 仝	殼 [각] 바탕·겁질·나려칠殼同

‘겁질:皮 三綱 張許·瘟疫方12’ ‘겁딜:皮(同文解下5)’ 例가 있다. “겁질>껍질”의 例인데 硬音化는 字類註釋(1856)에서 첫例를 보인다.

	漢字	標音準訓	訓字蒙會 1527	新類增合 1576	光千1575 石千1583 註千1804	倭類語解 18C初	字註類釋 1856	兒編學 20C初?	字釋典要 1906	新字典 1915
30	覺	깨달을각	ᄭᆡᆯ교	ᄭᆡᄃᆞᄅᆞᆯ각		ᄭᆡᄃᆞ를각	ᄭᆡ다를각 ᄉᆞᆷᄭᆡᆯ교	기다를각	ᄭᆡᆯ각·ᄭᆡ칠각·곳을각·클각ᄉᆞᆷᄭᆡᆯ교	[교] ᄉᆞᆷᄭᆡᆯ [각] ᄭᆡ다를·ᄭᆡ우칠. 밝힐·클 ᄭᆞᆨ ᄭᆞᆨ할·발각할

訓蒙에 ‘又入知聲也’로 있으므로 ‘각’은 ‘知也’, ‘교’는 ‘醒’의 뜻으로 구별사용됨.7)

	漢字	標音準訓	訓字蒙會 1527	新類增合 1576	光千1575 石千1583 註千1804	倭類語解 18C初	字註類釋 1856	兒編學 20C初?	字釋典要 1906	新字典 1915
31	干	방패간	방패간	간범간 방패간		방패간	방픠간	방픠간	방패간 범할간 요구할간 물갓간	[간] 방패·범할·구할·막을·물가·얼마·텬간기울·눈물줄줄흘릴·란간·모시

‘간범’은 ‘干犯’<남의 權利를 침범>, ‘텬간’은 ‘天干’으로 十干 즉 ‘甲乙兵丁戊己庚辛壬癸’를 가리킴.

	漢字	標音準訓	訓字蒙會 1527	新類增合 1576	光千1575 石千1583 註千1804	倭類語解 18C初	字註類釋 1856	兒編學 20C初?	字釋典要 1906	新字典 1915
32	刊	간행할간		갓ᄀᆞᆯ간			ᄭᅡᆨ글간		(刊)나무찌갤간 栞소색일간 ᄭᅡᆨ글간	[간] ᄭᅡᆨ글·쪽 일·삭일栞通

‘쪽일’은 ‘쪼개다’의뜻. 갓ᄀᆞᆯ(月釋1 : 17·韻合下38) 갓ᄀᆞ니(初杜解16 : 57)> ᄭᅡᆨ가(馬解下69·朴解中29) ᄭᅡᆨ고(朴解上51) ᄭᅡᆨ다(同文解下18) ᄭᅡᆨᄂᆞᆫ(譯解上30) ᄭᅡᆨ글갹:斫(倭解下17)

	漢字	標音準訓	訓字蒙會 1527	新類增合 1576	光千1575 石千1583 註千1804	倭類語解 18C初	字註類釋 1856	兒編學 20C初?	字釋典要 1906	新字典 1915

7) 拙著 朝鮮(李朝) 漢字音硏究 一潮閣 1969. 3 初版 1973. 再版 p. 148.

漢字		標音準訓	訓蒙字會 1527	新類增合 1576	光千1575 石千1583 註千1804	倭類語解 18C初	字註類釋 1856	兒編學 20C初?	字釋典要 1906	新字典 1915
33	奸	간사할간	간곡훌간				간악ㅅ간		통간할간 거즛간	[간] 어지러울·간음할·거짓

"간곡훌사 : 詐·간곡훌교 : 狡·간곡훌활 : 猾(訓蒙下30)"라 있으므로 간사(奸詐)·교활(狡猾)"의 뜻으로 '간곡ᄒᆞ다'가 쓰인것임을 알겠으나 오늘날은 잊힌 말. "통간(通姦)·간음(姦淫)"의 '간'은 오늘날 '姦'字가 쓰이고 있어 '奸詐·奸臣·奸惡'등 '간사하다'의 뜻으로 주로 쓰이고 있는 것이 아닌가 한다.

漢字		標音準訓	訓蒙字會 1527	新類增合 1576	光千1575 石千1583 註千1804	倭類語解 18C初	字註類釋 1856	兒編學 20C初?	字釋典要 1906	新字典 1915
34	肝	간 간	갽간	간간		간간	간간	간간	간간	[간] 간
35	竿	낚싯대	댓줄기간			낙대간	딕막대간	딕줄기간	줄기간낙시째간	[간] 낙시대

訓蒙比叡에 '댓줄기간 釣-낙째'로 되어 있고 '釋要·植字'에도 각각 '낙시ㅅ대간·낙시대간'으로 되어 있어 標準訓을 '낚싯대'로 한다.

낛대(初杜解22 : 12) 낙시ㅅ대 : 釣魚竿(漢淸10 : 26) 낛爲釣(訓正解例·合字解) 낛구 : 鉤(訓蒙中15) 낙시됴 : 釣(倭解下15) 낙시(太平1 : 2) 낙시밥 : 下誘子(譯解上23)의 例를 보면 '낙시' 例는 譯解(1690年) 例가 최초의 것. '낛'의 主格形이 名詞로 굳은 것.

'낛(釣)'에서 '낛다(釣魚)'가 派生되었으리라는 推理는 당연하다.

江漢애·낛·줄 드리워 고기 낛ᄂᆞ·니 : 有垂編(初杜解21 : 13) 고기 낛ᄂᆞ 비로다 : 釣(初杜解21 : 16) 낛노라 : 釣(初杜解22 : 13) 낛구믈 : 釣(初杜解24 : 22) 낛ᄀᆞᆯ(金三3 : 60) 낛가 ; 釣(金三5 : 26)

의 例는 이 사실을 뒷받침한다. 그런데 한편 "낫대롤 : 竿竹(杜解52) 낫대ᄂᆞᆫ(古時調·尹善道) 낫대로(古時調·尹善道)"가 있고

고기 낫ᄂᆞᆫ 낛주를 ᄊᆞ노라 : 釣緡(杜解6 : 31)

ᄀᆞ기 낫ᄀᆞᆯ 낙ᄉᆞᆯ 밍ᄀᆞᄂᆞ다 : 釣鉤(初杜解7 : 4)

낫ᄂᆞᆫ딕 : 釣(杜(解初10 : 11) 낫가(初杜解16 : 14) 낫고ᄆᆞᆯ : 釣(初杜解16 : 55) 나ᄉᆞᆯ됴 : 釣(訓蒙下9) 낫글됴(類合下7)

가 있어 '낫(竿竹)'에서 '낫다(釣)'가 派生됨을 보인다. 그러면 이 兩者 즉 "낫-낫다·낛-낛다"의 관계는 어떠한가. 訓正解例에 이

미 '낛'이 있고 初杜解에 "낛는·낛노라·낛구믈"의 活用形을 보임을 보면 "낛-낛다"의 由來가 오래인 것을 알 수 있다.

그러나 아무래도 숱한 ㅅ+ㄱ>ㄱ+ㄱ[8] 例 즉 오늘날의 ㄲ받침(깎·꺾·겪·닦·묶·밖·볶·섞·솎·엮)의 生成過程과 軌를 같이하는 것으로 보는 것이 옳지 않을까 한다. 다만 生成年代가 다른 것에 比해 훨씬 古해서 先例를 보인 것으로 보려 한다.

	漢字	標音準訓	訓字蒙會 1527	新類增合 1576	光千1575 石千1583 註千1804	倭類語解 18C初	字註類釋 1856	兒編學 20C初?	字釋典要 1906	新字典 1915
36	艱	어려울간		어려울간			어려울간		어려울간	〔간〕애욱살림·어려울·근심

'애욱살림'이라 함은 가난에 쪼들려 고생스럽게 사는 살림

	漢字	標音準訓	訓字蒙會 1527	新類增合 1576	光千1575 石千1583 註千1804	倭類語解 18C初	字註類釋 1856	兒編學 20C初?	字釋典要 1906	新字典 1915
37	齦	씹을간 잇몸은	너흘근				又근니미음은		씹을간	〔간,근〕느를·물·니몸

'너흘다'는 "널다(쥐같은 것이 이로 쏠아서 부스러기를 늘어놓다"의 뜻. "물다·물어뜯다·씹다"의 뜻. '느를'은 '齧·噬' 즉 "물다·깨물다"을 뜻. 三聲에 '은'音으로 "齒根肉" 즉 '잇몸', '근'音 으론 '齧也' 즉 '물다'의 뜻으로 되어 있다.

	漢字	標音準訓	訓字蒙會 1527	新類增合 1576	光千1575 石千1583 註千1804	倭類語解 18C初	字註類釋 1856	兒編學 20C初?	字釋典要 1906	新字典 1915
38	墾	개간할 간		받닐와돌근			볃갈ㅅ근		〔근〕긔간할간	〔간·근〕갈·맬·짜베일을·샹할

'닐와돌'은 '일으킬(닐왇다)'의 뜻. '긔간'은 '起墾' 즉 "거친 땅을 개간함"

	漢字	標音準訓	訓字蒙會 1527	新類增合 1576	光千1575 石千1583 註千1804	倭類語解 18C初	字註類釋 1856	兒編學 20C初?	字釋典要 1906	新字典 1915
39	懇	간절할 간		근졀근			졍셩근		〔근〕지셩스러울간	〔근〕졍셩·밋블·간칙할

'간칠할'은 '간측(懇惻)할'의 뜻.

	漢字	標音準訓	訓字蒙會	新類增合	光千1575 石千1583	倭類語解	字註類釋	兒編學	字釋典要	新字典

8) 拙稿, 音의 同化·異化研究 75. 12. 10

	字		1527	1576	註千1804	18C初	1856	20C初?	1906	1915
40	姦	간음할간		간익간		간사간	간ᄉᆞ간		간사할간 통간할간	［간］간사할·난밀·간음할·도적·거짓

‘간익’은 ‘간악(姦惡)’의 脫劃. ‘통간’은 ‘通姦’, ‘간사’는 ‘姦邪’

	漢字	標音準訓	訓字蒙會 1527	新類增合 1576	光千1575 石千1583 註千1804	倭類語解 18C初	字註類釋 1856	兒編學 20C初?	字釋典要 1906	新字典 1915
41	揀	가릴간		ᄀᆞᆯ힐간			갈읠간 又련		갈일간	［간］시쌀·가릴·가를·분별할 ［련］義同

‘ᄀᆞᆯ힉다’는 朴新解(1765년)에 나옴.

‘ᄀᆞᆯ힉다>ᄀᆞᆯ희다(朴新解1 : 31)>갈의다(字類)>가리다(新字)

	漢字	標音準訓	訓字蒙會 1527	新類增.合 1576	光千1575 石千1583 註千1804	倭類語解 18C初	字註類釋 1856	兒編學 20C初?	字釋典要 1906	新字典 1915
42	諫	간할간	간ᄒᆞᆯ간	간ᄒᆞᆯ간		간ᄒᆞᆯ간	간ᄒᆞᆯ간		간할간	［간］간할·통간할
43	看	볼 간	볼간	볼간			볼ㅅ간		볼간	［간］볼
44	幹	줄기간	웃듬간		웃듬간		줄기간	줄기간	일애능할간 천간간	［간］몸둥이·줄기·등마루쌔·일맛흘

‘천간’은 ‘天干’ 즉 ‘十干’을 이름. ‘甲乙丙丁戊己庚辛壬癸’

	漢字	標音準訓	訓字蒙會 1527	新類增合 1576	光千1575 石千1583 註千1804	倭類語解 18C初	字註類釋 1856	兒編學 20C初?	字釋典要 1906	新字典 1915
45	間	사이간	ᄉᆞᆺ간	ᄉᆞ이간		ᄉᆞ이간	샤이간	ᄉᆡ이간	閒한가할한 閑通 사이간 반간할간 上俗字非	閒［한］겨를·한가 ［간］새이·새이할·갓가올·갈마드릴·새이길·이간할·병나을·나물할間上俗字非

‘ᄉᆞᆺ’은 ‘사이’의 뜻. ᄉᆞᅀᅵ>ᄉᆞ이(初杜解15 : 47·初杜解23 : 10·救簡1 : 19·飜老下21·飜老上11)>사이(字釋) 오늘날은 ‘사이간’은 ‘間’으로, ‘한가한’은 ‘閑’으로 定着된 것이 아닌가 한다.

	漢字	標音準訓	訓字蒙會 1527	新類增合 1576	光千1575 石千1583 註千1804	倭類語解 18C初	字註類釋 1856	兒編學 20C初?	字釋典要 1906	新字典 1915
46	澗	산곡물간	시내간	시내간			간슈간 又시내간	간슈간	간수간	［간］산곡물·간슈

‘간슈’는 ‘澗水’

	漢字	標音準訓	訓字蒙會 1527	新類增合 1576	光千1575 石千1583 註千1804	倭類語解 18C初	字註類釋 1856	兒編學 20C初?	字釋典要 1906	新字典 1915
47	癎	간질간	경갌간				간질한	간질간	간질한	癇［한］간긔

‘경간’은 ‘驚癎’, ‘간긔’는 ‘癎氣’, ‘字類·字釋’의 ‘한’音은 上聲音 ‘한’을 따른것. 그러면서 그 訓은 ‘간질’이요, 이에 앞선 訓蒙에 ‘간’音일 뿐 아니라 救簡에도 ‘간’音 이므로, ‘간’音으로 쓰인 由來가 오랜 것임을 알 수 있다.

＼	漢 字	標音 準訓	訓字 蒙會 1527	新類 增合 1576	光千1575 石千1583 註千1804	倭類 語解 18C初	字註 類釋 1856	兒編 學 20C初?	字釋 典要 1906	新字典 1915
48	簡	간략할간	글월간	간략간 대쪽간	光글월간 石갈략간 註갈략간 ᄲᆡᆯ간又 쥭ᄎᆡᆨ간		ᄃᆡ쪽간 간략간	ᄃᆡ쪽간	편지간 간략할 간 쉬월간. 분별할 간	［간］편지·구할·가릴·분별할·졈고할·종요로울·간략할·클·쉬울

‘ᄲᆡ다’는 ‘뽑다(選)’의 뜻. ‘쥭ᄎᆡᆨ’은 ‘竹策’ ‘졈고’는 ‘點考’로 ‘점’을 찍어 가면서 사람의 수효를 조사함.

＼	漢 字	標音 準訓	訓字 蒙會 1527	新類 增合 1576	光千1575 石千1583 註千1804	倭類 語解 18C初	字註 類釋 1856	兒編 學 20C初?	字釋 典要 1906	新字典 1915
49	喝	꾸짖을갈					ᄭᅮ지즐할 俗갈又애		ᄭᅮ지즐갈 성변꾸갈 목쉬일애	［애］목쉰소리·목멘 ［갈］ᄭᅮ지즐·볼멘소리할·부를

‘할’音은 供養9·三聲·字類까지에도 이어지나, 字類에 俗‘갈’이라 하고 釋要·新字에는 ‘갈’로만 되어 있고 ‘애’音은 잊힌 音으로 보아 좋을듯. ‘渴·葛’등에 ‘갈’音임에서 類推된 것일듯.

＼	漢 字	標音 準訓	訓字 蒙會 1527	新類 增合 1576	光千1575 石千1583 註千1804	倭類 語解 18C初	字註 類釋 1856	兒編 學 20C初?	字釋 典要 1906	新字典 1915
50	渴	목마를갈	목ᄆᆞᄅᆞᆯ갈	목ᄆᆞᄅᆞᆯ갈		갈ᄒᆞᆯ갈	목ᄆᆞᆯ을갈 又 걸		목마를갈 급할갈 물자즐걸	［갈］목마를·급할·물자즐
51	葛	칡 갈	츩갈 又츩너출	츩갈		츩갈	츩갈	측 갈	츩갈	［갈］츩
52	竭	다할갈		보쉴갈	光千다ᄋᆞᆯ갈 註千다ᄒᆞᆯ갈		다ᄒᆞᆯ갈 又걸	다ᄒᆞᆯ갈	다할갈·걸 義	［갈］다ᄒᆞᆯ·말을 ［걸］義仝

‘보쉴탕 : 蕩시슬텩 : 滌(類合下23)’ ‘탕척(蕩滌)’이란 “죄명을 씻어줌”의 뜻

즉 韵義仝‘부시다(洗)’의 뜻임. 音갈. ‘걸’音은 上聲등에 있으나 잊힌 音으로 처리해 좋을 듯

	漢字	標音準訓	訓字蒙會 1527	新類增合 1576	光千1575 石千1583 註千1804	倭類語解 18C初	字註類釋 1856	兒編學 20C初?	字釋典要 1906	新字典 1915
53	褐	갈색갈					츄포할 諺갈		추포갈·털노쌘뵈갈·하등인의옷갈	〔할〕俗·〔갈〕털베·굵은베갈옷

'츄포'는 '麤布' 즉 '굵은베'. 오늘날은 주로 '褐色·赤褐色·暗褐色'등 '갈색'이 자주 쓰이므로 '訓'을 삼는다.

	漢字	標音準訓	訓字蒙會 1527	新類增合 1576	光千1575 石千1583 註千1804	倭類語解 18C初	字註類釋 1856	兒編學 20C初?	字釋典要 1906	新字典 1915
54	甘	달 감	ᄃᆞᆯ 감	ᄃᆞᆯ 감	ᄃᆞᆯ 감	ᄃᆞᆯ 감	ᄃᆞᆯ 감	달감	달 감 즐길감	
55	柑	귤 감	감ᄌᆞᆺ감	감ᄌᆞ감			감ᄌᆞ감 又겸 鉗拑仝	감자감	감자감 자갈겸 拑見	〔감〕감자·감귤 〔겸〕나무재갈 鉗拑通

'감ᄌᆞ'는 '柑子', 그러나 '감자(甘藷)'와 音이 같아 標準訓을 '귤'아니면 '감귤'이 좋을듯. 오늘날 '겸자(鉗子)'는 금속제 외과 수술용이므로 '柑'의 '겸'音은 잊힌 音으로 해도 좋을듯.

	漢字	標音準訓	訓字蒙會 1527	新類增合 1576	光千1575 石千1583 註千1804	倭類語解 18C初	字註類釋 1856	兒編學 20C初?	字釋典要 1906	新字典 1915
56	堪	견딜감		견ᄃᆡᆯ감		견ᄃᆡᆯ감	견ᄃᆡᆯ갈		견댈감	〔감〕견댈·익일·맛흘

'견ᄃᆡ다(初杜解6 : 16)' '견듸다(初杜解8 : 21·飜朴上13)'가 같은 初杜解(1481年)에 보이고 '總'에도 '견듸다'文에 이르러 '견듸다' '견디다'에 보라고 하여 '견디다'를 표제어로 삼아 있다.

	漢字	標音準訓	訓字蒙會 1527	新類增合 1576	光千1575 石千1583 註千1804	倭類語解 18C初	字註類釋 1856	兒編學 20C初?	字釋典要 1906	新字典 1915
57	勘	헤아릴감					마감감		마감할감 감죄할감	〔감〕뎡할·쏫맑을·마감할·감죄할감◦료감할·죄뎡할

'마감'을 吏讀표기로 '磨勘'이라 쓰지만, 순우리말 '막+암'의 造語로 이루어짐. '감죄'는 '勘罪', '료감'은 '了勘'으로 '끝을 막음'의 뜻

	漢字	標音準訓	訓字蒙會 1527	新類增合 1576	光千1575 石千1583 註千1804	倭類語解 18C初	字註類釋 1856	兒編學 20C初?	字釋典要 1906	新字典 1915

58	敢	구태여감		구틔 여감	光千구틜 石千감 註구틔여 감	감히감	굳셸ㅅ 감		굿태이감 용맹스러 울감	［감］구태어·결단성잇 을·감히·날낼·용맹스러울 ·범할

구틔여(月釋序5·釋解1 : 61) 구ᄐᆡ여(東新續三·孝2·重杜解2 : 23·新語8 : 32) 구ᄐᆞ야(松江.關東別曲) 구ᄐᆞ여(五倫2 : 12) 구틔야(老解下18) 굿ᄒᆞ야(新語6 : 15◦8 : 1) 굿ᄒᆞ여(新語6 : 21) 굿히여(朴解中57·漢淸8 : 62) 등 多樣한 表記例를 보인다.

漢字		標音準訓	訓字蒙會 1527	新類增合 1576	光千1575 石千1583 註千1804	倭類語解 18C初	字註類釋 1856	兒編學 20C初?	字釋典要 1906	新字典 1915
59	瞰	굽어볼감	볼감	구버볼감			볼ㅅ감		굽어볼감	［감］굽으려볼
60	監	볼 감		볼 감			볼 감		볼감·벼슬 일흠감·살 필감·거나 릴감·감독 할감	［감］거느릴· 살필◦감독할·볼· 벼슬·림할·
61	鑑	거울감	거우로 감	거으로감	光千거우로감 石千거우루감 註千거울감 又비췰감		거울감		거울감·경 계할감 비췰감 밝을감	［감］밝을·빗 칠·거울

類合의 '거의로'의 'ㅇ'는 '우'의 脫劃으로 보임. '거우로(初杜解21 :41◦救簡1 : 111)' '거우루(月釋1 : 34·楞解2 : 17)' '거울룰(重杜解3 : 18)'>거울(重杜解150·3 : 35)

漢字		標音準訓	訓字蒙會 1527	新類增合 1576	光千1575 石千1583 註千1804	倭類語解 18C初	字註類釋 1856	兒編學 20C初?	字釋典要 1906	新字典 1915
62	減	덜감		덜감		덜감	감ᄒᆞᆯ감	감할감	감할감	［감］덜·덜릴·모지러 질·가비어울
63	感	느낌감		감동할감	光깃글감 石늗길감 註늣길감	늗길감	감동감		감동할 감감응 할감	［감］감동할·감격할· 한할씨를

'깃글'은 '기뻐할' '한할'은 '恨ᄒᆞᆯ'의 뜻.

漢字		標音準訓	訓字蒙會 1527	新類增合 1576	光千1575 石千1583 註千1804	倭類語解 18C初	字註類釋 1856	兒編學 20C初?	字釋典要 1906	新字典 1915
65	憾	한될감		애ᄃᆞᆯ을감					한될감	［한］俗·［감］한할· 함혐할섭섭할

애ᄃᆞᆯ다 동 애ᄃᆞ니라(楞解1 : 93法華2 : 248) 애ᄃᆞ라(釋譜11 : 29) 애ᄃᆞᆯᄒᆞᆫ : 恨(類合下35) 애ᄃᆞᄂᆞ니 ; 懊(六祖上80) 애ᄃᆞ다(訓蒙上29·嘖字註) 애ᄃᆞᆯ고(宣小4 : 48) 애ᄃᆞᄂᆞᆫ(龜鑑上6) 애ᄃᆞᆲ다 형

애ᄃᆞᆯ은(金三3 : 35) 애ᄃᆞᆯ와(飜朴上35) 애ᄃᆞᆲ다(譯解上38·古時調鄭澈) 애ᄃᆞᆲ고도(古時調) < 애도래다(古時調 成宗) > '애ᄃᆞᆯ다'는 動詞요, '애ᄃᆞᆲ다'는 形容詞다. 마치 "ᄢᅥ리다 형 ᄢᅥ리샤 : 忌(龍歌115章·18章) ᄢᅥᆲ다 동 ᄢᅥᆯ비(月釋1 : 17) ᄢᅥᆯ븐(月釋7 : 77) ᄢᅥᆯᄫᅳ리잇고(月釋8 : 93) ᄢᅥᆯ븐 : 難(阿弥28)"의 例 즉 'ᄢᅥ리다' 動詞와 'ᄢᅥᆲ다' 形容詞의 관계와 같은 것이 아닌가 한다.

'함혐'은 '含嫌'

	漢字	標音準訓	訓字蒙會 1527	新類增合 1576	光千1575 石千1583 註千1804	倭類語解 18C初	字註類釋 1856	兒編學 20C初?	字釋典要 1906	新字典 1915
65	甲	갑옷갑	갑갑	갑갑	光千갑갑 註千ᄅᆨ갑갑 又겁질갑 又갑옷갑	갑옷갑	ᄋᆞᆫᄠᅳᆷ갑 又ᄭᅥᆸ딜갑	ᄭᅥᆸ딜갑	천간갑 웃듬갑 초목ᄭᅥᆨ닙 날갑 령갑 버레ᄭᅡᆨ지 갑	[갑] 첫재텬간·비롯을·싹틀·령갑·갑옷·과거·첫째·겁질·대궐

'천간'은 '天干'으로 十干 즉 '甲乙兵丁戊己庚辛壬癸'를 가리킴. '령갑'은 '令甲' 즉 '법령'의 뜻. '과거'는 '科擧'

	漢字	標音準訓	訓字蒙會 1527	新類增合 1576	光千1575 石千1583 註千1804	倭類語解 18C初	字註類釋 1856	兒編學 20C初?	字釋典要 1906	新字典 1915
66	匣	갑갑	집갑	겹질갑			갑할俗 갑		갑 갑	[갑] 갑·궤

字類의 '합'音은 三聲音을 따른것. 그러나 이미 訓蒙·類合등에 '갑'音임을 보면 '갑'音의 淵源이 오래인 것임을 알 수 있다.

	漢字	標音準訓	訓字蒙會 1527	新類增合 1576	光千1575 石千1583 註千1804	倭類語解 18C初	字註類釋 1856	兒編學 20C初?	字釋典要 1906	新字典 1915
67	江	강 강 물강	ᄀᆞᄅᆞᆷ강	강 강		믈 강	강슈강	강슈강	강강·강 수강	[강] 큰내·가람

'강슈'는 '江水', 즉 '강물'의 뜻. 訓蒙上4에 "ᄀᆞᄅᆞᆷ호 : ᄀᆞᄅᆞᆷ강 : 江 ᄀᆞᄅᆞᆷ하 : 河"로 있어 '湖·江·河'를 ᄀᆞᄅᆞᆷ訓으로 해 있다. 그러나 오늘날은 '江·河川·湖水'처럼 구별 사용하고, 이 訓은 "물하 : 河, 호수호 : 湖"로 되었다.[9]

	漢字	標音準訓	訓字蒙會 1527	新類增合 1576	光千1575 石千1583 註千1804	倭類語解 18C初	字註類釋 1856	兒編學 20C初?	字釋典要 1906	新字典 1915
68	姜	성 강	겨집강				강셩강		강성강	［강］ 셩
69	剛	굳셀강	구들강	굳셀강			강ᄒᆞᆯㅅ 강	강할강	굿셀강	［강］ 구들·굿셀·쇠장·쇠장할
70	綱	벼리강	벼리강				벼리강		벼리강	［강］ 벼리
71	鋼	강철강					블닌쇠 강		강철강	［강］ 강쇠
72	降	내릴강 항복할항		ᄂᆞ릴강 항복ᄒᆞᆯ항				항복항 내릴강	항복할항 나릴강·써러질강 써룻칠강 도라갈강	［항］ 항복할 ［강］ 내릴·써러질◦써러트릴◦도라갈
73	康	편안강		편안강	光千안강강 石千편안강 註千거리강 겨강ᄉᆞ糠		편안강		평안할강 오거리강	［강］ 편안·편안할·다늘·질거울·화할·다섯거리·풍년들
74	強	강할강 억지로강	힘셀강	셀 강 힘ᄡᅳᆯ강		강ᄒᆞᆯ강 강잉ᄒᆞᆯ강	강ᄉᆞ彊	굿셀강	힘쓸강 쌕쌕할강·넉넉할강 쌀바구니강	［강］ 바금이·남어지강할彊同·힘쓸·쌔득쌔득할

'강잉'은 '強仍' '억지로'의 뜻. '強盜·強制'의 '強 '은 길게 발음되고, '강하다'의 뜻인 '強國·強力'의 '強'은 짧게 발음됨.

	漢字	標音準訓	訓字蒙會 1527	新類增合 1576	光千1575 石千1583 註千1804	倭類語解 18C初	字註類釋 1856	兒編學 20C初?	字釋典要 1906	新字典 1915
75	講	강론할강	강ᄒᆞᆯ강	사길상		강ᄒᆞᆯ강	강론강	강할강	닉힐강 강론할강 강화할강	［강］ 강론할·강구할·익힐·강화할

강ᄒᆞ(講ᄒᆞᆯ) 강론(講論) 강화(講和) 강구(講究)

	漢字	標音準訓	訓字蒙會 1527	新類增合 1576	光千1575 石千1583 註千1804	倭類語解 18C初	字註類釋 1856	兒編學 20C初?	字釋典要 1906	新字典 1915
76	介	끼일개	당아리개	낫 개 글터울개			도을ㅅ 개 쎱딜개 클개 又갈		클개·도을개·갑옷개·매일개·끼일개·홀즘생갈	［개］ 낄·도울·클·인할·중매할·갑옷·짝지·갓개결할·사신·임금의아들·구들芥同 ［갈］ 홀짐승

9) 拙稿, 中世語文獻에 나타난 순우리말과 漢字對譯語硏究［Ⅱ］語文硏究 38호 pp. 330~331.

'당아리'는 '殼·梂·斛'의 뜻으로 "깍정이·딱지·껍데기"의 뜻 '낫'은 '낱(箇) 글터울개' '글터울'이 무엇이냐는 다른 用例가 옛文獻에 보이지 않으므로 그 뜻을 알기 어려우나 類合에 「耿불골경 介글터울개 阿아당아 諂아당텸」이라 있는 바 '耿介'의 뜻은 "節操를 굳게지켜 世俗과 구차스럽게 和合하지 않음"의 뜻이므로 '굳게 지키다'의 뜻이 아닐까 한다. '인할(因)할' 개결(介潔) 사신(使臣)

漢字		標音準訓	訓字蒙會 1527	新類增合 1576	光千1575 石千1583 註千1804	倭類語解 18C初	字註類釋 1856	兒編學 20C初?	字釋典要 1906	新字典 1915
77	改	고칠개		고틸기	가실기·고틸기·고칠기	고칠기	고칠깨		고칠개	〔개〕〔기〕고칠·지을·박굴

고치다(龜鑑上15·桐華寺王郎傳5)

78	個	낱 개							箇仐 箇〔기〕낫개個 仐个通	〔가〕치우칠·낫 箇同

'箇'字와 '仐'이라 하지만 오늘날은 '个'로 변한 個字는 주로 낱 사람의 뜻으로, 낱개의 뜻으로는 '箇'字를 써 구별하는 경향이다. "個人·個性·個別,箇數 五箇目". '가'音은 上聲音인데 字類에도 '箇가仐个介俗個後人增加爲個'라 있어 '가'音이고 '個'音의 쓰임이 늘고 있음을 지적하고 있다. 그러나 '개'音은 飜小8 : 6 宣小5 : 87 등에 '箇'를 '개'音으로 해 있다.

漢字		標音準訓	訓字蒙會 1527	新類增合 1576	光千1575 石千1583 註千1804	倭類語解 18C初	字註類釋 1856	兒編學 20C初?	字釋典要 1906	新字典 1915
79	皆	다 개		다 기	가 기	다 기	다 기		〔기〕다개	〔개〕〔기〕다·한가지
80	凱	개선할개							착할개화할개	〔개〕싸홈의 인풍류·착할·화할·마바람

'마바람'은 '마파람' 즉 '南風'.

漢字		標音準訓	訓字蒙會 1527	新類增合 1576	光千1575 石千1583 註千1804	倭類語解 18C初	字註類釋 1856	兒編學 20C初?	字釋典要 1906	新字典 1915
81	開	열 개	열 기	열 기		열 기 퓔 기	열 기	열 기	〔기〕열개필개	〔개〕〔기〕열·통할·발할·베풀·풀

'발할(發 할)'

	漢字	標音準訓	訓字蒙會 1527	新類增合 1576	光千1575 石千1583 註千1804	倭類語解 18C初	字註類釋 1856	兒編學 20C初?	字釋典要 1906	新字典 1915
82	蓋	덮을개	갯개又 두플캐	개 개 두플개	光두웨개 石두플개 註대개개 더플개 갑가갑 고을합	개 개 우에개	듸개개 덥흘개 又합又 갑	개 개	덥흘개 대개개 일산개 집니을캐 부들자리합· 성갑고을일 홈갑	[개] 뚜에개·덥개·이엉·가리울·우산·대개 [합] 이엉덥흘.부들자리 [갑]

'두웨'는 '둡+에>두베>두웨. 일산(日傘)·둪다'는 '月印 ·釋譜' 등 文獻부터. '덮다'는 金剛·救急方·救簡 등 文獻부터. '두에'는 訓蒙에 '눉두에검 : 瞼' '눉두베 : 眼皮(蒙去2)'가 있고 宣小5 : 72·老解上19 등에도 보인다. '둡게'는 東醫湯液1 : 18·重 杜解2 : 32에, '덥게'는 飜朴上30에 보인다.

	漢字	標音準訓	訓字蒙會 1527	新類增合 1576	光千1575 石千1583 註千1804	倭類語解 18C初	字註類釋 1856	兒編學 20C初?	字釋典要 1906	新字典 1915
83	慨	슬퍼할개		강갯개			강개개		강개할개	[개] 분할·어넌을·강개할·머멈할·슬플
84	漑	물댈개		물줄개			부을개 又씨슬 개		물대일개 씨슬개	[개] 물댈·씻을·물질편이흐를
85	槪	대개개	槩평 목개	槩대개개 평목개		대개 大槩	개ᄉ槩		칠한술준 개	[개] 평목·졸가리◦절개·대강·대개·거리찔

'평목(平木)'은 '평미레' 즉 "말이나 되로 곡식을 될 때 그 위를 고르게 하는데 쓰는 방망이"·'밀(推)+에'의 造語. '칠(漆)한 술준(樽)' '졸가리'는 줄거리의 뜻.

	漢字	標音準訓	訓字蒙會 1527	新類增合 1576	光千1575 石千1583 註千1804	倭類語解 18C初	字註類釋 1856	兒編學 20C初?	字釋典要 1906	新字典 1915
86	客	손 객	손 긱	손 긱		손 긱	숀 긱	손 긱	손 객	[객] [긱] 손·부칠

'부칠'은 '寄'의 뜻.

	漢字	標音準訓	訓字蒙會 1527	新類增合 1576	光千1575 石千1583 註千1804	倭類語解 18C初	字註類釋 1856	兒編學 20C初?	字釋典要 1906	新字典 1915
87	坑	구덩이갱	굳깅			묻지를깅	구렁깅		구덩이갱	[갱] [깅] 쌔질·무들·구덩이

굳…구데(釋譜9 : 14) 구디오(楞解1 : 16) 구든(圓覺上一之二129)
구들헤 : 炕(飜朴上76) 구들강 : 坑(訓蒙中9) '굳+을'造語
구 돌 : 炕(同文解上35·漢淸9 : 73)

구덩이…'굳+ 엉+ 이'造語. '문지르다'는 "묻딛일 몰 : 沒(類合下60)" 參照. '묻딛이다'는 '묻(埋)+ 딜이다(디르다의 被動)'의 構成. '빠지다'의 뜻임을 알 수 있는데, 바로 字類나 新字에 '陷也'라

	漢字	標音準訓	訓字蒙會 1527	新類增合 1576	光千1575 石千1583 註千1804	倭類語解 18C初	字註類釋 1856	兒編學 20C初?	字釋典要 1906	新字典 1915
88	更	다시갱 고칠경		고틸깅 다시깅	光千가실깅 石千고틸깅 註千골ᄆ 들일경·고칠경 ·다시깅·경 경	다시깅	叓고칠졍 又 다시깅更俗		叓수·叓 고칠경· 대시할 경 경졈경· 다시갱 更俗	叓〔경〕고칠· 대신할◦지날·경 졈 〔갱〕〔깅〕 다시俗作更

있고 新字에 '빠질'訓이 있음에서 確認된다.

'가싀다'는 月釋·永嘉·杜解 등에 '改'字의 뜻으로.

'골ᄆ들일'은 '交代하다'의 뜻. '경졈'은 '更點' 하룻밤을 五更, 一更을 五點으로나누어 '更'에는 북을, '點'에는 징을 쳐서 알리던 '更'과 '點'. '更'을 '俗字'라 해있지만 東國正韻1 : 7에는 '更·粳·梗·鯁·' 등 일체 字體가 '叓'이다.

	漢字	標音準訓	訓字蒙會 1527	新類增合 1576	光千1575 石千1583 註千1804	倭類語解 18C初	字註類釋 1856	兒編學 20C初?	字釋典要 1906	新字典 1915
89	羹	국 갱	갌깅	깅 깅		국 깅	국ㅅ깅	국 깅	국 갱	〔갱〕〔깅〕국

'깅'은 '救簡·宣小·續三' 등에 나타내며 '국'은 '東新續三·同文解·譯解解·漢淸' 등에 나타나고 '국거리'는 宣小에 나타난다. '깅'이 '先', '국'이 '後'인 듯한 인상을 받는다. '젓국'의 예는 宣賜內訓에 나온다.

	漢字	標音準訓	訓字蒙會 1527	新類增合 1576	光千1575 石千1583 註千1804	倭類語解 18C初	字註類釋 1856	兒編學 20C初?	字釋典要 1906	新字典 1915
90	巨	클 거		클 거	클 거		클 거	굴글거 클 거	클 거	〔거〕클·억◦온울

'억(億)'

	漢字	標音準訓	訓字蒙會 1527	新類增合 1576	光千1575 石千1583 註千1804	倭類語解 18C初	字註類釋 1856	兒編學 20C初?	字釋典要 1906	新字典 1915
91	拒	막을거		벋디롤 거			막을거 又 구		막을거· 진일音	〔거〕막을·막설·다닷 칠

									구	다다를·〔구〕진이름

'번디ᄅᆞ다'는 '拒否하다'의 뜻

	漢字	標音準訓	訓字蒙會 1527	新類增合 1576	光千1575 石千1583 註千1804	倭類語解 18C初	字註類釋 1856	兒編學 20C初?	字釋典要 1906	新字典 1915
92	距	상거(相距)거	톱거			며ᄂᆞ리톱거			닭의발톱거·니를거·항긔할거·뛰어넘을거	〔거〕며느리발톱·뛸·이를·어길·겨를·미눌

'미눌'은 '미늘' 즉 낚시의 거스렁이 모양의 갈고리. 구거(鉤距)

	漢字	標音準訓	訓字蒙會 1527	新類增合 1576	光千1575 石千1583 註千1804	倭類語解 18C初	字註類釋 1856	兒編學 20C初?	字釋典要 1906	新字典 1915
93	去	갈 거		갈 거	光千石千 갈 거 註千갈거 又덜거	갈거	갈ㅅ거	갈 거	갈 거 바릴거·제할거	〔거〕갈·버릴·덜·업시할 감출

'제할(除할)'

	漢字	標音準訓	訓字蒙會 1527	新類增合 1576	光千1575 石千1583 註千1804	倭類語解 18C初	字註類釋 1856	兒編學 20C初?	字釋典要 1906	新字典 1915
94	居	살 거	살거	살거	살거 註千살거 又어조ᄉᆞ긔	살 거	살ㅅ거 又긔	ᄉᆞᆯ 거	거처거 거할거	〔거〕곳·집·안즐·그칠·싸흘·살·잇을·〔긔〕
95	據	근거거		의것거	光千누를거 石千루를거 註千누를거 又正音길 又音결		웅거ᄒᆞᆯ거		의지할거 웅거할거	〔거〕의지할·집흘·누를·웅거할

의거(依據) 웅거(雄據) 의지(依持)

	漢字	標音準訓	訓字蒙會 1527	新類增合 1576	光千1575 石千1583 註千1804	倭類語解 18C初	字註類釋 1856	兒編學 20C初?	字釋典要 1906	新字典 1915
96	遽	급할거					문득거		급거할거	〔거〕급할·두려울·역말수레

급거(急遽). '역말'은 '驛馬'

	漢字	標音準訓	訓字蒙會 1527	新類增合 1576	光千1575 石千1583 註千1804	倭類語解 18C初	字註類釋 1856	兒編學 20C初?	字釋典要 1906	新字典 1915
97	醵	추렴거					되로리거 又갹		술추렴할거〔갹〕	〔거〕술도록이·술추렴〔갹〕義同

현대어사전에 갹출(醵出)로 되어 있다. '醵'字가 東國에 '깍',

三韻以來 '갹'音도 있어 '갹출'의 '갹'이 근거가 있는 漢字音이긴 하나 字韻에 '되로리('도르리'의 뜻)'의 뜻으로 '거', 釋要·新字에도 '술추렴(←出歛)'의 뜻으로 '거'라 있을 뿐 아니라 '據遽' '거'音이므로 굳이 '갹'音을 고집할 것이 없다고 생각한다. '도록이'는 '도르기·도르리'의 뜻

	漢字	標音準訓	訓字蒙會 1527	新類增合 1576	光千1575 石千1583 註千1804	倭類語解 18C初	字註類釋 1856	兒編學 20C初?	字釋典要 1906	新字典 1915
98	擧	들 거		들 거	들 거 又다거		들 거	들 거	들거·다거 ·쌔일거	〔거〕들·밧들· 움직일·일커를
99	巾	수건건	比叡곳갈 건·又슈겺 건·東大곳 갈건·又슈 것건	슈건건	光千뵈건 石千슈건건 註千슈건근 두건근 俗音건	슈건건	머리쓸근 諺건수건 근	슈건근	수건건 건건	〔근〕俗〔건〕 슈건·머리건·男 子冠건·덥흘
100	件	물건건		됴건건		벌건	물건건		조건건 가지건	〔건〕것·치·벌· 가지·됴건

'벌'은 '할벌·두벌'의 '벌

	漢字	標音準訓	訓字蒙會 1527	新類增合 1576	光千1575 石千1583 註千1804	倭類語解 18C初	字註類釋 1856	兒編學 20C初?	字釋典要 1906	新字典 1915
101	建	세울건		셸 건	光셜건 石셸건 註셜건 又셰울건	셰울건	셰울ㅅ건		세울건	〔건〕세울·서일·둘· 심을

'셰다'는 龍歌·月印·釋譜·楞解·金三·石千등에 用例가 보이가 '셰우다'는 '셰울수 : 竪(類合下54)'로 첫例를 보이는데 釋譜朴解·譯解·倭解 등에 例를 보인다.

	漢字	標音準訓	訓字蒙會 1527	新類增合 1576	光千1575 石千1583 註千1804	倭類語解 18C初	字註類釋 1856	兒編學 20C初?	字釋典要 1906	新字典 1915
102	健	굳셀건		세출건			건쟝건		건장할건	〔건〕굿셀·세찰· 꿋꿋할

'세츠다'는 '세차다'의 뜻. 세츨의 : 毅(類合)

	漢字	標音準訓	訓字蒙會 1527	新類增合 1576	光千1575 石千1583 註千1804	倭類語解 18C初	字註類釋 1856	兒編學 20C初?	字釋典要 1906	新字典 1915
103	乾	하늘건 마를간 →건	하늘건 ᄆᆞ롤간	하늘간		ᄆᆞ를간	하늘건 ᄆᆞᆯ을간		하늘건 굿셀건	〔건〕하날·굳셀· 산아이조심할

현대어사전에는 '마르다'의 뜻으로도 "乾燥·마를간〔간〕마를

乾畓·乾柿·乾葡萄·乾材·乾電池” 등 ‘건’音이다. 더러 ‘乾物·乾木水生’의 ‘乾’은 ‘간’으로 해 있으나 앞엣辭典을 답습했을 뿐 굳이 ‘간’音을 고집할 것은 없다고 본다.10)

漢字		標音準訓	訓字蒙會 1527	新類增合 1576	光千1575 石千1583 註千1804	倭類語解 18C初	字註類釋 1856	兒編學 20C初?	字釋典要 1906	新字典 1915
104	乞	빌 걸	빌 걸	빌걸·줄 긔			빌글諺 걸又긔	빌 걸	구걸할걸 줄 긔	〔글〕俗〔걸〕빌·달랄·구할· 〔긔〕빌릴

‘글’音 은 三聲音을 따른것. 그러나 이미 訓蒙·類合등에 ‘걸’音임을 보면 그 淵源이 오래인 것임을 알겠다.

‘빌다’는 ‘借·丐·假’, ‘빌이다’는 ‘借·借貸’의 對譯語로 쓰였고 新字에 ‘빌걸 빌릴걸’로 있음을 보면 ‘빌다’와 ‘빌이다’가 섞갈려 쓰였음을 알 수 있다.

현대어사전에 ‘빌다’는 ‘借’의 뜻. ‘빌리다’는 ‘貸’의 뜻으로 구분되어 있는데 ‘借’의 뜻으로 ‘빌리다’를 쓰는 경우를 許多히 볼 수 있다.

漢字		標音準訓	訓字蒙會 1527	新類增合 1576	光千1575 石千1583 註千1804	倭類語解 18C初	字註類釋 1856	兒編學 20C初?	字釋典要 1906	新字典 1915
105	傑	뛰어날걸	직조 노폴걸	호걸걸			호걸걸	쥰걸걸	영걸걸 두드러질걸	〔걸〕넌구·쥰걸·거만할·장입

준걸(俊傑) 영걸(英傑) ‘넌구’는 ‘特立英俊’으로 註하여 있다. 특히 빼어난 것을 ‘넌구’라고 한다는 것이다. ‘장입’은 장잎. 禾本料의 곡식의 맨 나중에 나오는 잎. 장잎이 나온뒤에 이삭이 나옴.

漢字		標音準訓	訓字蒙會 1527	新類增合 1576	光千1575 石千1583 註千1804	倭類語解 18C初	字註類釋 1856	兒編學 20C初?	字釋典要 1906	新字典 1915
106	儉	검소할검	험년검	검박검		검소검	검소검	검소ᄒᆞᆯ검	검소ᄒᆞᆯ검 흉년검	〔검〕검소할·흉년들

‘험년’은 漢字일 가능성이 있는데 하나는 ‘歉年’, ‘歉’이 類合音으로 ‘모ᄌᆞ랄혐’이므로 그렇게 推定한다. 다른 하나는 ‘儉年’일 가능성을 생각해 본다. ‘험년검:儉’이므로 儉이 古音일 可能性이

10) 拙著. 朝鮮(李朝) 漢字音硏究. p. 16.

있고 "險·嶮·驗·歛·獫·" 등 '험'音에서 그렇게 推定한다.11)

	漢字	標音準訓	訓字蒙會 1527	新類增合 1576	光千1575 石千1583 註千1804	倭類語解 18C初	字註類釋 1856	兒編學 20C初?	字釋典要 1906	新字典 1915
107	劍	칼검	劒환도검	劒한도검	光千칼검 石갈검 註칼검	劒환도검	劒쿨검	劒쿨검	劒쿨검	劒칼검·씨를·劍同

'劒'이 '劍'에 比해 오래 널리 쓰여 온 듯하다.

東國·訓蒙·類合·千字 등 '劒'으로 一貫이다. 金三에는 '劍'. 訓蒙에 환도(環刀)라 있어 倭解로 이어져 總이래 현대어사전에도 '環刀'로 되어 나온다. 그러나 類合엔 '환도'아닌 '한도'로 했는데 眉巖集에 의하면 '한'은 '큰' 뜻을 가지고 있다고 해있다.12)

'칼'은 光千·胎産集要·東新續三·龜鑑·家禮 등 16C 후반 文獻부터 17C前半 文獻에 걸쳐 나온다.

	漢字	標音準訓	訓字蒙會 1527	新類增合 1576	光千1575 石千1583 註千1804	倭類語解 18C初	字註類釋 1856	兒編學 20C初?	字釋典要 1906	新字典 1915
108	檢	검사할검	검찰홀검			검찡검	검교검		글점검할검·법식검·검제할검·책메쑥이검	［검］교정할·금제할·법·봉할·셔산대·정큼할

검찰(檢察) 검찡(檢烹) 검교(檢校) 검제(檢制) '책메쑥이'는 '書簽'의 뜻이므로 '메쑥이'는 '簽'의 뜻이 된다. '書簽'이란 책표지에 붙이는 標題 '書籤'과 같음. 교정(校正). 금제(禁制) '셔산대(書算대)'는 글자를 짚기도 하고 書算(글 읽을 때 번수를 세는데 쓰이는 물건)을 눌러 두기도 하는 막대기.

'정큼할'은 '檃括'즉 '바로잡다'의 뜻 ［注］檃操谷者也栝正方者라 있음.

	漢字	標音準訓	訓字蒙會 1527	新類增合 1576	光千1575 石千1583 註千1804	倭類語解 18C初	字註類釋 1856	兒編學 20C初?	字釋典要 1906	新字典 1915
109	揭	들게		들혈게			들게又갈義仝又걸		놉히들게것고젓널게［갈］義仝	［게］놉히들·거들［갈］義同·

11) 拙著, 國語學硏究 訓蒙字會의 漢字音訓硏究. pp. 142~143.
12) 拙著, 國語學硏究 新增類合 解題, p. 345.

									니러날걸 길큼할걸	세울·길·일어날

'들(擧)+혀(引)' '높이들다'의 뜻. '것고것널'은 "옷을 걷고 물을 건너다"의 뜻. '길큼'은 '길쭉'의 뜻. '거들'은 '옷을 걷을'의 뜻

	漢字	標音準訓	訓字蒙會 1527	新類增合 1576	光千1575 石千1583 註千1804	倭類語解 18C初	字註類釋 1856	兒編學 20C初?	字釋典要 1906	新字典 1915
110	憩	쉴게		쉴게			쉴 게		쉬일게	［게］쉴
111	格	격식격		틸격			일을ㅅ격		격식격 바를격·올격·궁구할격·다툴격·감응할격·오를격·막힐격·긴가지각 그칠각	［격］이를·올·바를·오를·대적할·감동할·고칠·격식·궁구할·시령·표준할·자품·［핵·획］막힐［각］휘추리·그칠·막을·씨름할

'틸'은 '칠(擊)'의 뜻. '니를'은 '이를［至］'의 뜻. '올［來］'. '궁구(窮究) 감응(感應) 자품(資禀)'은 '資格'의 뜻. '휘츄리'는 '회초리'.

	漢字	標音準訓	訓字蒙會 1527	新類增合 1576	光千1575 石千1583 註千1804	倭類語解 18C初	字註類釋 1856	兒編學 20C初?	字釋典要 1906	新字典 1915
112	隔	막힐격		ᄀᆞ리올격		막힐격	막을격	막킬격	막힐격 막을격	［격］막을·막힐

ᄀᆞ리ᄫᅳ다(月 釋 18 : 30) ᄀᆞ리오다(月釋9 : 31) >
ᄀᆞ리우다(初杜解15: 45). 'ᄀᆞ리오다'는 "隔·遮·礎·掩·障"의 뜻으로 쓰임.

	漢字	標音準訓	訓字蒙會 1527	新類增合 1576	光千1575 石千1583 註千1804	倭類語解 18C初	字註類釋 1856	兒編學 20C初?	字釋典要 1906	新字典 1915
113	擊	칠격		틸 격			틸 격	칠 격	칠 격 마주칠격	［격］칠·두드릴·죽일·

치다…채·져 : 鞕(重杜解12 : 10) 譯解補·漢淸 등에 ㅁ蓋音化.

	漢字	標音準訓	訓字蒙會 1527	新類增合 1576	光千1575 石千1583 註千1804	倭類語解 18C初	字註類釋 1856	兒編學 20C初?	字釋典要 1906	新字典 1915
114	激	격할격		믈 뛸			격동격		쌜은믈ㅅ결격·다닥칠격	［격］물결부드쳐흐를·씨를·말과격히할·맑은소리

격동(激動)·말과격(過激)히 할.

	漢字	標音準訓	訓字蒙會 1527	新類增合 1576	光千1575 石千1583 註千1804	倭類語解 18C初	字註類釋 1856	兒編學 20C初?	字釋典要 1906	新字典 1915
115	犬	개견	比叡가히견·삽살개히東大尊經·東國삽살가히	개 견			개 견	개 견	큰개견	〔견〕개

'개'는 飜小·宣小 등에 보이는데 訓蒙比叡에 '삽살개히'가 보이고 類合에 '개구 : 狗'도 보인다.

	漢字	標音準訓	訓字蒙會 1527	新類增合 1576	光千1575 石千1583 註千1804	倭類語解 18C初	字註類釋 1856	兒編學 20C初?	字釋典要 1906	新字典 1915
116	見	볼 견 뵈올현	볼 견		볼 견 又드러날현·又뵐현	볼 견	볼ㅅ견 수現현		보일현 볼 견	〔견〕볼〔현〕나타날·드러날·잇슬·뵈일
117	肩	어깨견	엇게견			엇게견	엇기견	억기견	엇개견 맛길견	〔견〕엇개·이길·맛길·멜
118	絹	비단견	깁 견	깁 견			깁 견		깁 견	〔견〕깁
119	堅	굳을견		구들견	구들견	구들견	굳을ㅅ견	굿을견	굿을견	〔견〕구들·굿셀·강할
120	牽	이끌견		잇글견		잇글견	ᄭᅳ을ㅅ견	ᄭᅳ을견	잇그을견 회색견 당길견	〔견〕잇쓸·당길·련할·속할·ᄲᅡ를·거릭길·희생·당길·배줄

련할(連할) '거릭길'은 '거리낄', '배줄'은 뱃줄(舟索). '잇그다>잇글다' '그스다>ᄭᅳ스다>ᄭᅳ으다>ᄭᅳ을다'와 같은 ㄹ받침 添着은 訓讀法에서 緣由한 것으로 본다.[13)]

	漢字	標音準訓	訓字蒙會 1527	新類增合 1576	光千1575 石千1583 註千1804	倭類語解 18C初	字註類釋 1856	兒編學 20C初?	字釋典要 1906	新字典 1915
121	遣	보낼견		보낼견	보낼견 註보낼견 又견뎐견		보낼ㅅ견		보낼견 로제지낼견	〔견〕보낼·쏘칠·견젼제

견뎐(遣奠), 로제(路祭). 젼젼제(遣奠祭)

122	決	결단할결		결흘결			틀결·결단결	터질결	결단할결 물ㅅ고터노을결	〔결〕결슈·물고터놀·결단할·판단할·ᄭᅳᆫ을·이별할·깨트릴·짝지

'틀'은 '行流' 즉 '물고 트다'의 '틀'임. 결슈(決水). 'ᄭᅳᆫ을'은 '끊을' '싹시'는 '角指'에서 바뀐말. 활 쏠때 엄지손가락에 끼는 뿔로 만든 기구.

---

13) 拙稿, 'ㄹ'子音의 添落에 대하여, 「中大 文理大 文耕」 15집.(1963.9.20) pp. 28~40.

拙著 國語學硏究 (1975. 5 p. 221~229 再錄)를 참조.

	漢 字	標音 準訓	訓字 蒙會 1527	新類 增合 1576	光千1575 石千1583 註千1804	倭類 語解 18C初	字註 類釋 1856	兒編 學 20C初?	字釋 典要 1906	新字典 1915
123	缺	이지러질결		이저딜결			니즈러딜결	이즈러즐결	이즈러질결	［결］이즐어질·번개번적거릴·깨어질·이빠질.

'이저디다'는 '잊(虧)+어+디다(落)의 造語' '이저디다'는 釋譜·法華·宣賜內訓·初杜解 등에, '이저지다'는 '重杜解에 "이즈러지다 : 目虧(譯解補1)", "이지러지면(女四書2 : 15)"의 例가 있다.

"이즈며>이즐며 이즐+어+지면>이지러지며"로 변해 온것.

	漢 字	標音 準訓	訓字 蒙會 1527	新類 增合 1576	光千1575 石千1583 註千1804	倭類 語解 18C初	字註 類釋 1856	兒編 學 20C初?	字釋 典要 1906	新字典 1915
124	結	맺을결		ᄆᆡᆯ결	ᄆᆡᆯ결 註ᄆᆡ촐결	ᄆᆡᆯ 결	ᄆᆡ즐결 又俗계		매즐결 먹 결	［결］매질
125	潔	깨끗할결		조ᄒᆞᆯ결	光출결 ᄆᆞᆯᄀᆞᆯ결 石조ᄒᆞᆯ결 註조ᄒᆞᆯ결		죠졸결	죠촐ᄒᆞᆯ결	정결할결	［결］맑을·조촐할

'조타(좋다)'는 '淨·淸·潔'의 뜻으로 中世語文獻에 보인다. 됴타(둏다)는 '好'의 뜻으로, 口蓋音化語例는 "죠ᄒᆞᆫ(東醫·湯液1 : 19) 죠흔(八歲兒2)"이 보이는데 이것이 單母音化하여 '조흔'이 될 경우 意味충돌이 생겨 '淨·潔'의 뜻인 '좋은'이 밀려난것.

'조촐'이 '淨·潔'의 뜻으로 '痘瘡方·女四書'등에 用例가 보이므로 '조타(좋다)'形容詞와 同義語임은 물론이다.

	漢 字	標音 準訓	訓字 蒙會 1527	新類 增合 1576	光千1575 石千1583 註千1804	倭類 語解 18C初	字註 類釋 1856	兒編 學 20C初?	字釋 典要 1906	新字典 1915
126	兼	겸할겸		겸ᄒᆞᆯ겸		겸ᄒᆞᆯ겸		겸ᄒᆞᆯ겸	겸할겸 벼두뭇겸	［겸］겸할·아울을·두이삭

'두뭇'은 '二束' 즉 '두 묶음'

	漢 字	標音 準訓	訓字 蒙會 1527	新類 增合 1576	光千1575 石千1583 註千1804	倭類 語解 18C初	字註 類釋 1856	兒編 學 20C初?	字釋 典要 1906	新字典 1915
127	謙	겸손할겸		겸ᄉᆞ겸	光말ᄉᆞᆷ겸 石겸손겸 註겸양겸	겸손겸	겸손겸	겸손겸	겸손할겸	［겸］사양할·겸손할

겸ᄉᆞ(謙辭). 겸양(謙讓)

	漢	標音 準訓	訓字 蒙會	新類 增合	光千1575 石千1583	倭類 語解	字註 類釋	兒編 學	字釋 典要	新字典

	字		1527	1576	註千1804	18C初	1856	20C初?	1906	1915
128	京	서울경	셔울경	셔울경	光千셔울경 石千셔울경 註千셔울경 本클경 又두던경 又ᄀᆞᄅᆞᆯ경	셔울경	셔울경	셔울경	서울경 클경·십 조경·근 심할경· 둗흔 언덕경	［경］클·서울·가지 런할·놉흔두덕·천만· 온잘·

집소(十兆). '두덕'언 "두둑·둔덕"의 뜻. 천만(千萬). '온잘'의 '온'은 '百' '잘'은 '億'의 뜻. '두던'은 '丘·原·阜·阿'의 뜻. "두들 : 岸·듥 : 丘·岸·坡·阪·陵·陸" 등이 두덕·둔덕 등과 모두 同原語일 것으로 본다.

語根 '둗'은 '둗긔+ 두껍다(둗+ 겁다)·두텁다(둗+ 헙다)·두두룩하다·두드러지다·눈두덩이·불두덩'에서 느낄 수 있는 '厚'의 뜻. "둗+ 억·둗+ 엉·둗+ 언·둗+ 을"의 造語.

漢字		標音準訓	訓字蒙會 1527	新類增合 1576	光千1575 石千1583 註千1804	倭類語解 18C初	字註類釋 1856	兒編學 20C初?	字釋典要 1906	新字典 1915
129	景	볃 경 우러를 경	볃 경	볃 경	光千볃경 石千클경 註千本볏경 又그림자영	볃 경	볃경 影仝		볏경 클경·밝을 경·클경影 見	［경］빗·볏·경치·난 음·밝을·클·향상할· 사모할 ［영］그림자·옷 影通
130	庚	별 경					셔방경		천간경·고 칠경·갑흘 경·별일흠 경·년치경 ·견강할경	［경］일곱재텬간· 고칠·갑흘·곡식·나· 굿셀·길

셔방(西方)·천간(天干)·년치(年齒)·견강(堅剛)

漢字		標音準訓	訓字蒙會 1527	新類增合 1576	光千1575 石千1583 註千1804	倭類語解 18C初	字註類釋 1856	兒編學 20C初?	字釋典要 1906	新字典 1915
131	莖	줄기경	줄기깅	줄기깅		줄기경	쥴기형 俗경	줄기형	쥴기경	［형］俗［경］줄기·줄거 리］버틤기동

字類 등 '형'音은 三聲音을 따른 것.

漢字		標音準訓	訓字蒙會 1527	新類增合 1576	光千1575 石千1583 註千1804	倭類語解 18C初	字註類釋 1856	兒編學 20C初?	字釋典要 1906	新字典 1915
132	經	날경 지날 경	글월경	ᄂᆞᆯ경	光千디날경 石千글월경 註千글월경 本 ᄂᆞᆯ경	ᄂᆞᆯ 경	경셔경	날 경	경서경 지날경 ᄯᅥᆺᄯᅥᆺ할 경·날	[경]날·ᄯᅥᆺᄯᅥᆺ할·글·경영할· 법·지날·디경·고들·목멜·씨

					又 덧 덧 홀경 又 디날 경 又 목밀경				경·경 영할경 ·법경· 다사릴 경 목매일 경	

경셔(經書) 디경(地境). '씨'는 '織綜絲' 피륙이나 돗자리 따위를 짜는데 가로놓인 실이나 노. 날〔經〕의 對인 씨〔緯〕. 그런데 新字에서는 '經'을 '씨'라 했다.

	漢 字	標音 準訓	訓字 蒙會 1527	新類 增合 1576	光千1575 石千1583 註千1804	倭類 語解 18C初	字註 類釋 1856	兒編 學 20C初?	字釋 典要 1906	新字典 1915
133	輕	가벼울경		가비야 올경	가비야올경	가비야 올경	ᄀᆞ뷔야 울ㅅ경	가부여울경	가부여 을경	〔경〕가벼울·싸 를
134	硬	굳을경	구들경		셸경			단단할영	견강할 경	〔영〕俗〔경〕 단단할·억셀

'영'音은 東漢音·三聲音을 따른것. 견강(堅剛)

	漢 字	標音 準訓	訓字 蒙會 1527	新類 增合 1576	光千1575 石千1583 註千1804	倭類 語解 18C初	字註 類釋 1856	兒編 學 20C初?	字釋 典要 1906	新字典 1915
135	耕	갈경	갈 경	갈경		받갈경	븥갈ㅅ경	밧갈경	밧갈경	〔경〕호리질할·겨리 질할·갈

'호리'는 '農器具'의 하나. 쟁기 비슷함. '겨리'는 소두마리가 끄는 쟁기.

	漢 字	標音 準訓	訓字 蒙會 1527	新類 增合 1576	光千1575 石千1583 註千1804	倭類 語解 18C初	字註 類釋 1856	兒編 學 20C初?	字釋 典要 1906	新字典 1915
136	卿	벼슬경	벼슬경	큰벼슬경	光벼슬경 石註벼솔일홈 경·그듸경		공경경	관셔경	재상경	〔경〕밝히·향할·벼슬 ·귀할

관셔(官署). 향(嚮)할

	漢 字	標音 準訓	訓字 蒙會 1527	新類 增合 1576	光千1575 石千1583 註千1804	倭類 語解 18C初	字註 類釋 1856	兒編 學 20C初?	字釋 典要 1906	新字典 1915
137	境	지경경	터경	디경경		지경경	지경경	디경경	지경경	〔경〕갈피·한뎡·디경 ·마침

디경(地境). 한뎡(限定).

	漢	標音	訓字	新類	光千1575	倭類	字註	兒編	字釋	新字典

	字	準訓	蒙會 1527	增合 1576	石千1583 註千1804	語解 18C初	類釋 1856	學 20C初?	典要 1906	1915
138	鏡	거울경	거우로경	거우로경		거울경	거울경	거울경	거울경	〔경〕 거울

'거우로'는 '初杜解·救簡·東新續三·太平' 등에, '거우루'는 '楞解·圓覺·金三·石千' 등에 '거우를'은 '重杜解3 : 18'에 '거울'은 '重杜解·重內訓·三譯解' 등에 나온다.

	漢字	標音 準訓	訓字 蒙會 1527	新類 增合 1576	光千1575 石千1583 註千1804	倭類 語解 18C初	字註 類釋 1856	兒編 學 20C初?	字釋 典要 1906	新字典 1915
139	頃	잠깐경		져근덛경			이윽경		머리빗드를경·밧사면백보경	〔경〕 백이랑·아까·머리비쭈리

'져근덛'은 '잠깐동안'의 뜻. '이윽'은 '이윽고'의 뜻. '머리빗드를'은 '머리비뚜른 〔頭不正〕 '의 뜻. '밧 〔田〕 사면(四面) 백보(百步)' 1백(百) '이랑'은 畝

	漢字	標音 準訓	訓字 蒙會 1527	新類 增合 1576	光千1575 石千1583 註千1804	倭類 語解 18C初	字註 類釋 1856	兒編 學 20C初?	字釋 典要 1906	新字典 1915
140	傾	기울경	기울경	기울경	기울경	기우러질경	기울ㅅ경		기우러질경 빌경·아까경 頃通	〔경〕 기울·업들어질·기울어질·문어질·겻눈질할·조곰잇다가·잠간頃通

'빌'은 '空'의 뜻.

	漢字	標音 準訓	訓字 蒙會 1527	新類 增合 1576	光千1575 石千1583 註千1804	倭類 語解 18C初	字註 類釋 1856	兒編 學 20C初?	字釋 典要 1906	新字典 1915
141	敬	공경경	공겫경	고마경 일심경	공경경	공경경	공경경	공경경	공경할경 엄숙할경	〔경〕 엄숙할·경동할·공경할·삼갈

고마건 : 虔(類合下3)·고마흠 : 欽(類合下9)·고마ᄒᆞ야(解譯6 : 12)·고마ᄒᆞ시던 : 尊(內訓1 : 37) 고마온 : 尊(宣小3 : 11) 경동(警動)

	漢字	標音 準訓	訓字 蒙會 1527	新類 增合 1576	光千1575 石千1583 註千1804	倭類 語解 18C初	字註 類釋 1856	兒編 學 20C初?	字釋 典要 1906	新字典 1915
142	警	깨우칠경		경계경			ᄭᅵᄃᆞ를경		깨우칠경	〔경〕 경계할·경동할·계엄할·깨다를

경동(警動)

	漢字	標音準訓	訓字蒙會 1527	新類增合 1576	光千1575 石千1583 註千1804	倭類語解 18C初	字註類釋 1856	兒編學 20C初?	字釋典要 1906	新字典 1915
143	驚	놀랄경		롤랄경	光千놀랄경 註千놀날경	놀날경	놀날ㅅ경	놀날경	말놀랄경 놀날경	〔경〕두렵을·말놀날
144	慶	경사경		경하경	光千길결경 石경하경 註경ᄉᆞ경 어조ᄉᆞ강		경ᄉᆞ경 又강	경ᄉᆞ경	경ᄉᆞ경·하려할경 이에강·경ᄉᆞ강	〔경〕복·경사·바담·착할·하례할·발어사 〔강〕복·이에

경하(慶賀) 길결(吉潔? 吉慶의 誤?) 경사(慶事) 어조ᄉᆞ(語助辭) 하례(賀禮) 이에 〔乃〕 복(福) 발어사(發語辭).

	漢字	標音準訓	訓字蒙會 1527	新類增合 1576	光千1575 石千1583 註千1804	倭類語解 18C初	字註類釋 1856	兒編學 20C初?	字釋典要 1906	新字典 1915
145	競	다툴경		결울경	ᄃᆞ톨경 註ᄃᆞ톨경·又강홀경		다툴경		다툴경	〔경〕셩할·굿셀·다톨·쏘츨·놉흘·급할

'결울'은 '겨룰 〔競〕' 셩할(盛할)

	漢字	標音準訓	訓字蒙會 1527	新類增合 1576	光千1575 石千1583 註千1804	倭類語解 18C初	字註類釋 1856	兒編學 20C初?	字釋典要 1906	新字典 1915
146	戒	경계할계		경곗계			경계계	경계할계	경계할계 삼갈계·방비할계	〔계〕경계할·마잇을·이를·고할·방비할·조심할. 직힐·삼갈.

경계(警戒) 방비(防備) 마잇을(魔 있을) '〔書〕 警一無虞'라 있음. '이를'은 잘못을 깨우쳐 말할 〔論〕 고할(告할).

	漢字	標音準訓	訓字蒙會 1527	新類增合 1576	光千1575 石千1583 註千1804	倭類語解 18C初	字註類釋 1856	兒編學 20C初?	字釋典要 1906	新字典 1915
147	械	기계계		연장계		기계계	기계히 俗계		지계계 수갑계	〔해,히〕俗〔계〕틀·긔계·형구

'히'音은 三聲音을 따른것. 그러나 現實音(俗音)은 일찍부터 '계'로 一貫, 宣孟5 : 20에도 '계' 수갑(手匣), 형구(形具).

	漢字	標音準訓	訓字蒙會 1527	新類增合 1576	光千1575 石千1583 註千1804	倭類語解 18C初	字註類釋 1856	兒編學 20C初?	字釋典要 1906	新字典 1915
148	季	끝계		말자계			ᄆᆞᆯ쎠계	말쎠계	말재계	〔계〕말재

'말자'는 '末째' 즉 '끝재'의 뜻. '자'는 '자히'의 뜻으로 '둘짯句(南明下1)'의 '짜'와 같은 것.

	漢字	標音準訓	訓字蒙會 1527	新類增合 1576	光千1575 石千1583 註千1804	倭類語解 18C初	字註類釋 1856	兒編學 20C初?	字釋典要 1906	新字典 1915
149	契	계약할계	글월계	어험계			샹셜셜又계又결又글		언약할계 합할계· 근심ᄒᆞ고괴로울계 나라일홈글· 근고할결	［계］계약할·쪽·계약서·문셔·거북등지즐·근심할［글］［결］근고할·ᄭᅳᆫ을［셜］舜臣商之祖名

'어험(魚驗)'은 어음. 샹셜(商契) 殷의 始祖. '나라이름글'은 '契丹'의 글. 근고(勤苦) '거북등지즐'은 거북의 등을 지질〔灼龜具〕.

	漢字	標音準訓	訓字蒙會 1527	新類增合 1576	光千1575 石千1583 註千1804	倭類語解 18C初	字註類釋 1856	兒編學 20C初?	字釋典要 1906	新字典 1915
150	界	경계계	ᄀᆞᆺ계	ᄒᆞᆫ표계			지경계	디경계	지경계	［계］갈피·어름·디경경할·이간할

지경(地境). '어름'은 물건과 물건과의 사이.

	漢字	標音準訓	訓字蒙會 1527	新類增合 1576	光千1575 石千1583 註千1804	倭類語解 18C初	字註類釋 1856	兒編學 20C初?	字釋典要 1906	新字典 1915
151	癸	북방계				계	북방규계		천간계	［규］俗［계］열재텬간물·몸ᄶᅢ

북방(北方). '규'音은 三聲音을 따른것. 천간(天干). '열째텬간'이라 함은 '甲乙兵丁戊己庚辛壬癸'의 끝 '癸'란 뜻. '몸ᄶᅢ'는 부녀자의 經度할 때.

	漢字	標音準訓	訓字蒙會 1527	新類增合 1576	光千1575 石千1583 註千1804	倭類語解 18C初	字註類釋 1856	兒編學 20C初?	字釋典要 1906	新字典 1915
152	計	셈할계		혤계			계교계	계교계	계교계회계할계	［계］셀·셈·셈맛칠·ᄢᅬ할

'혜다'는 '혜아리다·세다'의 뜻으로 쓰였는데 '혜여'는 '靑珍·詩歌·樂서·靑가·靑六·永類…'등 時調문헌에도 나타난다. '혜다>셰다>세다' 계교(計較) 회계(會計) '셈맛칠'은 '셈맞춤'의 뜻.

	漢字	標音準訓	訓字蒙會 1527	新類增合 1576	光千1575 石千1583 註千1804	倭類語解 18C初	字註類釋 1856	兒編學 20C初?	字釋典要 1906	新字典 1915
153	繫	맬계		ᄆᆡᆯ계			ᄆᆡᆯ계又혜	ᄆᆡᆯ계	맬계 얽을계	［계］얽을·매질·맬·뭇글·머무를·［혜］俗［계］이을係 系同

'매질'은 '맺을' 'ᄆᆡ다'는 ᄆᆡᆯ결 : 結(類合.石千) ᄆᆡ조ᄆᆞᆯ : 結(初杜解16 : 73) ᄆᆡᆺᄂᆞᆫ : 結(飜朴上 40)에서 알 수 있고 新字에 繫의 訓을

'맬·매질(맺을)'로 한 것으로 'ᄆᆡ다'와 'ᄆᆡᆽ다(밎다)'가 同源語임을 알 수 있다.

	漢字	標音準訓	訓字蒙會 1527	新類增合 1576	光千1575 石千1583 註千1804	倭類語解 18C初	字註類釋 1856	兒編學 20C初?	字釋典要 1906	新字典 1915
154	繼	이을계		니ᄋᆞᆯ계			이을ㅅ계		니을계	〔계〕이을

같은 類合에 '니ᅀᅳᆯ쇼 : 紹(下43) 니ᅀᅳᆯ승 : 承(下9) 니ᅀᅳ윤 : 胤(下23) 니ᅀᅳᆯ즙 : 緝(下24) 니어지을슐 : 述(下43) 니을련 :連(上6) 니ᅀᅳᆯᄉᆞ : 嗣(下23) 니ᄋᆞᆯ쇽 : 續·니ᅀᆞᆯ계 : 繼(下12)'로 '△'維持形과 脫落形이 共存하는데 光千·石千에는 '니을·니ᄋᆞᆯ'만이요, 宣小2 : 32에도 '니음'이 나온다.

	漢字	標音準訓	訓字蒙會 1527	新類增合 1576	光千1575 石千1583 註千1804	倭類語解 18C初	字註類釋 1856	兒編學 20C初?	字釋典要 1906	新字典 1915
155	系	계통계	긴계				이을혜 俗계		실솟계 니을계	〔혜〕俗〔계〕맬·실마듸·이을·맛아들

'긴'은 '끈'. 石千에도 '긴영' : 纓

그러나 類合에는 씬슈 : 綬(下42), 光千 石千 註千에도 인씬조 : 組(31)요, 五倫까지에도 '씬(3 : 39)'이 있다. '슨'은 譯解補55에 보인다. '혜'는 三聲音을 이은것.

	漢字	標音準訓	訓字蒙會 1527	新類增合 1576	光千1575 石千1583 註千1804	倭類語解 18C初	字註類釋 1856	兒編學 20C初?	字釋典要 1906	新字典 1915
156	係	맬계					계 又혜		니을혜	〔계〕맬·이을

'계·혜'音이 다 三聲音을 이은것.

	漢字	標音準訓	訓字蒙會 1527	新類增合 1576	光千1575 石千1583 註千1804	倭類語解 18C初	字註類釋 1856	兒編學 20C初?	字釋典要 1906	新字典 1915
157	啓	열계	연·톨	열계	光千여틀계 石千열계 註千열계 알욀계		녈 계		열계 알욀계	〔계〕열·숣·엿줄

'연톨'은 '엳ᄋᆞᆯ〔奏〕' 즉 '여쭐'의 뜻. '엳다〔奏〕' 動詞는 "연ᄂᆞᆫ 공ᄉᆞ : 奏(飜小9 : 42)" 例가 있고 '엳즙다'는 '엳+즙'의 造語, 엳ᄌᆞ올주 : 奏(訓蒙上35)"가 있다. '여틀'은 '엳을〔奏〕'·'숣'은 '꿇다〔跪〕'의 '꿇'.

	漢字	標音準訓	訓字蒙會 1527	新類增合 1576	光千1575 石千1583 註千1804	倭類語解 18C初	字註類釋 1856	兒編學 20C初?	字釋典要 1906	新字典 1915
158	溪	시내계	시내계	시내계	시내계 註시내계 溪音혜	시내계		시ᄂᆡ계	시내계	〔계〕 시내

'시내'는 "실〔谷〕+내〔川〕"의 造語로 'ㄹ'소리가 'ㄴ'소리 위에서 떨어진 것.

	漢字	標音準訓	訓字蒙會 1527	新類增合 1576	光千1575 石千1583 註千1804	倭類語解 18C初	字註類釋 1856	兒編學 20C初?	字釋典要 1906	新字典 1915
159	鷄 雞	닭계	鷄ᄃᆞᆰ계	雞鷄 ᄃᆞᆰ계	雞ᄃᆞᆰ계	鷄ᄃᆞᆰ계	雞ᄃᆞᆰ계	雞ᄃᆞᆰ계	雞닭계 鷄仝	雞〔계〕닭·팟비이 鷄〔계〕닭 雞同

東國에는 '雞'만, 訓蒙·倭解에는 '鷄'로만 宣小에는 '鷄·雞' 두 가지로, 類合에는 雞이며 小字로 鷄, 그밖에는 '雞'가 主宗을 이루고 '鷄'를 同字로 다루어 있다.

	漢字	標音準訓	訓字蒙會 1527	新類增合 1576	光千1575 石千1583 註千1804	倭類語解 18C初	字註類釋 1856	兒編學 20C初?	字釋典要 1906	新字典 1915
160	階	섬돌계	섬계 서흐레	섬계	光千버텅계 石千ᄃᆞ리계 註千섬기音계		셤기諺계	셤계	섬ㅅ돌계	〔개·기〕俗 〔계〕섬돌·층뜰·벼슬차례·층

'서흐레'는 '階級'의 뜻. '섬'은 '섬돌'의 뜻. '버텅'은 '陛'의 뜻. '버텅폐 : 陛(訓蒙中6)' '기'音은 三聲音을 이은것.

	漢字	標音準訓	訓字蒙會 1527	新類增合 1576	光千1575 石千1583 註千1804	倭類語解 18C初	字註類釋 1856	兒編學 20C初?	字釋典要 1906	新字典 1915
161	古	옛고	녜고	녜고	녜고	녜고	예고	예고	예고	〔고〕예.비롯을
162	故	연고고		무글고 연고고	光주글고 石늘글고 註늘글고 又짐즛고 又연고고	짐즛고	낡을고		연고고 오랠고 즘즛고 고로고 죽을고 상사고	〔고〕예·연고·일·짐짓·고로·가닥·죽을·초상날·글뜻

'짐즛'은 '짐짓' 즉 '故意로·일부러'의 뜻. 상사(喪事)

	漢字	標音準訓	訓字蒙會 1527	新類增合 1576	光千1575 石千1583 註千1804	倭類語解 18C初	字註類釋 1856	兒編學 20C初?	字釋典要 1906	新字典 1915
163	枯	마를고	이울고	이울고		ᄆᆞᄅᆞᆯ고	ᄆᆞᆯ을고	마를고	마를구	〔고〕正〔구〕마른나무

'이울다·이올다'는 '枯·槁'의 뜻. 'ᄆᆞᄅᆞ다'는 '乾·燥·渴'의 뜻으로 쓰이던 것인 듯하다. "ᄆᆞᆯ라 이울어늘 : 乾枯(楞解8 : 123) ᄆᆞᆯ라 이우르시고 : 乾枯(楞解6 : 30)" 그러나 "돌히 ᄆᆞᄅᆞ고 : 枯(初杜解8 : 5)"의 用例가 있고 倭解의 'ᄆᆞᄅᆞᆯ고,' "그 남기 인ᄒᆞ여 ᄆᆞᄅᆞ더라 : 樹乃枯(五倫3 : 17)"의 例가 있어 이울다>ᄆᆞᄅᆞ다(ᄆᆞ르다)로 바뀌어간 경로를 알 수 있다.

漢字		標音準訓	訓字蒙會 1527	新類增合 1576	光千1575 石千1583 註千1804	倭類語解 18C初	字註類釋 1856	兒編學 20C初?	字釋典要 1906	新字典 1915
164	苦	쓸고	ᄡᅳᆯ고	ᄡᅳᆯ고		괴로올고 쓸고	쓸고	ᄡᅳᆯ고	쓸고 괴로울고	[고] 씀박이·쓸·부지런할·괴로울·모질

'씀박이'는 '씀바귀' '씀박'은 '쓴박 : 苦胡蘆'에서 'ㄴ'이 'ㅂ'소리에 同化되어 'ㅁ'으로 된 것이다.

漢字		標音準訓	訓字蒙會 1527	新類增合 1576	光千1575 石千1583 註千1804	倭類語解 18C初	字註類釋 1856	兒編學 20C初?	字釋典要 1906	新字典 1915
165	固	굳을고		구들고 본ᄅᆡ고			굳을고	굿을고	굿을고 진실노고	[고] 구들막힐·구지·고집할·옥일·고루할·진실로·이미·썻썻할

본ᄅᆡ(本來). '구지'는 '굳이', '옥일'은 '우길', 고루(固陋).

〈『仁荷大學校 人文科學研究所 論文集』第10輯, 仁荷大學校, 1984年 10月.〉

『韓國漢字音訓字典』에 나타난 漢字訓研究(Ⅱ)

序

「韓國漢字音訓字典(漢字中字典)」은 내가 엮은 漢字字典이다. 출판을 계획하고 있는 중이다. 朝鮮朝의 韻書類나 漢字學習書나 諺解文獻에 나타난 漢字音·聲調·訓을 한 눈에 볼 수 있도록 만들어진 字典이다.

이 字典은 韓國語史나 意味論分野 새 개척을 위해 자료를 제공하는데 큰 몫을 하리라고 기대한다.

本稿는 이 韓國漢字音訓字典에 나타난 漢字 중 일차적으로 基礎漢字를 중심으로 常用性 漢字의 訓音이 訓蒙字會(比叡山本·東中本·尊經閣本·東國書林本)·新增類合·千字文(光州本·石峯·註解)·字類註釋·兒學編·字典釋要·新字典 그리고 倭語類解 등에 어떻게 나타나는 가를 한 눈에 볼 수 있도록 시대순으로 배열 기록하고 그 訓에 대해 연구키로 한다.

이미 집필된 원고의 일부는 仁荷大 附設 人文科學研究論文集에 넘겼고 이것은 그 續稿다.

本 論

標準音訓欄에는

표준음 告 고 '곡'音은 밝히지 않음.
표준훈 姑 시어미. "고모·시누이·아직"은 택하지 않음.
표준音訓 告 고할고 姑 시어미고

식으로 漢字의 標準音訓을 보이기로 하고 자료문헌의 訓 중 필요에 따라 漢字를 보이거나 해설을 붙이고 造語論·意味論·國語史的인 考察을 하기로 한다.

	漢字	標準音訓	訓蒙字會 1527	新增類合 1576	光千 1575 石千 1583 註千 1804	倭語類解 18C 初	字類註釋 1856	兒學編 20C 初	字典釋要 1906	新字典 1915
166	姑	시어미고	아ᄌᆞ미고 할미고	ᄉᆡ어미고 아ᄌᆞ미고	할미고 註千 아ᄌᆞ미고 又ᄉᆡ어미고 又아직고	ᄉᆡ어미고 아직고	ᄉᆡ어미고 고모고 아직고 ᄉᆡ누의고	고모고 ᄉᆡ어미고	시어미고 고모고 ᄉᆡ누이고 아직고	[고] 시어머니·고모·으나·시누의·아즉·아직

"父之姊妹고모ㅇ으나"라 있으므로 '고모'를 '으나'라고도 한다는 것이다. "且也아즉·一息아직"과 같이 '아즉·아직'이 나오는데 '且'가 일찍부터 '아직'이었음은 "아직:且(法華 1:14·金三 2:20·六祖上 19) 아직쟈 : 且(類合下 30)"에서 분명하고 '姑' 또한 '아직'으로 쓰였음도 '아직 : 姑(宣小 2:12)'로 알 수 있다. 결국 新字 '아즉·아직'은 같은 뜻인 것을 '且·姑'로 갈라 풀이한 것이다. 즉 '姑'는 "시어미·姑母·할미·시누이·아직"의 뜻으로 쓰이고 있다.

	漢字	標準音訓	訓蒙字會 1527	新增類合 1576	光千 1575 石千 1583 註千 1804	倭語類解 18C 初	字類註釋 1856	兒學編 20C 初	字典釋要 1906	新字典 1915
167	考	생각할고	아비고	샹고고			아비고		늙을고·죽은아비고·상고할고·이룰고	[고]오래살·죽은아비·샹고할·이룰·칠

샹고(相考)·이룰[成]·칠[擊]. '考'는 오늘날 "생각한다·죽은아비"의 뜻으로 주로 쓰이고 있다.

	漢字	標準音訓	訓蒙字會 1527	新增類合 1576	光千 1575 石千 1583 註千 1804	倭語類解 18C 初	字類註釋 1856	兒學編 20C 初	字典釋要 1906	新字典 1915
168	告	고할고	고ᄒᆞᆯ고	고ᄒᆞᆯ고			고ᄒᆞᆯ고 又곡	고할고	고할고·칙지고·청할고·뵈일곡	[고]알일·이를·고할·엿줄·관고·칙지·슈유할·물을 [곡]청할·고시할

칙지(勅旨). '뵈일'은 '보일(示)'. 관고(官告). 슈유(受由) 즉 '休暇·말미'의 뜻.

	漢字	標準音訓	訓蒙字會 1527	新增類合 1576	光千 1575 石千 1583 註千 1804	倭語類解 18C 初	字類註釋 1856	兒學編 20C 初	字典釋要 1906	新字典 1915
169	袴	바지고	고의고 又音과	바디고		바지과	바디고 又과	바지고	바지고	[고]바지 [과]사타구니

고의(袴衣). 고의곤:褌, 고의믿당:襠(訓蒙中 23) 飜朴上 26에 '고의:袴兒'라 한 것을 보면 崔世珍은 '고의'를 '袴衣'와 같은 漢字말로 인식한듯 하다. 그런데 흥미로운 것은 '고의:고'로 訓부분의 '고'는 平聲이고 音은 上聲點이 찍혔다는 사실이다. '袴'는 飜小 9:2·宣小 6:2에 '힝뎐을 밧디아니ᄒᆞ야:縛袴'라 있는데 '袴'는 上聲, 宣小 1:4-5에는 '고의:袴:고'로 訓蒙처럼 '고의'의 '고'는 平聲인데 '袴音'은 上聲이다. 이것은 바로 '고의'가 '袴衣'에서 온 것이 아님을 示唆하는 것이 아닌가 하는 것이다. 그런데 우리는 鷄類에 '袴曰珂背裩曰安海珂背'가 있음을 안다. 珂背는 'ᄀᆞ외'의 前次形 'ᄀᆞᄫᆡ'로 읽을 것으로 본다.

ᄀᆞ외 : 裙(杜解 4:8) 옷ᄀᆞ외 : 衣裳(初杜解 7:5·杜解 12:42·佛頂中7)

ᄀᆞ외 : 袴子(金三 2: 61) 옷고외 : 衣裳(重杜解 1: 19)

ᄀᆞᄫᅵ > ᄀᆞ외 > 고외 > 괴(고이) *괴춤

로 이어져 오늘의 '괴춤'의 '괴'가 바로 이 'ᄀᆞᄫᅵ'의 후신이 아닌가 한다.

	漢字	標準 音訓	訓蒙 字會 1527	新增 類合 1576	光千 1575 石千 1583 註千 1804	倭語 類解 18C 初	字類註釋 1856	兒學編 20C 初	字典 釋要 1906	新字典 1915
170	孤	외로울 고	외로욀 고	외로울 고	光千 외ᄅᆞ올고 石千 외ᄅᆞ욀고 註千 외로울고 又 아비업슬 又 져ᄇᆞ릴고	외로울 고	외로울 고	외로울 고	외로을고·져라릴고	[고]아비업슬·홀로·외로울·웃둑할·나·져버릴

"외ᄅᆞᄫᆡ니 외ᄅᆞᄫᆡ야 외ᄅᆞᄫᆫ > 외ᄅᆞ외며 외ᄅᆞ왼 외ᄅᆞ욀 > 외로왼 외로욀>외로오ᄆᆞᆯ사 외로온 외로올"로 바뀌어 오늘에 이른 것. 즉 "외ᄅᆞᄫᆞᆯ > 외ᄅᆞ욀 > 외로욀 > 외로올 > 외로울"로 바뀐 것이다. '나'는 '王侯之謙稱' 王侯가 자기를 낮추어 '孤'라 한다는 것.

	漢字	標準 音訓	訓蒙 字會 1527	新增 類合 1576	光千 1575 石千 1583 註千 1804	倭語 類解 18C 初	字類註釋 1856	兒學編 20C 初	字典 釋要 1906	新字典 1915
171	庫	곳집고	곳고	고고		곳집고	고ㅅ집고	고집고	곳ㅅ집고	[고]고집
172	高	높을 고		노ᄑᆞᆯ고	노ᄑᆞᆯ고 註千 놉흘고		놉흘고	놉흘고	놉흘고	[고]우·놉흘·멀·놉힐
173	稿	원고고	(稾) 글초고 작고	(藁) 글초고·딥고	光千(藁) 딥고 石千(藁) 딥고 註千(藁) 글초 고 本집 고 俗 藁 稿 仝 (藁) 딥고	(藁) 딥 고	집 고 藁 仝 (고) 쇼잡올고 稿 仝 仝 藁	집 고 稾	(稾) 집 고 고 통 (稾) 글초고	[고] 벼집·시초 (藁) [고] 집·거적·글초·잡을 稿同

'稿'字는 '稾·藁'와 仝·通字로 딥> 집(짚)·글초[文草]·시초(詩草).

	漢字	標準音訓	訓蒙字會 1527	新增類合 1576	光千 1575 石千 1583 註千 1804	倭語類解 18C 初	字類註釋 1856	兒學編 20C 初	字典釋要 1906	新字典 1915
174	雇	품팔고	比叡 삭바ᄃᆞᆯ고 다므사리고 東中 다므사리고 尊經 다므사리고 東國 다므사리고				고공고 仝鳸扈 農桑候鳥	품팔고	보리새호 鳸仝 품팔고	[호] 벅국새 鳸鳲同 [고] 더부사리· 머슴

'다므사리'는 '더부살이'의 뜻 '傭'字도 '다므사리용'(訓蒙中2) 고공(雇工).

	漢字	標準音訓	訓蒙字會 1527	新增類合 1576	光千 1575 石千 1583 註千 1804	倭語類解 18C 初	字類註釋 1856	兒學編 20C 初	字典釋要 1906	新字典 1915
175	顧	돌아볼고	도라볼고		도라볼고 註千 도라볼고 又싱각고	도라볼고	도라볼고	돌어볼고	도라볼고	[고]도라볼·돌보아줄·도리여
176	鼓	북 고	붑 고	갓붑 고	光千 붑 고 石千 갓붑 고 註千 ᄐᆞᆯ 고 又 칠 고	북 고	북 고 ᄯᅳ 들 길 고	가족복고	북 고· 휘 고(斂) 두다릴고	[고] 북·휘·고 [고] 두다릴·고동할·풀무

'갓붑'은 '가죽북[皮鼓]' 'ᄐᆞᆯ'은 '탈[彈]' '휘'는 '斛也' 곡식을 되는 그릇의 하나. 스무말 또는 열닷말이 듦.

	漢字	標準音訓	訓蒙字會 1527	新增類合 1576	光千 1575 石千 1583 註千 1804	倭語類解 18C 初	字類註釋 1856	兒學編 20C 初	字典釋要 1906	新字典 1915
177	曲	굽을 곡	놀애 곡	고볼 곡	고볼 곡 註 곱을 곡	구불 곡	굽 을 ㅅ 곡	구불 곡	굽을 곡· 곡진할 곡· 곡조 곡	[곡] 굽을·곡절·누에발· 곡조·가락

곡절(曲折). 곡진(曲盡) '누에발'은 '養蠶器' 곱다는 '曲'의 訓으로, '굽다'는 '枉·俯·曲·屈' 등의 訓으로 나타난다. "곱골외다[曲]·

곱고뢰다[曲·回]. 굽구·뤼다[枉·曲]"가 있고, "굽슬다[伏]·굽힐후다[屈·伸]·굽걸다[曲]·손곱다[手算]곱돌다·고빅[曲]·구븨[曲]·구븓하다[穹·臨]"가 모두 '곱다·굽다'의 派生語가 아닌가 한다. 현대어 '아니꼽다'도 '안[内]+이+곱다[曲]'의 造語다.

현대어로서는 "곱다"系는 "손이 곱다·손꼽다·고비를 넘기다·고분고분·아니꼽다·곱사등이·곱슬머리·꼬박꼬박·꼬부라지다·꼬부랑·꼬불꼬불" 등이 쓰이고 "굽다"系는 "굽은길, 굽어보다, 굽이, 굽이굽이, 굽히다, 굽실, 구부러지다, 구부리다, 구불구불, 구부렁하다, 구붓하다, 꾸벅꾸벅" 등이 쓰인다. 현대어에서는 '曲'은 주로 '굽다'로 意識되는 것이 아닌가 한다.

	漢字	標準音訓	訓蒙 字會 1527	新增 類合 1576	光千 1575 石千 1583 註千 1804	倭語 類解 18C 初	字類註釋 1856	兒學編 20C 初	字典 釋要 1906	新字典 1915
178	谷	골 곡	골 곡 又 욕	골 곡	골 곡 註千 골 곡·궁훌 곡	골 곡	골 곡 又 욕 又 록	골 곡	골 곡·궁할 곡·기를 곡·오랑캐 인·군의일흠 곡 [욕] 성	[곡] 실·골·궁진할·기를 [욕]

'욕·록'音(字類)은 三聲音을 따른 것. 성(姓). '실'은 '골짜기'의 뜻 "絲浦令蔚州谷浦也(三遺 卷三 皇龍寺丈六)" '시내'가 '실[谷]+내[川]'의 造語로 된 것. ㄴ소리 위의 ㄹ脫落.

	漢字	標準音訓	訓蒙 字會 1527	新增 類合 1576	光千 1575 石千 1583 註千 1804	倭語 類解 18C 初	字類註釋 1856	兒學編 20C 初	字典 釋要 1906	新字典 1915
179	哭	울 곡	울 곡	울 곡		울 곡	울ㅅ 곡	울 곡	울 곡	[곡] 울
180	穀	곡식 곡	(糓) 낟곡 又 俗呼-子丕亦作穀	(糓) 곡식 곡		곡식 곡	(糓) 곡식 곡	곡식 곡	(穀) 곡식 곡·착할 곡·살 곡·록 곡 糓仝 榖見(곡) 닥나무 곡성 곡	(穀) 낫알·곳식·록·살·기를·착할 [누] 糓同 (穀)[곡] 낫·곡식·착할·록·날 榖同糓[곡] 닥나무

訓蒙·類合에는 '糓'인데 字類에는 '穀'字에 '糓同'이라 있다. 釋要에도 '穀'字에 '糓仝'이라 있고 '榖'字는 '닥나무'의 뜻으로 전

연 다른 글자다. 新字에는 '榖'字에 俗作 '穀'이라 하고 '榖'字는 '닥나무'의 뜻으로 釋要와 같다. 결국 '榖'과 '穀'은 같은 글자이나 '榖'은 '닥나무'의 뜻을 가진 글자로 보아야 옳을 듯하다. 그러나 이미 訓蒙·類合에 '榖'을 '닥나무'가 아닌 '낟·곡식'으로 訓을 달아 있으니만큼 '穀'에서 (一)劃을 省劃한 '榖'字가 곡식의 뜻으로 通用한 역사는 오랜 것으로 보인다. 東國正韻에는 '榖穀上同'이라 있어 '穀' 아닌 '榖'임이 다른 後期文獻과 또 다르다. 착할(善)·살(生)·록(祿) 즉 녹봉(祿俸)의 뜻. 날(生). 성(姓).

	漢字	標準音訓	訓蒙字會 1527	新增類合 1576	光千 1575 石千 1583 註千 1804	倭語類解 18C 初	字類註釋 1856	兒學編 20C 初	字典釋要 1906	新字典 1915
181	困	곤할 곤		곤ᄒᆞᆯ 곤	光千 잇쁠 곤 石千 잇블 곤 註千 ᄀᆞᆺ블 곤	민블 곤	곤ᄒᆞᆯ 곤		곤할 곤 게으를 곤	[곤] 곤할·로곤할·지칠

'잇브다'는 '勞·困·勩·疲·苦'의 訓으로 同文解(1748년)에 '잇브다'가 있다. ᄀᆞᆺᄇᆞ다(釋譜 6:11·類合下 7)>"ᄀᆞᆺ브다(救簡 1:60·石千17·宣小 6:85)>ᄀᆞᆺ부다(同文解上 27·漢淸 7:38)"을 거쳐 현대어로 이어져 있다. "倦·勞·疲·疲勞·勞勩"의 訓으로 되어 있다. "ᄀᆞᆺ디·ᄀᆞᆺᄀᆞᆫ·ᄀᆞᆺᄀᆞᆯ·ᄀᆞᆺᄀᆞ며·ᄀᆞᆺ가·ᄀᆞᆺ노니·ᄀᆞᆺ고샤·ᄀᆞᆺ기며"의 活用形과 'ᄀᆞᆺ다(動詞)'에서 派生된 "ᄀᆞᆺᄇᆞ다 ᄀᆞᆺᄇᆞ게 ᄀᆞᆺᄇᆞ며 ᄀᆞᆺᄇᆞᆯ ᄀᆞᆺ바 ᄀᆞᆺ보미 ᄀᆞᆺ비"의 活用形이 文獻例로 보인다.

動詞用例는 重杜解까지의 文獻에 보이나 그 후로 死語化하였다. '·音'消失에 의해 '갓다(갃다削)'動詞와의 意味충돌을 피해 그리된 것이 아닌가 한다. 오늘날은 形容詞 '가쁘다'와 '가빠하다' 動詞가 쓰이고 있다. '잇브다'와 'ᄀᆞᆺᄇᆞ다'가 거의 같은 뜻으로 쓰인 듯하다. "ᄆᆞᅀᆞ미 ᄒᆞ다가 잇버 ᄀᆞᆺᄇᆞ거든 : 心苦疲倦(圓覺下一之一62)"이라 있음을 보면 완전 同義語가 아님을 알 수 있다. 로곤(勞困). 지칠(기운빠질). '困窮·困乏'의 뜻인 '困ᄒᆞ다'는 法華 2:184 宣賜內訓 2下 40에 나옴. 현대어로선 "나른하고 졸음이 오다"의 뜻으로 쓰임.

	漢字	標準音訓	訓蒙字會 1527	新增類合 1576	光千 1575 石千 1583 註千 1804	倭語類解 18C 初	字類註釋 1856	兒學編 20C 初	字典釋要 1906	新字典 1915
182	坤	땅 곤	ᄯᅡ 곤	ᄯᅡ 곤			따 곤		ᄯᅡ 곤	[곤] ᄯᅡ·ᄯᅡᆼ·순할

'ᄯᅡᆼ'은 東新續三(1617년)에 나온다.

	漢字	標準音訓	訓蒙字會 1527	新增類合 1576	光千 1575 石千 1583 註千 1804	倭語類解 18C 初	字類註釋 1856	兒學編 20C 初	字典釋要 1906	新字典 1915
183	骨	뼈 골	ᄲᅧ 골	ᄲᅧ 골		ᄲᅧ 골	ᄲᅧ 골	ᄲᅧ 골	ᄲᅧ 골	[골] ᄲᅧ
184	工	장인 공	공쟝바치 공	바치 공	光千 바지 공 石千 바치 공 註千 공교 공 本 쟝인 공 又 벼ᄉᆞᆯ 공		쟝인 공	쟝인 공	장인 공 공교할 공	[공] 비치·쟝인·공교할·벼슬

장인(匠人). 공쟝(工匠)-바지>-바치>-와치>-아치 셩녕바지(楞解, 工匠] 흥졍바지[釋譜, 商人] 노ᄅᆞᆺ바치[訓蒙 優] 흥녕와치[正俗, 商人] 흥졍아치(漢淸) 오늘날 "갖바치[皮革工] 벼슬아치[官公吏]" 등의 '바치·아치'는 '바지'가 변한 말. 공교(工巧).

	漢字	標準音訓	訓蒙字會 1527	新增類合 1576	光千 1575 石千 1583 註千 1804	倭語類解 18C 初	字類註釋 1856	兒學編 20C 初	字典釋要 1906	新字典 1915
185	功	공 공	공붓 공	공 공	光千 공붓 공 石千 공 공 註千 공 공	공 공	공 공	공 공	공 공	[공] 공·넌·공치사할·복입을

공부(功夫) '넌'[書]九-惟敍라 있다. 九功은 六府(水·火·金·木·土·穀)와 三事(正德·利用·厚生)을 이름. '九功'을 '넌'이라 한다는 것이다. 공치사(功致謝). '복(服)입을'이란 "大功服 小功服 입을"의 뜻. 大功服은 大功親, 小功服은 小功親 상사에 입음. 大功服은 9개월, 小功服은 5개월 동안 입었던 것.

	漢字	標準音訓	訓蒙字會 1527	新增類合 1576	光千 1575 石千 1583 註千 1804	倭語類解 18C 初	字類註釋 1856	兒學編 20C 初	字典釋要 1906	新字典 1915
186	攻	칠 공		틸 공			틸 공	칠 공	칠 공·다사릴 공	[공]칠·다스릴·구들·지을·남의 허물 말할·익일

'치다'는 重杜解(1632년 慶尙道刊)에 '채쳐(鞭)' 譯解補·漢淸 등에 例 보임. 구들[堅] 지을[作] 익일[習]

	漢字	標準音訓	訓蒙字會 1527	新增類合 1576	光千 1575 石千 1583 註千 1804	倭語類解 18C 初	字類註釋 1856	兒學編 20C 初	字典釋要 1906	新字典 1915
187	貢	바칠 공	바릴 공	바틸 공	바틸 공 註千 바칠 공 又 音 감	바칠 공	바틸 공	공할 공	바칠 공	[공]바칠·천거할·세바칠

공할(貢할). 천거(薦擧). 세(稅) 바칠.

	漢字	標準音訓	訓蒙字會 1527	新增類合 1576	光千 1575 石千 1583 註千 1804	倭語類解 18C 初	字類註釋 1856	兒學編 20C 初	字典釋要 1906	新字典 1915
188	恐	두려울 공		저흘 공	저흘 공 註千 저흘 공 又 혜아릴 공		두려울ㅅ 공	두려울 공	두려어할 공 헤아릴 공	[공] 두려울·념녀할·의심낼·속대중할

'저타'(젛다)는 '두려워하다'의 뜻. "畏·惶悚·恐·怕·懼·怖"의 훈으로 老解(1670년). 新語(1676년)등에까지 보임. '저히다'는 그 使動詞로 '위협하다'의 뜻. "脇·懾·怵"의 訓으로 五倫(1796년)에까지 보임. 派生形容詞 '저프다'는 "威·畏·忌·恐·怖畏"의 訓으로 '두렵다'의 뜻. '저허ᄒᆞ다'는 '두려워하여 하다'. 즉 '두려워하다'로 마치 '깃거ᄒᆞ다(기뻐하여 하다 즉 기뻐하다)와 같은 말법인데 오늘날의 '저어하다'가 그 後身. 한편 '저프다'의 派生動詞 '저퍼ᄒᆞ다'가 '두려워하다'의 뜻으로 同文解(1748년)에 보인다.

오늘날 '저프다'는 '두렵다'로, '저타'는 '두려워하다'로 말하고 있으나 '두렵다'는 '둥글다·온전하다'의 뜻으로 '圓·周圓'의 訓이요, 오늘날의 '두렵다'의 뜻으로 "두리다[怖·懼·畏·恐怖·惶悚·悸]" 즉 '두려워하다'의 派生形容詞 '두렵다'가 그 前身이다.

그런데 金剛上 77에 "놀라디 아니ᄒᆞ며 두리디 아니ᄒᆞ며 저티 아니ᄒᆞ면 : 不驚不怖不畏"로 있음을 보면 '두리디'는 '怖'로 '저티'는 '畏'로 해 있어 그 뜻이 全同한 것이 아님을 보이고 있다.

	漢字	標準音訓	訓蒙字會 1527	新增類合 1576	光千 1575 石千 1583 註千 1804	倭語類解 18C 初	字類註釋 1856	兒學編 20C 初	字典釋要 1906	新字典 1915
189	空	빌 공		빌 공	뷘 공 註千 빌 공 又 구무 공 又 업슬 공	쇽절업슬 공	뷘ㅅ 공	뷘 공	빌공·곤공할 공·이즈러질 공	[공] 다할·빌·하날·클·구멍·궁할·이즐어질·업슬

":뷔·다" "空·虛·廓" 등의 訓으로 同文解·漢淸·丁克仁 賞春曲에, 그 使動詞 '뷔우다·뷔오다'가 漢淸까지 보인다. 한편 "刈·穫·樵·誅·割" 등의 訓으로 '·뷔·다(베다)'. '搓·挪·綸·捻' 등의 訓으로 ':뷔·다(비비다)', '剸'의 訓으로 '뷔·다(쪼개다)'가 있어 同音(:뷔·다)·同綴(뷔다··뷔다·:뷔다)語는 오늘날 "비다[空]·베다[刈] 비비다(搓, 中世語 비븨다·씌븨다]·쪼개다[剸]로 現用되고 있다.

"뷔다[空]>븨다(朴解<1676>·松江歌辭星州本<1747>·漢淸<英祖末>·註千<1804>)뷔다[刈]>븨다(朴解·譯解<1690>·朴新解<1765>) 뷔다[搓·捻]>븨다(譯解補<1775>)"로 同音語를 유지. 구무[穴, 구멍의 뜻] 곤궁(困窮) 다할(盡) 하날(하늘).

	漢字	標準音訓	訓蒙字會 1527	新增類合 1576	光千 1575 石千 1583 註千 1804	倭語類解 18C 初	字類註釋 1856	兒學編 20C 初	字典釋要 1906	新字典 1915
190	公	구 위 공	구의 공	공후 공 구의 공	光千 공경 공 石千 구의 공 註千 벼슬일홈 공 本 공평 공 又 언룬 공	구의 공	구위 공		공번될 공 공사 공 존칭할 공	[공] 공번될·아즐·한가지·바를·벼슬이름·마을·구이·

										어른·그대·아비·시아비

공후(公侯) 공졍(公正)·공평(公平) 언룬(어른) 공사(公事) 존칭(尊稱) 공변될(公正한·公平한) '아즐'은 '[書]以-滅私'라 있으므로 '公으로써 私를 죽인다'는 뜻. 한가지[共] 마을[官所, 관청] '구이'는 "그위>구위>구의>구이·귀"

그위(釋譜·法華·蒙法·初杜解·三綱·金三) 그위실[士·宦·官](楞解·永嘉·三綱·宣賜內訓) 그우실[官·宦](圓覺·宣賜內訓)>구위[公](初杜解·宣小) 구위실[官](初杜解) 구위ᄌᆞᆼ[官司](飜老) 구윗ᄆᆞᆯ[官馬](初杜解) 구윗문[公門](初杜解) 구윗저울[官稱](飜老) 구윗집[公館](初杜解) 구윗소곰[官鹽](重杜解).

구의[官·公](初杜解·訓蒙·類合·石千·倭解·老解·太平·同文解) 구의나기[官](飜老) 구이나기은[官銀](老解) 구의나깃은[官銀](飜朴) 구의만[官司](老解) 구의실(重杜解) 구의ᄌᆞᆼ[官司](飜朴·老朴) 구의ᄒᆞ다[訟](訓蒙) 구읫나기(朴解) 구읫자[官尺](老解) 구읫ᄎᆡᄉᆡᆨ[吏](飜小)>구이ᄭᅩ[公府](奎章二倫 1727년) 구실[公務](初杜解·宣小·漢淸) '稅'의 뜻인 '구실(宣小·東新續三·警民編)'은 意味의 擴大로 볼 수 있지 않을까 한다.

	漢字	標準音訓	訓蒙字會 1527	新增類合 1576	光千 1575 石千 1583 註千 1804	倭語類解 18C 初	字類註釋 1856	兒學編 20C 初	字典釋要 1906	新字典 1915
191	孔	구멍 공	구무 공	구무 공	구무공 註千 심ᄒᆞᆯ 공 本 구무 공		구멍 공	구멍 공	구멍 공 심할 공 성 공	[공] 매우·심이·구멍·통할

심ᄒᆞᆯ(甚할) 성(姓) 심이(甚히) 구무(龍歌·釋譜·訓蒙·類合·石千·家禮解·馬解) 구모(訓蒙·地藏解) ㄱ曲用語[1] '구멍'은 痘瘡集要 1608년 등 '구멍'은 '굼+엉'의 造語로 '마당'이 '맏場+앙' 造語임과 同軌로 본다.

1) 拙稿, '名詞曲用에 있어서의 ㄱ의 考察', 「國語學論文集」, pp. 147-9.

	漢字	標準音訓	訓蒙字會 1527	新增類合 1576	光千 1575 石千 1583 註千 1804	倭語類解 18C 初	字類註釋 1856	兒學編 20C 初	字典釋要 1906	新字典 1915
192	共	한가지 공		ᄒᆞᆫ가지로 공		ᄒᆞᆫ가지 공	한가지 공		한가지 공·법될 공·공경할 공	[공] 한계·한가지·향할·다·모들·공변될·무리·공경

"同也한계ㅇ한가지"라 있음에서 '한계'는 '함께'의 뜻으로 쓴 듯 하다. 모들[合, 모을] 무리[衆] 공경(恭敬).

	漢字	標準音訓	訓蒙字會 1527	新增類合 1576	光千 1575 石千 1583 註千 1804	倭語類解 18C 初	字類註釋 1856	兒學編 20C 初	字典釋要 1906	新字典 1915
193	供	이바지할 공		겻기 공		이바지 공	니받들 공		밧들 공·가츌 공·베플 공·공궤할 공	[공] 베풀·이바지할·가츌·밧들·공쵸바들

'공궤(供饋)하다'의 뜻으로 "겻그니(月釋 7:26) 겻기:供給(初杜解·新語)"가 있다. "이바디:宴·筵(龍歌·杜解·飜小·訓蒙·老解) 이받다: 賽·撈·餉·宴·養·供給·犒·餫·饁·餔(龍歌·釋譜·月釋·初杜解·訓蒙) 이밧다: 饌·館待(重杜解·老解)"의 用例가 있다. 공쵸(供招).

	漢字	標準音訓	訓蒙字會 1527	新增類合 1576	光千 1575 石千 1583 註千 1804	倭語類解 18C 初	字類註釋 1856	兒學編 20C 初	字典釋要 1906	新字典 1915
194	恭	공손할 공	온공 공	온공 공	온공 공		공슌 공		공손 공	[공]공슌할·엄숙할·공경할·밧들

온공(溫恭) 공슌(恭順) 공손(恭遜) 공슌(飜小·宣小·漢淸) 공슌ᄒᆞ다(宣小) 공슌히(宣小) 공손ᄒᆞ야(宣小·兒學編).

	漢字	標準音訓	訓蒙字會 1527	新增類合 1576	光千 1575 石千 1583 註千 1804	倭語類解 18C 初	字類註釋 1856	兒學編 20C 初	字典釋要 1906	新字典 1915
195	瓜	오이 과		외 과			외과·춤리·슈박·동화·외·수세외	외 과	외 과	[과]외·참외·모과

동과(←冬瓜) 모과(木瓜)

	漢字	標準音訓	訓蒙字會 1527	新增類合 1576	光千 1575 石千 1583 註千 1804	倭語類解 18C 初	字類註釋 1856	兒學編 20C 初	字典釋要 1906	新字典 1915
196	誇	자랑 과		쟈랑 과			쟈랑 과		자랑할 과	[과] 자랑할

쟈랑:矜·誇(杜解·石千·老解·朴解·譯解補) 등에 보임

	漢字	標準音訓	訓蒙字會 1527	新增類合 1576	光千 1575 石千 1583 註千 1804	倭語類解 18C 初	字類註釋 1856	兒學編 20C 初	字典釋要 1906	新字典 1915
197	果	열매 과		여름 과	여름 과 註千 여름 과 결단할 과	과실 과	실과 과 과연 과		실과 과·과단할 과·과연 과·배부를 과	[과]열음·열매·여름지·실과·득을·감히·할과연·녑쭐·결단할·배불룩할·김승이름·매칠·뫼실

'여름'은 '열(結)+음'의 造語. '녀름[夏]>여름'과의 意味 충돌로 '열매'가 '여름'과 代替된 것이 아닌가 한다. 과연(果然). 과단(果斷). "木實열음·열매·여름지·실과"라 있으므로 '여름지'도 '열매'와 같은 뜻임을 알 수 있다. '열믹'는 열믹실:實(倭解下 6)의 用例가 있다. "敢也 득을·감히할"로 되어 있으므로 '득을'은 '敢'의 뜻인 듯.

訓蒙에는 '菓'字가 '여름 과'로 되어 있는데 '木實曰菓'로, 兒學에는 '菓'字가 '실과 과'로 되어 있으며, 釋要·新字에도 '果·菓'는 同字로 다루고 있다. 그러나 오늘날은 '菓'자는 '菓子'의 뜻으로만 專用되고 있다.

	漢字	標準音訓	訓蒙字會 1527	新增類合 1576	光千 1575 石千 1583 註千 1804	倭語類解 18C 初	字類註釋 1856	兒學編 20C 初	字典釋要 1906	新字典 1915
198	課	과정 과	헬 과	일과 과			과시 과		부세 과 시험할 과 한정 과 공부할 과	[과] 구실·시험할·법식·차례·공부·공릐

'헬'은 '세다'의 뜻. 일과(日課). 과시(課試). 부세(賦稅). '한정'은 '稅也'. '법식(法式)'은 '程也'. '공부'는 '觀課農桑'. '공릐'는 '功課'의 뜻.

	漢字	標準音訓	訓蒙字會 1527	新增類合 1576	光千 1575 石千 1583 註千 1804	倭語類解 18C 初	字類註釋 1856	兒學編 20C 初	字典釋要 1906	新字典 1915
199	科	과목 과	두 들 기 과	등뎨 과		과거 과	과거 과		한정 과·조목 과·밋둥 과·무리 과·구덩이 과·과거 과	[과] 과정·근본·픔수·됴목·무리·웅덩이

과목(科目), '무들기'는 '누더기'의 뜻. 등뎨(登第). 과거(科擧). 한정(限程). 조목(條目). '밋둥'은 '밑동'. '무리'는 '等'의 뜻. 과정(科程). 픔수(品數).

	漢字	標準音訓	訓蒙字會 1527	新增類合 1576	光千 1575 石千 1583 註千 1804	倭語類解 18C 初	字類註釋 1856	兒學編 20C 初	字典釋要 1906	新字典 1915
200	過	지날 과		디날 과 허믈 과	디날 과 註千 허물 과 디날 과	허물 과 지날 과	지날ㅅ 과 허물 과		지날 과·넘을 과·그릇할 과·허물 과·지날 과	[과] 지날·넘을·그릇할·허물

'디나다'는 老解(1670) 신어(1676) 註千(1804) 등에까지, '지나다'는 倭解(18C 初) 등에서부터 나타난다. '허믈'은 老解·同文解(1748)·五倫(1796) 등에까지도 '허물'은 倭解 등에서부터 나타난다.

	漢字	標準音訓	訓蒙字會 1527	新增類合 1576	光千 1575 石千 1583 註千 1804	倭語類解 18C 初	字類註釋 1856	兒學編 20C 初	字典釋要 1906	新字典 1915
201	寡	적을 과	호을어미 과	홀어미 과	光千 홀어미 과 石千 쟈글 과 註千 젹을 과·과부 과		젹을 과 과부 과	젹을 과	작을 과 과부 과	[과] 적을·드믈·홀어미·과부·나

'호을어미'의 前次語形 'ᄒᆞ올어미'는 '宣賜內訓·初杜解' 등에, ᄒᆞ올겨집(初杜解), 'ᄒᆞ올鶴'(初杜解), 'ᄒᆞ올한아비'(杜解), 'ᄒᆞ올로'(<ᄒᆞᄫᆞᆯ로, 法華·杜解·樂範), 'ᄒᆞᄫᅀᅡ'<ᄒᆞᄫᆞᆯᅀᅡ, 龍歌), ᄒᆞ오ᅀᅡ(<ᄒᆞ올ᅀᅡ, 釋譜·月釋·楞解·金剛·永嘉·圓覺·內訓·初杜解), ᄒᆞ오아·ᄒᆞ오야·ᄒᆞ오와(重杜解), ᄒᆞ옷(<ᄒᆞ올, 釋譜·楞解·法華·永嘉), ᄒᆞ옷몸(釋譜), ᄒᆞ옷옷(救急方), ᄒᆞ옷(ᄒᆞ옺, 楞解·法華·杜解,ᄒᆞ옺,重杜解).

'호을어미'의 後次語形 '홀어미'는 '類合·宣小·東新續三·倭解'에 도 나온다.

ᄒᆞ오ᅀᅡ>ᄒᆞ온ᅀᅡ(ㄴ介入, 宣賜內訓).

ᄒᆞ오ᅀᅡ>호ᅀᅡ(續三)>호자(不憂軒集·賞春曲)>호은자(ㄴ介入, 飜朴)·혼자(飜小·宣小·東新續三·朴解·新語)

호자>홈자(ㅁ介入) ㅅ말(同文解) 홈자ᄒᆞ다(同文解).

ᄒᆞᆫ자(飜小·地藏·海東歌謠)-'혼자'語形의 '혼'의 語源을 'ᄒᆞᆫ(一)으로 본데서 由來한 語形이 아닐까 한다.

ᄒᆞ올로>홀로(飜小·宣小·漢淸), 호올로(東新續三·重杜解·同文解·詩解).

以上에서 推理컨대 'ᄒᆞᄫᅀᅡ'는 'ᄒᆞᄫᆞᆯ+ᅀᅡ(强勢助辭)'에서 'ㅿ(<ㅅ)' 위의 ㄹ脫落, 'ᄒᆞ올로(<ᄒᆞᄫᆞᆯ로)'는 'ᄒᆞ올+로(副詞化接辭)'로 된 同源語가 아닌가 한다.

쟉다(小·微·寡) 젹다(小·少·約) 과부(寡婦)나 '諸侯自稱'-寡人

	漢字	標準音訓	訓蒙字會 1527	新增類合 1576	光千 1575 石千 1583 註千 1804	倭語類解 18C 初	字類註釋 1856	兒學編 20C 初	字典釋要 1906	新字典 1915
202	郭	성(城) 곽 성(姓) 곽	밧잣 곽			밧셩 곽	외셩 곽	외셩 곽	외셩 곽	[곽] 셩곽휘·밧셩

'밧잣'은 '外城'의 뜻. '받셩·밧셩'도 '外城'. '셩곽휘'는 '성가퀴' 즉 '城' 위에 나지막하게 쌓은 담'. '城堞', 同文解에는 셩가퀴: 城堞子, 倭解에는 셩각희텹:堞 漢淸에는 셩각회 : 城垜口, 諺解補에는 셩각회구무 : 砲眼, 才物譜에는 셩각희 : 招口, 셩각희구멍 : 砲眼 등이 보이는 바 "성가퀴·셩각회·셩각희"로 쓰이던 것인데 新字에 '셩곽휘'로 되어 있는 것은 '城郭'을 聯想했을 듯도 하다.

	漢字	標音準訓	訓字蒙會 1527	新類增合 1576	光千 1575 石千 1583 註千 1804	倭類語解 18C초	字類註釋 1856	兒學編 20C초	字釋典要 1906	新字典 1915
203	官	벼슬관	구의관	구의관	光千 귀관 石千 구의관 註千 벼슬관	구의관	벼슬관	벼슬관	벼슬관	[관]벼슬·말·관가·부릴·공변될·일·맛흘

'官'의 뜻으로 '그위'는 釋譜·月釋·法華·杜解·三綱·金三 등에, '구위'는 杜解·宣小, '구의'는 初杜解·訓蒙·類合·石千·老解·太平·倭解·同文解, '구의'는 中杜解에, '귀'는 光千·太平 등에 보인다.

'그위 > 구위·구의 > 귀'의 發達로 보는데, 派生語로도 '그위실(官吏·公務의 뜻)'은 楞解·永嘉·宣賜內訓·三綱 등에, '그우실'은 圓覺·宣賜內訓 등에, '구위실'은 初杜解, '구우실'은 重杜解, '구의실'도 重杜解에, '구실'은 初杜解·宣小·漢淸에 '구우실'은 重杜解·普勸文에 나타난다.

'구의만(官司)'은 老解에, '구의종(官司)'은 飜朴·朴集에 '구의ᄒᆞ다(訴訟하다)'는 訓蒙에 나타난다.

複合語로는

그윗곧(公府)	玉山二倫
그윗사(公舍)	宣賜內訓
그윗일(公事)	法華·圓覺

구윗믈·구윗門·구윗집　初杜解
구읫나기(官製)　飜朴·朴解
구읫자(官尺)　老解
구읫칙식(官員)　飜小
귀글월(公文書)　語錄解

등이 나온다.

	漢字	標音準訓	訓字蒙會 1527	新類增合 1576	光千 1575 石千 1583 註千 1804	倭類語解 18C초	字類註釋 1856	兒學編 20C초	字釋典要 1906	新字典 1915
204	管	주관할관	뎌 관	ᄌᆞ믈쇠관			ᄃᆡ필이관	피리관	대통관·주관할관·쌍피리관·붓대관	[관]쌍피리·쥬관할·붓대·고동·열쇠·살대구멍

'뎌'는 '뎍(笛)'의 ㄱ脫落. '笛은 뎌히라(月釋)'에서 알 수 있듯이 ㅎ曲用語(添用語). 'ᄌᆞ믈쇠'는 初杜解·飜朴·四解·訓蒙·類合 등에, 'ᄌᆞᄆᆞᇇ쇠'는 法華에, 그 後次形 'ᄌᆞ물쇠'는 同文解·靑丘에 나오고 오늘날 '자물쇠'로 이어진다. 'ᄃᆡ필이'는 대(竹)로 만든 피리. '대통'은 '竹筒'에서 온 말, '筒'의 壬亂前 音은 '동', '대롱 : 管(管ᄋᆞᆫ 대로이니 心經)'의 '롱'이 '筒동'에서 온 것이 아닌가 한다.2)

대롱 : 竹筒(宣賜內訓·救簡)
竹듁筒동(宣小懸吐文) : 대롱(宣小諺解文)

임을 보아 '대통'의 '대'는 '竹', '통'은 '筒'임이 분명하다. 주관(主管). '쌍피리'의 '쌍'은 '雙', '고동'은 '樞要 즉 일의 제일 중요한 고비'.

	漢字	標音準訓	訓字蒙會 1527	新類增合 1576	光千 1575 石千 1583 註千 1804	倭類語解 18C초	字類註釋 1856	兒學編 20C초	字釋典要 1906	新字典 1915

2) 拙著, 「朝鮮(李朝)漢字音研究」, p. 101.

205	館	집 관	집 관	집 관		집 관	ᄀᆡᆨ샤 관	ᄀᆡᆨᄉᆞ 관	객사관	(館)[관]객사 (舘)[관]손의집·객샤 館의 俗字

ᄀᆡᆨ샤(客舍)

	漢字	標音準訓	訓字蒙會 1527	新類增合 1576	光千 1575 石千 1583 註千 1804	倭類語解 18C초	字類註釋 1856	兒學編 20C초	字釋典要 1906	新字典 1915
206	冠	갓 관	곳갈관	곳갈관	곳갈 관 註千 관관 관쁠 관 웃듬 관	관 관	관 관 읃뜸관	관 관	관 관 웃듬관 관례할관	[관]갓·갓씔·웃듬·우두머리

'곳갈'이 中世語文獻에는 '幘·帽·巾·冠' 등 漢字의 뜻으로 되어 있은즉 '모자·巾·冠'의 뜻으로 쓰이던 것인데 오늘날의 '고깔'은 意味縮小가 되어 주로 '女僧이 쓰는 巾의 한가지'의 뜻으로 쓰인다. '곳갈'의 곳은 '花', '갈'은 '갓'의 뜻. '갈모(갓모 笠帽)'의 '갈'이 그것. '갓'은 '宣小·太平·松江·同文解' 등에 나온다. 갈 > 갓 '갇 > 갓'이 아닌가 한다. 관(冠). 관례(冠禮).

	漢字	標音準訓	訓字蒙會 1527	新類增合 1576	光千 1575 石千 1583 註千 1804	倭類語解 18C초	字類註釋 1856	兒學編 20C초	字釋典要 1906	新字典 1915
207	款	정성스러울관		관곡관			성관관		정성스러울관·두다릴관·조목관· 관곡할관	[관]정성스러울·사랑할·막힐·두다릴·이를·머무를·관공할됴목·긔록·하고자할 窾同

관곡(款曲) 성관(誠款). 조목(條目) 이를[至]. '정성스럽다'의 뜻으로 '款待'가 쓰이기는 하나 오히려 '定款·借款'이 많이 쓰이는 현실이므로 '정관관'이 나올 듯도 하다. 아니면 '차관관' 하든지.

	漢字	標音準訓	訓字蒙會 1527	新類增合 1570	光千 1575 石千 1583 註丁 1004	倭類語解 18C主	字類註釋 1856	兒學編 20C초	字釋典要 1906	新字典 1915
208	貫	꿸 관		ᄢᅦᆯ 관		ᄣᅦᆯ 관	ᄣᅦᆯ 관		ᄢᅬ일관· 돈ᄢᅬ미관·관향관	[관]꿰일· 마칠· 돈꿰미· 본· 벼리

'ᄢᅦ다'는 龍歌 등 初期文獻으로부터 重杜解까지에도 보인다. 'ᄣᅦ다' 표기는 '松江·同文解·漢淸·譯解補' 등에 보이고, 꿰다는 '老解·朴

解·女四書·倭解' 등에 보여 오늘로 이어진다. '貫鄕·本', '벼리'는 '條貫規繩'의 뜻.

	漢字	標音準訓	訓字蒙會 1527	新類增合 1576	光千 1575 石千 1583 註千 1804	倭類語解 18C초	字類註釋 1856	兒學編 20C초	字釋典要 1906	新字典 1915
209	慣	익숙할관		니글관		니글관	닉을ㅅ관		익숙할 관	[관]익을·익슉할·버릇

新字에 '익슉할'로 한 것을 보면 '슉'은 '熟'을 意識한 듯 하다. 그러나 '닉숙다'가 '初·重杜解·宣小'에 '닉슉' 아닌 '닉숙'이므로 '熟'과는 無關하다.

	漢字	標音準訓	訓字蒙會 1527	新類增合 1576	光千 1575 石千 1583 註千 1804	倭類語解 18C초	字類註釋 1856	兒學編 20C초	字釋典要 1906	新字典 1915
210	寬	너그러울 관		어윌관		너를관	넉을어울ㅅ관	너그러울관	너그러울관	[관]넉으러울·노흘·두남둘·용서할

'어위다'는 '寬·廣·濶'의 뜻으로 中世語文獻에는 많이 보이는데, 近世語文獻에는 눈에 띄지 않는다. '너르다'는 '寬·曠'의 뜻을 '楞解·宣小·家禮·石千·同文解·漢淸' 등에 보인다. '너그러이'는 '漢淸·敬信'에 있다. 金三 2 : 17에 "어위여 너부미 : 寬廣"로 되어 있음을 보면 '어위다'는 寬, '넓다'는 '廣'이 主意가 아닌가 한다.

	漢字	標音準訓	訓字蒙會 1527	新類增合 1576	光千 1575 石千 1583 註千 1804	倭類語解 18C초	字類註釋 1856	兒學編 20C초	字釋典要 1906	新字典 1915
211	關	빗장관	모개관 다돌관	쟝군목관		모개관	닫을관 又완 諺만		빗장관·닷을관·관계할관·지경문관	[관]통할·굴대소리·사를·격글·말매암을·관문·새우는소리·화살먹일·문지방·수돌저귀·빗장·관계될

'모개'는 같은 訓蒙에 '모개익'이 있다. '목+애'의 造語. '쟝군목'은 訓蒙에 "쟝군목경 : 扃, 쟝군목솬 : , 쟝군목염 : 扊, 쟝군목이 : 扅"가 나온다. '빗댱'은 '朴解·譯解'에 보인다. '地境門' '사를'은 '사뢸[白]' '關門'.

	漢字	標音準訓	訓字蒙會 1527	新類增合 1576	光千 1575 石千 1583 註千 1804	倭類語解 18C초	字類註釋 1856	兒學編 20C초	字釋典要 1906	新字典 1915

212	觀	볼 관	집 관 볼 관	볼 관	볼 관 註千 집관 볼 관 뵐 관		볼ㅅ관	볼 관	살펴볼관·보일관·대궐문관·형용관·도사의집관·흙그러모을관·장려할관	[관]볼·뵈일·대궐·집·태자의궁·무덤·모양

'道士의 집', '壯麗할'.

	漢字	標音準訓	訓字蒙會 1527	新類增合 1576	光千 1575 石千 1583 註千 1804	倭類語解 18C초	字類註釋 1856	兒學編 20C초	字釋典要 1906	新字典 1915
213	光	빛 광	빗 광	빗 광	빗 광	빋 광	빋 광	빗날 광	빗날 광	[광] 빗·빗날
214	狂	미칠 광	미칠 광	미칠 광		미칠 광	믿칠 광	미칠 광	미칠 광	[광] 미칠·경망할

경망(輕妄)할.

	漢字	標音準訓	訓字蒙會 1527	新類增合 1576	光千 1575 石千 1583 註千 1804	倭類語解 18C초	字類註釋 1856	兒學編 20C초	字釋典要 1906	新字典 1915
215	廣	넓을 광		너블 광	너블 광 註千 너블광 너븨광· 수릐광		널을ㅅ광 넙을광	널을광	넓을광 넓의광	[광] 너를·넓을·넓이

'넙다'는 '廣·普·溥·洪·博' 등의 뜻으로 中世語文獻에는 물론, 松江에도 나타난다. '너븨'는 轉成名詞, '너비'는 轉成副詞, '너피다'는 派生動詞로 각각 中世語文獻에(그 中 너븨는 近世語文獻인 女四書에도 보인다.) 나타나 있다. '廣'은 '넓다·너르다·넓이'의 뜻으로 쓰인 것으로 보인다.

널펴(女四書序 4)
넓혀 : 廣(女四書 3 : 7)
널리 : 博(女四書 3 : 45)
널닐 : 衍(女四書 3 : 46)

'널펴 · 넓혀'는 '너펴'에 ㄹ介入 즉 '넙다>넓다'로 볼 수 있는데 '널리'의 경우는

너비 > 널비 > 널이 > 널리

'너르다'의 轉成副詞 널이 > 널리

의 두 經路를 생각할 수 있다.

'너르다'는 이미 楞解·宣小 以來 近世語文獻에도 나타나기 때문이다.

널울탁 : 拓(類合下 32) 옷널으다 : 衣廣(譯解補 29)의 "널우다·널으다"는 '너르다'에서 派生된 말이 아닐까 하는데 근원적으로 '넙다'와 너르다'도 同源語 내지 同族語일 듯 하다.

너븐 > 널븐(ㄹ介入) > 널운(圓脣母音化) > 너른(類推)

이 일찍이 이루어진 것일까.

아니면 '넙다'는 '廣', '너르다'는 '濶'의 뜻으로 各生한 것일까.

'너그러이'는 '漢淸·敬信錄' 등에도 보이는데 물론 '너그럽다'의 轉成副詞. '넉넉ᄒᆞ다'는 宣小·倭解·女四書·同文解·漢淸 등에 나타나는데, 이 '너그럽다'가 '넉넉하다'와 血緣이 있는 것으로 본다. 現代語 '너글너글하다'가 바로 '넉넉하다'의 뜻이며 '너그럽다'의 뜻이다.

오늘날 '너비'는 中世語 '너븨'의 後次形. 한편 漢淸에 "납은빅 : 匾船"가 있는 바, 그 基本形은 '납다'다.

現代語 "넙치(廣魚)·넓적다리·넓죽·넓적하다, 나비(廣·幅)·납죽·납작하다"들이 이 '넙다·납다'에서 派生한 말들이다.

	漢字	標音準訓	訓字蒙會 1527	新類增合 1576	光千 1575 石千 1583 註千 1804	倭類語解 18C초	字類註釋 1856	兒學編 20C초	字釋典要 1906	新字典 1915
216	鑛	쇠붙이광							쇠ㅅ돌 광	[광]쇠돌·쇠덩이
217	掛	걸 괘		걸 괘		걸 괘	걸ㅅ괘	걸 괘	걸 괘	[괘]걸·걸릴·달·달릴
218	怪	괴이할괴		괴특 괴		괴이ᄒᆞᆯ괴	괴이괴		괴이할 괴	[괴]긔이할·의심할·괴이할·요괴·깜짝놀랄

'괴특(怪忒)' '忒'은 '慝' 通, '들린다·어기어진다'의 뜻. 괴이(怪異) 긔이(奇異). 요괴(妖怪).

	漢字	標音準訓	訓字蒙會 1527	新類增合 1576	光千 1575 石千 1583 註千 1804	倭類語解 18C초	字類註釋 1856	兒學編 20C초	字釋典要 1906	新字典 1915
219	傀	꼭두각시 괴	광대 괴			광대 괴	클ㅅ괴		엄진할괴·꼭독각시괴	[괴]키웃둑할·클·괴이할·망석중탈

광대뢰 : 儡(訓蒙).

	漢字	標音準訓	訓字蒙會 1527	新類增合 1576	光千 1575 石千 1583 註千 1804	倭類語解 18C초	字類註釋 1856	兒學編 20C초	字釋典要 1906	新字典 1915
220	塊	흙덩이괴	홁무적 괴			덩이 괴	흙덩이괴	흙덩이괴	흙덩이괴	[괴]흙덩이·짜덩이·가슴뭉클할·흙덩이물·나

'홁무적'은 '흙무더기·흙덩이'의 뜻으로 法華·內訓·杜解·訓蒙 등 中世語文獻에 나온다. 같은 뜻으로 '홁무디돈 : 墩'이 訓蒙에 있고 '홁덩이'는 宣小·譯解 등에 나온다. '짜덩이'는 '땅덩이'. 나[我]

	漢字	標音準訓	訓字蒙會 1527	新類增合 1576	光千 1575 石千 1583 註千 1804	倭類語解 18C초	字類註釋 1856	兒學編 20C초	字釋典要 1906	新字典 1915
221	愧	부끄러울 괴				븟그릴 괴	붇그러울 괴	북그러울 괴	븟그러울 괴	[괴]븟그러울

'븟그리다'는 '愧·慙·耻·羞의 뜻으로 飜小·類合 등에 븟그리다'는 '羞·慙·恥·媿'의 뜻으로 龍歌·永嘉·杜解 등에 나타난다. '븟그리다·붓그리다'의 混態가 이미 中世語文獻에 나타나 있어 特異하다.

	漢字	標音準訓	訓字蒙會 1527	新類增合 1576	光千 1575 石千 1583 註千 1804	倭類語解 18C초	字類註釋 1856	兒學編 20C초	字釋典要 1906	新字典 1915
222	壞	무너질괴		허러딜 궤 헐 괴			무너딜 괴 又 회	무너딜괴	문어써릴 괴·문어질회	[괴]문어뜨릴 [회]문어질

'허러디다'는 '破·毁·敗'의 뜻으로 杜解·類合·宣小 등에. '헐다'는 '隳·謗·壞·破·毁·傷·弊'의 뜻으로 中世語文獻에, '믈어디다'는 '殞·崩·倒·摧·頹' 뜻으로 中世語文獻에, '문허디다'는 近世語文獻(重杜解·譯解·朴解)에 나타난다.

	漢字	標音準訓	訓字蒙會 1527	新類增合 1576	光千 1575 石千 1583 註千 1804	倭類語解 18C초	字類註釋 1856	兒學編 20C초	字釋典要 1906	新字典 1915
223	巧	공교할교		공교교	공굣교 註千공교교	공교교	공교교		공교할교·어엿불교·령혜할교	[교]교할·다룻을·재조·잘할·공교할·쏙쏙할·어엿블

공교(工巧). 령혜(令慧). 교(巧)할. '다룻을'을 '巧할'의 뜻.

	漢字	標音準訓	訓字蒙會 1527	新類增合 1576	光千 1575 石千 1583 註千 1804	倭類語解 18C초	字類註釋 1856	兒學編 20C초	字釋典要 1906	新字典 1915
224	交	사괼교	섯글교 사괼교	사괼교	사괼 교 註千 사괼교 서르교	사괼교	사괼ㅅ교	ᄉᆞ괼교	벗교·사괼교·풀폴날을교	[교]사괼·서로·벗·교섭할·흘에할·암굴·얼음·석길·옷깃·새로리

'섯다'는 '混·雜·叅·和·交·錯·拌' 등의 뜻으로 中世語文獻에 나타나고 子音의 逆行同化에 의한 '섯근 >석근' 즉 ㅅ + ㄱ > ㄱ + ㄱ 語形은 '석기(朴解중 49) 석다(譯解補 31) 석근(朴新解 1 : 5)'과 같이 17C 末 以後 文獻에 보인다.

'사괴다'는 '交'의 뜻으로만 中世語文獻에 나타나 있다.

	漢字	標音準訓	訓字蒙會 1527	新類增合 1576	光千 1575 石千 1583 註千 1804	倭類語解 18C초	字類註釋 1856	兒學編 20C초	字釋典要 1906	新字典 1915
225	郊	들 교	드르교	들교		들교	들교		들교	[교]들

'드르'는 '野·郊'의 뜻으로 中世語文獻은 물론 近世語文獻인 '譯解·同文解·靑丘' 등에도 나타난다. '들'은 '牧牛·類合'등 中世語文獻에도 나타나 일찍이 '드르 > 들'의 母音脫落例를 보인다.

	漢字	標音準訓	訓字蒙會 1527	新類增合 1576	光千 1575 石千 1583 註千 1804	倭類語解 18C초	字類註釋 1856	兒學編 20C초	字釋典要 1906	新字典 1915
226	校	학교교	혹당교	견홀교			학교효 諺 교		향교효·착고교·계교할교·산영할교·장교교	[교]틀·교계할·이를·보할·산양할·쏜을·교정할·발일·싸홈어울어짐·쟝교·마구간 [효] 학궁

혹당(學堂). '견호다·견후다'는 '겨누다'의 뜻으로 類合 이후 문헌에 나타나 있음. 학교(學校). 향교(鄕校). '착고'는 '차꼬', 계교(計校). '산영(山營)'은 '사냥'의 뜻. '산힝(山行)'에서 바뀐말. '이를·보할'은 '報告할'의 뜻.

교정(校正)·쟝교(將校)·마구간(馬廐間)·학궁(學宮).

	漢字	標音準訓	訓字蒙會 1527	新類增合 1576	光千 1575 石千 1583 註千 1804	倭類語解 18C초	字類註釋 1856	兒學編 20C초	字釋典要 1906	新字典 1915
227	絞	목매어줄일 교				교홀교	렴포믹교		목매여죽일교	[교]급할·목맬·렴매

렴포(斂布), '렴포믹·렴매'의 '믹·매'는 즉 小斂 때에 屍體에 옷을 입히고 그 위를 매는 헝겊.

	漢字	標音準訓	訓字蒙會 1527	新類增合 1576	光千 1575 石千 1583 註千 1804	倭類語解 18C초	字類註釋 1856	兒學編 20C초	字釋典要 1906	新字典 1915
228	較	비교할교					비교교 又 각		술에귀각·밝을각·곳을각·간략할각·비교할교	[각]수레귀·밝을·대강·다툴 [교]비교할
229	教	가르칠 교	ᄀᆞᄅᆞ칠 교	ᄀᆞᄅᆞ칠 교		ᄀᆞᄅᆞ칠 교	가르칠 교	가르칠 교	갈아칠 교 칙교교·밧을 교·하여곰 교	[교]본바들·하야금·가르칠·줄·가르침·종교·법령·교셔

'ᄀᆞᄅᆞ치다'는 '訓·教·誨·指' 등의 뜻으로 中·近世語文獻에 나타난다. 'ᄀᆞ르치다'는 '宣小'에 보인다. 칙교(勅教). '밧을'은 '본받을'의 뜻. 죵교(宗教). 교셔(教書).

	漢字	標音準訓	訓字蒙會 1527	新類增合 1576	光千 1575 石千 1583 註千 1804	倭類語解 18C초	字類註釋 1856	兒學編 20C초	字釋典要 1906	新字典 1915
230	僑	붙여살교							우거할교	[교]놉흘·부텨살

우거(寓居).

	漢字	標音準訓	訓字蒙會 1527	新類增合 1576	光千 1575 石千 1583 註千 1804	倭類語解 18C초	字類註釋 1856	兒學編 20C초	字釋典要 1906	新字典 1915
231	橋	다리교	ᄃᆞ리교	ᄃᆞ리교		ᄃᆞ리교	다리교	다리교	다리교	[교]다리·줄띄어잴·두레박틀·업수이역일

'ᄃᆞ리'는 '橋·梯·階·級' 등의 뜻으로 中世語文獻에 나타난다.

	漢字	標音準訓	訓字蒙會 1527	新類增合 1576	光千 1575 石千 1583 註千 1804	倭類語解 18C초	字類註釋 1856	兒學編 20C초	字釋典要 1906	新字典 1915
232	矯	바로잡을교		대자블교	光千납쌰올교 石千 들교 註千 들교·거즛교·굿셀교		숣셸교·바루잡울교·거딛교		바르잡을교·거즛교·오로지할교·용맹스러울교	[교]살바로잡을·거짓·천단할·청탁할·들·날낼

'대잡다'의 '대'는 '竹', '살대를 바로잡다'의 뜻. '들'은 '擧', '숣셸'은 '숟셸' 즉 '굳셀'의 된소리가 아닐까. 쳔단(擅斷)·칭탁(稱託). 光千의 '납쌰올'은 未詳.

	漢字	標音準訓	訓字蒙會 1527	新類增合 1576	光千 1575 石千 1583 註千 1804	倭類語解 18C초	字類註釋 1856	兒學編 20C초	字釋典要 1906	新字典 1915
233	膠	갓풀교	갓쁠교 俗呼주레	갓플고			부레교	부러풀교	아교교·옹색할교·굿을교·닭울교·물일홈교·화할교·흔들닐교	[교]구들·부레·아교·사곡할·닭울·흔들릴·화할

갓블(釋譜·月釋), 갓불(重杜解 14: 9), 갓플(救急方·救簡·類合), 갓풀(十九史 1 : 21). '부레·부러풀'은 '부레풀', 사곡(邪曲).

	漢字	標音準訓	訓字蒙會 1527	新類增合 1576	光千 1575 石千 1583 註千 1804	倭類語解 18C초	字類註釋 1856	兒學編 20C초	字釋典要 1906	新字典 1915
234	九	아홉구	아홉구	아홉구	아홉구	아홉구	아홉구 又규聚也	아홉구	아홉구 모을규	[구]아홉 [규]모들

'모듷'은 '모을'의 뜻. '몯다'의 冠形詞形.

	漢字	標音準訓	訓字蒙會 1527	新類增合 1576	光千 1575 石千 1583 註千 1804	倭類語解 18C초	字類註釋 1856	兒學編 20C초	字釋典要 1906	新字典 1915
235	究	궁구할구		다출구		궁구홀구	궁구구		궁구할구	[구]다할·꾀할·마칠·궁구할·미워할

'다출'은 '다할', 혹 '다홀'의 誤刻은 아닌지. 궁구(窮究).

	漢字	標音準訓	訓字蒙會 1527	新類增合 1576	光千 1575 石千 1583 註千 1804	倭類語解 18C초	字類註釋 1856	兒學編 20C초	字釋典要 1906	新字典 1915
236	久	오랠 구		오랄구		오랠구	오릴구		오랠구	[구]오랠·기다릴·막애할

'오라다'는 '久'의 뜻으로 中·近世語文獻에 많이 나타나는데

‘오래다’는 ‘癸丑日記·三譯解·瘟疫方’ 등에 나타난다.

	漢字	標音準訓	訓字蒙會 1527	新類增合 1576	光千 1575 石千 1583 註千 1804	倭類語解 18C초	字類註釋 1856	兒學編 20C초	字釋典要 1906	新字典 1915
237	口	입 구	입 구	입 구	光千 싑 구 石千 입 구	입 구	닙 구	입 구	입 구	[구]입·어구·인구

‘어구’는 ‘어귀’, 인구(人口).

	漢字	標音準訓	訓字蒙會 1527	新類增合 1576	光千 1575 石千 1583 註千 1804	倭類語解 18C초	字類註釋 1856	兒學編 20C초	字釋典要 1906	新字典 1915
238	丘	언덕 구	두던구	두던구		두던구	언덕구	두던구	언덕구·모을구·클구·중구	[구]두덕·모들·네골·뫼·단

‘두던’은 ‘皐·丘·坡·阜·阿·壟·原’의 뜻으로 中·近世語文獻에, ‘언’은 ‘堰·堤·壩·岸’의 뜻으로 中·近世語文獻에, ‘언덕’은 ‘坳·岸·崖’ 등의 뜻으로 역시 中·近世語文獻에 보인다. ‘중’은 ‘比丘’, ‘두덕’은 ‘둔덕’, ‘네골’은 ‘四邑’, ‘뫼’는 ‘墓’, ‘단’은 ‘壇’, ‘두던·두덕’은 ‘두덩’과 함께 ‘둗(厚)’의 뜻을 지닌 말로 각각 ‘둗+언, 둗+억, 둗+엉’의 造語로 본다.

“두듥 : 皐·岸·堰·坡, 두두록ᄒᆞ다 : 坡·凸, 둗거·둗겁다·두텁다·두틔·둗거비·두터비·두드러기” 등 中·近世語文獻에 나오는 말들이 모두 ‘厚’의 뜻이 담긴 말들이고 현대에‘두드러지다·두둑하다’도 한가지다.

“두드러지다–도드라지다, 두둑하다–도독하다, 두두룩하다–도도록하다”에서 ‘돋다’의 ‘돋’과 이 ‘둗’이 ablaut的인 것으로 보인다.

	漢字	標音準訓	訓字蒙會 1527	新類增合 1576	光千 1575 石千 1583 註千 1804	倭類語解 18C초	字類註釋 1856	兒學編 20C초	字釋典要 1906	新字典 1915
239	句	굴귀구	긋긋구				구절구	글귀구	싸일홈구·글ㅅ귀구·판안할구·거릇길구·굽을구	[구]구절·모·드·토·글귀·굽을·거리낌·마타볼

‘긋구’는 ‘글구’의 促音된 것. ‘믌결 > 믓결’의 例처럼. 구절(句

絶). 'ᄯᅡ일홈'은 땅이름. '거릇길'은 '거르낄', '마타볼'은 '맡아볼'. '모·드'는 未詳.

	漢字	標音準訓	訓字蒙會 1527	新類增合 1576	光千 1575 石千 1583 註千 1804	倭類語解 18C초	字類註釋 1856	兒學編 20C초	字釋典要 1906	新字典 1915
240	拘	잡을구		먹자불구		걸릴구	거리낄구	오골아질구	잡을구 거룻길구	[구]잡을·거릿길

'먹잡다'는 '잡다'의 뜻. '오골아질'은 '오그라질'.

	漢字	標音準訓	訓字蒙會 1527	新類增合 1576	光千 1575 石千 1583 註千 1804	倭類語解 18C초	字類註釋 1856	兒學編 20C초	字釋典要 1906	新字典 1915
241	狗	개 구	가히구	개 구		개구	개 구		개 구	[구]개·강아지·개야지

'가히'는 中世語文獻에 두루 나타난다. '개'는 '飜小·類合·宣小' 등 문헌에서부터 보인다.

	漢字	標音準訓	訓字蒙會 1527	新類增合 1576	光千 1575 石千 1583 註千 1804	倭類語解 18C초	字類註釋 1856	兒學編 20C초	字釋典要 1906	新字典 1915
242	苟	구차할구		얼혀니구 간대로구			단실로구		진실노구·구차할구·게우구·다만구	[구]풀·다만·구차할·진실로·겨우·만일

'얼혀니'는 '얼현이'. '간대로'는 '되는대로'의 뜻으로 中·近世語文獻에. 구차(苟且).

	漢字	標音準訓	訓字蒙會 1527	新類增合 1576	光千 1575 石千 1583 註千 1804	倭類語解 18C초	字類註釋 1856	兒學編 20C초	字釋典要 1906	新字典 1915
243	舊	예 구		무글 구	녜 구	녜 구	예 구	예 구	오랜 구	[구]예·적·오랠·늙은이·친구

'녜'는 '昔·舊·古'의 뜻으로 中·近世語文獻에.

	漢字	標音準訓	訓字蒙會 1527	新類增合 1576	光千 1575 石千 1583 註千 1804	倭類語解 18C초	字類註釋 1856	兒學編 20C초	字釋典要 1906	新字典 1915
244	求	구할구		구ᄒᆞᆯ구	구ᄒᆞᆯ구 註千 ᄎᆞᆽ을구	구ᄒᆞᆯ구	구ᄒᆞᆯㅅ구	구할구	구할구	[구]구할·구걸할·차질·짝
245	救	구원할구		구완구			구ᄒᆞᆯ구			

'구완ᄒᆞ니(東新續三 · 忠 6) 구완병 : 救兵(同文解上 44)'이 있

고 현대어사전에도 '구완'이 나오는 바 그 淵源이 오래인 것을 알겠고 '援'이 類合에는 '더위자블원'이지마는 '완'으로도 읽혔음을 알 수 있고 字釋에는 '구완할원'으로 나와 있다. '緩'音이 '완'이므로 '援'音이 '완'임도 괴이할 것이 없다.

	漢字	標音準訓	訓字蒙會 1527	新類增合 1576	光千 1575 石千 1583 註千 1804	倭類語解 18C초	字類註釋 1856	兒學編 20C초	字釋典要 1906	新字典 1915
246	球	공 구					옥경구		옥경쇠구·아름다운옥구·지구구	[구]옥경쇠·아름다운옥

옥경(玉磬).

	漢字	標音準訓	訓字蒙會 1527	新類增合 1576	光千 1575 石千 1583 註千 1804	倭類語解 18C초	字類註釋 1856	兒學編 20C초	字釋典要 1906	新字典 1915
247	具	갖출구		ᄀᆞᄌᆞᆯ구	光千 ᄀᆞᄌᆞᆯ구 石千 ᄀᆞᄎᆞᆯ구 註千 ᄀᆞᄎᆞᆯ구	ᄀᆞᄎᆞᆯ구	가ᄎᆞᆯ구		가촐구	[구]가촐·판비할·이바지·그릇·제구

'ᄀᆞᆽ다(ᄀᆞᆾ다)'는 '具·備·俱'의 뜻으로 "ᄀᆞᆽ거늘·ᄀᆞᆽ게·ᄀᆞᆽᄂᆞ니·ᄀᆞᆽᄂᆞ니라·ᄀᆞᆽᄃᆞᆺ·ᄀᆞᆽ더시니·ᄀᆞᆽ디·ᄀᆞᄌᆞ나·ᄀᆞ자니·ᄀᆞᄌᆞ리라·ᄀᆞᄌᆞᆫ·ᄀᆞᄌᆞᆯ·ᄀᆞ자·ᄀᆞ조니·ᄀᆞ조리라·ᄀᆞ졸멘…"과 같이 活用.

'ᄀᆞ초다'는 '具·藏'의 뜻으로 中世語文獻에 나타나는데 '具·備'의 뜻으로는 "ᄀᆞ초고·ᄀᆞ초다·ᄀᆞ초아·ᄀᆞ초앗ᄂᆞ니·ᄀᆞ촐…"과 같은 活用例를 보인다. 판비(辦費). 제구(諸具).

	漢字	標音準訓	訓字蒙會 1527	新類增合 1576	光千 1575 石千 1583 註千 1804	倭類語解 18C초	字類註釋 1856	兒學編 20C초	字釋典要 1906	新字典 1915
248	俱	함께 구		ᄀᆞᆯ올구			한가지구		함ᄭᅴ 구	[구]다·한게

'ᄀᆞᆯ올'은 '나란히 할 · 함께 할'의 뜻. 'ᄀᆞᆲ다'가 基本形. 'ᄀᆞᆲ다'는 "雙·等·並·同·敵·伉·儷·俱·幷" 등의 뜻. '함ᄭᅴ'는 ᄒᆞᆫᄢᅴ[同時에의 뜻] > ᄒᆞᆷᄭᅴ > 함ᄭᅴ > 함께. '한게'도 '함께'의 뜻.

	漢字	標音準訓	訓字蒙會 1527	新類增合 1576	光千 1575 石千 1583 註千 1804	倭類語解 18C초	字類註釋 1856	兒學編 20C초	字釋典要 1906	新字典 1915

	漢字	標音準訓	訓字蒙會 1527	新類增合 1576	光千 1575 石千 1583 註千 1804	倭類語解 18C초	字類註釋 1856	兒學編 20C초	字釋典要 1906	新字典 1915
249	構	얽을 구	닥 구	집지을구			얽을구		집세울구·이룰구·합할구·닥나무구	[구]닥나무·어리할·모들·일을·글미리지을

'닥'은 닥나무[楮]. '어리'는 '무리·圈'의 뜻. '모들'은 '모을', '일을'은 '이룰[成]'.

	漢字	標音準訓	訓字蒙會 1527	新類增合 1576	光千 1575 石千 1583 註千 1804	倭類語解 18C초	字類註釋 1856	兒學編 20C초	字釋典要 1906	新字典 1915
250	區	나눌구		고ᄆᆞᆯ구			지경구 又 우		감촐구·조고마할구·동류구·지경구·난을구·숨길우	[구]감촐·작은방·난흘·조고마할·옥다섯쌍 [우]갈피·디경·난흘·저울네눈·숨길

지경(地境). 동류(同類). '난을'은 '나눌'.

	漢字	標音準訓	訓字蒙會 1527	新類增合 1576	光千 1575 石千 1583 註千 1804	倭類語解 18C초	字類註釋 1856	兒學編 20C초	字釋典要 1906	新字典 1915
251	歐	성 구					셩구 又토혈우		성 우 嘔 見	[우]俗[구]셩·토할·쥐여박을 嘔毆同

성(姓), 宋나라 '歐陽修'의 歐. '嘔·歐'와 同字로 되어 있으나 오늘날 '歐'는 '歐陽修', '歐洲·西歐·東歐·歐羅巴'에 쓰이고, '토하다'의 뜻으로는 '嘔'를, '치다·때리다'의 뜻으로는 '毆'를 쓰고 있는 것이 아닌가 한다.

	漢字	標音準訓	訓字蒙會 1527	新類增合 1576	光千 1575 石千 1583 註千 1804	倭類語解 18C초	字類註釋 1856	兒學編 20C초	字釋典要 1906	新字典 1915
252	驅	몰 구	몰 구	몰 구	몰구	몰구	몰ㅅ구		달닐구	[구]몰·쫏처보낼·선상진

'선상진(先廂陣)'은 '임금의 거동 때에 앞장서던 前衛隊'.

	漢字	標音準訓	訓字蒙會 1527	新類增合 1576	光千 1575 石千 1583 註千 1804	倭類語解 18C초	字類註釋 1856	兒學編 20C초	字釋典要 1906	新字典 1915
253	鷗	갈매기구	ᄀᆞᆯ며기구	ᄀᆞᆯ며기구		ᄀᆞᆯ며기구	갈멱이구	걸먹이구	갈마기구	[구]갈맥이
254	懼	두려울구		두릴구	光千 저흘구 石千 두릴구		두려울구	두려울구	두려어할구	[구]두려울·겁낼

'두리다'는 '怖·恐怖·懼·悸·悚'의 뜻으로 中世語文獻에 그 轉成

形容詞가 ‘두렵다’, 오늘날의 ‘두렵다’·‘두리다’는 ‘두려워하다’로 쓰이고 있다. ‘저타(젛다)’는 ‘畏·恐·慴·惶悚’의 뜻으로, 그 使動詞 ‘저히다’, 轉成形容詞 ‘저프다’가 中世語文獻에 나온다. 오늘날의 ‘저어하다’가 ‘저허ᄒᆞ다’의 後裔.

	漢字	標音準訓	訓字蒙會 1527	新類增合 1576	光千 1575 石千 1583 註千 1804	倭類語解 18C초	字類註釋 1856	兒學編 20C초	字釋典要 1906	新字典 1915
255	龜	거북구	거붑귀	거붑귀		거복귀	거복귀	거복귀	거북귀·손얼어터질균·나라일홈규	[귀]거북 [균]손얼어터질 [구]西域屬國–慈

‘거붑’은 ‘楞解·訓蒙·類合’ 등 中世語文獻에, ‘거북’은 ‘重杜解’ 등에, ‘거복’은 ‘倭解·譯解·同文解’ 등에 나타난다. 漢字音에 대해선 拙著 참고3)

	漢字	標音準訓	訓字蒙會 1527	新類增合 1576	光千 1575 石千 1583 註千 1804	倭類語解 18C초	字類註釋 1856	兒學編 20C초	字釋典要 1906	新字典 1915
256	局	핀극	마ᅀᆞᆯ국	판 국		판 국	판 국		판국·마알국·억매일국·굽힐국	[국]판·거릿길·쭈글일·국축할·굽힐·량·아만·판·말·셰샹·시졀·곱슬곱슬할

‘마ᅀᆞᆯ’은 “官·曹·衙·府·司·寺·官司·署·省寺·官曹” 등의 對譯語로 中·近世語文獻에 ‘마ᅀᆞᆯ’은 ‘飜小·訓蒙東中本(府 : 마ᅀᆞᆯ부)’에. ‘마ᄋᆞᆯ’은 ‘石千·宣小·重杜解’에, ‘마을’은 宣小·三譯解에 보이고 ‘마알’은 東新續三에 그 예가 보인다.

마ᅀᆞᆯ > 마ᅀᆞᆯ > 마을 > 마ᄋᆞᆯ > 마알 > 말

국축(局縮), 량(量, 度量의 뜻), 아만(我慢), 판(棋盤·部分).

	漢字	標音準訓	訓字蒙會 1527	新類增合 1576	光千 1575 石千 1583 註千 1804	倭類語解 18C초	字類註釋 1856	兒學編 20C초	字釋典要 1906	新字典 1915
257	菊	국화 국	구홧국	구화국			국화국	국화국	국화국	[국]국화

‘구화’는 “訓蒙·類合·百聯解·物譜·柳氏物名考”에까지도 나타난다.

3) 拙著, 「朝鮮漢字音硏究」, 特異한 漢字音各論. p. 22.

	漢字	標音準訓	訓字蒙會 1527	新類增合 1576	光千 1575 石千 1583 註千 1804	倭類語解 18C초	字類註釋 1856	兒學編 20C초	字釋典要 1906	新字典 1915
258	國	나라국	나라국	나라국	나라국	나라국	나라국	나락국	나라국	[국]나라
259	君	임금군	님굼쑨	님굼군	光千 님굼군 石千 님금군 註千 님금군 又 그ᄃᆡ군	님금군	그ᄃᆡ군 님금군	임군군	인군군 그대군	[군]임금·아버지·안에·그대·자네

'님금'은 '辟·天子·王·君·帝' 등의 對譯語로 龍歌以後 中·近世語文獻에, '님굼'은 初杜解·訓蒙·重杜解 등에, '님군'은 '石千·五倫' 등에 나타난다. ':님·:님·자·:님·금'의 '님'이 上聲點임을 미루어 이들이 同源語라고 보면 '님군'의 '군'은 君을 意識하고 '인군'은 '人君'을 原義로 推理한 듯. '안에'는 '아내[細君婦也]' 즉 '집안에 있는 妻'의 뜻. '님금 > 님굼'은 '금'의 一母音이 ㅁ子音으로 逆行同化한 것.

	漢字	標音準訓	訓字蒙會 1527	新類增合 1576	光千 1575 石千 1583 註千 1804	倭類語解 18C초	字類註釋 1856	兒學編 20C초	字釋典要 1906	新字典 1915
260	郡	고을 군	고을 군	고을 군	고ᄋᆞᆯ 군 註千 고을군	고올 군	고올 군		고을 군	[군]골

'고을'은 '飜小·訓蒙·類合·宣小' 등에, '고을'은 '三綱·飜小·宣小·重杜解' 등에 나타나는데 모두 ㅎ曲用을 하고 있다. 이들 語形의 前次形. 'ᄀᆞ올'은 龍歌의 '조ᄏᆞᄫᆞᆯ'(栗村)의 'ᄀᆞᄫᆞᆯ'의 後裔로 '釋譯·月釋·初杜解·三綱·金三' 등에 보인다.

ᄀᆞᄫᆞᆯ > ᄀᆞ올 > 고을
고을·고ᄋᆞᆯ > 골

이들은 '邑·鄕·郡·故鄕·縣·州' 등 漢字에 對譯語로 쓰인 것이다.

	漢字	標音準訓	訓字蒙會 1527	新類增合 1576	光千 1575 石千 1583 註千 1804	倭類語解 18C초	字類註釋 1856	兒學編 20C초	字釋典要 1906	新字典 1915
261	群	무리 군		물 군	물 군 註千 무리군	묻 군	무리 군	무리 군	무리 군	[군]무리·벗·만흘·ᄠᅦ·모들

'물'은 "徒·群·彙·衆·黨·等·輩·曹·每" 등 對譯語로 中世語文獻에 나타나고 '물'의 促音化된 '뭇[묻]'은 '붓수플 : 群林(百聯), 뭇지

	漢字	標音準訓	訓字蒙會 1527	新類增合 1576	光千 1575 石千 1583 註千 1804	倭類語解 18C초	字類註釋 1856	兒學編 20C초	字釋典要 1906	新字典 1915
262	軍	군사 군	군ᄎᆞᆺ군	군ᄉᆞ군	군 군 註千 군ᄉᆞ군		군ᄉᆞ군	군ᄉᆞ군	군사군	[군]군사·진칠

위(松江時調)' 등이 보인다. 倭解의 '묻'은 '뭇'의 異樣表記로 보면 될 것이다.

군ᄉᆞ(軍士). 진(陣)칠.

	漢字	標音準訓	訓字蒙會 1527	新類增合 1576	光千 1575 石千 1583 註千 1804	倭類語解 18C초	字類註釋 1856	兒學編 20C초	字釋典要 1906	新字典 1915
263	屈	굽힐 굴		구될 굴		구불굴	굽울ㅅ굴	굽힐굴	굽을굴·저를굴·다할굴·성굴·짜일흠굴	[굴]굽을·저를·다할·굽힐

'저를'은 '짧을(短)'. '성'은 '姓', '屈原'의 '屈'. '屈原'은 中國戰國時代의 志士.

	漢字	標音準訓	訓字蒙會 1527	新類增合 1576	光千 1575 石千 1583 註千 1804	倭類語解 18C초	字類註釋 1856	兒學編 20C초	字釋典要 1906	新字典 1915
264	弓	활 궁	활 궁	활 궁		활 궁	활 궁	활 궁	활 궁	[궁]활·솔바탕

'솔바탕' '솔'은 '과녁천(垜子·準的·帿)', '솔바탕'은 '활 한바탕'. 활터의 활쏘는 地點에서부터 솔대까지의 거리 보통 120 걸음.

	漢字	標音準訓	訓字蒙會 1527	新類增合 1576	光千 1575 石千 1583 註千 1804	倭類語解 18C초	字類註釋 1856	兒學編 20C초	字釋典要 1906	新字典 1915
265	窮	궁할 궁		막다ᄃᆞ롤 궁		궁홀궁	국궁궁	궁할궁	궁진할궁·궁구할궁·궁할궁	[궁]다할·궁구할·마칠·막힐

'막다ᄃᆞᆮ다'는 '窮·極(類合)'의 뜻. 국궁(鞠躬). 궁진(窮盡). 궁구(窮究).

	漢字	標音準訓	訓字蒙會 1527	新類增合 1576	光千 1575 石千 1583 註千 1804	倭類語解 18C초	字類註釋 1856	兒學編 20C초	字釋典要 1906	新字典 1915
266	宮	집 궁	집 궁	집 궁	집 궁 註千 집 궁 형벌 궁	집 궁	집ㅅ궁	집 궁	궁궐궁·불알썩일궁	[궁]집·궁궐·소리이름·불알썩일·담

형벌(刑罰). 궁궐(宮闕). '소리이름'이란 '宮商角徵羽' 五音의 하나.

	漢字	標音準訓	訓字蒙會 1527	新類增合 1576	光千 1575 石千 1583 註千 1804	倭類語解 18C초	字類註釋 1856	兒學編 20C초	字釋典要 1906	新字典 1915
267	券	문서 권		명문 권			문셔권	문셔권	문서권	[권]엄쪽·계약서·노시·문셔

명문(明文). 문셔(文書). '엄쪽'의 '엄'은 '契'의 뜻. '어험계 : 契(類合)' 오늘날의 어음.

	漢字	標音準訓	訓字蒙會 1527	新類增合 1576	光千 1575 石千 1583 註千 1804	倭類語解 18C초	字類註釋 1856	兒學編 20C초	字釋典要 1906	新字典 1915
268	卷	책 권	궔 권	권 권 거들권		권 권	ᄎᆡᆨ권 권		굽을권·아릿다울권·풍뉴일홈권·책권·오굼권·맑권	[권]무릅웅들아지·책권·노바·접을·굽을·덩이·경셩

'맑권'의 '맑'은 '말다(卷)'의 語幹. '말', '웅들아지'는 '웅두리'의 뜻. 경셩(精誠).

	漢字	標音準訓	訓字蒙會 1527	新類增合 1576	光千 1575 石千 1583 註千 1804	倭類語解 18C초	字類註釋 1856	兒學編 20C초	字釋典要 1906	新字典 1915
269	拳	주먹권	주머귀권	주머귀권		주머귀권	쥬먹권	쥬먹권	주먹권	[권]주먹·근심할·부지런할·맘에품을

'주머귀'는 '月釋·楞解·初杜解·金三' 등 中世語文獻에서 倭解까지며, '주머괴'는 '朴解'에, 보인다. '줌+어귀, 줌+어괴'의 造語인데 '줌+억'의 造語인 '주먹'도 '永嘉·東新續三·重杜解' 등에 나타나며 '줌(掬·把)'도 中世語文獻에 보인다.

	漢字	標音準訓	訓字蒙會 1527	新類增合 1576	光千 1575 石千 1583 註千 1804	倭類語解 18C초	字類註釋 1856	兒學編 20C초	字釋典要 1906	新字典 1915
270	勸	권할권		권ᄒᆞᆯ권	권ᄒᆞᆯ권 註千 힘쓸권	권ᄒᆞᆯ권	권ᄒᆞᆯ권	권할권	권할권	[권]권할·아닥을·도울·가라칠·이들·쟝할

'아닥을'은 '勉也'로 '권할'의 뜻. '쟝(奬)할'.

	漢字	標音準訓	訓字蒙會 1527	新類增合 1576	光千 1575 石千 1583 註千 1804	倭類語解 18C초	字類註釋 1856	兒學編 20C초	字釋典要 1906	新字典 1915
271	權	권세권	ᄃᆞ림권	ᄃᆞ림쇠권		권세권	저울권	권세권	권세권·권도권·저울질할권	[권]저울질할·평할·권도·벼슬겸할·비롯을·사날·권셰

'ᄃᆞ림'은 '저울추'. 권셰(權勢). 권도(權道). 평(平)할. '사날'은

'權柄'의 뜻.

	漢字	標音準訓	訓字蒙會 1527	新類增合 1576	光千 1575 石千 1583 註千 1804	倭類語解 18C초	字類註釋 1856	兒學編 20C초	字釋典要 1906	新字典 1915
272	厥	그 궐			光千 적 궐 石千 그 궐 註千 그 궐 돌 굴 굴		그 궐 又굴突-	궐	그궐·저를궐·나라일홈굴	[궐]그·그것·저를·조을·어조사 [굴]國名突-

적(賊). 돌굴(突厥), '저를'은 '짧을', '조을'은 '頓首'의 뜻. '머리 조아릴'의 뜻.(未完)

〈『語文研究』第44號, 韓國語文敎育研究會, 1984.〉

『韓國漢字音訓字典』에 나타난 漢字訓研究(Ⅲ)

필자는 韓國漢字音訓字典 收錄漢字中 常用漢字訓研究[Ⅰ][Ⅱ]-韓國語史 및 意味論分野 새 開拓을 위해-[1][2]와 漢字訓研究-綜合的次元에서- 韓國語史 및 意味論의 새 開拓을 위해[3] 쓴 바 있다. 本稿는 그 후속작업인 바 前 [Ⅰ][Ⅱ]의 續稿다. 本稿는 韓國漢字音訓字典(未刊)에 나타난 ㄱ줄 局~潰를 다루기로 한다.

	漢字	標音準訓	訓字蒙會 1527	新類增合 1576	光千1575 石千1583 註千1804	倭類語解 18C初	字註類釋 1856	兒學編 20C初	字釋典要 1906	新字典 1915
256	局	판국	마ᅀᆞᆯ 국	판 국		판 국	판 국		판 국 마알 국 억매일 국 몸 굽힐 국	[국]판 거릿길·쭈글일·국축할·굽힐·량·아만·판·말·셰샹·시졀·곱슬곱슬할

'마ᅀᆞᆯ'은 마을, 官廳의 뜻

노픈 마ᅀᆞ래 다 武臣이러니 : 官(初杜解 23:11)

곳다온 힌 칠흔 마ᅀᆞ른 고앳ᄂᆞ니라 : 署(初杜解 20:10)

글 순 거슨 마ᅀᆞᆯ 들해 ᄂᆞ랫더라 : 寺(初杜解 16:18)

다른딧 마ᅀᆞᆯ이 : 官司(初杜解 16: 18)

---

1) 「仁荷大學校 人文科學研究所」 10호, 1984. 10, pp. 1~43, ㄱ줄 加~固.

2) 「語文研究」 44호, 1984. 12, pp. 545~576, ㄱ줄 姑~厥.

3) 「語文研究」 46·47호, 1985. 9, pp. 234~260.

마ᅀᆳ 이ᄅᆞᆯ 正히 ᄒᆞ올로 守ᄒᆞ얫도다 : 官曹(初杜解 8:3)
마ᅀᆞᆯ셔 : 署　마ᅀᆞᆯ조 : 曹(訓蒙中 7)
마ᅀᆞᆯ아 : 衙
마ᅀᆞᆯ시 : 寺(類合上 18)
以上에서 보면 '局' 외에 "署·曹·衙·寺·官·官司·官曹" 등 訓으로 '마ᅀᆞᆯ'이 쓰였음을 알 수 있다.
'마ᅀᆞᆯ' 표기도 보인다.
마ᅀᅳᆯ부 : 府(訓蒙中 7)
마ᅀᅳᆯ 戶籍(飜小 (9:49)
'마ᄋᆞᆯ' 표기로
마ᄋᆞᆯ부 : 府　마ᄋᆞᆯᄉᆞ : 司(類合上 18)
마ᄋᆞᆯ부 : 府(石千 21)
마ᄋᆞᆯ애 : 府(宣小 6:84) 마ᄋᆞᄅᆞᆯ(宣小 6:113)
各各 마ᄋᆞᄅᆞᆯ ᄀᆞᅀᆞ마랏도다 : 典司(重杜解 3:4)
祭ᄒᆞᄂᆞᆫ 마ᄋᆞᄅᆡ : 祠官(重杜解 4:21)
이 보이며 '마을' 표기로
이제 漢城府 ᄀᆞᄐᆞᆫ 마을이라(宣小 6:45)
승샹 마을의 졍히 뵈려호ᄃᆡ(三譯解 2:13)
가 보인다.
마ᅀᆞᆯ→마ᄋᆞᆯ→마을→말 : (마알 字典釋要 표기)
↘마ᅀᆞᆯ↗
한편 'ᄆᆞᅀᆞᆯ'은 釋譜9:40, 法華2:166, 圓角上二之二16 등에 나타나는데 마을[村·里]의 뜻이다.
ᄆᆞᅀᆞᆯ려 : 閭　ᄆᆞᅀᆞᆯ염 : 閻　ᄆᆞᅀᆞᆯ린 : 鄰
ᄆᆞᅀᆞᆯ리 : 里　ᄆᆞᅀᆞᆯ촌 : 村(訓蒙中 8)
'ᄆᆞᄋᆞᆯ' 표기로는
ᄆᆞᄋᆞᆯ 향 : 鄕　ᄆᆞᄋᆞᆯ당 : 黨(類合上18)
'ᄆᆞ을' 표기로는
ᄆᆞ을히며(宣小6:55) ᄆᆞ을ᄭᅡ온대(宣小6:80)
ᄆᆞ을 사ᄅᆞᆷ이 : 鄕里(東新續三·孝8:18)

ᄆᆞ을ᄒᆡ : 鄕間(警民編26)

ᄆᆞ을헤 : 里(警民編33)

가 있고 한편

ᄆᆞᅀᅳᆯ 길히 : 村逕(百聯20)

의 例도 보인다.

이 'ᄆᆞᄉᆞᆯ'이

ᄆᆞᄉᆞᆯ→ᄆᆞᅀᆞᆯ→ᄆᆞᄋᆞᆯ→ᄆᆞ을→마을

↘ᄆᆞ슬→ᄆᆞᅀᅳᆯ↗

＼ᄆᆞ실→마실(方言)

의 과정을 거쳐 오늘에 이른 것이다.

官廳의 뜻인 "마ᅀᆞᆯ>마ᄋᆞᆯ>마을"과 村里의 뜻인 "ᄆᆞᅀᆞᆯ>ᄆᆞ을>마을"이 同音衝突이 되자 官廳의 뜻인 '마을'은 잊혀져 漢字말로 바뀌어 버린 것이다.

국축할 : 국축(跼縮)은 황송하여 몸을 굽힌다는 뜻.

'량'은 '量', 度量

局…當局 警察局 局長

「판」의 뜻으로는 對局·碁局

署…官署 官公署 警察署 稅務署 署長

曹…六曹 吏曹判書 法曹界

衙…官衙 衙門

寺…司僕寺

官…官廳 官署

司…司令 特戰司 司法

府…官府 議政府 副詞 府尹 政府

	漢字	標音準訓	訓字蒙會 1527	新類增合 1576	光千1575 石千1583 註千1804	倭類語解 18C初	字註類釋 1856	兒學編 20C初	字釋典要 1906	新字典 1915
257	菊	국화국	구홧 국	구화 국		국화 국	국화 국	국화 국	국화 국	[국]국화

'구화'표기는 訓蒙·類合말고도

구화는 : 菊(百聯解4) 구화 : 菊花(物譜花卉)

菊구화(柳物花卉)등의 用例가 있고 現代語辭典에도 "구화반자(菊花무늬를 새긴 반자)"가 나와 있다.

	漢字	標音準訓	訓字蒙會 1527	新類增合 1576	光千1575 石千1583 註千1804	倭類語解 18C初	字註類釋 1856	兒學編 20C初	字釋典要 1906	新字典 1915
259	君	임금군	님굼 쉰	님굼군	님금 군 (石千) 님굼 군 (光千) 님금 군 그듸 군 (註千)	그듸 군 님금 군	님금 군	임군 군	인군 군 그대 군	[군]임금·인군·아바지·안에·그대·자네

"訓蒙·類合"에 '님굼'이 보이지만 그 以前 文獻에

님금 오시며(龍歌16章) 님금 : 天子(龍歌24章) 님금 달애샤 : 辟(龍歌46章) 내 임금 그리샤 : 君(龍歌50章) 님금 지스신 그리라 : 御製(訓正註解本)

이 나오므로 '님굼'은 '님금'에서 '금'의 一母音이 後續하는 'ㅁ' 소리에 逆行同化되어 'ㅜ'가 된 것이다.

'님금·님굼' 訓인 漢字는

님금뎨 : 帝 님금황 : 皇(石千4)

님금왕 : 王(石千6) 님금군 : 君(石千11)

님굼왕 : 王(類合上19) 님굼후 : 后(類合下32)

님굼황 : 皇 님금뎨 : 帝 님굼쉰 : 君 님굼후 : 侯(訓蒙中1)와 같이 "帝·皇·王·君后·侯"가 나온다.

이 밖에 '님군' 표기는 五倫2:7·2:12, 石千26(禹님군우), '인군'은 癸丑日記 p. 96에 나오는데 字典釋要에도 인군이다. 이 "님군·인군"의 '군'은 '君'을 聯想한 것이다.

'안에'는 '아내'의 뜻.

	漢字	標音準訓	訓字蒙會 1527	新類增合 1576	光千1575 石千1583 註千1804	倭類語解 18C初	字註類釋 1856	兒學編 20C初	字釋典要 1906	新字典 1915
260	郡	고을 군	고을 군	고을 군	고ᄋᆞᆯ 군 (石千) 고을 군 (註千)	고을 군	고을 군		고을 군	[군]골

'고을'의 古形은 'ᄀᆞ올'

ᄀᆞ올히(月釋2:50)

ᄀᆞ올ᄒᆡ : 鄕(金三2:21)

뫼ᄀᆞᄋᆞᆶ해 : 縣(杜解3:29)

二百 ᄀᆞ올해 : 州(杜解4:2)

ᄀᆞ올 안햇 노ᄑᆞᆫ 소리 : 邑(初杜解15:43)

東녃ᄀᆞ올셔 : 郡(初杜解20:7)

등의 用例가 있고 '고올'표기로는 '郡'外에 고을읍 : 邑(石千18), 고을환 : 寰(訓蒙中7)이 있어 결국 'ᄀᆞ올·고을'訓, 漢字로 "鄕·縣·州·邑·寰·郡"이 있는데 龍歌2:22에 "조ᄀᆞᄫᆞᆯ : 栗村"이 있으므로 "村"한 字가 추가된다.

ᄀᆞᄫᆞᆯ>ᄀᆞᄫᆞᆯ>ᄀᆞ올>고올>골(고을)

의 변화로 볼 수 있는데 표기례는

고ᄋᆞᆯ :

그 고ᄋᆞᆯ 知州ㅣ 事ㅣ 랏 벼슬ᄒᆞ엿더니 : 州(飜小9:4)

고ᄋᆞᆯ현 : 縣(石千21) 고ᄋᆞᆯ쥬 : 州 고ᄋᆞᆯ군 : 郡(石千26)

고올 :

廣州고올(飜小10:7) 고올읍 : 邑(類合上19)

고올히셔(三綱·孝28)

골 :

ᄇᆡ얌골 : 洞(龍歌6:43) 골동 : 洞(類合上5)

골ᄒᆡ 이셔 : 州(飜小10:7)

골회 가 : 縣(誡初11)

등 다채롭게 나타난다.

	漢字	標音準訓	訓字蒙會 1527	新類增合 1576	光千1575 石千1583 註千1804	倭類語解 18C初	字註類釋 1856	兒學編 20C初	字釋典要 1906	新字典 1915
262	軍	군사 군	군ᄉᆞ 군	군ᄉᆞ 군	군 군 (光千) 군ᄉᆞ 군 (註千)		군ᄉᆞ 군	군ᄉᆞ 군	군사 군 진칠 군	[군]군사·진칠

'군ᄉᆞ(軍士)'訓은 '軍'外에

군ᄉᆞ졸 : 卒 군ᄉᆞ오 : 伍(訓蒙中2)

가 있다.

진(陣)칠.

漢字		標音準訓	訓字蒙會 1527	新類增合 1576	光千1575 石千1583 註千1804	倭類語解 18C初	字註類釋 1856	兒學編 20C初	字釋典要 1906	新字典 1915
261	群	무리 군		물 군	물 군 (光千) 무리 군 (註千)	물 군	무리 군	무리 군	무리 군	[군]무리·벗·만흘·떼·모들

사ᄅᆞ매 무레 사니고도(釋譜6:5)

물ᄃᆞ려 : 黨(三綱·秀實)

ᄒᆞᆫ무렛 사ᄅᆞ미 : 等(蒙法54)

온무를 爲ᄒᆞ시며 : 徒(圓覺上一之二190)

이 무른 져거도 : 輩(杜解1:8)

뮈여 무리 이렛도다 : 輩(杜解4:26)

물도 : 徒衆也(訓蒙上34) 물조 : 曹輩也(訓蒙中7)

물비 : 輩 물ᄆᆡ : 每輩也(訓蒙下24) 물륜 : 倫(類合上16)

'물'訓인 漢字는 '群'外에 "黨·等·徒·輩·曹·每·倫"등이 있다.

물>무리

무리ᄂᆞᆫ(龜鑑上24) 무리를(山城日記 p. 83)

무리를 발ᄒᆞ야 : 徒(十九1:36)

한편 "뭀ᄀᆞᆯ며기·뭀되·뭀사ᄅᆞᆷ·뭀서리"등의 複合語

뭀ᄀᆞᆯ며기 도라오노소니 : 歸鷗(杜解1:32)

뭀되 도라와 : 群胡

뭀사ᄅᆞᄆᆡ게 絶等ᄒᆞ도다(初杜解16:22)

麋鹿ㅅ 뭀서리예 : 群(初杜解7:14)

뭀어미 門안해 미처 : 庶母(內訓1:84)

가 있는데, 이 中 '뭀사ᄅᆞᆷ'은 促音化되어 '뭇사람'으로 現用되고 「뭀ᄀᆞᆯ며기」도 '뭇갈매기'로 쓰임직하다.

현대어사전에 보이는

뭇매 뭇발길 뭇별 뭇소리 뭇視線 뭇입 뭇지위 뭇짐승

의 '뭇'이 '물[衆]'에서 冠形詞化한 것이다.

	漢字	標音準訓	訓字蒙會 1527	新類增合 1576	光千1575 石千1583 註千1804	倭類語解 18C初	字註類釋 1856	兒學編 20C初	字釋典要 1906	新字典 1915
263	屈	굽힐		구필 굴		구불 굴	굽을ㅅ 굴	굽힐 굴	굽을 굴 저를 굴 다할 굴 성 굴 짜일홈 굴	[굴]굽을·저를·다할·굽힐

'저를'은 '짧을'의 뜻. '성'은 '姓', 中國戰國時代 楚나라 政治家·詩人 '屈原'의 '屈', '原'의 이름은 '屈', '原'은 그의 '字'.

	漢字	標音準訓	訓字蒙會 1527	新類增合 1576	光千1575 石千1583 註千1804	倭類語解 18C初	字註類釋 1856	兒學編 20C初	字釋典要 1906	新字典 1915
264	弓	활 궁	활 궁	활 궁		활 궁	활 궁	활 궁	활 궁	[궁]활·솔바탕

솔바탕 : 활쏘는 지점에서 '솔대'까지의 距離.

	漢字	標音準訓	訓字蒙會 1527	新類增合 1576	光千1575 石千1583 註千1804	倭類語解 18C初	字註類釋 1856	兒學編 20C初	字釋典要 1906	新字典 1915
266	宮	집 궁	집 궁	집 궁	집 궁 (光千) 집 궁 형벌 궁 (註千)	집 궁	집ㅅ궁	집 궁	궁궐 궁 불알썩일 궁	[궁]집·궁궐·소리이름·불알썩일·암

'집'訓인 漢字로는 訓蒙字會에만도
宇·宙·(宮)·闕·宸·殿·屋·宅·家·房·廳·廨·廬·舍·室·堂·閭·廡·廈·癠·院·廂·邸·館·觀·匣·奩이 나오고 營(「光千」 新出)夏·箱(「註千新出」)이 나온다.4)

	漢字	標音準訓	訓字蒙會 1527	新類增合 1576	光千1575 石千1583 註千1804	倭類語解 18C初	字註類釋 1856	兒學編 20C初	字釋典要 1906	新字典 1915
265	窮	궁할 궁		막다ᄃᆞ룰 궁		궁ᄒᆞᆯ 궁	국궁 궁	궁할 궁	궁진할 궁 궁구할 궁 곤궁할 궁	[궁]다할·궁구할·마침·막힐

4) 南基卓 : 漢字學習書에 나타난 漢字訓 '집'攷, 語文硏究 39·40호, 1983. 12.

"막다ᄃᆞᆮ다"는 "끝까지 다닫다"의 뜻으로 "막다·다ᄃᆞᆮ다"의 複合. "막다"는 "防·錮·杜·窒·塞"의 뜻.

"다ᄃᆞᆮ다"는 "到·著"의 뜻.

막ᄃᆞᄅᆞᆯ극 : 極(類合下62)

의 用例가 더 있음.

국궁(鞠躬) : 존경의 뜻으로 몸을 굽힘.

궁진(窮盡) : 몹시 궁함.

마침 : 끝마침. '竟'의 뜻.

	漢字	標音準訓	訓字蒙會 1527	新類增合 1576	光千1575 石千1583 註千1804	倭類語解 18C初	字註類釋 1856	兒學編 20C初	字釋典要 1906	新字典 1915
268	卷	책 권	궛 권	권 권 거들 권		권 권	ᄎᆡᆨ권 권		굽을 권, 아릿다을 권, 풍뉴일홈 권, 책 권 오굼 권, 맑 권	[권]무릅 옹들아지·책권·노바·접을·굽을·덩이·정셩

권 : 책을 세는 단위. 거들 : '거두어 들이다'의 뜻. 오굼 : 오금. 맑 : 말다(너비가 있고 부드럽거나 잘 휘는 물질을 제 몸을 싸고 돌아가게 하다)

捲通.

	漢字	標音準訓	訓字蒙會 1527	新類增合 1576	光千1575 石千1583 註千1804	倭類語解 18C初	字註類釋 1856	兒學編 20C初	字釋典要 1906	新字典 1915
271	權	권세 권	ᄃᆞ림 권	ᄃᆞ림쇠 권		권세 권	저울 권	권세 권	권세 권 권도 권 저울질할 권	[권]저울질할·평할·권도·벼슬겸할··비롯을·사날·권셰

'ᄃᆞ림'訓은 '權'外에도

ᄃᆞ림튜 : 鎚(訓蒙中11) 드림츄 : 鎚(倭解下18) ᄃᆞ림쇠

權은 져욼ᄃᆞ림쇠니 ᄒᆞᆫ고대 固執디 아니ᄒᆞ야 나소믈럼ᄒᆞ야 맛긔ᄒᆞᆯ씨오(釋譜13:38)

ᄃᆞ림 : 저울추 권도(權度) : 저울과 자

사날 : 제가 하고 싶은 대로 하는 태도나 권병(權柄)

	漢字	標音準訓	訓字蒙會 1527	新類增合 1576	光千1575 石千1583 註千1804	倭類語解 18C初	字註類釋 1856	兒學編 20C初	字釋典要 1906	新字典 1915
270	勸	권할 권		권홀 권	권홀 권 (光千) 힘쓸 권 (註千)	권홀 권	권홀 권	권할 권	권할 권	[권]권할·아닥을·도울·가라칠·이를·권장할

'아닥을' : 勉也 "권홀·아닥을"이라 한 것을 보면 '힘쓰다'의 뜻인 듯. 現代語辭典에 "아닥치듯 部 매우 심하게 말다툼하는 모양"이란 말이 나오는데 '아닥'이 '아닥할'과 有關한 듯하다.

	漢字	標音準訓	訓字蒙會 1527	新類增合 1576	光千1575 石千1583 註千1804	倭類語解 18C初	字註類釋 1856	兒學編 20C初	字釋典要 1906	新字典 1915
267	券	문서 권		명문 권			문셔 권	문셔 권	문서 권	[권]엄쪽·계약서·노시·문셔

명문 : 明文. 엄쪽 : 어음을 쪼갠 한쪽.

	漢字	標音準訓	訓字蒙會 1527	新類增合 1576	光千1575 石千1583 註千1804	倭類語解 18C初	字註類釋 1856	兒學編 20C初	字釋典要 1906	新字典 1915
269	拳	주먹 권	주머귀 권	주머귀 권		주머귀 권	쥬먹 권	쥬먹 권	주먹 권	[권]주먹·근심할·부지런할·맘에 품을

주머귀

사ᄅᆞᄆᆞᆯ 주머귀로 디르고 닐오ᄃᆡ(月釋7:8)

光明ᄒᆞᆫ 주머귀 ᄆᆡᇰᄀᆞᄅᆞ샤 : 拳(楞解1:83)

주머귀ᄅᆞᆯ 뷔우디 아니ᄒᆞᄂᆞ니 : 拳(初杜解20:19)

주먹

소니 제 주먹 쥐면 : 拳(永嘉上66)

주먹 ᄀᆞᄐᆞ니ᄅᆞᆯ(重杜解17:37)

주먹을 분발ᄒᆞ여(新續三·忠1:4)

줌

ᄒᆞᆫ 주믈 : 把

주메 ᄀᆞᄃᆞ기 ᄒᆞ놋다 : 掬(初杜解8:66)

혼죠실 : 握(金三3:46)

'주머귀'는 '줌+어귀'의 構成, '주먹'은 '줌+억'의 構成, '주머괴'의 用例도 나타난다.

주머괴로 텨 하야ᄇᆞ리되 : 拳(朴解下54)

	漢字	標音準訓	訓字蒙會 1527	新類增合 1576	光千1575 石千1583 註千1804	倭類語解 18C初	字註類釋 1856	兒學編 20C初	字釋典要 1906	新字典 1915
272	厥	그 궐			그 궐(石千) 적 궐(光千) 그 궐, 돌굴 굴(光千)		그 궐 굴		그 궐, 저를 궐, 나라일홈 굴	[궐]그·그것·저를·조을·어조사 [굴]

瞿曇氏 그 姓이시니(月印上4)

그 일후믈 닐오ᄃᆡ : 其(楞解1:27)

적 : 賊, 돌굴 : 突厥, 돌궐

저를 : 短. 조을 : 조아릴(頓)

	漢字	標音準訓	訓字蒙會 1527	新類增合 1576	光千1575 石千1583 註千1804	倭類語解 18C初	字註類釋 1856	兒學編 20C初	字釋典要 1906	新字典 1915
273	蹶	궐기할 궐	거틸 궐	업더딜 궤 궐		거칠 궐	너머딜 궐 궤	거칠 궐	○너머질 궐·실족할 궐·쏠 궐·쌔일 궐·궤움직일 궤 급거할 궤	[궤]움직일·급히거를 [궐]쓰러질·밋그러질·○·쏠

거티다 : "거꾸러지다" "거리끼다"의 뜻

오직 앏 거티더라 : 失(飜朴上63)

거텨딜딜 : 跌(訓蒙下27)

손에 거티디 아닌ᄂᆞ니ᄂᆞᆫ ᄠᅳ리과 ᄡᅡᆷ도역이라 : 碍(痘瘡集要上15)

거티다 : 礙(語錄5)

업더디라 : 엎드러지다

顚은 업더딜씨오(楞解5:32)

업더디며 갓ᄀᆞ로디여 뎌른 오새 누비엿도다 : 顚(杜解1:6)

업더딜궤(一音궐) : 蹶(訓蒙下55)

업더딜뎐 : 顚(類合下17)

'쌔일'은 '拔也', '급거'는 '急遽'.

漢字	標音準訓	訓字蒙會 1527	新類增合 1576	光千1575 石千1583 註千1804	倭類語解 18C初	字註類釋 1856	兒學編 20C初	字釋典要 1906	新字典 1915
闕	대궐 궐	집 궐	대궐 궐	집 궐 집 궐 빌 궐	집 궐	딕궐 궐	디궐문 궐	대궐문 궐·궐할 궐	[궐]대궐·쑤를·궐할·허물·빌

궐하다 : 闕하다, 빠지다, 참여하지 못하다.

'집'訓에 대해서는 '宮'참조.

漢字	標音準訓	訓字蒙會 1527	新類增合 1576	光千1575 石千1583 註千1804	倭類語解 18C初	字註類釋 1856	兒學編 20C初	字釋典要 1906	新字典 1915
几	안석 궤		도마 궤		칙상 궤	안식 궤	안식 궤	기댈 상	[궤]안석·진즁할

안석 : 案席

'도마'訓은 '几'外에

도마궤 : 机(訓蒙中10) 도마엣 猪肉 : 案上(老解上18)

도마 : 机案(訓蒙上35案字註)

도마애셔디니 : 䃭(初杜解16:61)

도마 : 切板(譯解下:15) 도마 조 : 俎(倭解下14)

도마 : 案板(月文解下14)

등 用例가 있으므로 대체로 '도마'라는 말의 語義를 짐작할만 하다.

오늘날의 "도마·책상·다듬이"등 넓적하고 平面的인 나무나 돌로 된 板을 뜻했던 것으로 보인다.

字典註釋·兒學篇의 '안식 궤'의 '안식'은 혹 「安息」 즉 "편히 기대어 쉴 수 있는 궤"의 뜻이 아닐까 한다.

	漢字	標音準訓	訓字蒙會 1527	新類增合 1576	光千1575 石千1583 註千1804	倭類語解 18C初	字註類釋 1856	兒學編 20C初	字釋典要 1906	新字典 1915
274	机	책상 궤	도마 궤				바침 궤		나무·일홈	[궤]궤나무·책상

	漢字	標音準訓	訓字蒙會 1527	新類增合 1576	光千1575 石千1583 註千1804	倭類語解 18C初	字註類釋 1856	兒學編 20C初	字釋典要 1906	新字典 1915
275	軌	굴대 궤		술윗 궤 ᄀᆞ뭇			박휘 궤 샤이		두박·사이·법도	[궤 굴대·법·조칠]

“술윗ᄀᆞ뭇”은 ‘술위’와 ‘ᄀᆞ뭇’의 複合.
‘술위’는 ‘수레(車)’, ‘ᄀᆞ뭇’은

신ᄀᆞ뭇 : 楦鞋(四解下12 楦字註)

ᄀᆞ뭇훤 : 楦(訓蒙中23)

무룹 ᄀᆞ뭇 : 膝痕(六組上60)

등 用例가 있다.

‘楦’은 신골 즉 신을 만들 때에 쓰는 골[型].

법도 : 法度. ‘조칠’은 ‘좇을 [循]’의 뜻.

‘굴대’는 “두 수레바퀴 사이”.

‘軌’字는 “軌를 같이 하다”·軌道·軌跡·本軌道·“常軌에서 벗어나다” 등으로 쓰이고 있다.

	漢字	標音準訓	訓字蒙會 1527	新類增合 1576	光千1575 石千1583 註千1804	倭類語解 18C初	字註類釋 1856	兒學編 20C初	字釋典要 1906	新字典 1915
	詭	속일 궤		소길 궤			거딛 궤		괴휼 할	[궤]다를·ᄭᅮ지질·간사할·괴이할

소길광 : 誆　소길잠 : 賺(訓蒙下20)　소길휼 : 譎(類合下5)

소길긔 : 欺　소길광 : 誑(類合下36)

거즛 일로 소교믈 그ᅀᅧ : 騙(楞解6:101)

헐어나 소겨 : 誑(楞解5:77)

ᄯᅩ 소기디 말오려 : 瞞(飜老上18)

등 用例에서 ‘소기다’ 訓은 ‘詭’外에도 “誆·賺·譎·欺·誑·騙·瞞”字등이 있음을 보인다.

訓蒙의 '誆'은 '誆'과 同字가 아닌가 한다.

현대어에서는 詭辯·欺滿·詐欺·騙取 등이 '속이다'의 뜻으로 쓰이고 있는 것이 아닌가 한다.

	漢字	標音準訓	訓字蒙會 1527	新類增合 1576	光千1575 石千1583 註千1804	倭類語解 18C初	字註類釋 1856	兒學編 20C初	字釋典要 1906	新字典 1915
276	跪	꿇을 궤	쑬 궤	쑬 궤		쑬 궤	쑬 궤	쑬 궤	쑬어안즐	[궤]쑤러안질

禮貌로 쑤르시니 : 跪(龍歌82章)

절ᄒᆞ고 쑤러 問訊ᄒᆞᄃᆡ(月釋17 p. 11)

모든 衆ᄃᆞᆯ히 各各 쑤ᅀᆞ와 : 跪(眞言勸供·供養文59)

香爐애 쑬오(法華2:178)

쑬긔 : 跽(訓蒙下26)

절ᄒᆞ야 쑬고 : 跪(宣小6:24)

客이 홀로 쑬어 안자 ; 危坐(宣小6:106)

主人이 쑬고 執事者 다 쑤러든 主人이 注를 바다 술을 붓고(家禮解1:26)

ᄒᆞᆫ 다리 쑬고 안ᄉᆞ다 : 跪(漢淸文鑑7:26)

以上 用例를 보면 中世語 以來로 '쑬다'가 基本形이었음을 알 수 있다.

	漢字	標音準訓	訓字蒙會 1527	新類增合 1576	光千1575 石千1583 註千1804	倭類語解 18C初	字註類釋 1856	兒學編 20C初	字釋典要 1906	新字典 1915
277	潰	무느뜨릴 궤		믈헤여딜 궤		허여질 궤	터딜회 궤	터질회	훗허질·성낼	[회]俗 [궤]무너트릴·어지러울·훗허질·성낼·물엇·결려흐를

"믈헤여디다"는 '무너지다'의 뜻.

믈어디다 : 무너지다

우리 道理의 닐며 믈어듀미(月釋2:74)

義理 믈어디리니 : 隳闕(內訓2:5)

蘭은 ᄒᆡᆫ 이슬 아래 믈어디고 : 摧(杜解2:69)

다ᄆᆞᆺ 믈어디고 : 落(杜解23:3)

믈어딜붕 : 崩(訓蒙中35). 믈어딜퇴 : 頹

믈어딜븨 : 圮 믈어딜단 : 坍 믈어딜탑 : 塌(訓蒙下17)

믈허디다 : 무너지다

믈허딜퇴 : 頹(類合下42). 믈 허딜붕 : 崩

믈허딜븨 : 圮(類合下 59)

以上에서 보면 결국 믈어디다>믈허디다는 "墮闕·摧·落·崩·頹·圮·塌" 등의 뜻으로 쓰였으며, 朴解에 '믄허디다' 朴新解에 '믄허지다'로 바뀌어 쓰이다가 '무너지다'로 이어진 것이다.

현대어에서 "潰滅·潰瘡·潰走·崩壞·頹落·衰頹"등이 '무너지다'의 뜻으로 쓰이는 用例다.

<筆者 : 本研究[Ⅱ]와 [Ⅲ]의 일부가 중복되고 [Ⅳ]의 번호가 뒤바뀐 것이 있어 諒解를 빕니다.>

〈『于海 李炳銑 博士 華甲紀念論叢』, 紀念論叢 刊行委員會, 1987〉

『韓國漢字音訓字典』에 나타난 漢字訓研究(Ⅳ)

필자는 韓國漢字音訓字典 수록漢字中 常用漢字訓研究〔Ⅰ〕—韓國語史 및 意味論分野 새 開拓을 위해—[1]와 韓國漢字音訓字典에 나타난 漢字訓研究〔Ⅱ〕[2]〔Ⅲ〕[3]과 漢字訓研究—綜合的 次元에서—韓國語史 및 意味論의 새 開拓을 위해[4]를 쓴 바 있다.

本稿는 그 후속작업인 바 前〔Ⅰ〕〔Ⅱ〕〔Ⅲ〕의 續稿다. 本稿는 韓國漢字音訓字典(未刊)에 나타난 ㄱ줄 貴~吉까지를 다룰 것이다. 以上 〔Ⅰ〕〔Ⅱ〕〔Ⅲ〕〔Ⅳ〕로 ㄱ行 漢字分을 마치기로 한다.

	漢字	標準音訓	訓蒙字會 1527	新增類合 1576	光千1575 石千1583 註千1804	倭語類解 18C初	字類註釋 1856	兒學編 20C初?	字典釋要 1906	新字典 1915
278	貴	귀할귀	귀ᄒᆞᆯ귀	귀ᄒᆞᆯ귀	귀ᄒᆞᆯ귀	귀ᄒᆞᆯ귀	귀ᄒᆞᆯ귀	귀ᄒᆞᆯ귀	귀할귀	[귀]귀할·놉흘·귀이여길귀

그 고지 ᄂᆞ을붉고 貴ᄒᆞᆫ 光明이 잇더라(釋譜 11 : 31).
하 貴ᄒᆞ야 비디 업스니라(釋譜 13 : 22).
황금이 「·귀ᄒᆞ·다」 니ᄅᆞ디 말라 : 貴(飜老下 4).
·귀ᄒᆞᆯ : 귀 : 貴(訓蒙比叡下 11·東中·尊經下 26).

---

1) 『仁荷大學校 人文科學研究』10호, 1984. 10, pp. 1~43, ㄱ줄 加~固.
2) 『語文研究』44호, 1984. 12, pp. 545~576, ㄱ줄 姑~厥.
3) 于海 李炳銑博士紀念論叢 87. 刊行豫定 ㄱ줄 局~潰.
4) 『語文研究』46·47호, 1985. 9, pp. 234~260.

以上에서 보면 '貴ᄒᆞ다'라는 말이 世宗朝 以前부터 있었던 말로 '貴'字가 去聲字이던 것인데 國語化하는 過程에서 訓蒙에서 이미 上聲化했음을 알 수 있다.

	漢字	標準音訓	訓蒙字會 1527	新增類合 1576	光千1575 石千1583 註千1804	倭語類解 18C初	字類註釋 1856	兒學編 20C初?	字典釋要 1906	新字典 1915
279	歸	돌아갈귀		도라갈귀 도라올귀	도라갈귀(石千) 갈귀(光千) 도라갈귀·먹일궤(註千)	도라갈귀	도라올귀궤	도라갈귀	도로올귀 시집갈귀	[귀]돌아갈·돌아올·돌려보낼·더질·붓조츨·허락할·시집갈 [궤]먹일

그 轉成副詞 '貴히'가 法華 2 : 79·永嘉上 26에 나온다.

'歸'를 光千에서 '갈귀'라 해 있는데, '歸'字를 '가다'로 諺解한 것에는

一切 가 信ᄒᆞ논 배라 : 一切所歸信(法華 1:20).

空暇 듣그를 뻐러ᄇᆞ려 中道애 가샤ᄆᆞᆯ 表ᄒᆞ니라 : 歸中道(法華 2 : 197).

通達ᄒᆞᆫ 사ᄅᆞ미 보아 ᄒᆞᆫ가지로 다오매 가면 : 歸盡(法華 6 : 154).

어느 내 지븨 감 ᄀᆞᆮᄐᆞ리오 : 歸(杜解 1 : 31).

烏雀은 바ᄆᆡ 제예곰 자리예 가거늘 : 各歸(杜解 1 : 38).

죽디 아니ᄒᆞ면 모로매 秦에 가리라 : 歸秦(杜解 23 : 8).

어려운 제 녯 ᄆᆞᅀᆞᆯ히 가ᄂᆞ니 : 歸故里(初杜解 23 : 8).

등 例가 보인다.

漢字가 '가다'訓으로 쓰인 것에는

갏길히 입더시니 : 行(龍歌 19章).

가삼 겨샤매 : 去(龍歌 26章)

갈지 : 之(類合上 10) 갈 왕 : 往(類合下 19)

갈셔 : 逝(類合下 42) 마ᄌᆞᆯ뎍 : 敵(類合下 23)

갈 뎍

등 '行·去·之·逝·敵·歸'가 있다.

	漢字	標準音訓	訓蒙字會 1527	新增類合 1576	光千1575 石千1583 註千1804	倭語類解 18C初	字類註釋 1856	兒學編 20C初?	字典釋要 1906	新字典 1915
280	鬼	귀신귀	귓것귀	귓것귀		귀신귀	귀신귀		귀신귀	[귀]귀신

餓鬼ᄂᆞᆫ 주으일 귓거시라(月釋 1 : 46).

妖怪ㅅ 귓것ᄀᆞ티ᄒᆞ야 : 魅(楞解 9 : 117).

주거 귓거시ᄃᆞ외에 ᄒᆞ도다 : 異物(杜解 1 : 5).

귓거시 森然히 므싀엽도다 : 魍魎(杜解 7 : 24).

귓것귀 : 鬼 귓것마 : 魔(訓蒙中 2).

귓것ᄆᆡ : 魅(류합하 33).

'귓것'은 "鬼·魅·異物·魍魎·魔"의 뜻임을 알 수 있다. 귀(鬼)+것(物)의 複合으로 보인다.

'귀신'은

龍과 鬼神과 위ᄒᆞ야(釋譜 6 : 1).

天地 鬼神이 아ᄅᆞ시ᄂᆞ니라(三綱·烈 22).

蘇合香元은 귓것긔운과 시령병긔와 귀신 샤ᄆᆡ를 고티ᄂᆞ니(簡易辟瘟方 4).

공경홈은 귀신 봉양홈애 잇고(宣小 4 : 51)

와 같이 나온다.

현대어에서 '귓것'은 도태되고 "魔鬼·妖鬼·雜鬼·惡鬼·餓鬼·邪鬼·百鬼" 등이 '鬼神'의 派生語로 現存하고 있다.

	漢字	標準音訓	訓蒙字會 1527	新增類合 1576	光千1575 石千1583 註千1804	倭語類解 18C初	字類註釋 1856	兒學編 20C初?	字典釋要 1906	新字典 1915
281	叫	부르짖을규	울교				부울교·규		부를규	[교][규]부르지즐·헌칠할·일안일

'헌칠하다'는 키와 몸집이 어울리게 크다. '일안일'은 '일 아닌' "사리(事理)에 맞지 않는다"의 뜻.

'울다'의 用例로는

님그미 울어시ᄂᆞᆯ : 泣涕(龍歌 33章).

ᄃᆞᆯ기 울오 : 鳴(杜解 22 : 3).

셜워 울오져 ᄒᆞ다가 : 慟哭(杜解 8 : 59).

슬허 우ᄂᆞ다 : 哀號(杜解 8 : 62).

울곡 : 哭(訓蒙上 29). 울뎨 : 啼. 울읍 : 泣(類合下 6).

등이 있다.

'브르다>부르다'의 用例

놀애롤 브르리 하ᄃᆡ : 謳歌(龍歌 13章).

넉슬 브르ᄂᆞ다 : 招(杜解 1 : 13).

브롤호 : 呼. 브롤챵 : 唱. 브롤환 : 喚. 브롤소 : 召(類合下 6).

브롤툐 : 招(石千 32).

어딜믈 듣고 블러 : 徵之(五倫 2 : 20).

'브르지지다'의 用例

ᄀᆞ장 브르지지고 : 大呼(續三綱·孝子圖·今之撲虎).

브르지져 말라ᄒᆞ야도 : 叫喚(飜朴上 34).

브르지져셔 : 喧呼(初杜解 15 : 44).

	漢字	標準音訓	訓蒙字會 1527	新增類合 1576	光千1575 石千1583 註千1804	倭語類解 18C初	字類註釋 1856	兒學編 20C初?	字典釋要 1906	新字典 1915
282	規	법칙규		도래규	법식규(석천)·여을규(광천)·경계규·규구규·ᄌᆞ규규(주천)		둥굴규	둥글규	그림쇠규·구할규·바를규·법잇슬규	[규]그림쇠·발릴·간할·계교할·쇠·법어길

도래 : 둥근 물건의 둘레. '돌+애'의 구성. 밧도래 : 包圍(火砲解 27). 도래도래 안다 : 圍坐(譯解補 25). '여을'은 '엿다(窺)'의 관형형. '엿+을'에서 ㅅ脫落. '엿볼'의 뜻. '규구'는 '規矩'. 'ᄌᆞ규'는 '子規' 두견새. '그림쇠'는 직경(直徑)이나 선(線)의 距離를 재는 기구. '계교'는 '計較'.

	漢字	標準音訓	訓蒙字會 1527	新增類合 1576	光千1575 石千1583 註千1804	倭語類解 18C初	字類註釋 1856	兒學編 20C初?	字典釋要 1906	新字典 1915
283	閨	안방규	도장규	도장규			규문규	져근문규	홍여지게문규	[규]협문·월문·색시도장

도장 : 여자들이 거처하는 방, 도장합 : 閤(訓蒙中 4), 규중(閨中), '규문'은 '閨門', '규중'과 같은 뜻. '홍여지게문'은 '홍예문(紅霓門)', '지게'는 '戶'의 뜻. 협문(夾門)은 정문(正門) 옆에 있는 작은 문. '원문'은 위는 둥글고 아래는 모나게[上圓下方]된 문.

	漢字	標準音訓	訓蒙字會 1527	新增類合 1576	光千1575 石千1583 註千1804	倭語類解 18C初	字類註釋 1856	兒學編 20C初?	字典釋要 1906	新字典 1915
284	均	고른균		고ᄅᆞᆯ균		고른균	골을균		고른균	[균]평할·반듯할·고를·두루할·기와만드는틀·장단·싸홈옷

'장단'은 "節樂器 장단 [禮]樂所以立均"이라고 주(註)되어 있음. '싸홈옷'은 '싸움옷[戎服]'의 뜻.

'고ᄅᆞ다'의 뜻인 漢字로는 고ᄅᆞᆯ화 : 和(類合下 49). 고ᄅᆞᆯ됴 : 調(石千 14)가 더 있다.

均……均等 均配 均衡 平均……

和……和氣 和答 和睦 和音 和平 和合 和解 緩和 人和 調和 總和 平和 協和音……

調……調律 調節 調整 調和 不調 順調 協調……

'均ᄒᆞ다'의 用例가 보인다.

天下 國家도 可히 均ᄒᆞ꺼시며(宣中 6).

	漢字	標準音訓	訓蒙字會 1527	新增類合 1576	光千1575 石千1583 註千1804	倭語類解 18C初	字類註釋 1856	兒學編 20C初?	字典釋要 1906	新字典 1915
285	菌	버섯균	버슷균	버슷균		버슴균	샬ᄃᆡ균	버섯균	버섯균	[균]버섯·곰팡

버섯 : 木耳(物譜 蔬菜). 버슷 : 木耳(救簡 6 : 4). 비슷(同文下 4)

	漢字	標準音訓	訓蒙字會 1527	新增類合 1576	光千1575 石千1583 註千1804	倭語類解 18C初	字類註釋 1856	兒學編 20C初?	字典釋要 1906	新字典 1915
286	極	극진극	ᄀᆞ재극	먹다ᄃᆞᄅᆞ극	ᄀᆞ재극(광천) ᄀᆞ장극·ᄆᆞᄅᆞ극·다ᄒᆞᆯ극(주천)	극ᄒᆞᆯ극	극진극		가온대극 지극할극 다할극 궁할극	[극]매마루·한마루·덩어리·한가온대·별·한끗·지극할·다할·멀·궁진할·맛칠

'ᄀᆞ재'는 가장의 뜻. 'ᄀᆞᆽ+애'의 구성. 'ᄀᆞᆽ'은 'ᄀᆞᆺ'의 뜻. 'ᄀᆞᆺ'은 "邊·塞·界·徼", '애'는 부사화(副詞化) 접사.

'ᄀᆞ재'라는 부사 용례는 다음 '勝·熾·盡'의 뜻으로도 보인다.

諸佛ㅅ ᄀᆞ재 조ᄒᆞᆫ ᄆᆞᆯᄀᆞᆫ ᄆᆞᅀᆞ미시며 : 勝(牧牛訣 20).

妄念이 ᄀᆞ재 盛커든 : 熾(牧牛訣 30).

ᄀᆞ재 힘뻐 더ᄒᆞ야 : 盡(法語 12).

'極'은 'ᄀᆞ장'의 뜻으로도 다음과 같이 쓰였다.

根源을 ᄀᆞ장ᄒᆞ라 : 極源(楞解 2 : 34).

즐거우미 ᄀᆞ장호매 머리 셰요ᄆᆞᆯ 슬노니 : 極(初杜解 21 : 30).

맛당히 힘ᄭᆞ장 쳥ᄒᆞ야 : 極力(宣小 5 : 37).

'極'이 類合에 '먹다ᄃᆞᄅᆞᆯ극'으로 되어 있으나 '窮'은 '막다ᄃᆞᄅᆞᆯ궁'으로 되어 있어 혹 '極'의 訓 '먹다ᄃᆞᄅᆞᆯ'이 '막다ᄃᆞᄅᆞᆯ'의 잘못이 아닌가 한다. '막다'의 語幹 '막'+'다ᄃᆞᆮ다[到達]'의 複合形動詞. 그러나 '막다' 아닌 '먹다'도 "귀를 먹다, 귀가 먹먹하다" 등에서 보듯이 막다[塞]의 뜻이므로 틀린 것으로 처리해버리기는 어렵다.

'ᄀᆞ장'이라는 副詞例는

究ᄂᆞᆫ ᄀᆞ장ᄒᆞᆯ 씨라(月釋序 21).

滋味 ᄀᆞ장 없슨 ᄢᅴ : 百無(蒙法 15).

ᄒᆞ마 ᄀᆞ장 玄妙ᄒᆞ거든 : 盡(蒙法 45).

이ᄂᆞᆫ 아로미 녀터 ᄀᆞ장 玄妙히 몯ᄒᆞ리라 : 盡(蒙法 45).

疎惰ᄒᆞ야 게으른 ᄠᅳ디 ᄀᆞ장 기도다 : 何(杜解 7 : 6).

다 ᄀᆞ장 드러치고 : 大(佛頂上 2).

져비 ᄀᆞ장 가ᄉᆞ며러 : 大(佛頂下 9).

버믈 티며 ᄀᆞ장 브르지지고 : 大(東續三·孝·今之撲虎).

一切 世間앳 ᄆᆞᄉᆞᄆᆞᆯ ᄀᆞ장 ᄇᆞ리고 : 盡(蒙法 23).

힘ᄭᆞ장 仔細히 보게 ᄒᆞ시니라 : 窮力(楞解 2 ; 34).

邪ᄒᆞᆫ 마ᄅᆞᆯ ᄀᆞ장ᄒᆞ야 어린 사ᄉᆞᄆᆞᆯ 소기며 : 縱(永嘉下 73).

ᄠᅳᆮᄀᆞ장 ᄀᆞᆳ하ᄂᆞᆯᄒᆞᆯ 向ᄒᆞ노라 : 恣意(杜解 10 : 13).

등과 같이 "究·百·盡·何·大·窮·縱·恣" 字의 뜻으로 쓰여 있다.

'ᄆᆞᄅᆞ'는 '마루' 즉 '宗·棟·義·旨' 등의 뜻.

'대마루·한마루'는 '棟'의 뜻. 궁진(躬進).

그런들 어이리 절ᄒᆞᄂᆞᆫ 거시 극ᄒᆞᆫ 道理라(捷蒙 4 : 6).

兄아 네 쓴 글ᄌᆡ 극히 草率ᄒᆞ다(捷蒙 1 : 17).

써셔 극진히 보인, 후에야(捷蒙 1 : 1).

와 같이 '극ᄒᆞ다' '극히' '극진히'의 用例가 나옴.

	漢字	標準音訓	訓蒙字會 1527	新增類合 1576	光千1575 石千1583 註千1804	倭語類解 18C初	字類註釋 1856	兒學編 20C初?	字典釋要 1906	新字典 1915
287	克	이길극		이긜극			닉윌극		이긜극 능할극	[극]능할·익일·멜

'멜'은 '肩任', '맡은 임무를 감당하다'의 뜻.

'이긔다·이기다'의 用例는 이미 15세기문헌에 두 表記例가 보인다.

이긔다(釋譜 6 : 22·6 : 26·月釋序 9·두해 5 : 11·訓蒙下 22).

이기다(龍歌 15章·61章·月印上 15).

이밖에

'이긔다' 訓으로 이긜승 : 勝(訓蒙下 22·類合下 39). 이긜극 : 剋(石千 9).

現ᄒᆞᆫ 業은 수이 이긔욟디라 : 制(楞解 7 : 3).

以上 '勝·剋·制'의 用例가 더 보인다.

克……克己 克服……

剋……相剋 下剋上

勝……勝共 勝機 勝利 勝癖 勝負 勝算 勝勢 勝訴 勝運 勝因 勝者 勝戰 勝敗 健勝 決勝 樂勝 大勝 無勝負 乘勝長驅 壓勝 連勝 完勝 優勝 全勝 戰勝 必勝 準決勝 判定勝……

	漢字	標準音訓	訓蒙字會 1527	新增類合 1576	光千1575 石千1583 註千1804	倭語類解 18C初	字類註釋 1856	兒學編 20C初?	字典釋要 1906	新字典 1915
288	劇	심할극		심ᄒᆞᆯ극			희롱극 심ᄒᆞᆯ극		심할극	[극]심할·대단할·몹시·더할·어려울·산두판·연극

희롱(戲弄)

산두판 : 연극놀이의 하나.

심ᄒᆞᆯ심 : 甚(類合下 58·石千 13).

	漢字	標準音訓	訓蒙字會 1527	新增類合 1576	光千1575 石千1583 註千1804	倭語類解 18C初	字類註釋 1856	兒學編 20C初?	字典釋要 1906	新字典 1915
289	近	가까울근	갓가올근	갓가올근	갓ᄭᅡ올근(石千) 갓가올근·갓가이ᄒᆞᆯ근(註千)	갇가올근	갇가울근	갓가올근	갓가올근 친근할근	[근]갓가올·거의·갓가이할

'갓갑다' 訓인 漢字는 '近'字가 代表的이나

鄰ᄒᆞᆫ 갓가올 씨라(楞解 3 : 69).

갓가올이 : 邇(類合下 14)

와 같이 '鄰·邇'字도 나온다.

近……近郊 近方 近代 近來 近隣 近世 近視 近接 近親 近海 近況 附近 遠近 隣近 接近 最近 側近 不可近……

隣……隣近 隣接……

	漢字	標準音訓	訓蒙字會 1527	新增類合 1576	光千1575 石千1583 註千1804	倭語類解 18C初	字類註釋 1856	兒學編 20C初?	字典釋要 1906	新字典 1915
290	勤	주지런할근		브즈런근		부즈런ᄒᆞᆯ 근	부즐언 근	부지런ᄒᆞᆯ 근	부즈런할 근	[근]다잡을·셋굿할·부지런할·도타울

倭解에서 '브>부', 兒學篇에서 'ᄌᆞ>지'의 例를 보인다.

	漢字	標準音訓	訓蒙字會 1527	新增類合 1576	光千1575 石千1583 註千1804	倭語類解 18C初	字類註釋 1856	兒學編 20C初?	字典釋要 1906	新字典 1915
291	根	뿌리근	불휘근	불휘근	불휘근(石千)·불희근(光千)·불히근(石千)	불희근 ᄲᅮᆯ의근		ᄲᅮ리근	ᄲᅮᆯ희근	[근]ᄲᅮ리·밋·밋동·대

宣小 5 : 3·5 : 4에 '病ᄲᅮᆯ휘'가 나오고 宣小 6 : 133에도 'ᄲᅮᆯ희'가 나온다. 이 硬音化는 複合語 '病ᄲᅮᆯ휘'의 경우처럼, "나무뿌리 풀뿌리"식으로 굳어져 語頭에서도 된소리로 바꿔서 된 것이 아닌가 한다.

	漢字	標準音訓	訓蒙字會 1527	新增類合 1576	光千1575 石千1583 註千1804	倭語類解 18C初	字類註釋 1856	兒學編 20C初?	字典釋要 1906	新字典 1915
292	斤	날 근	ᄂᆞᆯ 근	열연냥근 도ᄎᆡ근		근 근			근 근 밝게살필 근	[근]열엿량즁·근·독기·도치·날·밝게살필

날 : 칼같은 연장의 가장 날카로운 부분. '도ᄎᆡ'는 '도끼'의 뜻. 도ᄎᆡ : 斧(杜解 7 : 26). 도ᄎᆡ부 : 斧(訓蒙 中 16). 도ᄎᆡ월 : 鉞(訓蒙 中 25). 도최 : 斧(楞解 8 : 85). 도ᄎᆡ : 斤斧(杜解 6 : 46). 도츼 : 斧斤(重內訓 2 : 86). 돗귀(月釋 1 : 29). 돗귀(圓覺 上一之一 112). 돗긔 : 斧(五倫 1 : 60).

'도ᄎᆡ 도최 도츼'와 '돗귀 돗긔'가 文獻에 나온다. '도ᄎᆡ 도최 돗귀'는 中世語 文獻에 共存했는데 現代語로도 共存이다.

:도·치 :도·최 > 도최 > 도:치(濟州·全羅·忠淸·慶尙方言)

:돗·귀 > 돗긔 > 도:끼(표준말)

'놀'은 '斤'訓 밖에도 놀봉 : 鋒(訓蒙中 28). 놀악 : 鍔(訓蒙中 28).

刃은 놀히라(月釋 21 : 75)의 例와 같이 '鋒·鍔·刃'이 있다.

	漢字	標準 音訓	訓蒙 字會 1527	新增 類合 1576	光千1575 石千1583 註千1804	倭語 類解 18C初	字類 註釋 1856	兒學編 20C初?	字典 釋要 1906	新字典 1915
293	僅	겨우근		계우근		겨요근	계우근		겨우근	[근]겨우, 작을·남을

현대어 '겨우'는 中·近世語文獻에 여러 가지 형태로 나타난다.

계오 : 甫(飜小 9 : 2·宣小 6 : 2·新語 9 : 21).

계요 宣小 6 : 127 : 約(老解上 23). 剛(老解下 26·朴解上 37).

계우 : 僅(飜小 10 : 29). 剛(四解下 34·語錄 30).

계유(新語 1 : 24). 剛剛(譯語下 46).

겨요(五倫 1 : 30). 겨유 : 剛(漢淸 11 : 59).

게우(續三 烈 17). 겨우(癸丑日記 p. 49).

	漢字	標準 音訓	訓蒙 字會 1527	新增 類合 1576	光千1575 石千1583 註千1804	倭語 類解 18C初	字類 註釋 1856	兒學編 20C初?	字典 釋要 1906	新字典 1915
294	謹	삼갈근	삼갈근	조심근	삼갈근(石千) 말숨근(光千)		샴갈ㅅ근	숨갈근	삼갈근	[근]삼갈·공경할, 오로지

'삼가다'란 말은 釋譜 23 : 13·月釋 21 : 168·法華 3 : 192·初杜解 7 ; 27 등에도 나오는데 현대어사전에 '삼가하다'는 '삼가다'를 잘못쓰는 말로 다루어 있으나

오직 삼가ᄒᆞ더시다 : 謹(宣小 3 : 14).

宣小에 '삼가ᄒᆞ다'의 用例가 있으며, 한편 '謹ᄒᆞ다'로

庸ᄒᆞᆫ 言을 謹 : 근ᄒᆞ야(宣中 12).

의 用例가 있다.

	漢字	標準 音訓	訓蒙 字會 1527	新增 類合 1576	光千1575 石千1583 註千1804	倭語 類解 18C初	字類 註釋 1856	兒學編 20C初?	字典 釋要 1906	新字典 1915
295	金	쇠금·성김	쇠금	쇠금	쇠금	금나라금 쇠금	쇠금	금금	쇠금·징금·	[금]쇠·한근·병장긔·금나라

									병긔금·한량금	

'징'은 '鉦', 농악기의 하나, '병긔'는 병기(兵器). '병장긔'는 兵仗器.

'金'의 用例.

金으로 ᄯᅡ해 ᄭᆞ로ᄆᆞᆯ ᄡᅳᆷ업게 ᄒᆞ면(釋譜 6 : 24).

가온ᄃᆡ 金이오 왼녀긘 瑠璃오 올ᄒᆞᆫ녀긘 瑪瑙ㅣ리라(釋譜 11 : 12).

	漢字	標準音訓	訓蒙字會 1527	新增類合 1576	光千1575 石千1583 註千1804	倭語類解 18C初	字類註釋 1856	兒學編 20C初?	字典釋要 1906	新字典 1915
296	今	이제금	엳 금	이제금		이적금	이제금	이뎨금	이제금	[금]이제·곳

現代語 '여태'가 이 '엳'의 흔적이 남아 있는 것이라고 할만하다. '엳+ᄒᆡ' '여ᄐᆡ>여태'의 구성이 아닌가 한다. "쇼칠 아ᄒᆡᄂᆞᆫ 여태 아니 니러ᄂᆞ냐(靑丘 p. 50)"의 用例가 보인다.

	漢字	標準音訓	訓蒙字會 1527	新增類合 1576	光千1575 石千1583 註千1804	倭語類解 18C初	字類註釋 1856	兒學編 20C初?	字典釋要 1906	新字典 1915
297	禁	금할금		금홀금		금홀금	금홀금		금령금·대궐금·준쌔금·이길금·당할금	[금]익일·당할·금할·금지할·대궐·쥰대

금령(禁令). 대궐(大闕). '금내(禁內)'는 대궐 안의 뜻. 字典釋要에 '준쌔금'은 '承酒尊'이라 있고 新字典에 '쥰ᄃᆡ'는 '承疇尊器'라 있다.

亂을 禁호미니(宣賜內訓 2下 37).

비록 能히 禁티 몯ᄒᆞ나(宣賜內訓 3 : 62).

의 用例가 보인다.

	漢字	標準音訓	訓蒙字會 1527	新增類合 1576	光千1575 石千1583 註千1804	倭語類解 18C初	字類註釋 1856	兒學編 20C初?	字典釋要 1906	新字典 1915
298	錦	비단금	금금(比叡) 금셩(東國)	금 금		비단금	비단금	문비단금	비단금	[금]비단

月釋 23 : 72에 "錦과 비단과 노와 깁과"가 있다. 오늘날 '錦'도 '깁[絹]'도 모두 '비단'이라고 하지만 이 三者가 별개의 것임을 알 수 있다.

‘비단’은 釋譜 23 : 50·法華 2 : 12·三綱 孝 3 등에도 나오지만 “비단 : 段子(飜朴上 14), 비단빅 : 帛(訓蒙中 30), 비단치 : 綵(類合下 41). 비단 : 綺(物譜蠶績)” 등과 같이 나타난다. 緋緞 ‘깁’은 깁爲繒(訓正解例·合字解). 깁(月釋 2 : 43). 깁 : 練(楞解 4 : 13). 綺(圓覺序 60). 絹(訓蒙中 31)縑 綈 紈 綃(訓蒙中 30~31). 깁빅 :帛(類合上 26) 등이 나온다.

‘帛’字가 訓蒙에는 ‘비단’, 類合에는 ‘깁’으로 나와 있어 ‘비단’과 ‘깁’이 같은 뜻으로 쓰이고 있다.

문비단(紋緋緞).

	漢字	標準音訓	訓蒙字會 1527	新增類合 1576	光千1575 石千1583 註千1804	倭語類解 18C初	字類註釋 1856	兒學編 20C初?	字典釋要 1906	新字典 1915
299	禽	새금	새금		새금(光千) 새금·사로자블금(註千)		새금	ᄉᆡ금	새금	[금]새·사로잡을

‘사로자블’은 ‘사로잡을’, ‘禽’은 ‘擒’과 통함. ‘七縱七擒’의 故事에 나오는 ‘擒’이 ‘사로잡다’의 뜻.

새쵸 : 隹 새작 : 雀(訓蒙上 17). 새됴 : 鳥(類合上 9).

	漢字	標準音訓	訓蒙字會 1527	新增類合 1576	光千1575 石千1583 註千1804	倭語類解 18C初	字類註釋 1856	兒學編 20C初?	字典釋要 1906	新字典 1915
300	琴	거문고금	고금	거믄고금	거믄고금		거문고금	거문고금	검은고금	[금]검은고

‘고’는 고비화 : 琴瑟(內訓 1 : 52). 고금 : 琴(訓蒙 32)의 예로 보아 ‘고’만으로 ‘琴’의 뜻으로 쓰였음을 알 수 있다. 한편 ‘거문고’도 “거믄고 : 鼓(初杜解 16 : 30). 거믄고 : 琴(杜解 21 : 35). 거믄고금 : 琴(類合上 24·石千 39)” 등 예로 보아 널리 쓰이던 것인데 검은[玄]+고(琴)의 구성이 아닌가 한다. ‘거문고’를 ‘玄琴’이라고도 한다.

	漢字	標準音訓	訓蒙字會 1527	新增類合 1576	光千1575 石千1583 註千1804	倭語類解 18C初	字類註釋 1856	兒學編 20C初?	字典釋要 1906	新字典 1915
301	及	미칠급		미출급	미출급(石千) 밋급(光千)	미출급	믿출급		미출급	[급]미칠·미처갈·죄미칠·밋

中世語문헌에 “밋게(杜解 2 : 14). 밋도다(杜解 9 : 23). 밋거니와(樂詞·感君恩). 미츠리오(杜解 1 : 22). 미출던 : 趁(類合下

42). 미츨톄 : 逮(類合下 43). 미ᄎᆞ면(金三 3 : 21). 미처(月釋 10 : 6). 미천(楞解 1 : 113). 미초ᄆᆞᆫ(法華 1 : 56)…" 등의 用例를 보이거니와 '밋(및)' 語幹에 '미츠>미치'로 '미치' 語幹으로 定着된 것이다. "뭇다(뭊다) ᄉᆞ뭇다(ᄉᆞ뭊다)"의 경우와 한가지다. '及ᄒᆞ다'의 用例도 있다.

愚ᄒᆞᆫ 者ᄂᆞᆫ「급·급·디」몯ᄒᆞᄂᆞ니라(宣中 4).

	漢字	標準音訓	訓蒙字會 1527	新增類合 1576	光千1575 石千1583 註千1804	倭語類解 18C初	字類註釋 1856	兒學編 20C初?	字典釋要 1906	新字典 1915
302	給	줄급	줄급	ᄌᆞ랄급	줄급(光石) 넉넉ᄒᆞᆯ급 줄급·민첩ᄒᆞᆯ급(註千)	줄급	넉넉ᄒᆞᆯ급		족할급·줄급·공급할급·말잘할급	[급]넉넉할, 줄, 말민첩할

'ᄌᆞ랄'은 '자랄[足할]'의 뜻.

오ᄉᆞᆯ 주ᄂᆞ다 : 贈(初杜解 8 : 16).

줄증 : 贈 줄이 : 貽 줄ᄉᆞ : 賜 줄뢰 : 賚(訓蒙 21).

줄혜 : 惠

줄황 : 貺(類合下 10).

	漢字	標準音訓	訓蒙字會 1527	新增類合 1576	光千1575 石千1583 註千1804	倭語類解 18C初	字類註釋 1856	兒學編 20C初?	字典釋要 1906	新字典 1915
303	急	급할급		급ᄒᆞᆯ급			급ᄒᆞᆯ급	급할급	급할급	[급]빠를·급할·좁을·군색할

주으류미 急ᄒᆞ야(法華 2 : 123).

氣分이 急ᄒᆞ면 즉자히 사ᄂᆞ니라(救急方上 77).

의 用例가 있다.

	漢字	標準音訓	訓蒙字會 1527	新增類合 1576	光千1575 石千1583 註千1804	倭語類解 18C初	字類註釋 1856	兒學編 20C初?	字典釋要 1906	新字典 1915
304	級	등급급	서흐레급(比叡) 사흐레급(東國)	층계급		드름급	등급급·챠례급		등급급·실갈피급·두룸급	[급]실갈피·층·두룸

서흐레 : 階級 '드름' '두룸'은 '두름.' 물고기나 나물을 짚으로 두 줄로 엮은 것. 물고기는 한 줄에 열 마리씩 스무마리가 한 두름.

陛ᄂᆞᆫ 서흐레라(法華 2 : 104).

	漢字	標準音訓	訓蒙字會 1527	新增類合 1576	光千1575 石千1583 註千1804	倭語類解 18C初	字類註釋 1856	兒學編 20C初?	字典釋要 1906	新字典 1915
305	肯	즐길긍		즐길궁			즐길궁		즐길긍·쌔틀살긍	[긍]질길·쌔사이살

ᄂᆞ믄 즐기ᄂᆞᆫ 나ᄅᆞᆯ 아니 즐겨 : 樂(龍歌 92章).

正을 즐교ᄃᆡ : 好正(楞解 7 : 3). 즐길기 : 嗜(訓蒙下 13).

즐길락 : 樂(類合下 3). 즐겨 놀오 : 娛. 즐길환 : 歡(類合下 13).

즐길탐 : 耽(石千 33).

	漢字	標準音訓	訓蒙字會 1527	新增類合 1576	光千1575 石千1583 註千1804	倭語類解 18C初	字類註釋 1856	兒學編 20C初?	字典釋要 1906	新字典 1915
306	己	몸기		몸긔	몸긔	긔	몸긔		몸긔·천간긔	[긔]몸·저사사·마련할·여섯재텬간

'천간'은 '天干'. '사사'는 '私事'. '여섯째 천간'은 '甲乙丙丁戊己'로 여섯째임.

몸신 : 身. 몸톄 : 體. 몸구 : 軀(訓蒙上 27).

사ᄅᆞᆷ의 己ㅣ 보미 그 肺肝을 보ᄃᆞ시 ᄒᆞ니(宣大 12).

己예 施ᄒᆞ야(宣中 11).

	漢字	標準音訓	訓蒙字會 1527	新增類合 1576	光千1575 石千1583 註千1804	倭語類解 18C初	字類註釋 1856	兒學編 20C初?	字典釋要 1906	新字典 1915
307	記	기록할기		긔디긔			긔록긔	기록할긔	글긔·긔록할긔	[긔]적을·기록할·글

긔디 : 기록(記錄) ※ 맛당히 깁히 긔디홀찌니라 宜深誌之(내훈 1 :26). 宣賜本內訓 1 : 32에는 "기피 記智홀디어다"가 나오고, 飜小 8 : 36에는 "오늘날에 ᄒᆞᆫ 이ᄅᆞᆯ 긔디ᄒᆞ고 : 記"가 나온다.

한편 世尊이 記ᄒᆞ샤ᄃᆡ <成佛豫告의 뜻>(釋譜 24 :46)의 用例와 "記錄ᄒᆞ다(永嘉序 16. 圓覺上一之一 33·宣賜本內訓 2上 48)"와 '긔록ᄒᆞ다(飜小 6 : 2)'의 用例가 있다.

	漢字	標準音訓	訓蒙字會 1527	新增類合 1576	光千1575 石千1583 註千1804	倭語類解 18C初	字類註釋 1856	兒學編 20C初?	字典釋要 1906	新字典 1915
308	起	일어날기	닐긔	닐긔	닐긔	닐긔	닐긔	일긔	니러날긔	[긔]일·이러날·긔동할·설

'닐다'가 두음법칙으로 '일다'가 되자 '일다'[成]와의 의미충돌

로 '일어나다'로 굳어진 것이나 아닌가 한다. '일다'가 '이루다'로 정착된 것도 같은 맥락에서가 아닌가 한다.

定ᄋᆞᆯ 起ᄒᆞᆫ ᄢᅵ도(蒙法 18).

盛히 起ᄒᆞ며 滅ᄒᆞ야(牧牛訣 24).

곧 니ᄂᆞ니라 : 興(圓覺下一之一 28).

	漢字	標準音訓	訓蒙字會 1527	新增類合 1576	光千1575 石千1583 註千1804	倭語類解 18C初	字類註釋 1856	兒學編 20C初?	字典釋要 1906	新字典 1915
309	其	그	기		저기 그기	그기(石千) 적기(光千) 그기·어조ᄉᆞ기(註千)	그기	그기·긔	어조사긔 그기	[기]그·그것·어조사

그궐 : 厥(石千 30).

	漢字	標準音訓	訓蒙字會 1527	新增類合 1576	光千1575 石千1583 註千1804	倭語類解 18C初	字類註釋 1856	兒學編 20C初?	字典釋要 1906	新字典 1915
310	期	기약기		긔약긔		긔약	긔약긔	돌긔	긔약기	[긔]모들·긔약·긔약할·섯을·백살·당할·반듯이·기다릴·ᄣᅢ·언약할·밋불·한정할·네거리·ᄶᅥ듬거릴

모들 : 모을(會). 백살(百年). ᄣᅢ(時) 빗불 : <밋부다, 믿음직스러울. 미쁠.

	漢字	標準音訓	訓蒙字會 1527	新增類合 1576	光千1575 石千1583 註千1804	倭語類解 18C初	字類註釋 1856	兒學編 20C初?	字典釋要 1906	新字典 1915
311	基	터기	터긔	터긔	터긔	터긔	터긔		터긔·근본긔·긔업긔	[긔]터·홈의·근본·업·밋절미·웅거할·자리잡을

긔업(基業). 홈의 : 호미 *그 쇠로 홈의를 밍그라 江山田을 미리라(古時調). 밋졀미 : 밑절미(어떤 사물의 기초가 되는 본디부터 있던 바탕).

터경 : 境(訓蒙上 6). 터쟝 : 場(倭解上 34).

基……基幹 基金 基盤 基本 基因 基底 基準 基地 基礎 國基……

境……境界 境遇 境地 困境 難境 邊境 越境 接境 環境 神秘境 漸入佳境…

場……場內 場面 場所 場外 開場 工場 廣場 球場 劇場 農場

道場 市場 漁場 入場 戰場 現場……

	漢字	標準音訓	訓蒙字會 1527	新增類合 1576	光千1575 石千1583 註千1804	倭語類解 18C初	字類註釋 1856	兒學編 20C初?	字典釋要 1906	新字典 1915
312	氣	기운기	긔운씌 애ᄃᆞ다	긔운긔	긔운긔(石千) 긔운씌(光千)	긔운긔	긔운긔	긔운긔	긔운긔	[긔]긔후·날시·숨

애ᄃᆞ다 : 애닯다. "애달다"와 같이 쓰임.

긔운후 : 候(類合上 4).

	漢字	標準音訓	訓蒙字會 1527	新增類合 1576	光千1575 石千1583 註千1804	倭語類解 18C初	字類註釋 1856	兒學編 20C初?	字典釋要 1906	新字典 1915
313	技	재주기	ᄌᆡ조기	ᄌᆡ조기			ᄌᆡ됴기	ᄌᆡ죠기	재조기	[기]사밀·재조·공교할·능할·슐업

"藝也 사밀·재조"로 되어 있으므로 '사밀'은 '藝'의 뜻. '슐업'은 '術業' '學術'의 뜻.

ᄌᆡ조ᄌᆡ : 才(類合下 1). ᄌᆞ좃ᄌᆡ : 才. ᄌᆡ좃슐 : 術. ᄌᆡ조예 : 藝(訓蒙下 31).

	漢字	標準音訓	訓蒙字會 1527	新增類合 1576	光千1575 石千1583 註千1804	倭語類解 18C初	字類註釋 1856	兒學編 20C初?	字典釋要 1906	新字典 1915
314	幾	몇기		긔미긔 언마긔	거의긔(石千) 몃마긔(光千) 거의긔·긔미긔·몃긔(註千)	거의긔	면긔·거위긔·긔미긔	몃긔	거의긔·위태할긔·긔미긔·몃긔	[긔]긔미·빌미·바드러울·위태할·긔약·자못·거의·기진·갓가울·살필·얼마·몃·얼마못될

'긔미'는 '幾微·機微', '언마'는 '얼마'. '몃마'는 "얼마·몇번", '바드라울'은 '위태할'의 뜻.

	漢字	標準音訓	訓蒙字會 1527	新增類合 1576	光千1575 石千1583 註千1804	倭語類解 18C初	字類註釋 1856	兒學編 20C初?	字典釋要 1906	新字典 1915
315	旣	이미기		이믜긔	이믜긔(石千) 이믜긔·다ᄒᆞᆯ긔·록희	임의긔	임의긔		임의긔·다할긔	[긔]이미·다할·작게먹을

"록희仝饟廩也"라 있으므로 '록'은 '祿'이 아닌가 한다.

이믜 군ᄉᆞᄅᆞᆯ 니릐히 드러오ᄂᆞᆫ디라 : 已(五倫 2 : 47).

	漢字	標準音訓	訓蒙字會 1527	新增類合 1576	光千1575 石千1583 註千1804	倭語類解 18C初	字類註釋 1856	兒學編 20C初?	字典釋要 1906	新字典 1915
316	紀	벼리기		ᄆᆞᄅᆞ실긔			벼리긔		벼리긔·긔록할긔·열두해긔	[긔]벼리·기록할·터·열두해

ᄆᆞᄅᆞ실 : 벼릿줄. 'ᄆᆞᄅᆞ'는 "宗·棟·義·旨·梗" 등 字의 訓. '실'은 '絲'. '벼리'는 "紘·網" 등 字의 訓.

紀ᄂᆞᆫ 記錄ᄒᆞᆯ씨오 : 紀ᄂᆞᆫ 記오(永嘉序 17).

	漢字	標準音訓	訓蒙字會 1527	新增類合 1576	光千1575 石千1583 註千1804	倭語類解 18C初	字類註釋 1856	兒學編 20C初?	字典釋要 1906	新字典 1915
317	忌	꺼릴기		써릴긔		써릴긔	써일긔		긔ᄒᆞᆯ긔·믜어할긔	[긔]미워할·투긔할·긔휘할·ᄭᅳ릴·원망할·경계할·공경할

'긔ᄒᆞᆯ'은 '忌할'. '믜어할'은 '미워할'의 뜻. 투긔(妬忌). '휘할'은 '諱할'. 'ᄭᅳ릴'은 '꺼릴'의 뜻.

써리며 : 憚(法華 3 : 179) 므서슬 써리ᄂᆞᆫ다 : 嫌(老解上 58).

	漢字	標準音訓	訓蒙字會 1527	新增類合 1576	光千1575 石千1583 註千1804	倭語類解 18C初	字類註釋 1856	兒學編 20C初?	字典釋要 1906	新字典 1915
318	旗	기기	긧긔	긔긔			긔긔	긔긔	긔긔	[긔]긔·대쟝긔

'대장긔'는 '大將旗'

旗를 ᄇᆞ리고 갓가ᄫᅵ 몯 가더라(三綱·忠 22).

	漢字	標準音訓	訓蒙字會 1527	新增類合 1576	光千1575 石千1583 註千1804	倭語類解 18C初	字類註釋 1856	兒學編 20C初?	字典釋要 1906	新字典 1915
319	欺	속일기		소길긔			쇽일ㅅ긔·읍쉬이녁일	속일긔	속일긔·속을긔	[긔]속일·거짓말할·업수이역일·망녕될·속을

'읍쉬이녁일'은 '업수이 여길'.

소겨 : 誑(楞解 8 : 77). 소길광 : 誑. 소길잠 : 賺(訓蒙下 20).

소길휼 : 譎(類合下 5). 소길궤 : 詭(類合下 34).

詭……詭辯 詭譎 詭說.　　欺……欺瞞 詐欺.

	漢字	標準音訓	訓蒙字會 1527	新增類合 1576	光千1575 石千1583 註千1804	倭語類解 18C初	字類註釋 1856	兒學編 20C初?	字典釋要 1906	新字典 1915
320	奇	기이할기		긔특긔			긔특긔	긔이할긔	긔이할긔·싹안마즐긔·숫수긔	[긔]이상할·긔슐·가만할·偶之對와 셈·때못만날·수사나울

긔이(奇異). '괴슐'은 '궤술(詭術)'. 즉 남을 속이는 술책. '가만할'은 '비밀스러운'의 뜻. 긔특ᄒᆞ다.

釋迦太子ㅣ 지죄 奇特ᄒᆞ실씨 奇ᄂᆞᆫ 神奇ᄒᆞᆯ씨오 特은 ᄂᆞᄆᆡ 므리예 ᄠᅡ로 다ᄅᆞᆯ씨라(釋譜 6 : 7).

奇特히 너기ᅀᆞᆸᄂᆞᆫ ᄆᆞᅀᆞᄆᆞᆯ 니르와다(月釋 10 : 43).

긔이ᄒᆞ다

바ᄆᆡ 奇異ᄒᆞᆫ 光明이 이실씨 : 奇異ᄂᆞᆫ 常例ᄅᆞᆸ디 아니ᄒᆞᆯ씨라(月釋 2 : 67).

닐오ᄃᆡ 奇異타 奇異타(牧牛訣 19).

後에 듣고 다 嗟歎ᄒᆞ야 奇異히 너겨ᄒᆞ더라(宣賜本 內訓 2上 41).

	漢字	標準音訓	訓蒙字會 1527	新增類合 1576	光千1575 石千1583 註千1804	倭語類解 18C初	字類註釋 1856	兒學編 20C初?	字典釋要 1906	新字典 1915
321	騎	말탈기	ᄐᆞᆯ긔	ᄆᆞᆯᄐᆞᆯ긔		ᄐᆞᆯ긔	ᄆᆞᆯ탈긔	말탈긔	말탈긔·마군긔	[긔]마군·말탈

마군(馬軍)

모딘 버믈 ᄐᆞ고 : 騎(杜解 9 : 7).

ᄐᆞᆯ승 : 乘(訓蒙下 9).

	漢字	標準音訓	訓蒙字會 1527	新增類合 1576	光千1575 石千1583 註千1804	倭語類解 18C初	字類註釋 1856	兒學編 20C初?	字典釋要 1906	新字典 1915
322	寄	붙일기		브틸긔			부칠긔		부탁할긔·부처살긔	[긔]부쳐잇을·맛길·부칠·젼할·방게·부탁할

방게 : 바위지게과의 게. 新字典에 "○寄居小蟹 방게"라 있음.

'브티다'의 用例.

글워를 브텨 : 附(杜解 5 : 27).

브틸부 : 付(類合下 40). 브틸쇽 : 屬(石千 34).

寄……寄稿 寄附 寄生蟲 寄宿舍 寄與 寄贈 寄港

附……附加 附近 附帶 附錄 附設 條件附

付……結付 交付 納付 發付

屬……屬國 屬性 歸屬 金屬 所屬 從屬 無所屬

	漢字	標準音訓	訓蒙字會 1527	新增類合 1576	光千1575 石千1583 註千1804	倭語類解 18C初	字類註釋 1856	兒學編 20C初?	字典釋要 1906	新字典 1915
323	豈	어찌기		엇디긔	엇ᄯᅵ긔(石千) 뎟뎌긔(光千) 엇지긔·개뎨개·개가개(註千)		엇ᄯᅵ긔·개		엇지긔	[긔]웃지·일찍 [개]

'엇ᄯᅧ·엇뎌·엇ᄯᅵ·웃지'는 '어찌', '개뎨'는 "豈弟·愷悌·愷弟", 'ᄀᆡᄀᆞ'

는 '凱歌'.

엇디하 : 何(石千 25).

	漢字	標準音訓	訓蒙字會 1527	新增類合 1576	光千1575 石千1583 註千1804	倭語類解 18C初	字類註釋 1856	兒學編 20C初?	字典釋要 1906	新字典 1915
324	祈	빌기	빌긔	빌긔			빌긔		긔도할긔·고할긔·천천할긔	[긔]빌·고할·갑흘·천천할

'고할'은 '告할'. '빌'은 "祝·禱·請" 등 字의 訓.

빌도 : 禱(訓蒙下 32). 빌츅 : 祝(類合下 14).

셜이 비ᅀᆞ와 : 哀請(宣賜本內訓 2下 16).

'빌다(乞)' '빌다[借·假]'와 同源語가 아닌가 한다.

祈……祈求 祈禱 祈福 祈願

禱……祈禱 黙禱

祝……祝文 祝杯 祝福 祝辭 祝日 祝電 祝祭 祝賀 奉祝 自祝

請……請求 請負 請約 請願 請託 請婚 强請 申請 要請 自請 招請 下請

	漢字	標準音訓	訓蒙字會 1527	新增類合 1576	光千1575 石千1583 註千1804	倭語類解 18C初	字類註釋 1856	兒學編 20C初?	字典釋要 1906	新字典 1915
325	企	바랄기		고초드딀기		져기드딀기	볼알ㅅ기		바랄기	[기]발적여드듸고바랄

'고초드듸다'는 '고초다' '드듸다'의 複合. '고초다'는 '곧추세우다'의 뜻으로

부텨 向ᄒᆞᅀᆞ바 손 고초샤(月釋 1 : 52).

'지극히 하다'의 듯으로

눉믈 흘려 精誠 고초아 : 翹誠(楞解 5 : 3).

의 用例가 있다. '드듸다'는 '디디다'.

'져기드듸다'는 '져기다' '드듸다'의 複合. '져기다'는 '발돋음하다'의 뜻. '발적여'는 '발돋음하다'의 뜻.

	漢字	標準音訓	訓蒙字會 1527	新增類合 1576	光千1575 石千1583 註千1804	倭語類解 18C初	字類註釋 1856	兒學編 20C初?	字典釋要 1906	新字典 1915
326	畿	경기기	경긧긔				경긔긔		경긔긔·문안긔	[긔]경긔·문안

경긔(京畿). 문안(門안).

	漢字	標準音訓	訓蒙字會 1527	新增類合 1576	光千1575 石千1583 註千1804	倭語類解 18C初	字類註釋 1856	兒學編 20C初?	字典釋要 1906	新字典 1915
327	飢	굶주릴기		주릴긔	주릴긔	주릴긔	줄일긔	주릴긔	주릴긔	[긔]주릴·흉년들

주렛ᄂᆞᆫ : 飢(初杜解 7 : 2).

주류믈 : 飢(初杜解 8 : 21).

주려주거 : 餓死(初杜解 15 : 37).

주릴아 : 餓(訓蒙下 19) 주릴긔 : 飢(類合下 7·石千 35).

주릴뇌 : 餒(訓蒙下 19). 주릴뢰 : 餒(類合下 17).

	漢字	標準音訓	訓蒙字會 1527	新增類合 1576	光千1575 石千1583 註千1804	倭語類解 18C初	字類註釋 1856	兒學編 20C初?	字典釋要 1906	新字典 1915
328	器	그릇기	그릇긔	그릇긔	그릇싀(石千) 긔용긔(光石) 그릇긔(註千)	그릇긔	그릇긔	그릇그(긔)	그릇긔	[긔]그릇·그릇다울

그릇명 : 皿(訓蒙下 18).

	漢字	標準音訓	訓蒙字會 1527	新增類合 1576	光千1575 石千1583 註千1804	倭語類解 18C初	字類註釋 1856	兒學編 20C初?	字典釋要 1906	新字典 1915
329	機	틀기	틀긔	보틀긔	틀긔(光千)(石千) 긔미긔·고동긔·틀긔·긔회긔(註千)	틀긔	틀긔	긔틀긔	뵈틀긔·고동긔·긔회긔	[긔]고동·틀·긔미·긔틀·긔계·벼틀·텬진

긔미 : 기미(機微). '고동'은 '고동을 틀다'의 고동. '樞機'. 긔계 : 기계, 텬진(天眞).

	漢字	標準音訓	訓蒙字會 1527	新增類合 1576	光千1575 石千1583 註千1804	倭語類解 18C初	字類註釋 1856	兒學編 20C初?	字典釋要 1906	新字典 1915
330	緊	요긴할긴		ᄆᆞ이ᄆᆡᆯ긴		긴ᄒᆞᆯ긴	긴ᄒᆞᆯ긴		긴할긴	[긴]착착얽을

'ᄆᆞ이'는 'ᄆᆞᄫᅵ'에서, 'ᄆᆞᄫᅵ'는 'ᄆᆡᆸ다' 形容詞의 轉成副詞. '매우'의 뜻. '긴ᄒᆞ다'의 用例로 "므스거시 긴ᄒᆞᆯ고 : 緊(飜老上 41)."가 있다.

	漢字	標準音訓	訓蒙字會 1527	新增類合 1576	光千1575 石千1583 註千1804	倭語類解 18C初	字類註釋 1856	兒學編 20C初?	字典釋要 1906	新字典 1915
331	吉	길할길		됴ᄒᆞᆯ길	길ᄒᆞᆯ길(石千) 멀길(光千) 길ᄒᆞᆯ길(註千)	길ᄒᆞᆯ길	길ᄒᆞᆯ길	길할길	길할길·초하로길	[길]길할·노질·착할·리할·초하로날

길ᄒᆞ며 흉ᄒᆞ며(飜小 8 : 10).

'리할'은 '利할'

〈『語文研究』第53號, 韓國語文教育研究會, 1987.〉

漢字訓研究-綜合的次元에서

-韓國語史 및 意味論의 새 開拓을 위해-

이 漢字訓研究를 위해 1次的으로 歷代漢字學習書나 字典類에서 漢字의 音·訓(聲調 포함)과 東國正韻·三韻聲彙 그 밖의 諺解文獻에 나타난 漢字音(聲調 포함)을 한눈에 볼 수 있는 작업을 하여 '韓國漢字音訓字典(假稱)' 刊行 準備를 마쳤다. 여기에 收錄될 漢字數는 6,486字다.

이 中에서 常用漢字(常用性漢字를 뜻함)에 대한 訓研究를 한 바 있었는데,

그 [Ⅰ]은 仁荷大 人文科學研究所論文集 제10집에 가(加)~고(固) 165字까지

그 [Ⅱ]는 語文研究 제43·44호에 고(姑)~궐(厥) 272자(字)까지

실은 것이 그것이다. 그 後續作業은

ㄱ줄 殘餘分 ~ ㅁ	閔丙俊
ㅂ~ㅅ	文琡永
ㅇ	安泰鍾
ㅈ~ㅊ	南基卓
ㅋ~ㅎ	朴秉喆

이 분담집필하기로 되어 현재 推進中이다.

本稿는 위에서 行해진 漢字訓의 個別 研究와는 별도로 漢字訓을 종합적 차원에서

Ⅰ. 漢字訓讀法 考察
Ⅱ. 同訓字 實態考察
Ⅲ. 漢字訓 餘論

으로 갈라 論하기로 한다.

Ⅰ. 漢字訓讀法 考察

訓蒙字會, 新增類合, 石峯千字文에 나타난 漢字訓讀法을 살펴보면 다음과 같다.

1. 動・形容詞

(1) 訓의 끝소리 ㄹ

耕(ᄀᆞᆯ 訓)　　研(ᄀᆞᆯ 訓)　　飛(ᄂᆞᆯ 訓)
懸(ᄃᆞᆯ 類)　　減(덜 類)　　廻(돌 類)……
細(ᄀᆞᄂᆞᆯ 類)　　荒(거ᄎᆞᆯ 千)　　甘(ᄃᆞᆯ 訓)
遠(멀 訓)　　惡(모딜 類・千)　　賢(어딜 類・千)
長(긴댱 類)

길댱 上聲

'길댱'의 '길'은 자라다(長成하다)의 뜻. '긴'은 形容詞, '길'은 動詞로 쓰인 것.

以上은 動・形容詞 語幹 끝소리가 'ㄹ'

去(갈 類・千)　　晴(갤 類)　　教(ᄀᆞᄅᆞ칠 訓)
訓(ᄀᆞᄅᆞ칠 千)　　生(날 訓・千)　　云(니ᄅᆞᆯ 千)
富(가ᄉᆞ멸 訓)　　怠(게으를 訓・類)　　勇(ᄂᆞᆯ날 訓, ᄂᆞᆯ랄 類)
葷(누릴 訓)　　鯉(비릴 訓)　　健 (세ᄎᆞᆯ 類)

以上은 動・形容詞 語幹 끝소리 母音 + ㄹ

報(가ᄑᆞᆯ 訓·類)　　鋥(ᄀᆞ다ᄃᆞᄆᆞᆯ 訓)　　收(거들 訓·千)
膿(골믈 訓)　　揷(고즐 訓. 고ᄌᆞᆯ 類)　　灸(구을 訓) ……
玄(가ᄆᆞᆯ 訓·千)　　近(갓가올 訓·類 갓까올 千)
輕(가ᄇᆡ야올 類·千)　　黑(거믈 訓·類)
直(고들 訓·千 고ᄃᆞᆯ 類)　　曲(고ᄇᆞᆯ 千)……

以上은 動·形容詞 語幹이 '받침소리(ㄹ 아닌)' + 語尾 끝소리 ㄹ

跣(발바ᄉᆞᆯ 訓)　　焙(블쬘 訓)　　苦(새닐 訓)
騄(셕다틸 訓)　　瘷(손발출 訓)　　矮(킈쟈글 訓)
强(힘셀 訓)　　孑(ᄒᆞᆫᄑᆞᆯ업슬 訓)

以上은 순우리말 名詞 +動·形容詞 語幹 +語尾 끝소리 ㄹ

屯(군모들 訓)　　賃(셰물 訓)　　娶(당가들 類)
詛(신씌할 類)　　祐(신도울 類)　　歆(신자실 類)
逞(쾌히뵐 類)　　虢(탐히머글 類)　　丰(풍치날 訓)
邂(힝혀볼 類)　　慈(ᄌᆞ비로윌 訓)　　傑(ᄌᆡ조노ᄑᆞᆯ 訓)

(2) 訓의 끝소리 ᄒᆞᆯ

訟(구ᄋᆡᄒᆞᆯ 訓)　　賭(나기ᄒᆞᆯ 訓)　　訥(말구디ᄒᆞᆯ 訓)
辯(말잘ᄒᆞᆯ 訓)　　仍(전대로ᄒᆞᆯ 訓)　　商(흥졍ᄒᆞᆯ訓)
瀰(ᄀᆞᄃᆞᆨᄒᆞᆯ 訓)　　穹(구븐ᄒᆞᆯ 訓)　　坳(우믁ᄒᆞᆯ 訓)
摎(ᄎᆡᆨᄎᆡᆨᄒᆞᆯ 訓)

諫(간ᄒᆞᆯ 訓·類)　　講(강ᄒᆞᆯ 訓)　　告(고ᄒᆞᆯ 訓·類)
貴(귀ᄒᆞᆯ 訓·千)　　疾(병ᄒᆞᆯ 訓)　　揖(읍ᄒᆞᆯ 訓)
銘(ᄀᆞᆨᄒᆞᆯ 類)　　決(결ᄒᆞᆯ 類)　　兼(겸ᄒᆞᆯ 類)
求(구ᄒᆞᆯ 類·千)　　勸(권ᄒᆞᆯ 類·千)　　能(릉ᄒᆞᆯ 類, 능ᄒᆞᆯ 千)
定(뎡ᄒᆞᆯ 類·千)　　靈(령ᄒᆞᆯ 類, 녕ᄒᆞᆯ 千)
利(니ᄒᆞᆯ 千)　　念(념ᄒᆞᆯ 千)　　妙(묘ᄒᆞᆯ 千)……·
吉(길ᄒᆞᆯ 千)　　封(봉ᄒᆞᆯ 類·千)　　向(향ᄒᆞᆯ 類)
甚(심ᄒᆞᆯ 千)　　精(정ᄒᆞᆯ 千)　　幸(힝ᄒᆞᆯ 千)……·

杆(간곡ᄒᆞᆯ 訓)　　檢(검찰ᄒᆞᆯ 訓)　　懦(겁나 '怯懦'ᄒᆞᆯ 訓)
鍍(도금ᄒᆞᆯ 訓)　　感(감동ᄒᆞᆯ 類)　　叛(ᄇᆡ반ᄒᆞᆯ 류)
儼(엄연ᄒᆞᆯ 類)　　訂(의뎡ᄒᆞᆯ 類)　　依(의지ᄒᆞᆯ 類)

以上에서 1과 같은 ㄹ 接尾訓讀法은 이미

訓은 ᄀᆞᄅᆞ칠씨오 (訓正註解)　訓(ᄀᆞᄅᆞ칠 훈 千)
異ᄂᆞᆫ 다ᄅᆞᆯ씨라 (〃)　異(다ᄅᆞᆯ이 類)
愚는 어릴씨라 (〃)　愚(어릴 우 訓·類·千)
有ᄂᆞᆫ 이실씨라 (〃)　有(이실유 千)
言은 니를씨라 (〃)
得은 시를씨라 (〃)
伸은 펼씨라 (〃)
多ᄂᆞᆫ 할씨라 (〃)　多(할다 類·千)
易ᄂᆞᆫ 쉬ᄫᅳᆯ씨라 (〃)　易(쉬울이 類)
用ᄋᆞᆫ ᄡᅳᆯ씨라 (〃)
加는 ᄀᆞᄐᆞᆯ씨라 (〃)　如(ᄀᆞᄐᆞᆯ여 類·千)
連은 니슬씨라 (〃)　連(니을련 類·千)
輕은 가ᄇᆡ야ᄫᆞᆯ씨라 (〃) 輕(가ᄇᆡ야올 경 類·千)
合은 어울씨라 (〃)
附는 브틀씨라 (〃)　附(브틀부 類)
成을 일씨라 (〃)
加ᄂᆞᆫ 더을씨라 (〃)　加(더을가 類)
無는 업슬씨라 (〃)　無(없슬무 類·千)
別ᄋᆞᆫ ᄀᆞᆯ힐씨라 (〃)　別(ᄀᆞᆯ힐별 類)
渴ᄋᆞᆫ 목ᄆᆞᄅᆞᆯ씨라 (月釋 7 : 18) 渴(목ᄆᆞᄅᆞᆯ갈 訓·類)

와 같이 訓民正音 制定 후 초기문헌에서 볼 수 있다. 千字文이나 類合이 漢字學習書로서 쓰인 역사가 오래므로 이 訓讀法의 起源은 더 거슬러 올라갈 것이다.

이 傳統的인 訓讀法으로 해서 用言語幹 끝소리가 母音인 경우, 그 소리가 添着해서 基本形으로 굳어진 것이 있는 것에 대해선 이미 論한 바 있다.[1)]

---

1) 「ㄹ子音의 添落에 대하여」(1963. 9. 20), 「中大 文理大 文耕」 15집, pp. 28~40 : 拙著 1975. 5, 「國語學硏究」, pp. 211~229 再錄 : 拙著, 韓國語의 發音硏究[1], pp. 218~219.

가ᄉᆞ며고(月釋 1:46)　가ᄉᆞ멸부 : 富(訓蒙下 26)
그ᄉᆞ며(初柱解 23:10)　그을타 : 拖(類合下 46)
베프고져(初柱解 7:15)　베플딘 : 陳(類合下 23)
잇거(月釋 2:31)　잇글견 : 牽(類合下 46)

등이 그것이다.

그와 같은 ᄒᆞᆯ 接尾訓讀法 또한 이미

紺ᄋᆞᆫ 블가ᄑᆞ라ᄒᆞᆯ씨라(法華 2:12)
鏤ᄂᆞᆫ 쇠예 刻ᄒᆞᆯ씨오(月釋 21:17)
覈은 相考ᄒᆞᆯ씨라(法華 序 13)
貞은 正ᄒᆞᆯ씨라 (月釋 2:6)
頗ᄂᆞᆫ 不正ᄒᆞᆯ시라 (宣賜本 內訓 2 上 15)

와 같이 15세기 문헌에 나타나 있다.

(3) 訓의 끝소리 ㄴ・ᄒᆞᆫ

德(큰 訓・千)　貞(고ᄃᆞᆫ 訓・千)
直(고ᄃᆞᆫ 千)　大(큰 類・千)
長(긴 類・千)　白(ᄒᆡᆫ 訓・類・千)
使(브린시 類)　悵(탕ᄒᆞᆫ 類)
ᄒᆞ야곰ᄉᆞ 上聲

그런데 '德'이 類合에는 '어딜덕', 한편 訓蒙에는 '仁'이 'ᄏᆞᆯ' 石千에는 'ᄏᆞᆯ신'인가 하면 그 '仁'이 類合에는 '인ᄌᆞ인'이요, 類合에는 '弘・巨・洪・碩・宏' 등의 訓이 모두 'ᄏᆞᆯ'이요, 石千에도 '巨'의 訓이 'ᄏᆞᆯ'이다.

'貞'도 石千에는 '고ᄃᆞᆯ뎡', '直'이 訓蒙에는 '고ᄃᆞᆯ', 石千에 '永'字는 '길'訓이요, '素'字가 訓蒙・類合・石千에는 'ᄒᆡᆯ'訓이다.

(4) 動詞語幹에 다른 動詞가 複合하여 이루는 複合型訓

우리말에 動・形容詞 語幹에 직접 다른 動・形容詞가 붙어 複

合的인 動·形容詞를 이루는 造語法이 있음에 대해서는 論及한 바 있다.[2)]

거두들 (搵 訓蒙 下 19)<거두(收)+ 들다(擧)
거두ᄡᅳᆯ (拚 〃 下 23)<거두(收)+ ᄡᅳᆯ다(掃)
건디쥘 (拐 〃 下 20)<건디(濟)+ 쥐다(握)
것고즐 (攐 〃 下 5)<것(折)+ 곶다(挿)
긁쥘 (抓 〃 下 22)<긁(刮)+ 쥐다(握)
ᄀᆞ다ᄃᆞᄆᆞᆯ(鋥 〃 下 16)<ᄀᆞᆯ(磨)+ 다ᄃᆞᆷ다(修)
'ㄷ' 子音 위에서의 ㄹ 脫落, 'ᄡᅳ다ᄃᆞᆷ다'가 'ᄡᅳᆯ+ 다ᄃᆞᆷ다' 임과 同軌
내조츨 (黜 〃 下 30)<내(出)+ 좇다(逐)
내틸 (斥 〃 下 35, 類合 下 18)<내(出)+ 티다
넘ᄯᅵᆯ (濫 〃 下 35, 類合 下 50)<넘(過)+ 디다(落)
딕머글 (啄 〃 下 7)<딕(啄)+ 먹다(食)
메와ᄉᆞᆯ (袒 〃 下 19)<메(擔)+ 왓다<밧다(脫)
사ᄅᆞ자ᄇᆞᆯ (俘 〃 下 25, 虜 類合 下 33)<사ᄅᆞ(使生)+ 잡다(捕)
ᄌᆞᄆᆞ디를(蘸 〃 下 23)<ᄌᆞᄆᆞ(鎖)+ 디르다(刺)
잡쥘 (攝 〃 下 32)<잡(把)+ 쥐다(握)
헐므슬 (瘡 〃 中 34)<헐(破)+ 믓다(解)
헐ᄡᅳ리다 (毁 〃 下 29)<헐(破)+ ᄡᅳ리다(揮)
후리ᄡᅳᆯ (攬 〃 下 23)<후리(掠)+ ᄡᅳᆯ다(掃)
ᄢᅢ혈 (剖 類合 下 42)<ᄢᅢ(剖)+ 혀다(引)
고초드딀(企 類合 下 30)<고초(供)+ 드듸다(踏)
그치누를(沮 〃 下 31)<그치(止)+ 누르다(壓)
넘드딀(躐 〃 下 37)<넘(過)+ 드듸다(踏) 서
눅자츨(慰 〃 下 39)<눅(弛)+ 자치다(止)
ᄂᆞᆯ부츨(奮 〃 下 39)<ᄂᆞᆯ(飛)+ 붗다(飄)
더위자ᄇᆞᆯ(攀 〃 下 46)<더위(攬)+ 잡다(捕)
드리ᅘᅧᆯ(吸 〃 下 6)<드리(入)+ ᅘᅧ다(吸)
들혈 (揭 〃 下 39)<들(擧)+ 혀다(引)

2) 拙稿, 「古語의 再生은 可能한가?」, 1961. 1, 「自由文學」 通卷 46호, pp. 123~129 : 拙著, 「國語學論文集」, pp. 437~444 再錄, 一朝閣.

딕조ᄉᆞᆯ(啄 〃 上 13)<딕(啄)+좃다(稽)
막다ᄃᆞᄅᆞᆯ(窮〃 下 37)<막(塞)+다ᄃᆞᆮ다(到)
모도자블(攝 〃 下 24)<모도(集)+잡다(捕)
모도혈(括 〃 下 57)<모도(集)+혀다(引)
므르거를(巡 〃 下 37)<므르(退)+걷다(步)
므르ᄃᆞᄅᆞᆯ(却 〃 下 37)<므르(退)+ᄃᆞᆮ다(走)
ᄆᆞᄅᆞ서흘(宰 〃 下 10)<ᄆᆞᄅᆞ(裁)+서흘다(剉)
베서흘 (剸 〃 下 20)<베(斬)+서흘(剉)
어르ᄆᆞᆫ질(撫 〃 下 13)<어르(使喜)+ᄆᆞᆫ지다(摩)
조리혈(約 〃 下 4)<조리(縮)+혀다(引)
주리혈(戢 〃 下 33)<주리(縮)+혀다(引)
ᄎᆡᄃᆞᄅᆞᆯ(偏 〃 下 60)<ᄎᆡ(偏)+ᄃᆞᆮ다(走)
헤틸 (破 〃 下 59)<헤(披)+티다
헤혈 (披 〃 下 39)<헤(披)+혀다(引)

(5) 複合動詞訓(動詞語幹+-아·-어+動詞)

그런데 한편 이른바 副詞形語尾 '-아·-어'가 붙어 이루어진 複合型 動詞訓인 것도 있다.

거텨딜 (趺 訓蒙 下 27)<거티(蹶)+어+디다(落)
노겨브슬 (鎔 〃 下 16)<노기(融)+어+븟다(注)
ᄂᆞ라ᄂᆞ릴 (翃 〃 下 6)<ᄂᆞᆯ(飛)+아+ᄂᆞ리다(降)
ᄂᆞ라오를 (翻 〃 下6)<ᄂᆞᆯ(飛)+아+오르다(昇)
도라볼 (顧 〃 下 25, 類合 上 25)<돌(回)+아+보다(見)
무더니길 (焐 〃 下 12)<묻(埋)+어+니기사다(熟)
ᄆᆞᄉᆞᆷ저버볼 (恕 〃 下 25)<접(恕)+어+보다
소겨아ᄉᆞᆯ (騙 〃 下 20)<소기(斯)+어+앗다(奪)
옴겨시믈 (蒔 〃 下 5)<옴기(移)+어+심다(植)
너머갈 (邁 類合 下 4)<넘(越)+어+가다(行)
녀허둘 (蘊 類合 下 8)<녛(入)+어+두다(置)
느러갈 (逶 〃 下 51)<늘(延)+어+가다(行)
느러날 (贏 〃 下62)<늘(增)+어+나다(出)
니어지을(述 〃 下 43)<닛(繼)+어+짓다(作)

ᄂᆞ려딜 (墮 〃 下 54)<ᄂᆞ리(降)+어+디다(落)
더뎌둘 (委 〃 下 21)<더디(投)+어+두다(置)
ᄠᅥ러딜 (落 〃 下 55)<ᄠᅥᆯ(拂)+어+디다(落)
ᄠᅥ오ᄅᆞᆯ (騰 〃 下 55)<ᄠᅳ(浮)+어+오ᄅᆞ다(昇)
도라갈 (歸 〃 下 8)<돌(回)+아+가다(行)
도라올 (返 〃 下 8)<돌(回)+아+오다(來)
ᄃᆞ라들 (赴 〃 下 27)<ᄃᆞᆮ(走)+아+들다(入)
믜여딜 (裂 〃 下 59)<믜(裂)+어+디다(落)
여어볼 (覷 〃 下 20)<엿(窺)+어+보다(見)
이저딜 (缺 〃 下 12)<잊(虧)+어+디다(落)
주러들 (縮 〃 下 62)<줄(縮)+어+들다(入)
허러딜 (壞 〃 下 62)<헐(破)+어+디다(落)

(6) 形容詞 語根만으로 訓讀한 用例

갸ᄅᆞᆨ(驕 類合) 거ᄅᆞᆨ(偉 類合)
괴외(寂 類合) 괴오(寂 石千)
싁싁(肅・嚴 類合) 답답(鬱 類合)
맛당(當 類合) 브즈런(勤 類合)
반ᄃᆞᆺ(必 類合) 반ᄃᆞᆨ(必 石千)
ᄉᆞᆺ그러(悚 類合) 직브드드(吝 類合)
ᄌᆞᆷᄌᆞᆷ(黙 類合) ᄌᆞ셰(詳 類合)

그런데 이 訓讀法은 주로 類合에 나타난다.

이상 動・形容詞字의 訓讀法을 정리하면 다음과 같다.

(1) 그 訓은 冠形詞形으로 끝나는데 그 끝소리는 'ㄹ, ㄴ'이다.

(2) 그 中 'ㄹ' 끝소리가 절대적이다. 先行硏究에 의하면 訓蒙에민도 固有語에 ㄹ 끝소리 訓이 漢字가 837이나 된다고 한다.[3)]

(3) 訓의 끝소리 'ㄹ'은 動・形容詞에 두루 붙었다.

---

3) 申景澈 著, 「漢字字釋硏究」, p. 75, 1978. 8, 通文舘.

(4) '漢字+ᄒᆞᆯ' 形은 물론 '固有語+ᄒᆞᆯ' 形에서 誘導된 것으로 본다.

(5) 訓의 끝소리 'ㄴ'은 주로 形容詞에 그것도 極少의 例를 보인다. 오늘날 漢字訓으로는 '德 큰덕, 長 긴장, 白 흰백'이 고작이 아닌가 한다.

光千에는 同(오ᄒᆞᆫ), 誠(브즈런ᄒᆞᆫ), 具(ᄀᆞᄌᆞᆫ), 永(긴)의 끝소리 'ㄴ'訓이 더 보인다.

(6) 動詞語幹에 다른 동사가 複合하여 이루어진 複合形訓과 動詞語幹+-아·-어+動詞의 複合訓도 상당수 나타나 있다.

(7) 특히 複合에 語根만으로 訓讀한 用例가 나타나는데 10餘語 나타난다.

2. 名詞(代名詞·數詞 포함)

가마(釜)　가마괴(烏)　가ᄉᆞᆷ(胸) ……
너(汝)　뉘(誰·孰)　뎌(彼 訓蒙)
이(是 訓蒙)　저(伊 訓蒙)　다ᄉᆞᆺ(五)
여ᄉᆞᆺ(六)　닐굽(七)　여ᄃᆞᆲ(八)
아홉(九)　열(十)
갯버들(檉)　겨집죵(婢)　귀엿골회(珥)
귓구무(睡)　ᄀᆞᄂᆞᆫ깁(繒)　굴근깁(綈)
더펄가히(厖)　믈ᄆᆞᆫ밥(飧)　므쇼(犀)
믓결(浪)　믓ᄀᆞᆺ(汀)　밀돌(碾)
소ᇇ가락(指)　ᄌᆞ믈쇠(鎖)　ᄑᆞᆯ구브렁(肘)
호올어미(寡)　ᄒᆞᆫ필(匹) ……
가ᇇ간(肝)　갑갑(甲)　갯개(蓋)　곳고(庫)　궈ᇇ권(卷)
궷궤(櫃)　귨귤(橘)　그ᇝ금(錦)　긧긔(旗)
놋노(艣)　녹녹(祿)　다ᇝ담(毯)　딋듸(臺)
댜ᇱ댱(帳)　드ᇱ둥(藤) ……
감ᄌᆞ(柑)　거동(儀)　경간(癎)　경긔(畿)
계피(桂)　권쇽(眷)　긔운(氣)　례수(禮)
ᄉᆞ긧ᄉᆞ(史)　란초(蘭)　일만(萬)

겨집동셰(娣) 공쟝바치(工) 관ᄃᆡ옷(袍)
비얌댱어(鰻) 샤향노ᄅᆞ(麝) ……

등과 같이 訓蒙에는 순우리말 訓, 漢字말 訓, 國漢混用訓으로 名詞訓이 品詞別로는 72.9%나 된다는 통계[4]가 있다.

이 先行硏究는 "訓蒙字會 字釋의 語彙構造 分類表"를 보이고 있어 이 表[5]를 轉記하여 漢字學習書에 나타난 訓讀法의 개략을 파악하고자 한다.

<table>
<tr><td rowspan="2"></td><td colspan="2">漢字語</td><td rowspan="2">漢十固</td><td rowspan="2">固十漢</td><td colspan="3">固有語</td><td rowspan="2">計</td></tr>
<tr><td>釋音同</td><td>其他</td><td>ㄹ終結形</td><td>ㄴ終結形</td><td>其他</td></tr>
<tr><td>數</td><td>69</td><td>302</td><td>59</td><td>11</td><td>837</td><td>2</td><td>2,080</td><td>3,360</td></tr>
<tr><td>%</td><td>2.1</td><td>9.0</td><td>1.8</td><td>0.3</td><td>24.9</td><td></td><td>61.9</td><td>100</td></tr>
<tr><td>數</td><td colspan="2">371</td><td colspan="2">70</td><td colspan="3">2,919</td><td>3,360</td></tr>
<tr><td>%</td><td colspan="2">11.1</td><td colspan="2">2.1</td><td colspan="3">86.8</td><td>100</td></tr>
<tr><td>數</td><td colspan="3">441</td><td rowspan="2"></td><td colspan="3">2,919</td><td>3,360</td></tr>
<tr><td>%</td><td colspan="3">13.2</td><td colspan="3">86.8</td><td>100</td></tr>
</table>

名詞로 읽는 訓讀法에는

겨ᅀᅳ동 冬(訓蒙) 겨ᅀᆞ동(石千) *겨울동(類合)
나ᅀᅵᆯ日(訓蒙) *날일(類合・石千)
아ᄃᆞ남男(訓蒙) *아ᄃᆞᆯ남(類合・石千)

과 같이 'ㄷ・ㅿ・나' 소리 위에서 'ㄹ' 소리가 떨어진 形態로 나타난 '冬・日・男'字 訓이 있다.

訓에 나타나 있는 名詞에서 여러 造語法의 類型을 찾을 수 있다.

(1) -ㅁ 系 接尾辭를 붙여 이루어지는

4) 申景澈 著, 「漢字字釋硏究」, p. 76.
5) 前揭書, p. 75.

쑴(夢 類合)　　　　그림(圖 類合)
사홈(戰 類合)　　　새옴(妬 類合)
거름(步 訓蒙)　　　거ᄅᆞᆷ(步 類合)
ᄀᆞᄅᆞᆷ(代 類合)　　그ᅀᅳ름(始 訓蒙)　브ᅀᅳ름(疸 訓蒙)
기츰(咳 訓蒙)　　　ᄆᆞᄎᆞᆷ(終 訓蒙·類合·石千)
어름(冰 訓蒙, 氷 類合)　여름(菓 訓蒙·類合, 果 石千)
우룸(鳴 訓蒙)　우ᅀᅮᆷ(笑 訓蒙)　우움(笑 石千)　우음(笑 類合)
무덤(墳 訓蒙·石千)　주검(屍 訓蒙)
조오롬(眠 訓蒙 類合) 춤(舞 訓蒙·類合)

등이 있다.

(2) -애·-에 系 接尾辭가 붙어 이루어지는 名詞에는

ᄀᆞᅀᅢ(剪 訓蒙)　　ᄀᆞ재(極 石千)
귀마개(珥 訓蒙)　노리개(佩 訓蒙)　오좀ᄲᅢ(胱 訓蒙)
놀애(歌 訓蒙)　　늧두에(瞼 訓蒙)　글게(鉋 訓蒙)
모개(闗 訓蒙)　　믈자ᅀᅢ(桔 訓蒙)
벼개(枕 訓蒙)　　부체(扇 訓蒙·類合·石千)
서흐레(杷 訓蒙)　쁠게(膽 訓蒙·類合)
실에(架 類合)　　울에(雷 訓蒙)

등이 있다.

(3) 그 밖의 接尾辭가 붙어 名詞를 이루는 것에는

ᄑᆞᆯ구ᄫᅵ(肘 類合)　　뵈너ᄫᅵ(幅 類合)
두터비(蟾 訓蒙·類合) ᄆᆞᄌᆞ미(泳 訓蒙)
그려기(鴈 石千)　　ᄀᆞ려기(鴈 訓蒙·類合) ᄑᆞ리(蠅 訓蒙·類合)
부헝이(鵂 訓蒙)　　굼벙이(螬 訓蒙)　　올창이(蝌 訓蒙·類合)
잇기(苔 類合)　　　터럭(毛 類合·石千)　브ᅀᅥᆸ(厨 訓蒙)
브억(竈 類合)　　　가마괴(烏 訓蒙)
입아괴(吻 訓蒙)　　주머귀(拳 訓蒙·類合)
노ᄅᆞᆺ(戲 訓蒙)　　송아지(犢 訓蒙)
쇼야지(犢 類合)　　쇠야지(犢 訓蒙)

ᄆᆞ야지(駒 石千)　　ᄑᆞᆯ구브렁(肘 訓蒙)
ᄇᆞᆯ그트렁이(火 類合)　ᄆᆞᆯ쏭구으리(蜋 訓蒙)　기동(柱 類合)
고랑(畎 訓蒙)

등이 있다.

1) 名詞에 接尾辭가 붙어 새 名詞를 이루는 것에

두터비(←두텁)　그려기(←그력)　ᄑᆞ리(←ᄑᆞᆯ 蠅)
부헝이(←부헝)　굼벵이(←굼벵)　올창이(←올창)
잇기(←잇 苔)　터럭(←털)　브ᅀᅥᆨ(←븟廚)
입아괴(←입)　주머귀(←줌拳)　숑아지(←쇼)
ᄆᆞ야지(←ᄆᆞᆯ馬)　기동(←긷柱)　고랑(←골)　가족(←갗皮)

등이 있다.

2) 動詞語幹에 接尾辭가 붙어 名詞를 이룬 것에는

ᄑᆞᆯ구븨(←굽+의)　뵈너븨(←넙+의)
므ᄌᆞ미(←ᄌᆞᆷ+이)　가마괴(←감+아괴)
노ᄅᆞᆺ(←놀+ᄋᆞᆺ)　ᄑᆞᆯ구브렁(←굽+을+엉)
ᄇᆞᆯ그트렁이(←긑+을+엉+이)　ᄆᆞᆯ쏭구으리(←구을+이)

등이 있다.

(4) 複合語를 이룰 때 앞 名詞의 끝소리 ㄹ이 促音化하거나 脫落하는 것에는

믓ᄀᆞᆺ(←믌ᄀᆞᆺ 涯 訓蒙, 類合)　믓결(←믌결 波 訓蒙)
믓ᄃᆞᆰ(←믌ᄃᆞᆰ 鸂 訓蒙)　믓올히(←믌올히 鳧 訓蒙)
밧ᄃᆞᆼ(←밠ᄃᆞᆼ 跗 訓蒙)　밧바당(←밠바당 脚板 訓蒙)
븟곳(←븘곳 燧 訓蒙)　븟나올(←븘나올 烓 訓蒙)
븟벼록(←븘벼록 炸 訓蒙)　삿대(←삸대 箭簳 訓蒙)　ᄎᆞᆺᄯᅥᆨ(←ᄎᆞᆯᄯᅥᆨ 餻 訓蒙)

ᄆᆞ쇼(←믈쇼 犀 訓蒙)

ᄆᆞ수리(←믈수리 鷲 訓蒙) ᄆᆞᄌᆞ미(←믈ᄌᆞ미 泳 訓蒙)

디새(←딜새 瓦 訓蒙)

ᄇᆞᆺ눈(←ᄇᆞᆯ눈 霰 訓蒙)

ᄎᆞ쩍(←출쩍 飡 訓蒙)

등이 있다.[6)]

3. 副詞

ᄀᆞ장(最 類合·石千) 거듧(申 類合)
계우(僅 類合) 구틔여(敢 類合)
그려도(猶 類合) 그으기(竊 類合)
다(皆 類合·石千) 다ᄆᆺ(與 類合)
다시(復 類合·覆 石千) 더욱(尤 類合)
도(亦 類合) ᄯᅩ(且 類合·石千, 又 類合, 亦 石千)
두루(周 類合·石千) 드듸여(遂, 類合) 디투(優, 類合)
다시(復 類合, 覆 石千) 더욱(尤 類合)
ᄆᆡ양(每 石千) 모로미(須 類合)
몬져(先 類合) 믄득(忽 類合, 奄 石千)
서르(相 訓蒙, 類合) ᄡᅧ(以 石千)
이믜(旣 類合, 石千) 스스로(自 類合) 스스리(自 石千)
얼혀니(苟 類合) 엇뎌(豈 石千) 엇뎨(何 類合)
엇디(豈 類合, 何 石千) 오직(唯 類, 惟 維 石千)
아조(殊 類合) 아직(且 類合) 아쳐(惡 類合)
ᄌᆞᄆᆞ(頗 石千) 즉제(卽 石千) 대강(略 類合)
대개(槩 類合) 만일(如 類合) 일뎡(應 類合)

등이 있는데

(1) 漢字말 副詞에

---

6) 拙稿, 「ㄹ子音의 添落에 대하여」, 「中大 文理大 文耕」 15집, pp. 28~40: 1963. 9. 20 : 拙著「國語學硏究」에 再錄, 1975. 8.

대강(大綱)　　대개(大槪)　　만일(萬一)
매양(←每常 ᄆᆡ샹)　　일뎡(一定)　　쟝ᄎᆞ(將次)
졈졈(漸漸)　　졈ᄎᆞ(漸次)　　힝혀(幸혀)

가 있다.

(2) '다'는 '다ᄋᆞ다'의 副詞形 '다아'에서, '더욱'은 '더으다'에서, 'ᄒᆞᆷ씌'는 'ᄒᆞᆫ+씌(때에)'에서 '구틔여'는 '굳(固·强)'에서 온 것이다.

(3) 類合에 '亦도역'이라 한 것을 보면 'ᄯᅩ'라는 副詞가 '너도 나도 누구도'의 '도'에서 轉했을 可能性을 보이는 것이 아닐까 생각한다.

(4) 副詞化 接尾辭

ᄀᆞ장(ᄀᆞᆽ+앙)
디투(딭+우)　　두루(두르+우)　　거두들·거두쁠(걷+우)
그으기(그윽+이)　　어혀니(어련+이)

등에서 보는 바 '-앙·-우·-이'가 나타나 있다.

'더욱'이 '더으다'에서 派生된 副詞인데, 'ㄱ'은 副詞를 이루는 接尾辭다.

4. 冠形詞

ᄒᆞᆫ(一 訓蒙·類合·石千)　　두(二 訓蒙·類合·石千)
석(三 訓蒙·類合·石千)　　넉(四 訓蒙·類合·石千)
온(百 訓蒙)　　즈믄(千 訓蒙)　　여러(累 類合)
너너(他 類合)　　ᄉᆡ(新 類合·石千)

(1) 석 …… 석자 석ᄃᆞᆯ 석兩
　　넉 …… 넉ᄃᆞᆯ 넉되 넉량

의 文獻例를 보이는데 이것은 오늘날에 이어진다. "석 · 넉"의 'ㄱ'은 冠形詞를 이루는 接尾辭다.

(2) 'ᄒᆞᆫ · 두'가 名詞에 두루 붙는 것은 古今이 같다.

(3) '온'은 '百'의 '온가지 · 온갖'(諸般 · 百般)이란 말이 생겼는데 오늘날의 '온'은 '모든 · 여러'의 뜻으로 轉해 쓰이고 있을 뿐이다.

(4) '새(新)'는 오늘날 冠形詞로만 쓰이는데 中世語文獻에는 '어느'와 함께 名詞 · 副詞 · 冠形詞로 쓰인 例를 보인다.

5. 세 문헌에 나타난 漢字말訓과 순우리말訓

漢字말 訓이란 ① 漢字말 訓, ② 音과 訓이 같은 漢字訓, ③ 漢字말 + 순우리말 형태를 취한 訓의 合을 의미한다. 순우리말 訓은 이 ①②③을 除한 나머지를 뜻한다.[7)]

구분 / 資料	漢字말訓의 數	순우리말訓의 數	計
訓蒙字會	530(14.4%)	3,146(85.6%)	3,676
新增類合	677(21.2%)	2,512(78.8%)	3,196
石峯千字文	164(16.4%)	836(83.6%)	1,000

訓蒙字會 收錄字數는 3,360자로 되어 있으나 重出字(葵 · 朝 · 行)도 있고 複訓字(交 섯글 · 사괼, 非 욀 · 안득)가 있어 漢字訓數는 3,676이요, 新增類合의 收錄漢字는 3,000字지마는 역시 複訓字(次 ᄎᆞ레 · ᄀᆞ옴, 望 보롬 · ᄇᆞ랄)가 있어 漢字訓數는 3,189다.

7) 閔忠煥, 「訓蒙字會 新增類合 千字文의 比較考察」, p. 33, 1981. 3, 「仁荷大 碩士論文」.

Ⅱ. 同訓字 實態考察

(同綴訓異義語 "例 ; 갗革, 갓物"은 제외)

대표적인 漢字學習書인 訓蒙字會(比叡本), 新增類合(檀大影印本), 千字文(石峯)에 나타난 同訓字 實態는 다음과 같다.

活字관계를 고려하여 常用漢字 또는 代表字만을 들고 僻者는 피하기로 한다.

1. 訓蒙字會

1.1 27字(25字+2字) : 집 宇宙宮闕殿屋宅家房廳舍室堂閣院邸館觀 … 25子 匣 …2字

1.2 20字 : 글월 詩書章文字典籍經篇箋契簡案牘疏牌薄엽牒批 …

1.3 13字 : 블글 丹赤朱紅 …

1.4 11字 : 볼 看見覽觀眺 …

1.5 10字 : 빅 舟船艇艦舶 …

1.6 9字 : 울 哭泣叫 …

1.7 8字 : 구슬 珠瓊玧(=珍)璧 … 술위 車輛輿輦 …

1.8 7字 : 달 亂荻…믓ㄱ 汀洲涯…삿기 羔豚雛

1.9 6字 : 괴올撐竝… 구무 孔穴窟 … 님굼 皇帝君王侯 … 댱 帳幛 …되 夷戎蠻狄虜 …머구리 蛙蝦 … 봄놀 翔騰踴躍 … 얼굴 形狀型模式(身) 여윌 瘦瘠 … 이바딜 餉 … 져제 店市行 …(鋪) … 즌퍼리 沮蕩 … 할미 婆 … (姑)

1.10 5字 : 가미 釜鍋 … (鑊) …가슴 胸膺臆 … 거리 逵街 … 겨집 妻女娘姬姜 … 고을 州郡縣邑 … 곳갈 冠巾 … 기울 歪傾仄 … 길 路途徑 (道) … 깁 綺絹 … 나 吾我予…납 猿 … 더울 暑暖炎 … 마슬 署曺局司 ᄆᆞ슬 里村 …말숨 談話言語詞 목 頸項 … (領) … 못 淵沼澤池 … 믈

어딜 崩頹 방패 干盾 …(牌) 번 伴侶友朋 …아즈미 姑姨嫂 … 아히 兒童孩 … (厮) 엇게 肩胛 … (膀) 주글 死夭 … 줄 贈賜給 … 터 境基 … 하늘 天乾…

1.11 4字 : ᄀ랏 稂稗 … 간곡홀 奸詐狡猾 … 갓 皮革 …개 浦港 … 거느닐(릴) … 統御部濟 거둘 收斂括 … 거싀 蚯蚓 … 게으를 嬾惰怠 … 구지즐 罵 … 굴에 鞚 …(轡) 궁디 韃… 그물 網 … 즘 阿隙 … 낟 鎌 … 너 汝爾 … 녀계 娼妓 … 놀애 曲歌謠 … 돋 猪 … 동개 鞁… 두던 丘原阜 … 두듥 坡 阪 … 드를 聽聞 … 쓰믈 泔 … 듣글 塵埃 … 쁟 情志意旨 … 쓸 抯 … 막대 棍棒 … 말 橛 … ᄆ야미 蟬 … 몸 身體軀躬 … 묏도기 蝗 … 묏부리 嶽 … 무덤 墳墓 …므지게 虹 … 믈 咬…믈자새 桔 … 믓결 濤浪瀾波 빗 棹 … 빗복 臍 … 바빌 捻撚 … 버국새 鴰 … 버슷 蕈 … 봇글 炒 … 부를 滋殖資 … 부훵이 鵂 … 뽀빌 撋 … 브슬 注斟 … 블브틀 燎 … 블블 焙 … ᄉ매 袖 … 산힝 蒐狩 … 살 買購貿 … 새 雀禽鳥 … 솓 鼎 … 쇼경 盲矇 … 쑛돌 礪 … 쉬궁 溝 … 아득홀 暗昧 … 아비 父爺考 … 암 雌牝 … 어딜 賢豪俊能 어릴 愚癡 … 옥 牢囹圄 …올창이 蚪 … 웅덩이 潢 …일 淘沙汰 … 잇 苔蘚 … 잔 盞杯 … 즌자리 蛉 … 지조 才術技藝 쟝군목 扃 … 져믈 幼稚 … 줄기 莖梗 … 쥐며느리 蝜 … 쥬쥬 礎 …즈싀 渣滓 … 채 鞭策 … 칠 育養 … 탐홀 貪 … 통발 笱 … 틸 打拷 … 혹당 序校塾 … 할미새 鶺鴒 … 허믈 痕 … 허튓쌔 脛 … 헐쓰릴 訕謗毁 … 호미 鋤…

2. 新增類合

2.1 11字 : 빗날 輝華麗彩炳煥 … (爛) 자불 持操捕把捉提携秉執 …

2.2 10字 : 볼 見視觀瞻覩覽看監 …

2.3 9字 : ᄇᆞᆯᄀᆞᆯ 明朗灼昭粲烔耿 (爽) … (亮)

2.4 8字 : 니ᅀᅮᆯ 紹 니슬 承胤緝 니을 連嗣 니ᅀᆞᆯ 繼續 모ᄃᆞᆯ 諸集都會聚合萃 (鍾) 베플 宣張設施敷陳發 (肆) 줄 惠授贈 … (乞)

2.5 7字 : 멀 遐邈逖遠迥遼 (遙) 집 家宮宇館舍宅屋 편안 靖康寧安穩 … (便)

2.6 6字 : ᄀᆞᆯᄒᆡᆯ 澹泊淸淡 (澄) ᄆᆞᆯᄀᆞᆯ 澈 어긜 違乖戾 … 어딜 德賢善良淑 … 펼 展鋪叙舒伸 … 프를 靑碧翠蒼 …

2.7 5字 : ᄀᆞ리올 隔遮障礙 … 갈 之去往逝 (適) 갓ᄀᆞᆯ 刊剔刪削 … 노ᄑᆞᆯ 尊高卓峻 (崇)· · 노ᄒᆞᆯ 放縱措捨頓 더러울 醜 더러울 鄙穢 … 더을 添加增益(愈) 마글 防禦杜窒塞 ᄆᆞᄅᆞ 棟義宗旨梗 말ᄊᆞᆷ 言語談辭話 빼여날 英俊秀 … 브를 呼唱喚召招 브틀 接著屬寓附 ᄉᆡᆼ각 思念惟憶 (識) 아ᄒᆡ 兒童嬰稚 … 유여 裕饒 … (優) 졍셩 忠誠 … 조ᄎᆞᆯ 循從遵隨 … 칠 牧養畜育 … 향긔 香芳薰馥 … 힘ᄡᅳᆯ 務力勉勵 … (强)

2.8 4字 : 가ᄑᆞᆯ 報償酬 … 거믈 黑 … 게으를 惰懶怠 고틸 改匡更變 그를 錯誤繆差 깃글 喜欣悅 … 내틸 斥黜 … 늘글 老 … 다 皆盡悉咸 … ᄠᅥ러딜 凋落墮 … 덜 損減除 … 두릴 惶懼悸怖 마ᄌᆞᆯ 適邀迎 … 만날 遭値遇逢 ᄆᆡ올 武猛悍厲 모딜 惡虐暴 물 衆羣倫徒 버믈 罹繞 … 번 朋友侶 … 복 福祉祚禧 븟그릴 慙愧恥羞 ᄉᆞᄆᆞᄎᆞᆯ 達透徹通 셜울 痛慼悼慘 소길 詭斯 … 쉴 休憩息 … 시슬 洗滌 … 아ᄃᆞᆨ 茫渺…아당 諛阿諂 … 앗길 嗇惜 … 어두을 暗昧冥 … 어즈러울 煩紛亂 … 얼굴 狀體形象 열 啓闢開 … 외다할 貶譏 … 울 嗚泣哭 … 움 苗芽萌 … 이 是斯此玆 이실 有在住存 저홀 恐畏 … 조심 謹恪寅 … 틸 格攻擊打 훤ᄒᆞᆯ 廓豁…

3. 千字文(石峯)

3.1 9字 : 집 宇宙闕堂宮殿舍家宅

3.2 7字 : 글월 文字章籍書經牒

3.3 6字 : 모ᄃᆞᆯ 諸都集聚合 會 베플 張發肆設宣施

3.4 5字 : 구ᄉᆞᆯ 珠 구슬 玉璧 … 4字 ᄆᆞᆮ 伯兄尹昆孟 ᄆᆞᆯᄀᆞᆯ 淡澄雅淑朗 어딜 良善令 … 이 此是斯玆 …

3.5 4字 : ᄀᆞᄐᆞᆯ 似如若猶 나모 樹木 … 님금 帝皇王君 말ᄉᆞᆷ 談言辭語 멀 遐遠遼 … 몸 身體己躬 볼 觀見瞻眺 블글 丹紫赤 … 아닐 非不匪 … 오ᄅᆞᆯ 登陟浚 … 지을 制作造營 칠 育養牧 …

4. 訓蒙字會+新增類合+石峯千字文

4.1 27자 : 집 訓

4.2 21字 : 글월 訓 20字 類 1字 … 詞

4.3 14字 :

블글 訓 13字 千 1字 … 紫

자ᄇᆞᆯ 訓 1字 … 拈 類 11字

(자블) 訓 1字 … 捕 千 1字 … 攝

4.4 13字 : 빗날 訓 1字 … 綵 類 10字(1字)

千 1字 … 煌

4.5 12字 : 볼 訓 11字 類 1字 … 監

4.6 11字 : 어딜 訓 4字 類 5字 … 德善良臧淑

千 2字 令乂

4.7 10字 :

구슬 訓8字 千 2字 … 玉璇

ᄆᆞᆯᄀᆞᆯ 訓 1字 … 淸 類 3字 (1字)

千 3字 … 雅淑朗

(ᄆᆞᆯ글) 訓 1字 … 淡 類 1字

물 訓 3字 … 徒彙輩(2字) … 曺每

類 4字 千 1字 … 庶

아ᄃᆞᆯᄒᆞᆯ 訓 4字 類 1字 … 窈(2字)

… 縹緲 千 3字 … 漠杳冥

울 訓 9字 千 1字 … 鳴

줄 訓 5字 類 5字 … 惠予饋貺授

4.8 9字

니슬 訓(1字) … 每 類 8字

술위 訓 8字 千 1字 … 軻

4.9 8字

괴올 訓 6字 類 2字 … 支柱

더울 訓 5字(1字) 類 2字 … 熱煖

됴흘 訓 2字 … 善淑 類 6字

아히 訓 4字(1字) 類 3字 … 嬰孺稚

얼굴 訓 5字(1字) 類 2字 … 體象

편안 類 6字(1字) 千 1字 … 綏

4.10 7字

구들 訓 1字 … 炕 類 6字

구무 訓 6字 類 1字 … 竅

노폴 類 5字(1字) 千 1字 … 邵

님금 訓 6字 類 1字 … 后

마글 訓 2字 … 牐錮 類 5字

틸 訓 4字 類 3字 … 格攻擊

펼 訓 1字 … 攤 類 6字

프를 訓 1字 … 綠 類 6字

4.11 6字

겨집 訓 5字 類 1字 … 婦

곳갈 訓 5字

기울 訓 5字 類 1字 … 側

깁 訓 5字 類 1字 … 帛

두던 訓 1字 千 2字 … 阿 皐

마줄 訓 1字 … 義 類 4字 千 1字 … 的

ᄆᆞᄋᆞᆯ 訓 5字 類(1字) … 寺

말숨 訓 5字 類 1字 … 辭
믹올 訓 3字 … 烈猛武 類 2字 … 悍厲 千 1字 … 俊
번 訓 5字 類 1字 … 儔
소길 訓 2字 … 誆賺 類 4字
조촐 訓 1字 … 逐 類 5字
지을 類 3字 … 作製撰 千 3字
칠 訓 4字 類 2字 … 牧畜
터 訓 5字 千 1字 … 邙
하늘 訓 5字 類 1字 … 穹

4.12 5字 :

거믈 訓 2字 … 黑皂 類 3字 … 黔黯黮
게으를 訓 4字 類 1字 … 懶
구지즐 訓 4字
(꾸지즐) 類 1字 … 叱
떠러딜 類 4字 千 1字 … 凋
뜯 訓 4字 類 1字 … 思
막대 訓 4字 千 1字 … 策
몸 訓 4字 類 1字 … 己
복 訓 3字 … 福祐祚 類 2字 … 祉禧
블브틀 訓 4字 類 1字 …然(燃)
블쬘 訓 4字 類 1字 …炙
재 訓 4字 千 1字 … 鵾
셜울 訓 1字 … 冤 類 4字
앗길 訓 2字 … 慳悋 類 3字
어릴 訓 4字 類 1字 … 戇
움 訓 2字 … 萌秧 類 3字 … 苗芽茁
웅덩이 訓 4字 類 1字 … 澤
이 類 4字 千 1字 … 寔
쟝군목 訓 4字 … 扃 … 類 1字 … 關
저흘 類 4字 千 1字 … 惶

져믈　訓 4字 千 1字 … 少

以上 同訓(同綴訓異義)字 實態를 정리하면 다음과 같다.

(1) 訓蒙에서 '집'訓이 27字로 最多, '글월' 訓이 20字로 다음
10字~13字 同訓은 '블글 · 블'의 2.
5字~9字 同訓은 빅(9字) 울 · 구슬 · 술위(8字) 등 46.
4字 同訓은 ᄀ랏 · 간곡홀 등 87.
以上 4字 以上 同訓은 137.

(2) 類合에서 '빗날 · 자블'이 각각 11字로 最多, '블'訓이 10字로 다음
5字~9字 同訓은 블골(9字) 니슬 · 모돌 · 베플 · 줄(8字) 등 37.
4字 同訓은 가플 · 거믈 등 42.
以上 4字以上 同訓은 82.

(3) 石千에서 '집' 訓이 9字로 最多, '글월'이 7字로 다음
5字~11 同訓이 모돌 · 베플(6字) 등 7.
4字 同訓은 12.
以上 4字以上 同訓은 21.

(4) 訓蒙+類合+石千에서 '집' 訓은 訓蒙에서 나타나는 27字外에 類合 · 石千에 새로 나타난 것이 없어 결국 '집'이 27字로 最多同訓을 보이고 있다.

'글월'訓은 訓蒙에 나타나는 20字外에 類合에 1字가 새로 나타나 결국 21字로 다음,

10字~14字 同訓은 블글 · 자블(14字) 빗날(13字) 볼 · 어딜(12字) 구슬 · 믈곧 · 믈 · 아ᄃᆨ홀 · 울 · 줄(10字) 등

5字~9字 同訓은 니슬 · 술위 등 55.

이밖에도 訓蒙字會에는 3字同訓이 가지(枝○○) 갑(甲○○) 등 138개, 2자同訓이 가람나모(柞○) 가사(袈○) 등 499개요, 한 訓

으로만 되어 있는 漢字는 1,355字로 전체의 36.3%다.

類合에는 3字同訓이 견홀(比○○) 고마(敬○○) 등 122개, 2字 同訓이 가마(釜○) 가마니(漠○) 등 341개요, 한 訓으로만 되어있는 漢字는 1,567字로 전체의 49.0%다.

石千에는 3字同訓이 갈(往○○) 갓까올(近○○) 등 36개, 2字同訓이 가비야올(輕○) 거츨(荒○) 등 99개요, 한 訓으로만 되어 있는 漢字는 594字로 전체의 59.4%다.

이 同訓硏究로 漢字學習書에 나타난 漢字語 '글월' 攷[8]와 漢字學習書에 나타난 漢字訓 '집' 攷[9]가 있다.

本 硏究에서는 同訓字의 본보기로 '볼', '블글', '님굼' 同訓에 대해 考究하기로 한다.

'볼' 訓은 訓蒙에

> 看・見・視・見・瞻・覿・覩・觀・覽・覩・瞰・眺, 類合에 見・視・觀・瞻・覩・覿・覯・監・看・覽, 石千에 觀・見・瞻・眺

字가 있다.

결국 '볼' 同訓字는 總 12字다. 訓蒙의 11字와 類合에 새로 나타나는 '監' 1字를 합해 12字인 것이다.

> '看'은 '視也'로 "본다, 지킨다"의 뜻이 있다.
> 看板・看做・看過・看山・看取・看守・看護 …
> '見'은 視也(견) 露也(현)으로
> 견…본다, 만나본다, 當한다.
> 見聞・見物生心・見本・見習・見識・見積・見地・見學・見解・發見・外見・意見・參見・卓見・偏見…
> 현…나타난다. 드러난다.
> 見舅姑・謁見
> '眺'는 '視也'로 멀리 "본다, 바라본다"의 뜻.

---

8) 南基卓, 「語文硏究」 28호, pp. 604~621, 1980, 一潮閣.
9) 南基卓, 「語文硏究」 39・40호, pp. 574~590, 1983, 一潮閣.

眺望 …

'視'는 瞻也 比也로 "본다, 견준다, 본받는다, 대접한다, 기다린다"의 뜻.

視角·視覺·視界·視力·視務·視線·視神經·視野·視點·視察·視聽·監視·檢視·近視·亂視·明視·無視·斜視·巡視·遠視·凝視·敵視·正視·注視·直視·嫉視

'瞻'은 '仰視', "우러러본다, 쳐다본다, 올려다본다"의 뜻.

瞻望·瞻星臺·瞻仰 …

'覽'은 視也. 周視 '두루 본다'의 뜻.

閱覽·遊覽·一覽·展覽·便覽·回覽 …

'觀'은 '視也. 示也. 闕也'로 "본다·보인다·지식있게 본다·철학적으로 본다·대궐·집"

觀客·觀光·觀念·觀覽·觀望·觀相·觀戰·觀照·觀衆·觀察·觀測·觀形察色·概觀·客觀·樂觀·人生觀·壯觀·靜觀·主觀·參觀 …

'覩' 睹古字 '睹'는 '見也'로 "본다"의 뜻.

目睹 …

'覿'는 '見也', '覭見'으로 "본다"의 뜻.

覿面… ① 눈앞 面前 ② 눈앞에 직접 면대함. 임금이나 웃사람에게 면대하였을 때 일컬음

'覯'는 '遇見'으로 "만나본다·이른다"의 뜻.

覯憂…근심을 만남. 근심이 생김.

'瞰'은 '俯視·瞯通' 으로 "굽어본다. 내려다 본다"의 뜻.

臨瞰·瞰下·鳥瞰圖·俯瞰 …

'監'은 '視也·官名·察也·領也·臨下'로 "거느린다·살핀다·감독한다·벼슬·임한다·별이름·姓"의 뜻.

監禁·監農·監督·監理·監房·監司·監査·監守·監修·監視·監察·校監·技監·大監·舍監·令監·統監·學監 ……

이들 한자중 基礎漢字에 들어 있는 '看·監·見·觀·覽·視'의 造語力(東亞出版社. 漢韓大辭典에 의한 통계)은 다음과 같다.

看(34+1) 監(50+7) 見(57+17) 觀(102+18) 覽(6+4)

視(47+17) <앞뒤에 놓여 이루어지는 말 別>

이들 '볼' 同訓字中 代表訓은 '볼'아닌

眺 바라볼 (조)　瞻 우러러볼 (첨)
覽 두루볼 (람)　覿 면대해볼 (적)
覯 만나볼 (구)　瞰 굽어볼 (감)
監 감독할 (감)

으로 하고 나머지는 '看・見・觀・睹・視' 등 '볼' 訓으로 主로 쓰이는 것이 아닌가 한다.

'블글' 同訓은 訓蒙에,

丹・雘・彤・赭・赬・赤・朱・緋・紅・絳・紺・緅・纁

類合에

丹・赤・朱・紅

石千에

丹・紫・赤・絳

字가 있다.

결국, '블글' 同訓字는 總 14字다. 訓蒙의 13字와 石千에 새로 나타나는 '紫' 1字를 合해 14字인 것이다.

'丹'은・赤色 丹砂 - 朱砂・衷心・容美・以朱塗物・花名牧丹

그런데 石千에는 "블글단"이라고 하여 있고 註解 7:15에 '丹心'을 '블근ᄆᆞᅀᆞᆷ'으로 諺解하여 있음에서 "붉다=븕다"의 等式이

成立한다.

丹唇・丹毒・丹砂・丹書・丹誠・丹脣・丹脣皓齒・丹心・丹青・丹衷・丹楓・牧丹 …

'臒'은 丹 붉은. 丹青・丹也 丹臒

'彤'은 丹飾 붉은칠할. 彤弓・ 彤矢・彤庭 …

'赭'는 赤土. 罪人服. 赭面・赭山・赭色・赭黃色

'赬'은 赤色. 魴魚一尾. 赭尾 …・・

'赤'은 붉을 ・ 南方色. ・空盡無物

블근셤 : 赤島 (龍歌 1 : 8)

블근못 : 赤池 (龍歌 7 : 25) 赤褐色・赤旗・赤裸裸・赤道・赤銅・赤豆・赤面・赤壁賦・赤貧・赤色・赤誠・赤手空拳・赤身・赤信號・赤十字・赤字・赤血球・赤化 …

붉은 깁 : 赤練

'朱'는 南方位赤色.

朱墨・朱門・朱砂・朱色・朱書・朱子學・朱黃・印朱 ……

'緋'는 絳色. 붉은 빛.

[唐書] 袴褶之制五品以上一 緋甲 緋緞

'紅'은 [홍] 南方色絳也 [공] 女一 길삼.

블근건 : 紅帕(五倫 1 : 56)

紅巾賊・紅軍・紅茶・紅燈街・紅爐點雪・紅蔘・紅寶石・紅蔘・紅裳・紅柿・紅顔・紅一點・紅潮・紅塵……

'絳'은 大赤色 깊게 붉을 ・染草名. 水名.

絳氣. 絳羅. 絳衣 ……・・

'紺'은 青而含赤色 아청.

紺은 블가ᄑᆞ라ᄒᆞᆯ씨라(法華 2 : 12)

紺色. 紺青 ……・

'緅'는 青赤色 卽 鴉青 아청빛

'纁'은 淺絳色 분홍빛 ・三染成 세 번 물들일.

纁裳. 纁赤 ……・

'紫'는 帛青赤色 자주빛.

紫褐色・紫禁城・紫檀・紫桃・紫色・紫水晶・紫煙・紫外線・紫朱・紫霞門 ……

이 '븕다'라는 말이 '블(火)'에서 派生된 말이요, '볽다'라는 말과는 母音交替에 의한 同族性을 보이는 말임은 알려진 사실이다.

'블글'의 同族語 '볼골' 訓은 訓蒙에 '明' 1字뿐인데 類合에는 '볼골' 同訓은 "明·朗·灼·昭·粲·炯·耿·爽·亮", 石千에 '明' 字가 있다.

결국 '볼골' 同訓字는 類合에 나타나는 9字가 總數다.

'明'은 照也 ·差也. 昭也. 著也. 白也. 辨也. 通也. 察也. 備也. 神靈 星名 啓- 人名 孟-

'明' 字에 '白'의 뜻이 있음은

볼근 비치 : 白光(杜解 9 : 14)

에서 알 수 있고 '明白'에서도 알 수 있다.

明鏡. 明官. 明年. 明答. 明堂. 明渡. 明朗. 明瞭. 明滅. 明明白白. 明敏. 明細. 明示. 明暗. 明若觀火. 明言. 明月. 明朝. 明秋. 明確. 公明. 光明. 文明. 發明. 分明. 不明. 鮮明. 說明. 聲明. 失明. 黎明. 幽明. 自明. 著明. 證明. 淸明. 聰明. 透明. 賢明 …

'朗'은 明也.

朗讀. 朗朗. 朗報. 朗誦. 朗吟. 明朗. 淸朗 ……

'灼'은 燒也 사를·지질 ·炙也 ·昭也 ·煎盡 졸 ·잦을 ·--花 꽃난만히 필. ·꽃 활짝할. 灼熱 灼灼……

'昭'는 . 炤同 著也. · 光也 ·曉也 炤同. ·--明也 '밝을'의 뜻.

字典釋要에 [죠] 밝힐조 밝을조 新字典에 [쇼][죠]音으로 되어 있으나 類合. 宣中 21. 宣論 2 : 24뿐 아니라 三韻에도 '쇼'音을 一貫되어 있고 現代音으로도 '소'다. 昭詳. 昭昭. 昭陽. 昭應 ……

'粲'은 精鑿食 ·--明也鮮明貌 ·盛笑貌 껄껄 웃을.

粲爛 粲然……

'炯'은 光也. ·--明察 밝게 살필 ·火明貌 불 환히 비칠.

炯眠 炯炯 ……

'耿'은 介也 깨끗할 · 光也 · --小明 반짝거릴 · 憂也.
耿潔. 耿耿. 耿耿孤寢
'爽'은 明也. 差也 戚也 어기어질 · 어길 · 過也 · 새벽
'새벽'의 뜻으로 쓰인 例는

부희여 밝이예 : 昧爽(御小 2 : 3)

가 있다.

· -塏淸快 시원할 · 失也 · 烈也 · 鷹曰-鳩 星名 細一. 爽涼.
爽然. 爽快 ……
'亮'은 明也 · 諒也 · 信也 · 一陰居喪 여막.
亮達. 亮明. 亮直. 亮察 ……

그런데 이 '붉다'가 '블'과 同族語라 함은 '블글'訓字에 '灼 · 烔 · 耿' 등이 '火'部에 있는 字임에서도 알 수 있다.

그런데 흥미로운 것은 '블글'訓字에는 '火' 部字가 없고 '糸' 部字 "緋 · 紅 · 絳 · 紺 · 緅 · 纁 · 紫" 등이 있다는 사실이다. '실'에 染色한 빛깔이 가지가지 있어서 緣由한 것인가.

이들 漢字 中 基礎漢字에 들어있는 "丹 · 赤 · 朱 · 紅 · 紫"와 "明 · 朗 · 昭"의 造語力은 다음과 같다.

丹(37+ 2) 赤 (115+ 0) 朱 (52+ 0) 紫 (77+ 0)
明(128+ 29) 朗(10+ 2) 昭(30+ 0)

이들 '븕을' 同訓字中 代表訓이 오늘날 '붉을'로 쓰이는 것은

丹(붉을단) 朱(붉을주) 紅(붉을홍) 赤(붉을적)

이 아닌가 하는데 이 글자들이 造語力도 크고 頻用되는 글자들이 아닌가 한다.

'블글' 同訓字 中 代表訓이 오늘날 '밝을'로 쓰이는 것은

明(밝을 명) 朗(밝을 랑) 昭(밝을 소) 亮(밝을 량)

이 아닌가 하는데 역시 조어력으로나 使用頻度로나 다른 同訓字에 비해 크고 많은 것이 아닌가 한다.

'님굼' 訓은 訓蒙에 '皇·帝·君·辟·王·候', 類合에 "君·王·后", 石千에는 "님굼"으로 "帝·皇·王·君"字가 있다.

결국 님굼(님금) 同訓字는 總 7字다. 訓蒙의 6字와 類合에 새로 나타난 '后' 1字를 合해 7字인 것이다.

그런데 類合에 '后'는 '님금후, 듕궁후'로 되어 있어 兩訓을 보인다. 한편 石千에는 "宣님굼션 禹 님굼우, 聖 님금셩 御 님금어"가 있다.

'님금'은 龍歌·月釋·楞解·三綱 등에 나오고 '님굼'은 三綱·飜朴 등에 나오므로 님금>님굼으로 '금'의 一母音이 後行하는 ㅁ소리에 의해 逆行同化하여 '굼'이 된 것으로 본다. '어듭다'가 '어둡다'가 된 것과 同軌의 것이다.

石千의 '님군'이나 仁祖行狀·五倫에 보이는 '님군'은 '君'을 意識하고서의 표기로 보인다.

이 '님금'類의 訓과 '님·님자'訓이 同族語임을 틀림없으리라 보는데, 梁柱東은 敬稱의 '님'은 '主' 外에 '君' 字를 쓴 例를 든 일이 있다.[10]

'님금'의 '금'이 '尼師今 尼叱今'의 '今'이나 寐錦(新羅의 王號)'의 '錦'을 각각 '금', '尼師今'은 "嗣王·繼君"으로 보고 '寐錦'은 '믿금' 즉 始祖로 본 견해가 있다.

그리하여 'ᄀᆞᆷ'은 '김·검·곰·금' 등으로 互轉되는 '神'의 古語로 '王'의 古訓(尼叱今·寐錦·乃至上監)에 仍用되었다 하고,[11] 借字론 '解慕·蓋馬·乾馬·金馬·儉·錦·今·黑·態'等等, 그 語原은 '幽玄'의 義의 '감·검'일 것이라 하였다.[12]

---

10) 梁柱東, 「古歌研究」, p. 436, 姉者 照, 文皇太后君妳在旀 (葛項寺石塔記).
11) 梁柱東, 「古歌研究」, pp. 86~87.
12) 上同, 「古歌研究」, p. 8.

이런 推理에 全的으로 同意하는 것은 아니라 하더라도 一面의 說得力이 있는 것이라면 '金閼智'의 '金'이나 '錦江'의 '錦'도 이러한 범주에 넣어 해석할 수 있을 듯하다.

'皇'은 [황] 君也. ·大也. ·正也. ·始也. ·於一歎美辭 아름답다할 ·--
美盛貌 성할 [왕] 一一祭儀嚴肅貌 엄숙할.
皇家. 皇考. 皇國. 皇宮. 皇女. 皇都. 皇道. 皇龍寺. 皇陵. 皇命. 皇妃. 皇城. 皇孫. 皇室. 皇運. 皇位. 皇威. 皇恩. 皇子. 皇帝. 皇族. 皇太孫. 皇太子. 皇太后. 皇統. 皇 化. 皇后. 法皇. 上皇. 女皇. 天皇 ………
'帝'는 王天下之 君也 ·인군 ·上一天也 하나님
帝國. 帝命. 帝室. 帝業. 帝王. 帝位. 帝政. 帝號. 上帝. 先帝. 天帝. 皇帝 ……·
'君'은 至尊 ·嚴父 ·細一 也아내 彼此通稱 그대 ·자네
君國. 君臨. 君命. 君父. 君師父. 君上. 君臣. 君王. 君子. 君長. 君主. 郎君. 大君. 明君. 夫君. 府君. 聖君. 主君. 賢君 ……
'辟'은 [피] 避同. [벽] 君也 ·妻祭夫 ·法也 ·除也屛也 ·邪也 ·偏也 ·刑也 ·明也 ·徵也 ·一易驚退 무루칭할
辟穀. 辟命. 辟邪. 辟書. 辟易. 辟王. 辟除 ……··
'王'은 君也 ·父沮也 ·五覇身臨天下 왕노릇할 ·長也 어른 ·盛也 ·往也
王家. 王姑母. 王冠. 王國. 王宮. 王權. 王氣. 王女. 王大妃. 王大人. 王道. 王命. 王妃. 王 城. 王世孫. 王世子. 王孫. 王宮. 王業. 王后. 王者. 王子. 王政. 王朝. 王族. 王座. 王侯將相. 國王. 君王. 勤王. 大王. 先王. 帝王. 親王 ……
'侯'는 訓蒙에 '次於公'으로 되어 있고 新字典에는 五爵第二位 벼슬이름 ·一君也 ·美也 아름다울 ·語辭維也 오직 ·射布 소포 ·何也
'后'는 君也 ·後也 ·王妃 ·임금 아내 如皇一皇太后 ·社神
后宮. 后妃. 后王. 后土. 母后. 王后. 立后. 皇后. 皇太后 ……

이들 漢字 中 基礎漢字에 들어 있는 "皇·帝·君·王·侯"의

造語力은 다음과 같다.

皇(63+5)　帝(43+11)　君(36+15)
王(123+12)　侯(15+4)

이들 中 오늘날 '임금'訓으로 남아 있는 것은 '皇·帝·君·王' 4字로 역시 造語力으로나 使用頻度로나 크고 많은 글자들인 것이다.

Ⅲ. 漢字訓 餘論

필자는 訓蒙에 나타난 漢字訓 중 特異한 것에 대해 論及한 바 있다.[13)]

쉬궁 (溝등)　닝금 (檎)　쟈실 (幕)
피마ᄌᆞ (萞)　튀홀(煺)　지지 (栀)　바조(笆)
반초 (芭)　험년 (歉·儉)　디질(痔)　싱앙 (薑)
우왕 (蒡)　삷(鍤)　:함(函)　훠(靴)　연(今)
모실 (牧)

등에 대한 考察이 그것이다.

이제 訓蒙字會(東中本), 新增類合(檀大影印本), 千字文(石峯)에 나타난 漢字訓 중에서 個別研究나 Ⅰ, Ⅱ에서 다루지 않은 漢字訓에 대해 論하기로 한다.

ㅂ소리의 脫落例(圓脣母音化例)

12C 初 鷄林類事에

13) 拙稿, 「訓蒙字會의 漢字音·訓 研究」, 「가람 李秉岐 博士 頌壽論文集」, pp. 317~343(1996. 11 : 拙著, 「國語學研究」, pp. 139~145에 再錄).

二曰 途孛 두블
酒曰 酥孛 수블
秤曰 雌孛 저블

이 나오고 이들이 15C 中期 文獻에는

:둘, 수을 저울

이에서 母音 사이에서 ㅂ 소리의 脫落이 이미 15C 中期以後에 이루어졌음을 보이고 있다.

한편 ㅸ 표기는 실제로는 母音 사이 또는 ㄹ子音下에서 이미 ㅂ소리가 圓脣母音化되었는데도 意圖的 理想表記로 등장했으리라는 주장을 편 일이 있다.[14)]

그런데 이들 訓蒙, 類合, 石千에는 ㅂ 脫落例는 相當數 나타나 있다.

갈웜 虎 訓蒙上 18<갈범 東醫湯液 1 : 49
골왕이, 螺, 訓蒙上 23<골방 田螺鄕云古乙方 (新編馬醫方, 牛醫方)
글월 文 訓蒙上 34<글왈<글발 (龍歌 26章)
말왐 菱 訓蒙上12<말밤月釋 21 : 80<芰實末栗 鄕藥採取月令
고의 袴 訓蒙中 23
柯背(鷄類)>ᄀᆞ외(初柱解 7 : 5)>고외(重柱解 1 : 19)>괴 : 춤
ᄀᆞᆯ오기 孿 訓蒙上 33←ᄀᆞᆲ다(並 · 偕 · 敵)
ᄀᆞᆯ을 敵 訓蒙上 24
ᄂᆞᆾ두에 瞼 訓蒙上 25<ᄂᆞᆾ두베(蒙法 2) '둡+에'
메와ᄉᆞᆯ 袒 訓蒙上 34<메ᅀᆞᆺ-<메밧-<메+밧-)
밀와들 擠 訓蒙下 24<밀왇-<밀받-<밀+받-)
ᄇᆞᆯ올 踏←ᄇᆞᆲ다 訓蒙下 27 ᄇᆞᆯ올<ᄇᆞᆯᄇᆞᆯ
버워리 瘂 訓蒙中 34<버버리

14) 拙稿, 「ㅸㅿ論攷」, 「1959 中央大 論文集」 4집, pp. 115~140 : 拙著, 「國語學論文集」, 1962. 1974. 4, 一潮閣, pp. 65~99에 再錄.

베와ᄃᆞᆯ 批 訓蒙下 24 베왇-<(베받-<베+받-)
비화 琵琶 訓蒙中 24<비바>비파
아가외 棠 訓蒙上 11<아가ᄫᅵ 全羅·慶尙·忠淸 方言
우왕 蒡 訓蒙上 8<우방 牛蒡
일위ᅀᆞᆯ 穪 訓蒙上 25<일버ᅀᅥ 月釋 1 : 6
표웜 訓蒙上 18<표범 類合上 13 譯解下 33 · 東醫 湯液一獸部
호왁 臼 訓蒙中 11<호박 慶尙 方言
가온ᄃᆡ 中 訓蒙下 34<가ᄫᆞᆫᄃᆡ (月釋 14:80 "갑(中·半)+ᄋᆞᆫ+ᄃᆡ(處)
다와ᄃᆞᆯ 冐 類合下 34<(다ᄫᅡᄃᆞᆯ<다바ᄃᆞᆯ)
ᄆᆞ이밀 緊 類合下 43<ᄆᆞᄫᅵ 三綱忠 19←'ᄆᆡᆸ다'
비와ᄐᆞᆯ 吐 類合下 6<비ᄫᅡᄐᆞ니 蒙法 31<(비바ᄐᆞ니)
위와ᄃᆞᆯ 奉 類合下 14 <(위ᄫᅡᄃᆞᆯ<위바ᄃᆞᆯ)
세와ᄃᆞᆯ 桓 石千 23<(세받ᄃᆞᆯ<세바ᄃᆞᆯ)
'-왇다' 强勢를 나타내는 接尾辭
'-받다' 强勢를 나타내는 接尾辭
니르ᄫᅡᄃᆞᆯ, 믈리ᄫᅡᄃᆞ며

各訓考

가랍나모 柞 訓蒙上 10. 떡갈나무. '떡갈잎'이 '가랑잎', 이 '가랑잎'이 '가랍닙'에서 바뀐 말일 것.

가막죠개 ○ 訓蒙上 20 '가막'은 '감(黑)+악'으로 接頭辭
가모티 鱧 訓蒙上 20
가몰치 黑魚 同文解下 41
가물치 黑魚 漢淸 14 : 42
가물티 鱧 柳物二鱗
'티'는 "갈티 : 裙帶魚 譯解下 37 柳物二鱗
쥰티 : 鰤 訓蒙上 20에서 알 수 있듯이 '魚'의 뜻. 티>치. '가물치·가몰치'가 '黑魚'이므로 '가모'는 '감(黑)+오'의 造語. 'ㄹ'소리 介入
고 杵 訓蒙中 11 · 倭解下 3에는 '공이져 杵'로 ㅇ 소리 添着
고롬 膿水 膿 골믈 농 俗稱一水 고롬
골다 卵段 골다 柳物一羽虫

ᄀᆞᆯ다 술 ᄀᆞᆯ게붓다 : 醨淺 譯解上 59

ᄀᆞᆯ마지 ᄀᆞᆯ마지ᄢᅵ다 : 起衣 譯解補 31

ᄀᆞᆯ아지 醭 訓蒙下 12

ᄀᆞᆱ다 ᄀᆞᆯᄆᆞᆫ 픠 救急方上 86

ᄀᆞᆯ타 不滿 同文解下 54[15)]

나모쥭 杓 訓蒙中 19

나모쥬게 榪杓 朴解中 11 쥭+에

놋쥬게 銅杓 譯解下 13

쥬걱 笊籬 物譜 鼎鐺 쥭+억

놋쥬걱 青丘 古時調

년ᄉᆞᆫ 藕 訓蒙上 14 '蓮根'의 '根'이 東漢音으로 'ᄀᆞᆫ', 'ᄉᆞᆫ'은 "님굼 ᄉᆞᆷ 君 訓蒙中 1 薑 ᄉᆡᇰ앙ᄶᅡᇰ 訓蒙上 14,긔운씌 氣 訓蒙上 33"과 같은 것과 同軌의 것으로 보아 좋을 것이다.[16)]

ᄇᆞᆺ눈 霰 訓蒙上 2 'ᄇᆞᆯ+눈'의 ㄹ 脫落

ᄡᅩᆨ 片◯ 訓蒙下 5 ᄡᅩ기다 斯 柳物四木 現代語 쪼개다 '쪽+애다'

ᄡᅩ각 段 類合下 48 'ᄡᅩᆨ+악'

ᄧᅡᆨ 對 訓蒙下 33 짜개다 '짝+애다'

와 同軌의 것.

〈『한글과 漢字』, 韓國語文教育研究會, 1985. 9.〉

---

15) 拙稿, 「古代國語造語法의 한 考察」, 「國語學論文集」, p. 237.

16) 拙稿, 「朝鮮(李朝) 漢字音研究」, p. 104.

國語史

高麗歌謠 註釋上의 問題點(1)

-學者간에 異見 있는 것을 중심으로-

俗稱 高麗歌謠에는 註釋上의 問題點이 상당히 있는 것으로 안다. 즉 學者간에 異見이 있는 것이 있고 未解決의 것도 있다.

필자는 이 高麗歌謠의 註釋上 문제가 있는 것에 관해 얼마간의 意見을 편일이 있다. 主格助詞 '가'에 대하여 -註釋의 立場에서-[1]와, 古歌謠에 나타난 難解語에 대하여-麗謠를 중심으로-[2], 高麗歌謠 註釋上의 問題點에 관하여-學者간에 異見 있는 것을 중심으로-[3]가 그것이다.

기왕에 발표했던 것 중 一線教師에게 參考資料로서 提供하기 위해 줄여서 싣기로 한다. 자세한 것이 필요한 분은 각각 拙著(脚註1), 2), 3)) 를 참조하시기 바란다.

1. 술읏븐뎌

죽고 싶은 것이여! 사라지고만 싶은 것이여!

瓜亭 鄭敍의 작품으로 알려진 鄭瓜亭에

---

1) 拙著, 「國語學論文集」(一潮閣 4版, 1974), pp. 371~378.
2) 拙著, 「韓國學論文集」(一潮閣 4版 1947), pp. 329~346.
3) 拙著, 「高麗時代의 言語와 文學」(韓國語文學會 編 螢雪出版社, 1975. 10), pp. 49~91.

ᄉᆞᆯ읏브뎌 아으 니미 나ᄅᆞᆯ ᄒᆞ마 니ᄌᆞ시니잇가

가 나온다. 이 'ᄉᆞᆯ읏브뎌'를 梁柱東 박사는 'ᄉᆞᆯ읏브'를 '슬프'(悲)의 뜻으로 보았고, 金亨奎 박사는 'ᄉᆞᆯ읏브뎌'를 '슬읏브뎌'의 誤刻인 듯하다고 하면서, 한편으로 'ᄉᆞᆯ읏'(悲)의 예가 나타나고 있다라고 하여 梁 박사와 같은 예를 들고 있으며, 池憲英씨는 'ᄉᆞᆯ읏브뎌'를 '사뢰고 싶도다, 아뢰고 싶도다'로 보았다.

그러나 필자는 이 두가지 설, 즉 '슬프다(悲)'의 뜻이나 '사뢰다(<ᄉᆞᆲ다)'의 뜻으로 해석하느니보다 차라리 '사라지고만 싶은 것이여! 죽고만 싶은 것이여!'로 해석함이 말뜻 자체에도 충실함이 되지마는, 歌意로 보아서도 더 적절한 것이 아닐까 한다.

그 까닭은 다음과 같다. '슬퍼하다, 슬프다'의 어근이 '슳'임은 문헌의 명시하는 바요, 梁 박사나 金 박사가 '슬프다'의 뜻으로 보아 예로 든 「月印釋譜」의

고ᄫᆞᆫ님 그리며 ᄉᆞᆯ읏 우니다니

는 필자의 조사한 바로는 이 인용은 잘못된 것이 아닌가 하며, 이 대목이

ㄱᄫᆞᆫ님 몯 보ᅀᆞ바 ᄉᆞᆯ읏 우니다니(月釋 8:87)

로 되어 있고, 또

고ᄫᆞ니 몯 보아 ᄉᆞᆯ읏 우니다니 님하 오ᄂᆞᆳ나래 넉시라 마로리어다(月釋 8:102)

와 같은 예도 보여, 얼른 보기에는 '슬프다'의 뜻으로 봄이 잘못이 아닌 듯이도 보이나

> 門밧긔 셔어 겨샤 兩分이 여희숣제 ·슬·하·디·여 우러 녀시니(月釋 8:84)
> 말 다ᄒᆞ시고·슬하·디·여 우러 여희시니(月釋 8:97)
> 싸해 업데여 그울며 슬하·디·여 우니(月釋 8:103)
> 밤즁만 슬하더 우러 님의 귀에 들리리라(古時調 그려사디)
> 火界增上力이 나면 비와 구룸괘·ᄉᆞ·라·디·여 업슬 씨오(月釋 10:85)
> 즉제 ᄉᆞ라디ᄂᆞ니라=卽消(馬解下 111)

등의 용례에서 보면 앞의 예 즉 「月印釋譜」권 8의 3례 '슬하디여 우러, 슬하디여 우니'의 '슬·하'의 '슬'에 去聲點이 찍혀 있고 '슬읏'의 '슬'에 또한 거성점이 찍혀 있을 뿐 아니라 '슬하디여 울다'라는 말이 月印釋譜 권 8에 세 군데나 나오고, 古時調에서도 連綿히 쓰였음을 보면 '슬읏 우니다니'의 '슬읏'이 바로 이 '슬하디여 울다'의 '슬하디다'의 뜻과 완전히 같은 것으로 보며, 따라서 '슬읏'은 '슬피'의 뜻이 아니고 '사라져, 사라지게'의 뜻이요, '슬읏브뎌'의 '슬읏'도 '슬프다'의 뜻으로 볼 것이 아니라 '사라지다'의 뜻으로 봄이 옳을 듯하다. 필자는 이 '슬하디다'가 앞에 예로 든 'ᄉᆞ라디다'와 같은 것으로 보며, 이 말이 '슬다(銷)'와 '디다(落)'의 複合語로 '슬다(消, 銷)'와 '디다(落)'의 複合語인 'ᄉᆞ러디다'와 類義語로 본다.

'슬읏브뎌'를, '사뢰다'의 듯으로 보려면 '슯다'의 'ㅂ'이 탈락한 語形 '슬옷'이 있으면 異議가 없겠으나, '슬옷' 아닌 '슬읏'이니 무리가 있고, '슬다(銷)'의 어간 '슬'에 '읏'의 구성으로, 마치 梁박사의 예로 든 '늘다(飛)'의 어간 '늘'에 '읏'이 첨가한 것과 같은 말의 구성으로 보려한다.

문맥으로 보더라도 '슬픈 것이여! 슬프도다'나 '사뢰고 싶은 것이여! 사뢰고 싶다'나보다 '죽고만 싶은 것이여! 죽고만 싶도다'로 봄이 더 哀切한 호소가 될 것이라 생각한다.

> 죽고만 싶습니다! 아아! 임께서 나를 벌써 잊으셨습까.

追記
최근, 새로 나타난 資料[4)]에 의하면 'ᄉᆞᆯ읏브뎌'아닌 ᄉᆞᆯ읏븐뎌'다.

오직 聖人ㅅ 마리신뎌(永嘉下36)
슬프다 졋 사ᄅᆞᄆᆡ ᄆᆞᄅᆞᆯ 아디 몯ᄒᆞ논뎌(南明下30)
싁싁ᄒᆞᆫ뎌 風憲所司(樂詞 霜臺別曲)
내 누를 소기료 하ᄂᆞᆯᄒᆞᆫ 소긴뎌(論解, 子罕)

의 'ㄴ뎌'와 같은 '-ㄴ 것이여'의 뜻이 분명해졌다. 다만

깃다→깃브다　　　ᄀᆞᆺ다→ᄀᆞᆺᄇᆞ다
뉘읏다→뉘읏브다　슬타→슬프다
애긋다→애긋브다　알타→알ᄑᆞ다

와 같이 動詞에서 形容詞로 轉成한 例는 있어도 'ᄉᆞᆯ읏'과 같은 副詞에 '브'가 붙어 轉成形容詞가 된 用例는 나타나 있지 않은 점이 문제점이라 하겠다(1975. 1. 16)

2. 하

조선조 초기에는 분명히 의식적으로 尊稱呼格으로 씌었으나, 古代에는 一般呼格의 하나로 씌었던 것으로 본다.

이 '하'는

ᄃᆞᆯ하 노피곰 도ᄃᆞ샤(井邑詞)
누릿 가온ᄃᆡ 나곤 몸하 ᄒᆞ올로 녈셔(動動)
아소 님하 도람드르샤 괴오쇼셔(鄭瓜亭)
혀고시라 밀오시라 정소년하(翰林別曲)
딩아 돌하 當念에 계샹이다(鄭石歌)

4) 蓬左文庫本 樂學軌範.

아소 님하 어마님ᄀᆞ티 괴시리 업세라(思母曲)

와 같은 예가 나타나는데, 井邑詞는 百濟의 歌謠라는 것이고, 思母曲을 李秉岐 박사는 新羅의 歌謠리라 하여 학자의 견해가 일치하지 않지마는, 나머지는 高麗歌謠로 보고 있는 듯하다.

하여튼 이들에 나타나는 '하'가 尊稱呼格이냐에 대하여는 다음의 예

佛道向隱心下(均如傳 常隨佛學歌)
月下(遺事卷五 願王生歌)
龜何龜何 首其現也 若不現也 燔灼而喫也 (遺事卷二 駕洛國記)

등과 함께 고찰되어야 할 문제로 본다.

訓正制定 후 초기 文獻에는 李崇寧 박사가 지적한 바 있거니와(1965. 11.「思想界」第40號, '國語學史'p. 153), 가령

須達이(舍利佛ᄭᅴ 가 ᄉᆞᆯ러 닐오ᄃᆡ)
　大德하(釋譜 6:29)
(阿難이 救脫菩薩ᄭᅴ 묻ᄌᆞ보ᄃᆡ)
救脫菩薩이 니ᄅᆞ샤ᄃᆡ
　大德아(釋譜 9:32)
　ᄯᅩ 阿難아(釋譜 9:33)
世尊이
　舍利佛아(釋譜 13:38)
부텨 내ㅏ샤ᄃᆡ
　阿逸多아(釋譜 19:5)
　文殊師利 하(法華 1:68)
　彌勒菩薩이
　(文殊師利ᄭᅴ 묻ᄌᆞᄫᆞ샤ᄃᆡ)
　佛子文殊아(釋譜 13:25)

와 같이 분명히 '救脫菩薩, 世尊, 부텨' 등이 지체가 낮은 이에게

'大德아', '阿難아', '舍利佛아', '阿逸多아'와 같이 '아' 호격으로 부른 것이다. 무엇보다 같은 '大德'이 '大德아, 大德하'로 나옴을 보면 이것이 의식적으로, 하나는 존칭으로, 하나는 존칭이 아닌 것으로 쓰임이 사실이다(앞에 든 예 중 彌勒菩薩과 文殊師利는 그 자체가 동격이라 하니 존칭 '하'는 올 수 없다.)

필자는 이 呼格助辭에 대하여 'ㅎ曲用語攷'에서 간단히 언급한 바 있거니와, 결론하건대 조선조 초기 문헌에서는 분명히 '하'는 존칭호격조사로 씌었으며, '아'는 그 밖의 경우에 쓰인 듯하되 이는 집필자들의 의식적인 표기법이 곁들여서의 결과로 보며, '몸하', '鄭少年하', '龜何', '心下' 등 예로 보아 古代에는 일반 호격조사의 하나로 씌었던 것으로 ㅎ음의 개입이 뚜렷하게 名詞形을 드러내려는 데서 온 것이며, 이것이 존칭호격이라는 자격을 가지고 등장한 것은 후세의 일로 생각하거니와, 客體를 뚜렷하게 발음함으로써 경의를 표한 것이라고나 할 것인가? 金亨奎 박사의 이른바 경의를 나타내는 데는 고어를 쓰고자 하는 심리에서 '하'를 섰다고 할 것인가? 要는 '하'는 上古시대 호격조사의 하나로 매우 광범위로 쓰이다가 조선조 초기에는 의식적인 표기법도 곁들여 존칭호격의 경우에만 씌었던 것이라 본다.

3. 도람드르샤

돌려들으시어, 용서하여 들으시어

아소 님하 도람드르샤 괴오쇼셔(鄭瓜亭)

이 '도람드르샤'에 대하여 필자는 「文耕」(중앙대학교 문리과대학) 제八집에 拙見을 편 바 있거니와, 이에 대하여 梁 박사는 '도람'을 '돌(廻向)+암(接辭)'의 구성으로 명사형으로 보아 '돌릴 만한 것', '자세한 사연, 잔 사설'로 풀이하고, '보람'이 '볼(見)+암(接辭)'의 구성으로 이루어진 것과 對比시켰다. 물론 접사 '암'이 붙어 명사가 될 수 있음은 사실이어서 '마감'이 '막+암', '주검'이 '죽+엄' 등으로 이루어진 것임을 보아서도 알 수 있는 일이지마는, '도람'을 명사로 보느니 보다는 부사로 보아, '도람드르샤'를 '돌려들으시어'로 해석함이 오히려 순평한 해석이 아닐까 한다. '도람듣다'를 複合動詞로 보아 '돌려듣다, 용서하다'의 뜻으로 보아도 무방하리라는 견해를 가지고 있다. 그러면 '도람'을 부사로 볼 수 있느냐가 문제가 될 것이다.

필자의 조사한 바로는

두ᅀᅥ 사ᄅᆞ미 서르 ᄀᆞ람부러=數人更互吹之(救急簡易方1:46)
사ᄅᆞ미 서르 ᄀᆞ람 더운 소ᄂᆞ로 ᄇᆡᄅᆞᆯ 눌러=令人更迭以熱手按腹(救急簡易方1:46)
니ᅀᅥᆷ니ᅀᅥ(初杜解 9:35,初杜解 10:35)
니엄 臺省애 오ᄅᆞ거늘=哀哀登臺省(重杜解 15:36)
니음다라=連綿(漢淸文鑑8:56)
니음ᄃᆞ라(同文解 下 52,三譯解1:9,漢淸文鑑6:50)
나암나암=烝烝(小解4:7)
나담나다(月釋 10:49)
ᄒᆞᆫ 남기 드리염 프ᄂᆞ니=一樹垂垂發(初杜解 18:4)

등 예가 있으니 '도람'이 부사로 쓰일 수 있음은 물론이요, 현대어에는 '주섬주섬', '뜨덤뜨덤' 등 '엄'은 '암'과 같은 副詞形化 接辭의 흔적이라 보며, 최근 필자가 본 바로는 이미 李基文씨가 「서울文理大學報」에 '救急簡易方卷一'을 소개하는 글 가운데에 역시 이 '도람'에 대하여 필자와 같은 견해를 표명하였는데, 씨는 제주도 민요에 나타나는 '도람'의 예까지를 들어 立證하고 있다. (계속)

〈『語文研究』第33號, 韓國語文教育研究會, 1982. 5.〉

高麗歌謠 註釋上의 問題點(2)

-學者간에 異見있는 것을 중심으로-

4. 곰ᄇᆡ 림ᄇᆡ

자꾸자꾸, 앞뒤 계속하여

곰ᄇᆡ……뒤 또는 神靈, '곰'은 뒤 또는 神靈, 'ᄇᆡ'는 명사에 붙는 접사, 림ᄇᆡ……앞 또는 임금, '림'은 '님'의 속철(俗綴), '님'은 앞 또는 임금

動動에 나오는

德으란 곰ᄇᆡ예 받ᄌᆸ고

福으란 림ᄇᆡ예 받ᄌᆸ고

德이여 福이라호ᄂᆞᆯ
나ᄅᆞ라 오소이다
아으 動動다리

의 '곰ᄇᆡ'를 梁柱東 박사는

곰ᄇᆡ 아마 後杯의 義, 바로 次行에 있는 '림ᄇᆡ'와 並行되는 말인데 '不絶히, 자꾸'의 뜻(韓佛字典) 現平安道方言은 '곰ᄇᆡ 님ᄇᆡ 먹엇

> 다' 云云의 俗語를 仍用한다. '곰ᄇᆡ, 님ᄇᆡ'는 '後杯, 前杯'의 義일 것이다.

라고 하여 'ᄇᆡᆺ고ᄆᆞᆯ· ᄇᆡᆺ니ᄆᆞᆯ', '妾'의 古訓 '고마'(後妻의 義), '肱, 趾'의 俗語 '폴곰치, 발곰치'(肘後 · 足後의 義), 地名의 '林勿'(前의 義), '額'의 訓 '니마' 등을 들어 '곰, 님'이 前後의 뜻임을 밝혔으니, '곰, 림'에 대한 이 考證은 異議없는 卓見으로 오늘날 학계에서 아직 異說이 없는 것이라 보나 'ᄇᆡ'에 대하여는 異說이 있어 金亨奎 박사는

> 'ᄇᆡ'를 '杯'로 보아 '後杯, 前杯'로 解釋한다는 것은 더구나 問題가 되지 않을 것이다. 純 우리말과 漢字語가 合해서 이와 같이 어색한 낱말을 이룬 例를 高麗歌謠 全般을 通해 볼 수 없는 일이다<「古歌註釋」 p. 54>

라고 하였으니, 이는 동감이다.

또한,

> 곰ᄇᆡ, 림ᄇᆡ-'後腹, 前腹'의 뜻으로 分析해 볼 수도 있으나 또 이 말은 한個 熟語가 되어서'連續해서'의 意味를 가지는 副詞로 나타나고 있다. <『古歌註釋』 p. 54>

의 '곰ᄇᆡ, 림ᄇᆡ'가 '連續해서'의 뜻으로 풀이한 것은 이미 梁 박사의 지적한 바 韓佛字典이나 방언의 예는 물론 金 박사의 예로 든 「靑丘永言」의 "곰뷔님뷔, 님뷔곰뷔"의 예로 보거나 「癸丑日記」의 "날은 느져가고 어셔내라 곰ᄇᆡ님ᄇᆡ 직촉ᄒᆞ고"(上 98)의 예를 보거나, 정당한 견해라고 생각하는 바지마는 다만 '곰ᄇᆡ', '림ᄇᆡ'의 'ᄇᆡ'가 무엇이냐에 대하여는 두 분의 견해와는 다르게 생각해 보려는 것이다.

필자는 '곰ᄇᆡ', '림ᄇᆡ'의 'ᄇᆡ'를 '杯'나 '腹'이나 池憲英씨의 '前船, 後船'의 뜻으로도 解할 수 있으리라는(「鄕歌麗謠新釋」 p.81)

견해와는 달리 'ᄇᆡ'를 명사에 붙던 接辭로 볼 수 없을 것인가 생각해 보는 것이다.

-ᄇᆡ

이 글ᄒᆞ기로 ᄡᅧ 번ᄇᆡᇰ 하니=以玆朋故多(杜解 1:49)

오래 나그내 ᄃᆞ외요매 번ᄇᆡᇰ 글워를 해 오게호니=久客多枉友朋書(重杜解 19:20)

-벼, -ᄡᅢ

사발과 그릇벼ᇰ들 사자=再買些椀子器物(老解下29)

이 칠ᄒᆞᆫ 그ᄅᆞᆺ벼ᇰ=這漆器家火(老解下30)

사발과 그ᄅᆞᆺᄡᅢᇰ를 슈습ᄒᆞ고=這子家具收拾子(老解下41)

이바 이집 사ᄅᆞᆷ아 이 세간 엇디 살리 솟벼ᇰ 다 ᄯᆞ리고(古時調鄭澈)

-뷔

번뷔ᇰ 글워를 해 오게흐니=多枉友朋書(初杜解 19:20)

이상의 예에서 필자는 'ᄇᆡ, ᄡᅢ(벼), 뷔'를 같은 성격의 접사가 아닌가 보거니와, '번ᄇᆡ'의 'ᄇᆡ'가 '輩'에서 온 것으로는 볼 수 없을 듯하니 固有語 '번'에 한자 '輩'가 붙어서 '번ᄇᆡ'라는 語彙를 이루었을까 하는 것이요, 무엇보다 初刊 「杜詩諺解」에는 'ᄇᆡ'아닌 '뷔'로 되어 있으니 '輩'를 의식하고의 표기가 아님을 확언할 수 있다.

한편 필자는 '선비'의 固形 '션ᄇᆡ'가 고유어로서 '션ᄇᆡ, 션븨(儒, 土)'의 'ᄇᆡ, 븨' 또한 이 'ᄇᆡ, 벼, 뷔'따위 접사와 같은 것이 아닐까 하거니와, 첫째 'ᄇᆡ'가

ᄇᆡ>븨>비

의 변천과정을 거친 것이니

> 션ᄇᆡ>션븨>션비
> 곰ᄇᆡ림(님)ᄇᆡ>곰븨님븨>곰비냄비>(님비곰비)

와 같이 바뀌었다는 점, 둘째로 '션'이 역시 고유어로서

> ᄉᆞᆫ명=丁(訓蒙中2)
> ᄉᆞᆫ아ᄒᆡ 오좀=男兒尿(救急簡易方1:105)

의 ᄉᆞᆫ(男)이나, 「鷄林類事」의

> 士曰進寺儘反 男子曰吵南音吵南

과 同源語로 보고자 하며, '션ᄇᆡ'가 여자를 지칭하는 일이 없음도 생각해 봄직하다. 이 '선비'에 대하여 일찍이 李鐸 선생은 「한글」 통권 94호(1945. 4. 1)에서 "稱呼의 말과 인사의 말에 對하여"라는 제목 아래 논한 바 있으니 '선'에 대하여는 道義로 宗旨를 삼던 옛날 우리 仙敎道를 칭호하던 말로 '皀衣先人, 國仙, 四仙'의 '仙'이 모두 그것이요, '槿城善人'의 '善' 또한 '仙'과 音義가 근사한 데서 借字로서 쓰인 것이리라 하고, '비'는 '居柒夫, 異斯夫'의 '夫'자와 對比시킨 바 있다. '션'에 대한 견해에는 傾聽할 바 있다고 보며, 'ᄉᆞᆫ(丁), ᄉᆞᆫ아ᄒᆡ'는 이것에서 온 말이 아닐까 생각해 본다. 이 견해가 과히 허황된 것이라고는 생각하지 않으며, 한편 필자는 '선 머슴'의 '선'이 '설다(未熟)'의 관형사형 '선', '선음식', '선과일'의 '선'으로 보느니보다 'ᄉᆞᆫ(丁)'에서 의식할 수 있는 '우락부락하다', '용감하고 거칠다'의 뜻을 지닌 '선'이라고 보려는 것이다. '선 사람', '선놈', '선 계집' 등의 語彙가 없다는 것도 생각해 봄직한 것이 아닐까 한다. '선 머슴'은 'ᄉᆞᆫ(북방계에서 남아를 지칭하던 말)+머슴(남부지방)'으로 남북방계어의 합성으로 마치 '채나물', '마메콩', '모찌떡', '애當初' 식으로 이루어진

말이 아닐까 하며, 丁泰鎭 등 「朝鮮古語方言辭典」에는 '서나(남편, 平北)・서나(사내, 平北・咸北)・선서나(사내, 사내아이, 平北・咸北)・선서날미(사내아이, 平北)・선스나(사내아이, 黃・咸・平)・선스니(사내아이, 咸南)' 등 '선'이 '남아'의 뜻으로 나온다.

이상에서 필자는 '벋비, 그릇벼(쌔), 솟벼, 벋뷔, 션비' 등의 '비(벼, 뷔)'가 接辭리라는 것을 논한 셈이다. 그리하여 '곰비, 림비'의 '비'를 '杯, 腹, 船'의 뜻으로 보느니보다 이와 같은 접사로 봄이 온당하지 않을까 한다.

그래서 '곰비, 림비'는 진술한 바와 같이 「癸丑日記」나 「青丘永言」에 나타나는 예, 또한 각 지방의 방언 등에서 미루어 '계속하여, 자꾸자꾸'의 뜻이 분명하거니와, '곰비, 림비'의 어원적인 뜻은 '곰(後)+비(接辭), 림(前)+비(接辭)'로 '뒤, 앞'으로 보아 '전후 계속하여'의 뜻으로 보려는 것이다.

그러나 한편 필자는 '곰'과 '림'을 '後, 前'으로 보지 않고 달리 해석할 수는 없을까 하는 의문을 提起하여 보려는 것이다. 즉 '곰'은 '神靈', '림'은 '님'즉 사랑하는 '임' 혹은 '임금'으로 풀이하여 보려는 것이다.

'곰비, 림비'에 대하여 池憲英씨는 氏의 저서에서 '前腹, 後腹' 또는 '前船, 後船', '彼腹, 此腹'의 여러 뜻으로 해석될 것이다라고 하고 나서,

> 그러나 原始時代의 宗敎的 儀式과 多分한 關係가 있는 것으로 보아지는 이 첫句에서는 이와 같은 解釋이 多少의 疑問의 餘地를 남기게 된다. 惑硏 '곰비'는 '神靈', '림비'는 '祖靈'의 義가 아닌가 疑心된다. <『鄕歌麗謠新釋』 p. 81>

라고 하였거니와, 이러한 의문의 提起는 당연하다. 더욱이 '곰비, 림비'가 붙어 있는 것이 아니고 '곰비', '림비'가 따로따로 떨어져 마치 하나의 명사 같이 씌어 있다는 점은 크게 주목하여야 될 것으로 보며, 梁 박사의 소견과 같이 전편 13聯 중 首聯은 序詞

로 頌禱의 辭를, 2월 3월, 5월의 各聯이 역시 '님'에 대한 頌揚祝禱의 뜻을 가졌다면 '神靈'이나 '님'이 등장할 만하니, 최근 李惠求 박사가 「淑大新聞」에 寄稿한 "高麗의 動動과 敦煌曲 12月思想"(4294. 10. 30. 48호)에서 "德이여 福이라하놀 나ᄋᆞ라오소이다"가 頌禱之詞의 通例에 따라 仙이 德과 福을 王에게 '獻'하는 쪽으로 해석하는 편이 낫지 않을까? 라고 한 바를 아울러 생각하면, 頌禱之詞로서 德이나 福을 神靈이나 임 또는 임금에게 바치는(獻)뜻으로 해석함이 온당 할 것이나 아닐까 한다. 다음에 '곰'과 '림'이 '神靈'이나 '임(또는 임금)'의 뜻으로 볼 수 있느냐에 대하여 약간의 語學的 고찰을 더해 보려 한다.

'곰'에 대하여 李丙燾 박사는 '舍音'을 'ᄆᆞᆯ옴'으로 보고, 'ᄆᆞᆯ'은 集會所의 뜻으로, '옴'은 '감(監·干=長)'의 變音으로 보았으며(서울大學校 論文集 「人文社會科學」 第一輯 '古代南堂考' p. 6), 또한 신라의 王號 '麻立干'의 '干'은 '今(금)·監(감)'과 같이 국어의 존장을 의미하는 말이라 하였고(윗 논문 p. 7) '尼師今'이 '後繼首長'의 뜻으로 본 듯하니 '今'은 역시 '長'의 뜻으로 본 것이며(윗논문 p. 11),

> 阿斯達은 檀君이 立都하였다는 古代都市의 가장 오래고 著名하고 重要하고 또 神聖視하던 곳이므로 弓忽(곰골) 今旀達(고미달=금달)의 別稱을 얻게 된 곳인데……(서울大學校 論文集 「人文社會科學」 第二輯 '阿斯達과 朝鮮'p. 5)

라고 한 것을 보면 '곰·금'을 '神聖하다'의 뜻으로 해석함이 분명한 듯하다. 필자의 기억으로는 李丙燾 박사는 日語의 '上·髮·神'을 'カミ丶カム(가미·감)'으로 읽게 됨이 우리나라의 '곰·금·감'과 同源語리라는 것을 주장한 일이 있는 듯하다. 梁柱東 박사 또한 氏의 著 「古歌硏究」에서

> '감'은 '김·검·곰·금'等으로 互轉되는 '神'의 古語로 '王'의 古訓(尼叱今寐錦乃至 上監)에 仍用되었다. 借字론 '解慕·蓋馬·乾

> 馬・金馬・儉・今・黑・熊'等等 그 語原은 '幽玄'의 義의 '감・검'일 것이다. 紀君의 熊女誕生設은 'ᄀᆞᆷ・곰'의 類音에서 생긴 傳說이다(pp. 8~9)

라고 하였다. 두 학자의 견해가 한결같이 '곰'을 '神・神聖'의 뜻으로 잡았거니와, 필자는 '고맙다'라는 말이 '곰+압다'로 분석할 수 있는 말로 보아 '곰'이 '尊'의 뜻이요, '압다'는 형용사를 만드는 接辭로 보려 한다. '곰'이 '尊'의 뜻이 됨은

> 부톄 마조 나아 마ᄌᆞ샤 서르 고ᇰ망ᄒᆞ야 드르샤(釋譜 6:12)
>
> 그 고ᇰ망ᄒᆞ시던 바ᄅᆞᆯ 恭敬ᄒᆞ며=敬基所尊(內訓1:37)
>
> 고ᇰ망경=敬(類合下 1)고ᇰ망마건=虔(類合下3)
>
> 고ᇰ망흠=欽(類合下 9)
>
> 禮記에 ᄀᆞᆯ오ᄃᆡ 君子의 모양은 ᄌᆞ녹ᄌᆞ녹ᄒᆞ니 고ᇰ망온 바ᄅᆞᆯ 보고 공경ᄒᆞ야 조심ᄒᆞᄂᆞ니라=德記曰 君子之容 舒遲 見所尊者 齊遬(明宗版 小解 3:10)

등의 예로 보아 알 수 있으니 '尊'은 '神・神靈'과 통할 수 있는 것으로 보며, 公州를 '곰나루'라 한다 하거니와 「龍飛御天歌」에는 '고마ᄂᆞᄅᆞ=熊津'(卷3張15)로 나오는데 이것이 '신성한 나루터'라는 뜻이라면 '곰'이 '(神・神靈)'의 뜻으로 쓰였음이 거의 틀림이 없는 일이라 생각한다. '-압다'가 '-업다, -엽다, -갑다, -겁다' 등과 같은 성격의 접사로 '고맙다'는 'ᄂᆞᆯ캅다'가 'ᄂᆞᆯ(刃)+ㅎ+갑다'(接辭) 'ᄆᆞ렵다(催尿)'가 'ᄆᆞᆯ(便)+엽다(<이+업다)'의 構成으로 이루어짐과 同軌의 것이니, 이상으로 '곰'이 '神・神靈'의 뜻으로 쓰였음을 논한 셈이 된다.

'님'은 '님금・님자'와 同源語로 보거니와 '님금・님자'의 '님'이 모두 上聲點이 찍혀 있다는 점으로 보더라도 틀림없으리라 본다. '님'이 '主'의 뜻으로 쓰임은

數萬里△ 닝밍어시니=數萬里主(龍歌31章)

닐쥬=主(訓蒙中 1)

등에서도 알 수 있다. 이 '님'이 '主'의 뜻에서 '愛人'을 가리키는 말, 또는 '敬稱'으로도 轉用된 것으로 본다. 이에 대하여는 梁 박사나 金思燁 박사 등 한결 같이 그렇게 보아왔다.

이상에서 필자가 '곰비'를 '神靈', '림비'를 '임·임금'의 뜻으로 볼 수 있느냐를 모색해 보았다. 혹 '곰비·림비'가 이러한 원뜻에서 慣用으로 원뜻을 잃고 '자꾸자꾸, 계속해서'의 뜻으로 바뀐 것이 아닐까 생각한다. 즉 고려 가요에 나타나는 '곰비'는 '神·神靈', '림비'는 '임·임금'의 뜻으로 쓰인 것이고, 이것이 오랜 관용으로 「癸丑日記」나 「靑丘永言」에 나타나는 '곰비, 님비'는 '자꾸자꾸, 계속해서'의 뜻으로 바뀐 뒤의 예가 아닐까 생각해 보는 것이다.

5. 서린

서리(霜)는

履霜曲에

비오다가 개야 아 눈 하 디신 나레
성릳 석석사리 조븐 곱도신 길헤

다롱디우셔 마득사리 마득너즈세 너우지

의 '서린'을 梁柱東 박사는 '서리(盤, 蟠)의 連體形'으로 보았거니와, 필자는 이것을 '서리는'으로 봄이 온당하지 않을까 생각하는 것이다. 그것은 첫째 '履霜曲'에 '서리(霜)'가 등장해야 될 것이 아닌가 하는 것과, 고래로 雪上加霜이라는 말도 있거니와 눈 온 위에 다시 서리가 덮인 것이니 '석석사리'는 鄭石歌의 '삭삭기

세몰에 별해나는'의 '삭삭기'가 모래의 '바삭바삭'소리를 상징한 것이라면, 이것은 '버석버석'하는 눈 위에 다시 서리가 덮여 얼어 붙은 위를 걷는 발자국 소리를 상징한 것으로 볼 수 없을 것인가 생각해 보는 것이다.

6. 선ᄒᆞ면
서낙하면, 사나우면, 그악스러우면

'가시리'의

잡ᄉᆞ와 두어리마ᄂᆞ난
선ᄒᆞ면 아니올셰라
위 증즐가 태평성대

의 '선ᄒᆞ면'을 梁 박사는 '선'의 語彙는 '선뜻·선선' 등의 '선'이라 하였고, 金亨奎 박사는 '서운하면'이 아닌가 생각된다고 하였으며, 池憲英씨는 '그악하면, 作亂이 甚하면, 새움이 甚하면'의 뜻으로 보았으니, 필자는 이 세 견해 중 마지막 견해를 좇으려 한다. 다만 池씨는 考證이 없음이 유감이나, 이 '선ᄒᆞ다'란 말이 '그악스럽다, 사납다'의 뜻으로 쓰임은 필자는 서울 태생의 환갑 노파에게서 들은 일이 있고 현재 평안도에서는 헌데(傷處)같은 것이 성이 나서 악화됨을 '선하다'라 한다 하니 이 '선하다'가 또한 같은 뜻이라 보며, 전후 문맥으로 보더라도 '붙잡아 둘 것이지마는 너무 지나치게 그악을 부려 붙잡으면 오히려 정이 떨어져 다시 아니 올까 두려워 헤어지기 싫은 임을 보내오니'로 풂이 옳은 것으로 본다. 文世榮 사전에는 '선하다'를 '서낙하다'의 준말로, '서낙하다'는 '장난이 심하다, 그악하다'로 풀이하여 있으니 근거 있는 것으로 보려 한다.

7. 새셔 가만ᄒᆞ애라

초가집(茅屋 · 茅齋)이 조용하구나. 임없는 쓸쓸한 茅屋이 寂寞하구나.

'새셔'는 '茅椽'으로 '慕齋'를 뜻하고, '가만ᄒᆞ애라'는 '閑寂 · 寥寂'의 뜻으로 보려는 것이다.

動動에

九月九日에
아으 藥이라 먹논 黃化
고지 안해 드니
생셩 강망ᄒᆞᆼ앵랑
아으 動動다리

가 나온다. 이에 대하여 「文耕」 제4집(1957. 8, 中央大學校 文理大 聯合學會 機關誌)에 "主格助辭 '가'에 對하여 -主로 註釋의 立場에서-"라는 간단한 拙稿에서 언급한 바 있거니와 자세한 것은 그리 미루기로 하고, 要는 '새셔 가만ᄒᆞ애라'는 '歲序가 晩ᄒᆞ애라'로 볼 수 없다라고 하여 「樂學軌範」에는 漢字로 기록할 만한 말은 다 漢字로 기록되어 있는데 한글로 적혀 있다는 점, 설혹 한자말이라 한다손 치더라도 '歲'의 古音은 '셰', 「東國正韻」식 擬古 漢字音일지라도 '솅', 「鷄林類事」에는 '銀曰漢歲'로 되어 있으니 '새'가 '歲'의 古音으로 볼 수 없다는 점, 무엇보다도 '가' 주격조사가 麗謠에 흔히 나타난다면 모르거니와 이 하나만을 주격조사로 보는 것은 위험하다는 점을 들어(西京別曲의 '네가시 럼난디'의 '가'도 주격조사가 아니라는 것을 논급하였다) 논하였다. 주격조사가 현재까지 필자의 본 바로는 「捷解新語」에 나타나는 'ᄇᆡ가, 東萊가' 외에 최근 새로 나타난 'ᄇᆡ가(宣祖五年A. D. 572,鄭澈慈堂 安氏 內簡)', '두드럭이가(仁宣王后 諺簡)', '니광하가(肅宗諺簡)' 등이 가장 오래된 것이 아닌가 한다. 口頭語로서는 좀더 옛날부터(언제부터인지는 알 수 없으나) 있었으리라고 추측은 하지만 이 '動動'이 口頭體 文章이 아닌 이상 여기에 나오는 '가'는 주격조사가 될 가능성은 더욱 희박하다고 아니할 수 없다.

그리하여 필자는 前記한 拙稿에서

> ……그리하여 나는
> 새셔가 만ᄒᆞ애라

로 끊어

> 歲序가 晩ᄒᆞ애라

의 音寫로 보려는 見解에는 贊意를 표할 수 없다.

그러면 이 대문을 어떻게 볼 것이냐를 未解決의 問題라고 前提하고, 다만 '가'가 主格助辭가 아닐 것이라는 推測的 견해만을 밝혀두는 바이거니와,

> 강망닝막=漠, 강망닝듕=(新增類合下 55)
>
> 그으기션 하ᄂᆞ리 강망닝니셔 돕고 노ᄂᆞᆫ된 ᄆᆞ올히 깃거ᄒᆞ리니=陰則天道之默相陽則鄕曲之感恩(正俗 28)

와 같이 「新增類合」(선조 9년 A. D. 1576)이나 「正俗諺解」에 '가마니'가 나옴을 보면 '動動'의 '가만ᄒᆞ애라'를 'ᄀᆞᄆᆞᆫᄒᆞ애라, ᄀᆞ만ᄒᆞ애라'로 보아 '조용하구나!'로 풀이함이 무리한 것으로는 보지 않는다.

> 구월구일 重陽節에 약이라 먹는 국화꽃이 집안에 피게 되니(드니) 幽寂한 늦가을, 임없는 쓸쓸한 초가집(茅屋)이 한결 한적하고 哀寥하구나.

8. 滿春 돌윗고지여
晩春의 진달래꽃이여

종래 제설이 있어 '滿春들 욋고지여'로 끊어 '욋곶'을 '외엿곶(李花)'의 縮音 또는 '욋곶(瓜花)', 어떤 이는 '滿春' 돌욋고지여로 끊어 '돌욋곶'을 '달래꽃'으로 봄을 수긍되는 별성이라고 소개하고,

> 달래꽃은 너무나 하치않음이 흠이다. '진달래꽃'이면 可, 어떻든 그럴 법한 着眼이다. <延大「人文科學」第二編 '古歌箋剳疑' p. 24

라고 하였으니, 필자는 이 진달래꽃으로 보는 견해에 찬의를 표한다.

> 羊躑躅 鄕名 盡月背(鄕藥採取月令 三月採)
> 蘠텩툑텩=一名羊躪躅又謂진돌위 日山躪躅(訓蒙東中本上 7)
> 진돌비>진돌뵈>진돌외>진달래

'외엿'의 縮音이나 '욋곶(瓜花)'이나 '滿春돌읫곶'이나 다 무리가 있고, 계절로 보더라도 우리나라에 가장 흔하고 삼월달을 장식하는 진달래꽃으로 보는 견해가 가장 온당하리라 본다. 다만 '진돌외' 아닌 '돌외'임이 문제이다.

우선 이상으로 이 小論을 끝맺고 다시 후일을 기다리기로 한다.

> 追記 : 忠北地方에서 '진달래'를 '달래'라고 한다는 얘기를 두 사람에게서 들은 일이 있다. (1982. 5)

(1959. 11. 29)<1960. 2. 29 발행, 「한글」 12호, pp. 29~44.>

새셔가만ᄒᆞ애라

는 아무래도 固有語로 보려 하는 것이다. 혹 지나친 천착이 되지나

않을까 두려워 하는 바이지마는 '새셔 가만ᄒᆞ애라'로 끊어서 '새셔'는 '茅椽'으로 새집(茅屋)을 뜻할 수는 없을 것인지?

새ᇰ닐졈=苫 (訓蒙字會下 18)

새ᇰ지ᇰ비ᇰ 도라오ᄆᆞᆯ 得ᄒᆞ야=得歸茅屋(杜解 21:2)

새ᇰ지ᇰ블 지셋도다=結茅屋(杜解 9:8)

새ᇰ지ᇰᄇᆞ란 뎌른 셔ᇰ돌 브료리라=茅茨寄短椽(杜解 2:14)

큰지비 오히려 긴 셰로다=大屋尙 脩椽(杜解 3:64)

셔ᇰ연=椽 셔ᇰ각 =桷(訓蒙中6)

만일 그런 말을 쓸 수 있다면 '새셔'가 '새집'보다는 오히려 韻致 있는 말이 아닐 것인가?

ᄀᆞᄆᆞᆫᄒᆞᆫᄆᆞᄅᆞ미=微風(杜解 3:86)

ᄀᆞᄆᆞᆫᄒᆞᆫ ᄇᆞᄅᆞ미(月釋 21:109)

ᄀᆞᄆᆞᆫ니=靜(楞解 4:17)

ᄀᆞ만니(釋譜 序2)

ᄀᆞ만니 =潛(杜解 1:56)

ᄀᆞ만니(內訓序5)

ᄀᆞ만니=靜(蒙法8)

의 例에서 'ᄀᆞᄆᆞᆫᄒᆞ다, ᄀᆞ만ᄒᆞ다'의 兩形이 同時에 存在해 있음을 알게거니와, '가만ᄒᆞ애라'를 '가만하다, 조용하다'의 뜻으로 볼 수 있다면 '조용하여라, 조용하구나!'로 解하여 幽寂한 晩秋 엄없는 쓸쓸한 茅屋이 閑寂하고 哀寥한 情景을 그린 것이라고나 할 것인가? 그러나 이에도 難點이 있음은 「樂學軌範」에서는 'ㅏ'와 'ㆍ'의 混同이 없다고 하겠는데 'ᄀᆞ만ᄒᆞ다'를 '가만ᄒᆞ다'로 誤綴하였을 것인가 하는 點이다. 물론 윗 引用例에서 'ᄆᆞᆫ·만'의 混錯을 본다면 「月印

> 釋譜」나 「楞嚴經諺解」에서 이미 ‘ㅏ’와‘ㆍ’의 混用의 例가 보임을 알 수 있기는 하다. <主格助辭 ‘가’에 對하여-註釋의 立場에서->

라고 하였거니와, 새로 찾아낸 例

9. 主格助辭 ‘가’에 對하여
-註釋의 立場에서-

梁 박사 著 「麗謠箋注」에 의하면, 動動의

> 九月九日에
> 아으 藥이라 먹논 黃花
> 고지 안해 드니
> 생셩강망ᄒᆞᆼ앵랑
> 아으 動動다리

의

> 새셔가만ᄒᆞ애라

를

> 歲序가 晩ᄒᆞ애라

의 音寫한 것으로 보아 ‘가’를 主格助辭로 보고 다음과 같이 말하여 놓았다.

> 강-主格助辭 古吏讀 및 鮮初文獻에 主格助辭는 오직 ‘ㅣ’(이 是 亦)뿐이요 ‘가’는 보이지 않는다. 그러나 文獻記寫가 雅語를 主로 한 때문이요, 俗語로서는 ‘가’가 진작부터 使用된 줄을 本條로써 알 수 있다. (同書 p. 122)

이 解讀은 일찍이 金台俊의 같은 句節을

歲序가 晩하게 되니라 라는 뜻인가?
ᄉᆡᇰ셔ᇰ는 ᄉᆡᇰ셔ᇰ의 意일가

라고 한 것과 同軌의 것으로 오늘날 학계에 많은 同調者를 얻고 있음이 事實인 듯하니, 이에 의하면 高麗時代부터 '가' 主格助辭가 있었음을 文獻이 立證해 주는 것이 된다.

한편 金 박사는 "主格토 '가'에 對한 小考"라는 論文을 「최현배 선생 환갑 기념 논문집」에 寄稿한 바 있거니와, 上例 외에

네가ᇰ 시럼(愁) 나디 몰라셔(西京別曲)

네 世間 누니 ᄃᆞ외야 一切가ᇰ 信ᄒᆞ논 배라=泣ㅣ爲世間眼ᄒᆞ야 一切所歸信이라(法華 1:20)

多分 ᄇᆡ가ᇰ 올거시니 遠見의 가 무러보ᄋᆞᆸ소(捷解1:82)

의 三例를 '가' 主格助辭의 用例로 더 들었으니. 「捷解新語」는 훨씬 後代의 文獻으로 別問題고, 위에 引用한 두 예를 믿는다면 이미 高麗時代나 李朝初期부터 '가' 主格助辭가 있었던 것으로 文獻이 立證해 주는 셈이 된다.

이에 대해서 이의를 말하려 하는 것이 本論의 意圖이다.

金 박사가 指摘한 것 중 「法華 經諺解」所載의

네 世間 누니 ᄃᆞ외야 一切 가ᇰ 信ᄒᆞ논 배라

의 '가'를 主格助辭로 봄은 잠시 착각을 일으킨 것이 아닌가 하거니와, 이 '가'는 主格助辭가 아니라 '一切所歸信'의 '歸'의 뜻이니 「杜詩諺解」를 보면

어느 내 지븨 가ᇙ ᄀᆞᆮᄐᆞ리오=豈若歸吾廬(杜解 1:31)

鳥雀은 바믹 제여곰 자리예 강거늘=鳥雀夜各歸(杜解 1:38)사

죽디 아니ᄒᆞ면 모로매 秦에 강리라=不死會歸秦(杜解 23:6)

어려운 제 녯 ᄆᆞᅀᆞᆯ히 강ᄂᆞ니=艱難歸故里(杜解 23:8)

와 같이 '歸'의 뜻으로 '가'가 쓰임을 알 수 있다. 이와 같은 예는 같은 文獻 「法華經」에도 있으니

空假 듣그를 뻐러ᄇᆞ려 中道애 가샤ᄆᆞᆯ 表ᄒᆞ니라=表拂去空假之塵ᄒᆞ야 而歸中道也ㅣ라(法華 2:197)
通達ᄒᆞᆫ 사ᄅᆞ미 보아 ᄒᆞᆫ가지로 다오매 가면=達者ㅣ觀之ᄒᆞ야 一等歸盡ᄒᆞ면(法華 6:154)

와 같은 예가 그것이다.
다음으로 西京別曲의

네강시럼난디몰라셔

의 '가'도 主格助辭로 볼 것이 아니라

네가시 럼난디 볼라셔

로 끊어서 봄이 옳을 것이다. 이에 대하여는 梁 박사도 「麗謠箋注」 初版에선
역시 金 박사와 같은 見解로

네강 시럼 난디 몰라셔

로 끊어 보아 '가'를 主格助辭로 보고 '시럼'은 '시름(愁心)'의 뜻으로 解한 바 있었으나 後에 訂定을 한 바 있거니와, 이는 역시

主格助辭로 볼 것이 아니라 생각한다.

그것은 첫째 西京別曲 全篇을 훑어보면

西京이 아즐가
西京이 셔울히마르는
닷곤디 아즐가
西京이 쇼셩경 고외마른
여힐ᄆᆞ론아즐가
여힐ᄆᆞ론질삼뵈 ᄇᆞ리시고
괴시란ᄃᆡ 아즐가
괴시란ᄃᆡ 우러곰 좃니노이다
구스리 아즐가
구스리 바회예 디신ᄃᆞᆯ
긴힛ᄃᆞᆫ 아즐가
긴힛ᄃᆞᆫ 그츠리잇가 나ᄂᆞᆫ
즈믄ᄒᆡ를 아즐가
즈믄ᄒᆡ를 외오곰 녀신ᄃᆞᆯ
信잇ᄃᆞᆫ 아즐가
信잇ᄃᆞᆫ 그츠리잇가
大同江 아즐가
大同江 너븐디 몰라셔
ᄇᆡ내여 아즐가
ᄇᆡ내여 노ᄒᆞᆫ다 샤공아
네가시 아즐가
네가시 럼난디 몰라셔

　녈빙예 아즐가

녈빙예 연즌다 사공아

　太同江 아즐가

太同江 건너편 고즐여

　빙탕들명 아즐가

빙탕들명 것고리이다 나는

과 같이 樂音에 맞추기 위한 辭說의 使用法 즉 '西京이 아즐가' 다음에 '西京'이, '닷곤딕 아즐가' 다음에 '닷곤딕' 식으로 하나의 例外도 없으니 이 대목도 역시 '네가시 아즐가', '네가시 럼난디 몰라셔'와 같이 끊어야 될 것이며, 둘째로 이 노래는 靑山別曲과 함께 주로 三三三調의 定型을 이루고 있는데 구태여 二字의 破格으로 볼 것이 아니다. 셋째로 '시럼'을 '시름(愁)'의 뜻으로 보는 것도

船師 이 시럼은 젼혀 업게 삼길럿다. (蘆溪集 船上嘆)

의 例로 보아 可能性이 없다는 것은 아니지만 옛 表記의 예를 보면 '시름, 시롬'의 兩形이 多數이고 '시럼'의 예는 上例밖에는 찾지를 못하였다.

　싱름ᄆᆞᅀᆞᆷ 업스샤ᄃᆡ=心無憂矣(龍歌102章)

　누제 싱릉믈 보시니 싱릉밍 ᄭᆡ디아니ᄒᆞ니=眼見客愁愁不醒(杜解 10:7)

　徐公ᄋᆡ 온가짓 이롤 싱름ᄒᆞ요ᄆᆞᆯ 내 아노니=吾知徐公百憂(杜解 8:24)

　내의 싱롬ᄒᆞ요ᄆᆞᆫ 盜賊ㅣ하 衣冠ᄒᆞᆫ 사ᄅᆞᆷㅣ ᄣᅩᆺ쵸ᄆᆞᆯ 다시 불가ᄒᆞ노라=所憂盜賊多重見衣冠走(重杜解 1:40)

두어라 내 싀름아니라 濟世賢이 업스랴(聾岩集 漁父短歌)

다만당 님그린 타스로 싀름 계워ᄒᆞ노라(鄭澈 短歌)

와 같으니, 이 西京別曲은 「樂章歌詞」에 실려 있는 것인데, 위 책의 撰者는 中·明宗 간의 사람인 朴浚으로 推定하고 있지마는, 이 時代 以前의 文獻인 「龍飛御天歌」나 「杜詩諺解」初刊本 등의 예에서 보면 '시름'이 原形이요, '시름'은 「聾岩集」에서만 보이고 그후 「杜詩諺解」 重刊本 이나 「松江歌辭」 등에서 보이거니와 생각하건데 '시름'의 變體로서 두루 쓰이던 것이라 보면 「蘆溪集」의 예는 있지만 이것이 극히 드문 예요, 壬辰亂 이후의 記錄이니 그리 신통한 用例는 되지 못한다. 더우기 西京別曲이 실려 있는 같은 「樂章歌詞」에 실려 있는 노래에

널라와 싀름한 나도 자고 니러 우니노라(靑山別曲)

桃花ᄂᆞᆫ 싀름업서 笑春風 ᄒᆞᄂᆞ다(滿殿春別詞)

와 같이 되어 있으니 '시럼(愁)'으로 보는 데는 아무래도 贊意를 표하기 어렵다. 넷째로 무엇보다도 '네가시(汝妻) 럼난디(猥淫 '넘난디'의 俗綴)'로 解하여 어색함이 없이 文意에 들어맞는다(「麗謠箋注」 p. 302,303 참조).

妻ᄂᆞᆫ 갓싀라(月釋 1:12)

갓싀며 子息이며 도라ᄒᆞ야도(月釋 1:13)

ᄉᆞᆯ보ᄃᆡ 정욕앳 이른 ᄆᆞᄉᆞ미 즐거ᄫᅵᅀᅡ ᄒᆞᄂᆞ니 나는 이제 시르미 기퍼 넘ᄂᆞᆫ ᄆᆞᅀᆞᄆᆡ 업수니(月釋 2:5)

다만 'ㄴ'이어야 될 것이 'ㄹ'로 되어 있음이 문제이기는 하나 이런 混錯은 있었은 듯하여 「麗謠箋注」(p. 98)에 든 예 이외에

도 앞에서 든 宣祖9年(1576 A.D.)刊行인 「新增類合」, 宣祖 16年 (1583 A.D.)에 글씨를 쓴 「石峰千字文」 등에 보면 漢字語를 두고라도

렴통심=心(新增類合下1)
롤랄경=驚(新增類合下11)*「石峰千字文」에는 놀랄경 p. 19.
롤애요=謠(新增類合下23)*訓蒙字會에는 놀애요 下32
리를지=至 리를도=到(新增類合下8)
랏살됴=釣(石千39)*訓蒙字會에는 나살됴 下9 「新增類合」에는 낫글됴 下7
투를거=據(石千18)

와 같은 예에서 보아 그리 생각된다.

다음으로 動動의

새셔가만ᄒᆞ애라

에 대하여는 종래 여러 가지 說이 있으니 '새셔가', '만ᄒᆞ애라'로 끊어서 '歲序가 晩ᄒᆞ애라'의 音寫로 보려는 金台俊, 梁 박사 등의 說이 그 하나요, '새셔', '가만ᄒᆞ애라'로 끊어서 '세서(歲序) 가만(遲)하여라'로 解釋하는 說이 그 둘째요, 또한 '새셔'는 '새로운 기운? 새로운 것?'으로 '가만ᄒᆞ애라'는 '徵徵하도다, 幽邃하도다'로 보고자 하는 池教授의 說이 그 셋째이며, 이 밖에도 또한 알려지지 않은 구구한 見解도 있으리라 생각된다.

'새셔가'를 '歲序가'로 '만ᄒᆞ애라'를 '晩ᄒᆞ애라'의 音寫로 보려는 見解에는 몇 가지 難點이 있는 것으로 생각하니, 첫째로 '動動'에서만 보면 漢字로 적을 만한 대문은 모조리 漢字로 적어놓았는데 이 '세서(歲序), 만(晩)'만을 한글로 적어놓았을까 하는 點이요, 둘째로 歲의 古音은 '셰'이니

ᄒᆡᆺ셰=歲(訓蒙字會上2-中宗 22年 1527 A. D.)

ᄒᆡᆺ셰=勢(新增類合上4-宣祖 9年 1576 A. D.)

(石峰千字文2-宣祖 16年 1583 A. D.)

와 같고, 「東國正韻」式 擬古漢字音에 의하더라도

歲ᄉᆌᇰ는 ᄒᆡ니 歲세ᇰ有읗는 너름 ᄃᆞ욀씨라(月釋 序25)

요, 「鷄林類事」의 孫穆의 表記法을 당시 高麗의 漢字音이라고 是認하고 '쇠(鐵)'를 「鷄林類事」의 著作年代인 1103~1104 A. D. (高麗 肅宗 8年~肅宗9年)代의 말이라고 보더라도

銀曰 漢歲

의 勢는 「東國正韻」式 漢字音 'ᄉᆌᇰ' 정도로 읽을 수 있다고 보아

ᄉᆌᇰ>셰>세

의 音韻變遷은 理解할 수 있으나 이 '動動'이 실린 「樂學軌範」은 成宗24年(1493 A. D.)에 만들어진 것이니, 비록 高麗時代의 歌謠라 할지라도 여기 表現된 글자나 말을 대체로 그 當時 것으로 보아 틀림없다면 셰셔(歲序)를 '새셔'로 記錄하였을 것이냐는 크게 疑問되며, 「鷄林類事」의 위에 든 예로 보더라도 高麗時代의 '歲' 漢字音이 '새'였으리라고는 믿기 어렵다. 셋째로 '새셔가'를 '세서(歲序)가'로 解釋하자면 主格助辭 '가'를 是認하여야 되는데 물론 '가'라는 主格助辭가 口頭語로서는 文獻에 나타나는 것보다는 좀 더 옛날부터 있어 왔으리라는 것은 推測할 수 있는 일이기는 하지만, 좀 더 예가 發見되기 전에 그것도 確實性도 박약한 것을 그렇게 봄은 좀 危險한 일이 아닌가 한다.

이상 나의 論證이 過誤가 없다면 文獻上 高麗時代나 李朝初期에 '가' 主格助辭가 나타나 있다는 것은 否認되어야 한다.

다만 金 박사가 예로 든 「捷解新語」의

多分 빅강 올거시니 遠見의 무러 보옵소(1:8)

(たふんふれかまいるほとにとうみたとわしられ)

의 '가'는 분명 主格助辭이며, 이 밖에도 같은 「捷解新語」의

東萊가 요亽이 편티 아냐ᄒᆞ시더니(1:26)
(とれきかこのあいたきあいけてこさたに)

는 역시 主格助辭임이 틀림없다.

이 밖에도 그 이후 刊行이라고 생각되는 文獻에는

뭇ᄒᆞᄂᆞᆫ 니강 만ᄒᆞ니(痘瘡方9)

임오 구월 십이일 불러 쓰이니 경고강 거위 이 경이 넘엇더라(警民音10)

너의강 여기서 二千餘里 ᄯᅡ히나 되ᄂᆞᆫᄃᆡ=你們離這裏有二千多里地否咧(華解上1)

ᄂᆡ강 京官이 아니오=我不是做京官的(華解上 2)

中天에 ᄯᅥ는 ᄆᆡ강 우리 님의 ᄆᆡ도 갓틔(古時調 靑丘永言)

와 같은 예들이 나오며, 朝鮮朝 末期 西洋人들의 文法책에 '가' 主格助辭가 나옴은 金 박사의 指摘한 바와 같다.

이상 主로 註釋의 立場에서 '가' 主格助辭에 대하여 簡單히 考察하였다.

「捷解新語」이후 文獻에 '가' 主格助辭가 나타났다는 종래의 說

은 새로운 用例가 나타나기까지에는 不定되어야 할 것으로 믿는다. 編輯子의 독촉에 急히 적어 責을 免하려 한다.
<1957. 8. 1發行, 中央大學校 文理科大學, 「文耕」 第4緝, pp. 11~17.>

이 '主格助辭 가'에 대하여는 「文耕」 第4輯에서 主로 註釋의 立場에서 拙見을 편 바 있었다. 즉 梁柱東 박사는 動動에 나오는 '새셔가만ᄒᆞ얘라'를 '歲序가 晩ᄒᆞ얘라'로 金台俊의 見解를 그대로 좇아 '가'를 主格助辭로 보았고, 金亨奎 박사는 西京別曲의 '네가 시럼나디몰라셔', 「法華經」의 '一切가信ᄒᆞ논배라'의 '가'까지도 主格助辭라고 主張한 데 대하여, 筆者는 兩 박사가 예로 든 이 三例는 '主格助辭'로 볼 수는 없다고 한 바 있다. 그후로도 이 '主格助辭가'에 대하여는 李崇寧·梁柱東 兩 博士 간에 應酬가 있었다. 그후 金一根 박사의 勞苦로 刊行된 「李朝御筆諺簡集」에는

> ᄌᆞᆼ이 미련ᄒᆞ여 ᄎᆞᆫ ᄇᆞᄅᆞᆷ을 뽀여 두드럭이가 블의에 도다 브어 오ᄅᆞ니(仁宣王后諺簡)
> 어제 거동의 니광하가 통녜 막혀 압히 인도ᄒᆞ제(肅宗 諺簡)

의 두 用例가 보이고, 최근 金思燁 박사에 의하여 發掘된 松江慈堂 安氏의 內簡에

> ᄎᆞᆫ 구ᄃᆞ릐 자니 ᄇᆡ가 세니러셔 ᄌᆞ로 ᄃᆞᆫ니니

와 같이 '가'가 나온다. 이 安氏의 內簡은 壬申年으로 되어 있으니 이는 宣朝 5年 西紀 1572年에 해당한다.

이 '가'의 出現은 매우 貴重하여 아마 現在까지 發見된 예로서는 가장 오래된 것이 아닌가 하며, 이보다 앞서서도 '가'가 있었으리라는 推測은 許容되겠지만 그렇다고 이 예의 出現이 三國時代·三韓時代 혹은 檀君時代에 '가'가 있었으리라는 推斷을 하는 데 論據가 되는 것은 아니다.

<拙著 「國語學論文集」 '古文獻에 나타난 稀貴語 考察 -古語辭典 編纂餘錄其一 -' 59. 10. 19. pp. 310~311 主格助辭가>

위 引用文 중

ᄇᆡ가 세니러셔

의 '세니러셔'를 필자는 '세다(강)', '닐다(起)' 複合動詞로 본다.

세월다(<세번다, 세다(强)+ 번다(伸))
세ᄎᆞ다. 세츠다(强毅)

와 같은 語構成으로 '세게 일어서' 즉 '찬 구들에 나지 뱃살이 꼿꼿이 일어나서'의 뜻으로 보려는 것이다.

혹 어떤 이는 'ᄇᆡ가세'를 '蛔虫'으로 보려 하기도 한다.

그러나 첫째로 「訓蒙字會」에 지렁이(蚯)가 '거쉬', 「類合」에는 '거의(蚓)'로 나타나 있고, 「譯語」 등에는 '거위'요, 한편 '蛔虫'이 同文解 등에는 '거위'로 나타나 있으므로 '蛔虫'이 宣祖 때에 '거쉬·거싀'혹은 '거위·거의', 아니면 당시의 방언으로 '거쉬·거싀'의 可能性은 있으나 '거세'는 距離가 있는 어형이라 아니할 수 없다.

둘째로 'ᄇᆡ(腹)의 가세(蛔虫)'라면 'ᄇᆡᆺ가세'라야 할 것이다. 'ᄇᆡᆺ바당·ᄇᆡᆺ속' 등의 예를 미루어 알 것이다.

따라서 '蛔虫'으로 보려는 見解에는 贊意를 표할 수 없으며 역시 'ᄇᆡ가세니러셔'로 읽고 '가' 主格助辭로 보는 것이 옳지 않을까 한다(75. 1. 16)

10. 내님믈

내임을

鄭瓜亭에

내님믈 그리ᅀᆞ와 우니다니

가 나온다. 여기에서 '내님믈'의 '내'가 主格이나, 冠形格이냐의 兩論이 나올 수 있다. '내'가 傍點이 찍힌 文獻이면 그 判別에 문제가 없다. 즉 主格이면 去聲點이 찍혀 있고 冠形格이면 平聲이기 때문이다.

主格

·내 이ᄅᆞᆯ 爲ᄒᆞ야 어엿비 너겨(訓正註解)
·내 나아간돌 아버님이 나ᄅᆞᆯ 올타ᄒᆞ시니(月釋 1:41)

冠形格

내님금 그리샤:我君(龍歌50章)
내百姓 어엿비 너기샤:我民(龍歌50章)

그러나 이 鄭瓜亭이 出典인 「樂學軌範」은 傍點이 없는 文獻이므로 따라서 傍點의 有無를 가지고 主格이냐 冠形格이냐를 판가름하기는 어렵다. 語法上으로는 '내가'도 될 수 있고 '내, 나의'도 될 수 있다. 또 실제로 '내가'를 내세우는 學者도 있다.

필자의 생각으로는 오히려 '내가'보다는 '내님(나의 임)' 즉 冠形格으로 보는 것이 낫지 않을까 한다.

그것은 앞에서 例로 든 '내님금', '내百姓'의 경우와 같은 '내'로 보자는 것이다. 오늘날에 있어서도 '사랑 사랑 내 사랑'한다든지 혹은 '내 아내', '내 남편', '내 낭군'할 적의 '내'가 훨씬 情度가 짙은 것이 아닌가 한다.

'내가 임을 그리워하와'보다 '내 임을 그리워하와' 쪽을 取擇하겠다는 것이다. 前者는 지나치게 論理的인 듯한 感을 준다. '내 임을 그리워하와'의 경우, 主語가 없지 않으냐 할는지 모르나,

主語 省略의 글은 얼마든지 있다.

引用例 "내님금 그리샤", "내百姓 어엿비 너기샤"가 바로 그것이다. '내가 임을 그리워하와'보다는 아무래도 '내 임을 그리워하와' 쪽이 더 文學的이 아닐까 하는 것이다.

〈『語文硏究』 第34號, 韓國語文敎育硏究會, 1982. 6.〉

高麗歌謠 註釋上의 問題點(3)

-學者간에 異見있는 것을 중심으로-

11. 우니다니

늘 울었더니

鄭瓜亭의

내님을 그리ᅀᆞ와 우니다니

에서 '우니다니'를 '울다(泣)', '니다(行)'의 複合으로 보고 '니다'를

東애 니거시든 西夷 ᄇᆞ라ᅀᆞᄫᆞ니(龍歌 38장)
大將이 朝廷에 니거늘(杜解 6:38)
니거든 여러 두고 날인가 반기실가(松江・思美人曲)

의 '니다'와 같이 '가다'의 뜻이 있는 것으로 보는 것이지 '울며 다니더니(울며 돌아다녔더니)'로 풀이하는 이가 있는 듯하다.

그러나 '니다'가 본디 '가다(行)'의 뜻이 있었음은 사실이나

사니다, 노니다, ᄂᆞ니다, 안니다
건니다, 돋니다, 언니다, 도니다

좃니다, ᄒᆞ니다……

와 같이 어떤 행동의 계속을 나타내는 接尾辭로 보는 것이 좋지 않을까 한다.

'내임을 그리워하와 늘 울었더니'

12. 벼기더시니

굳이 하(시)던 이

<罪 즐 것(귀양보낼 것)을 굳이 내세우던 이>

어미 마조 가 손 자바 니르 ᅘᅧ아 盟誓ᄅᆞᆯ 벼기니이다. (月釋 23:66)

넉시라도 님을 혼ᄃᆡ 녀닛景 너기다니 벼기더시니 뉘러시니잇가 (滿殿春)

月釋例는 新發見例인데 文脈으로 보아 '굳이 하다'의 뜻이 분명하고 滿殿春의 예나 이 鄭瓜亭의 예도 그렇게 보아 좋을 듯하다.

13. 뉘러시니잇가

누구이셨읍니가(누구였습니까)

뉘…누(誰)+ㅣ(敍述格)누구이.

러시니잇가…'다시니잇가'의 '더'가 ㅣ母音下에서 '러'로 나타난 것.

니우다니　버디라니
오ᅀᆞᆸ더니　冠帶러니

와 同軌의 것이 아닐까 한다.

혹 疑問助辭 '라'의 變形으로 보려는 견해가 있는 듯하다. 앞 인용례 '버디라니'가 現代語로 '벗이더니', '冠帶러니'가 '冠帶이더니'임을 생각하면 아무래도 '더'의 異形態로 보는 것이 타당할 듯하다.

14. ᄆᆞᆯ힛마리시뎌

宗臣(重臣)들의 참소의 말이신 것이며

從來에 'ᄆᆞᆯ힛마러신뎌'이던 것이나 새로 나타난 資料[1]에 의하면

ᄆᆞᆯ힛마리신뎌

이다.

'ᄆᆞᆯ힛'을 梁柱東 博士의 所見대로 '물핫'의 脫劃으로 본다면 '물핫말'은 '衆讒言' 즉 '여러 사람의 讒言'으로 볼 수 있다.

물…群, 徒, 輩, 衆

'믌핫'의 ㅅ脫落: '듨블휘' 아닌 '믈블휘원源'(類合), '듨집' 아닌 '들집染家'(訓蒙)이 있다.

핫말…讒言·'핤말'의 促音化

할다…讒·訴·譖

믓ᄀᆞᆺ(믌ᄀᆞᆺ) 믓결(믌결)

믓ᄃᆞᆰ(믌ᄃᆞᆰ) 밧돕(밠돕)

밧둥(밠둥) 밧바당(밠바당)

븟곳(븘곳) 븘나을(븘나을)

픗뎌(픐뎌) 뽓벌(뽌벌)

1) 蓬左文庫本「樂學軌範」.

그러나 'ᄆᆞᆯ힛'이 과연 '믈핫'의 脫劃이냐에 문제가 있다. 공교롭게도 두 字씩이나 연거푸 脫劃이 되었겠느냐에는 아무래도 의문이 없을 수 없다.

'마리신뎌'는 '마러시뎌'보다 훨씬 풀이를 제대로 할 수 있게 되었다.

'마리신뎌'는 '말이신 것이여'이다.

> 오직 聖人ㅅ 마리신뎌(永嘉下36)

의 '마리신뎌'와 완전히 같은 것이다.

이 'ᄆᆞᆯ힛말'을 '王言'으로 보려는 견해가 있다. 'ᄆᆞᆯ벌'을 '大黃蜂' 또는 '왕퉁이'라고도 하는데 '大黃蜂'의 '大'나 '왕퉁이'의 '王'이 'ᄆᆞᆯ'의 뜻임을 짐작하게 한다. 뿐이 아니라 'ᄆᆞᄅᆞ(宗·要·棟)'가 'ᄆᆞᆯ리·ᄆᆞᆯᄅᆞᆫ·ᄆᆞᆯᄅᆞᆯ·ᄆᆞᆯᄅᆡ…'와 같이 添用되는 것인데, 'ᄆᆞᄅᆞ'의 古形이 'ᄆᆞᆯ'이었을 가능성은 충분히 있고 'ᄆᆞᆯ'이 'ᄆᆞᆯ벌'을 '왕퉁이'라고도 하는 그 '王'이나 '大宗'이 바로 '王'을 가리킬 수 있음을 비추어 'ᄆᆞᆯ힛말'이 '王言'이라는 주장에 一理가 있어 보인다.

그러나 'ᄆᆞᆯ'이 그 주장대로 '王'의 뜻이라 하고, 그 'ᄆᆞᆯ'이 ㅎ曲用(添用)語라 하더라도 '王言'이 'ᄆᆞᆯ힛말'일 수는 없고 'ᄆᆞᆯ힛말' 아니면 'ᄆᆞᆯᄒᆡᆺ말'이어야 한다는 點이다. 따라서 '믈핫말'로 보아 두 字의 脫劃으로 보느니 보다는 'ᄆᆞᆯ힛말'이나 'ᄆᆞᆯᄒᆡᆺ말'로 보아 한 字의 脫劃으로 보는 것이 그 蓋然性으로 보아 나음직하다. 반면 중세어로서는 'ᄆᆞᆯ(宗·要)'이 ㅎ曲用語 아닌 ㄹ曲用語여서 'ᄆᆞᆯ릿말'이면 모르되 아무리 12C語(鄭敍가 東萊로 귀양간 것이 1151년이므로 鄭瓜亭은 그 후 작품)라 하더라도 'ᄆᆞᆯ릿말' 아닌 'ᄆᆞᆯ힛말' 혹은 'ᄆᆞᆯᄒᆡᆺ말'이었겠는가 하는 의문은 여전히 남는다.

또 'ᄆᆞᆯ'을 반드시 王으로만 보아야 할 것인가도 생각해 봄직하다. 차라리 讒訴에 의한 귀양살이고 보면 '王'이 아닌 '京臣(重臣)'의 뜻으로 보는 것이 文脈으로 보더라도 나음직하다.

믈힛마리신뎌

는 '王言이신 것이여'가 아닌 '宗臣(重臣)의 讒訴의 말이신 것이여'로 보자는 假說을 세워보는 것이다.

더구나, 樂學軌範 卷五에 보면

> 鄭瓜亭 內侍郎中鄭敍所作也, 敍自號瓜亭 聯昏外戚 有寵於仁宗 及毅宗卽位 放歸其鄕東萊曰 今日之行 迫於朝議也 不久當召還 敍在東萊日久 召命不至 及撫琴而歌之 詞極悽婉.

이라 있은즉 당시 宮中을 둘러싼 政爭의 소치로 流配된 것이라 할 것이요, '迫於朝議'에서 權臣의 주장에 몰린 것이 분명하므로 歌意로 보아서는 '王言'보다 '宗臣·重臣·權臣의 말'로 풀이하는 것이 蓋然性이 크다 하겠다.

15. 괴오쇼셔

괴소서. 지지(支持)하소서. 뒷받침하소서.

> 平牀을 괴오니 어르누군 돌히 두렵도다 : 支宋棉石圓(杜解 10:38)
> 하늘홀 괴와 : 擎天(飜朴上 70)

平牀에 '괴오쇼셔'의 '괴오'를 '괴고쇼셔'의 ㅣ母音 아래 ㄱ脫落形으로 보는 것이 通說이었다.

그러나 '괴고쇼셔'를 밑받침할 만한 '고쇼셔'나 ㅣ母音下나 ㄹ子音下에서의 ㄱ脫落形인 '오쇼셔'의 用例는 전연 나타나지 않고 다만 梁柱東 博士가

> 十方佛體 閼遣只賜立(十方부터 알곡샤셔)
> <均如傳·懺悔業障歌>

의 예를 들어 '괴고쇼셔'를 論證하려 하였음을 알고 있다.

필자로선 이 懺悔業障歌의 解讀을 어떻게 할 것인지에 대해서 깊이 考究한 바 없거니와 이 解讀을 그대로 받아들일 경우, 과연 '알곡샤셔(쇼셔)'와 같은 '-곡쇼셔'의 語形이 있었을 것인가에 대하여서는 의문을 가지지 않을 수 없다.

'-고쇼셔'니 '-오쇼셔', 또는 '-곡쇼셔'의 용례가 中世語文獻에는 없고 '쇼셔'의 용례는

「두쇼서 보쇼셔 외외쇼서(誦, '외오'가 語幹) 주쇼셔 살리쇼셔 마ᄅᆞ쇼셔 안ᄌᆞ쇼셔 너기ᅀᆞᄫᆞ쇼셔 萬壽ᄒᆞ쇼서」

와 같아서 '-ᅀᆞᄫᆞ쇼셔'의 後身 '-오쇼셔'는 있으나, 이것은 近世語 이후의 일이다.

한편 '-ㄱ'은 副詞나 副詞形語尾 밑에 붙어 强勢의 구실을 하던 것으로,

일록(이로부터) 오늘록(오늘로부터)
아히록(아이로부터) 날록(날로, 나날이)
ᄇᆞ리곡(버리고, 버리고서)
어드웍(어두워, 어두워서)
여희약(여의어, 여의어서)
ᄉᆞ랑ᄒᆞ약(사랑하여, 사랑하여서)
더위잡곡(붙잡고, 붙잡고서)
가곡(가고, 가고서)
막다각(막다가, 막다가서)
스곡(쓰고, 쓰고서)

과 같은 용례는 있어도 'ᄒᆞ곡쇼셔'와 같은 용례나 그 遺痕이라고 認定할만한 것이 없어, 과연 11C(均如傳은 1075년 赫連挺이 엮음)에 'ᄒᆞ곡쇼셔(ᄒᆞ곡샤셔)'가 있었을 것인가에 대해서는 懷疑的일 수밖에 없다.

현재의 필자의 소견으로서는 '괴오쇼셔'의 '괴오'는 '괴오다'의 어간으로 보려 한다.

괴올지·搘, 괴올오·捂, 괴울텡·撐·괴을뎜·踸, 괴올궤·攱(訓蒙下 19)

와 같은 용례릐 語幹 '괴오'로 '支·擎·搘·捂·撐·踸·攱'의 뜻을 가진 말이다. 즉 '괴다, 받치다'의 뜻이 있으므로 이 鄭瓜亭에서는

'도람드르샤 괴오쇼셔'

를 '돌려 들으시어 小臣을 뒷받침(支持)하소서'의 뜻으로 풀이하는 것이 文意로 보나 語義로 보아 무리가 없는 것으로 생각하는 것이다.

더구나, 時用鄉樂譜에 보면

녜라와 괴쇼셔(三城大王)

가 나오는 바, 이것이 바로 '사랑하소서'의 뜻이 분명함에 있어서랴.

16. 잉무든
이끼(苔) 묻은

靑山別曲에

잉무든 장글란 가지고

가 나오는데 종래에 '잉무든'에 대해서 잉무든:未詳, '무된'(鈍)의 義일 듯하나, 혹 '잇(苔) 무든'(이끼가 묻은)의 音轉.

잉무든: '무된(鈍)'에 接頭辭 '잉'이 붙은 것. 혹 '잉'은 '刃'의 漢字音에서 오지 않았나도 생각한다.

잉무든>이끼묻은

'잉무든'은 'ᅀᅵᆼ무든'의 書法上 誤記로 볼 수 있다. 處容歌 2-4(2) 깅어신 참조.

'ᅀᅵᆼ'은 '잇(苔)'의 變形이다.

와 같은 諸說이 있다.

1) '무된(鈍)'으로 보는 것은 文意로 보아 그렇게 판단하는 것일 것이나 現代語 '무디다'는 古文獻에

무듸다
ᄂᆞᆯ카ᄫᆞ니 무듸니 이실씨(月釋 13:38)
무듼 부들 노ᄅᆞᆺ도이 자바:戱拈禿筆(初杜解 16:41)
칼 무듸다:刀鈍(譯語補16)
무뒤다
네 갈히 드ᄂᆞ냐 무뒤녀(飜朴上44)
무뒬둔:鈍(類合下4)
무되다
네 칼이 드ᄂᆞ냐 무되냐(朴解上39)
급격지 보요 박은 잣딩이 무되도록 ᄃᆞᆫ녀 보새(松江時調)
무되다(同文解上48)

와 같이 '무듸다·무뒤다·무되다'이므로 그 冠形詞形은 '무듼·무뒨·무된'이어야 하므로 '무든'과는 距離가 있다 하겠다.

2) '잉'을 '刃'의 漢字音으로 보는 것은 약간의 무리가 있어 보인다. '刃'은 東漢音으로 'ᅀᅵᆫ'이요, 二期音으로도 'ᅀᅵᆫ'이어서 訓蒙

下 15・宣中 6 등에 그렇게 나온다. 壬辰亂後 文獻에는 '인'이어서 '잉'과는 距離가 있다. '잉'을 '刃'으로, '무든'을 '무딘'으로 보는 것은 너무 文意에 얽매인 견해가 아닌가 한다.

하기야 '忍・仞' 字가 '刃'과 함께 二期音文獻에는 '신'이요, 三期音(壬亂後)으로는 '인'인데, 한편 辟瘟新方 4에 '忍冬'이 '잉동', 癸丑日記・仁宣王后諺簡 등에 '잔잉(殘忍)', 重二倫 27에 '잉자(忍字)'라 있고[2], '仞' 字는 飜小 8:18에 '數仞'을 '수잉'이라 하여 '잉'音으로 되어 있는게 있다. 그렇게 보면'刃'이 '잉'으로 읽혔을 가능성이 전연 없는 것은 아니라고 할 수 있을는지 모른다.

3) '잉'을 'ᄋᆡᇫ'의 書法上 誤記로 보려는 견해는 충분히 일리가 있다. 從來의 '깅어신'(處容歌)이 최근 나타난 資料에 따르면 '깅어신' 아닌 'ᄀᆡᇫ어신'이어서 이 '잉' 또한 'ᄋᆡᇫ'('잇'의 變形)의 誤記일 수가 있다.

4) 그러나 필자로선 '잉무든'을 그대로 正綴로 보고 語學的인 설명은 불가능한 것인가를 摸索해 보았다. 즉 '잉'은 '잇무든>인무든>잉무든'으로 된 것이라고 보려는 것이다.

잇…이끼(苔)
　玉殿엔 이시 퍼러ᄒᆞ도다. (杜解 6:17)
　이ᄉᆞᆫ 玉座ㅅ 브ᄆᆡ 올맷도다. (杜解 6:30)
　온 모미 ᄒᆞᆫ가지로 잇 무뎃도다. (杜解 9:28)
　프른 잇과 흐린 수레(杜解 10:8)
　프른 이싀 누엣더니라(杜解 21:37)
　아랫 ᄆᆞᆯ근 ᄇᆞᄅᆞ미 잇글 ᄡᅳ러 다ᄋᆞ니(南明上72)
　잇틔:苔 잇션:蘚(訓蒙上8)

'잇(苔)'의 'ㅅ'이 '무든'의 'ㅁ'子音 위에서 'ㅁ'소리에 同化되어 'ㄴ'이 됨은 '웃마을'의 'ㅅ'이 'ㄴ'으로 發音됨과 한가지라 하겠

---

2) 拙著, 「朝鮮(李朝)漢字音硏究」(一潮閣 再版 1974)-특이한 漢字音 各論, p. 44.

고, 'ㄴ'이 'ㅁ'소리 위에서 'ㅇ'소리로 됨은

경마ᄒᆞ다:牽馬(四解上 11)

가 '견마>경마'임이 분명하고

ᄆᆡᆫ ᄒᆞᆰ구들(精土, 老解上23)
ᄆᆡᆫ 밥(淡飯, 老解上 36)
ᄆᆡᆫ믈(淡水, 老解下48,痘瘡下 40)
ᄆᆡᆫ술(寡酒, 譯語補60)
ᄆᆡᆫ발(古時調)

의 'ᄆᆡᆫ'이 接頭辭인 바

ᄆᆡᆫ물>맹물

이 또한 분명하므로 'ㄴ'소리가 'ㅁ'소리 위에서 'ㅇ'소리로 바뀌는 것이 흔한 예는 아니나 있다고 할 수밖에 없다.

그렇다면 '잉무든'을 '잇(苔)묻은' 즉 '이끼 묻은'으로 추리한 양주동 박사의 설은 결론적으로 탁견이었다고 할 수 있을 것이다.

17. ᄂᆞᄆᆞ가지

나문재(바닷가 갯골에 나는 명아주科(藜科)의 一年生풀, 海紅草)

青山別曲에

ᄂᆞᄆᆞ자기 구조개랑 먹고

가 나온다. 梁柱東 博士가

ᄂᆞᄆᆞ자기:나문재. 海藻・海草(韓佛字典). 'ᄂᆞᄆᆞ자ᄒᆡ'의 轉

이라 했다.

韓佛字典에서 '나문재'를 찾아내고, 金亨奎博士가 J. S. Gale의 Korean-English Dictionary p.177에서

나문작이 -Sea wrack

를 찾아 내어 그 뜻이 확연하다.

'ᄂᆞᄆᆞ자기'를 確證이 없는 限 굳이 'ᄂᆞᄆᆞ자ᄒᆡ'의 轉으로 볼 것은 없다.

생각건대 'ᄂᆞᄆᆞ자기'의 'ᄂᆞᄆᆞ'는 'ᄂᆞᄆᆞᆯ(菜)'의 'ㄹ'이 '자기'의 ㅈ子音 위에서 脫落한 것으로

ᄆᆞᄌᆞ미(訓蒙中2) 소진(南明上67,救簡6:29)
바ᄂᆞ질(家禮解 2:28) 니부자리(朴新解 2:31)

와 같은 것과 同軌의 것이 아닌가 하며 'ᄂᆞᄆᆞ>ᄂᆞ므>ᄂᆞ무>나무'의 과정을 거쳐 '자기'의 ㅈ子音 위에 ㄴ子音이 개입하여 '나문자기'(Gale의 韓英辭典)가 되고 오늘날 '나문재'로 定着된 것이 아닌가 한다.

ㅈ子音 위의 ㄴ소리 개입은

ᄒᆞᄫᅀᅡ>ᄒᆞ오ᅀᅡ>ᄒᆞ온ᅀᅡ(內訓)
호자>호은자(飜朴)>혼자
더디다>더지다>던지다
이제>인제
부지르다>분지르다

의 경우와 같은 것이다.

18. 구 조 개

牧蠣, 굴조개(벗굴科의 조개의 하나, 살은 굴이라 하여 먹음, 石花)

從來에 이 '구조개'를 '굴'과 '조개'의 複合으로 보아 二種으로 생각해왔다. '굴조개'의 'ㄹ'이 ㅈ子音 위에서 탈락함은 前項에서 擧例한 대로다. 그러나 '굴조개'의 'ㄹ'이 탈락하여 '구조개'가 된 것은 사실이나 '굴'과 '조개'의 二種이 아니라 鄕樂採取月令[3]에 나오는

牧蠣, 鄕云　大屈乙曺介(한굴조개)

나, 救簡 6:81에 나오는

굸죠개:牧蠣

의 一種으로 牧蠣 즉 굴조개를 뜻한다. 다만 그 語構成이 '굴'과 '조개(죠개)'의 複合으로 되어 있을 뿐인 것이다.

19. 기ᇫ어신

茂盛하신, 많이 나신

處容歌에

山象 이슷 깅어신 눈닙(섭)에

가 나온다. 이 '깅어신'을 종래에

깅어신:'기어신'의 俗綴, '길거신'의 ㄹ脫落・音轉으로 보는 견

---

3) 拙著, 「國語學論文集」, 鄕學採取月令解毒 考察(一潮閣, 1974, 四版), p. 423.

해가 있었다. 그러나 바로 같은 處容歌에

同樂大平ᄒᆞ샤 길이(어)신 허튀에

가 있는 바 '길거신'의 ㄱ脫落形 '길어신'이 있음에서 '깅어신'이 '길거신'의 變形으로 보기에는 아무래도 무리가 있었음이 사실이다.

다행히 新資料에

山象 이슷 기ᇫ어신 눈섭에

가 나타나 '기ᇫ어신'이 '깃다'('깃다, 茂盛하다')에서 由來한 것으로 보는 견해를 낳게 한 것이다.

東山이 淸淨ᄒᆞ고 남기 盛히 기ᅀᅳ니(釋譜 11:37)
노내 기ᅀᅳ미 기ᅀᅥ 나ᄃᆞᆯ ᄒᆞ야ᄇᆞ리ᄃᆞᆺ ᄒᆞ니라(月釋 10:19)
莽ᄂᆞᆫ 가슬씨라(楞解2:22)
ᄀᆞᅀᆞᆳ 프리 깃고 ᄯᅩ 퍼러토다:萋(重杜解 2:68)
門 ᅀᅡᇚ길헤 플 기ᅀᅥ쇼ᄆᆞᆯ ᄆᆞ던히 너기노니:榛(初杜解 10:16)

'깃다'는 '깃슴(기음)'과 同源語로 '茂盛하다'의 뜻이다.

그런데 '기ᇫ어신'이 文意로 보아서는 '깃다'에서 온 말로 '茂盛하신, 많이 나신'으로 보아 좋으나 語法上의 문제점이 있음이 사실이다. 즉 같은 處容歌에

기울어신 머리예
오ᄋᆞᆯ어신 눈네
우글어신 귀예
웅긔어신 고해
어위어신 이베
ᄒᆡ여(어)신 닛바래
늘의어신 ᄉᆞ맷길헤

길이(어)신 허뤼에
넙기신 니마해
넙거신 바레
븕거신 모야해
미나거신 톡해(ᄐᆞᆨ개)
숙거신 엇개예
브르거신 ᄇᆡ예
굽거신 히(허)리예

와 같이 ㄹ子音下나 ㅣ母音下에서만 ㄱ脫落形인 '-어신'이 쓰이고 그 밖의 경우에는 '-어신' 아닌 '-거신'이란 點이다.

따라서 '깄서신' 아닌 '깃거신'이라야 되고 그렇다면 ㅅ子音下에서 ㄱ의 脫落形이란 있을 수 없는 일이기 때문이다.

20. 三同이 퓌거시아

① **석동이 피어서야.** ('동'은 짚단따위를 묶어서 만든 묶음이나 그 單位)

② ('單'으로도 피기 어려운데,) **上 · 中 · 下로 三同**이(三層으로)**피어서야**

鄭石歌에

그 고지 三同이 퓌거시아

가 나온다. 이것을 종래에 '三冬애'의 誤綴로 보아 '三冬에'로 보는 견해가 있었다. 필자는 1951~1952년 피난지 大邱에서 지금의 K高校 在任時 수업시간에 이것이 語法上 그럴 수 없음을 지적하고 '석동이'로 풀이한 바 있었다.

그런데 최근 '三同이'를 '方三百里의 땅이'로 풀이하고 '同'은 周代地制의 面積單位로 '方百里'의 땅을 말한다는 견해를 편 이가 있다.

周方百里<周禮・地官・司徒 註>

과연 우리나라에서 高麗 때에 이러한 周代 地制의 面積單位가 通用되었는지에 대해서는 필자로선 考究한 바 없거니와 이 '同'이 그 面積單位로서 우리나라에서 통용되었다 치더라도 역시 '三同애'라야 語法上 들어맞는 것이다.

물론 '석동이'로 풀어도 왜 하필이면 '석동'이냐는 異議가 있을 수 있다. 혹 우리말에 '웃통(물건의 위가 되는 부분), 아래통 아래동아리(아래쪽 부분), 밑동'이라는 말들이 있어 '동'이라는 말이 抽出될 수 있고, 월석 8:102에

ᄃᆞ려다가 삼동 내 버혀 더뎻ᄂᆞ니라

가 나오는 바 '세동강'의 뜻으로 '삼동'이란 말이 있음을 보면 '삼동'이라는 말의 淵源이 오랜 것임을 알 수 있다. 그렇다면 '위, 가운데, 밑(아래)' 즉 '(上中下)三同이'로 볼 수는 없을 것인가를 생각해 본다. '單'으로도 피기 어려운데 '(上中下)三同이 피어서야'로 풀이하는 說 하나를 더 提示해본다. (1975. 1. 31)

〈『語文研究』 第35號, 韓國語文教育研究會, 1982. 11.〉

中世語 文獻에 나타난 순우리말과 漢字對譯語 研究(1)
-“가온ᄃᆡ·앒·뒤·안·밧”과 “中·前·後·內·外”를 중심으로-

序

中世語 文獻에 보면

‘ᄀᆞᄅᆞᆷ’과 ‘江’, ‘ᄀᆞᄆᆞᆫᄒᆞᆫ ᄇᆞᄅᆞᆷ’과 ‘微風’, ‘ᄀᆞ장’과 ‘至極’, ‘겨르ᄅᆞ윈’과 ‘空閑ᄒᆞᆫ’, ‘겨집’과 ‘女子’, ‘얼굴’과 ‘相’, ‘길우희’와 ‘道上애’, ‘나날’과 ‘每日’, ‘나다나아’類와 ‘現ᄒᆞ야’, ‘닐굽ᄒᆡ’와 ‘七年’, ‘닐웨’와 ‘七日’, ‘님금’과 ‘王’, ‘ᄃᆞᇙ’과 ‘等’, ‘두려ᄫᅵ’와 ‘圓히’, ‘蓮ㅅ곶’과 ‘蓮花·蓮華’, ‘큰ᄆᆞᆯ·져근ᄆᆞᆯ’과 ‘大小便’, ‘모도자바’와 ‘攝ᄒᆞ야’, ‘뫼’와 ‘山’, ‘므거ᄫᅳᆫ’과 ‘重ᄒᆞᆫ’, ‘미드며’와 ‘信ᄒᆞ며’, ‘큰바ᄅᆞᆯ’과 ‘大海’, ‘보ᄅᆞᆷ’과 ‘十五日’, ‘밤낫’과 ‘晝夜’, ‘받다’와 ‘受ᄒᆞ다’, ‘빌먹다’와 ‘乞食ᄒᆞ다’, ‘빛’과 ‘光’, ‘ᄉᆞ나ᄒᆡ’와 ‘男子’, ‘알외다’와 ‘告ᄒᆞ다’, ‘얻다’와 ‘得ᄒᆞ다’, ‘어버ᅀᅵ’와 ‘父母’, ‘여러 가지’와 ‘種種’, ‘오ᄂᆞᆳ날’과 ‘今日’, ‘온’과 ‘百’, ‘이든’과 ‘善ᄒᆞᆫ’, ‘잣’과 ‘城’, ‘ᄌᆞ올압다’와 ‘親近하다’, ‘조ᄍᆞᄫᆞ니’와 ‘從ᄒᆞ시니’, ‘죽사리’와 ‘生死’, ‘즈믄’과 ‘千’, ‘ᄒᆞ다가’와 ‘萬一’, ‘ᄒᆞᄅᆞ’와 ‘一日’, ‘ᄒᆞᆫᄢᅴ’와 ‘一時예’, ‘ᄒᆞᆫᄆᆞᅀᆞᄆᆞ로’와 ‘一心ᄋᆞ로’, ‘ᄒᆡᄃᆞᆯ’과 ‘日月’, …

등 순우리말과 對譯 漢字말이 共存하고 있다.

이들 말의 生成過程이나 그 쓰임새의 異同, 使用頻度의 盛衰, 오늘날의 現況을 考察해 보는 것도 매우 興味로운 作業이 될 것이나 이들에 대한 考究는 다음 機會로 미루기로 한다.

本稿에서는 中世語文獻에 나타난 순우리말과 漢字對譯語 "가온ᄃᆡ·앒·뒤·안·밧"과 "中·前·後·內·外"에 대해 考察해 보고자 한다.

本論

Ⅰ. '가온ᄃᆡ'와 '中'

Ⅰ. 1. 가온ᄃᆡ<가ᄫᆞᆫᄃᆡ

稀貴하게 月釋 14:80에

"方便力으로 긼가ᄫᆞᆫᄃᆡ 쉬우믈 爲ᄒᆞ야 "

와

"긼가ᄫᆞᆫᄃᆡᄂᆞᆫ 大小乘ㅅ ᄉᆞᅀᅵ라"

와 같이 '가ᄫᆞᆫᄃᆡ'가 두 군데 나온다.

이는 물론 '가온ᄃᆡ'의 前次語形이다. 이 "가ᄫᆞᆫᄃᆡ"는

가ᄫᆞᆫᄃᆡ>가온ᄃᆡ>가온대

를 거쳐 現代語 '가운데'로 이어진 것인데 '가ᄫᆞᆫᄃᆡ'의 前次語는 文獻에 나타나지 않으나 '가ᄇᆞᆫᄃᆡ'였음이 틀림없다.

오늘날 '갑다'라는 形容詞는 廢語가 되었으나 현대어에서 그 遺痕을 찾을 수가 있다.

'秋夕'을 '한가위'라고도 하는데 그 '가위'라는 말과 '한말半'을 '한말가웃'이라고도 하는데 그 '가웃'이라는 말에서 "中・半"의 뜻을 가진 '갑다'라는 形容詞의 殘骸를 찾을 수 있다.

"가위"라는 말은

八月十五日 …謂之嘉俳(三國史記 儒理王九年條)
八月ㅅ 보로믄 아으 嘉俳나리마른(樂範・動動)
가외:中秋(譯語上 14)

의 後身으로

가ᄇᆡ>(가ᄫᆡ)>가외>가위

로 바뀌어 온 말이다.

'가ᄇᆡ'는 '갑다' 形容詞의 語幹 '갑'에 名詞化 接辭 'ᄋᆡ'가 어울려 이루어진 말이다.

우리말에 名詞化接辭 'ᄋᆡ・의'가 붙어 名詞를 이루는 것에 대해서는 이미 言及한 바 있거니와[1)]

노ᄑᆡ(높高+ᄋᆡ) 龍歌 48章
고ᄇᆡ(곱曲+ᄋᆡ) 初杜解 7:3・金三 2:61
굴긔(굵太+의) 朴解中 1
기릐(길長+의) 金三 2:20
기픠(깊深+의) 飜朴上 67
너븨(넙廣+의) 月釋 17:52
두틔(둩厚+의) 家禮 7:23
둗긔(둗厚+ㄱ+의) 救簡 1:72
므긔(믁重+의) 救急方上 38

1) 拙稿, 「鄕歌硏究」, 拙著, 國語學論文集, p. 66, 一潮閣(初版 1962. 6).

믈구븨(믈곱水曲+의) 訓蒙下 35
여틔(열淺+의) 飜朴上 67
킈(크大+의) 月釋 1:26

와 同軌의 造語로 "中·半"이 되는 날이라는 뜻에서 中秋 즉 秋夕의 뜻으로 쓰이게 된 것이라 하겠다.

'가옷'이라는 말은

ᄒᆞᆫ되 가옷:半(胎産集要 40)
두말 가옷:半(煮硝方 3)

의 用例에서 알 수 있듯이 '가옷'의 後身인데 그 前次語는 文獻에 나타나 있지 않으나

가봇(갑中·半+옷)>(가뷧)>가옷>가웃

과 같이 바뀌어 온 것이 틀림없고 現用되는 '말가웃'의 '아웃'은 ㄹ子音下의 ㄱ脫落인 것이다.

"갑('갑다'의 語幹 갑)+옷(名詞化接辭)"의 構成은 마치 "노릇(龍歌 44章, 노릇ᄒᆞ:戱 訓蒙下 15)"이 "'놀다'의 語幹 놀遊+옷"으로 이루어진 것과 같은 것이라 하겠다.

그러면, "가ᄫᆞᆫᄃᆡ>가온ᄃᆡ"의 前次語 '가ᄫᆞᆫᄃᆡ'는 어떻게 造語된 것인가.

"가ᄫᆞᆫ("갑다"形容詞의 冠形詞形)+ᄃᆡ(處)"로 "中間이 되는·半이 되는 곳"이란 뜻이 分明하다.

Ⅰ. 2 가온ᄃᆡ>가온대

① 四面이 다 七寶오 가온ᄃᆡ 種種 고지 펫더니(釋譜 6:31)
② 가온ᄃᆡ 네찻 하ᄂᆞ리사(釋譜 6:36)
③ 世界 안팟긔 잇ᄂᆞᆫ 뫼ᄒᆡ며 수프리며……우ᄒᆞ로 有頂에 니르리

보며 ᄯᅩ 그 가온ᄃᆡᆺ 一切衆生과(釋譜 19:13)
④ 여러 山과 그中엣 衆生이 다 가온ᄃᆡ 現ᄒᆞ며……諸佛ㅅ 說法이 ᄆᆞᇝ 가온ᄃᆡ 色像이 現ᄒᆞ리니(釋譜 19:23)
⑤ 中은 가온ᄃᆡ라(訓正註解)
⑥ 路中은 긼가온ᄃᆡ라(月釋 1:4)
⑦ 中國을 하ᄂᆞᆳ 가온ᄃᆡ라 ᄒᆞ고(月釋 1:30)
⑧ 가온ᄃᆡ ᄒᆞᆫ 天이오(月釋 1:31)
⑨ 帝釋이 가온ᄃᆡ 위두ᄒᆞ야 잇ᄂᆞ니라(月釋 1:31)
⑩ 迦毗羅國이 閻浮提ㅅ 가온ᄃᆡ며 家門ㅅ中에 釋迦氏 第一이니(月釋 2:12)
⑪ 國中은 나랏가온ᄃᆡ니 나랏內ᄅᆞᆯ 다 니ᄅᆞ니라(月釋 2:46)
⑫ 여윈 못 가온ᄃᆡ(月釋 2:47)
⑬ 五色雲ㅅ가온ᄃᆡ 瑞相 뵈시ᄂᆞᆫ 如來ᄭᅴ(月釋 2:48)
⑭ 三百 열다ᄉᆞᆺ卷으란 가온ᄃᆡᆺ 壇 우희 였고(月釋 2:73)
⑮ 琉璃堀ㅅ 가온ᄃᆡ(月釋 7:25)
⑯ 羅刹穴ㅅ 가온ᄃᆡ(月釋 7:27)
⑰ 目連이 가온ᄃᆡ 안ᄌᆞ니(月釋 7:32)
⑱ 蓮花ㅅ 가온ᄃᆡ 열두 大劫이 ᄎᆞ거ᅀᅡ 蓮花ㅣ 프거든(月釋 8:75)
⑲ 微妙코 ᄇᆞᆯᄀᆞᆫ 眞實ㅅ ᄆᆞᅀᆞᇝ 가온ᄃᆡᆺ 거신ᄃᆞᆯ 모ᄅᆞᄂᆞ니(月釋 9:21)
⑳ 諸佛 解脫ᄋᆞᆫ 衆生ᄋᆡ 心行ㅅ 가온ᄃᆡ 求ᄒᆞᇙ디니(月釋 9:23)
㉑ 此三事中에……이 세 잀 가온ᄃᆡ(月釋 9:24)
㉒ 헤텨도 일티 아니ᄒᆞᆫᄢᅴ 가온ᄃᆡ 괴외ᄒᆞ야:中(蒙法 64)
㉓ 뎌ᄅᆞᆫ 亭子ㅅ 가온ᄃᆡ 갈홀 지엿도다:中(杜解 9:7)
㉔ ᄇᆞᆰ게 수픐 가온ᄃᆡᆺ 서블 ᄃᆞᆮ고:中(杜解 9:14)
㉕ ᄆᆞᆯᄀᆞ며 ᄆᆞᆯᄀᆞᆫ ᄆᆞᇝ 가온ᄃᆡ:中(金三 2:23)
㉖ 가온ᄃᆡ 듕:中(訓蒙下 34)
㉗ 빗난 동산 가온ᄃᆡᆺ 고ᄌᆞᆫ(宣小 5:26)
㉘ 누릿 가온ᄃᆡ 나곤(樂範・動動)
<㉙ 가온ᄃᆡ 구무(漢淸 5:20)>

※< >표는 近世語文獻의 用例를 참고로 들어 보인 것. 以下同

㉚ 가온대 앉ᄂᆞᆫᄃᆡ 臨ᄒᆞ얏고:中(初杜解 16:42)
㉛ 가온댓듕:中(類合上2), 가온대듕:中(石千 29)
㉜ 가온대앙:央(類合下 53)

㉝ 안ᄶᅵ를 돗ᄭᅴ 가온대 아니ᄒᆞ며(宣小 2:10)
㉞ ᄆᆞ을 ᄶᅡ운대 늘근이ᄃᆞᆯ히:中(宣小 6:80)
<㉟ 새재 진 가온대 ᄃᆞ랏더더니:中(東新續三・孝 8:80)>
㊱ 가온대치듕:仲(類合下 16)
<㊲ 怨恨을 놀앳 가온ᄃᆡ 議論ᄒᆞ도다(重杜解 3:68)>

以上 '가온ᄃᆡ'의 用例는 모두 現代語 '가운데'의 用法과 다름이 없다.

Ⅰ. 3. 中

① 셜ᄫᅳᆫ 잀 中에도 離別 ᄀᆞᄐᆞ니 업스니(釋譜 6:6)
② 難陁龍王宮 寶樓中에 겨샤(釋譜 6:43)
③ 부텨 優婆難陁 龍王宮內예 大雲輪殿 寶樓閣中에 잇거시ᄂᆞᆯ 三千大千 世界 龍王ㅅ中에 뫼위두ᄒᆞᆫ(釋譜 6:43)
④ 부텨 王舍城 耆闍堀山中에 겨샤(釋譜 13:1)
⑤ 즉자히 모ᄃᆞᆫ 中에 니ᄅᆞ샤ᄃᆡ 如來 오ᄂᆞᆳ 밤中에 無餘 涅槃애 들리라(釋譜 13:34)
⑥ 八百 弟子ㅅ中에(釋譜 13:35)
⑦ 그ᄢᅴ 大衆中에(釋譜 13:43)
⑧ 이 모ᄃᆞᆫ 中에 우리 ᄒᆞᆫ가짓 百千萬億 사ᄅᆞ미(釋譜 13:45)
⑨ 塔廟中에 드라(釋譜 13:53)
⑩ 이 法中에서 ᄉᆞᄆᆞᆺ 아로ᄆᆞᆯ 得ᄒᆞ리라(釋譜 13:62)
⑪ 여러 山과 그 中엣 衆生이 다 가온ᄃᆡ 現ᄒᆞ며(釋譜 19:23)
⑫ ᄯᅩ 先佛ㅅ 經中에 니ᄅᆞ샨 배리라(釋譜 19:25)
⑬ 四衆ㅅ中에 怒ᄒᆞᆫ ᄆᆞᅀᆞᆷ 낸 사ᄅᆞ미(釋譜 19:30)
⑭ 虛空中에 威音王佛이 아래 니르시던 法華 經엣 二十千萬億偈ᄅᆞᆯ 다 듣ᄌᆞᆸ고(釋譜 19:31)
⑮ 그 法中에 이 法華 經을 닐온 젼ᄎᆞ로(釋譜 19:33)
⑯ 옷과 마리ᄅᆞᆯ 路中에 펴아시ᄂᆞᆯ(月釋 1:4), 路中은 긼가온ᄃᆡ라(月釋 1:4)
⑰ 自中은 ᄌᆞ걋냇中이라(月釋 1:40)
⑱ 迦毗羅國이 閻浮提ㅅ 가온ᄃᆡ며 家門ㅅ中에 釋迦氏 第一이니(月

釋 2:12)

⑲ 空中에서 풍류ᄒᆞ며(月釋 2:42)

⑳ 國中ᄋᆞᆫ 나랏가온ᄃᆡ니 나랏內ᄅᆞᆯ 다 니ᄅᆞ니라(月釋 2:46)

㉑ 하ᄂᆞᆳ 光明中에 드러(月釋 2:62)

㉒ 震旦國中에 열아홉 고디니(月釋 2:68)

㉓ 그 中에 出家 아니 ᄒᆞᆫ 道士ㅣ(月釋 2:77)

㉔ 밦中에 즐거ᄫᅳᆯ써 소리ᄒᆞ거늘(月釋 7:6)

㉕ 사ᄅᆞᆷ中에도 ᄧᅡᆨ 업스니(月釋 7:11)

㉖ 그저긔 仙人 山中에(月釋 7:16)

㉗ 羅刹女는 겨집 羅刹이니 사ᄅᆞᆷ 주기ᄂᆞᆫ 中에 못 모딘 귓거시라 (月釋 7:35)

㉘ 光明中에 고ᄅᆞᆫ 執金剛神이 金剛杵를 머옛더니(月釋 7:36)

㉙ 그 中에 一生補處ㅣ 해 이셔(月釋 7:70)

㉚ 이 소릿中에셔 다 念佛 念法 念僧을 니르ᄂᆞ니(月釋 8:15)

㉛ 餓鬼中에 나거늘(月釋 9:36上)

㉜ 種種 雜色 衆寶花中에(月釋 9:37)

㉝ 王ㅅ中엣 尊ᄒᆞ신 王이 업스시니(月釋 10:9)

㉞ 龍王ᄋᆞᆫ 龍ᄋᆡ 中엣 王이니(月釋 10:23)

㉟ ᄒᆞᆫ 사ᄅᆞ미 밦中後에(月釋 10:25)

㊱ 釋中神ᄋᆞᆫ 釋氏ㅅ中에 神奇ᄒᆞ실씨라(月釋 10:33)

㊲ 菩薩衆이 다 그中에 잇거든 보리라(月釋 17:35)

㊳ 大衆中에 불어 닐오미 이시면(月釋 17:62)

㊴ 너븐 드릇中에 ᄒᆞ올 뫼회:曠野中(圓覺下 三之一99)

㊵ 心中이 善티 몯ᄒᆞ면(六祖 中 2)

以上 '中'의 用例를 살펴보건대

現代語 '中'의 用法과의 異同은 다음과 같다.

[1] ㊴ '드릇中'에는 現代語라면 "들 가운데"로 쓸 것이다.

[2] "읾中·밦中·사ᄅᆞᆷ中·소릿中"과 같이 순우리말 다음에 붙여 쓰인 것이 있는데, 現代語라면 '밤中'의 '中'만을 된소리로 發音하지만 "일中·사람中·소리中"의 '中'은 예사소리다.

[3] "그中·모ᄃᆞᆫ中·주기ᄂᆞᆫ中·龍ᄋᆡ中·자걋냇中"과 같이 冠形詞나 冠形詞形 語尾 또는 冠形格助辭 다음에 오는 '中'은 오늘

날도 예사소리다. 이 中에 "龍의中"은 現代語라면 "龍中"아니면, "龍 가운데"라 할 것이요, 'ᄌᆞ갸냇 中'은 '자기네 中'이라 할 것이다.

[4] "寶樓中·寶樓閣中·塔廟中"의 '中'은 現代語라면 "寶樓內·寶樓閣內 塔廟內"로 '內'아니면 '안'으로 함직하다.

[5] "龍王ㅅ中·山中·弟子ㅅ中·大衆中·法中·經中·四衆ㅅ中·虛空中·路中·國中·光明中·震旦國中·餓鬼中·衆寶花中·王ㅅ中·釋氏ㅅ中·心中"과 같이 漢字말 다음에 오는 '中'의 用法中 "龍王ㅅ中·弟子ㅅ中·四衆ㅅ中·王ㅅ中·釋氏ㅅ中"의 사이 ㅅ은 現代語라면 붙지 않는다.

Ⅰ. 4. '가운데'와 '中'

「현대국어대사전」[2] 에 의하면 '가운데'를

① 일정한 선, 입체, 공간 등의 안에서 어느 쪽으로도 치우치지 않는 곳. inside
② 양쪽의 사이. between
③ 일의 진행되는 동안. 중(中). during; while
④ 둘 이상으로 이루어진 일정한 범위의 안. the inside↔가

로 풀이하여 있다.
'中'에 대해서는

① 등급을 상, 중, 하와 대, 중, 소로 구분할 경우 그 가운데 등급. 중등(中等)the middle;medium
② 중국(中國)
③ 장기판에서 끝으로부터 둘째 줄을 일컫는 말. ※중포(中包)
④ 마음

2)「현대국어대사전」, 玄文社 刊.

불명

① 여럿의 가운데

② 무엇이 진행되고 있는 과정을 뜻하는 말.

-중(中) 접미

일부 한자로 된 명사 다음에 붙이어, 그 명사의 뜻이 계속 진행되고 있는 과정임을 나타냄 ※회의중

과 같이 풀이해 있다.

以上 풀이에서도 알 수 있듯이 '가운데'와 '中'이 全同한 것은 아니다.

'中'의 풀이에서 ②③은 '가운데'로 代置할 수 없으며, 接尾辭 "中"이 '會議中 討議中 參席中, 激戰中'과 같이는 쓰여도 이들 '中'을 '가운데'로 바꿔 쓸 수도 없다.

한편 '가운데'에서 派生되거나 複合된 말로는 '가운데뜰'을 비롯해 19個語가 같은 辭典에 실려 있고 '中'이 앞뒤에 놓여 이루어지는 造語數는 「漢韓大辭典」[3]에 따르면 앞에 놓여 이루어지는 語彙數는 320, 뒤에 놓여 이루어지는 語彙數는 56, 計 376으로 되어 있다.

中繼, 中心, 中樞, 中庸, 中立, 中旬, 中毒, 的中, 百發百中…

등이 그것이다.

Ⅱ. "앒(앏)·앞(압)"과 '前'

Ⅱ. 1. 앒>앞

'앒'은 中世語 文獻에

3) 「漢韓大辭典」, 東亞出版社 刊.

알ᄑᆡ(龍歌 16章), 알ᄑᆞᆯ(龍歌 60章), 앒과(釋譜 19:10), 알ᄑᆞᆫ(月釋 9:11), 알피(法華 1:38), 알피니라(初杜解 21:21), 알ᄑᆞ로(杜解 1:3), 앒 셔시니(月釋 10:3), 앒ᄑᆡ(飜小 10:13), 앒젼:前(訓蒙 下 34), 앒남:南(訓蒙 下 34 · 類合 下 2 · 石千 28)

과 같이 쓰이던 것으로 '앞'과 '남쪽'의 뜻이었다.

17世紀 이후의 文獻에도

앒ᄑᆡ셔(老解上 3), 앒ᄒᆞ로(老解 上 9 · 同文解 上9), 앒희(朴解 下 55), 앒흘(閑中 p. 6), 앒히(兵指 1:1)

와 같이 나타나 있다.

한편 '앞' 語形은

아프로(宣小 5:70), 아ᄑᆡ(胎産集要 52 · 東新續三 · 孝 7:3), 아ᄑᆞ로(東新續三 · 孝 6:11), 압ᄑᆞᆯ(家禮圖 17), 압희(新語 5:23), 압(朴解 上 5)

등과 같이 16世紀말 文獻에 처음 나타나 17世紀에 들어 漸增, '앞(앒)' 語形과의 共存을 보인다.

그런데 '南쪽'의 뜻으로 쓰인 '앒'은 '類合 · 石千' 以後 文獻에 나타나지 않고 '南녁'이란 말은 釋譜 6:34에

南녀긔셔 수므면 北녀긔 내ᄃᆞᆮ고

와 같이 나타나 있다.

이런 "앒>앞"과 같은 'ㄹ'脫落은

알ᄑᆞ다>아ᄑᆞ다>아프다
골ᄑᆞ다>고ᄑᆞ다>고프다

가 있다

'알ᄑᆞ다' 語形은

알ᄑᆞᆯ(月釋 2:22之1), 알ᄑᆞ거든(救簡 1:79), 알ᄑᆞ고(老解 下 35), 알파(朴解 下 6), 앏품(敬信 56), 앏파(敬信 56)

와 같이 敬信錄諺解(1880년)에까지 나타나 있는데 그 ㄹ脫落 語形은

아ᄑᆞ고(痘瘡集要 上 61 · 胎産集要 17), 아ᄑᆞ디(馬解 上 53), 아ᄑᆞ면(胎産集要 10)

과 같이 痘瘡集要 · 胎産集要(宣祖41년 1608년)에서부터 나타나기 시작하여 漸增, ㄹ소리 殘存形과의 共存을 보인다.

"골ᄑᆞ다" 語形은 '골프다 · 골푸다'

골ᄑᆞ며(月釋 21:55), 골ᄑᆞᆫ(自警 19), 골픈(老解上 49), 골푸다(蒙類下22)

와 같이 蒙語類解(英祖44년, 1768년)에까지 나타나 있는데 ㄹ脫落形은

고프디(救要 3)

가 보인다.

어떻든 이들 "앒(앏) · 알ᄑᆞ다 · 골ᄑᆞ다"의 ㄹ脫落은 宣小(1586년)부터 시작되었으나 그 소리 殘存形과 脫落形의 共存은 오래 계속된 듯 18世紀末에서 19世紀末까지도 그 遺痕이 보인다.

Ⅱ. 2. 앒(앏) · 앞(압)

① 英主△ 알픠 내내 븟그리리(龍歌 16章)

② 도ᄌᆞ기 알ᄑᆞᆯ 디나샤(龍歌 60章)
③ 耶輸ㅅ 알ᄑᆡ 가 셔니(釋譜 6:3)
④ 舍利佛ㅅ 알ᄑᆡ옷 브리 업슬씨(釋譜 6:33)
⑤ ᄯᅩ 阿難아 ᄒᆞ다가…時節 그른 ᄇᆞᄅᆞᆷ비難이어나 ᄀᆞᄆᆞᆳ難이어나 ᄒᆞ거든 뎌 王ᄃᆞᆯ히 一切 有情의 그에 慈悲心ᄋᆞᆯ 내야 가도앳던 사ᄅᆞᆷ 노코 알ᄑᆡ 니르던 양다히 뎌 藥師瑠璃光如來ᄅᆞᆯ 供養ᄒᆞᅀᆞᄫᆞ면(釋譜 9:34)
⑥ 앒과 겯과ᄅᆞᆯ 보고(釋譜 19:10)
⑦ 부텻 알ᄑᆡ 一心ᄋᆞ로 合掌ᄒᆞ야(釋譜 19:37)
⑧ 軫은 술위 우흿 앒뒤헷 빗근 남기니(月釋 序 24)
⑨ 墓애 가싫제 부톄 앒 셔시니(月釋 10:3)
⑩ 알ᄑᆞ로 寒山이 重疊ᄒᆞᆫ ᄃᆡ로 오라가ᄆᆞᆯ:前(杜解 1:3)
⑪ 알ᄑᆞ로 올아가니:前(杜解 1:34)
⑫ 알ᄑᆡᆺ 허므를 마고리라:前(初杜解 20:13)
⑬ 수를 노코 앒 階除ᄅᆞᆯ 디렛도다:前(杜解 22:52)
⑭ 앒뒤 도라보디 아니ᄒᆞ야(飜小 10:3)
<⑮ 글 읇기 ᄆᆞᆺ고 스승 앒픠셔 글을 강ᄒᆞ노라:前(老解上 3)>
<⑯ 門 앒희 기ᄅᆞ마 지은 白馬ᄅᆞᆯ ᄆᆡ엿더니:門前(朴解下 55)>
⑰ 아프로 옷기슬 ᄃᆞᇰ긔고:前(宣小 5:10)
<⑱ 어미 아ᄑᆞ로 향ᄒᆞ거ᄂᆞᆯ(東新續三・孝 6:11)>
<⑲ 바ᄅᆞ 아ᄑᆡ 가 모ᄆᆞ로 ᄡᅧ ᄀᆞ리오니:前(東新續三・孝 7:3)>
<⑳ 祠堂 아ᄑᆡ 니르러(家禮 8:4)>
<㉑ 즘ᄉᆡᆼ으로 ᄒᆞ여곰 아프로 힝ᄒᆞ고:前行(馬解下 74)>

以上의 用例는 모두 現代語 '앞'의 用法과 대체로 다름이 없다. 大部分이 "空間的으로 前面 즉, 얼굴이나 눈이 向한 쪽"의 뜻으로 쓰였는데 다만 ⑤⑫의 경우는 時間的으로 '앞(過去)'을 意味한다.

Ⅱ. 3. 前

① 五百前世 怨讐ㅣ 나랏쳔 일버ᅀᅥ(月印上 2)

② 前生애 修行 기프신 文殊普賢ᄃᆞᆯ이(月印上 30)
③ 前生앳 이리 어제 본ᄃᆞᆺᄒᆞ야(釋譜 6:9)
④ 阿僧祇 前世劫에 님금位ㄹ ᄇᆞ리샤(月釋 1:2)
⑤ 그 ᄃᆞᄌᆞ기 菩薩ㅅ 前世生ㅅ 怨讎ㅣ러라(月釋 1:6)
⑥ 젼례다이:前例(飜朴上 3)
⑦ 젼ᄉᆡᆼ애:前世(飜朴上 30)
⑧ 젼대로 ᄒᆞᆯ 잉:仍(類合下 30)
⑨ 반ᄃᆞ시 젼긔ᄒᆞ야 ᄡᅮ이여:先期(宣小 6:113)
<⑩ 젼두의 ᄒᆞᆯ시:前頭(新語 4:26)>
<⑪ 젼실:先頭娘子<前室>(譯語補 32)>
<⑫ 젼젼의 아던거시라(松江 2:13)>
⑬ 現前僧의 거슬 도ᄌᆞᆨᄒᆞ며 …現前僧은 알ᄑᆡ 現ᄒᆞᆫ 즁이라(月釋 8:72)

以上 用例는 現代語와 같은데 이들 用例는 모두가 '時間的으로 앞서 있었던 過去'를 의미한다. 다만 '現前僧'의 '前'은 時間 아닌 空間的으로 前面을 뜻한 것으로 보인다.

Ⅱ. 4. '앞'과 '前'

「현대국어대사전」에 의하면 "앞"을

① 얼굴이나 눈이 향하고 있는 방향이나 곳. the front
② 순서나 시간상으로, 먼저 선행(先行). the former ①②↔뒤.
③ 앞으로의 전망이나 전도(前途). a prospect
④ 미래(未來). the future
⑤ →앞²
⑥ 눈앞에 당한 그 일. '앞에', '앞에서'로 쓰임.
⑦ 어떤 행동이 반드시 거쳐 가야 할 대상을 가리키는 말.
⑧ '몫'의 뜻. a share
⑨ →망건 앞
⑩ →앞대

⑪ →앞밭[2]
⑫ 사람의 성기(性器)가 있는 부분. the privates
⑬ '면전'의 뜻. presence

앞[2] 불명 편지나 초대장 등에서, 받는 사람의 이름 아래에 쓰이어'에게', '께'의 뜻을 나타내는 말. 전(前). to

로 풀이하여 있다.

'前'에 대해서는

① 이전. 앞 front
② 막연히 과거를 일컫는 말. 그전. 지난 때. ↔후(後) ①→전[23](前)·전[23](前)

불명=앞[2]　전-[2](前)접미

① 어떤 직함이나 자격 등을 나타내는 명사 앞에 붙어 지난날의 경력을 나타내는 말.
② 일부 명사 앞에 붙어 전기(前期)의 뜻을 나타내는 말.
③ 일부 명사 앞에 붙어 앞부분의 뜻을 나타냄. ↔후~(後).
④ 연대(年代), 연호(年號)앞에 붙어 기원전의 뜻을 나타냄.

으로 풀이해 있다.

이상 풀이에서도 알 수 있듯이 '앞'과 '前'의 뜻이 全同한 것이 아닐 뿐 아니라 "十年 앞을 내다 보다"와 '十年 前을 돌이켜 보다'의 경우와 같이 '앞'과 '前'은 正反對의 뜻이 되는 것이다.

한편 '앞'이란 말은 '앞가림'을 비롯하여 155個의 派生 내지 複合語를 이루고 있는데, '前'이 앞뒤에 놓여 이루어진 造語數는 「漢韓大辭典」에 따르면 앞에 놓여 이루어진 語彙數는 183, 뒤에 놓여 이루어진 語彙數는 26, 計209다.

前期, 前略, 前方, 前科, 前轍, 前進, 前代, 午前, 直前

등이 그것이다.

Ⅲ. '뒤'와 '後'

Ⅲ. 1.

'뒤'는 中世語 文獻에

> 뒤헤(龍歌 28章), 뒤ᄒᆞᆯ(釋譜 19:10), 뒤ᄒᆞ로(金三 2:38), 뒤히(楞解 2:118) 뒷東山애(釋譜 11:31), 뒤콰:北(杜解 7:16), 뒷심골:北泉洞(龍歌 2:32), 뒤후:後(訓蒙下 34), 뒤븍:北(訓蒙中 4·類合上 2)

과 같이 쓰이던 것으로 '뒤'와 "북쪽"의 뜻이었다.

그런데 '北쪽'의 뜻으로 쓰인 '뒤'는 訓蒙·類合 以後 文獻에 나타나지 않고 "北·北녁"이란 말은 釋譜·月釋에서 나타난다.

> 南녀긔셔 수므면 北녀긔 내ᄃᆞᆮ고(釋譜 6:24)
> 雪山 北에 가시니(月釋 2:6)

Ⅲ. 2. 뒤

① 아바닚 뒤헤 셔샤(龍歌 28章)
② 뒤헤는 모딘 도ᄌᆞᆨ
뒤헤는 모딘 즁ᄉᆡᆼ(龍歌 30章)
③ ᄒᆞᄫᅀᅡ 뒤헤 셔샤
ᄒᆞᄫᅀᅡ 뒤헤 나샤(龍歌 16장)
④ 뒷 東山애 드러 노ᄅᆞᆺᄒᆞ시며(釋譜 11:31)
⑤ 앒과 겯과ᄅᆞᆯ 보고 뒤ᄒᆞᆯ 몯 보며(釋譜 19:10)
⑥ 앒뒤헷 빗근 남기니(月釋序 24)
⑦ 뒤히 알픠 니르디 아니ᄒᆞᆯᄊᆡ(楞解 2:118)
⑧ 뒤ᄒᆞ로 ᄃᆞᄅᆞ리라(金三 2:38)
⑨ 뒤헤 ᄒᆞᆫ ᄆᆞᆯ ᄐᆞᆫ 도ᄌᆞ기(飜老上 29)
⑩ 뒷내해 ᄆᆞᆯ 싯기라 가져(飜朴上 21)

<⑪ 뎌 집 뒤히 곳 우믈이라:後(老解上 28)>
<⑫ 니르도록 니르도록 뒤흐로 가ᄂᆞᆫᄃᆞᆺᄒᆞᆫ ᄠᅳᆺ 가지미(新語 4:23)>

以上 用例는 모두 現代語 '뒤'의 用法과 다름이 없다.
이들 "뒤"는 모두가 "空間的으로 後面, 즉 뒤쪽"을 뜻하는 말이다.

Ⅲ. 3. 前

① 漆沮 ᄀᆞᇫ 움흘 後聖이 니ᄅᆞ시니(龍歌 5章)
② 濟世才ᄅᆞᆯ 後人이 보ᅀᆞᄫᆞ니(龍歌 26章)
③ 내 님금 그리샤 後宮에 드르싫제(龍歌 50章)
④ 革命ᄒᆞᆫ 後에 厚恩 그리ᅀᆞᄫᆞ니(龍歌 56章)
⑤ 孝道ᄒᆞ실 ᄆᆞᅀᆞᆷ애 後ㅅ날ᄋᆞᆯ 分別ᄒᆞ샤(月印上 17)
⑥ 後에 부톄 羅雲이 ᄃᆞ려 니ᄅᆞ샤ᄃᆡ(釋譜 6:10)
⑦ 부텨 업스신 後에 法 디녀 後世예 펴디게 호미 이 大迦葉의 히미라(釋譜 6:13)
⑧ 이 後 닐웨예 城 밧 훤ᄒᆞᆫ ᄡᅡ해 가(釋譜 6:27)
⑨ 初善 中善 後善이러시니(釋譜 13:28)
⑩ 내 成佛ᄒᆞᆫ 後로(釋譜 13:38)
⑪ 最後身에 住ᄒᆞ야도(釋譜 13:41)
⑫ 부텨 滅度ᄒᆞᆫ 後에 알ᄑᆡ 부텨 업슨 적 外에ᄂᆞᆫ(釋譜 13:62)
⑬ 命終ᄒᆞᆫ 後에(釋譜 19:32)
⑭ 後에 두 줄기ᄅᆞᆯ 비흐니(月釋 1:14)
⑮ 네 後에 부텨 ᄃᆞ외야(月釋 1:16)
⑯ 後에 普光佛 滅度ᄒᆞ거시ᄂᆞᆯ(月釋 1:18)
⑰ 後ㅅ 일ᄋᆞᆯ 뵈요리라(月釋 1:21)
⑱ 最後身ᄋᆞᆫ ᄆᆞᆺ 後ㅅ 모미니(月釋 1:31)
⑲ 그 後에 ᄯᅡᆺ마시 업고(月釋 1:42)
⑳ 그 머근 後에ᄂᆞᆫ 서르 ᄂᆞᆷ 업시울 이리 나니라(月釋 1:43)
㉑ 世界 다 인 後로(月釋 1:48)
㉒ 後生애 됴ᄒᆞᆫ 몸 ᄃᆞ외오(月釋 2:16)
㉓ 이 後로 千年이면(月釋 2:49)

㉔ 몬져 보고 後에 ᄒᆞ시며(月釋 2:58)
㉕ 五欲ᄋᆞᆯ ᄆᆞᅀᆞᆷᄀᆞ장 편 後에ᅀᅡ(月釋 7:2)
㉖ 初와 中과 後ᄂᆞᆫ 善으로 펴시도다(六祖中 71)
㉗ 후에 다ᄅᆞᆫ뒷 마ᄉᆞ리:後(飜老上 28)
㉘ 밥 머근 후에(飜朴上 53)
㉙ 갑슬 의론ᄒᆞᆫ 후에(飜老下 31)
㉚ 各各 ᄒᆞᆫ잔곰 머근 후에(簡易辟瘟方 4)
㉛ 그 ᄌᆞᅀᅴᄅᆞᆯ 사ᄒᆞᆯ 후에 도로 우므레 드리티면(簡易辟瘟方 9)

以上의 用例 또한 現代語 '後'의 用法과 다름이 없다.

이들 '後'는 모두가 時間的으로 다음의 뜻, 즉 "先・前"의 반대의 뜻으로 쓰인 것이다.

Ⅲ. 4. '뒤'와 '後'

「현대국어대사전」에 의하면 '뒤'를

① 공간적으로 정면(正面), 전면(前面)과 반대되는 쪽. 곧 향하고 있는 방향과 반대되는 쪽이나 곳. rear
② 배후. 보이지 않는 곳. 이면이나 그늘. back
③ 어떤 일의 차례나 시간상으로 나중, 또는 어떤 사물이나 형상의 마지막 끝이 되는 것. later
④ 계통적인 현상이나 또는 선행된 것의 다음을 잇는 것. 또는 대(代)를 이을 자손.
⑤ 이 다음의 때. 시간으로 장래. 뒷일. 뒷끝.
⑥ 어떤 행위나 일, 사건 또는 감정 등이 있을 다음에 계속되는 작용이나 나타난 결과의 흔적.
⑦ 어떤 일을 다 할 수 있게 대 주거나 이바지하는 힘. keep in Support
⑧ 사람의 '똥'을 점잖게 일컫는 말
⑨ '엉덩이'를 점잖게 일컫는 말
⑩ =뒤대

⑪ →망건뒤
⑫ →뒷밭
⑬ 어떤 기준에 미치지 못한 상태나 정도←앞

로 풀이해 있다
'後'에 대해서는

① 무슨 뒤 그 다음. 나중↔前
② →추후(追後)

로 풀이되어 있다.

以上 풀이에서 알 수 있듯이 '뒤'와 '後'의 듯이 全同이 아님은 물론, ⑧⑨같은 경우, 절대로 '後'는 될 수 없을 뿐 아니라 ⑦의 경우도 "사업 자금의 뒤를 대다"는 있을 수 있어도 "사업 자금의 後를 대다"는 있을 수 없다. 또한 '뒤'는 "내 뒤에 선 이, 우리 學校 뒤"처럼 "空間的으로 '앞'의 반대인 뒤쪽"의 뜻으로 쓰여도 '後'는 이 경우에 쓰일 수가 없다.

한편 '뒤'란 말은 '뒤꼍'을 비롯한 219個의 派生 내지 複合語를 이루고 있는데, '後'가 앞뒤에 놓여 이루어진 造語數를 「漢韓大辭典」에 따르면 앞에 놓여 이루어진 語彙數는 188, 뒤에 놓여 이루어진 語彙數는 18, 計 206으로 되어 있다.

그런데 「현대국어대사전」에는 이 '後'가 앞에 놓여 이루어진 語彙數만도 344個나 된다 「漢韓大辭典」에 比해 顯著하게 語彙가 많이 收錄되어 있음을 보여주는 것으로 '뒤'의 219個에 比해서도 約 1.6倍의 語彙數가 되는 것이다.

後光, 後生可畏, 後進, 後學, 後悔, 背後, 戰後

등이 '後'가 앞뒤에 놓여 이루어지는 語彙들이다.

Ⅳ. '안'과 '內'

Ⅳ. 1.

'안'은 中世語 文獻에

> 안햇(龍歌 5章), 안홀(月釋 9:21), 안흔(永嘉上 35), 안콰(円覺上二之二 81). 안ᄒᆞ로(杜解 6:51), 안히(月釋 2:51), 안팟기(月釋 9:15)

와 같이 ㅎ曲用하던 것으로 '안[內]'과 "마음속·가슴속"의 뜻이 있다.

Ⅳ. 2. 안

① 赤島 안햇 움흘 至今에 보ᅀᆞᆸᄂᆞ니(龍歌 5章)
② 셤 안해 도ᄌᆞ기 니저니(龍歌 53章)
③ 城 안홀 재요리라(月印上 18)
④ 집앉 사ᄅᆞᄆᆞᆫ 다 眷屬이라 ᄒᆞᄂᆞ니라(釋譜 6:5)
⑤ 그 城 안해 ᄒᆞᆫ 大臣 護彌라 호리 가ᅀᆞ멸오 發心ᄒᆞ더니(釋譜 6:14)
⑥ 摩耶ㅅ 솞 안해 右脇으로 드르시니 밧긧 그르메 琉璃 ᄀᆞᆮ더시니(月釋 2:17)
⑦ 內는 아히라(月釋 1:20)
⑧ 六法이 親 홀씨 안해 屬ᄒᆞ니(月釋 2:21)
⑨ ᄆᆞᅀᆞ미 몰가 안팟기 훤ᄒᆞ야(月釋 2:64)
⑩ ᄒᆞᆫ 時節에 모미 瑠璃 ᄀᆞᆮᄒᆞ야 안팟기 ᄉᆞᄆᆞᆺ 몰가(月釋 9:15)
⑪ 惑ᄒᆞ야 色神 안홀 삼고 色神이 밧그로 뫼히며 ᄆᆞ리며(月釋 9:21)
⑫ 宮掖은 主人 안 ᄠᅳᆯ히라(楞解 1:31)
⑬ 안콰 밧과 中間과 세 고디(楞解 1:63)
⑭ ᄯᅩ 안해셔 나ᄂᆞ녀(楞解 1:64)

⑮ 蟯蛔ᄂᆞᆫ ᄇᆡ 안햇 벌에라(楞解 8:120)
⑯ 안ᄒᆞᆫ 오직 내 나며 더러우니: 內(永嘉上 35)
⑰ 소ᄂᆞᆫ 本來 안해 잇ᄂᆞ니(永嘉上 66)
⑱ 닐오ᄃᆡ 안콰 밧괘니:內(圓覺上二之二 81)
⑲ 消渴ㅅ 病이 안ᄒᆞ로 서르 모디도다:內(杜解 6:51)
⑳ 忠州ᄂᆞᆫ 세 峽ㅅ 안히니(初杜解 7:10)
㉑ 안콰 밧기 貴賤이 다ᄅᆞ나(初杜解 8:5)
㉒ 몸얼굴 안히 이실 거시니라(飜小 8:5)
㉓ 안ᄂᆡ:內(訓蒙下 34 · 類合上 2)
㉔ 太子ㅣ 듣고 안ᄃᆞᆳ겨 ᄡᅡ해 그우러(釋譜 11:18)
㉕ 어마니미 드르시고 안답ᄭᅵ샤 ᄂᆞᆺᄃᆞ라 아ᄂᆞ샤 것ᄆᆞᄅᆞ 죽거시ᄂᆞᆯ (釋譜 11:20)
㉖ 술히 덥고 안히 답ᄭᅡᆸ거ᄂᆞᆯ(月釋 2:51)
㉗ 迦尸王이 안답껴 惑心ᄋᆞᆯ 니ᄅᆞ와다(月釋 7:16)
㉘ 合掌ᄒᆞ야 안ᄆᆞᅀᆞᄆᆞ로 世尊ㅅ바래 禮數ᄒᆞ더시니(月釋 10:9)
㉙ 안ᄃᆞᆳ겨 ᄡᅡ해 그우더니(法華 5:51)
㉚ 안ᄆᆞᅀᆞᄆᆞᆯ 發티 아니ᄒᆞ며:內心(金剛序 6)
<㉛ 안ᄒᆞ로 븟그료ᄃᆡ:內(初杜解 22:50)>
<㉜ 그 안들이 엇더ᄒᆞ리오(癸丑日記 1:64)>
<㉝ 더놈아 어ᄂᆡ 안흐로 계집되라 ᄒᆞᄂᆞᆫ다(古時調 鄭澈)>
<㉞ 져믈도 내 안 ᄀᆞᆺ도다 우러 밤길 녜놋다(古時調 王邦衍)>
<㉟ 空山에 落木聲 들릴제 안 둘듸 업셰라(古時調)>

以上의 用例는 모두가 空間的으로 '밖'의 반대인 '안[內]'의 뜻, 또는 '속마음'의 뜻으로 쓰인 것인데, ㉔~㉟는 現代語라면 '안'이라 하지 않고 '속'이나 '마음'으로 代置 될 것이다.

Ⅳ. 3. 內

① 그저긔 城內ㅅ 사ᄅᆞ미(釋譜 23:48)
② 내 ᄒᆞᄅᆺ內예 八萬四千 佛塔ᄋᆞᆯ 閻浮提예 셰오져 ᄒᆞ노이다(釋譜 24:24)
③ 나랏內예 王ㅅ病 고ᄒᆞᆫ 사ᄅᆞᄆᆞᆯ 어더(釋譜 24:50)

④ 天下를 ᄒᆞᄅᆺ內예 다 도라오샤ᄃᆡ(月釋 1:28)
⑤ 娑婆 世界內예(月釋 1:21)
⑥ 閻浮提ㅅ 內예(月釋 7:11)
⑦ 닐웻內예 부텨를 보ᅀᆞᄫᆞᄃᆡ(月釋 8:54)
⑧ 나랏內ᄅᆞᆯ 다 니ᄅᆞ노라(月釋 2:46)
⑨ 閻浮提內예 뭇 尊ᄒᆞᆫ 남기(月釋 2:47)
⑩ 부텨 難陁優婆難陁王宮內 大威德摩尼藏 大雲輪殿 寶樓閣中에 겨샤(月釋 10:35)
⑪ 閻浮提請雨國內예 降澍 大雨ᄒᆞ라 ᄒᆞ시고(月釋 10:93)
⑫ 閻浮提中 請雨國內예 降澍大雨케 ᄒᆞ라 ᄒᆞ시고(月釋 10:96)
⑬ 아모ᄃᆞᆯ內예: 幾月內(飜朴上 61)

以上 用例를 살펴보면 "城內・나랏內・世界內・閻浮提ㅅ內・閻浮提內・王宮內・請雨國內"의 '內'는 空間的으로 '外'의 반대의 뜻으로 쓰였고 "ᄒᆞᄅᆺ內・닐웻內・아모ᄃᆞᆯ內"의 '內'는 "時間的으로 어느 限度 안"이란 뜻으로 쓰였다.

이들 中 '城內'만은 現代語로 '城內'또는 '城안'으로 쓰이나 나머지의 用例들은 모두 '內' 아닌, '안'으로 바꿔 쓰는 쪽이 훨씬 自然스러운 것이 아닌가 한다.

ᄒᆞᄅᆺ內→하루안, 나랏內→나라안(國內), 世界內→世界안, 閻浮提ㅅ內・閻浮提內→閻浮提안, 닐웻內→이레안, 王宮內→王宮안, 請雨國內→請雨國안, 아모ᄃᆞᆯ內→아무달안

Ⅳ. 4. '안'과 '內'

「현대국어대사전」에 의하면

① 어떤 물체나 공간에 둘러 싸인 가를 경계로 하여 가운데로 향한 쪽, 또는 그런 곳이나 부분, the inside
② 일정한 표준이나 한계에 이르지 못한 정도
③ 집안에서 부인들이 거처하는 방. 내실(內室) 안방$_2$ an inner

room
④ →안찝
⑤ '아내'를 낮추어 일컫는 말.

로 풀이해 있다.

'內'에 대해서는

불명 일정한 한계의 안.

으로 풀이되어 있다.

'안'이 完全名詞로써 쓰임에 反해 '內'는 不完全名詞로 쓰일 뿐으로 그 쓰임새가 다르매, 그 造語數에 있어서는 '안(內)'이 59個, '內'는 「漢韓大辭典」에 따르면 앞에 놓여 이루어지는 語彙가 345, 뒤에 놓여 이루어지는 語彙가 30, 計 375로 되어 있다.

內陸, 內助, 內諾, 內幕, 內定, 內通, 國內, 屋內, 家內, 堂內, 管內, 構內, 境內, 場內

등이 그것이다.

V. '밧'과 '外'

V. 1.

'밧'은 中世語 文獻에

밧긔(龍歌 69장), 밧 六塵과(月釋 7:54之1), 밧그로(月釋 9:21), 밧만(月釋 1:32), 밧도(蒙法 43), 밧기라(月釋 1:1), 밧것(月釋 18:32), 밧집(訓蒙中 35), <밧나다(三譯解 3:10)>, 밧잣(訓蒙中 8), 밧外(訓蒙下 34), 밧:표(訓蒙上 35·類合下 60), 밧:皮(類合上 2),

안팟기(月釋 2:64)

와 같이 ㄱ曲用하던 것으로 '밖'과 '겉'의 뜻으로 쓰였다.

V. 2. 밧

① 城 밧긔 브리 비취여(龍歌 69章)
② 城 밧 훤흔 싸해 가(釋譜 6:27)
③ 菩薩에 城 밧 甘蔗園에(月釋 1:6)
④ 닐굽山 바끠사 鹹水 바다히 잇거든(月釋 1:23)
⑤ 天下 밧긔 둘어 잇고 그 밧긔 또 鐵圍山이 둘어 잇ᄂ니(月釋 1:28)
⑥ 그르메 밧긔 ᄉ뭇 뵈오니(月釋 2:22)
⑦ 밧긔 十萬 보빗옛 輦과 四兵이 다 ᄀ자 왜시며(月釋 2:28)
⑧ 城ㄱ 西門 밧긔 白馬寺ㅣ라 홇 뎔 이르샤(月釋 2:67)
⑨ 밧 六塵과 안 六識과 가온딧 六議를 노하ᄇ리라(月釋 7:54之1)
⑩ 境 밧긧 ᄆᄉ미 이시리여(月釋 8:32)
⑪ 惑ᄒ야 色神 안ᄒ로 삼고 色神이 밧그로 뫼히며 ᄆ리며(月釋 9:21)
⑫ 그저긔 大稱王이 밧그로셔 드러(月釋 10:8)
⑬ 얼구를 밧만 너겨 死生ᄋᆞᆯ 니저(月釋 18:32)
⑭ 밧 아닌ᄃᆞᆯ 마ᄀ오시니라(楞解 1:55)
⑮ 밧기 버므루미 업스실씨(楞解 6:28)
⑯ 이브터 밧긘 ᄂ외야 正ᄒᆞᆫ 마리 업스샤(法華 1:133)
⑰ 밧 천량애 남디 몯ᄒ니(法華 6:144)
⑱ 밧도 이어도 뮈디 아니ᄒ리니(蒙法 43)
⑲ 크ᄆ론 밧업시 ᄢ리고 져고ᄆ론 안업시 드니(蒙法 67)
⑳ 城郭 밧 뉘 지븨(初杜解 23:25)
㉑ 我와 밧긔 나ᄐᆞᆫ 모ᄃᆞᆫ 色象과(六祖中 93)
㉒ 뭇 밧 ᄒᆞᆫ줄란(飜朴上 4)
㉓ 밧외:外(訓蒙下 34)
㉔ 밧표:表(訓蒙上 35・類合下 60)
㉕ 밧피:皮(類合上 2)

以上의 用例는 空間的으로 '안[內]'의 반대의 뜻, 즉 '밖' 또는 '겉'의 뜻으로 쓰인 것이다.

V. 3. 外

① 알픽 부텨 업슨 적 外예는(釋譜 13:62)
② 부텨 供養ᄒᆞ기 外예 년듸 몯 쓰리니(釋譜 23:3)
③ 그 外옛 녀나믄 것과(釋譜 24:47)
④ 萬里外ㅅ 일이시나(月釋 1:1)
⑤ 萬里外는 萬里 밧기라(月釋 1:1)
⑥ 내 몸外에ᅀᅡ ᄆᆞᄉᆞ글 앗기료(月釋 7:28)

以上의 用例를 보면 ④⑤ '萬里外'만이 "空間的으로 '안[內]'의 반대의 뜻"이요, 나머지는 '以外' 뜻으로 쓰여 '밧'의 쓰임새와 다르게 되어 있다.

V. 4. '밖'과 '外'

「현대국어대사전」에 의하면 '밖'은

① 어떤 선이나 경계를 넘어선 쪽. outside↔안
② 어느 물체의 겉이 되는 쪽, 또는 그러한 부분. exterior
③ 일정한 한도나 범위에 미치지 않는 부분. the rest
④ 안사람이 '바깥 어른'을 일컫는 말.
⑤ '밖에' 형으로 쓰여 그것을 빼면 그것이 아니면.
⑥ →바깥.
밭 [접두] '바깥'을 줄이어 쓰는 말.

로 풀이해 있다
"外"에 대해서는

명 '밖', '이외'의 뜻을 나타내는 말.
외-³(外) 접두
① 명사 어근에 붙어서, '외가(外家)'에 관한 뜻을 나타내는 말.
② 일부 명사 어근에 붙어, '밖', '바깥'의 뜻을 나타내는 말.

로 풀이해 있다.

以上에서 알 수 있듯이 '밖'과 '外'의 쓰임새가 같지 않아 一例로 '밖'은 語頭에 올 수 없어도 '外'는 接頭辭로는 쓰이며 다른 名詞 다음에 붙어 '想像外 · 論外' 등으로 쓰일 수 있다.

'밖'은 '밭(←밧外)'語形으로 '밭어버이' 등 12個의 語彙를 이루어 있으나 "外"는 「漢韓大辭典」에 따르면 "外"字가 앞에 놓여 이루어지는 語彙數만 294로, 뒤에 놓여 이루어지는 語彙數는 '0'으로 되어 있으나, 이것은 漏落으로 疎-·論-·除-·其-·局-·國-·城-·圈-·內-·物-·慮-·中- 등 얼른 머리에 떠오르는 것으로도 12個가 없어 計 306個가 된다.

Ⅵ. "안팟"과 "內外"

Ⅵ. 1.

"안팟"은 中世語 文獻에

안팟기(月釋 2:64), 안팟긔(圓覺上 一之二 150), 안파질(楞解 9:56), <안팟그로(痘瘡方上 31)>

와 같이 ㄱ曲用하던 말로 "안팎"의 뜻으로 쓰였다. 안[內]과 밧[外]의 複合語로 '안'이 ㅎ曲用語이므로 '안팟'이 된 것이다.

Ⅵ. 2. 안팟

① 三千大千 世界中에 一切 안팟긔 잇ᄂᆞᆫ 소리ᄃᆞᆯᄒᆞᆯ(釋譜 19:15)
② 三千大千 世界옛 우콰 아래와 안팟긧 種種香ᄋᆞᆯ 마ᄐᆞ리니(釋譜 19:16)
③ ᄆᆞᅀᆞ미 ᄆᆞᆯ가 안팟기 훤ᄒᆞ야(月釋 2:64)
④ ᄯᅩ 안파ᄭᆞᆯ 精히 窮究ᄒᆞ야(楞解 9:56)
⑤ 안팟기 다 조호ᄆᆞᆯ 表ᄒᆞ시고(法華 6:144)
⑥ 안팟긔 求ᄒᆞ야도 ᄆᆞᄎᆞ매 得디 몯ᄒᆞ리오(圓覺上 一之二 150)
⑦ 안팟 根과 塵괘(圓覺上 二之二 60)
⑧ 안팟기 淸淨ᄒᆞ며(圓覺下 三之二 11)
⑨ 안팟 動作이 다 性을 브터 一切ᄅᆞᆯ 다 드를ᄊᆡ(金剛 1)
⑩ 안팟ᄀᆞᆯ 분변하야(宣小 2:50)
<⑪ 안팟그로 흘러 (痘瘡方上31)>
<⑫ 년ᄒᆞ여 안팓 상ᄉᆞᄂᆞᆯ 만나(新續三・孝 5:20)>
<⑬ 안팟그로 삭이다(漢淸 12:4)>

以上 用例를 보면 ⑫만은 "內外(父母의 뜻)"의 뜻이고 餘他는 "안[內]과 밖[外]의 뜻, 즉 '內外'의 뜻으로 쓰인 것이다."

Ⅵ. 3. 內外

① 七寶千子 內外 眷屬 ᄃᆞ리고 다 와 法 드르리니(釋譜 19:26)
② 內外 怨賊이 다 侵掠 몯ᄒᆞ리(月釋 10:35)
③ 三千大千 世界 內外예 잇ᄂᆞᆫ 山林河海와(月釋 17:58)
④ 그中 內外옛 種種 語言音聲을 드르리니(月釋 17:60)
⑤ 一切 內外예 잇ᄂᆞᆫ 소리ᄃᆞᆯᄒᆞᆯ(月釋 17:61)
<⑥ 조상과 내외 결레이(太平 1:35)>

以上의 用例中 ⑥만은 內外戚의 뜻인 '內外'고, 餘他는 "空間的인 안[內]과 밧[外]의 뜻"인 '內外'다.

Ⅵ. 4. '안팎'과 '內外'

「현대국어대사전」에 의하면 '안팎'은

① 안과 밖. inside and outside
② 아내와 남편. 내외(內外). a wife and husband로

풀이되어 있고 '內外'는

① 안과 밖. 안팎. inside and outside
② 국내와 외국.
③ 부부(夫婦)
④ →내외간(內外間)

으로 풀이되어 있어 그 쓰임새가 全同하지 않고 '안팎'은 '안팎살림·안팎일' 등 12個의 複合語가 실려 있고 '內外'를 "內外間·內外科·內外從" 등 18個의 語彙가 同辭典에 실려 있다.

結論

1. 中世語 文獻에 나타난 "가온ᄃᆡ·앒·뒤·안·밧"과 "中·前·後·內·外"의 쓰임새가 全同한 것이 아니다.

앒·뒤…대체로 空間的으로 前面 또는 後面	前·後…대체로 時間的으로 앞서 있었던 過去, 또는 그 다음
안…空間的으로 '外'의 반대인 '안[內]'의 뜻, 또는 '속·마음'의 뜻	內…間的으로 '外'의 반대인 '안[內]'과 時間的으로 어느 限度 안

2. 中世語 文獻에 나타나는 이들 말과 現代語로 쓰이는 이들 말과의 쓰임새도 全同한 것이 아니다.

中世語 文獻 中…	現 代 語
드릇中	들가운데
잀中 · 밦中 · 사ᄅᆞᇝ中 · 소릿中 · 龍王ㅅ中 · 弟子ㅅ中 · 釋氏ㅅ中…	'사이ㅅ'소리는 나지 않음. 일中 · 사람中 · 소리中 · 龍王中 · 弟子中 · 釋氏中…'밤中'의 '中'만이 된소리.
龍ᄋᆡ中	'龍中'아니면 '龍 가운데'
寶樓中 · 塔廟中…	'寶樓內 · 塔廟內' 아니면 '寶樓안 · 塔廟안'.
앒……주로 '空間的으로 前面'의 뜻으로 쓰였는데 間或 '時間的으로 앒(過去)'을 뜻하는 例가 있다.	"앒을 내다 보고"와 같이 '未來'의 뜻으로 쓰이고 있다. ※十年 앒.
前……앞에 놓여 成語가 될 때 주로 '時間的으로 앞서 있었던 過去'의 뜻으로 "前生 · 前例" 다만 '現前僧'의 '前'은 '空間的으로 全面'을 뜻한 例다.	뒤에 놓여 成語가 될 때 "年前 · 午前 · 直前 · 驛前 · 門前 · 靈前"과 같이 "時間的으로 앞선 때"나 "空間的으로 前面"을 뜻하는 말로 두루 쓰이고 있다. 그러나 "내앒"을 "내前"이라고는 하지 않는다.
뒤…… "空間的으로 後面"	"空間的으로 後面"의 뜻으로 쓰이는 것은 古今이 같고, "時間的으로 後"의 뜻을 나타내는 것으로 "뒤에 생긴 일"의 '뒤'와 "十年 뒤의 일"의 '뒤'는

	未來를 나타내는 말이 된다.
후…… "時間的으로 다음"	"時間的으로 다음"의 뜻으로 쓰이는 것은 古今이 같고, '後'가 뒤에 놓여 成語가 될 때 "戰後·午後·背後"와 같이 "時間的으로 다음"이나 "空間的으로 後面"을 뜻하는 말로 쓰이고 있다. 그러나 "당신 뒤에"는 있어도 "당신後에"라고는 하지 않는다.
안…… "空間的으로 '밖'의 반대인 안[內]", 또는 "속·마음"	"空間的으로 '밖'의 반대인 안[內]"의 뜻으로 쓰이는 것은 같으나 옛 文獻에 "속·마음"의 뜻으로 쓰이던 '안'은 現用되지 않는다. "속·마음"으로 代置되어 쓰인다.
內…… "空間的으로 '外'의 반대인 안[內]"의 뜻과 "時間的으로 어느 限度안"의 뜻으로 두루 쓰임.	中世語 文獻에 나타난 用例中 '城內'만은 그대로 쓰이거나 '城안'으로 쓰인다. 그밖의 用例들은 '內'아닌 '안'으로 바꿔 쓰는 것이 自然스럽다.
안…… "空間的으로 '밖'의 반대인 안[內]", 또는 "속·마음"	"空間的으로 '밖'의 반대인 안[內]"의 뜻으로 쓰이는 것은 같으나 옛 文獻에 "속·마음"의 뜻으로 쓰이던 '안'은 現用되지 않는다. "속·마음"으로 代置되어 쓰인다.
內…… "空間的으로 '外'의 반대인 안[內]"의 뜻과 "時間的	中世語 文獻에 나타난 用例中 '城內'만은 그대로 쓰이거나

으로 어느 限度안"의 뜻으로 두루 쓰임.	'城안'으로 쓰인다. 그밖의 用例들은 '內'아닌 '안'으로 바꿔쓰는 것이 自然스럽다.

3. "가운데·앞·뒤·안·밖·안팎"이 이루는 造語나 "中·前·後·內·外·內外"가 이루는 造語가 각각 필요함은 물론이다. 그러나 前後者의 造語力을 비교하면 後者의 경우가 越等히 優勢하다.

4. "中·前·後·內·外"들이 이루는 成語中 순우리말로 바꿀 수 있는 것도 있으나(國內→나라안) 바꿀 수 없는 것이 훨씬 많다(管內·內定·內諾·內外從).

또한 바꿀 수 있다 하더라도 쓰임새가 달라져 對譯이 不可한 것도 있다(前後→앞뒤, '앞뒤를 돌아보고'는 있어도 '前後를 돌아보고'라고는 하지 않는다).

5. 순우리말이 이루는 造語는 制限性이 있는 反面, 漢字의 造語力은 無窮하다 할 수 있고 漢字말은 音節이 줄어들어 能率的이라 할 수 있다.

進行中→進行(하는) 가운데
國外追放→나라밖(으로) 쫓아냄

以上 순우리말 "가운데·앞·뒤·안·밖"과 그 對譯語 "中·前·後·內·外"는 그 뜻이 全同한 것이 아니요, 그 用法도 다르면 各各의 造語가 필요하다. 따라서 이 兩者는 계속 生命을 가질 것이다.

그러나 결국 漢字의 視覺性·造語力·縮約力이 순우리말의 그것에 比해 越等해서 그 造語가 簡潔正確한 長點이 있으므로 앞으로도 이 造語는 계속될 것임은 물론이요, 그 造語力을 活用하는 것이 賢明하다고 할 것이다.

〈『語文硏究』 第28號, 韓國語文敎育硏究會, 1980. 12.〉

中世語 文獻에 나타난 순우리말과 漢字對譯語 研究(2)

-'ᄀᄅᆞᆷ · ᄀᆞ장 · 겨집 · ᄃᆞᆯ…'과 '강 · 지극 · 처 · 등…'을 중심으로-

序

필자는 中世語 文獻에 나타난 순우리말과 漢字對譯語 研究(1) "-가온ᄃᆡ · 앒 · 뒤 · 안 · 밧"과 "中 · 前 · 後 · 內 · 外"를 중심으로-를 발표한 바 있다.[1)]

이제 그 後續作業으로

1. ᄀᄅᆞᆷ-江
2. ᄀᆞ장-至極 · 지극-至極히 · 지극히
3. 겨르롭다 · 겨르로ᄫᅵ-한가ᄒᆞ다
4. 겨집 · 안해 · 갓 · 갓나ᄒᆡ · 각시-女子 · 妻 · 妻眷 · 婦人 · 女 · 女人 · 녀편 · 婦女
5. 난다 · 나다나다 · 나타나다 · 나토다-現ᄒᆞ다 · 顯ᄒᆞ다

---

1) 拙稿, '中世語 文獻에 나타난 우리말과 漢字對譯語研究[1]', 「語文研究」 28 호, 1980. 12,一潮閣, pp. 554~576.

6. 남진겨집-男女·夫婦·夫妻
7. 님금-王
8. ᄃᆞᆯ-等
9. 蓮ㅅ곶·蓮花ㅅ곶-蓮花·蓮華
10. ᄆᆞᆯ·큰ᄆᆞᆯ·져근ᄆᆞᆯ, ᄯᅩᇰ·오좀·뒤·뒷간-糞·尿·大小便

등 순우리말과 漢字對譯語에 대한 硏究를 하고자 한다.

本論

Ⅰ. 'ᄀᆞᄅᆞᆷ'과 江

Ⅰ. 1. ᄀᆞᄅᆞᆷ

① ᄀᆞᄅᆞ매 ᄇᆡ 업거늘:河(龍歌 20章)
② ᄀᆞᇙᄀᆞᅀᅢ 자거늘:江(龍歌 67章)
③ 江河ᄂᆞᆫ ᄀᆞᄅᆞ미라(釋譜 23:19)
④ ᄀᆞᄅᆞᆷ강:江, ᄀᆞᄅᆞᆷ호:湖, ᄀᆞᄅᆞᆷ하:河(訓蒙上 4)
⑤ ᄀᆞᄅᆞᆷ하:河(石千 3)

以上에서 보는 바와 같이

1) 'ᄀᆞᄅᆞᆷ'은 龍歌에서부터 나타나고 '江·河·湖·江河' 등의 뜻을 포괄적으로 가지고 있던 말이다.

2) 'ᄀᆞᄅᆞᆷ'이 '江·河·江河'의 뜻으로 나타나는 것은 龍歌·月印·釋譜·月釋·宣賜內訓·杜解·訓蒙·石千 例 등이고 '湖'의 뜻은 訓蒙과 ※倭解(湖 ᄀᆞᄅᆞᆷ호)에 나타난다. (※표는 中世語 文獻이 아닌 近世語文獻)

3) "ᄀᆞᇙᄀᆞᅀᅢ(龍歌 67장), ᄀᆞᇙ어름:河水(杜解 4:4)"

ᄀᆞᇙ우희:江上(杜解 21:6). ᄀᆞᇙᄀᆞᅀᅵ셔:江邊(杜解 21:16). 즈믄

ᄀᆞᄅᆞᆷ(千江, 月釋 1:1)

과 같이 複合語的으로 쓰이고 있다.

Ⅰ. 2. 江

① 月印千江之曲
② 江河ㅣ며 내히며 우므리며 모시(江河ᄂᆞᆫ ᄀᆞᄅᆞ미라)(釋譜 23:19)
③ 海神과…江神과 河神괘(釋譜 23:46)
④ 中國은 우리나랏 常談애 江南이라 ᄒᆞᄂᆞ니라(訓正註解)
⑤ 두 힐 돋다가 세 힐 도ᄃᆞ면 江이 다 여위여:江은 ᄀᆞᄅᆞ미라 (月釋 1:48)
⑥ 님그미 江 건나시며 바ᄅᆞ래 ᄠᅴ우샤(法華 7:157)
⑦ 江瀛에 드러 미틔 다ᄋᆞᆺ듯ᄒᆞᄂᆞ니:瀛은 바ᄅᆞ리라(永嘉下 77)
⑧ 能히 江海 건너리 잇디 아니타 ᄒᆞ니라(永嘉下 22)
⑨ 값므리어나:河水(救簡 6:46)
⑩ 江海 江西人 呼 강(四解下 40)
⑪ 강강:江(類合上 6)
* 강에 ᄲᅡ뎌 주그니라:江(東新續三・烈2:6)
셩셔의 강에 가 모욕ᄒᆞ다가(敬信 16)

Ⅰ. 3. 河

① 江河ㅣ며 내히며 우므리며 모시:江河ᄂᆞᆫ ᄀᆞᄅᆞ미라(釋譜 23:19)
② 海神과…江神과 河神괘(釋譜 23:46)
③ 부텨를 미조ᄍᆞ바 河水ㅅ 우희 가(月釋 10:17)
④ 山林中에 들어나 河海어나 大水를 건나거나(月釋 21:170)
⑤ 山河ㅣ 다시 나디 아니 ᄒᆞ며(楞解4:8)
⑥ 大地山河ᄅᆞᆯ 보ᄃᆡ 거우뤼 비취욤 ᄀᆞᆮᄒᆞ야(楞解 10:1)
⑦ 섈리 말 잘호미 河ᄅᆞᆯ 돌며:懸河(永嘉上 48)

⑧ 三獸ㅣ河 건너ᄃᆡ ᄒᆞᆫ 가지로 므레 들며 : 渡河(永嘉下 59)
⑨ 하슈:河(類合下32)

以上에서 보면

1) '江·河'가 'ᄀᆞᄅᆞᆷ'을 대신해서 諺解文獻에 등장한 것은 月印·釋譜 ·永嘉 등 15세기, 正音창제후 초기문헌부터다.
2) '江'은 연면히 이어져 오늘에 이르는데 '河'는 '懸河之辯'의 '懸河', '渡河'의 諺解에 쓰였을 뿐임은 우리나라에 漢江, 鴨綠江, 洛東江 등 江이름은 많아도 '河'가 붙는 河名은 없는데 연유하는 것이 아닌가 한다.
3) "江河, 江神, 江南, 江瀛, 江海, 江西人, 千江"과 "江河, 河神, 河水, 河海, 山河"와 같은 漢字語를 보인다.
4) '江·河'가 ᄀᆞᄅᆞᆷ訓인데 '江神·河神'이 갈리고, '갌믈·河水'가 갈려서 쓰였으며 유합에는 '강강江', '하슈하河'로 나온다.
5) 오늘날 'ᄀᆞᄅᆞᆷ'은 死語가 되고 '江가·江물·江바람·江어귀·江口·江鷗·江邊·江心·江村·江風·江湖…'나 "江華·江陵·江界" 등 地名이 있고 "河界·河谷·河川·河床·河馬·河畔·河心·河底…" 등이 現用되고 있는데 東亞漢韓大辭典에 따르면 '江'이 57개語, '河'가 58개語 실려 있다(이하의 통계도 같은 책의 것임).

Ⅱ. 'ᄀᆞ장'과 '至極'

Ⅱ. 1. ᄀᆞ장

① 하ᄂᆞᆯ ᄡᅡ히 ᄀᆞ장 震動ᄒᆞ니(月印上 8)
② 旋嵐風 ᄋᆞᆫ ᄀᆞ장 ᄆᆡᄫᆞᆫ ᄇᆞᄅᆞ미라(釋譜 6:30)
③ ᄒᆞ마 ᄀᆞ장 玄妙ᄒᆞ거든: 盡(蒙法 45)
④ 지비 ᄀᆞ장 ᄀᆞᅀᆞ며러:大(佛頂上 9)
⑤ ᄀᆞ장 사오나와ᅀᅡ ᄎᆡ옥이오:最(飜老下 51)

⑥ ᄀᆞ장최 最(類合下 61 · 石千 26 · 倭解上 27)

* ᄀᆞ장극:極(註千 30)

以上에서 보면

1) 'ᄀᆞ장'은 '盡 · 大 · 最' 등의 뜻으로 中世語文獻 이후 쓰이던 말로 오늘에 이른다.
2) 'ᄀᆞ장'하면 '最'를 聯想하리 만큼 '最'의 訓으로 'ᄀᆞ장'이 專用되다시피 했는데 上揭例 外에도 壬亂後 문헌인 警民編 · 老解 등에도 나와 있다.
3) '最'는 "最古 -高 -近 -多 -短 -大 -上 -善 -少 -少限 -新 -惡 -低 -終 -初 -下 -後…" 등 93개의 造語를 이루고 있다.

Ⅱ. 2. 至極 · 지극 · 至極이 · 지그기 · 至極히 · 지극히

① 至極 寂靜 ᄒᆞᆫ그에 住ᄒᆞ샤(釋譜 23:44)
② 報身ᄋᆞᆫ 부텨 ᄀᆞ장 貴ᄒᆞᆫ 因緣으로 至極 즐거본 果報로 타나샤(月釋 2:53)
③ 至極 重ᄒᆞᆫ 모딘 業ᄋᆞᆯ(月釋 8:77)
④ 모ᄃᆞᆫ 잇ᄂᆞᆫ 法을 두르혀 至極히 업수매 도라가ᄆᆞᆫ 寶明空海예 가미라(楞解 5:52)
⑤ 重重히 ᄀᆞ다ᄃᆞ모ᄆᆞᆯ 至極히 ᄒᆞ야(楞解 7:66)
⑥ 지극 됴ᄒᆞ니라(救急方上 16)
⑦ 小學 烈女 女敎 明鑑이 至極 졀당ᄒᆞ며(宣賜內訓序 8)
⑧ 지극 신긔ᄒᆞᆫ 효험이 잇ᄂᆞ니라(救簡 3:33)
⑨ ᄠᅳ들 至極이 ᄒᆞ야 ᄀᆞ다ᄃᆞ마 精히 ᄒᆞ야(圓覺序 81)
⑩ 셜어주믈 지그기 ᄒᆞ고(飜老上 58)
⑪ 지그기 효도ᄒᆞ더니(續三 · 효 2)
⑫ 지그기 비노라(野雲 46)
⑬ 지극히 足홀씨니(宣孟 3:19)

* 지그기 다스료믈 : 至(重杜解 2:35)

以上에서 보면

1) 'ᄀᆞ장'과 '至極' 등이 완전한 同義語는 아니라 하더라도 가장 가까운 뜻으로 쓰인 말이 아닌가 하는데 그것은
이에 니를 ᄀᆞ장히 ᄒᆞᆫ 經體 ᄀᆞᆺ고:極至…(金三 3:5)
根源을 ᄀᆞ장ᄒᆞ라 : 極(楞解2:34)
究ᄂᆞᆫ ᄀᆞ장ᄒᆞᆯ씨라(月釋 序 21)
즐거우미 ᄀᆞ장ᄒᆞ매 : 極(初杜解 21:30)
맛당히 힘ᄭᆞ장 청ᄒᆞ야: 極力(宣小 5:37)
* ᄀᆞ장극 : 極(註千 30)
에서 '極'을'ᄀᆞ장'으로 諺解한데서 그렇게 생각한다.
2) "至極 · 지극>至極이 · 지그기>至極히 · 지극히"로 오늘에 이르고 있다.
至極(釋譜, 月釋, 宣賜本內訓)
지극(救急方 · 救簡)
至極이(圓覺)
지그기(飜老 · 續三 · 野雲 · 重杜解)
至極히(楞解)
지극히(宣孟)
3) '至極히'가 現用되고 '極盡히'도 쓰인다.
4) '至極이 · 지그기>至極히'는 '위고기>委曲히'와 軌를 같이 한다.

Ⅲ. 겨르ᄅᆞᆸ다-한가ᄒᆞ다

Ⅲ. 1. 겨르ᄅᆞᆸ다 · 겨르로이 · 겨를ᄒᆞ다

① 쥬의 坊이어나 뷘 겨르ᄅᆞᄫᆡᆫ ᄯᅡ히어나(釋譜 19:1)
② 뷘겨르ᄅᆞ왼 ᄯᅡ해:空閑(法華 1:77)
③ 比丘 겨르ᄅᆞ왼 ᄃᆡ 이셔 …閑(法華 1:79)

④ 나비는 겨르ᄅᆞ왼 帳ᄋᆞ로 디나가고:閑慢(杜解 11:11)
⑤ 阿蘭若ᄂᆞᆫ 겨르ᄅᆞᆸ고 寂靜ᄒᆞᆫ 處所ㅣ라 ᄒᆞᆫ ᄠᅳ디라(月釋 7:6)
⑥ 日月이 겨르ᄅᆞᆸ도다:閑(金三 5:69)
⑦ ᄒᆞ오ᅀᅡ 겨르로ᄫᅵ 이셔 經을 즐겨 외오리도 보며(釋譜 13:20)
⑧ 香 퓌우며 겨르ᄅᆞ이 이셔:閑(楞解 7:6)
⑨ ᄀᆞᆺᄇᆞ거든 곧 겨르로이 ᄌᆞ올오:閑(南明上 59)
⑩ 겨르로이 걷디 아니ᄒᆞ고:閑(金三 5:32)

* 겨를ᄒᆞ다:迭當(漢淸 1:27)
 日昃호ᄃᆡ 겨를티 몯ᄒᆞ시믄:遑(常訓 34)
 군박히 되야 겨를치 못ᄒᆞ면(三譯 6:15)

以上에서 보면

1) '겨르ᄅᆞᆸ다'는 '겨를'에서 派生된 形容詞인데 그것은 '겨르ᄅᆞᆸ다'가 '겨를'과 함께
 겨를 업스샤ᄃᆡ:遑(龍歌 80章)
 閑暇ᄂᆞᆫ 겨르리라(月釋 序 17)
 즁의 次第호미 겨를 업더니:遑(楞解 1:32)
 萬機ㅅ 겨르레:暇(金剛跋 2)
 겨를가:暇(類合下 30)
 의 '遑·閑暇·閑·暇' 등의 對譯語임에서 바로 알 수 있다.
2) 오늘날 '겨르롭다·겨르로이·겨를하다'는 現用되지 않고 다만 '겨를'만이 남아있고 '閑暇롭다·閑暇로이·閑暇하다·閑暇히'가 쓰이고 있다.

Ⅲ. 2. 한가ᄒᆞ다·한가히

① 나믄 位次ᄂᆞᆫ 閑暇ᄒᆞ야 니르디 몯호라 ᄒᆞ시니(永嘉下 81)
② 그 늘근 사ᄅᆞ미 한가ᄒᆞᆫ 저긔:閑暇(飜小 9:88)
③ 져근덛 한가ᄒᆞ여든(宣小 2:63)

* 져기 한가흠을 어드리오(朴解中 43)
* 한가ᄒᆞᆫᄃᆡ 나아갓다가(十九史略 1:5)
* 來日 모릐 ᄉᆞ이 져기 閑暇ᄒᆞᆫ때(隣語 1:25)

④ 仲尼ㅣ 한가히 겨시거늘:閒(宣孝解 1)
以上 지금까지 筆者가 찾은 用例로는

1) ‘한가ᄒᆞ다’는 永嘉(世祖 8, 1463), ‘한가히’는 孝解(宣祖 23년 1590)가 上限例다.

2) 釋譜의 ‘빈 겨르ᄅᆞ빈’, 法華의 ‘빈 겨ᄅᆞᄅᆞ왼’은 月釋 17:45에는 ‘空閑ᄒᆞᆫ’, 宣小 4:39에는 ‘공한ᄒᆞᆫ’으로 나와 있다.

3) ‘겨를’의 對譯漢字 ‘閑’은

閑暇 - 談- 散 -遊 - 寂 - 職 - 話農 - 等- 有

등 46개의 造語를, ‘暇’는

餘暇 閑 - 休- 寸 -

등 11개의 造語를 이루고 있다.

Ⅳ. ‘겨집 · 안해’와 ‘女子 · 妻’

Ⅳ. 1. 겨집

① 婢ᄂᆞᆫ 겨집죠이라(釋譜 13:19)
② 女子는 겨지비라(月釋 1:8)
③ 情慾 한 사ᄅᆞ미 겨지비 ᄃᆞ외야(月釋 1:43)
④ 겨집녀 : 女(訓蒙上 31 · 類合上 17 · 石千 7)
  겨집냥 : 娘汎稱又伯父之妻日伯一又伯母(訓蒙上 31)
  겨집희 : 姬 黃帝姓一及美女爲一又王妃別號(訓蒙下 33)
  겨집강 : 姜 炎帝姓一姬一後裔美女尤多遂爲美稱(訓蒙下 33)
⑤ ᄉᆞ나히와 겨집이:여(宣小 2:45)

* 디이산 겨집은 구례현 사ᄅᆞᆷ이니 : 女(東新續三 · 熱 1:1)
* 세 겨집은 강홰부 사ᄅᆞᆷ이라 부 아젼의 쳐지라…女…處子(東新續三 · 熱 1:18)
* ᄉᆞ나히ᄂᆞᆫ 強ᄒᆞᆷ으로ᄡᅥ 귀ᄒᆞᆷ을 삼고 계집은 약ᄒᆞᆷ으로ᄡᅥ 아ᄅᆞᆷ다옴을 삼ᄂᆞ니(女四解 1:9)

⑥ 如來ㅅ 太子時節에 나ᄅᆞᆯ 겨집 사ᄆᆞ시니(釋譜 6:4)
⑦ 겨집과 子息괘 軍壘에 즈슴첫ᄂᆞ미:妻(初杜解 22:4)
⑧ 겨집쳐 : 妻(訓蒙上 31 · 類合上 19)
⑨ 겨집부 : 婦(類合上 20)
⑩ 져제 ᄃᆞ니며 비니 그 겨집은 아디 몯ᄒᆞ거늘:妻(宣小 4:32)
⑪ 계집과 쳡을 ᄃᆡ졉ᄒᆞ고:妻(呂約 4)

* 구시ᄂᆞᆫ 익산 사ᄅᆞ미니 조민의 겨지비라:妻(東續三 · 烈 6)
* 역승 뎡인의 겨지비라:妻(東神續三 · 烈 1:13)
* 냥녀 핑복이ᄂᆞᆫ 경도 사ᄅᆞᆷ이니 셔리 니셰손의 계지비라:妻(東新續三 · 烈 3:28)
* 김조이ᄂᆞᆫ 의셩현 사ᄅᆞᆷ이니 향니 뎡대인의 계집이라:妻(東新續三 · 烈3:32)
* 小人의 계집과 아히들히:拙婦(老解下 4)
* 禮애 지아비ᄂᆞᆫ 두 번 娶ᄒᆞᄂᆞᆫ 義 잇고 계집은 두 번 가ᄂᆞᆫ 글이 업ᄉᆞᆫ디라(女四書 1:15)

⑫ 비록 남지늬 사오나오매 關係ᄒᆞ나 ᄯᅩ 겨지븨 어딜며 사오나오매 브틀디라:婦人(宣賜本 內訓序 6)
⑬ 다ᄅᆞᆫ 겨지비 믈기리 ᄒᆞᄂᆞ니:婦人(飜老上 36)

* 계집의 월슈(東醫湯液 1:32)
* 겨지비 ᄒᆞ나ᄒᆞᆯ 조차 죵신ᄒᆞᆯ 거시니:婦人(東續三 · 烈20)
* 디이산 겨집은 구례현 사ᄅᆞᆷ이니…지비 가난호ᄃᆡ 겨지븨 도ᄅᆞᆯ 다ᄒᆞ더니:女…婦道 (東新續三 · 烈1:1)

* 계집이 네가지 힝실이 이시니 ᄒᆞ나ᄒᆞᆫ 니른 계집의 德이오…(女四書 1:12)
* 엇디 ᄒᆞᆫ 겨집을 이긔디 못ᄒᆞ리오:婦人(五倫 3:17)
* 겨집이 술찌고 검으며 마시 죠타 ᄒᆞ니:婦人(五倫 3:58)

以上에서 보면

1) '겨집'은 '女子'의 뜻(①~⑤), '妻'(⑥~⑪). '婦人·婦女'의 뜻(⑫~⑬) 등으로 갈려질 듯하다.
2) 中世語文獻인 呂約尊經本·華山本·一石本에 '계집'이 나타나고 17C 前期문헌인 東醫·東新續三 등에도 나타난다.

그러나 오늘날 '계집'은 卑俗語로 전락하고, '계집애'는 女兒의 뜻으로 쓰이나 속어의 느낌을 준다.

Ⅳ. 2. 안해

① 안해님이라 ᄒᆞᄃᆞᆺᄒᆞᆫ 말:大娘(朴集中3)
② 聘례로 ᄒᆞ면 안해 되고:妻(宣小 1:7)
③ 아ᄃᆞᆯ이 그 안해를 심히 맛당히 너겨도:妻(宣小 2:17)
④ 蔡ㅅ 사ᄅᆞᆷ의 안해ᄂᆞᆫ 宋사ᄅᆞᆷ의 ᄯᆞᆯ이라:妻(宣小 4:36)(以下略)

* 안해 세 ᄯᆞᆯ를 거ᄂᆞ리고:妻(東三·東臣圖·堤上 忠烈)
* 뎐의감관ᄉᆞ 경덕의 안해라:妻(東新續三·烈 1:10)
* 안해:正娘子(譯語上 26)
* 지아비 어디디 몯ᄒᆞ면 ᄡᅧ 안해를 御티 몯ᄒᆞ고(女四解 1:5)
* 사ᄅᆞᆷ의 안해 되매:婦(女四解 2:5)
* 빅희ᄂᆞᆫ 노션공의 ᄯᆞᆯ이오 송곡공의 안ᄒᆡ라(五倫 3:2)
* 도미ᄂᆞᆫ 빅뎨나라 사ᄅᆞᆷ이니 안ᄒᆡ 얼골이 아ᄅᆞᆷ답고:妻(五倫 3:62)

Ⅳ. 3. 갓

① 가시 그리ᄫᆞᆯ씨 世尊 나신 ᄉᆞᅀᅵ로 넷지븨 가리라ᄒᆞ니(月印上 65)
② 여슷 아ᄃᆞᆯ란 ᄒᆞ마 갓 얼이고(釋譜 6:13)
③ 그딋 가시 ᄃᆞ외아지라(月釋 1:11)
④ 妻는 가시라(月釋 1:12)
⑤ 가시며 子息이며 도라ᄒᆞ야도(月釋 1:13)
⑥ 八萬四天 婇女와 臣下ᄋᆡ 갓ᄃᆞᆯ히 다 모다 夫人 侍衛ᄒᆞᅀᆞᄫᅡ(月釋 2:28)
⑦ 가ᄉᆡ 樣 무르시고 납 무러시ᄂᆞᆯ(月釋 7:5)
⑧ 겨지비 갓 ᄃᆞ외아지라(三綱・孝 9)

*가시나 겨지븐 : 婦女(重杜海 12:20)

⑨ ᄡᆞᄒᆡ 소리 갓나ᄒᆡ 소리(釋譜 19:14)
⑩ 갓나ᄒᆡ도 : 女孩兒(飜朴上 45)
⑪ 갓나ᄒᆡ : 丫頭(四解下 31丫字註)
⑫ ᄉᆞ나ᄒᆡ가 간나ᄒᆡ가(飜朴上 55)
⑬ ᄉᆞ나ᄒᆡ와 간나ᄒᆡ:男女(宣小 6:71)

*아ᄋᆞ누의 간나ᄒᆡ 죵이(東新續三・孝 3:76)
간나ᄒᆡ 간 길ᄒᆞᆯ(松江 時調)
머리 도ᄂᆞ니ᄂᆞᆫ 간나ᄒᆡ라(胎産集要 10)
ᄉᆞ나ᄒᆡ와 간나ᄒᆡ ᄀᆞᆯ히요미 이시면(警民篇 26)

Ⅳ. 4. 각시

① 각시 ᄡᅬ노라 ᄂᆞᆾ 고ᄫᅵ 비ᇫ여(月印上 18)
② 각시 더러ᄫᅳᆫ아래 ᄀᆞ린 거시 업게 ᄃᆞ외니(月印上 25)

③ 婆羅門이 보고 깃거 이 각시사 내 얻니논 ᄆᆞᅀᆞ매 맛도다 ᄒᆞ야(釋譜 6:14)
④ 이 각시 당다이 轉輪聖王ᄋᆞᆯ 나ᄒᆞ시리로다 ᄒᆞ야ᄂᆞᆯ(月釋 2:23)
⑤ 졈고 고ᄫᆞ니로 여듧 각시를 ᄀᆞᆯᄒᆡ샤(月釋 8:91)
⑥ 그 각시 손소 브즈러니 싀어미를 이바ᄃᆞ며(三綱・烈 8)
⑦ 몬져 싀어미를 저리거늘 그 각시 갈 들오 나니(三綱・烈 8)
⑧ 각시희 : 姬(類合下 21)

＊뎨 가는 뎌 각시 본 듯도 ᄒᆞᆫ뎌이고(松江・續美人曲)
＊閣氏者・東語女子也(東國歲時記)

以上에서 보면

1) '안해'가 '妻'의 뜻으로 定着되어 쓰인 예는 宣小(1587) 이후에 나타난다. '안해'가 '안(內)'의 處格形 '안해'에서 由來됨은 물론이다.
2) '갓'은 '妻'의 뜻으로, '갓나희'는 '女兒'의 뜻으로 쓰였으나 死語化, '가시나'가 慶尙方言으로 남아 있다.
3) '각시'는 婚期가 된 未婚女(③)의 뜻으로도 新婚初의 젊은 既婚女(④⑥)의 뜻으로도 쓰인 젊은 女人의 뜻.

Ⅳ. 5. 女

① 一切 衆生이 天이어나 人이어나 南이어나 女ㅣ어나(月釋 21:136)
② 女의 道ㅣ 겨실씨 이런ᄃᆞ로 能히 求호ᄆᆞᆯ 應ᄒᆞ시ᄂᆞ니라(楞解 6:34)
③ 慈悲로 女ㅣ 사ᄆᆞ시고 誠善으로 男 사ᄆᆞ시니(法華 4:49)
④ 모ᄃᆞᆫ ᄯᆞ를 占卜ᄒᆞᆫ대 后를 보ᅀᆞᆸ고 ᄀᆞ장 놀라 닐오ᄃᆡ 반ᄃᆞ기 이 女를 爲ᄒᆞ야 臣下ㅣ라 일ᄏᆞᆯ이리로다(內訓 2:38)

* 古者에 女ㅣ 난디 사흘만애(女四書 1:2)
* 女는 閨門의 處ᄒᆞ야(女四書 2:25)
* 집을 경영ᄒᆞᄂᆞᆫ 女ᄂᆞᆫ 오직 儉ᄒᆞ며(女四書 2:28)

Ⅳ. 6. 女人

① 부텨를 女人 調御師ㅣ 시다 ᄒᆞ면(月釋 9:11)
② 男子 女人 百千滿數ㅣ 바ᄅᆞᆳ 가온ᄃᆡ 나락 ᄌᆞᄆᆞ락 ᄒᆞ거든(月釋 21:23)
③ 시혹 女人 이시며 시혹 여인 업스며(月釋 21:37)
④ ᄒᆞ다가 女人이 앉 정사로 모ᄆᆞᆯ 셰여(楞解 6:19)
⑤ ᄒᆞ다가 善男子 善女人이(法華 4:163)

* 대개 女人의 쪈쪈ᄒᆞᆫ 道ㅣ며(女四書 1:3)

Ⅳ. 7. 女子

① 올ᄒᆞᆫ녁 피ᄂᆞᆫ 女子ㅣ ᄃᆞ외어늘 女子ᄂᆞᆫ 겨지비라(月釋 1:8)
② ᄒᆞ다가 男子ㅣ 비호ᄆᆞᆯ 즐겨…ᄒᆞ다가 女子ㅣ 비호ᄆᆞᆯ 즐겨 出家ᄒᆞ야(楞解 6:18)

* 卑弱은 女子의 正ᄒᆞᆫ 義라(女四書 1:1)
* 므릇 女子 되오매(女四書 2:1)
* 女子ㅣ 열술이어든 姆教ᄅᆞᆯ 듣더니(女四書 3:6)
* 네 ᄒᆞᆫ 녀ᄌᆞ라:女子(五倫 3:36)

Ⅳ. 8. 녀편

① 俱夷ᄂᆞᆫ 블근 녀펴니라 ᄒᆞᄂᆞᆫ ᄠᅳ드니(月釋 1:9)
② 先妣ᄂᆞᆫ 祠堂애 든 녀편ᄃᆞᆯ히라(宣賜本內訓 1:83)

③ 江東 녀편네는 잠깐도 사괴여 : 婦女(宣小 5:68)

* 본듸 녀편네 덕이 읻더니(東新續三·烈 3:3)

Ⅳ. 9. 女史

① 一日에 女史 淸江范孺人돌홀 뫼호샤:<女史는 글 아는 겨지비니 皇后ㅅ禮度의 안녁 政事 ᄀᆞ숨아랫는 벼스리라…> 后ㅣ 이에 女史를 命ᄒᆞ샤(宣賜本內訓下 42)

Ⅳ. 10. 婦女

① 시혹 帝釋 ᄃᆞ외며 시혹 婦女 ᄃᆞ외며 시혹 比丘尼며 시혹 어드운 지븨 잢제(楞解 9:88)
② 婦女와 不男과 惡律을 여희라 警戒ᄒᆞ시니라(法華 5:27)
③ 시혹 長者居士婦女身을 現ᄒᆞ며 시혹 宰官婦女身을 現ᄒᆞ며(法華 7:28)

* 이웃 부네 감화ᄒᆞ더라:婦女(東新續三·烈 2:75)
* 婦女ㅣ 모롬즉이 能히 和로뻐 貴ᄒᆞ믈 삼으며(女四書 2:35)

Ⅳ. 11. 妻

① 夫는 샤오이오 妻는 가시라(月釋 1:12)
② 五行애 내의 이긔요ᄆᆞ로 妻 삼ᄂᆞ니(楞解 4:22)
③ 同夫人ᄋᆞᆫ 功臣ㅅ 벼슬ᄒᆞᆫ 妻라(楞解 6:19)
④ 妻 求ᄒᆞ린 妻를 得ᄒᆞ며 子를 求ᄒᆞ린 자를 得ᄒᆞ며(楞解 6:44)
⑤ 法喜로 妻 사ᄆᆞ시고(法華 4:49)
⑥ 聘ᄒᆞ면 妻 ᄃᆞ외오 奔ᄒᆞ면 妾이 ᄃᆞ외ᄂᆞ니라(宣賜本內訓 1:3)

* 호슈의 쳬라:妻(東新續三・烈 1:3)
* 안텬검의 쳐는:妻(東新續三・烈1:6)
* 庶士의 妻ㅣ 다 그 지아비를 닙피되(女四書 3:25)
* 번연침의 쳐 위시는:妻(五倫 3:30)
* 도미 골오딕 신의 쳐 거트니튼 : 妻(五倫 3:62)
* 菩薩이 몸과 슬콰 손과 발와 妻眷과 子息과로 布施ᄒᆞ야(釋譜 13:19)

Ⅳ. 12. 婦人

① 父王이 爲ᄒᆞ야 瞿夷를 드려늘 乃終내 婦人體를 行티 아니ᄒᆞ야:婦人은 겨지비라(月釋 21:198)
② 父母ㅣ 거상애 中門 밧긔 儉朴ᄒᆞᆫ 더러운 지블 골히야 男人이 거상홀 싸홀 밍글오…婦人은 中門 안 別堂에 잇고…男人이 緣故ㅣ 업거든 中門의 드디 아니ᄒᆞ며 夫人이 男子의 거상ᄒᆞ논 싸해 곧 니르디 마롤디니라(宣賜本內訓 1:61)
③ 孔子ㅣ닐ᄋᆞ샤딕 婦人은 사ᄅᆞ미게 굿브는 거시니(宣賜本內訓 1:85)
④ 婦人이 주구므로뻐 님금의 어디르샤믈 나토며(宣賜本內訓 2:29)
⑤ 婦人이 비록 조차 죽는 義 업스나(宣賜本內訓 3:14)
⑥ 부신곳 프른 거슬 닙ᄂᆞ니라:婦人(飜小 10:28)

* 婦人의 지아비게 뜻 어드믄 舅故ㅣ 몸 ᄉᆞ랑흠애(女四書 1:21)
* 婦人의 德이 몸 단경이흠만 큰 업고(女四書 3:33)
* 고힝은 냥나라 어딘 부인이니:婦(五倫 3:9)
* 빅데 왕이 듯고 도미ᄃᆞ려 닐러 골오딕 부인이 비록 뎡졀이 이시나:婦人(五倫 3:62)

Ⅳ. 13. 夫人

① 摩耶夫人ㅅ 兄니미시니(釋譜 6:1)

② 鼓摩王ㄱ 위두훈 夫人ㅅ 아둘 長生이 사오잡고 녀느 夫人 냇 아둘 (月釋 2:4)
③ 王도 어디르시며 夫人도 어디르시고(月釋 2:12)
④ 長老ㅣ 恕ᄒᆞ야 夫人올 주기숩더니(月釋 8:87)
⑤ 沙羅王ᄋᆞᆫ 阿彌陀如來시고 夫人ᄋᆞᆫ 觀世音이시니(月釋 8:89)
⑥ 小君은 님금夫人이라 (宣賜本內訓 3:16)

以上에서 보면

1) '女'는 '男'의 對로
2) '女人'은 '男子'의 對(①)
3) '女子'는 '男子'의 對(②)
4) '녀편'은 '男便'의 對
5) '女史'는 "글 아는 女子로 皇后의 禮度 안녁 政事를 管理하는 벼슬"
6) '婦女'는 '婦女子'의 뜻
7) '妻'는, '아내'의 뜻
8) '妻眷'도 '아내'의 뜻
9) '婦人'은 '婦女子'의 뜻과 '아내'의 뜻
10) '夫人'은 '王(②)님금 (6)' 등 地體가 높은 이들의 아내의 뜻

으로 쓰이던 말이다.

그러나 오늘날

1) '女'는 옛 문헌에 나타나 있는 '女ᄋᆡ·女를·女ᄂᆞᆫ·女ㅣ'식으로는 쓰이지 않는다.

2) '여편네'는 결혼한 여자의 卑稱

3) '女史'는 시집간 女子의 尊稱 또는 社會的으로 이름 있는 사람의 성명 아래 쓰는 말

4) 妻眷은 死語化

5) 父母가 자기 아들에게 '네妻·네 아내', 아들이 父母나 손윗분에게 '제妻·제 아내'라고 하지만 '네 婦人, 제 婦人'이라고

는 하지 않는다.

6) 선생이 弟子에게, 또는 친구끼리 '자네 婦人'이라고는 하지만 '자네 妻'라고는 하지 않는다.

7) '夫人'은 '남의 아내'의 尊稱
으로 쓰이고 '女人·女子·婦女'는 古今이 같은 뜻으로 쓰이고 있다.

'女·妻·婦'는

1. 女傑 -誡 -工 -功 -教師 -教員 -校長 -軍 -權 -記者 -難 -大生 -同生 -流 -俳優 -士 -社員 -社長 -性 -僧 -信徒 -心 -王 -醫師 -裝-丈夫 -店員 -主人公 -中君子 -中豪傑 -學校 -學生 -婚男 -有夫 -父-子 -母 -孫 -孝 -美 -醜 -淑 -烈-…·등 154개의 單語
2. 妻家 -男 -德 -福 -父母 -外家 -子 -弟 -祖母 -祖父 -조카 -族 -姪-妾惡 -賢 -故 -夫-… 등 37개 單語
3. 婦功 -女子 -德 -道 -人病 -人席 -人會孝 -姪 -孫 -毒 -夫 -烈 -夫昌 -隨…·등 36 單語

의 造語를 보이고 있다.

Ⅴ. "나다나다·나타나다·낱다·나토다"와 "現ᄒᆞ다·顯ᄒᆞ다"類

Ⅴ. 1. 나다나다

① 妙行이 ᄀᆞᄃᆞ기 나다나아 億衆이 절로 化ᄒᆞ야 恭敬ᄒᆞ며(釋譜 19:37)
② 現露ᄂᆞᆫ 나다날 씨라(釋譜 24:49)
③ 됴ᄒᆞᆫ 비치 나다나시며(月釋 2:59)
④ 顯은 번드기 나다날씨라(月釋 10:12)

⑤ 密因곳 아니면 나다나디 아니 아니ᄒᆞ리며:顯(楞解 1:8)
⑥ 담과 ᄇᆞᄅᆞᆷ 밧긔 나다냇ᄂᆞ니:露(初杜解 16:35)
⑦ 顯現은 나담날 씨오(月釋 10:49)

V. 2. 나타나다.

① 밝燈 블고매 나타난 두려운 光ᄋᆞᆫ:現(楞解 2:80)
② 色ᄋᆞᆯ 因ᄒᆞ야 나타나미라:顯(楞解 3:88)
③ 海印은 萬像이 나타나니 用이 조촐씨 大道애 가졸비고(金三 2:18)
④ 나타날 뎌:著(類合上 10)
⑤ 나타날 챵:彰(類合上 60)
⑥ 나타날 현:顯(類合上 62)
⑦ 일빅나믄 ᄒᆡ에사 비로소 내 나타나(宣小 5:80)

V. 3. 낟다

① 現在ᄂᆞᆫ 나다 잇ᄂᆞᆫ 뉘오(月釋 2:21之1)
② 功 이루미 절로 나ᄃᆞ니라(月釋 18: 58)
③ ᄒᆞᆫ ᄢᅵ 여러 낟거늘:現(楞解 1:78)
④ 낟디 아니ᄒᆞᇙ딘:現(楞解 1:96)
⑤ 男性이 알픠 낟ᄂᆞ니:現(楞解 2:68)
⑥ 日月에 適이 낟다 혼 災異라 :見(楞解 2:87)
⑦ ᄯᅩ 두 일홈 낟돗ᄒᆞ니라:彰(永嘉下 33)
⑧ 나든 ᄢᅴ 니르러ᄂᆞᆫ:現(蒙法 4)
⑨ 功 이루미 절로 나다샷다 : 지(法華 6:180)
⑩ 本覺이 ᄒᆞ마 낟고:顯(圓覺上一之二 127)
⑪ 그ᄉᆞᆨᄒᆞ락 나ᄃᆞ락ᄒᆞ고:見(初杜解 9:40)
⑫ 힛비치 낟디 몯돗ᄒᆞ니:現(六祖上 82)
⑬ 理ㅣ 心源에 낟ᄂᆞ니라 : 顯(龜鑑上 11)

V. 4. 낟다

① 眞際 ᄒᆞ마 나ᄐᆞ면:顯(楞解 1:77)
② 智境이 두려이 나타:現(楞解 1:79)
③ 國土ㅣ ᄒᆞᆫᄢᅴ 여러 나토ᄆᆞᆯ(楞解 1:79)
④ 佛境이 心光애 나ᄐᆞ리니:現(楞解 9:58)
⑤ 話頭ㅣ 알ᄑᆡ 나토ᄃᆡ(蒙法 42)
⑥ 作爲에 나톨 ᄯᆞᄅᆞ미니(金剛後序 9)
⑦ 알ᄑᆡ 나ᄐᆞ면:現(永嘉下 20)
⑧ 功이 ᄒᆞ마 나타:著(圓覺序 24)
⑨ 眞이 나ᄐᆞ면 : 顯(圓覺上二之三 36)
⑩ 紋彩 오ᄋᆞ로 나탯ᄂᆞ니(金三 3:8)

V. 5. 나토다

① 優曇鉢羅ㅣ 부텨 나샤ᄆᆞᆯ 나토아(月印上 10)
② 더러ᄫᅳᆫ 거긔셔 微妙ᄒᆞᆫ 法을 나토며(釋譜 13:33)
③ 功德을 너비 나토샤(釋譜 19:8)
④ 現은 나톨 씨라(月釋 序 5)
⑤ 愛染을 여희사 올ᄒᆞᆫ둘 나토도다(楞解 1:43)
⑥ 着 이쇼미 몯 훓주를 나토아시ᄂᆞᆯ:顯(楞解 1:73)
⑦ 種種엣 저픈 相ᄋᆞᆯ 變ᄒᆞ야 나토거늘(원각서 43)
⑧ 머리ᄅᆞᆯ 나토라:露(初杜解 10:21)
⑨ 上書ᄒᆞ야 큰 혜아료ᄆᆞᆯ 나토고:見(杜解 19:22)
⑩ 義ᄅᆞᆯ 나톼 반ᄃᆞ시 手巾을 저지더라:形(初杜解 24:25)
⑪ 나톨뎡:呈(類合下 32)
⑫ 微妙ᄒᆞᆫ 이ᄅᆞᆯ 나토오미(釋譜 13:33)
⑬ 眞實ㅅ 一乘을 나토오리라 ᄒᆞ시논 ᄠᅳ디라(釋譜 13:60)
⑭ 話頭ᄅᆞᆯ 알ᄑᆡ 나토오리니 (蒙法 25)
⑮ 내 안ᄒᆞ로브터 精誠 나토옶ᄃᆡ 업고(三綱・烈 3)

⑯ 格ᄋᆞᆫ 나토온 法이라(金三 4:28)
⑰ 홀른 얼구를 나토오ᄃᆡ(六朝序 21)

V. 6. 나타내다

① 父母ㅣ 怒ᄒᆞ거시든 뜯에 짓디 아니ᄒᆞ며 ᄂᆞᆾ비체 나타내디 아니홈이 버게오(宣小 4:20)
② ᄂᆞᆾ비체 나타냄이 아래니라(宣小 4:20)

以上에서 보면

1) '나다나다'는 "낟('낟다'의 語幹)"+아(副詞形語尾)+나다(出)로 이루어진 말.
"現露·顯·露"의 對譯語로 나타난다.
2) '나타나다'는 "낱다(←낟다)의 語幹 '낱'에 副詞形語尾 '아'+나다(出)"로 이루어진 말로 "現·顯·著·彰"의 對譯語인 바 '나다나다'와 완전 同義語로 본다. 다만 活用할 때 '나다(낟+아)'의 'ㄷ'이 激音化했을 뿐이다.
3) '낟다(←낱다)' 類의 活用形을 보이면 다음과 같다.

낟거늘:現(楞解 1:72)　　낟디:現(楞解 1:79)
낟ᄂᆞ니:現(楞解 2:68)　　낟다:見(楞解 2:87)
낟고:見(楞解 8:96)　　낟ᄃᆞᆺ:彰(永嘉下 33)
낟ᄂᆞ니라:顯(龜鑑上 11)
나다 잇ᄂᆞᆫ(月釋 2:21 지 1)　　나ᄃᆞ니라(月釋 18:58)
나ᄃᆞᆯ:現(楞解 1:96)　　나ᄃᆞᆫ:現(蒙法 4)
나ᄃᆞ면:現(蒙法 8)　　나ᄃᆞ리니:現(蒙法 16)
나ᄃᆞ시고(法華 2:16)　　나ᄃᆞ샷다:著(法華 6:180)
나ᄃᆞ신(法華 7:127)　　나ᄃᆞ락:見(初杜解 9:40)
나ᄐᆞ면:顯(楞解 1:77)　　나타(楞解 1:79)
나ᄐᆞ며:顯(楞解 2:17)　　나ᄐᆞ리니:現(楞解 9:58)
나ᄐᆞ리라:現(蒙法 8)　　나ᄐᆞᆯ(金剛後序 9)

나ᄐᆞ샨(圓覺上一之二 37)
나ᄐᆞ시니(圓覺下三之二 85)
나탯ᄂᆞ니(金三 3:8)
나토려:顯(楞解 1:79)
나토미(楞解 2:89)
나토ᄆᆞᆯ(楞解 2:104)
나톰(楞解 9:21)
나토ᄃᆡ:現(蒙法 42)
나토라:露(初杜解 10:21)
나토아(月印上 10)
나토며(釋譜 13:33)
나토샤(釋譜 19:8)
나토시고(釋譜 19:25)
나톨 ᄡᅵ라:現(月釋 序 5)
나토샤(月釋 2:76)
나토디 (月釋 10:20)
나토샤니라(月釋 17:78)
나토니라(楞解 1:26)
나토도다(楞解 1:43)
나토아시ᄂᆞᆯ:현(楞解 1:73)
나토샨:顯(法華 5:53)
나토건뎡(法華 5:105)
나토거늘(圓覺序 43)
나토샤미니라(圓覺上一之一 13)
나톨디니:顯(圓覺上二之三 36)
나토고(牧牛訣 10)
나토간디라(宣賜本內訓二上 31)
나톼(初杜解 24:25)
나토샤도: 現(金三 4:48)
나톨:呈 (類合下 32)
나토오미(釋譜 13:33)
나토오리라(釋譜 13:60)
나토오리니(蒙法 25)
나토옳ᄃᆡ(三綱・烈 3)
나토온(金三 4:28)
나토오ᄃᆡ(六朝序 21)
나타내디(宣小 4:20)
나타냄(宣小 4:20)

4) 以上의 活用形을 정리하면

'낟다'는 "現・見・彰・顯・著" 등의 對譯語로 "낟거늘・낟디・낟ᄂᆞ니・넏다・낟고・낟ᄃᆞᆺ・낟ᄂᆞ니라, 나다・나ᄃᆞ니라・나ᄃᆞᆯ・나ᄃᆞᆫ・나ᄃᆞ면・나ᄃᆞ리니・나ᄃᆞ시고・나ᄃᆞ샷다・나ᄃᆞ신・나ᄃᆞ락…・" 과 같이 活用하던 것으로 母音語尾 위에서 激音化하여 "나ᄐᆞ면・나타・나ᄐᆞ며・나ᄐᆞ리니・나ᄐᆞ리라・나ᄐᆞᆯ・나ᄐᆞ샨・나ᄐᆞ시니・나탯ᄂᆞ니(나타+잇ᄂᆞ니)・나토ᄆᆞᆯ(挿入母音ㅗ)・나톰(挿入母音ㅗ)・나토ᄃᆡ(挿入母音ㅗ)・나토라(挿入母音ㅗ)…・"와 같이 活用되었는데 "顯・現・露"의 對譯語로 등장한다.

'나토다'는 '낟다'의 使動詞로 "낟(→낱)+ 오(使動化接尾辭)+ 다"다. '使現'의 뜻. '나타내게 하다' 즉 '나타내다'의 뜻.

"나토오미 · 나토오리라 · 나토오리니 · 나토옳ᄃᆡ · 나토온 · 나토오ᄃᆡ"의 '오'는 插入母音이다.

5) '나타내다'는 '나타나다'의 使動詞, '나토다'와 완전 同義語로 오늘에 전한다. '나타냄'은 插入母音이 들어가지 않은 形態다. 宣小에는 中世語에서의 插入母音이 현저히 줄어든다.[2)]

6) 5.1 ⑥의 '나담나다'는 "낟('낟다'의 語幹+ 암<副詞形化接尾辭>+ 나다(出))[3)]".

7) '낟다' 類語系譜는 다음과 같다

낟다→낱다×(死語化)

→나다나다('낟+ 아'現+ 나다<出>)→나타나다

→나담나다(낟+ 암+ 나다<出>)×(死語化) ↳나타내다(他動詞 · 使動詞)

낱(→낟)+ 오(他動 · 使動化接尾辭)+ 다×(死語化)

V. 7. 現ᄒᆞ다 · 出現ᄒᆞ다

① 一千 化佛ㅣ 現ᄒᆞ샤(釋譜 23:29)

② 光明이 두듥우희 現ᄒᆞ시고(月釋 2:68)

③ 그 ᄯᅡ해 부톄 겨샤ᄃᆡ 일후미 阿彌陀ㅣ시니 이제 現ᄒᆞ야 겨샤 說法ᄒᆞ시ᄂᆞ니라(月釋 7:63)

④ 親히 제 現ᄒᆞ야(月釋 9:8)

⑤ 趣ᄅᆞᆯ 조차 나 現ᄒᆞ실씨니(月釋 9:10)

⑥ 色身ᄋᆞᆯ 現ᄒᆞ샤미(月釋 9:10)

⑦ 親히 魔ㅣ 現호ᄆᆞᆯ 보미라(楞解 9:118)以下 略

⑧ 아래 부터 出現ᄒᆞ샨 文을 對ᄒᆞ야 사기니라(圓覺下三之一 135)

V. 8. 顯ᄒᆞ다

① 그ᄢᅴ 부텻 威光이 더욱 顯ᄒᆞ샤:顯은 번드기 나다날씨라(月

---

2) 金泰琨(1981), '小學諺解의 國語學的硏究', 「仁荷大碩士論文」, pp. 70~71.

3) 拙稿, '高歌謠에 나타난 難解語에 對하여', 「한글」 126호, 1960, pp29~44. 拙著, 「國語學論文集」, pp. 329~346, 再錄, 1962, 初版 · 重版, 一潮閣.

釋 10:12)

② 첫 둘흔 顯호믈 조추샤 드러 니르시니 梵釋이 샹녜 부텨를 졷줍는 젼취라(法華 7:75)

③ 下文에 제 顯흐릴씨(永嘉上11)

以上에서 보면

1) '現흐다'나 '顯흐다'를 現代語라면 각각 순우리말로 '나타나다'로 바꿔 놓아도 좋을 듯한데 그렇지 않다.

2) 그런데 "現흐샤·現흐시고·現흐야 겨샤·現흐실씨니·現흐샤미·顯흐샤"와 같이 尊稱 의 '시'나 '겨샤'인 점을 보면 편찬자가 意圖的으로(?) 漢字語로 敬意를 표한 것이 아닌가도 하나 "겨지븨 몸도 現흐며(釋譜 11:7)·魔ㅣ現호믈(楞解 9:118)·婦女身도 現흐며(法華 7:28)" 등이 있음을 보면 '나타나며'와 완전 同義語로 쓰기도 한 듯하다.

3) '顯은 번드기 나다날씨라'한 것을 보면 '現'보다 '번드기(뚜렷이, 환하게)의 뜻이 담긴 듯이 보인다.'

4) 현대어에서는 '現하다·顯하다'는 쓰이지 않고 '出現하다·顯著하다' 등이 쓰인다.

V. 9. 現히

如來ㅅ 一切 甚히 기픈 이리 다 經에 現히 닐어 잇느니라(釋譜 19:43)

V. 10. 顯히

① 妙法 功利ㅣ顯히 神奇히 쌔르거니 뉘 반드기 信티 아니흐리오(法華 4:111)

② 如來ㅣ 光明藏애 十二大夫 士와로 秘密히 니르시며 顯히 펴샤 그스기 通흐시며 너비 니피샤(圓覺序 7)

以上에서 보면

1) '現히'가 '現ᄒᆞ다'에서, '顯히'가 '顯ᄒᆞ다'에서 轉成된 副詞임은 물론이다.

2) 지금은 '現히 · 顯히'와 같은 副詞는 쓰이지 않고 '顯히'는 '顯著히'로 바뀌어 쓰이는 것이 아닌가 한다.

'永히'가 '永遠히 · 永久히'로 바뀐 것과 軌를 같이 한다.

Ⅵ. '남진겨집'과 '男女 · 夫婦 · 夫妻'

Ⅵ. 1. 남진겨집

① 남진겨지비 업고(月釋 1:42)
② 남진겨지비 나니라(月釋 1:43)
③ 남진겨지비 莊嚴에 쓰ᄂᆞ니(月釋 2:29)
④ 머리터리를 ᄆᆡ자 남진 겨지비 ᄃᆞ외요니:夫婦(杜解 8:67)

＊우리 남진 계집되여 사자(三譯上 18)

以上 用例를 보면

1) '남진겨집'이 '男女'의 뜻과 '夫婦'의 뜻으로 쓰였음이 분명하다. '남진'이 '男人남신'에서 왔을 것이요, '겨집'이 '女'이므로 '남진겨집'의 原義는 '男女'임은 물론이다.

2) 三譯에 '夫婦'의 뜻으로 '남진계집'이 나오나 오늘날은 사전에 '內外를 갖춘 남의 집 下人'의 뜻으로 풀이되어 나온다. 거의 死語化한 것이 아닌가 한다.

Ⅵ. 2. 男女

① 몸앳 필 뫼화 그르세 담아 男女를 내ᅀᆞᄫᆞ니(月釋 1:2)

② 男女를 論홀띠 아니니라(永嘉上 25)
③ 男女ㅣ ᄉᆞ시를 順케 ᄒᆞ시며(宣賜本內訓 1:87)
④ 陰陽이 다ᄅᆞ고 男女ㅣ 힝뎌기 다ᄅᆞ니(宣賜本內訓 2상8)

* 男女ㅣ 位를 正ᄒᆞ면 교홰 일며(女四書序 3)
* 禮는 男女의 즈음을 귀히 너기고(女四書 1:5)

Ⅵ. 3. 夫妻

① 夫妻ᄒᆞ야 사로ᄆᆞᆫ 힝뎌기 조티 몯ᄒᆞ야(月釋 1:12)
② 그 後로 夫妻라 혼 일후미 나니(月釋 1:44)
③ 夫妻 처엄ᄀᆞ티 사니라(三綱・烈14)
④ 夫妻 서르 므던히 너겨 恩이 밧고며 情이 淡薄ᄒᆞ리라(宣賜本內訓 1:30)
⑤ 夫妻ㅣ 설으 공경홈을(宣小 6:84)

* 부쳬 서로 공경ᄒᆞ기를:夫婦(東新續三・熱 2:45)
* 夫妻ㅣ 머리를 ᄆᆡ자 義 千金의셔 重홀ᄉᆡ(女四書 2:38)
* 부쳬 옥에 갓텨:夫妻(五倫 3:19)

Ⅵ. 4. 夫婦

① 夫婦ㅣ ᄒᆞᆫᄃᆡ 주거 節介ㅣ와 義왜 雙이 ᄃᆞ외노라(三綱・烈20)
② 아ᄃᆞ리 夫婦禮를 行ᄒᆞ야 모미 衰티 마로리라(宣賜本內訓 1:56)
③ 夫妻의 義를 세요리라(宣賜本內訓 1:75)
④ 夫婦는 人倫의 큰 綱領이니(宣賜本內訓 1:78)
⑤ 夫婦의 道는 陰과 陽과의 마ᄌᆞ며(宣賜本內訓 2:4)
⑥ 夫婦의 됴히 너교미 모미 ᄆᆞᄎᆞ록 여희디 아니ᄒᆞ야(宣賜本內訓 2:9)

* 夫婦ㅣ 和ᄒᆞ여야 家道ㅣ 이ᄂᆞ니(女四書序 4)
* 夫婦의 道ᄂᆞᆫ(女四序 1:5)
* 부뷔 ᄒᆞᆫ가지로 죽어:夫婦(五倫3:41)
* 부뷔 다 도적의게 잡히여:夫婦(五倫 3:45)

以上에서 보면

1) '夫妻', '夫婦'가 같은 뜻임은 ★東新續三·烈 2:45의 '부쳬:夫婦'에서 實證되지만 현대어 사전에도 '夫妻'풀이에 '夫婦'라고 풀이되어 있다.

2) '夫妻'란 말은 "飾父子·兄弟·夫妻之義(管子, 版法解)", '夫婦'란 말도 "有男女然後有夫婦 有夫婦然後有父子(易, 序卦)"라 하여 일찍부터 쓰이던 말이요, '夫妻一體', '夫婦一體'도 일찍부터 쓰이던 말이다.

3) 그런데 '夫婦愛·新婚夫婦·夫婦教師' 등은 있어도 '夫妻愛·新婚夫妻·夫妻教師' 등 은 쓰이지 않는다. '夫婦'의 頻度가 '夫妻'보다는 앞서는 것으로 본다.

4) 신문 등에서는 "처칠首相夫妻·美國大使夫妻" 등으로 쓰고 있는것이 아닌가 한다.

5) '夫妻'의 使用頻度가 줄어든 것은 '부처(佛)'와의 同音을 피하고자 하는데서 由來한 것이 아닌가 한다. '부텨'가 '부쳐'로 口蓋音化되어 夫妻와의 意味 충돌을 일으키자 '夫妻'란 말의 쓰임새가 준 것이 아닐까 한다.

Ⅶ. '님금'과 '王'

Ⅶ. 1.

① 님금 ᄆᆞᅀᆞ미 긔 아니 어리시니(龍歌 30章)
② 님그미 나가려ᄒᆞ샤(龍歌 49章)

③ 내 님금 그리샤(龍歌 50章)
④ 제 님금 아니 니저(龍歌 104章)
⑤ 님긊 德 일ᄒᆞ시면(龍歌 118章)
⑥ 님금 臣下ㅅ 疑心이러시니(月印上 22)
⑦ 幾는 조가기니 님긊 이리 만ᄒᆞ실씨 ᄒᆞᄅᆞᆺ 內예 一萬조가기 시다 ᄒᆞᄂᆞ니라(月釋 序 16)
⑧ 大闕은 큰 지비니 님금 겨신 지비라(月釋 1:10)

Ⅶ. 2. 王

① ᄒᆞᆫ 菩薩이 王 ᄃᆞ외야 겨샤(月釋 1:5)
② 그 王이 사ᄅᆞᆷ브려 쏘아 주기ᅀᆞᄫᆞ니라(月釋 1:7)
③ 王ㄱ 出令을 저ᄊᆞ바(月釋 1:9)
④ 龍王ᄋᆞᆫ 龍ᄋᆡ 中엣 王이니(月釋 1:23)
⑤ 제 무레 위두ᄒᆞᆫ거슬 王이라 ᄒᆞᄂᆞ니라(月釋 1:24)
⑥ 迦尸王이 獼猴王ᄃᆞ려 닐오ᄃᆡ(月釋 7:17)
⑦ 獼猴王이 닐오ᄃᆡ 王ㄱ 宮中에(月釋 7:17)
⑧ 一切 百姓이 王ᄋᆞᆯ 울워ᅀᆞ바 살어늘(月釋 7:17)
⑨ 그 나랏 王이 두리여(月釋 7:28)
⑩ 百姓이 王 얻듯ᄒᆞ며(月釋 18:51)

以上을 보면

1) '님금'과 '王'이 완전 同義語인듯 하나 "제 무레 위두ᄒᆞᆫ거슬 王이라 ᄒᆞᄂᆞ니라(月釋 1:24)"라고 있고 "龍王・迦尸王・獼猴王"이 있음을 보면 그 쓰임새가 다르다. 모든 用例의 '王'을 '님금'으로 代置할 수는 없다.

2) 오늘날에 있어서도 '獅子는 動物의 王', '鑛山王' 등으로 말하지만 이 경우 '王'을 '임금'이라고는 하지 않는다.

Ⅷ. 'ᄃᆞᆯ'과 '等'

Ⅷ. 1. ᄃᆞᆯ

① 宗親ᄃᆞᆯᄒᆞᆯ ᄃᆞ려가시니(月印上 9)
② 사ᄅᆞᆷᄃᆞᆯ콰 하ᄂᆞᆯᄃᆞᆯ히(釋譜 序 2)
③ 門ᄃᆞᆯᄒᆞᆯ 다 구디 ᄌᆞᆷ겨 뒷더시니(釋譜 6:2)
④ 憍陣如ᄃᆞᆯ 다ᄉᆞᆺ 사ᄅᆞᄆᆞᆯ 濟渡ᄒᆞ시며(釋譜 6:18)
⑤ 六師ᄋᆡ 弟子ᄃᆞᆯ토 다 舍利佛ᄭᅴ 와 出家ᄒᆞ니라(釋譜 6:35)
⑥ 有情ᄃᆞᆯᄒᆞᆫ 이에셔 주그면(釋譜 9:12)
⑦ 鬼神ᄃᆞᆯ콰 사ᄅᆞᆷ과(釋譜 13:24)
⑧ 百姓ᄃᆞᆯ 一千 사ᄅᆞ미(月釋 2:76)
⑨ 우리ᄃᆞᆯ히 엇데 奉持ᄒᆞ리잇고:等(金剛上 66)
⑩ 구루미 ᄃᆞᄅᆞ면 ᄃᆞ리 뮈움ᄃᆞᆯ ᄀᆞᆮᄒᆞ니라:等(圓覺上一之 10)
⑪ 親히 갓가이 ᄒᆞ야 明을 다ᄋᆞ며 모ᄆᆞᆯ 업게 ᄒᆞ샴 ᄃᆞᆯ히라(圓覺一之一 15)
⑫ 잢간도 무저글 ᄌᆞᆺᄃᆞᆯ 아니ᄒᆞ고(金三 2:31)
⑬ 이제 너희ᄃᆞᆯᄒᆞ로:등(六朝中 23)
⑭ 아ᄒᆡᄃᆞᆯ로 ᄒᆡ여곰(宣小 6:6)
⑮ 손ᄃᆞᆯᄒᆞᆯ(宣小 6:81)

Ⅷ. 2. 等

① 그럴ᄊᆡ 實相ᄋᆞᆫ 말ᄊᆞᆷ과 ᄆᆞᅀᆞᆷ 緣等엣 相ᄋᆞᆯ 여흰 ᄃᆞᆯ 아ᄅᆞᇙ디라(月釋 8:67)
② 天龍夜叉 人非人等 無量大衆이 恭敬ᄒᆞ야(釋譜 9:1 · 月釋 9:4)
③ 모딘 夜叉等 神靈이(月釋 9:55)
④ 삥의며 프르며 블근 等엣 허므를 머리 여희샤미 五十九ㅣ 시고(法華 2:18)

⑤ 王等은 王ㅅ 아ᄋᆞ물 니ᄅᆞ니(法華 2:197)
⑥ 이 等엣 ᄠᅳ드로 ᄂᆞᆫ호면 得홈 하고(圓覺上一之一 27)
⑦ 第三은 三性과 三無性等을 ᄀᆞ초 니ᄅᆞ샤ᅀᅡ(圓覺上一之一 36)
⑧ 唯識이 華嚴等 六經을 브터 짓다 ᄒᆞ며(圓覺上一之一 37)

以上에서 보면

1) 'ᄃᆞᆯ'은 "宗親·사ᄅᆞᆷ·門·憍陳如·弟子·有情·鬼神·百姓·우리·너(희) 아희·손"等 名詞나 "ᄇᆡ홈ᄃᆞᆯ·ᄒᆞ샴ᄃᆞᆯ·좃ᄃᆞᆯ"에도 붙는데 '等'은 後者와 같은 것에는 붙지 않는다.

2) 현대어에서도 "빨리들·모두들·서로들…", "먹들 말지·가지들 마오·뛰들 마시오…"와 같이 하나 이들 '들' 자리에 '등'이 代入되지는 않는다.

3) '들·等' 어느 쪽도 무방한 경우

◦김씨·박씨·이씨 들(等) 세분이 有功者다.

◦거리에는 택시·버스·화물차 들(等)이 달리고 있다.

4) '너희들·우리들'은 자연스러워도 '너희等·우리等'은 쓰이지 않는다.

5) "서울·釜山·大邱 仁川 등 여러 都市", "미국·영국·불란서 等 유럽 각국"에서 '等'을 들로 바꿔 넣어서는 어색하다.

6) '공부하는 等의 일로 消日'에서 '等'을 '들'로 바꿔 넣을 수 없다.

Ⅸ. '蓮ㅅ곶·蓮花ㅅ곶'과 '蓮花·蓮花'

Ⅸ. 1. 蓮ㅅ곶·蓮花ㅅ곶

① 蓮ㅅ고지 黃金臺오(月釋 7:21)
② 金바다이 蓮ㅅ 곳 ᄀᆞ더시니(月釋 10:9)
③ 蓮花ㅅ고지 나거늘(月釋 2:34)

Ⅸ. 2. 蓮花 · 蓮華

① 七寶 ᄯᅡ 우희 蓮花想ᄋᆞᆯ 지ᅀᅥ 그 蓮花ㅣ 닙마다 百寶色이오(月釋 8:17~18)
② 이런 蓮花ㅣ 八萬四千 니피오(月釋 8:18)
③ 큰 蓮花 ᄒᆞ나히(月釋 8:23)
④ 西方 極樂世界예 나아 蓮花中에 結加趺坐ᄒᆞ야 蓮花ㅣ 合ᄒᆞ얫ᄂᆞᆫ 想도 지ᅀᅳ며 蓮花ㅣ 開ᄒᆞᄂᆞᆫ 想도 지ᅀᅳ며(月釋 8:42)
⑤ 寶蓮花ᄅᆞᆯ 타 化佛ㅅ 뒤흘 미좃ᄌᆞᄫᅡ … 蓮花ㅣ 프리니(月釋 8:71)
⑥ 蓮花ㅅ 소배셔…蓮花ㅣ 프거든(月釋 8:72)
⑦ 極樂애 가 나 蓮花애 나아(月釋 8:96)
⑧ 제모ᄆᆞᆯ 모ᄃᆡ 金蓮花애 안자 고지 어우러 世尊ㅅ 뒤흘 좃ᄌᆞᄫᅡ 즉자히 七寶 못가온ᄃᆡ 가 나아 ᄒᆞᆫ날 ᄒᆞᆫ바ᄆᆡ 蓮花ㅣ 프거든(月釋 8:54)
⑨ 蓮華中 寶座 우희 나리라(月釋 18:54)
⑩ 蓮華ㅣ 이베 나고(月釋 18:58)
⑪ 蓮華ㅣ 이블 從ᄒᆞ야 프리라(六朝中 56)

以上에서 보면

1) '蓮ㅅ곶 · 蓮花ㅅ고 · 蓮花 · 蓮華는' 완전히 같은 뜻으로 쓰인 것이라고 본다.

2) "⑥蓮華ㅅ 소배셔…蓮花ㅣ프거든"에서 '蓮華'나 '蓮花'가 완전 同意임을 알 수 있다.

3) '蓮花'와 '蓮花ㅅ곶'은 마치 '菊花'와 '菊花꽃'의 사이와 같다. 순 우리말 '꽃'이 붙음으로 해서 좀너 親和感을 느낀다고 할 것인가.

Ⅹ. "ᄆᆞᆯ · 큰ᄆᆞᆯ · 져근ᄆᆞᆯ, ᄯᅩᇰ · 오좀"과 '大小便'

X. 1. ᄆᆞᆯ · 큰ᄆᆞᆯ · 져근ᄆᆞᆯ

① 차바ᄂᆞᆯ 머거도 自然히 스러 ᄆᆞᆯ보기ᄅᆞᆯ 아니ᄒᆞ며(月釋 1:26)
② 머근 後에ᅀᅡ ᄆᆞᆯ보기ᄅᆞᆯ ᄒᆞ니(月釋 1:43)
③ ᄆᆞᆯ보기ᄅᆞᆯ ᄒᆞ니 남진겨지비 나니라(月釋 1:43)
④ ᄆᆞᆯ보며:屙屎(牧牛訣 29)
⑤ 내 요ᄉᆞ이 ᄆᆞᆯ보기 어더셔:痢疾(飜朴上 37)
⑥ 큰ᄆᆞᆯ 져근ᄆᆞᆯ:大小便(救簡 目錄 3)
⑦ 큰ᄆᆞᆯ 져근ᄆᆞᆯ 보ᄂᆞᆫᄃᆡ로(救簡 1:66)
⑧ 큰ᄆᆞᆯ 볼 제 ᄢᅵ여 나리라(救簡 6:14)
* 큰ᄆᆞᆯ:大便(譯解上 36)
큰ᄆᆞᆯ 보신다:大見風
큰ᄆᆞᆯ보다 : 撒屎(譯解上 39)
* 져근ᄆᆞᆯ : 小便(譯解上 36)
져근ᄆᆞᆯ 보신다:小見風, 져근ᄆᆞᆯ보다:撒尿
져근ᄆᆞᆯ 보라 가ᄂᆞ이다 : 出外(譯解上 39)

X. 2. ᄯᅩᆼ · 오좀

① 便利ᄂᆞᆫ 오좀ᄯᅩᆼ이라(月釋 13:62)
② ᄯᅩᆼ무딧 우희 겨를 구버 할커늘(月釋 9:36)
③ 미조차 ᄯᅩᆼᄋᆞᆯ 츠더니(月釋 13:21)
④ ᄯᅩᆼ 추ᄆᆞᆫ 煩惱 그추ᄆᆞᆯ 가ᄌᆞᆯ비니(月釋 13:21)
⑤ ᄯᅩᆼ이 ᄃᆞ외며 오조미 ᄃᆞ외오: 糞 · 尿(楞解 8:99)
⑥ ᄃᆞᆯᄀᆡᄯᅩᄋᆞᆯ ᄉᆞ라(救急方下 45)
⑦ 金이라 ᄒᆞ며 ᄯᅩᆼ이라 ᄒᆞ논 議論이:屎(金三 2:41)
⑧ ᄯᅩᆼ시:屎ᄯᅩᆼ분:糞(訓蒙上 30)
⑨ 오좀 누는 ᄡᅡ홀 할ᄒᆞ니(釋譜 11:25)
⑩ ᄯᅩᆼ과 오좀과 : 屎尿(永嘉上 36)
⑪ 오좀:小便(救簡 6:27)
⑫ 오좀뇨:尿(訓蒙上 28), 오좀수:溲, 오좀편:便(訓蒙上 30)

＊ 오좀께포:脬, 오좀께방:膀, 오좀께광:胱(訓蒙上 28)

X. 3. 뒤·뒷간

① 네 뒤보라 가라:淨水(飜老上 37)
② 나는 뒤보기 마다:淨水(飜老上 37)
③ 길ᄉᆞᆺ새셔 뒤보기 말라:淨水(飜老上 37)
④ 뒷가ᄂᆡ 난 곳 ᄀᆞᆮᄒᆞ야 고ᄫᅵ 너기맨 당다이 제 모미 더러ᄫᅳ며 (月釋 7:18)
⑤ 뒷가내 오ᄅᆞ거나(救急方上 15)
⑥ 뒷간ᄎᆞ:厠(訓蒙中 6·類合上 23)
⑦ 뒷간 앏픠 무드라(瘟疫方 5)
⑧ 뒷간의 ᄒᆞᆰ ᄇᆞᄅᆞ거ᄂᆞᆯ:厠(宣小 4:37)

X. 4. 大小便

① 大小便ᄒᆞ야ᄃᆞᆫ 모로매 沐浴흟디니(月釋 10:121)
② 시혹 大小便이 두터운 石蜜ᄀᆞᆮᄒᆞ리니(楞解9:111)
③ 大小便이 通티 몯ᄒᆞ야(救急方上 67)
④ ᄯᅩ 小便이 어려워(救急方上 68)
⑤ 大便이 구더 通티 몯ᄒᆞ닐(救急方上 69)
⑥ 대벼니 즏거든(救簡 1:11)
⑦ 대변으로 나게 ᄒᆞ면(救簡 1:96)
⑧ 쇼변을 ᄡᅥ거든:失便(救簡 1:43)
⑨ 쇼변곳 보면(救簡 1:99)

＊ 대쇼변을 블통커늘(東續三·孝 2)
＊ 대변을 맛보아(東續三·孝 2)

以上을 보면

1) "오늘날 '물·큰물·져근물·물보기'"는 완전히 死語가 되었

고 다만 '오줌·똥'이 '마렵다'의 原義를 따져보면 "ᄆᆞᆯ볼 상태에 있다"가 될 것이다.

2) '오좀깨'는 오늘날 '膀胱'으로만 쓰인다.

3) '오좀·ᄯᅩᆼ'보다는 '大小便'이, '오좀·ᄯᅩᆼ 누다'보다는 '뒤보다. 大小便보다'가 점잖은 語感이다. '뒷간'도 直說的이 아니다. (계속)

〈『語文硏究』 第38號, 韓國語文敎育硏究會, 1983. 9.〉

新發見인 崔世珍 著「飜譯老乞大」卷上을 보고

-語學的인 側面에서 그 文獻的價値를 論함-

崔世珍의 著作으로 이름 높은 四聲通解, 訓蒙字會, 朴通事, 老朴集覽들이 속속 發掘, 影印된 것을 語學徒의 한 사람으로서 기뻐하지 않을 수 없다.

四聲通解는 서울大에서, 訓蒙字會의 初刊本이라 推定되는 叡山本과 역시 壬亂前刊行인 東京大本은 檀大東洋學硏究所에서, 그리고 尊經閣本은 한글학회에서, 朴通事는 慶北大에서, 老朴集覽은 金丙疇博士에 의해 각각 影印된 것이다.

이들이 모두 16C 初의 우리말이나 당시의 漢字音硏究 등에 있어 귀중한 資料임은 누구나 아는 사실이다.

그런데 이번에는 老乞大 上 한 권이 白淳在 씨 所藏으로 알려져 이 한 책이 影印되는 날 우리 국어학계는 다시 한번 설레일 것이다.

이미 알려진 老乞大諺解나 老乞大의 原本은 서울大圖書館 所藏의 奎章閣圖書다. 이들이 影印되어 奎章閣叢書 第九로, 奎章閣叢書 第八로 影印된 朴通事諺解와 함께 보급되어 있다.

이 老乞大諺解나 老乞大, 老乞大新釋 重刊老乞大나 重刊老乞大諺解에 대해서는 老乞大諺解解題(末松保和)가 있으므로 重言을 피하기로 하거니와 崔世珍의 老乞大가 보이지 않았던 지금까지엔 顯宗 11년(1670년) 刊으로 보이는 老乞大諺解 2卷 2冊이 現傳 最古本으로 행세해 온 것이다.

이번 새로 나타난 老乞大上 한책은

1. 表紙에 老乞大 潮 (下는 汐, 未發見)
2. 책의 크기 가로 22cm 세로 33cm
3. 板匡 가로 18. 8cm 세로 24. 4cm
4. 張　　數 71(奎章閣本은 64)
5. 每張行數 9 (奎章閣本은 10)
6. 每行字數 19 (奎章閣本도 19)
7. 序　文 없음 (奎章閣本은 없음)
8. 傍　點 있음 (奎章閣本은 없음)
9. 諺解에 ㅿㆁ 있음(奎章閣本은 없음)

등과 같이 刊行年代는 분명치 않으나 崔世珍 原著인 것만은 의심할 여지가 없다고 본다.

이제 書誌學的인 面은 專門外의 일이므로 접어두고 語學的인 側面에서 그 文獻的 價値를 간단히 살펴보기로 하겠다.

書誌學的인 面에서 이 老乞大의 刊行年代를 推定하는 것은 專門外의 일이라 삼가기로 한다.

다만

1. 우선 傍點이 찍히고, ㅿㆁ이 있음에서 壬亂前 板本이 분명하다.

2. 崔世珍의 朴通事(慶北大 影印)와 同時代 문헌임이 거의 틀림없어 보인다.

魚尾, 每行 19字, 每張 9行임이 朴通事·老朴集覽과 일치하고 字體 또한 비슷한 듯하다. 그러나 朴通事가 乙亥鑄字本[1]이라 함에 比해 이 老乞大는 木板本이다.

---

1) 影印 朴通事, 金思燁 解題, 慶北大大學院, 1959. 4.

그렇더라도 국어학적인 측면에서 보면 崔世珍 著 朴通事, 老朴集覽, 訓蒙字會와 다름이 없으므로 崔世珍 原著임을 推斷하는데 주저치 않는다.

그 著作年代는 역시 四聲通解의 中宗12년(1517년)보다 앞선 16C 初期로 볼 수밖에 없지 않을까 한다. 그것은 四聲通解에 飜譯老乞大朴通事凡例가 附載되어 있을 뿐 아니라 그 序文에 老朴集覽이 老乞大, 朴通事 二書의 諺解가 이루어진 뒤에 만들어진 것임을 밝혀 있음에서도 분명하다.

以上에서 16C初 崔世珍 原著 老乞大가 틀림없다면 老乞大諺解와의 사이에 160여년 相距가 있는 것이 된다.

따라서 新發掘 老乞大 上만으로도 그 文獻의 價値가 큰 것이지만 老乞大諺解의 比較로 얻는 國語學的 側面에서의 그 文獻的 價値는 더욱 크다 할 것이다.

마치 初刊 杜詩諺解(成宗12년, 1481년)와 重刊杜詩諺解(仁祖10년, 1632년)나, 飜譯朴通事[2] (中宗初 16C初)와 朴通事諺解(肅宗 3년, 1677년)와의 비교에 對比할 만하다.

이제 新發掘 老乞大를 飜譯老乞大라 부르기로 한다. 책 表紙에 老乞大 瀞라 있고 本文 첫줄에도 老乞大 上이라고 되어 있으므로 '老乞大'라 하는 것이 옳을 듯하나, 따로 '老乞大(漢文原書)'가 있어 적당치 않고 따로 '老乞大諺解'가 또한 있으니 그와 구별하기 위해서도 飜譯老乞大라고 부르는 것이 좋을 듯하다.

더구나 四聲通解에 실린 飜譯老乞大朴通事凡例가 있음에서 崔世珍 原著인 飜譯老乞大라고 부르기로 한다.

飜譯老乞大와 老乞大諺解와의 비교에서 얻는 國語史的 資料는 다음과 같다.

1.1 飜老의 固有語가 老解에 漢字語로 바뀐 것이 있다.

---

2) 종전에 初刊 朴通事라 불렀으나 飜譯老乞大朴通事凡例가 있음에서 飜譯朴通事라 부름이 좋을 듯하다.

飜老	**老解**
되ᄒᆞᆨ당	漢 ᄒᆞᆨ당
웃듬봄	主見
니건힛갑	往年갑
닷분	오푼
니건ᄒᆡ	前年
흥졍ᄀᆞᅀᆞᆷ	貨物
되번	漢ㅅ벗
호근깁	小絹
아ᅀᆞᆷ	권당
다대사ᄅᆞᆷ	達達사ᄅᆞᆷ
문져주고ᅀᅡ	盤問ᄒᆞ고야
ᄀᆞᆺᄀᆞᆺ디아니ᄒᆞ면	不明ᄒᆞ면
나드리	出入
쉽사디	편당티

1.2 그러나 반대로 漢字語가 固有語로 바뀐 若干 例도 있다.

漢語	漢ㅅ말, 한말
漢人	漢ㅅ사ᄅᆞᆷ
외예	밧긔
삸고래	뫼ᄊᆞᆯ의
구ᄌᆞ(口子)	어귀

1.3 名詞形語尾 '-이'가 '-기'로 바뀌어 있다.

밥머기	밥먹기
글이피, 글입피	글ᄋᆞᆲ기
블디디	블ᄴᅵᆺ기
기리(물 긷는 일)	깃기
믈잇기	믈잇글기

1.4 挿入母音의 挿入與否

마조믈	마즘을
닐옴도, 닐오미	니ᄅᆞᆷ도, 니ᄅᆞ미
드로마	드ᄅᆞ마
시론	실은
닐오ᄃᆡ	니ᄅᆞᄃᆡ
먹논	먹ᄂᆞᆫ
그리호마	그리ᄒᆞ마
ᄀᆞᄅᆞ츄마	ᄀᆞᄅᆞ치마
사ᄒᆞ논	싸ᄒᆞᄂᆞᆫ

그러나 老解에 ‘이쇼ᄃᆡ’, ‘닐옴이’의 例가 있다. 挿入母音의 殘骸라 할 것이다.

1.5 ㅣ母音, ‘ㄹ’子音下의 ‘ㄱ’有無

ᄑᆞᆯ오	ᄑᆞᆯ고
ᄆᆞᆯ와	ᄆᆞᆯ과
말오(말인고)	말고
ᄇᆞᄅᆞᆷᄂᆞᆯᄋᆞ티	ᄇᆞᄅᆞᆷᄂᆞᆯᄀᆞᆺ티
말오(말고)	말고
ᄊᆞᆯ에	ᄊᆞᆯ게
ᄆᆡ오	ᄆᆡ고
더블오	더블고
ᄡᆞᆯ와	ᄡᆞᆯ과
ᄀᆞᄆᆞᆯ오	ᄀᆞ믈고

1.6 硬音化

飜譯老乞大에 平音이던 것이 老乞大諺解에 硬音化된 것이 있다.

사ᄒᆞ논　　　　　싸ᄒᆞᄂᆞᆫ
디더, 딛디, 디디　　　ᄶᅵ더, ᄶᅵᆺ디, ᄶᅵᆺ기
글커든, 글후미　　　ᄭᅳᆯ커든, ᄭᅳᆯ키
구지람　　　　　ᄭᅮ지람

1.7 名詞添用 時, 派生接尾辭 등 'ㄹ' 子音添加

'ᄀᆞᄅᆞ(粉)'의 添用形이 中世語에서 'ᄀᆞᆯ이 ᄀᆞᆯᄋᆞᆫ ᄀᆞᆯᄋᆞᆯ ᄀᆞᆯᄋᆡ……'요, 近世語에서 ㄹ子音이 添着한 것인데 飜老와 老解에 각각 다음과 같이 되어 있다.

飜老	**老解**
ᄀᆞᆯ이오	ᄀᆞᆯ리오
ᄀᆞᆯ을	ᄀᆞᆯᄅᆞᆯ
ᄀᆞᆯᄋᆡᆺᄶᅧᆨ	ᄀᆞᆯᄅᆡᄶᅧᆨ

派生接尾辭에 있어서 飜老에 '-이-'이던 것이 'ㄹ' 子音이 添加되어 老解에는 '-리-'로 되어 있다.

돌여　　　　　돌려
ᄃᆞᆯ여　　　　　ᄃᆞᆯ려

1.8 'ㅎ' 添用語

飜老에는 'ㅎ'添用形으로 되어 있었던 것이 老解에는 'ㅎ' 脫落形으로 되어 있는 것이 있다.

하ᄂᆞᆯ히　　　　　하ᄂᆞᆯ이
선ᄇᆡᄃᆞᆯ콰　　　　　션ᄇᆡ들과
젼년희, 전년ᄒᆡ　　　져년의, 선닌의
ᄆᆞᆯᄃᆞᆯᄒᆞᆯ　　　　　ᄆᆞᆯ들을

그러나 老解까지도 'ㅎ'添用의 用例는 여전히 많아 'ㅎ'添用語는 健在한 형편이다. 그 용례는 다음과 같다.

ᄀᆞ올(秋)	ᄀᆞ올히
길(道)	길히 길흘 길ᄒᆡ 길히라
네(四)	네헤
노(繩)	노흘 노히
ᄯᅡ(地)	ᄯᅡ히 ᄯᅡ히라 ᄯᅡ흔 ᄯᅡ흘 ᄯᅡ흐로셔 ᄯᅡ헤 ᄯᅡᄒᆡ셔
돌(石)	돌흘
둘(二)	둘히 둘흐로 둘흘 둘토
뒤(後)	뒤헤 뒤히
ᄃᆞᆯ(等)	ᄃᆞᆯ히
들(等)	들히 들흘
세(三)	세히
안(內)	안해 안해셔
열(十)	열히로소니
우(上)	우희 우흐로 우흘
자(尺)	자히
터(基)	터헤 터히
하ᄂᆞᆯ(天)	하ᄂᆞᆯ히
ᄒᆞ나(一)	ᄒᆞ나히 ᄒᆞ나흐로 ᄒᆞ나흘
ᄒᆞᆫ나(一)	ᄒᆞᆫ나히 ᄒᆞᆫ나헤 ᄒᆞᆫ나흐로

1.9 八終聲에서 七終聲으로(ㄷ→ㅅ)

飜老에는 ㄱ ㄴ ㄷ ㄹ ㅁ ㅂ ㅅ ㆁ의 八終聲이던 것이 老解에는 ㄷ→ㅅ이 되어 七終聲으로 되어 있다.

몯올가, 몯ᄒᆞ야든	못올가, 못ᄒᆞ여든
다ᄃᆞᆮ거든, 다ᄃᆞᆮ디	다ᄃᆞᆺ거든, 다ᄃᆞᆺ디
벋지셔	벗지어
곧(卽)	곳
ᄀᆞᆮ다(同)	ᄀᆞᆺ다
몯ᄃᆞ라(會走)	못ᄃᆞ라
묻디(問)	뭇디
긷거ᄂᆞᆯ(汲)	깃기ᄅᆞᆯ
굳다	굿다

믿디(信)	밋디
블딛디	블씻디
ᄒᆞᆫ곧(處)	ᄒᆞᆫ곳
헤왇고	헤왓고

1.10 그밖의 一束

1.10.1 飜老의 '벋(友)'이 老解에는 '벗이, 벗아, 벗 조차'와 같이 '벗' 表記로 바뀐 듯하나, '버다(張17), 버들(張38)' 表記도 보여 '벋, 벗' 두 表記가 共存해 있다.

1.10.2 飜老에 '도ᄌᆞᆨ · 도즉'이 老解에는 '도적' 一色이다. '도즉'은 '賊'의 東漢音이 '쯕'임에서 '도ᄌᆞᆨ'은 龍歌 表記에서 각각 그 연유를 찾을 수 있다. 모두 '賊'의 漢字音에 근거가 있음은 물론이다. '도ᄌᆞᆨ'은 母音調和가 고려된 語形이라 하겠다. '도적'은 오늘의 漢字音과 일치한다.

1.10.3 飜老에 'ᄆᆞᆯ잇기'가 老解에는 'ᄆᆞᆯ 잇글기'로, 飜老에 '잇거'가 老解에 '잇그러'로 되어 있어 '잇그다'의 語幹 '잇그'에 'ㄹ'이 添着됨을 보여 주고 있다.

그러나 飜老上 33에 '잇그러 가라ᄒᆞ져'가 나오는데 이것은 '잇글다' 基本形을 보여 주는 최초의 用例가 아닌가 한다.

1.10.4 飜老에는 '저린 외옷 잇다, 나옷 수을 탐ᄒᆞ면, 두의티기옷 모ᄅᆞ거든, 수을옷'과 같이 中世語에서 보여주는 母音 또는 ㄹ子音 下에서의 '-옷'토를 보이는데 老解에는 '저린 외 이시니, 나곳 술을 탐ᄒᆞ면, 뒷티기 아디 몯ᄒᆞ거든, 술곳'과 같이 되어 있어 '-옷'토를 쓰지 않았거나 '-곳'토로 바뀌 쓰여 있다.

1.10.5 飜老에는 '쥬ᅀᅵᆫ하, 쥬ᅀᅵᆫ형님하'로 '하' 呼格助辭를 썼으나 老解에는 '쥬인아, 쥬인형아'로 '아' 呼格助辭를 써 있다.

1.10.6. 强勢語尾 'ᅀᅡ'가 飜老에는 '묻져주고ᅀᅡ, 쟈가ᅀᅡ'와 같이 쓰여 있는데 老解에는 '盤問ᄒᆞ고야, 쟈거야'로 나온다.

1.10.7 飜老에 '봇가 먹고(張61)'가 老解에 '복가 먹고'로 飜老에 '봇고(張61)'가 老解에 '복고'로 나와 귀중한 예를 보인다.

1.10.8 飜老에 ㅿ가 쓰이고 老解에 쓰이지 않음은 冒頭에 소개한 바 있거니와 희한하게도 飜老에 마땅히 ㅿ表記여야 할 것이 그렇지 않은 것이 있다.

우믌ᄀᆞ애(張32)
초개로 지은 뎜이 잇ᄂᆞ니(張62)
ᄂᆡ일(張37)
'ᄅᆡ실'이라 있으면서 'ᄂᆡ일'의 特例를 보인다.

1.10.9 飜老의 '저치디(犯)'가 老解에 '적시디'로 나온다. '저치다'가 '젖+히+다'로 분석되며 現代語 '옷젖다, 옷 적시다'에서 저지다>저치다>적시다의 過程을 이해할 수 있을 것이다.

1.10.10 飜老에 '븍녀기오(張48), 동녀긔(張48)'가 老解에 북녘키오(張43) 동녘킈셔(張43)와 같이 '녁'의 받침소리가 激音化되어 나온다.

이밖에도 飜譯老乞大만의 考察에서 얻는 國語史的 資料는 다음과 같은 것이 있다.

2.1 頭音法則에 의한 語頭에서의 ㄴ子音 脫落例

네 ᄆᆡ실 므슴 「:이 · 력」ᄒᆞᄂᆞᆫ다. (張2)

가 나오는 바 이 대문이 老解에는

네 毎日 므슴 「공부」ᄒᆞᄂᆞᆫ다(張2)

로 되어 있다.

'이력'이 '履歷'에서 온 것이 아닌가 하며 ':리'나 ':니'로 되어 있어야 할 것이 ':이'로 되어 있음은 귀중한 예를 보여주는 것이라 아니할 수 없다.

마치 같은 著者인 崔世珍의 老朴集覽에 보이는 '양식(粮食)'[3)]

의 例와 같은 성격의 것이다.

열가온 우므레(張31)

가 나온다. 이 '열가온'의 例는 역시 같은 著者인 崔世珍의 飜譯 朴通事(初刊 朴通事)에 나타나는[4]

열갑고 여틔

의 用例와 같은 것이어서 위 例 '이력'과 함께 16C 初 頭音法則에 의한 ㄴ脫落의 例를 더해 주는 것이라 하겠다.

2.2 '젼년(前年)'이 ㅎ添用形을 보임은 매우 흥미있는 일로 'ㅎ'소리가 本質的으로 名詞(體言)의 末音(終聲)일 수 없다는 論證의 자료를 제공해 주는 것이 아닌가 한다.

젼년희(張11, 13)
젼년히(張28)

와 같이 한결같은 ㅎ添用形을 보인다.

이것은 마치 漢字語에서 온 다음 ㅎ曲用語(ㅎ添用語)[5]와도 맥락이 닿는 것이다.

고(庫) 보(褓) 수(藪) 초(醋)
뎌(笛) 쇼(俗) 요(褥) 샹(常)

2.3 'ㄹ' 子音 下에서 'ㅂ'脫落 내지 圓脣母音化한 稀貴例

---

3) 拙著, 朝鮮(李朝)漢字音硏究, 二. 漢字音의 變化 1. 初聲의 變化, p. 99.
4) 拙著, 國語學論文集, 音韻變遷에 대하여, p. 281.
5) 拙著, 國語學論文集, ㅎ曲用語攷, pp. 183-220.

오ᄂᆞᆯ우터 말와라 (張35-36)
내 ᄆᆞᆯ이 닐어 비러오니(我哀告借將來) (張19)

가 나온다.

앞의 예는 '오ᄂᆞᆯ브터'에서 '브>우'로 된 것. 이것 또한 '같은 著者인 崔世珍의 飜譯朴通事의 '언제우터', '셜웝'과 같은 것으로 이런 類의 例는 崔世珍 著書에만 보이는 稀貴例다.

'ᄆᆞᆯ이'는 'ᄆᆞᆲ이(ᄆᆞᆯ비)'에서, 'ㅂ' 脫落한 것으로 'ᄆᆞᆲ다'라는 形容詞의 轉成副詞로 '哀'의 뜻. 여기서는 '哀乞哀乞해서'의 뜻.

2.4 'ㄹ' 子音下 'ㄱ' 脫落의 稀貴例

1.5에서 "ㅣ 母音, 'ㄹ' 子音下의 'ㄱ' 有無" 項에서 助辭나 語尾 등에서 'ㄹ' 子音下에서 'ㄱ'脫落 例를 들어놓았거니와

'ᄇᆞᄅᆞᆷᄂᆞᆯᄋᆞ티'

의 例는

ᄒᆞᆫᄀᆞᆯᄋᆞ티(楞解, 永嘉, 初杜解)
ᄒᆞᆫᄀᆞᆯᄋᆞᆫᄒᆞ면 (蒙法)
듣글ᄋᆞᆫ 터럭ᄀᆞᄐᆞᆫ (楞解)

등과 같은 用例요, 같은 著者인 崔世珍의 四聲通解에 보이는

들으믈(<들그믈 扮罾)
ᄀᆞᆯ아마괴(<ᄀᆞᆯ가마괴 寒鴉)

와 同軌의 것이다.

2.5 傍點研究의 資料

2.5.1 ':돈'과 '·돈'

엿:돈(張14 2個所) :두·돈(張12, 13)
:서·너:돈(張12) :세·돈(張13, 14)
:쉰·낫:돈(張18)

2.5.2 ':깁'과 '·깁'

:깁(張13 5個所) 안·깁(裏絹)(張13)

2.5.3 ':번'과 '·번'

:번(張17 2個所) :되·번(張13)

2.5.4 '낫(:낮)'과 '·낫'

·스·므:낫(張63) 四百:쉰·낫(張23)
·스·므:나치오(張18) :쉰·낫:돈(張18)
마·슨:나·치·오(張18)
삼빅:나·치오(張18)

2.5.5 ':외'와 '·외'

:외·예(張14) :분·외·로(張24)
:외방(張41)

2.5.6 ':졍'과 '·졍'

:졍히(張54) :엄·졍(張51)

2.5.7 ':세'와 '·세'

:세·히(張34) :두·세(張47)
:세지즘(張 25)

以上 傍點(聲調變動)에 대해선 이미 論한 바[6] 있으므로 再論

6) 拙著, 國語學論文集, 傍點攷.
拙著, 國語學論文集, 長短音攷.
拙著, 朝鮮(李朝)漢字音研究, 六. 漢字音聲調.

치 않는다. 이 밖에도 論及할 자료가 있으나 줄이기로 한다.

〈『國語國文學 蘆江 朴魯春先生 華甲紀念論叢』55~57 合併號, 국어국문학회, 1972. 11. 1.〉

女四書 研究

-近世語研究의 一環作業의 하나로-

1

筆者는 "敬信錄諺解 研究"-樂善齊文庫 新資料를 가지고 近世語研究를 하기 위한 준비 작업으로-와 "近世語研究-樂善齊文庫 新資料를 중심으로-"[1]를 발표하고 「飜譯老乞大의 解題」[2]를 쓴 바 있다.

「敬信錄諺解」은 正祖 20년(1796년) 刊이요, 近世語研究에서 研究對象이 된 것은 「洛城飛龍」, 「山城日記」, 「麟鳳韶」인데 「洛城飛龍」은 「同文類解」(英祖 24년 1748년), 「青丘永言」(英祖 4년 1728년) 보다 앞선 것으로 보았고 「山城日記」(藏書閣本)의 轉寫年代는 英祖年刊으로 보았으며 「麟鳳韶」는 憲宗(1835~1849)~哲宗(~1863) 무렵 즉 19C 中葉의 表記로 보았다.

「飜譯老乞大」 解題에서 比較對象으로 한 「老乞大諺解」는 顯宗 11년(1670년) 刊으로 보고 있으므로 以上 연구는 「近世語研究」

---

1) 拙稿, "敬信錄諺釋研究", 拙著, 「國語學研究」, 宣明文化社, 1975. 發行 pp. 58-76, 「국어국문학」 49・50 合倂號, 1970, pp. 87-104에서 再錄.
拙稿, "近世語研究" 拙著 「國語學研究」, pp. 11-58, 「亞細亞研究」, (高大亞研發行) XIV 第一號(通卷 41號), 1971. 3, pp. 59-90에 再錄.

2) 「飜譯老乞大」(卷下, 仁荷大 人文科學研究所, 1975.) 解題, pp. 1~11.

의 一環作業으로 볼 수 있을 것이다.

老乞大諺解 1670년
洛城飛龍 1728년~1748년 以前(17C末~18C初)
山城日記 1725년~1776년 英祖年間
敬信錄諺解 1796년
麟鳳詔 1835~1863년 무렵

그런데 이제 "女四書硏究"를 이 近世語硏究의 一環作業으로 하려 하는 것이다.

이 「女四書」란 「女誡」, 「內訓」, 「女論語」, 「女範」의 네 책을 이름인데, 이 네 책이 모두 女子의 著作으로 婦女子에게 주는 敎訓으로 된 것이다. 明나라 神宗이 萬曆 8년 庚辰(1580년)에 「女誡」(曺大家=班昭)와 「內訓」(仁孝文皇后 20章)의 두 글을 합하여 한 책을 만들어내고, 그 뒤 다시 「女論語」(宋若昭)와 「女範捷錄」(王節婦)을 붙여 「女四書」라 한 것인데 이것을 諺解한 것이다. 諺解할 때에는 中國책을 그대로 따르지 않고 時代順으로 해서 「女誡」와 「女論語」를 上卷(天)으로 하고 「內訓」을 中卷(地), 「女範」을 下卷(人)으로 하였다.

「御製 女四書」序에 따르면

> 「予ㅣ 於昔年애 偶得唐事一書ᄒᆞ니 其名曰 女四書ㅣ니 一則 文王后의 內訓이오 一則漢班昭의 女誡오 一則 唐宋若昭의 女論語ㅣ오 一則 明王節婚의 女範이라 其 訓語l 纖悉詳備ᄒᆞ야 有助女敎 ᄀᆞᆯᄉᆡ 其曰譯而與內訓(註, 우리나라 成宗 때 昭惠王后의 內訓 7篇)으로 並行ᄒᆞ면 則於礪末世ᄒᆞ며 正風俗애 豈不有益也哉리오 爰命館閣之臣ᄒᆞ야 諺譯以進ᄒᆞ고 繼令芸閣으로 刊印廣布ᄒᆞ노니……歲丙辰仲秋」
>
> 「……女四書의 가르침이 자세하여 婦女子를 가르침에 도움이 되므로, 이것을 번역하여 昭惠王后의 內訓과 함께 並行하면 末世의 사람들을 힘쓰게 하고 風俗을 바라잡는데 어찌 有益함이 없겠는가? 館閣의 臣에게 命하여 우리말로 옮겨 오게 하고 이에 芸館에 命하여 刊行하여 널리 펴노니……」

라 있으니 이 책은 英祖의 御命에 의해 우리말로 번역된 것임을 알 수 있고 序文은 丙辰(英祖 12년 1736년) 仲秋에 쓴 것으로 되어 있다.

18세기 前半期의 國語硏究와 漢字音硏究에 豊富한 資料를 제공해 주고 그 年代가 명분하다는 面에서 硏究資料로 택한다. 앞 硏究의 「洛城飛龍」, 「山城日記」, 「麟鳳韶」 등이 그 年代가 不明함에 比해 「老乞大諺解」가 1670년, 「敬信錄諺解」가 1796년이요, 이 「女四書」가 1736년이므로 「老乞大諺解」와 「敬信錄諺解」의 中間年代임에 더욱 그 意義를 주고자 하는 것이다.

2

表記法부터 살펴보면 다음과 같다.

初聲. ㄱㄴㄷㄹㅁㅂㅅㅇㅈㅊㅋㅌㅍㅎㅺㅼㅽㅆㅾㅲㅳㅄㄸㅃ이 쓰여 있다.

ㅺ…ᄭᅵᄃᆞᆺ지(御製序 6), ᄭᅬᄒᆞᆯ일식(女誡原序 3), ᄭᅳᆯ히며(2:29)

ㅼ…ᄯᅩ ᄀᆞᆯᄋᆞ샤ᄃᆡ(御製序 6), ᄯᅳ지리오(御製序 6), ᄯᆞᆯ(1:9), ᄯᅥ나디(1:9), ᄯᅵ허(2:11), ᄯᅢ(時, 1:13)

ㅽ…ᄲᅧᆯ리(女誡序 4), ᄲᅧᆼ(2:4), ᄲᅮ려(2:29), ᄲᅵᆫ이매(3:5), ᄲᅧ(4:29)

ㅆ…힘씀(女誡序 3), 힘써ᄒᆞ라(女誡原序 4), 쓰미(1:6), 싸하(2:5)

ㅾ…ᄶᅬ며(2:4), 뵈ᄶᆞᄂᆞᆫ(2:4)

ㅲ…더즈음ᄞᅴ(女誡序 3), ᄞᅳᆫᄎᆞ리로다(1:22)

ㅳ…ᄠᅳᆺ이(1:13), ᄠᅳᆮ을(1:15), ᄠᅳᆺ을(1:18), 婦人이ᄠᅳ녀(1:22), ᄠᅳᆯ희(2:2), ᄠᅢ를ᄯᆞᆯ와(2:11)

ㅄ…ᄡᅧ(女誡序 3), ᄡᅳᆯ고(2:26), ᄡᅡ화(2:26), ᄡᅡᆯ(2:29)

ㄸ…따히(4:11), 따흔(3:57), 保有케 ᄒᆞᆯ띠니라(2:15)

ㅃ…빼히고(3:57), 빈혀빠힘(3:59), 곪빠여남(3:78), 빠디다(4:17)

以上을 살펴보면 中世語 文獻에

'ㅳ'이던 것이 'ㅼ' 表記로…ᄯᅳ지리오

'ᄣ'이던 것이 'ᄯ', 'ᄠ' 表記로…ᄣᅢ, ᄠᅢ
'ㅄ'이던 것이 'ㅆ' 表記로…힘씀, 힘써, 쓰미
'ᄨ'이던 것이 'ᄶ' 表記로…ᄶᅬ며, 뵈ᄶᆞᄂᆞᆫ
'ᄢ'이던 것이 'ᄞ' 表記로…더즈음ᄞᅴ
'ㅆ'이던 것이 'ㅄ' 表記로…ᄡᅡ화
'ᄯ'이던 것이 'ㄸ' 表記로…따히, 따흔
'ᄲ'이던 것이 'ㅃ' 表記로…빼히고, 빠힘, 빠여남, 빠디다

로 나타나 並書表記의 混亂相을 보이고 있으며 語頭에 'ㄸ, ㅃ' 表記가 나타나는 點이 흥미롭다.

「敬信錄諺釋」(正祖 20년, 1796년)에는 ㄱㄴㄷㄹㅁㅂㅅㅇㅈㅊㅋㅌㅍㅎ과 ㅺ ㅼ ㅽ ㅆ ᄶ ㅄ이 쓰여 있고 「增修無冤錄諺解」(1792년)에는 'ㅃ ㄲ ㄸ'과 같은 語頭에서의 各自並書例가 나옴이 특이하다.

中聲. ㅏㅑㅓㅕㅗㅛㅜㅠㅡㅣㅐㅒㅔㅖㅚㅟㅢㅘㅝㅙㅞ 등 現代語에서 쓰이는 中聲 外에 ㆍ ㆎ ㆋ ㆌ가 쓰이고 있다.

ㆍ…ᄀᆞᄅᆞ침(御製序 5), ᄯᆞᆯ(女誡原序 3), 慈ᄌᆞ(御製序 1), ᄂᆞ리기(1:2), 戲笑ᄅᆞᆯ(1:3), 禮ᄂᆞᆫ(1:5), ᄀᆞᆯ고(2:4)
ㆎ…이실ᄉᆡ(1:10), ᄀᆞᆯᄒᆡ야(1:12), ᄀᆞᆯ고(2:4), ᄇᆡ호디(2:8), ᄌᆡ와(2:29), ᄐᆡ도(1:16), ᄃᆡ답(2:7)
(ㅒ)…재(者ㅣ, 3:8)
ㆋ…萃췌(3:32)
ㆌ…醜취(2:34), 取취(女誡序 1)

終聲. ㄱㄴㄷㄹㅁㅂㅅㅇ의 八終聲과 ㄺ ㄻ ㄼ의 實用 例가 있다.

ㄷ…ᄲᅧᆫᄲᅧᆫᄒᆞᆫ(女四書 1:3), 몯ᄒᆡ며(1:6), ᄀᆞᆮᄐᆞ니(1:9), 받드러(2:15), 묻ᄌᆞ오ᄃᆡ(2:14), 굳디(3:12)……傳統的으로 ㄷ받침
붇ᄭᅥ러움(女誡原序 3), 두러ᄂᆞᆫᄃᆞᆮ홈은(〃), ᄂᆞᆮ빋촐(女四書 1:3), ᄌᆞ몯(1:6), ᄆᆞᆮ도록(1:9), ᄀᆞᆮ칠줄(1:10), 믿고(1:10), 짇고(2:4), 맏보

며(2:12),……傳統的으로 ㅅ받침인 것

ㅅ…짓ᄂᆞᆫ(女四書 1:3), 엇디(1:4), ᄒᆞᆫ갓(1:6), 빗ᄂᆞ미(1:12), 잇ᄂᆞᆫ디라(1:13), ᄂᆞᆾ빗출(1:15), 맛당이(1:16), ᄆᆞᄅᆞᆺ(2:1), 웃디(2:2),……傳統的으로 ㅅ받침

ᄀᆞᄐᆞ니(1:9), ᄀᆞᆺ게ᄒᆞ야(2:38), ᄠᅳᆺ을(2:38), 벗을(4:3), 것고(步, 2:7), ᄡᅵᆺ고('때고'의 뜻, 2:14), 밧드러(2:36), 듯디(1:15),……傳統的으로 ㄷ받침.

ㄺ…닑을식(御製序 6), ᄇᆞᆰ힘이요(1:2), ᄃᆞᆰ이(2:10), ᄎᆞᆰ(2:22), ᄒᆞᆰ을(3:38), ᄇᆞᆰ기(3:78)

ㄻ…ᄉᆞᆱ겨(4:30),

※옴기디(3:53,4:28),

ㄼ…ᄋᆞᆲ프며(2:25), ᄋᆞᆲ흘(2:36), 여ᄃᆞᆲ술(3:6), ᄂᆞᆲ혀(3:7), ᄌᆞᆲ(3:78)

이 「女四書」에 앞선 「老乞大諺解」(1670年)에 이미 七終聲으로 되어 ㄷ→ㅅ表記가 整然히 이루어져 있는데 이 책에서는 이 'ㄷ, ㅅ'表記의 混錯을 보이고 있으나 'ㄺ, ㄻ, ㄼ'의 겹받침은 傳統性을 유지하고 있다. 다만 '옴기다'의 경우 'ㄻ'받침이 보이지 않는데 이것은 「敬信錄諺解」에서도 한가지다.

體言과 토의 구별 表記實態는 다음과 같다.

풍쇽이, 근본은, 긔일을, 가문에, 보션을, 글이, 국을, 눈을, 가ᄉᆞᆷ의, ᄠᅳᆮ을, 집으로, ᄆᆞ옴은, ᄯᆞᆯ이, 사ᄅᆞᆷ의게, 계집의, ᄋᆞᆲ흘, ᄌᆞᆯ을, 사흘만에, 큰 이, 重ᄒᆞᆫ 이, 힘ᄡᅳᆷ을, 옴으로, 근노ᄒᆞ심 을, 裨益홈이, 몬홈이, ᄀᆞᄅᆞ침을, 바ᄅᆞ게홈애, 슈고로옴을, 바듬이……

와 같이 漢字語는 물론, 固有語에 있어서도 完全名詞(實質名詞, 自立名詞)는 完全分綴이요, 不完全名詞(形式名詞 依存名詞)나 名詞形까지도 토와 구별해 적은 것이 優勢하나, 不完全名詞의 경우, 어리니(어린+이), 더ᄒᆞ니(더ᄒᆞᆫ+이), 名詞形의 경우, "ᄉᆞᆯ피미, 도오미, 興感ᄒᆞ믈, 붓ᄭᅳ러오믈, 사오나오미"와 같은 連綴 例를 보이고도 있다.

그런데 "아ᄅᆞᆷ다온 거ᄉᆞᆫ, 큰 거ᄉᆞᆯ, 널닐 거시오, ᄒᆞᆫ 거시니"와

같이 '것'과 토는 例外없이 連綴되어 「敬信錄諺解」의 경우와 같은 것이 特異하다.

現行 맞춤법대로라면 八終聲 以外의 반침 表記로 된 것들은

> 받그로(3:11), 알픠(2:14), ᄂᆞᆾ빗출(1:15), 비치(1:42), ᄂᆞᆾ출(2:2), 섭플(2:10), 닙흘(2:4), 무롭풀(2:2), 앒흘(2:36),

과 같은 表記를 보이고 있어 대체로 '받(外), 빗(色), ᄂᆞᆾ(顔), 섭(薪), 닙(葉), 무롭(膝), 앒(前)'을 意味部로 認識한 듯이도 생각할 수 있지 않을까 한다.

그러나 '알픠', '비치'와 같은 連綴 例도 보인다.

用言의 語幹과 語尾의 구별 表記實態는 다음과 같다.

> 구별 使用 例
> 젹은, 막으며, ᄀᆞᆯ아, 울어, 알아, 삼으며, ᄀᆞ다듬으며, ᄎᆞᆷ으며, 닙으며, 잡아, ᄂᆞᆰ어, ᄂᆞᆰ을ᄉᆡ
>
> 連綴 例
> 져그니, 어드니, 바ᄃᆞ릴ᄉᆡ, 미더, 구ᄃᆞᆫ, 비러, 머므러, 나ᄆᆞᆫ, 니버, ᄀᆞᄌᆞᆫ, ᄀᆞᄐᆞᆫ, 갑ᄒᆞ며(갚으며), ᄇᆞᆯᄀᆞᆫ, 올ᄆᆞ면, 안즐, 업ᄉᆞ리오, 만흘ᄉᆡᆨ

語幹과 語尾를 구별해서 使用한 것은 七終聲에 限하며 ㄺ받침 例가 보이는 것은 「敬信錄諺解」의 경우와 一致한다.

派生動詞의 接尾辭 '-이, -히' 등을 구별해 적은 實態는 다음과 같다.

> ᄂᆞᆨ이나, ᄇᆞᆰ히고, 죽이며, 넙혀, 막히미, 삼오고, 먹이매, 얼워, 술와

와 같은 表記가 있는 一面

> 소기ᄂᆞ니ᄂᆞᆫ, ᄇᆞᆯ키고, 널피니라, 머기되, 수겨

와 같은 連綴例도 있으나 分綴例가 優勢한 듯이 보인다.

'ᄒᆞ다'가 붙어서 되는 用言의 語源的 語根에 '-히'나 '-이'가 붙어서 副詞가 된 것은 그 語源을 밝혀 적는 것을 원칙으로 삼은 것 같다.

能히, 諄諄히, 죡히, 可히, 젹히, 정졔히, 潔齊히, 귀히, 가히, 甚히, 박히, 구챠히, 젼일히, 샤특히, 맛당히, 만당히, 과도히, 整齊히, 감히, 자셰히, 强梁히, 親히, 周全히, 欵曲히, 荒忙히, 졀졀히, 朦朧히, 공슌히, 싁싁히, 방ᄉᆞ히, 重히, 嚴히, 위ᄐᆡ히, 判然히, 湛然히, 지극히, 부즈런히, 디완히, 심히, 庶히, 順히, 洽히, 貴히, 薄히

부즈런이, 우연이, 션명이, 경결이, 협슈록이, 맛당이, 젼일이, ᄂᆞ족이, 일즉이, 만당히, 諄諄이, 慇懃이, 從容이, 切실이, 샤특이, 젼쳔이, 단정이, 극진이, 쎡쎡이, 지극이

以上을 정리해 보면 다음과 같다.

語根末音이 母音……귀히, 貴히, 可히, 가히, 정졔히, 潔齊히, 구챠히, 과도히, 整齊히, ᄌᆞ셰히, 방ᄉᆞ히, 위ᄐᆡ히, 庶히

語根末音이 ㄱ……죡히, 박히, 薄히, 샤특히, 欵曲히, 싁싁히, 지극히, 협슈록이, ᄂᆞ족이, 일즉이, 샤특이, 쎡쎡이, 지극이

語根末音이 ㄴ……諄諄히, 親히, 周全히, 공슌히, 判然히, 湛然히, 부즈런히, 디완히, 順히, 부즈런이, 우연이, 諄諄이, 慇懃이, 젼쳔이, 극진이

語根末音이 ㄹ……젼일이, 졀졀히, 젼일이, 切실이

語根末音이 ㅁ……甚히, 심히, 감히, 嚴히

語根末音이 ㅂ……洽히

語根末音이 ㅇ……能히, 정히, 맛당히, 만당히, 强梁히, 荒忙히, 朦朧히, 重히, 션명이, 맛당이, 만당이, 從容이, 단정이

① 語幹末音이 母音인 경우 副詞化 接尾辭는 완전히 '-히'다.

② 語幹末音이 'ㅁ·ㅂ'인 경우는 副詞化 接尾辭는 '-히' 一色이고 'ㄱㄴㄷㄹㅇ'의 경우는 '-히, -이' 混態를 보이고 있다.

③ "샤특히 샤특이, 싁싁히 쎡쎡이, 지극히 지극이, 諄諄히 諄

諄이, 부즈런히 부즈런이, 젼일히 젼일이, 맛당히 맏당히 맛당히 맏당이"의 '-히', '-이' 混態는 사실상 現代語의 現實發音과도 一致하는 것이라 하겠다.

3

音韻論的인 觀點에서 이 資料를 다루어 보면 다음과 같다.

(1) 口蓋音化

保守的 表記 例

帝뎨, 天텬, 聽텽, 治티, 朕딤, 冲튱, 迪뎍, 中듕, 朝됴, 展뎐, 調됴, 重듕, 寵툥, 典뎐, 知디, 適뎍

ᄂᆞ리디, 어디니, 븕디, 말을ᄡᅵ어다, 敏티, ᄒᆞᆯ디니라, 갈디어다, 됴히, 엇디, 기우러디며

口蓋音化 表記例

仲즁, 厨쥬

다ᄉᆞ지몯홈, 닑지, ᄇᆡ호지, 고침, 重치, 엇지, 씨ᄃᆞᆺ지, 푸러져

混錯 表記例 < >안 것이 正綴임.

名稱팅(1:2) <名稱칭(1:4)>, <酒物츄(2:28)> 酒脯듀(2:25) 周旋듀(1:7), 處텨(2:17) <處쳐(:25)>, 漸뎜(御製序 4), 種둉(2:27), 全뎐(2:34) <全젼(2:35)>

以上에서 보면

1. 漢字音의 경우가 固有語에 比해 保守的 表記例가 많음.
2. 漢字音이나 固有語나 간에 敬信錄諺釋에 比해 保守的 表記例가 많음.

(2) 頭音法則으로 語頭에서 ㄹ·ㄴ 子音迴避

漢字音의 경우, 本音이 'ㄹ'인 漢字는 'ㄹ, ㄴ' 混態를 보이나 語頭에서 'ㄹ, ㄴ'音이 脫落한 例는 보이지 않으며, 本音이 'ㄴ'인

漢字 또한 語頭에서의 脫落 例는 보이지 않는다. 固有語의 경우도, 語頭에서의 ㄴ脫落의 例는 없다.

> 禮녜, 례 理리, 歷녁, 論논, 閭녀, 倫뉸, 利니, 隣린, 冷닝, 聯년, 路로, 累누, 量량, 里니, 良냥, 殮념, 狼낭, 令령……
> 女녀, 념녀
> 니버, 닉여, 니어, 니론, (너)기디, 녯사ᄅᆞᆷ, 니러, 닙고

(3) 硬音化

> 後漢ᄯᅧᆨ(女誡 1:1), 쎤쎤흔(女四書 1:3), 싸하(2:5), ᄡᅵ허(2:11), 쓸힘(2:10), 쓰지람(2:22), 쓱쓱이(4:17)

와 같은 硬音化한 例 를 보이나 '쯘쯘홈'(女誡原序 3), '쓱쓱히(3:14)'가 있고 '氏'는 '씨'아닌 '시'로 '班반 氏시'(女誡1:1)와 같이 나타나 있다. '쓸힘 쓰지람'의 硬音化는 '쓸커든 쓰지람'의 例를 보인 「老乞大諺解」(1670)에서 이미 나타난 現象이라 하겠다.

(4) ㆍ>ㅏ ㆎ>ㅐ

> ᄇᆞ람(壁, 2:2), ᄇᆞ람(風, 2:4), 가온대(4:60)

이들은 中世語文獻에 "ᄇᆞᄅᆞᆷ(壁), ᄇᆞᄅᆞᆷ(風), 가온ᄃᆡ(中)로 되어 있던 것인데 ㆍ>ㅏ, ㆎ>ㅐ의 變化를 보인 것이다.

이 變化는 「敬信錄諺釋」에는 生産的인 例를 보이는 것이다.[3)]

(5) 圓脣母音化

> 푸러져(御製序 5), 므롯(2:1), 무릇(2:4), 믄득(3:38), 문득(2:18),

3) 拙稿, "敬信錄諺釋 研究", 拙著, 「國語學研究」, pp. 67~69.

브즈런ᄒᆞ고(3:25), 부즈런케(2:26), 쁘려(2:18), 어려서부터(2:5), 블이(3:72), 불을(2:14), 블너(2:9), 물(2:32), 물리매(2:8), 머무러(2:8), 밋부디(4:7,4:8), 物믈(2:28), 物물(2:15)

와 같이 '므롯, 무릇', '믄득 문득', '브즈런 부즈런', '블 불', '物믈 物물'과 같은 混態를 보이는 것을 포함해서 圓脣母音化의 例를 보인다.

固有語의 경우, 「老乞大諺解」에는 圓脣母音化는 하나도 보이지 않으나 「敬信錄諺解」(1796)은 물론, 이에 앞선 「同文類解」(1748), 「漢淸文鑑」(英祖末年)에는 生産的인 用例를 보이고 있음에 比해 「譯語類解」(1690)에서 徐徐히 보이기 시작한 圓脣母音化 例가 漸增 趨勢를 보인 것이라 하겠다.

(6) 그밖의 音韻관계 一束

1) 陰性母音化

陽性母音 'ㅏㅗ·ㅐㅚㆎ' 등이 둘째音節以下에서 'ㅓㅜㅡㅔㅟㅢ' 등 陰性母音으로 바뀌는 것을 陰性母音化라 한 바 있다.[4]

母音調和의 破壞는 近世語에 이르러 두드러지게 드러나는데 體言과 토, 用言의 語幹과 語尾 사이에 나타나는 ·>一에 대해선 論及을 略하고 單語內部에서의 陰性母音化의 例로

아ᄒᆡ>아희(4:13), ᄉᆞ나ᄒᆡ>ᄉᆞ나희(2:2), 소ᄅᆡ>소릐(2:18)가 보이는 바 「敬信錄諺釋」에서는 5個의 例를 보이는데[5] 比해 3個의 例를 보인다.

② 有聲音 사이에서의 ㅎ音脫落

저으샤(女誡序 3)

---

4) 拙稿, "單母音化·陰性母音化 研究", 「東洋學」 第5輯, pp. 43~54, 1975. 6.

5) 拙稿, "敬信錄諺釋研究", 拙著, 「國語學研究」, p. 70.

의 例는 中世語文獻이면 '저ᄒᆞ샤 저ᄒᆞ샤' 表記일 것인데 ㅎ脫落의 例를 보인 것이다. 그러나 한편 '저허ᄒᆞ더(女誡原序 3)'의 例도 있어 混態를 보이고 있다.

ㅎ添用語의 添用時의 ㅎ音 脫落으로

하ᄂᆞᆯ은(1:1), 하ᄂᆞᆯ의(2:21), 돌이니(梁, 2:17), 칼ᄂᆞᆯ이니(3:26), 하ᄂᆞᆯ을(3:38), 칼을(4:21), 칼에(4:33), ᄑᆞᆯ이(4:22), 아희들을(2:35)

등의 表記例를 보이고 있다.

口蓋母音化(스즈츠→시지치)나 單母音化('ㅅㅈㅊ' 子音下에서 ㅑㅕㅛㅠㅖㅓ>ㅏㅓㅗㅜㅔㅣ) 例는 전혀 보이지 않는다.

'칼(4:18), 코(4:20), ᄑᆞᆯ(4:28)'은 이미 「女四書」에 앞선 「龜鑑」, 「馬解」, 「救簡」 등에 나타나는 例가 있지마는 「救簡」, 「訓蒙」, 「朴解」(1677) 등에 '양지'이던 것이 이 책에는 양치질(2:10)로 나타나 激音化한 例를 보이고 있다.

'켜다(點, 引)'는 老解에 나타나는데 이 책에는 '두로혀디(2:2), 니르혀'(2:8), 뒤혀(2:10)가 나오고, 다만 '실켜ᄂᆞᆫ 수릐오(2:4)'와 '燭을 켜며'(2:32)의 例를 보인다.

'묵금(2:24), 석거(4:19), 닥ᄂᆞᆫ(2:16)'과 같은 'ㅅ+ㄱ>ㄱ+ㄱ'의 同化는 「馬解」, 「朴解」, 「重杜解」 등에 이미 그 例를 보이는 것이므로 새로 보인 同化現象은 아니지마는 '닷그려(3:49), 닫금(3:15), 닷금(1:9)'의 表記도 나타나 있다.

6) 漢字音

口蓋化, 圓脣母音化의 例를 보이는 점이 二期音과 다를 뿐 그 밖의 경우는 모두가 二期音과 一致한다.

다만 "墮휴(1:4), 援완(1:2), 筒동(2:3, 4), 綴튜(2:3), 覺교(2:10), 帖텹(2:20), 緝집(3:6), 恪각(3:68, 69)"과 같은 漢字音을 보인다. 「援·筒·綴·覺·緝」에 대해선 論及한 바 있다.[6)]

4

形態論的인 觀點에서 이 資料를 다루어 보면 다음과 같다.

(1) 體言의 添用(曲用)

1) 主格助辭 가

'蹠蛙ᄂᆞᆫ 니가 셩긔고 버레 먹단 말이라(2:17)'와 같이 '가' 主格助辭의 唯一 例를 보인다.

2) ㅎ添用語의 ㅎ添用이 一絲不亂하던(물론 얼마간의 例外는 있었으나) 中世語 文獻에 比해 紊亂해져서 '하ᄂᆞᆯ은 하ᄂᆞᆯ의 돌이니 칼ᄂᆞᆯ이니 하ᄂᆞᆯ을 칼을 칼에 ᄑᆞᆯ이'와 같은 例를 보인다 함은 앞에서 例를 보였거니와, 그러나 한편

> ᄯᅡ흔(1:1), 터히라(1:24), 터홀(3:42), ᄯᅡ흘(2:26), 세흘 네흘(2:8), 뫼홀(3:38), 길히(2:19), 길흘(2:22), ᄒᆞ나히나(3:8), 나라히(2:16), 나라흘(3:57), 나라히(4:21), 우흐로(3:8), 안흐로(3:30), 안히(2:16), ᄂᆞᆯ흘(3:26), 나흘(3:30), ᄯᅡ홀(3:34), 하ᄂᆞᆯ히(3:37), 열헤(3:46), ᄒᆞ나둘히로ᄃᆡ(3:46), 칼흘(4:18), 코흘(4:20), ᄑᆞᆯ홀(4:28), 노흐로(4:22), 뫼흘(4:25), ᄠᅳᆯ히(2:2)

와 같은 添用 例를 보이고 있다.

특히 '칼을, 칼흘, 코흘(4:28), 코흘, 칼ᄂᆞᆯ이니, ᄂᆞᆯ홀, 하ᄂᆞᆯ은, 하ᄂᆞᆯ히'와 같이 混態를 보이고 있음은 ㅎ添用이 徐徐히 退化해 가면서도 끈질긴 保守性을 보이고 있는 것이라 하겠다.

3) ㄱ添用語의 ㄱ添用 例가 如前히 있다.

---

6) 拙著「朝鮮(李朝)漢字音硏究」
   援—특이한 漢字音 各論(170)
   筒　　〃　　(75)
   綴　　〃　　(236)
   覺 五, 二音 以上인 漢字音 (2)
   緝—특이한 漢字音 各論 (197)

남게(나무에, 4:29), 남기(3:75), 굼그로(구멍으로, 4:60), 솟긔(솥에, 4:30), 밧긔셔(밖에서, 4:3)

등이 그것이다.

4) 目的格助辭로는 'ᄅᆞᆯ, ᄋᆞᆯ'이 專用되다시피 하였다.
받침없는 體言에는 母音調和와는 상관없이 'ᄅᆞᆯ'이 專用되다시피 하였다.

陽道ᄅᆞᆯ, 外治ᄅᆞᆯ, 內治ᄅᆞᆯ, 位ᄅᆞᆯ, 緖ᄅᆞᆯ, 정ᄉᆞᄅᆞᆯ, 머리ᄅᆞᆯ, 理ᄅᆞᆯ, 닐월바ᄅᆞᆯ, 一書ᄅᆞᆯ, 坤維ᄅᆞᆯ, 末世ᄅᆞᆯ, 禮ᄅᆞᆯ, 용의ᄅᆞᆯ, 垢ᄅᆞᆯ, 夙夜ᄅᆞᆯ, 무리ᄅᆞᆯ, 쇠ᄅᆞᆯ, 누에ᄅᆞᆯ……

받침있는 體言에는 母音調和 상관없이 'ᄋᆞᆯ'이 專用되다시피 하였다.

陰德ᄋᆞᆯ, 訓迪, ᄒᆞ샤믈, 조종ᄋᆞᆯ, 힘씀ᄋᆞᆯ, 근노ᄒᆞ심ᄋᆞᆯ, 글ᄋᆞᆯ, 本ᄋᆞᆯ, 俗ᄋᆞᆯ, 臣ᄋᆞᆯ, 訓ᄋᆞᆯ, ᄆᆞᄋᆞᆷᄋᆞᆯ, 免ᄒᆞᆷᄋᆞᆯ, 辱ᄋᆞᆯ, 줄ᄋᆞᆯ, 一通ᄋᆞᆯ, 몸ᄋᆞᆯ, 사ᄅᆞᆷᄋᆞᆯ, ᄉᆞᄉᆞ일ᄋᆞᆯ, 아ᄃᆞᆯᄋᆞᆯ, ᄇᆞ람ᄋᆞᆯ……

그러나 '모시를(2:4), 百事를(2:5)', 'ᄂᆞᆺ빗출(1:15), ᄂᆞᆺ빈출(1:16), ᄃᆞᆯᄉᆞᆯ(2:15), 거ᄉᆞᆯ(2:15), 받ᄎᆞᆯ(2:29)'과 같은 例外表記가 있다.

5) 받침없는 體言에는 'ᄂᆞᆫ' 받침있는 體言에는 'ᄋᆞᆫ'이 母音調和와 상관없이 專用되었다.

天子ᄂᆞᆫ 后ᄂᆞᆫ 諸女ᄂᆞᆫ ᄉᆞ나히ᄂᆞᆫ 道ᄂᆞᆫ 이 ᄂᆞᆫ 지아비ᄂᆞᆫ 叔妹ᄂᆞᆫ……
坤ᄋᆞᆫ 근본ᄋᆞᆫ 興ᄒᆞᆷᄋᆞᆫ 아ᄃᆞᆯᄋᆞᆫ 뉘임ᄋᆞᆫ 陽ᄋᆞᆫ 陰ᄋᆞᆫ 계집ᄋᆞᆫ 敬ᄋᆞᆫ 順ᄋᆞᆫ 말ᄋᆞᆫ 얼굴ᄋᆞᆫ 功ᄋᆞᆫ 하ᄂᆞᆯᄋᆞᆫ 허믈ᄋᆞᆫ 법ᄋᆞᆫ……

'ᄅᆞᆯ, ᄋᆞᆯ, ᄂᆞᆫ, ᄋᆞᆫ' 助辭의 專用은 比較的 擬古表記로 보이는 「增

修無寃錄諺解」(1792)나 「敬信錄諺釋」(1796)에서도 그러함을 보이고 있다.7)

6) 이른바 處格助辭로는 '애, 에, 의, 예, ᄋᆡ'가 나타난다. 母音調和法則 등은 適用되어 있지 않다.

> 禮애, 朝夕애, 易애, 夫婦애, 三百篇애, 昔年애, 사흘만애, 鄙諺애, 기림애, 中外애, 몸애……
> 階序에, 位에, 外에, 이에, 胎敎애, 古者에, 후에, 鄕村에, 지게에, 朝暮에, 귀에, ᄒᆞ기에……
> 가슴의, 床下의, 집의, 庭戶의, 道路의, 몸의……
> 이예, 지게예, 바회예, 兩儀예, 魏예……
> 밧ᄠᅳᆯ희, 안희……

以上에서 보면 '애, 에'가 數字的으로 優勢를 보이고 있으며 다음이 '의, 예', '예'는 退化勢를 보여 「敬信錄諺釋」에서 比較的 整然히 中世語와 같이 쓰이고 있음과 對照的이다. 'ᄠᅳᆯ희, 안희'는 있으나 體言에 직접 'ᄋᆡ' 助辭를 붙인 것을 보이지 않는 點은 「敬信錄諺釋」의 경우와 같다.

7) 이른바 共同格助辭는 오늘과 같이 '와, 과' 둘뿐이요, 그 用法도 같다. ㅎ添用語의 '콰' 助辭는 나타나 있지 않으며 ㄹ末音體言에도 '신발과(2:11), 실과(2:22), ᄉᆞᆯ과(3:78)와 같이 「老乞大諺解」의 경우와 같고 現代語와 같다.

다만 "內訓와(女誡序 4), 父母과(2:18), 束脩과(2:25), 是과(2:36)"와 같은 잘못된 表記가 보인다.

(2) 用言의 活用

1) 中世語文獻에서 特殊한 活用形을 보이던 '잇다(有)'의 活用은 그대로여서 「敬信錄諺釋」에서 변화를 보이기 前의 形態를 유지하고 있는 것이다. '이셔 이실ᄉᆡ 이신 이셔도 이쇼ᄃᆡ 잇고 잇

7) 拙稿, "近世語硏究", 拙著, 「國語學論集」에 수록.

디 이시며'와 같은 活用이 그것인데 「敬信錄諺釋」에서는 '이스매 이스믈 이슬지라도 이스리니 이스면 이슬시 이시믈 이슬거시어든……'과 같은 混態를 보여 現代語에 가까워지는 모습을 보여 주고 있다.

2) 中世語에서는 ㄹ변칙用言을 'ㄷ'子音語尾 위에서 반드시 脫落된 形態로 나타나던 것인데 이 책에서도 '여듸(2:18), ᄀᆞ디(4:28), 아디(4:70)'와 같이 나타나 敬信錄諺解에서 '풀지 헐지 갈지 믿들지'와 같은 現代語 ㄹ변칙用言의 活用形으로의 接近을 보이기 前의 모습을 堅持하고 있다.

3) 現代語 '웃다'는 規則活用을 하는 것이지만 中世語나 近世語에서 變則活用을 하던 것으로 中世語에서 '우ᅀᅥ, 우ᅀᅳ며' 活用을, 近世語에서

우어(重杜解 1:29,五倫 3:41), 우으며(宣小 5:108), 우음(類合下 7, 新語 9:11)

과 같은 活用을 보이던 것으로 「敬信錄諺釋」에서조차 '우으며'가 보이는데 이 「女四書」에서는

우음(1:13,4:33), 우서(4:61), 우솜ᄀᆞ옴(2:9), 우솝도소니(2:26)

와 같이 '우음'이 있는가 하면 '우서, 우솜, 우솝도소니'가 있어 變則活用으로의 復歸를 보이고 있다.

4) 現代語 '끌다, 베풀다'는 語幹末音에 'ㄹ'子音이 添着되어 이른바 ㄹ변칙動詞로 되었지만 본디 中世語에서는 오늘날 으변칙 動詞와도 같은 活用을 하던 말이다. ㄹ子音의 添着에 대해선 拙稿에서 論及한 바 있거니와 이들이

베프면(1:10), 베프고(1:23), 베프디(4:29), ᄭᅳ어(2:5) <←ᄭᅳᅀᅥ>

와 같이 中世語의 活用形을 보여 「敬信錄諺釋」에서 'ᄭᅳ으며, ᄭᅳ

어오지, 베프며, 베퍼'와 'ᄭᅳ으러, ᄭᅳ을며, 베플고, 베프러ᄒᆞ며'와 같이 語幹末音 'ㄹ'이 添着된 活用形이 混在한 상태 以前의 形態를 堅持하고 있다.

5) 이른바 揷入母音은

不辭劇易호ᄃᆡ, 整理호미, 點辱之在身音홈을, 察今之君之호니

와 같은 懸吐文에서 吐로 쓰인 경우와

부즈런ᄒᆞᆷ을(1:3), 强ᄒᆞᆷ으로ᄡᅥ, 避ᄒᆞᆷ은

과 같은 'ᄒᆞ다'의 名詞形 'ᄒᆞᆷ'에 그 殘影을 보이고 '셤곰(3:5)'과 같은 例도 보인다.
그러나 이미

囑咐ᄒᆞ심(2:18), 使令ᄒᆞ시미(2:18), 跳梁ᄒᆞ미(2:19), 도라보디아니ᄒᆞᆷ을(2:19), 셤김(3:8), 말ᄉᆞᆷᄒᆞᆷ애(3:11), 일홈ᄒᆞᄃᆡ(2:19)

와 같이 現代語의 形態를 보이고 있는데 이것은 「老乞大諺解」(1670년)에서 보여 준 것으로 이 「女四書」에서는 懸吐의 保守的 性格과 'ᄒᆞᆷ' 名詞形에 限한 擬古的 表記의 例를 보인 것이라 하겠다.

5

앞에서 論及한 것 外에 이 「女四書」에서 얻은 國語史的 資料를 들어 보이면 다음과 같다.

널리 알ᄋᆞ샤 : 博(3:45)

너비 風化를 터 자브샤 : 弘(3:45)
널닐 거시오 : 衍(3:46)
넒혀 : 廣(3:7), 넒펴 : 廣(3:79)
너르게ᄒᆞ야 : 廣(3:73)
너르게ᄒᆞ면 : 廣(3:79)

이들은 中世語文獻에선 '너브면, 너비, 너피다' 등으로 나오는 것인데 '廣 너블 광, 博 너블 박, 洪 너블 홍'으로 類合 등에 나타난다. 'ㅂ'소리 위에 'ㄹ'소리가 介入한 例다.

할ᄭᅩ(4:19), 할트니(4:15)

中世語 文獻에는 "할하, 할ᄒᆞ리라, 할티, 할커늘"과 같은 活用形을 보이던 것인데 이 책에서 現代語와 같은 活用을 보이고 있다.

늘게야(1:3)

中世語 文獻에 'ᅀᅡ', 壬亂後文獻에 '아'(樂範 處容歌・樂詞 鄭石歌・重杜解)이던 것인데 이 冊에 '야'로 나타나 있다.

븐ᄎᆞ리로다(1:22), ᄭᅳᆫ허(4:19)

現代語 '끊다'는 '애롤 긋노니(腸斷, 杜解 10:8)'의 例에서 볼 수 있듯이 '긋다'가 基本形으로

긋고, 긋게, 긋디, 긋더니, 긋는, 그ᄎᆞ니, 그ᄎᆞ며, 그ᄎᆞᆫ, 그ᄎᆞᆯ, 그처……

와 같이 活用하던 것이 'ㄴ'소리가 'ㅊ'子音 위에 介入하여 '븐ᄎᆞ리로다'와 같은 語形이 나타나게 되고 現代語 '끊다'에 이어지는

것이다.

우리말에 있어서 ㅅㅈㅊ 子音 위에 ㄴㅁㅇ 子音이 介入하는 現象이 있다.

ᄒᆞᄫᆞᅀᅡ>ᄒᆞ오ᅀᅡ>ᄒᆞ온ᅀᅡ
>호ᅀᅡ
>호자>(호은자)>혼자
더디다>더지다>던지다
이제>인제
여저둘(釋譜 13:17)>연저(蒙法2)
너출>넌출
가치(龍歌)>간치(重杜解 14:31,16:37)
ᄀᆞ초다>ᄀᆞᆫ초다(野雲 67)
ᄀᆞ초다>ᄀᆞᆷ초다(類合下 39)
머추다>멈추다
마치>망치
나죵>낭중

들이 그것이다.

漢字말의 쓰임새를 보면 오늘날 흔히 쓰이는 것들은,

註解, 朝夕, 夫婦, 序文, 父母, 女人, 彼此, 內外, 衣裳, 整頓, 厨房, 蔬菜, 菜蔬, 黃昏, 突入, 不幸, 婚姻, 出嫁, 治療, 書堂, 禮儀, 擾亂, 收拾, 客, 事務, 近世, 外戚, 栽培, 風雨, 嫉妬, 內助, 忠誠, 國家, 隆盛, 衣服, 飮食, 婦人, 男女, 殺戮, 慈母, 祖母, 忠臣, 烈女, 倉卒, 處女, 寡婦, 經濟, 女子, 男子, 妻, 名譽, 禮法, 紡織, 針絲, 破損, 洗濯, 老人, 齒牙, 姓名, 先祖, 尊敬
풍쇽, ᄉᆞᄉᆞ일, ᄉᆞᄉᆞ말, 용이홈, ᄐᆡ도, 셰슈, 만일, 인도ᄒᆞ며
외람히, 단정히, 慇懃히, 진실로, 지극히, 한가히

들이 있고 거의 쓰이지 않거나 廢語가 된 것으로,

冲昧, 統膺, 訓迪, 慈慮, 踐歷, 踐愚, 鄙人, 潔齊히, 驕盈, 謙順, 依俙히, 罵怒, 叱怒, 啼怒, 慚惶, 羞懼, 香潔……

들이 있는데 이들 중 오늘날도 活用함직한 말도 섞여 있다.

固有語로서

어려서(幼), 계집(←겨집), 무리의, 무리ᄅᆞᆯ(←물), ᄉᆞᆯ(歲, ←설), 길말, 엿보디, 마리털, 협슈록이, ᄉᆡ어이, 지아비, 입시울, 노호와도(←怒홉다), 밧ᄇᆞ람(外壁), 우솜ᄀᆞᄋᆞᆷ, 서ᄂᆞᆯ을, 븓츠며, 니약(齒藥), 므르걸어, 모화(←뫼화), 손(客), 버금ᄒᆞ며, 고요ᄒᆞ며(←괴외ᄒᆞ며), 그위, ᄶᆞᆷ부터신ᄃᆞᆯ, ᄶᆞᆷ빠 , 여남, 燭을, 켜며, 하닉고, 넉넉게, 치마적시며, 감초이다, 소소이

와 같은 資料를 提供하고 있다.

6

以上 論해 온 바에 따르면 이 「女四書」는 이보다 앞선 文獻인 「老乞大」(1670)와 뒤에 나온 「敬信錄諺釋」(1796)의 中間年代(1736)的인 資料를 提供해 주고 있으나 다만 「老乞大諺解」에는 七終聲임에 比해 「女四書」에서는 一定한 規準 下에 쓰인 表記는 아니나 'ㄷ' 받침 表記가 나타나고 이른바 挿入母音이 「老乞大諺解」에는 보이지 않는데 이 「女四書」에서는 懸吐文에서 吐로 "호딕, 호미, 홈을, 호니"와 같이 쓰인 경우와 諺解文에서 名詞形 '홈'이 보임은 懸吐의 保守的 性格과 '홈' 名詞形에 限한 擬古的 表記의 例를 보인 점이 特異하다 할 것이다.

刊行年代가 분명해서 18C 前年期의 여러 가지 國語史的 資料를 提供해 주어 그 文獻的 價値를 높이려 한다.

〈『李崇寧 先生 古稀紀念 國語國文學論叢』, 탑출판사, 1977.〉

樂善齊文庫本의 保存

I

樂善齊文庫本(한글본)이 세상에 소개되어 알려지기는 66년이 아니었던가 한다. 서울大學의 鄭炳昱교수가 東亞文化硏究所의 연구비로 조사를 진행한 것인데 이 조사 정리가 끝난 뒤 中央日報紙上을 통해 泉水石과 報恩奇遇錄의 줄거리가 소개되었고 麟鳳詔와 洛成飛龍 그리고 山城日記와 樂章歌詞가 影印 소개된 바 있으나 그 밖의 것은 안개에 싸인 채 햇빛을 못 본 상태에 있었다 하여 좋을 것이다.

지난 6월 28일 · 29일 양일간 우리 대학에서 제12회 전국 국어 국문학 연구발표대회가 국어국문학회 주최로 열렸던 바 특히 학교당국의 厚意에 힘입어 전국 회원 百餘名 參席裡에 大盛況으로 끝을 맺었었는데 학회 代表理事로 大會長이었던 필자는 이 기회에 全國會員에게 이 樂善齊文庫本을 보일 것을 기획했었다. 그리하여 鄭교수에게 그 目錄과 解題를 부탁하여 그 원고를 받아 국어국문학 44 · 45호 부록으로 실었다. 간단한 解題이긴 하나 이 文庫本의 全貌는 아쉬운 대로 드러난 셈이다.

II

이 解題에 의하면 이 文庫本(더러 藏書閣本이 끼어 있을지도 모른다 함)은 創作(小說)·飜譯(小說·雜書)·歌詞·紀行·史書(中國·韓國)·其他로 되어 있다. 모두 1百13種 2千2百52冊이다. 個中에는 落帙이 있는데 그것은 계산하지 않았다. 創作小說 중에는 明紬寶月聘 1百卷 1百冊(중 6권 落帙), 玩月會盟宴 1百80卷 1百80冊, 尹河鄭三門聚錄과 30冊의 嚴氏孝門淸行錄은 三連作으로 우리나라 小說로서는 最大의 長篇(2百35冊)이라 하겠다. 이밖에도 寇萊公忠直節記(31卷 31冊), 明行貞義錄(70卷 70冊), 范文正忠節言行錄(30卷 30冊), 楊門忠義錄(43卷 43冊), 劉李兩門錄(77卷 77冊 중 2권 落帙), 再生緣傳(52卷 52冊), 河氏善行後代錄(33卷 33冊), 山山仙界錄(80卷 80冊), 花山忠孝錄(37卷 37冊) 등 30卷 30冊 以上의 巨帙로 역시 새로 알려진 것들이요, 30권 未滿짜리 未發表 創作小說을 합하면 알려지지 않았던 創作小說만 47種이 된다. 이것들은 궁중에서 쓰여지고 읽혀진 것으로 보이는 바 18C 後葉으로부터 19C初에 제작된 것으로 추측한다는 것인데 謝氏南征記·九雲夢 등 貴族小說이나 春香傳·沈淸傳 등 庶民小說과는 또 다른 第三의 장르도 成立할 수 있으리라는 것이다.

이들 創作小說이 국문학적인 면에서 보면 특히 보배로운 것이겠지만 국어학적인 면에서 생각할 때에는 飜譯小說이나 雜書·歌詞·紀行·史書(中國·韓國)·其他도 이에 못잖게 대견한 存在인 것이다.

필자가 이 樂善齊文庫本을 빌어 보고자 이 문고본이 保管되어 있는 昌慶苑 藏書閣을 찾기 시작한 것은 7월 하순 경이었던 것으로 기억한다.

필자가 이 낙선재문고본을 조사·연구하고자 하는 점은 두 가지 목적에서다. 하나는 近世語 연구를 위해서이고 다른 하나는 古語辭典 增補를 위한 語彙蒐集을 위해서다.

아닌 게 아니라 이 두 가지 목적 달성을 위해서 낙선재문고본은 귀중한 자료라 할 수밖에 없는데 방대한 新發掘 자료를 포함하고 있기 때문이다. 더구나 종래의 연구가 주로 中世語 아니면 現代語에 치우쳐 近世語가 소홀히 된 듯한 점과 古語辭典 편찬을 위한 어휘 수집 또한 壬亂前 문헌에만 충실했던 터에 이 낙선재문고본의 조사·연구는 매우 중요하게 생각하는 것이다.

이 조사·연구는 우선 자료 수집을 시작해서 그것도 초기단계에 불과하므로 아직 그 연구 결과를 公表할 수 있지 않으나 몇 가지 印象을 적어보면 다음과 같다.

1. 두드러지게 漢字語가 많다는 점

2. 우리가 日語식 漢字語로 알았던 것이 의외로 이들 문고본에 나오는 것이 있다.

3. 극히 드물게나마 新發見의 순우리말이 있다.

4. 이 文庫本이 18C 後葉으로부터 19C 初에 제작된 것으로 추측한다 하였거니와 필자의 본 바로는 그 表記法으로 보아 19C 後半期에 이루어진 것도 있는 것이 아닌가 한다.

이제 이들에 대해 구체적으로 論及해 보겠다.

1. 두드러지게 漢字語가 많다는 것은 오늘날 같으면 순우리말로 적음직한 것도 漢字말로 적은 것이 있고, 혹은 우리말로 거의 쓰이지 않는 漢字말들이 많이 눈에 띈다는 것이다.(필자 註, 활자 事情을 고려하여 現行 맞춤법으로 例를 들기로 하고 부득이한 것만 옛 表記로 한다. 괄호 안 漢字는 필자가 넣음)

안항(雁行), 기출(己出), 관저지락(關雎之樂), 결발십재(結髮十載), 촉하(燭下), 침선(針線), 연기(年紀), 소저(小姐), 수괴(首魁), 병혁(兵革), 슬하유치(膝下幼稚), 현부쾌서(賢婦快胥), 오반(午飯), 함소(含笑), 월모화용(月貌花容), 삼오명월(三五明月), 붕배(朋輩), 차사(此事), 기부(肌膚), 주사야탁(晝事夜度), 망간(望竿), 수미명안(秀眉明顔), 미우(眉宇), 품질(稟質), 운흥무집(雲興霧集), 필연(筆硯), 물우(勿憂)하소서, 기영(起迎)하여, 무휼(撫恤)하여, 청파(聽罷), 효칙(效則)하니, 개유(開諭)하나, 퇴(退)하여, 광구(廣求)하더니, 열좌(列

> 座)하여, 헌(獻)할새, 만모(慢侮)함이로다. 성질(成疾)하니, 거오(倨傲)하는, 쾌희(快喜)하여, 유충(幼沖)하나, 불열(不悅)하나, 조요(照耀)아니, 원억(冤抑)한,

등이 그것이다.

2. 우리가 日語식 漢字語로 인식하고, 해방 후 그 사용을 꺼리던 것인데 이번 조사에서 일찍부터 우리나라에서 쓰이던 말임이 밝혀진 것이 있다.

실례(失禮)하니이다 : 「여객(女客)이 계심은 모르고 그릇 실례하니이다」라는 대목이 나온다. 「실례합니다·실례했읍니다」를 日語의 直譯이라 하여 그 사용을 是非한 이가 있었으나 여기에 들어보인 「실례하니이다」는 바로 「실례했읍니다」의 뜻이니 이말의 由來가 오래 되었음을 알수 있다. 이 대목은 明珠奇逢이란 小說책에 나오는 구절이다.

왕왕히 : 이것은 御製續自省編에 나온다. 英祖 自省編의 번역인데 이 책에서 「왕왕히」를 얻은 것은 큰 소득이다. 「왕왕히」를 日語 「往往」이나 「往往にして(nisite)」의 直譯으로 흔히 생각해 오던 것인데 역시 옛부터 우리나라에서 쓰이던 말임을 보여주고 있다.

3. 현재로선 아직 순우리나라말로서 新發見의 것은 극히 드무나 아주 없는 것은 아니다. 현재까지 古文獻에서도 辭典에서도 方言에서도 발굴해내지 못했던 것으로 「두굿겁다」라는 형용사가 있다.

> 자녀를 성취하여 영효를 봄이 극히 두굿거오나 스사로 마암이 위황하니 장원하기를 바라지 못할가 하노라.
>
> 금일 두 아해를 한대 잃혀보니 두굿거온이 비길대 없도다. 태위 추연하여 능히 말을 못하여 두태 슳어 잘 상공이 어찌 불길한 말삼을 하시나니이꼬.
>
> 승상과 장부인이 두굿김을 이기지 못하여 어린이를 유희하고 자린이를 가차하니.

차야에 장부인 자기 시녀 난혜와 윤부인 시녀 쌍앵으로써 신방을 탐지하고 두굿김을 마지아니하더라.

「두굿겁다」는 「滿足스럽다」, 「두굿기다」는 「滿足하다」의 뜻으로 쓰인 것이 아닌가 한다.

4. 19C後半期에 이루어진 것이 있는 것으로 보는 것은 그 表記法에서 그리 추측하는 것이다.

孔門道統에 영(令), 명주보월빙(明紬寶月聘)에 ᄋᆞ들(아들)·한(恨), 명주기봉(明珠奇逢)에 융성(隆盛)·염통·입히고·잇지(繼)·질기는 등이 나온다. 이들 중 「영(令)·융성(隆盛)·염통·입히고·잇지」와 같은 이른바 頭音法則에 의해 語頭에서 ㄴ脫落한 例는 19C 이전 문헌에서 그 例를 찾을 수 있는 것이 사실이요, 더구나 15C末이나 16C初 문헌에서도 극히 드물게나마 나타나기도 하지만 역시 極少의 例에 불과하며 19C 後半 문헌에서 生産的이다. 19C 初 以前이라면 「ᄋᆞ들」은 역시 「아들」로, 「한(恨)」은 「ᄒᆞᆫ」으로, 「질기는」은 「즐기는」으로 나타나야 할 것이라 보는 것이다.

끝맺이

이상 몇 가지 擧論한 것은 그야말로 印象記에 지나지 않는다. 앞으로 조사·연구가 進展함에 따라 숱한 漢字語와 적잖은 순우리말의 발굴이 있을 것으로 믿으며 近世語 연구를 위해서도 樂善齊文庫本의 寄與는 크리라 본다.

이 문고본이 국문학적인 면에서나 국어학적인 면에서 조사·연구가 행해져야 하겠거니와 이 文庫本이 손쉽게 학자에 의해 연구가 이루어질 수 있도록 影印이 행해지고 연구에 종사하는 학자에겐 貸出의 便宜가 베풀어지고 연구비를 보조하는 등 적극적인 정책으로 文化財가 死藏됨이 없이 개발되기를 바라는 것이다. 이 文庫本의 影印은 文化財의 分散保存이란 의미에서도 緊

要하다.

〈『중앙교양』 창간호, 中央大學校, 1969.〉

國語敎育

國家發展과 敎育

-精神敎育 · 語文敎育 · 師範敎育 强化-

나는 宗教人이 아니다. 그러나 宗教人의 心情에서 祈求하는 마음으로 이 글을 써나가려 한다. 나는 宗教學者도 아니다. 따라서 深奥한 教育学의 理論을 展開하고자 하는 것도 아니다. 다만 나는 教育者로서 40년 現職에 몸담아 온 現場人이다. 보고 듣고 느끼고 생각한 대로 正直하게 国家発展과 教育이란 표제의 글을 큰 부담없이 쓰려한다.

精神敎育

우리는 60년대 이후 오늘의 비약적인 国力伸張을 이룩하게 되었는데 이것은 결국 강력한 領導力 아래 否定的이고 소극적이고 비판적이던 思考에서 肯定的이고 적극적이고 참여해야 한다는 思考로의 転換定着, 勤勉, 自助, 協同의 새마을 精神拡散, 교육의 확대가 이루어져 潜在해 있던 우수한 우리 민족의 資質이나 能力이 발휘되기에 이른 결과라고 생각한다.

최근에 이르러 外国의 言論들이 한국의 놀라운 경제 成長에 대해 驚異의 눈을 돌리고 있는데 우리는 그들의 指摘을 기다릴 것도 없이 全経済 분야에서 북괴를 10-15년 앞서는 国力을 축적하기에 이르렀고 輸出의 경우 61년의 세계 101位에서 작년에 30位(産油国을 제외하면 17位)로 浮上되어 명실이 함께 世界 속의 한국으로 成長하고 있는 것이다.

우리나라 우리 民族이 놀라운 經済成長을 이룩한 것은 우리 모두 함께 기뻐해야 할 일이다. 그러나 우리가 해방후 核家族化의 추세 속에 功利主義 物質萬能主義 등 두드러지게 西欧化의 경향을 보이기에 이르러 전통적인 価値意識인 “德은 本이요, 財는 末”이라는 생각을 흐리우고 그동안 外来思想과 物質文明의 洪水 속에 자기를 잃고 방황하던 때가 있었지 않았던가. 다행히 領導者의 입으로부터 国籍 있는 교육이니 국민정신 교육이니 하는 말이 나오기 시작하고 나를 찾자는 노력이 싹트기 시작했다. 이렇게 해서 国史教育, 国民倫理教育이 큰 比重을 가지고 학교교육에서 행해지게 되었을 뿐 아니라 汎国民的으로 국민정신을 云謂하게 되고 数三年間에는 다시 忠孝思想이니 国語醇化니 새마음 갖기 運動이니 自然愛護운동이니의 精神운동이 활발히 展開되고 있는 것이다.

진즉 나를 찾았어야 했다. 내가 누구이며 우리가 누구인가 우리나라가 어떠한 나라인가를 알았어야 했다. 제정신을 옳게 가지고 살아왔어야 했다.

이제 우리는 伝統倫理인 忠孝思想을 새로 定立해서 이 忠孝思想을 骨幹으로 하는 国民精神 교육을 철저히 해야 될 것으로 생각한다.

우리는 地政學的으로 中国大陸과 日本列島 사이에 位置하여 931回 以上의 外侵을 당해왔다는 통계가 있다. 어지간히 隣近外族에 의해 단련을 받은 셈이다.

멀리는 隋·唐·蒙古의 侵攻으로부터 가까이는 壬辰·丙子 両乱을 겪고 日本 強占에 의한 植民地 백성으로서의 설움을 받기까지 했던 내 나라요, 우리 民族이었다.

그러나 이러한 숱한 外侵의 試錬 속에서도 単一民族으로 単一言語를 써가지면서 국토를 유지하고 伝統文化를 가진 文化民族으로 강인하게 살아온 모든 분야에 才能이 뛰어난 優秀한 민족임이 틀림없다.

우리는 하나의 運命共同体로서의 국가가 민족을 생각할 때 大我를 위해 자기의 本分을 다하는 그러한 "忠"을 학교에서 철저하게 교육해야 될 것이다.

圃隱 鄭夢周의 丹心歌나 死六臣들의 忠節歌에 나타난 임금에 대한 절대적인 忠誠을 국가나 민족을 위해 바쳐야 한다고 생각하는 것이며 忠武公의 閑山섬 달밝은 밤에 戍楼에 혼자앉아 큰칼 옆에 차고 깊은 시름 하는 次에 어디서 一声胡笳는 남의 애를 끊나니의 時調에 나타난 "깊은 시름"은 바로 愛国愛族의 衷情인데 이러한 우리 先人의 忠心을 계승해서 豊饒롭고 盤石같은 祖国을 構築해야 한다.

우리 民族은 科学文化나 芸術文化에 있어 위대한 創造性을 발휘하여 훌륭한 文化遺産을 남긴 前歴을 가지고 있으며 오늘날에 있어서도 学術, 芸術, 体育, 技能 등 여러 面에서 우리 民族의 잠재했던 才能을 유감없이 발휘하여 優秀하고 有能한 民族임을 誇示하고 있다.

이런 게 구체적으로 "忠"이라 할 수 있는 것이다. 자기 분야에서 최선을 다하는 것이 바로 "忠"이기 때문이다.

現代世界를 지배하는 文化는 東洋文化와 西洋文化, 그리고 共産主義文化다. 東洋文化는 西洋文化나 共産主義文化와는 달리 윤리와 道徳을 중시하고 自然을 愛護한다. 이러한 東洋의 伝統的인 道徳과 倫理는 西洋文化와 共産主義文化를 바로잡는 治療剤구실을 앞으로 담당하게 될 것이라고 說破한 이가 있다.

오늘날 우리나라의 家族制度에 있어 大家族制度로부터 核家族으로 탈바꿈한 것이 사실이라고는 하지만 累千年 이어져 내려온 父母의 사랑이나 어버이에 대한 恭敬이 그렇게 쉽사리 무너질 수는 없다. 아들 딸 잘 먹이고 잘 입혀 一流大学 졸업시켜 좋은 職場 가지게 하고 훌륭한 사위나 며느리 얻고자 하는 父母의 心情은 거의 古今同일 것 같다.

한편 오늘날 「三綱行實圖」에 나타나는 廬幕살이나 断指나 혹은 正祖가 참혹하게 뒤주에 갇혀 죽은 父王(思悼世子)의 陵을 日

参하다 位이 한 그러한 孝行은 권장할 수는 없지만 그러나 松江 鄭澈의 訓民歌에서

아버님 날 낳으시고 어머님 날 기르시니
두분곧 아니시면 이 몸이 살아실까
하늘같은 가업슨 恩德을 어데 다혀 갚사오리
어버이 살아신 제 섬길 일란 다하여라.
지나간 후면 애닯다 어찌하리
平生에 고쳐 못할 일이 이뿐인가 하노라

라 읊어 父母의 恩德을 하늘같이 가 없는 것으로 비유하고 生前에 孝道를 다할 것을 강조하였으니 이것이 전통적으로 우리 血管 속에 흐르는 孝思想인 것이다.

물론 전통적인 韓國式이 다 좋은 것은 아니라 하더라도 精神面에서 倫理面에서 우리가 西歐나 東歐나 日本에 比해 先進임이 틀림없고 우리는 文化民族의 矜持를 가져 덮어놓고 남의 흉내내기에 급급해서는 안 된다고 생각한다.

傳統的인 孝가 퇴색하고 앞으로 더욱 그 度는 더해 갈 것이다. 그러나 韓國에는 老 文化國이 面目이 躍如해서 孝行도 孝心도 形態는 달라지고 그 熱度의 差는 있을지언정 尙存한다고 期待하면서 우리의 국민정신교육 忠孝敎育에서 다음과 같은 구체적인 事項이 實踐되기를 제안해 본다.

1. "뿌리"를 안다는 것은 중요한 것이다. 本貫을 알고 各祖上, 祖父母, 父母, 兄弟, 姉妹의 이름을 漢字로 쓸 줄 알고 祖父母 以下의 生辰·生日을 알아 참석할 것.
2. 堂內간이나 親戚(四寸戚) 사이의 婚事나 還甲, 初喪에 참석할 것.
3. 祖父母, 父母의 忌祭祀는 물론 설날과 秋夕, 寒食에 행하는 차례와 省墓에 참례할 것.
4. 核家族으로 따로 살림 난 夫婦의 경우 가까운 距離면 한달에 최소한 한두번이요, 먼 距離라도 1년에 두 번 以上은 父母

를 찾아 뵈올 것.

5. 1년에 한번 정도 觀光孝道 아니면 온 家族이 모여 血緣의 情을 나누는 機會를 가질 것.
6. 国立墓地 顯忠祠 死六臣墓 愛国先烈의 墓所 등을 찾을 일
7. 母校의 歷史를 알고 그 자랑을 알며 恩師들의 이름을 알고 母校의 이름을 드날리도록 할 것.

父母를 至誠으로 섬기는 일은 바람직한 일이요, 父母를 辱되지 않게 하고 本人이 自己分野에서 나라 위해 큰 일해서 立身出世하여 揚名함으로서 父母의 이름을 드날리게 하는 일은 忠·孝兼全의 至善임을 알려야 한다.

語文教育

日常生活에서 폐단이 없는 限 한글愛用(專用이 아님)을 하자는 主張은 国産愛用을 하자는 精神과도 통하므로 名分上 좋다. 그러나 그 한글愛用을 위해서도 漢字教育을 철저히 해야 된다는 주장이 逆說 같지만 逆說이 아닌 眞理임을 一般이 깨달아야 한다.

작년에 朴正熙 대통령은 "現実的으로 常用되고 있는 漢字를 없애자는 극단적인 주장도 옳지 않지만 常用漢字를 현재보다 늘려야 한다는 주장도 옳지 않은 것"이라고 강조한 일이 있다.

常用漢字数는 1,800字 정도로 足하다고 본다. 다만 基礎漢字 1,800字란 中·高校 漢文教育用이므로 常用漢字라는 측면에서 생각하면 150字 정도의 添削이 필요하다.

설상 常用漢字란 日常生活을 하는데 불편이 없을 정도로 알고 있어야 할 漢字를 뜻한다. 불편이 없을 정도라 함은 新聞, 雜誌나 教養書籍을 읽을 수 있고 従事하는 業務処理에 지장이 없어야 함을 말한다.

그런데 신문사에서의 漢字使用実態는 어떠한가, 各社가 모두 記事作成에 있어 종전에 比해 漢字를 줄이는 방향으로 노력을 하고 있는 것은 사실이지마는 그러나 漢字数는 모두가 2,000字

以上이다. 따라서 漢文敎育用 虛辞(也矣哉耶…)나, 造語力 적은 것. 또는 使用頻度가 적은 것 등은 추려 버리고 各신문사 使用漢字中에서 使用頻度·造語力·同音異義語와의 辨別性 한글 표기만으로 理解 곤란한 것, 部首字·音符字들을 고려하고 適正數字의 漢字를 가려넣어 常用漢字를 調整하면 좋을 것이다.

이러한 노력은 ①신문에서 쓰이는 漢字를 再檢討함으로써 漢字를 줄이는 노력을 진지하게 할 수 있다. ②教育用漢字와 国民常用漢字를 一致시킴으로써 과거와 같은 학교와 社會가 乖離를 보인 非理를 是正할 수 있다. ③姓名用 地名用 漢字문제를 신중하게 검토해 볼 契機가 될 수 있다.

이 1,800字 정도의 漢字를 국민학교부터 단계적으로 철저히 가르치되 (현재는 국민학교 과정에선 일체 없다) 漢字가 어렵다는 것은 그 쓰기에 있은 즉 우선 국민학교에서는 읽기에 중점을 두고 쓰기는 획수가 적은 것을 가려 익히도록 하면 된다. 어려운 글자쓰기를 강요해서 학습의욕을 잃게 할 것은 아니다.

물론 漢字 공부가 그리 쉬운 것은 아니다. 그러나 우리 한글 창제는 5백여년 전 일이요, 漢字가 들어온 지는 2천년 이상이나 되는 형편에서 우리말의 太半이 漢字말이요, 그리고도 척추와 같은 存在여서 漢字語의 母胎가 되는 "漢字교육이 바로 국어교육의 지름길"임을 우리는 똑똑히 인식해야 된다.

그러므로 우리는 "국어교육의 一環으로 漢字교육을 하자"는 것이며 따라서 국민학교의 국어교육도 당연히 예외일 수는 없는 것이다. 굳이 日本의 小学校에서 1천자를 가르치니까라든지 그들은 유치원에서 漢字교육의 실효를 거두고 있으니까라는 남의 얘기를 할 것도 없다. 우리 조상들이 千字文 訓蒙字会 등을 가지고 早期漢字 教育을 했던 경험이 있지 않은가. 그때처럼 많은 漢字를 가르치자는 것도 아니요 900字나 1천字가량을 가르치자는 것인데 그것이 그렇게 큰 부담이 되는 것도 아니다. 더구나 국민학교 시절은 가장 記憶力이 왕성한 때이니 만큼 이 시기를 놓칠 것이 아니다.

韓国人의 知能指数(IQ)는 세계적으로 높은 것으로 알려져 있다. 이들에게 国, 中, 高 각 600字씩 가르치든지, 되도록 国, 中에서 각각 900字씩 가르쳤으면 하는 바 우선 中学校까지의 교육으로 1,800字를 읽을 수 있도록은 하고 쓰기까지의 완성은 高校까지로 끝마쳤으면 좋겠다.

또 하나, "무리수는 실수이면서 정수나 분수로 나타낼 수 없는 수를 말하고 유리수는 분수와 자연수를 포함한다. 자연수는 정수를 말하는데 정수 안에는 부수·정수·소수가 있다." 지금 우리들의 자녀는 이러한 교과서를 가지고 교육을 받고 있다 뿐인가, "지각·융기·침강·양서류·절지동물·용매·조연성·기화열·액포·장일식물·다지류·수지류·호상열도·연분·정남·조·용·조…"와 같이 漢字를 가지고 설명을 해야 이해가 갈 말까지도 순한글로 기록이 되어 있어 그 非能率은 이루 말할 수가 없으며 學力 低下의 원인이 바로 여기에 있다. 모든 교과서를 国漢混用이나 並用으로 하자는 이유를 理解할 것이다.

이번 새로 改編되는 교과서에 이것이 고려되어야 할 当然以前의 문제인데 여전히 "한글전용론자"들의 威勢에 짓눌려서인지 여전히 名分論에 얽매여 踏步상태인 듯하다. 72年 以來 歷代 文教長官이 국민학교부터의 漢字教育을 하겠다느니 모든 교과서에 단계적으로 漢字併起를 하겠다느니 公言을 하고 또한 그 준비를 했었으며, 국민학교부터의 漢字교육과 모든 교과서를 国漢混用 아니면 併用이 옳다고 생각하면서 決断을 내리지 못하는 가운데 오늘에 이르고 있다.

아무래도 "한글전용이 愛国"이라는 그릇된 認識이 전용론자들의 宣伝에 의해 뿌리깊이 심겨진 데다 해방 후 한글전용교육으로 量産된 한글世代의 量的배경이 加勢되어 이것이 "힘"의 作用을 하고 있는 것이 아닌가 하는 것이다.

近者 国内의 이곳저곳의 국민학교에서 漢字教育을 했는데, 학생들의 思考力, 理解力이 월등하게 上昇한 研究結果報告도 있고

또한 학부형들의 좋은 反応을 얻고 있는 사실을 알고 있다.

실상 国漢混用文은 表音·表意文字의 장점을 살릴 수 있는 理想的인 글인 것이다. 漢字만의 中共은 漢字数가 많고 따라서 文盲이 많은 현실에서 文字改革을 시도하고 있지만, 共産主義者들의 着想의 배경은 理解하지만 그게 그리 간단히 成功할 수 있다는 보장이 있는 것은 아니다. 그들의 領土는 広大하고 人口는 9億이나 되어, 같은 漢字를 地域에 따라 여러 가지로 발음하는 관계로 그들이 漢字를 버릴 경우, 그들의 核心인 漢族은 支離滅裂이 된다. 그들은 漢字를 버릴 수 없는 宿命的 存在라 할 것이다. 어떻든 그들은 小学 5년까지에 2千字를 가르치고 있다.

北韓의 경우 68년부터 中学校에서 漢字교육을 하고 있다하는 바 人民学校란 것이 4年制라 하니 우리 국민학교 5학년부터 漢字교육을 하고 있는 셈이다.

日本이 小学校 1학년부터 모든 교과서에 漢字를 混用하여 교육하고 있는 것은 알려진 사실이며 그들은 小学校 4학년에서 로마字교육도 시키고 있는 것이다. 한편 仏国 통치하 漢字를 버리고 로마字를 国字로 택한 越南의 民族文化가 抹殺된 실례, 그리하여 自我를 喪失한 그들이 드디어는 共産化한 사실도 있지 않은가.

우리는 1,800字 정도의 漢字를 학교에서 철저히 가르치고 일반사회에서는 漢字를 덜 섞어 쓰는 방향으로 善導하는 것이 옳다고 생각한다.

그런데 오늘의 우리의 現況은 어떠한가, 中·高校에서 漢文教育을 하고 있고 中·高 국어교과서에는 괄호 안에 漢字를 넣어 漢字指導를 할 수 있게 되어 있음에도 불구하고 中·高를 나와도 제 나라 신문 하나 제대로 읽지 못하고 아버지 書斎에 꽂힌 책 하나 제대로 못 읽는 이가 얼마나 많은가, 大入豫試에 합격한 水準 이상의 학생들조차 "學校"의 "校"字를 "敎·交"로 쓰는가 하면 제 本籍 現住所나 父母이름·出身学校 이름을 漢字로 쓸 줄을 모르는 학생이 상당수 있다. 12년 以上이나 불러온 愛

国歌조차 그 뜻을 제대로 理解하고 부르고 있는지 疑心스럽다.

"보전"을 "保傳, 保存"으로 "보우"를 "保友, 保護"로 "만세"를 "萬世"로, 심지어 "화려강산"을 "하려江山"으로 쓰고 있으니 하는 말이다.

"教育憲章"의 "憲"을 제대로 쓴 학생은 가뭄에 콩 나기다. "憲"이 "법 헌"字임을, "章"이 "글월 장"임을 알아야 "教育憲章"의 제 뜻 즉 "교육을 함에 있어서 "法"이 되는 "표준(根本)이 되는 글"임을 理解할 수 있지 않겠는가.

漢字無識이 "한글전용이 愛国이라"는 그릇된 認識에서 아무렇지 않게 생각되는 風土는 하루 빨리 是正되어야 한다.

특히 教師養成의 任務를 걸머진 師範教育에서 語文教育 正常化에 앞장서야 할 것으로 생각한다.

1. 現行 中学校用 基礎漢字(900字)가 漢韓辭典에는 앞에 놓여 이루어진 말 総数 62,394,뒤에 놓여 이루어진 말 総数 9,855가 된다는 통계가 있다. 이들 漢字만이 모두 日常生活에 쓰이는 말들이 아님은 물론이다. 그러나 모두 현재 쓰이거나 과거에 쓰인 일들이 있는 말들임이 또한 틀림없다.

이 900字를 국민학교에서 가르치면 그만큼 語彙를 많이 알게 되고 그 뜻도 正確하게 그리고 오래도록 記憶하게 된다.

2. 現行 辭典에 실린 漢字語만도 10数萬개나 된다. 그들 중 漢字知識이 없이는 땅뗌 못할 말이 얼마나 많으며 또한 漢字말에는 同音異義語가 얼마나 많은가, 2,3개짜리는 물론이요, 4,5개짜리도 수두룩하고 심지어 23개짜리조차 있다.

그것은 근본적으로 우리나라 漢字音은 490音(가 각 간 갈 감 갑 강…)밖에 없는데 이것을 가지고 10数萬개의 漢字를 적자니까 당연한 얘기다. 이것을 한글로만 적어도 그다지 불편이 없다는 것은 漢字知識이 있는 한글專用主義者들의 強弁은 될지언정 真理는 아니다. 表意文字인 漢字의 意味把握이 쉽다는 것은 視覚性에 있는 것으로 누구나 아는 상식이전의 얘기다.

가령 基礎漢字에 "사"로 읽히는 漢字가 32字인데 "士仕史使射謝四師寺死事思舍巳私社司祠捨絲邪賜斜詐沙査写辞似斯祀蛇"가 그것이다. 이들이 앞뒤에 놓여 이루어진 말은 漢韓大辭典에 의하면 모두 1,617개가 된다.

그런데 사견(私見, 邪見), 사기(士気, 史記, 寺基, 死期, 私記, 邪気, 沙器, 社旗, 詐欺), 사대(師大, 私大, 四大, 事大), 사법(司法, 私法, 史法, 四法, 死法), 사적(私的, 私敵, 史的, 史蹟, 史籍, 事績), 사채(私債, 社債), 사학(史学, 私学, 邪学, 斯学), 공사(公私, 公事, 工事, 公使, 空士), 의사(意思, 議事, 医師, 義士) 등 文章 中에 나온다하더라도 이 말들을 漢字없이 그 뜻을 가르치고 왼다는 것은 얼마나 非能率的인 일이겠는가.

3. 같은 "사"로 읽히는 漢字라도 "士 史 四 死 事"들은 길게 발음되는 글자들이고 "師 私 邪 斜 査"들은 짧게 발음되는 글자들이므로 이 伝統的 聲調는 漢字에 의해 辨別되는 것이다. 한글專用교육으로 이 발음의 伝統性이 무너져가고 있다. "私敵 私的 史籍 史的"이 각각 발음이 다르고 "司法 私法 史法"이 각각 발음이 다른 것인데 이것을 한글로 "사적 사법"으로 적어놓고 제대로의 올바른 발음이 될 理가 없다.

4. "이역만리"를 "이억만리"로, "수포로"를 "숲으로"로, "막연한 사이"로 "과학화 운동"을 "과학과 운동"으로 誤記한 實例는 이미 나타난 것이지만, "구거·왕내·황닙"과 같이 발음되는데 왜 "국어·왕래·확립"으로 적어야 되느냐 "국민·궁민, 학문·항문, 박명·방명, 문리·물리"가 각각 발음이 같은데 왜 달리 적느냐 하는 것은 漢字교육 없이는 큰 부담일 수밖에 없다.

5. "公害 冷凍 安保 量産 輪禍 造景"이 큰사전 후에 생긴 말인데 큰사전 후 국어대사전(李熙昇편)까지에 5萬안팎의 漢字말이 늘어난 사실을 알아야 하며 이들 중 얼마간 우리말化가 가능하겠지만 거의 그대로 쓸 수 밖에 없는 말들임을 認識해야 한다.

冷戦 錄畫 短信 未婚母 放映 市販 偽幣 証市 合纖 등 造語에

서 漢字의 視覚性이나 造語力 그리고 그 縮約性을 이용하는 것이 賢明함을 알아야 한다. 관념적으로 한글專用을 들먹일 것이 아니다.

앞으로 우리는 순 우리말이나 漢字말을 만들어 새말을 늘리고 洪水처럼 밀어닥칠 西欧系 外來語나 日語 残滓에 対応해야 된다. 이 경우 새말은 簡潔 正確해야 하는 바 伝統的 造語法에 따른 우리말化는 바람직하나 너무 길어지는 造語는 피해야 하며 漢字말을 기피하는 편협성이 止揚되어야 함은 물론이다.

그런데 우리는 지금 伝統的 造語法을 모르므로 순우리말 만드는 힘이 거의 없고 지금까지는 漢字를 아는 既成世代에 의해 그런대로 漢字造語가 可能했지만 앞으로 漢字無識에서 漢字말의 生産能力이 低下되어 있음이 문제다. 만약에 이 趨勢대로 가면 西欧系 外来語를 순우리말이나 漢字말로 바꿀 능력이 없으므로 西欧系 外来語가 그대로 범람하고 아니면 日本式 漢字語가 그대로 直輸入될 수밖에 없을 것이다.

6. 世宗大王을 한글專用의 象徵처럼 생각하고 国漢混用論者를 崔萬理의 무리로 몰거나 事大主義者다. 심지어 親日로 몰려는 可笑로운 論者들이 있다. 참 寒心한 일이다.

世宗大王은 訓民正音 序文에서 우리 국어가 中国과 달라서 漢字를 가지고 적기 어려우므로 자기 생각을 마음대로 펴내지 못하는 백성이 많기 때문에 그들을 위해서 새로 28字를 만든다고 했다.

訓民正音의 창제로 漢字로 빌어서 우리말을 적던 어려움을 덜어주었을뿐 아니라 漢字를 모르는 이들도 제 意思를 펼 수 있게 되었던 것이다. 얼마나 고마운 일인가, 우리 文化史上 燦然히 빛날 金字塔인 것이다.

이 世宗 때에 한글을 이용해서 만들어진 책이 세 가지 있다. 龍飛御天歌 月印千江之曲 釈譜詳節이 그것이다.

海東六龍이 ᄂᆞᄅᆞ샤(龍歌)

어엿브신 명命즁終에(月印)
親친近끈히 恭공敬경ᄒᆞ야(釈譜)

以上과 같이 모두 国漢混用體다. 다만 月印千江之曲만은 主文이 国文字 위주고 漢字語인 경우, 国文字는 大活字인데 비하여 漢字는 그 아래에 小活字로 되어 있다. 뿐 아니라 극력 漢字語를 회피한 노력이 엿보여 世宗의 国語国文尊重의 뜻을 알 수 있다. 그러나 釈譜 詳節에 가서는 実用의 便宜에서인지 主文을 国漢字 혼용체로 하고 漢字語인 경우, 漢字는 큰 活字인데 比하여 国文字는 그 아래에 작은 活字로 되어 있다. 月印千江之曲 표기가 名分論에 입각한 것이라면 釋譜詳節은 現実論에 立脚한 것이라 하겠다.

朝鮮朝 末葉, 文盲이 많았던 시절 聖經 번역을 한글로 해서 庶民들이나 부녀자층을 상대로 해서 布教를 하고 読者層이 婦女子나 庶民層으로 그들의 消日 내지 慰安을 목적으로 하던 小說이 한글로 되었음은 이해할 수 있다. 또한 급변해 가는 世界情勢를 일반 국민에게 알리려는 意図에서 한때 신문이 한글전용으로 된 것이 있었음도 이해할 수 있다. 時代的인 意義가 있었다고 할 수도 있다.

그러나 이제는 판국이 다르다. 초등학교 교육은 義務교육이 아닌가. 東洋文化圈의 共用文字인 漢字교육을 의무교육에서 一千字 정도 가르쳐 社會에 適応할 수 있게 하고 独学이라도 할 수 있게 하는 積極的 姿勢가 아쉽다. 국민학교 졸업만으로 進学하지 못하는 学生이 매년 10数萬名이나 되지 않는가.

우리의 現実로 한글專用은 得보다 失이 많은 것임을 否認할 수가 없다. 우리가 필요로 해서 漢字교육을 하자는 正論이 어찌해서 崔萬理 무리가 되며 事大主義가 되며 親日이 되는 것인가.

이제 우리는 前日의 悪夢에서 깨어나 語文政策을 바로잡아 歴史的, 社會的 所産인 漢字語를 우리 語彙로 再定立하고 漢字의 利点을 살려 実務面에 이용하도록 漢字교육에 邁進해서 지금까지의 損失을 회복해야 한다. 이것이 우리 교육자의 使命인 것이다. 漢字교육으로 우리의 二世国民을 半文盲 상태에서 救出해야 한다.

師範敎育

教育은 國家百年之計라 한다. 낡은 말같지만 언제나 새로운 意味를 지니는 真理다. 오늘의 国家発展이 祖国을 가난으로부터 解放시키겠다는 領導者의 執念에서 출발한 새마을운동의 成功에서 이루어진 것으로 보아야 하지만 各分野에서 그 새마을운동을 推進한 힘은 새마을 일꾼이며, 그 새마을 일꾼을 움직인 것은 教育으로 익힌 知識과 技術, 그리고 精神力인 것이다.

그런데 앞으로 우리 국가나 민족의 운명을 左右하는 것은 우리들의 二世이며 그 二世를 가르칠 教師를 養成해 내는 것이 師範教育이다. 따라서 師範教育이 教育에서 차지하는 비중이 重함을 우리 모두 再認識해야 된다.

教育大学이나 師範大学, 教育大学院이 있다. 그리고 이들 교육기관을 거쳐 輩出된 수많은 初·中·高教師가 있다.

오늘날 教員이라는 職種이 매력 있는 職種이 아닌듯 하다. 初·中·高教師 自身도 그렇게 생각하고 학생들도 그렇게 생각한다는 통계를 본 記憶이 있다.

아닌게 아니라 다른 職種에 比해 報酬가 많은 것도 아닌데 過重한 担当 学生数, 授業時間数, 雑務에 시달리고 있는 것이다. 굳이 구체적인 數字를 들먹일 것도 없다.

또한 私立中高의 경우, 財政的인 부담 때문에 教師의 平均年齢이 낮아져 가고 있는 것도 속일 수 없는 사실이며 優秀教師의 離職이나, 国立師大 출신者 中 教師忌避현상조차 있다는 것이다.

教師가 매력 없는 職種으로 転落했는데 教育大学이나 師範大学에 人材가 모일 까닭이 없다. 이렇게 해서 綜合大学 中 師大의 人気는 低調하다. 이래도 좋은가.

우선 가난을 克服한다는 面에서 経済成長에 一次的으로 集中

投球한 것은 잘한 일이요, 나를 되찾자는 精神運動을 展開하고 있는 일은 좋은 일이다. 이제는 教育에 더 적극적인 投資를 해야 하겠으며 巨視的 眼目에서 師範教育에 視線을 돌려 教師들의 矜持를 살리고 그들의 社會的 地位가 向上되도록 施策을 펴기를 바란다.

교원의 使命이 얼마나 重大한가, 個人的으로는 남의 宅 귀여운 子女를, 크게는 国家나 民族의 장래를 짊어질 二世들을 가르치는 게 使命인 것이다. 이들을 가르치기 위해서는 知識이나 技術을 익혀야 되고 人格的으로 그들을 善導할 수 있도록 自己硏修를 해야 되며 무엇보다도 教員으로서의 使命感이 있어야 된다.

教師라는 직업을 밥벌이를 위한 것으로 생각할 것이 아니다. 물론, 教師도 사람인만큼 먹어야 한다. 같은 값이면 더 잘 살기를 원하고 子女의 教育도 시켜야 할 것이다. 그래서 그 待遇의 改善을 원하는 것은 人之常情이다.

그러나 그러한 일은 国家에게 맡겨 놓고 우리의 所任을 다하도록 献身해야 할 것이다. 伝統的으로 君師父一体라는 말이 전해 내려오는 우리나라다. 教員 자신이 自身을 업신여겨서는 안되며 矜持를 가지고 精神教育으로 語文教育으로 혹은 자기 專功科目으로 교육을 통해 이 나라나 이 民族을 위해 忠誠을 다할 일이다.

이것이 師範教育을 받은 이들, 받는 이들의 마음가짐이어야 하며 師範教育에 従事하는 이들은 그러한 教師를 養成하는 것이 使命인 것이다.

이제 끝으로 師範大學 入試制度 改革案(76. 5. 1 全国師大聯合会 師範大学教育의 強化를 위한 建議中 하나의 項目) 하나를 다시 提案해 보려 한다.

1. 師範大學 入試改革의 方向은

① 三軍士官学校와 같이 師範大学 入学試験을 特次로 하여야 하며.

② 高等学校 成績이 重視되고

③ 高等学校長의 推薦 및 内申書를 考慮할 것.

④ 面接 등의 比重을 높이는 등 学科成績에만 依存하던 종래의 惰性的 方法은 止揚되어야 한다.

그 理由는 다음과 같다.

① 特次로 自願에 의한 学生 中에서 選抜하느니만큼 教師로서의 使命感이나 資質을 갖춘 학생의 誘致가 可能하다는 展望

② 教員에 대한 社會的 認識의 修正

③ 教職에 대한 自負心

④ 보다 優秀한 학생을 확보할 수 있지 않겠느냐는 期待다.

물론, 이 入試制度 改革에는

① 教員의 優待로 教職이 매력 있는 職種이어야 하며

② 奨学金制度를 拡充해야 하고

③ 綜合大学校의 경우, 師範大学만의 入試를 분리 실시하는데 따른 여러 難点이 克服되어야 하는 등 여러 가지 문제점이 뒤따를 것이 豫想되기는 하나 国家百年大計를 위해 克服이 이에 모색되었으면 한다.

〈『國家發展과 師範教育』, 第7回 全國 師範大學長 會議 協議主題發表論文, 全國 師範大學 聯合會, 1978. 5. 25.〉

國民精神과 國語教育

Ⅰ. 民族과 國語

우리 民族을 흔히 單一言語를 가진 單一民族이라 한다. 그렇다. 韓國語로 묶여진 韓族인 것이다.

흔히 "濟州道方言이다, 慶尙道方言이다, 全羅道方言이다, 혹은 咸鏡道方言이다, 平安道方言이다."라고 하지만 濟州道方言이 陸地方言들과 달라 理解가 어려울 정도이긴 하나 그밖의 方言들은 얼마간의 方言差는 있다 해도 서로 意思가 不通할 정도는 아닌 것이다. 濟州道方言도 理解가 어려울 정도의 方言差가 있다고는 하지만 韓國語인 것이다.

이 韓國語, 즉 우리 國語는 어떠한 것인가? 韓國語는 주로 韓半島와 그 附近島嶼에 分布되어 있다. 單一言語로서 알타이語族의 하나로 보고들 있다.

토이기諸語, 蒙古諸語, 퉁구스諸語들과 함께 알타이共通語(알타이祖語)를 形成하고 있던 것인데 제일 먼저 이 共通語로부터 分離했으리라는 것이다.

그는 어떻든 西曆紀元前後時代에는 우리 國語가 北方群(夫餘系)과 南方群(韓系)의 兩群으로 갈려 있었던 것임은 史籍에 依해 말할 수 있다.

新羅는 대체로 4世紀에 國家의 體制를 갖추고 6世紀에는 强力

한 古代國家가 되었으니 慶州의 言語는 共通語로서 發達하였다. 7世紀 後半(660)에 百濟가 滅亡하고 뒤이어 高句麗가 滅亡(668)하였으니 新羅는 10世紀初(935)까지 半島內의 唯一한 國家였다. 따라서 新羅共通語는 高句麗와 百濟의 舊地에도 크게 영향을 끼쳤을 것으로 생각된다.

10世紀初(918)에 王으로 推戴된 王建에 依해 高麗가 開城을 中心으로 建設되자 文化의 中心이 慶州에서 開城으로 옮겨지게 되고 따라서 國語 또한 開城中心으로 옮겨진 것으로 보는데 우리 國語는 이 때에 우리의 體制를 確立한 것으로 생각된다.

開城一帶는 高句麗의 故地이므로 開城語에는 高句麗의 要素가 남아 있는 것으로 보아야 옳을 듯하나 新羅語가 基幹으로 形成된 것으로 생각된다. 結論컨대 오늘날의 우리 國語는 新羅語를 根幹으로 얼마간의 高句麗語가 뒤섞인 高麗語가 傳承된 것이라 할 것이다.

우리 民族은 어떠한 民族인가? 앞에서 필자는 單一民族이라 하였다. 그렇다. 약간의 異質的要素(漢人, 蒙古人, 滿洲人, 倭人 등)가 섞여 있다 하더라도 오늘날 그 異質的 要素를 전혀 意識하지 못할 정도로 그 主된 基本的 要素는 언제든지 優勢로 늘 支配的 地位에서 다른 要素를 融合하여 온 것이다.

이런 異質的 要素의 混入이란 우리가 아시아大陸의 東南端의 位置하여 漢民族이나 蒙古族, 女眞族, 倭族과의 不絶한 交涉이나 鬪爭에 依해 民族社會를 維持發展해 온 過程에서 由來한 것이요, 또한 오늘날 發達된 民族이 모두 그러한 터이지만, 더구나 우리 民族은 그렇게 複雜多異한 複合體도 아니므로 單一民族이라 하여 좋다고 생각한다.

過去 韓國民族과 더불어 가장 交涉이 잦던 民族은 大陸方面의 諸民族, 특히 中國民族과 海洋方面의 日本民族이었다.

大陸方面의 民族은 우리에 대하여 文化的 欲求보다도 政治的, 經濟的 欲求 혹은 侵略的, 威壓的 行爲가 더 많았음에 反하여 우리는 자기의 國土와 平和를 保全코자 또는 舊土를 回復코자 하는 努力과 그밖에 自己 自身을 向上하려는 文化的 欲求가 더 많았다. 日本 民族은 우리에 대하여 正常的으로는 文化的 經濟的 欲求, 非正常的으로는 侵略的 行爲가 많았음에 대하여 우리는 友好的인 交隣行爲와 함께 文物傳播의 구실, 그밖에 民間의 移住行爲가 잦았다. 中國은 歷史的으로 우리보다 優越한 文化를 가졌고, 옛날의 日本은 이와 반대로 低級的인 文化를 가졌던 까닭에, 우리는 항상 中國文化를 欽仰하고 속히 받아들여 이를 消化시키면서 한편 自己의 文化를 東으로 日本에 傳播하였던 것이다. 過去 韓國의 大陸國家에 대한 所謂 事大主란 것도 이런 意味에 있어서 能動的이고 活動的이었으며, 日本에 대한 交隣策은 能動的이라기보다 受動的인 편이 더 많았다. 더욱이 最近世의 日本이 急速度로 西歐文明을 輸入하여 西歐의 資本主義, 帝國主義의 方式을 가지고 먼저 韓國을 侵略하고 또 이를 橋梁으로 삼아 大陸에까지 侵略의 손을 뻗치다가 마침내 失敗하고 말았지만, 우리는 大陸과 東洋孤島의 中間에 位置하여 地理的으로 不利한 處地에 놓인 것은 속일 수 없는 事實이다.1)

멀리는 저 隋·唐, 契丹의 侵略이나 朝鮮朝에 들어와서는 倭나 淸의 入寇가 있었었고 끝내는 日帝侵略의 犧牲이 되어 그 治下 36년 동안에 倭化를 强要당하는 恥辱을 겪었던 것이다. 그들 日帝는 우리의 國語國字를 禁壓하고 風俗, 歷史를 貶抑했으며 自由를 유린했지마는 우리 民族은 죽지 않고 살아남았으며, 우리 國語와 한글도 回生하게 된 것이니 이것은 民族文化의 傳統, 單一民族이라는 自尊, 單一言語로 뭉친 民族의 底力에 의한 것이라 할 것이다.

Ⅱ. 國民精神과 國語醇化

이른바 日本의 「大東亞共榮圈」의 꿈은 敗戰으로 挫折되었으나

1) 震檀學會 編, 韓國史 古代篇, pp. 1-2.

이 日本의 敗戰으로 韓半島에 있어 뜻하지 않은 美蘇의 38線을 境界로 한 分占이 있었고 6·25動亂을 契機로 中共軍의 參戰이 있었으며, 이러한 6·25動亂은 日本의 復興을 가져왔을 뿐 아니라 드디어는 日本을 經濟大國으로까지 成長시켜 놓았다.

오늘날 우리 韓國은 이들 美·蘇·日·中共의 四强에 둘러싸인 形局이요, 不幸하게도 한 民族이 南北으로 갈려 北傀와 對峙하고 있는 상태인 것이다.

8·15解放 以後 우리는 日帝 植民主義의 殘滓를 깨끗이 씻기도 전에 또 다른 歐美文物의 洪水 속에 빠져 自我를 잃은 채 模倣과 追從만 일삼아온 나머지 自我를 再發見하는데 오랜 時間을 浪費하고 彷徨한 것이 아니었던가 한다. 勿論 그 동안에 成長과 發展이 없었던 것이 아니요, 특히 70年代에 들어와서의 그것은 놀라운 바 있지마는 西歐化니 近代化니 하는 外的追求, 物質萬能의 思考의 蔓延은 道德的 墮落을 가져왔던 一面도 있지 않았던가 한다.

그러나 多幸히 朴大統領의 領導 아래 國民敎育憲章이 制定, 公布되고, 國籍을 찾는 敎育이니 새마을 運動精神에 立脚한 敎育이니 하는 口號 아래 敎育이 제자리를 찾아가는 듯한 느낌을 주게 된 것은 鼓舞的이라 하겠다.

또한 朴大統領이 國語醇化運動을 徐徐히 그리고 꾸준히 推進할 것을 指示하였음은, 튼튼한 健全한 國民精神을 기르기 위한 體育, 敎練, 國史, 國民倫理敎育의 强化와 함께 同慶할 일이라 하겠다. 다만 우리는 이들이 단순한 口號나 겉치레나 流行을 좇는 것이 아닌 알찬 것이 되기를 期하는 努力이 기울여져야 할 것으로 생각한다.

國民精神이란 무엇인가? 祖上으로부터 脈脈히 이어져 온 韓民族의 精神, 日帝下 40年과 해방후 30年, 도합 近 70年동안이나 눌려 오던 우리 民族 個個人의 血管 속에 흐르는 그 精神이다. 外勢에 짓눌리면서도 그 底力을 발휘하고 良識을 지켜오던 그 精神 말이다.

莫强한 隋·唐의 侵攻을 擊退한 高句麗의 雄建, 剛毅한 護國精神이나 百濟가 中國, 印度의 文化를 自由로이 받아들여 그것을 純粹하게 日本이나 琉球에 傳해준 그 國際信義와 平等互惠의 原則을 지키며 平和的이고 純粹했던 精神이 그것이다. 新羅가 儒佛仙 三教를 調和融合하고 花郎道를 國家的 運動으로 끌어올려 文化의 꽃을 피운 그 슬기로운 精神이나 高麗가 宋, 契丹, 兩强 사이에서도 文化水準이 높은 宋에게는 文化的인 優秀性을 가지고, 武力으로 侵攻한 契丹에 대해서는 武力을 가지고 對抗한 그 精神, 金屬活字의 鑄造, 高麗大藏經의 편집간행 등에서 보인 叡智나 民族的 矜持, 朝鮮朝에 들어와서는 黨爭이니 士禍니 하는 悲劇이 벌어지기도 했지만 士類들은 누구나 自我意識이 있어 事理의 是非를 가릴 줄 알았으며 義理를 尊重하고 國家가 危機에 處했을 때는 나라를 위해 목숨을 바칠 줄도 알았던 그 精神, 이러한 것을 國民精神이라 할 수 있지 않을까 한다.

우리 民族이 周邊民族과의 接觸過程에서 願, 不願間에 影響을 입었듯이 우리 國語 또한 歷史的 過程에서 여러 外國語와 接觸하여 그들의 影響을 받은 것인데 二千年 以上으로 推算되는 漢字借用의 歷史에서 漢字語(中國産)는 계속 늘어났었다. 그런데 日帝下에 日本産 漢字말이나, 먼저 日語에 浸透한 많은 外來語가 日本을 通하여 우리나라에 들어 왔으며, 解放後에는 다시 西歐系統의 外來語(혹은 外國語)가 洪水처럼 밀어닥쳐 걷잡을 수 없는 形便이다. 거기에다 解放, 6·25動亂, 잇단 데모事態 等으로 우리말은 거칠어질대로 거칠어졌을 뿐 아니라 尊待法은 무너져가고 漢字 聲調에 대한 認識不足으로 발음은 紊亂해졌으며, 辱說, 隱語, 卑俗語 等이 亂舞하게 되었다.

한편 北傀에서는 平壤말을 文化語라 하고 漢字語를 包含하여 外來語를 새말로 바꾸는 作業이 행해져 統一後의 우리 國語를 생각할 때 하나의 問題點이 될 것이 아닌가 한다.

筆者는 朴大統領 指示 國語醇化運動 支持聲明書에서[2)] 外來語 氾濫等 國語醇化의 沮害要因을 分析하고 國語醇化方案을 提示한

일이 있는데 紹介하면 다음과 같다.

먼저 國語醇化의 沮害要因을 分析해 보기로 한다.

첫째, 過去 오랜 漢字借用의 歷史에서 어려운 漢字말을 써야 識者인 체할 수 있다는 생각이 있었고, 解放後에는 英語를 아는 체 해야 知識人인 체 할 수 있다는 지각없는 層이 있다.

둘째, 解放直後 國語醇化運動으로 日語의 찌꺼기나 漢字말 몰아내기 運動이 展開되어 얼마간의 實效를 거둔 일이 있다. 그러나 억지 造語에 의한 新語濫造는 오히려 言衆의 外面으로 共感을 얻지 못한 채 失敗했으며 그나마 西歐外來語에 對해서는 거의 放置狀態에 있었다.

셋째, 漢字말을 쓸 바에야 西歐系 外來語도 無妨하다는 思考方式에서 새 漢字造語는 안했으므로 西歐系 外來語가 불어났다고 볼 수 있다.

넷째, 適當한 우리말로 바꾸려 해도 우리말이 多音節語인 까닭에 音節이 늘어나고 傳統的 造語法을 모름으로 해서 新語를 만들어 내는 言衆의 힘은 微弱하다.

다섯째, 外國語에 能한 젊은이들은 漢字知識이 모자라(?) 漢字에 依한 새 造語가 어려울 뿐 아니라 이것을 忌避하는 風潮마저 있어 學術用語等 原語 그대로 쓰는 傾向이 아닌가 한다.

여섯째, 尊待語를 쓰는 것은 非民主的이거나 封建殘滓 程度로 생각하는 風潮, 즉 my나 you로 통하는 西歐的 思考方式의 普及으로 傳統的 尊待法이 무너져 가는 것이 아닌가 한다.

일곱째, 政府 機關等에서 '綠地帶'를 '그린 벨트', '國勢調査, 人口調査'하던 것을 '센서스', '全國 少年 體育大會'해도 될 것을 '全國 스포츠 少年大會', 담배 이름을 'SUN', '食堂車'하던 것을 '사롱카'로 하는 등이 外來語를 즐겨 쓰는 氣風을 助長(?)했다고도 볼 수 있다.

---

2) 76. 4. 25. 國語國文學會, 國語學會, 白山學會, 震檀學會, 韓國史學會, 韓國國語教育 硏究會, 韓國 語文教育 硏究會, 韓國語文學會, 韓國言語文學會, 大統領指示 國語醇化運動 支持聲明書.

以上 國語醇化를 沮害하는 要因을 除去하고, 우리말을 곱게 다듬고 바르게 쓸 수 있는 國語醇化方案을 들어 보기로 한다.

첫째, 우선 모든 國民이 文化民族이라는 矜持로 우리말을 즐겨 쓰는 風潮, 우리 말을 所重히 생각하는 精神的 姿勢가 必要하다.

둘째, 政府에서 大統領 直屬, 아니면 國務總理 主管下에 恒久的인 國語硏究所(假稱)를 세워, 그 事業의 하나로 이 外來語(西歐系나 日本系)를 순우리말이나 漢字말로 바꾸는 作業을 하는 것이 바람직하나 억지 造語는 피해야 한다. (氣管支炎을 '숨관가지염'하는 따위) 同文化圈內의 文化的 紐帶를 생각해서 日本이나 中國의 漢字말을 參考로 함은 좋은 일이다. 다만 순 日本式 造語에 의한 漢字말은 避해야 할 것이다. (屆出, 土取場 따위)

셋째, 순 우리말로 充分한 것을 굳이 어려운 漢字말을 쓸 것은 없다. (咸氏, 阮丈, 齒牙, 豚兒, 荊妻 따위)

넷째, 漢字나 漢字말을 忌避하는 偏狹性을 止揚해야 한다. 二千年 以上의 使用의 歷史, 固有의 漢字音, 同化度로 보아 그 特殊性을 沒却할 것이 아니라, 오히려 漢字의 視覺性, 造語力, 縮約力等 長點을 利用하여 造語하는 것이 西歐系, 日語系 外來語의 氾濫을 막을 수 있는 唯一한 길임을 認識해야 한다.

한편 西歐系 外來語로 바뀌어 가고 있는 漢字말을 되찾아 써야 한다. 西歐系 外來語보다는 漢字말을 親近하게 생각해야 한다. (例를 들면 劣等感, 劣等意識(콤플렉스), 神經衰弱, 神經質患, 神經病(노이로제) 神經痛(류마티즘), 私刑(린치), 宣傳(피이아르) 等은 漢字말을 쓰는 것이 자연스럽다.

다섯째, 古語의 現代感覺에 따른 再生, 標準말에 없는 方言의 蒐集活用 等을 試圖해 봄직 하다.

여섯째, 外來語의 同化된대로 적어야 하며 原音으로 되돌리려는 努力은 止揚해야 한다. 또한 中國, 日本 등 同文化圈內의 人名, 地名 等을 中國, 日本이 제나라 式으로 發音하듯이. 우리도 우리 漢字音으로 부르는 것을 原則으로 해야 된다. 國內人끼리

意思疏通이 되면 足하기 때문이다.

이 國語醇化問題에 대해서는 文敎部에서 「國語醇化敎育方案」이라 하여 76年 3月에 各級學校에 示達된 바 있는 것으로 안다. 이에 依하면 國語醇化敎育의 必要性이라 하여

> '한 나라의 말은 그 民族의 國民精神과 直結되기 때문에 國民의 主體意識을 鼓舞하고 國力培養에 全力을 기울이는 現時點에 있어서 바르고 고운 國語의 醇化는 바람직한 國民像을 定立하고 國民總和를 이룩하여 國力伸張에 이바지하고 國籍있는 敎育의 바탕이 되기 때문이다.

라고 하였다. 그렇다. 이러한 次元에서 우리말 醇化의 對象을 찾아 그 現況을 分析하여 國語醇化 實踐에 힘써야 되겠다고 생각한다.

1. 外來語의 濫用

外來語의 濫用은 '主體性弱化, 意思交換의 障碍要素, 文化隔差에서 오는 階層間의 距離感助長'이라는 問題點을 안고 있는 것으로 풀이되고 있다.[3)]

外來語에서 問題되는 것의 하나는 西歐系 外來語(혹은 外國語)요, 다른 하나는 日語의 殘滓가 아닌가 한다. 外來語의 濫用은 앞 聲明書에서 指摘한 國語醇化의 沮害要因인 '과거 오랜 漢字借用의 歷史에서 어려운 漢字말을 써야 識者인 척 할 수 있다는 생각이 있었고, 解放後에는 英語를 아는 척해야 知識人인 체 할 수 있다는 <지각없는 層>이 있다.'는 一面이 있을 것이고 다른 하나는 西歐系 外來語나 日語의 殘滓임을 意識하지 못하는 層도 있을 듯하며 또한 適當한 代案이 없어 할 수 없다거나, 아니면 漢字말도 外來語라는 그릇된 생각에서 漢字말을 쓸 바에야 西歐.

3) 上揭書, 文敎部 國語醇化 敎育方案.

系 外來語도 無妨하다는 思考方式 等의 複合된 狀態에서 緣由된 것이 아닌가 한다.

西歐系 外來語의 氾濫이나 日語의 찌꺼기 등 橫行과 같은 現象의 緣由야 어떻든 看板, 商號, 商品 이름, 어린이 菓子 이름, 藥品 이름에 이르기까지 西歐系 外來語가 氾濫하고 있으며 日常對話에서조차 한두 마디의 外來語가 오르내리고 있는 現實, 木手나 理髮師, 裁斷師, 美容師, 印刷工等 技術分野에 從事하는 이들이나 飮食店 等에 浸透되어 있는 日語의 찌꺼기 등이 一次的으로 醇化의 對象이 되어야 할 것이 아닌가 한다.

1) 순우리말이나 漢字말이 있는데 굳이 西歐系 外來語나 日語를 쓸 까닭이 없다.

> 넌픽션-實話, 뉴우페이스-新人, 새얼굴 아이디어-생각, 構想, 着想 라이스박스-쌀통 맬러드라마-通俗劇 스타프-製作陣 캐스트-出演陣 심포지움-學術會議 리크레이션-娛樂 스폰서-後援者, 廣告主 레져版-趣味, 娛樂版 메리고우라운드-回轉木馬 쇼킹-衝擊的 쇼핑가이드-장보기 案內 델리키트하다-微妙하다 메이크업-化粧, 扮裝 이슈-論點, 爭點 데뷔-첫登場, 첫登壇, 첫出演 디즈닐랜드-어린이놀이터 데이터-資料, 情報 스테이지-舞臺 슈거-설탕 에그-달걀, 鷄卵 피이넛-호콩 사라-접시 시보리-물수건 사시미-생선膾 우에시다-위아래, 上下 기지-洋服감 마호오병-保溫甁 와리바시-消毒箸, 衛生箸, 젓가락 쓰봉-洋服바지 애리-깃, 옷깃 우와기-洋服저고리, 웃저고리 와리깡-추렴(出斂) 가도-모퉁이 오봉-쟁반 요우지-이쑤시개 자부동-방석 다마네기-양파 시장가고-시장 바구니 시다-助役助手, 補助員 야스리-줄, 줄판 닌징-당근, 홍당무 단도리-마련, 準備 방까이-挽回

그런데 여기에서 한 가지 생각할 문제가 있는 것이 아닌가 한다. 이미 굳어진 外來語, 例컨대 國際的으로 쓰이고 우리나라에서도 慣用되어 온 運動競技用語인 마스크, 아웃, 패스, 슛 等이나 그 나라 固有의 것, 例컨대 다다미, 다꾸앙, 하오리 같은 것을 일본 돗자리, 왜무짠지, 일본 옷(?) 등으로 고칠 것은 없다고 본다.

그러나 어엿한 우리나라 말이 있는데 日語를 쓰거나, 우리말 造語法에 따라 우리말로 바꾸어 쓸 수도 있는데 日語를 그대로 쓰거나 하는 일은 過去의 韓日關係를 생각해서도 삼가야 되겠고, 또 우리는 이러한 日語의 殘滓에서 벗어나려는 努力이 있어야 한다고 생각한다. 여기에서 우리말이라 함은 漢字말은 包含하는 것임은 勿論이다.

앞에서 보인 바 순 우리말이나 漢字말로 充分함에도 外來語(西歐系 또는 日語系)를 쓰고 있는 實態의 一部를 紹介하였거니와 共存하는 우리말과 西歐系 外來語의 使用比率을 調査한 篤志家가 있다. 引用하면 다음과 같다.4)

우 리 말	外 來 語	우리말 : 外來語	우 리 말	外 來 語	우리말 : 外來語
救急車	앰브런스	24:76	마지막	라스트	40:60
空冊	노우트	17:83	몸짓	제스처	38:62
競爭者	라이벌	30:70	寫眞帖	앨범	5:95
構成員	멤버	22:78	報道機關	매스콤	21:79
矜持	프라이드	31:69	性	섹스	27:73
機會	찬스	31:69	速度	스피이드	33:67
啓蒙運動	캠페인	31:69	線	라인	32:68
登山길	登山코오스	15:85	賞與金	보너스	9:91
머리맵시	헤어스타일	17:83	色彩	칼라	19:81
새소식	뉴우스	6:94	입마개	마스크	4:96
禮儀	에티켓	42:58	運動競技	스포오츠	11:89
暗示	힌트	12:88	裁縫틀	미싱	22:78
外販員	세일스맨	38:62	職業的	프로	27:73
月給장이	샐러리맨	38:62	着眼, 생각	아이디어	12:88

4) 韓國國語敎育硏究會 編, 國語醇化의 方案과 實踐資料, p. 194, 世運文化社, 1976. 6. 25.

아침코오피	모오닝코오피	18:82	衝擊	쇼크	35:65
娛樂	레크레이숀	40:60	型	타이프	10:90
열쇠	키이	47:53			

※ 서울市民(中流) 1,259名에 對한 調査

以上을 놓고 생각해 본다. '마스크'로 通用되는 것을 굳이 '입마개'라고까지는 할 것이 없을는지 모르나, '같은 값이면 다홍치마'란 말이 있다. '열쇠, 마지막'이 좀 좋은가. 그러나 이런 순 우리말이 없을 경우 위에서 보인 바 西歐系 外來語에 比해 漢字말을 더 親近하게 생각해서 되찾아 쓰는 것이 좋겠다. 이것이 바로 西歐系 外來語의 氾濫을 막는 길임을 똑바로 認識하자. 물론 矜持를 '자랑' 色彩를 '빛깔' 線을 '줄'로 쓸 수도 있다.

2) 氾濫하는 西歐系 外來語, 특히 生硬한 外國語와 日語의 殘滓는 되도록 순 우리말이거나 漢字말로 바꾸는 作業을 해 보는 것은 좋은 일이다.

이 경우, 새 말은 簡潔, 正確해야 하는 바 傳統的 造語法에 따른 우리말化(따개, 손톱깎개, 조이개, 가리개)는 바람직하나, 너무 길어지는 造語(머리받기-헤딩, 길게 이어주기-롱패스, 달리며 쏘기-런닝 슛)는 피해야 하며 漢字말을 忌避하는 偏狹性은 止揚되어야 한다.

나는 우리 固有의 造語法이 學者에 依해 硏究되고 一般 言衆에게 普及되어 오랜 漢字借用의 歷史, 日帝下 40년 동안의 이지러졌던 語文生活에서 잊을 수밖에 없었던 우리의 傳統的 造語法을 되찾아 外的 要素에 對處하는 새말을 만들어보는 努力을 해 봄직하다고 생각한다. 그러나

콤비네이션-協同 나이트게임, 나이터-夜間競技, 밤競技 스피이드 보올-速球, 빠른공 킥오프-先蹴 페널티킥-勝負킥 존디펜스-地域防禦 베스트멤버-主戰選手 메인이벤트-主競技 스파아링-練習競技 타이틀매치-選手權戰 모놀로그-獨白 시튜에이션-狀況 히로인-女主

人公 프롤로그-序幕, 序曲, 序詩 앙상블-調和 판타지-幻想曲, 幻想 풀베이스-滿壘 맨투맨디펜스-對人防禦 디스커션-討論 가이던스-指導 데당트-和解 키이포인트-要點 르포르타지-踏查報告 쇼비니즘-國粹主義 오리엔테이션-事前教育 모럴-道德心, 道義心 퍼센티지-比率 커리큐럼-教科課程 채플-禮拜 오오도리티-權威 커미티-委員會 제너레이션-世代

등에서 볼 수 있듯이 漢字의 視覺性, 造語力, 縮約力 等 그 長點을 이용하는 것이 西歐語를 막아내는 힘이며, 이 힘을 앞으로도 利用하는 것이 賢明한 것임을 알게 되었을 것이다.

2. 辱說, 隱語, 卑俗語의 流行

隱語란 特殊集團社會에서 쓰이는 것으로 學生隱語 같은 것에는 諷刺的, 戲語的, 知的인 것도 있어 모두들 탓할 것은 없으나 卑俗한 것은 역시 버리도록 勸奬하는 것이 좋겠고, 卑語 즉, 점잖지 못하고 천한 말이거나, 事物을 낮추어 부르는 말(주둥아리, 눈깔), 俗語 즉 低俗한 通俗的인 말(공갈-거짓말, 큰집-刑務所)을 안 쓰도록 노력하는 일은 辱說을 하지 않는 일과 함께 文化民族의 矜持로도 銘心할 일이다.

점잖은 말, 品位 있는 말을 쓰는 方向의 學校教育이나 社會運動이 展開되어야겠다.

辱說이나 隱語, 卑俗語의 流行은 國民教養面으로서나 標準말 大衆化面에서 보아 그에 逆行하는 일이므로 國語內的 醇化의 對象임은 물론이다.

3. 硬音化 影響

硬音化란 ㄱㄷㅂㅅㅈ 등 平音(예사소리)이 ㄲㄸㅃㅆㅉ 등 硬音(된소리)으로의 變化를 뜻한다.

歷史的으로 우리말에는 硬音化 現象 즉

곶>꽃. 가마괴>까마귀. 가치>까치. 덛덛ᄒᆞ다>떳떳하다. 불휘>뿌리. 석다>썩다. 섯다>씻다. 지다>찌다(肥, 쪽을)

等의 變化나 激音化 現象 즉 ㄱㄷㅂㅈ 등 平音이 ㅋㅌㅍㅊ 등 激音(거센소리)으로의 變化, 例를 들면

갈>칼. 고>코
닷>탓(까닭, 由). ᄇᆞᆯ>ᄑᆞᆯ>팔(臂)
자곡자곡>차곡차곡. 잔(讚)>찬

等의 現象을 人爲的으로 無理를 해서 막기는 어려운 일이다.

그러나 最近에 와서 두드러지게 그 중에서도 硬音化하는 傾向이 있음은 感情硬化라는 觀點에서 역시 國語醇化의 對象으로 생각되고 있기도 하다.

세다(强)>쎄다. 세련>쎄련. 시원하다>씨원하다. 소주(燒酒)>쏘주, 쐬주 개구리>깨구리. 곶감>꽂감. 닦다>딲다. 도랑>또랑. 양담배>양땀배. 볶다>뽂다. 김밥>김빱. 좁다>쫍다. 집다>찝다. 조끼>쪼끼.

以上과 같은 된소리 發音은 漸增傾向이 있어 앞으로 그렇게 굳어질 可能性이 있으나 되도록 學校教育으로 規制를 해서 止揚하는 것이 바람직한 方向이 아닐까 한다.

4. 尊稱語, 謙讓語의 衰退

尊稱語, 謙讓語, 바꿔 말해서 敬語法의 發達은 國語의 하나로 東洋倫理에 바탕을 둔 忠孝의 思想이나 長幼有序의 精神等에서 由來한 美風良俗의 하나로 傳統的 敬語法이나 옛날 兩班 말씨의 長點 즉, 그 '점잔'을 되찾았으면 한다.

特히 解放 後 恭待語를 쓰는 것은 非民主的이거나 封建殘滓 정도로 생각하는 風潮 즉 my나 you로 통하는 西歐的 思考方式(그렇다고 西歐社會에 禮節이 없다는 것은 아니다)의 普及으로 傳統的 恭待法이 무너져 가는 것이 아닌가 한다.

1) 原則的으로 傳統的 恭待法은 지켜지는 것이 좋다고 생각한다. 이 恭待法은 祖上으로부터 代代로 물려받은 言語遺産으로 특히 '남'을 살지 않고 '나'를 사는 生活姿勢面에서 그렇게 생각한다.

저(나). 진지(밥). 잡숫다(먹다). 주무시다(자다). 여쭈어 보다(물어보다). -께(-에게) -께서(-이) 老人(늙은이). 年歲, 春秋(나이). 尊啣, 啣字(이름). 齒牙(이)

'啣字, 春秋, 齒牙'에 대해서는 혹 異議를 提起할 수도 있는 것이고 앞으로는 자연 쓰게 되지 않을 듯하다.

口頭語로서는 거의 退化된 듯하나 文章語로서는 "-옵(-압)-삽, -잡"이 옳게 쓰여야 할 것으로 생각한다.

생각하옵는 바. 좋겠삽기로. 글월 받잡고

2) 그러나 지나치게 어려운 漢字말을 써서 相對方에게 敬意를 나타내고 자기를 낮추던 말투는 止揚해도 좋지 않을까 하며 되도록 순 우리말이 있는 것을 되찾아 쓰되 限界는 그어져야 한다고 생각한다.

아버님. 어르신네(春府丈, 大人) 어머님(慈堂, 大夫人) 큰아버님, 작은아버님(伯父, 叔父, 院丈) 조카, 조카님(咸氏) 아내, 안사람, 집사람(荊妻). 兄弟분(雁行) 아드님(子弟). 아들아이(豚兒, 家豚)

3) 친구끼리(同性 혹은 異性)나 同年輩, 혹은 손아랫사람에 대한 號稱이나 對話에 있어 品位가 높여지기를 바라는 것이고 '해

라'는 止揚되었으면 한다. 그리고 '씨, 女史, 兄, 君'을 가려 썼으면 좋겠고, 解放後 들어온 「미스터 · 미스 · 미세스」를 되도록 줄여 특히 異性끼리 (젊은이들)의 경우 「씨」를 살려 썼으면 좋겠다.

4) 시집식구나 妻家 식구의 號稱을 在來式으로 되돌려 보자.

아버님, 어머님(自己 아버지, 自己 어머니, 당신 아버지, 당신 어머니). 시아버님, 시어머님(第三者에게 媤父母를 말할 때). 도련님, 서방님, 시동생(三寸). 작은아씨, 시누이(姑母). 丈人, 丈人어른(아버님). 丈母, 丈母님(어머님). 妻三寸, 妻叔(작은아버님). 妻叔母(작은어머님)

※ ( )안은 俗稱임.

5) 지나치게 '님'이나 '-시-'를 濫用하는 것도 올바른 恭待法은 아니다. '總長室, 社長室'을 '總長님室, 社長님室'은 誤用의 例고, '先生님께서 釜山에 다녀 오신 뒤에'면 足한 것을 '先生님께서 釜山에 가셨다 돌아오신 뒤에'는 過剩恭待다.

6) 이밖에도 傳統的 敬語法, 例를 들면 話者보다는 地體가 높으나 聽者보다는 地體가 낮으니, 즉 '할아버지'에게 '아버지', '아버지'에게 '兄', 恩師에게 '先輩'의 얘기를 할 때에는 敬語를 쓰지 않는 것이 좋다. 最近 텔레비전 등에서 誤用하는 事例가 있어 귀에 거슬린다.

5. 方言의 無節制한 使用

方言의 無節制한 使用은 地域意識의 助長이라는 面에서 止揚되어야 하며 教育에서는 물론 公的生活에 있어 醇正한 標準말이 使用되어야 함은 勿論이다.

특히 教員, 俳優, 放送員 等 被教育者나 大衆에게 미치는 影響이 큰 이들의 採用에 이 點이 考慮되어야 한다고 생각한다.

6. 쉬운 말 代身 어려운 漢字말 使用

우리말의 太半이 漢字語요. 그리고도 脊椎와 같은 存在임은 儼然한 現實로 否認할 道理가 없다. 또한 漢字말은 다른 外來語와 달라 借用語 또는 歸化語로 부르고도 있지만 그 特殊性을 沒却할 것이 아니다.

그런데 한글專用을 前提로 漢字말을 순 우리말로 바꿔 쓰려는 努力은 解放直後부터 있어 온 터다. 하기야 순 우리말로 써서 좋을 자리에 굳이 漢字말을 써야 할 理由는 없다.5)

'가랑비, 이슬비, 보슬비, 실비' 등으로 써도 좋을 것을 '細雨'로 한다거나 '비바람 몰아치는 날씨'하면 될 것을 '風雨 몰아치는 日氣'한다거나, '야윈, 여윈'으로 足할 것을 '憔悴한'으로 쓴다거나, '꽃가지'를 '花枝'로, '세상일'을 '世事'로, '뽕잎'을 '桑葉'으로, '붓'이나 '펜'할 것을 '筆'로 써야할 까닭도 없다. '싼값'이면 될 것을 '低廉한 價格', '봄철'을 春季, '속옷'을 '內衣', '손금'을 '掌紋'이라 할 것도 없다. '盛炎之節'이니 '掃萬枉臨'이니 하는 漢文套를 버려도 좋을 때가 됐다. 「吾等」, 「玆에」와 같은 말을 쓰는 사람은 아무도 없다.

우리는 되도록 순 우리말을 愛用하는 習性을 가지는 것은 좋은 일이라 생각한다. 다만 너무 漢字말을 忌避하는 나머지 억지로 바꿔쓰기를 하고자 하여 무리를 해서는 안 된다고 생각한다.

가령 순 우리말에 「어버이」란 말이 있다. '어버이의 사랑', '어버이의 말씀'과 같이 쓸 수 있는 말이다. 그러나 '어버이 兄弟'란 말은 우습고, 이런 경우에는 '父母兄弟'할 수 밖에 없다. '봄 바람 부는 季節', '가을비 내리는 鋪道'는 자연스러우나 '春風秋雨 몇 星霜'할 것을 '봄바람 가을비 몇 해'라 할 수는 없다.

또한 '老人'을 '늙은이'로 고칠 수 있지만 '老人께서'란 말은 쓰

---

5) 拙著, 改訂版, 現代 國語國字의 諸問題, Ⅶ 우리말 開發問題, 3. 우리말 造語와 漢字語 問題.

여도 '늙은이께서'란 말은 쓰일 수 없으며 '內心'을 '속마음'으로 쓸 수는 있지만 '內心 놀랐을 거야'의 경우와 같이 副詞로 쓰일 때는 역시 '內心'일 수밖에 없다. 물론 '속으로 놀랐을 거야'와 같이 쓸 수도 있다. '心臟'을 '염통', '肺'를 '허파'(訓蒙字會나 新增類合에는 「부화」, 現代語로 「부아」라고도 함) '腎臟'을 '콩팥', '胃'를 '밥통' (訓蒙字會에는 양)으로 되돌리는 것은 옛날에는 心臟을 '념통' 腎臟을 '콩퐛'이라 하던 것이요, '허파에 바람 들었나'와 같은 俗談도 있고, '밥통이 늘어지다'와 같은 말도 쓰이고 있으므로 無關할 듯하다. 그러나 '心臟痲痺'를 '염통마비'라 하거나 '심장병'할 것을 '염통병'하기는 아무래도 어색하고 '폐렴'이라 할 것을 '허파염'하거나 '肺結核'을 '허파결핵', '腎臟炎'을 '콩팥염', '胃경련'을 '밥통경련', '胃病'을 '밥통病'하는 것을 言衆이 받아들일 것 같지는 않다. 더구나 '밥통'이란 말은 '밥 담는 통'도 '밥통', '천치 바보같은 사람'도 '밥통'이라 하므로 '胃'의 뜻으로 '밥통'이란 말이 普遍化하기는 어렵지 않을까 한다. (敎科書에는 아직 '밥통'으로 되어 있다. 그러므로 心臟, 肺, 腎臟, 胃하는 말은 여전히 남게 마련인데, 여기에서 人體의 部分名과 그 病名의 不一致라는 不調和를 낳는 結果를 가져 오는 것이다. '氣管支'를 '숨관가지'라 고친 것은 지나친 造語로 보이는데 '氣管支炎'을 '숨관가지염'하는 것은 더욱 奇異한 느낌을 준다. 뿐만 아니라 이러한 恣意的인 造語가 言衆에게 强要되는 것은 삼가야 될 것으로 안다.

하나 더 言及해 둘 게 있다. '할아버지, 할머니, 아버지, 어머니'이면 될 것을 왜 '祖父母, 父母'를 써야 되며 '아침 저녁'이면 될 것을 '朝夕'으로 해야 되느냐 하는 問題가 있다. 물론 閑暇롭게 얘기를 주고 받거나 人事말을 할 境遇等, 순 우리말이 더 自然스러울 것 같다. 그러나 新聞, 雜誌 等에서 文章化 할 境遇는 音節이 늘어나서 問題가 되므로 縮約된 形態의 漢字말이 더 쓰이게 되는 것이 아닌가 한다. 以上에서 漢字말을 우리말로 바꿔 쓰는 問題가 그리 簡單한 것이 아니요, 限界가 그어져야 할 것임에 대해 論及하였다. 더구나 漢字말을 억지 造語에 依해 순우리말 식으로 바꿔보려는 意圖에서 新語를 濫造하려는 것은 過去의 經驗에 비추어 止揚하는 것이 賢明하다고 생각한다.

二千年 程度를 上限線으로 하는 國民常用漢字制定은 解放後 30餘年의 긴 歲月동안 學校에서는 한글 專用方向의 敎育으로, 社會에서는 國漢字 混用의 語文生活로 學校와 社會가 乖離를 보인 非理를 是正할 수 있는 方案으로 안다. 모든 國民으로 하여금 日常生活을 하는데 不便이 없을 程度, 즉 新聞, 雜誌나 必要한 書籍을 읽을 수 있고 從事하는 業務處理에 支障이 없을 程度의 漢字의 上限線을 우리는 二千年 程度로 보고 앞으로 硏究나, 우리의 努力에 따라서는 漸減할 수도 있다고 본다. 이 漢字를 國民學校부터 段階的으로 가르치자는 것인데 이것은 學校敎育을 効率的으로 하기 위해서도 必要하지만 우리말 造語面에서도 切實한 것임을 새삼 깨닫게 한다.

어려운 漢字말이 줄어들게 되는 것은 自然의 趨勢이기도 하고 어려운 漢字말을 줄이는 努力이 必要하다고 생각되기도 하지만 오늘날의 語文生活에서 말이 늘어나게 마련이고 比率로 보면 순우리말이나 外來語에 比해서 漢字말이 더 늘어나는 것이 아닌가 한다.

즉 '公害, 冷凍, 安保, 量産, 輪禍, 造景' 등이 한글학회 큰사전에 없는 말들이므로 그 후에 생긴 말들인데 큰사전에 漢字말이 8萬임에 比해 國語大辭典(總 23萬單語라 함)에 13萬餘로 推算되므로 不過 2,30年 사이에 5萬 안팎의 漢字말이 늘어서 辭典에 실렸다는 사실이 이를 뒷받침한다고 생각한다.

漢字말이 늘어나고 漢字말을 많이 쓰는 일을 事大思想으로만 몰아치려는 일부 偏見이 있다. '같은 값이면 다홍치마'로 우리말로 充分한 것을 굳이 漢字말로 써야 한다는 생각, 즉 '오늘'을 '今日', '어제'를 '昨日', '그제, 그저께'를 '再昨日'로 쓰는 것 같은 것을 혹 그렇게 解釋하는 이가 있음직하다. 그러나

녀름지슬아비·녀름지ᅀᅳ리
→農夫, 農事꾼, 農軍
녀름지ᅀᅵ→農事

等의 例나 世宗 때의 釋譜 詳節에

'뫼히며 수프리며 ᄀᆞᄅᆞ미며 바ᄅᆞ리며'

로 한 것을 世祖 때의 月印釋譜 에서 '山林河海'로 한 것이라든지 中宗 때의 飜譯老乞大라는 책에 나오는

아븨동ᄉᆡᆼ누이, 어믜동ᄉᆡᆼ오라븨게난 형, 아븨동ᄉᆡᆼᄆᆞᆮ형, 아ᄇᆡ동ᄉᆡᆼ아ᅀᆞ, 어믜오라비, 어믜오라븨겨집, 아ᅀᆞ아자븨겨집, 어믜겨집동ᄉᆡᆼ, 아븨동ᄉᆡᆼ누의남진, 어믜겨집동ᄉᆡᆼ의 남진, ᄆᆞᆮ누의남진, 아ᅀᆞ누의남진, 아븨누의어미오라비게셔난 형뎨, 어믜겨집동ᄉᆡᆼ의게셔난 형뎨.

등 族戚의 呼稱이 오늘날 '姑母, 外從兄, 伯父, 叔父, 外叔, 外叔母, 叔母, 姨母, 姑母夫, 姨母夫, 姉兄, 妹夫, 內外從, 姨從으로 쓰이고 있는 것을 생각하면 오히려 祖上들이 漢字의 長點을 이용한 슬기를 배워도 좋지 않을까 한다. 最近의 新聞, 雜誌中에서 큰사전 以後에 새로 생긴 말을 얼마든지 찾아낼 수 있는데, 이들 말 中, '油價'를 '기름값', '陸橋'를 '구름다리', '狂奴'를 '미친놈', '落島'를 '외딴 섬' 등으로 해도 좋을듯 하나 따지고 보면 이런 말은 그렇게 많지를 못하고 大部分의 말은 漢字말 아니면 어쩔 道理가 없는 것들이 아닌가 한다.

漢字말의 그 視覺性이나 造語力, 그리고 '强制訓練'을 '强訓', '開發途上國'을 '開途國', '建築資料'를 '建材', '軍事援助'를 '軍援', '國內資本'을 '內資', '産業災害'를 '産災', '市中販賣'를 '市販', '亞細亞共同市場'을 '亞共市', '安全保障'을 '安保', '大量生産'을 '量産', '僞造紙幣'를 '僞幣', '外換市場'을 '換市', '證券市場'을 '證市', '航空母艦'을 '航母', '合成纖維'를 '合纖' 등으로 줄여도

그 뜻이 分明한 縮約性의 長點을 利用하는 것이 賢明한 일이라고 생각한다.6)

물론 순 우리말에도 '오누이'(오라비와 누이), '올케'(오라비 계집)와 같은 말이나 '아더메치'(아니꼽고 더럽고 메시꼽고 치사하다)라는 流行語가 있었으나 아무래도 漢字의 縮約性을 당해 낼 수는 없고 '유공', '도공'같은 略語도 쓰이고는 있지마는 漢字말 略語일수록 油公, 道公과 같은 漢字表記가 一目瞭然한 것임은 더 말할 나위 없는 일이다.

앞에서 言及한 큰사전 以後 國語大辭典에 이르는 2,30年 사이에 約 5萬의 漢字말의 增加는 그래도 아직은 漢字知識이 있는 이들이 老壯層을 이루고 있으므로 生産이 可能했으나 이제 漢字無識이 普遍化하여 '土取場, 酒場, 苦情, 割增, 屈出, 割印, 船着場, 波止場'같은 순 日本式 漢字말이 쓰이고 있는 現實은 寒心하지 않을 수 없다. 漢字無識에서 漢字말의 生産能力이 없이 앞으로 日産漢字語를 받아들이게 되고 許多하게 漢字말이 誤用(글자나 뜻)되는 現實을 생각하면 이제 우리도 제 精神을 차려야 할 때가 아닌가 한다.

7. 發音의 紊亂

긴소리(田·全씨와 錢씨, 申·辛씨와 愼씨, 丁·程·廷씨와 鄭씨, 曺씨와 趙씨, 公씨와 孔씨, 光州와 廣州, 伊川과 利川, 嶺東과 永同·永東, 靈泉<서울 西大門 밖)과 永川, 女先生과 呂先生, 貞淑과 正淑, 英姬·榮姬와 永姬, 西門女高와 瑞文女高<서울冠岳區>, 成人과 聖人, 苦戰과 古典, 他殺과 打殺, 高大와 古代, 無學과 舞鶴<서울 城東區>의 混用이나 된소리(罪過와 罪科, 大家와 代價, 媤家, 詩歌와 時價, 市街와 市價, 私敵·寺跡과 私的, 史籍·史蹟과 史的, 廉哥와 廉價, 鄭哥와 定價·正價, 高架道路·

6) 拙稿, 國語造語의 問題, 新東亞 76년 11월호.

倉꼬, 寫眞끼, 方뻡)의 잘못 등 國語發音의 混濁이나 紊亂現象은

① 日帝下 國語教育의 不在로 日本漢字音의 影響

② 解放後 北韓同胞의 越南이나 6·25事變後 避難民의 移動等으로 서울 發音의 混亂

③ 한글專用方向의 教育으로 漢字聲調에 대한 認識缺如, 發音教育不在 등에서 온 것이 아닌가 한다. 국어醇化의 對象으로 크게 浮刻되어야 할 문제다.

訓民正音 制定後로부터 壬辰倭亂까지는 諺解文獻에 순 우리말이나 漢字音에 傍點(글자 왼쪽에 한 點, 또는 두 點을 찍음)을 찍어 聲調의 區別을 하였던 것이다. 순 우리말에 있어서는 當時의 上聲點이 대체로 오늘날 긴소리요, 平·去聲이 짧은소리다. 漢字音에 있어서는 東國正韻(世宗 때 지은 朝鮮漢字音韻書, 當時의 우리 나라 漢字音이 紊亂해졌다고 생각해서 그것을 바로잡기 위해 意圖的으로 편찬)式 漢字音 聲調는 人爲的이어서 그 上·去聲은 當時의 現實聲調와는 逕庭이 있었으나 15世紀末 文獻에 이르러서는 東漢音聲調를 脫皮하여 現實化했는데 이 現實聲調의 上聲은 오늘날 대체로 긴소리요, 平·去聲은 짧은소리인 것이다.

순 우리말의 경우에 있어서나 漢字音의 경우에 있어서나 약간의 例外는 있다 하더라도 오늘날의 長短點이 緣由가 있는 것이라고 하겠는데 最近에 이르러 이 傳統性이 뿌리채 뒤흔들리고 있음은 심히 遺憾스러운 일이다.

學校教育에서 올바른 發音教育이 行해지고 放送等에서 잘못된 發音이 是正되어 우리가 아는 限 訓正制定後 오늘에 이르기까지 連綿히 이어지는 聲調가 維持되기를 希望한다.

外國語의 악센트에 대해서는 敏感하면서 내말 발음에 대해서는 무관심하거나 故意로 外面하려는 風潮는 있어서는 안 되겠다.

發音教育에 對한 問題는 別途로 論하겠으므로 여기에서는 줄이기로 한다.

8. 語法에 맞지 않는 말이나 틀리는 表記

國語醇化의 對象으로 語法의 잘못도 指摘되어야 할 것임은 勿論이다. 한 두 가지 例를 들어 보면 다음과 같다.

우리말에서 -우- 接尾辭는 歷史的으로도 그렇고 오늘날에 있어서도 使動詞를 만드는데 專用된 것이다. 따라서

밟히우다. 잘리우다. 갈리우다.
박히우다. 빨리우다. 불리우다.

等과 같이 被動詞로 쓰고 있는 것은 잘못이다.

다른 하나는 補助形容詞라는 이름으로 불리는 것을 잘못 쓰는 경우가 있다.

깨끗하지 않는, 좋지 않느냐.
조용하지 않는, 만족하지 않느냐.

등이 그것이다. 이것은 모두 '-은, -으냐'라야 옳다.

길거리에서 우리는 '어름, 맞춤'이나 '펲시콜라 · 케잌' 등 表記나 招請狀 등에서 '가지겠아오니 · 하겠아오니' 등 表記의 잘못도 許多히 볼 수 있는데 이러한 것도 醇化의 對象이 되는 것임은 勿論이다.

III. 國語敎育

國語는 國土 · 國民과 더불어 國家形成의 三大要素로 잡는다. 그렇게 생각하면 國語敎育은 國民敎育面에서 重要視되어야 하며 모든 學科의 道具科目으로서 바르게 말하고, 듣고, 쓰고 읽는 힘을 길러야 함은 勿論이다.

古來로, 東西를 莫論하고 人間敎育의 基礎敎養, 實際的 基本으

로서 읽기, 쓰기 셈의 세 가지 方向을 設定하고 있는 것인데 이들은 社會的 活動, 社會的適應의 基本能力이 되는 것이다. 그 읽기 쓰기의 힘이 國語教育의 領域인 것이다.

이 國語教育이란 것도 따지고 보면 家庭, 學校, 社會의 三面에서 展開되는 것이지마는 여기에서는 주로 學校에 있어서의 國語教育, 그것도 國語教育에 있어서의 問題點에 限해서 平素에 생각하던 바의 一端을 披瀝해 보고자 한다.

1. 한글 教育의 方法改善과 漢字教育의 强化方案

筆者는 語文硏究[7] 11號에 '教育의 質을 높이는 方案-語文教育的 側面에서'라는 卷頭言을 쓴 일이 있다. 紹介하면 다음과 같다.

巷間에는 國民學校 卒業生이 한글을, 中·高卒業生이 漢字를, 大學卒業生이 英語를 잘 모른다 해서 三代文盲이란 말이 있다 한다.

한글 맞춤법이 어렵다는 것은 衆評이어서 大學出身者들도 잘 모른다는 말이 있지마는 1974年 3,4月 晋州市 教育廳에서 실시한 中1入學生 試驗 결과 17,871名 中 2,139名, 즉 11.9%가 한글을 읽고 쓸 줄 모르더라는 報道는 衝擊的이었다.

한편 中·高校를 卒業하고도 新聞 하나 제대로 못 읽고 아버지 書齋에 꽂힌 國漢混用의 책 하나 제대로 못 읽는다는 것은 周知의 事實인데 日本의 小·中學生들이 漢字가나混用의 新聞이나 雜誌를 읽어제치는데, 그래서 그들의 讀書量은 世界 第一이라고 하고 이것이 그들 國民의 무서운 底力이라고 하는데 우리는 그렇지 못하다는 事實은 冷徹히 反省되어야 할 줄 안다.

現行 맞춤법이 1933년 日帝下 우리의 先輩들이 衆智를 짜내어 만든 것으로 解放後 이 맞춤법을 가지고 各級學校教育이 行

7) 韓國語文教育硏究會(會長 李熙昇) 會誌(一潮閣發行).

해지고 一般社會生活에서도 이 맞춤법이 準用되어 우리 國民이 統一된 語文生活을 할 수 있게 한 점에 큰 功이 있다 해도 좋다. 그러나 이 맞춤법이 表意化를 꾀한 나머지 視覺性을 살린 얼마간의 利點은 있으나 지나치게 어렵게 되어 大衆的이 못 됨을 指摘하지 않을 수 없다.

1) 한글敎育의 方法 改善方案

지나친 表意化-받침이 28개<ㄱㄴㄷㄹㅁㅂㅅㅇㅈㅊㅋㅌㅍㅎㄲㄳㄵㄶㄺㄻㄼㄽㄾㄿㅀㅁㅄㅆ>, 걸음걸이, 미닫이, 받히다, 받치다式 表記로 漢字의 흉내를 낸 것이나, 지나친 單語中心의 띄어쓰기로 英語의 흉내를 낸 점을 止揚하고 한글(表音文字요. 音節文字)의 本質이나 特性을 살리되, 現行 맞춤법에 의한 敎育이 多年間 行해진 事實을 勘案하고 表意化의 長點도 살리는 折衷的努力이 必要하다고 생각한다. 맞춤법을 쉽게 고치자는 것이다.

國民學校 國語敎科書를 編纂할 때 體系的(組織的)인 한글(文字) 指導의 一面이 考慮되어야 한다. 現行 敎科書가 日語나 英語敎科書의 흉내를 내서 單語를 가르치고 文章을 가르치는 方式을 취하고 있다.

日本의 가나는 50字未滿이요, 英語를 表記하는 로마字는 26字이며, 例컨대 a字의 發音이 10餘 가지로 되므로 文字敎育을 따로이 할 必要가 없을듯하다. 그럼에도 不拘하고 그들 책에는 가나表나 알파벳表가 붙어 있다.

그런데 한글은 初聲이 19,中聲이 21,받침이 代表的으로 發音되는 것만으로 7(받침글자로 쓰이는 것은 28)로 소리낼 수 있는 글자가 19×21×7=2,793字나 되므로 實際로 쓰이지 않는 글자가 있다 하더라도 2,500字 內外의 글자가 쓰이는 것으로 보인다.

따라서 우리 祖上 傳來의 反切表(音節字表)에 依한 것과 같은 集團的인 文字指導의 一面이 敎科書에서나 實際 指導面에서 考慮되어야 하겠다는 것이다.

中·高校를 卒業하고도 新聞하나 제대로 못 읽고 아버지 書齋에 꽂힌 國漢混用의 책 하나 못 읽도록 된 것은 漢字疎外의 教育이 行해진 結果라고 아니 할 수 없다.

① 國民學校 教科書는 完全히 순 한글 教科書요, 漢字指導는 전연 하지 않고 있다.

② 中·高校에서는 國語教科書에 限해서 (國民倫理 教科書에 약간의 漢字가 괄호 안에 들어 있다.) 괄호 안에 漢字가 들어 있을 뿐, 國史(註 새 책에 極少의 漢字가 괄호 안에 들어 있다.) 東洋史를 비롯하여 科學, 地學 教科書等 一切의 教科書가 아직도 순 한글 教科書여서 解讀이 힘들고 內容의 說明에 앞서 낱말의 說明을 먼저 해야 하는 등 그 非能率性은 이루 말할 수 없다.

2) 漢字教育의 强化方案

(1) 文教當局者가 漢字教育이 國語教育의 지름길이요, 모든 教育效率을 올리는 要諦임을 바로 認識하고 國漢混用의 語文混用의 語文政策을 堅持하고 果敢한 施策을 펼 것.

> 國民學校부터 國語教育의 一環으로 漢字教育을 할 것과 教育은 有機的 反復的으로 행할 때 그 效率을 높일 수 있음에 비추어 모든 教科書를 國漢混用으로 할 것을 窮極의 目標로 할 것이 要請된다. (다만 過渡措置가 當分間 必要하다고 본다.)

(2) 各級學校 教員, 特히 國語教育을 擔當한 教員들이 國語教育의 一環으로서의 漢字教育의 重要性을 認識하여 信念과 熱意를 가지고 教育에 임하되 科學的 組織的 漢字指導의 方法을 研究하여 實踐하여야 하며 그 努力은 持續的이어야 한다고 생각한다. 여기에서도 우리 祖上들의 슬기로웠던 一面이 再吟味되어야 함을 指摘해 둔다.

以上 한글教育의 方法 改善方案, 漢字教育 强化方案이야말로

우리 敎育의 質을 높이는 여러 가지 方案 가운데서도 核心的인 것으로 생각한다.

勿論 여러 難關이 뒤따를 것으로 생각이 되기는 하나 民族의 앞날을 위해서는 하루 빨리 斷行 되어야 할 喫緊의 일로 생각하는 것이다.

2. 한글과 漢字의 指導方法-傳統的 方式의 再評價

오늘날 우리의 敎育이 특히 日本이나 美國의 影響을 크게 받고 있는 것이 아닌가 하는데 國語敎育에 있어서도 例外는 아닌 듯이 생각된다. 앞에서 指摘했듯이 敎科書의 編纂에 있어 文字指導面에 祖上 傳來의 傳統的 方式이 考慮되었으면 하는 것이 筆者의 私見이지만 現行敎科書를 가지고도 指導方法을 硏究하면 次善策은 있을 것으로 期待한다.

그러면 우리의 祖上들은 한글 指導를 어떻게 했던가? 한글은 半切表에 依해 왔던 것이다.

半切表란 中宗 22年(1527年) 崔世珍의 訓蒙字會에 淵源이 있는 것이라 하겠는데 그 凡例를 보면 諺文字母라 하여

ㄱㄴㄷㄹㅁㅂㅅㆁ, ㅋㅌㅍㅈㅊㅿㅇㅎ, ㅏㅑㅓㅕㅗㅛㅜㅠㅡㅣ

의 차례로 한글字母를 들어놓고 初中聲合用作字例라 하여

가갸거겨고교구규그기ᄀᆞ

를 든 다음

「가」字에 ㄱ받침을 하면 「각」字가 된다 하고, 初中終 三聲合作用字例라 하여

간갇갈감갑갓강

을 들고 있다. 이것이 뒤에 오랫동안 民間에서 한글敎育用으로 쓰이던 反切表의 淵源이 된 것이라 하겠다. 그뒤 오랫동안

※ㄱㄴㄷㄹㅁㅂㅅㅣㆁ
가갸거겨고교구규그기(ᄀᆞ) 과궈
나냐너녀노뇨누뉴느니　　놔눠
다댜더뎌도됴두듀드디　　돠둬
라랴러려로료루류르리　　롸뤄
마먀머며모묘무뮤므리　　뫄뭐
바뱌버벼보뵤부뷰브비　　봐붜
사샤서셔소쇼수슈스시　　솨숴
아야어여오요우유으이　　와워
자쟈저져조죠주쥬즈지　　좌줘
차챠처쳐초쵸추츄츠치　　촤춰
카캬커켜코쿄쿠큐크키　　콰쿼
타탸터텨토툐투튜트티　　톼퉈
파퍄퍼펴포표푸퓨프피　　퐈풔
하햐허혀호효후휴흐히　　화훠

와 같은 基本反切表(音節表)를 가지고 한글을 指導해 온 것이다.

※표는 八終聲(받침 ㄱㄴㄷㄹㅁㅂㅅㅇ)으로 쓰이던 글자와 (ㅣ)는 ㅣ母音이 後行하여 이루어지는 <ㅐㅒㅔㅖㅚㅟㅢㅙㅞ> 發音의 指導를 위해 따로 들어간 것으로 생각되며 (ㅣ)가 (ㅇ)앞으로 간 것은 <기역·니은·디귿·리을·미음·비읍·시옷·이·행>과 같이 指導할 때에 읽기 좋게 音律的인 配慮를 한 것으로 해석된다.

('ᄀᆞ' 쓰지 않는 글자이므로 뺌, 'ᄂᆞ' 以下도 같음)

이 四百餘年 連綿히 이어온 傳統的인 한글指導方法이 根本的으로 事情이 다른 日本이나 西洋의 흉내로 헌신짝처럼 버려지고 李應百博士의 글(74. 5. 31日字 朝鮮日報 한글 敎育方法을 고치자)에 따르면 오늘날 간혹 이 基本音節表를 入門期 兒童들의 敎室에 써붙여 놓고 指導를 試圖할 경우 奬學陣이나 學校經營當路

者는 이를 꺼려 쉽사리 許容하지 않는다는 것이다.

사실 한글은 24字의 單音文字로 되어 있다. 하지만 실인 즉 漢字의 흉내를 내어 音節文字로서 實用하게 되어 있는 것이다. 그런데 앞에서 보인 音節表만 가지고 모든 한글字를 깨칠 수 있는 것도 아니다.

앞에서 指摘하였듯이 소리낼 수 있는 音節字만도 2,793字가 되는 것이다. 물론 이 中에는 실제로는 쓰이지 않는 글자도 있다. 그러나 그 反面에 받침은 7개 뿐이 아니라 現用되는 받침이 28개로 되어 있어서 實用音節字는 아무래도 2千字를 훨씬 上廻하는 것으로 보아야 할 것이다. 거기에다 現行맞춤법이 지나친 表意化로 받침이 많아지고 形態素를 밝히는 등 어렵게 되어 있다. '깎, 돐, 핥, 없'어나, '걸음걸이, 할아버지, 넋두리, 귀꽂이, 벼훑이'와 같은 表記가 그것이다. 이러한 한글을 英語나 日語의 흉내를 낸 교과서를 가지고 散發的으로 배우자니 文字解得이 非能率的이어서 中學 1年生으로서 한글을 모르는 학생이 11.9%라는 慨嘆할 現象이 빚어지지 않겠는가?

筆者는 다음과 같이 提言한다. 한글 指導에 있어 四百餘年의 歷史를 가진 反節表(音節表)에 依한 指導方法이 再評價되어 實驗되기를 바란다.

가령, 敎科書 編纂에 있어 '가'字가 나오는 課에서 '가갸거겨고교구규그기'를 集團的으로 가르치고 '나'字가 나오는 課에서 '나냐너녀노뇨누뉴느니'를 가르치며 이런 방식으로 '거'字가 나오는 課에서 '거너더러머버서어저처커터퍼허'를 가르칠 수 있도록 配慮하고, 한글 基本音節表를 國民學校 1學年 敎科書 卷頭(혹은 卷末)에 붙이고 敎室壁에도 써 붙여서 國語時間마다 한 차례씩 읽히는 方式을 취하도록 하는 것이 좋겠다. 좀더 敷衍하면 '개'字가 나올 때 '개내대래매배새애재채캐태패해'를 가르칠 수 있도록 하고 '강'字가 나올 때 '강낭당랑망방상앙장창캉탕팡항'을 가르칠 수 있도록 교과서에서나 授業時間에 配慮하였으면 하는 것이다.[8)]

漢字敎育도 그렇다. 옛날 우리 祖上들에 依해 어린 나이 때에 千字文이나 類合이나 訓蒙字會에 의해 漢字敎育이 行해진 先驗이 있다.

이것이 日帝에 의해, 解放後에는 한글專用이라는 大義名分에 짓눌려 잊어버리다시피한 것이다.

과연, 우리祖上들이 行해오던 幼兒期의 漢字敎育은 一顧의 餘地도 없는 그런 것일까?

訓蒙字會라는 책에는 漢字 3,360字를 上, 中, 下에 收錄해 있는데

上 卷

天文, 地理, 花品, 草卉, 樹木, 菓實, 禾穀, 蔬菜, 禽鳥, 獸畜, 鱗介, 蜫蟲, 身體, 天倫, 儒學, 書式

中 卷

人類, 宮宅, 官衙, 器皿, 服飾, 舟船, 車輿, 鞍具, 軍裝, 彩色, 布帛, 金寶, 音樂, 疾病, 喪葬

下 卷

雜語

로 갈라서 各字마다 音과 訓을 달아 놓는 方式을
취하고 있다.

新增類合이라는 책에는 3,000字해를 上下에 收錄해 놓았는데

上 卷

數目, 天文, 衆色, 草卉, 樹木, 果實, 禾穀, 菜蔬, 禽鳥, 獸畜, 鱗介, 蟲豸, 人倫, 都邑, 眷屬, 身體, 室屋, 鋪陳, 金帛, 資用, 器械, 食饌, 衣服

下 卷

心術, 動止, 事物

8) 拙著, 國語學硏究, 中學校 國語敎育의 綜合診斷, pp. 197-199.

로 갈라서 各字마다 音과 訓다을 달아 놓는 方式을 취해 있다.

이와 같은 部門別 漢字排列에 따라 그 漢字의 音과 訓을 가르치는 方式은 오늘날에 있어서도 충분히 再評價할만한 價値가 있는 것으로 생각한다.

이 方式이 漢文(中高)教科書가 國中高 漢字指導(課外 또는 國語時間)時에 活用되기를 希望하는 것이다.

3. 漢字教育의 必要性과 具體的方案

그러나 그렇다고 해서 訓蒙字會의 3,360字나 新增類合의 3,000字를 다 가르치자는 것은 아니고 앞에서[9] 말했듯이 2千字 程度를 上限線으로 하는 國民常用漢字도 좋고 아니면 教育用漢字도 좋다. 中高 漢文教育用 基礎漢字 1,800字를 바탕으로 150字-350字가량을 添削하고 아울러 姓名用, 地名用漢字를 150字-200字 選定하여 常用도 하고 教育도 함으로써 學校와 社會의 乖離를 보인 非理를 是正하자는 것이다.

잠깐 新聞社에서의 漢字使用實態는 어떠한가를 살펴보면 各社가 모두 記事作成에 있어 從前에 비해 漢字를 줄이는 方向으로 努力을 하고 있는 것은 事實이지만 漢字數는 모두 2,000字 以上이다.

朝鮮, 東亞, 韓國, 京鄕, 中央, 서울신문社의 6個社中 2個社에서는 韓國新聞協會 選定漢字(68년) 2,000字를 採擇하고 있는데 그 實態는 다음과 같다.[10]

	1級	2級	3級	計
A社	401	1,140	988	2,529
B社	402	1,140	1,140	2,682

9) 本稿, II. 國民精神과 國語醇化 6. 쉬운 말 代身 어려운 漢字말 使用.
10) 語文研究(韓國 語文教育 研究會, 一潮閣 刊) 10호, 卷頭言.

C社	407	1,890	2,297
D社	韓國新聞協會選定 2,000		
E社	但, 固有名詞, 古典引用例文, 調査資料原文引用의 경우는 制限漢字에 拘碍받지 아니하며 한글만의 表記로 難解한 것이나 混同을 가져 올 憂慮가 있는 것은 괄호 안에 漢字를 記入하여 理解를 돕는다.		
F社	1,600	400(豫備漢字…特殊記事 등에만	

以上을 놓고 생각해 본다. 이렇게 新聞社들이 2千字 以上을 쓰고 있는 現實을 생각하더라도 그 漢字의 漸減을 위해 國民常用漢字를 制定한다면 첫째 新聞에 쓰이는 漢字를 再檢討할 수 있고 漢字를 줄이는 努力을 眞摯하게 할 수 있다. 둘째, 教育用漢字와 國民常用漢字를 一致시킴으로써 過去와 같은 學校와 社會가 乖離를 보인 非理를 是正할 수 있다. 셋째, 姓名用, 地名用漢字문제를 愼重하게 檢討해 볼 契機가 될 수 있다고 생각한다.

실상 오늘날 新聞에 쓰이는 相當數의 漢字가 姓名, 地名 等에 쓰이는 僻字라는 事實을 輕視할 수 없다. 巨視的 眼目으로 漢字를 줄이려면 이 姓名, 地名에 대한 政策的考慮가 없어서는 안된다.

이 1,800字-2,000字의 漢字를 國民學校부터 段階的으로 教育을 하라는 것이 識者들의 衆論이 아닌가 한다.

解放後 30餘年間 한글專用方向의 語文教育이 빚어온 弊害를 是正할 수 있는 길은

① 國民學校부터 國語教育의 一環으로 漢字教育을 할 것과

② 각급학교의 모든 教科書를 國漢混用(다만 現實情에 비추어 段階的 措處가 필요함은 理解하나 그 期間은 짧을수록 좋다)으로 해서 교육의 效率化를 꾀함에 있음을 確言할 수 있다.

國民學校부터 漢字教育을 해야 될 理由와 그 利點과 留意點을 들어 보이고 그 具體的 方案을 提示해 본다.[11]

11) 韓國 語文教育 研究會 : 語文研究 9호, pp. 482-484.

1) 國語가 모든 學科의 중심인데, 漢字語가 우리 말의 太半이요, 脊椎와 같은 存在임에 비추어 漢字語의 母胎가 되는 漢字敎育이 바로 國語敎育의 지름길이므로

'사람은 말로 事物을 생각한다. 그러므로 理解하는 말이 많을수록 思考의 幅도 넓고 理解하는 말의 깊이가 깊을수록 思考의 精密度가 높은 것이다. 말을 正確히 풍부하게 쓰는 사람이 모든 方面에서 成功하고 있다.'

라는 글이 外誌에 실린 일이 있다. 國語敎育의 重要性이 여기에 있다.

그런데 國語의 太半이 漢字語요, 脊椎와 같은 存在이므로 漢字敎育이 바로 國語敎育이라 하여도 過言이 아니다.

2) 漢字의 놀라운 造語力

精選된 900-1,000字 程道의 漢字敎育으로 4萬-5萬 정도의 漢字말의 뜻을 쉽고 正確하게 理解하고 그 記憶을 오래 간직할 수 있다.

基礎漢字 1,800字中 中學校用 900字가 앞에 놓여 이루어진 말 總數 62,374요, 뒤에 놓여 이루어진 말 總數 9,855다. (東亞出版社刊 韓漢大辭典에 依함)

3) 同音 異義語 等이 많은 우리말의 特性

辭典에 실린 漢字語만도 10數萬이나 되는데 우리 漢字音은 490音(가각간갈감갑강……) 밖에 없는 바, 따라서 同音異義語나 한글一家 한글兄弟가 엄청나게 많다.

4,5個짜리 同音異義語는 수두룩하고 심지어 23個짜리도 있다.

(사기……士氣, 史記, 死期, 沙器, 邪氣, 社旗, 詐欺 등)
(고사……古事, 考査, 告祀, 固辭, 故事, 古寺 등)

뿐인가, 複合語(부정<正> 개표·부정<定>기선·부정<正·貞>·행위·부<否>정판단·부정제<整齊>화관……)나, 가령 基礎漢字에 「사」로 읽히는 漢字가 32字인데 「士仕史使射謝四師寺死絲事思舍巳私社司祠蛇捨邪賜斜詐沙査寫辭似斯祀」가 그것이다. 이들이 앞뒤에 놓여 이루어진 말은 「漢韓大辭典」에 의하면 모두 1,617개가 되는데 이들 한글 一家(「사」字 同姓, 사기·사실·사감·사고·사장·사정·사표·사제……)나 한글 兄弟('사'字 항렬, 의사·은사관판사·면사·독사·대사·치사·공사·상사……)까지를 計算에 넣으면 실로 이들을 漢字知識없이 그 뜻 把握이 어려운 것은 明明白白한 事實이다.

이와 같은 뜻 把握이나 한글 同字語의 發音(정가·시가·사적)이나 同音語의 맞춤법(국리와 궁리, 격멸과 경멸, 금융과 홍륭과 숭늉, 문리와 물리, 국문과 궁문, 학문과 항문)을 외는 것을 漢字공부의 몇 10倍의 努力이 必要하다.

순 우리말 同音異義語가 얼마 안되고 日常用語인데 比해 漢字語는 數字的으로 엄청나게 많고 또한 政治, 經濟, 法律, 歷史·哲學, 科學, 藝術, 技術 등 學術用語나 文化用語는 漢字知識 없이는 理解가 어려운 일이다.

4) 早期敎育의 效能과 우리의 現實에 비추어

우리 나라에서 過去에 幼兒에게 漢字敎育을 했고 國民學校에서 漢字敎育을 하여 效果를 거둔 先驗이 있고, 이웃 日人들은 當用漢字 1,850字(別途로 人名用 漢字 92字 있음)를 1,900字로 늘렸다는 것인데 1,850字 가운데 잘 쓰이지 않는 33字(朕·侯 등)를 빼고 83字(朴, 傘, 靴 등)를 追加하기로 되었다는 것이다.

現在(75년 봄) 2萬餘 幼稚園, 保育院 등에서 漢字敎育으로 實效를 거두고 있다는 것이며 小學校 1學年부터 모든 敎科書를 漢字가나混用으로 해서 가르치고 있는 것이다.

小學校에서 1,000字, 中學校에서 1,850字(1,900字)의 읽기를 要求하고 小學校에서 800字, 中學校에서 1,000字, 高校에서

1,850字(1,900字)의 쓰기를 要求한다는 것이니 最近 新聞報道에 따르면 高校卒業까지엔 1,900字를 完全히 읽고 쓸 수 있도록 要求하고, 一流大學 卒業生들은 卒業時까지 總 4,000字의 漢字를 익히게 하였다는 것이다.

참고로 덧붙이면 小學校 4學年 日語敎科書에서 日語를 로마字로 쓸 수 있고 로마字로 쓴 日語를 읽을 수 있도록 指導하게 되어 있다.

以上은 로마字로 된 看板이나 包裝紙에 쓰인 商標라도 읽게 하고 漢字가나混用敎育으로 新聞·雜誌도 읽게 하여 社會에 適應할 수 있도록 하고 自學自習이라도 할 수 있게 하자는 積極的 姿勢인 것으로 생각된다.

漢字가 어렵다는 것은 어른의 杞憂에 지나지 않는다. 우리 나라의 경우, 義務敎育만으로 學業을 필하는 이가 얼마나 많은가? 우리는 이들에게 900-1,000字정도의 早期 漢字敎育으로 推理力, 思考力을 길러 知能開發을 하고 環境(社會에서의 文字生活)에 適應할 수 있는 힘을 길러 주기 위해서도 국민학교부터 漢字敎育이 必要하다.

5) 漢字敎育은 읽기에 重點을

漢字의 視覺性, 造語力, 縮約力 등 長點을 利用한 漢字敎育을 국민학교 1학년부터 하되 그 읽기(音·訓)에 重點을 둔다.

漢字가 어렵다는 것은 그 쓰기에 있은 즉 이것은 强要해서는 안되며 劃數가 간단한 것을 쓸 수 있도록 勸奬하는데 그친다.

具體的 方案

국민학교

① 現行 국어교과서 原文을 살리되 漢字語를 漢字로 써서 그 읽기 指導에 重點을 두어 指導하고 아울러 낱자의 音과 訓을 가르친다.

漢字의 各級學校 各學年 配定案

<table>
<tr><th rowspan="2">학교 \ 학년</th><th rowspan="2"></th><th colspan="2">읽 기</th><th rowspan="2">쓰 기</th></tr>
<tr><th>第一案</th><th>第二案</th></tr>
<tr><td rowspan="6">國校</td><td>1</td><td>40-50字</td><td></td><td></td></tr>
<tr><td>2</td><td>80-100字</td><td></td><td></td></tr>
<tr><td>3</td><td>120-150字</td><td></td><td></td></tr>
<tr><td>4</td><td>200字</td><td rowspan="2">} 各 200字</td><td>100字</td></tr>
<tr><td>5·6</td><td>各 230-250字</td><td>各 150-200字</td></tr>
<tr><td>計</td><td>900-1,000字</td><td>600字</td><td>400-500字</td></tr>
<tr><td rowspan="2">中校</td><td>1·2·3</td><td>各 300-350字</td><td>各 300字</td><td>각 200-170字</td></tr>
<tr><td>計</td><td>900-1,000字</td><td>900字</td><td>600-500字</td></tr>
<tr><td rowspan="2">高校</td><td>1·2·3</td><td></td><td>各 100-200字</td><td>各 250-350字</td></tr>
<tr><td>計</td><td>1,800-2,000字</td><td>1,800-2,000字</td><td>1,800-2000字</td></tr>
</table>

② 漢字選定에 있어서 4學年까지엔 中學校用 基礎漢字 900字 中에서 選定하고 5,6學年에 限해서 高校用 基礎漢字中에서도 選定한다. (그러나 基礎漢字를 참고로 하되 새로 選定하는 것이 더 바람직하다.) 例: 汽, 曜 姓名用 漢字

③ 學年別 配定字數 第一案에 따른 읽기 指導案

1-1 25字

一大韓民國二學年先生三四山五門大動物運會七東南九十

1-2 25字

秋夕自車兄弟敎室對答中工場日月火水木金土歲拜當者江

2-1 47字

英吉校冊順時間未安農夫世上害前記窓 親舊異常香氣然昌溫度計醫師病公園問題語議弱基地圖放海浴昨熱心

2-2 53字

合唱植果樹市內房藥草靑軍白音樂途愛己 便紙午後煙人事收永停留西形電主兵丁定飮食實急話番號長本來情消防官精神分

3-1 75字

獨立萬空節口令家族堂高速道路京科書　天使住所傳說明光景容正銀第半仙女表討綠少願名利用方法讀角體育練習信貞寸　葉端油發力達交通料界全部宗變共産傷處將近孫子錢

3-2 75字

見男重要救王成功多幸雪若秀講開面代父　母登休下服色豊陽統領算活例北移旅行慶類太向訓歌臣理性別助手穀敵妙平野流勝　命恩惠免賞相決孝城貴黃亡百姓故鄕種尙文集童

4-1 100字

篇謝過勇絶注意感想各興特勿論爲不　新聞外硏究字以示反同于材始作止樂郡守宅快敢數如危壯報費筆財怨望凶短身或石　解次强遠失採街足庭觀察敗爭湖陵千勞花必約餘品章元他當無淸燈衣限線洋在雄　每指赤印漁船貨鮮魚量業滿卷

4-2 100字

視再課邑德期河純奉淑虎入選玉羊朝初　村都化展識偉漢參考致適完之曲質改良的歷史雨佛藝可能罪終落莫關古鐵目左右　俗貯席風現式丹楓廣客億得許若干位建設談原因直接効泰里言稅壽告和權尊義降　甲溪谷祖絲泉橋保存華崇福加

5-1 176字

*級知閉請*蓄*續哲*稱*讚價*額個*潤*澤朱*郵證劵擇進妹*苗應援早退*慰*票恨雜*誌夜*啓*蒙復備*臨*姿勢協院冷談呼盲治耕推志威*爆*彈憤怒禮砲忠患*監*督皇恒盡等卒結婚素調*査假舞臺*敏辭典*帳鳥*鑑*槪*刻*模*樣*司死刑極希由味序*偶*昭詳歎*息至*測伏*稿*刷亂暴*討伐認經*緯川誤*黨*派末*賊穀島武*窮製造招待*器技*錦政府*鬼遺射單*覺悟責*任*陣友悲鳴*衛破片雷*網判*斷*漸聲錄句務閑*暇虛婦姉*邊*輪案*染依*需嚴*格*販*賣厚施*寄宿舍*健*康*娛率增

5-2 145字

季*疲困*切*辱寧*寶匹馬*傑連善*謠*程*確眞*轉敬*較*規則聖*險*辯*儉僧*護*殘惡難打士*壤*探*帥讓壞修*揮寺到仁肉*座求眼*鏡*侍從擧遇榮沙*據着更密林*標輕飛*機*錯田*航*帶逆*境*克*板*供給兩巨*逃*灰*像*裕*點*係念*張*球*岸*激*繼*征甚於星宇宙往巖比*置戶靜*繁盛起源普遍*沓祝祭隊頭列*縱圓仰　*旗看*員*職*孤兒慈養歡迎我*區與仕鍾畵才授*慾*寫根斗洗乙己*條豆波殺*胞省

6-1 135字

*栗申思*嶺*陵*熱堅烏竹*軒勸叔*微笑*巡*警貧固執疑*惑寢潔春*髮*衰*勵*墓碑去益老*騎*底*折*怪*軟*粉紅*炭*資畜否*豫茂*牧就績扶支*州松雲*簡亦是*候*粧*域鼓*寂*懷抱*制*創*維*競勤*團*礎*宣*束*差回最*革衆受*裝聽綠*件*栽*培*導*提勉*踐*遂*缺布*床*肅充*蒼*趣細*博*覽*梅*背*秘*具*般*商店*割*擔*襲*鬪陰*謀*齊*委混*蘇*聯*妨*總承*憲*毒*擊*準*延*占*附*奮*猛烈*獄*奪*還央*廳

6-2 131字

*局*象*副*整*演*優*劇*殊*傍*層取*組*織*專*屬*複*響*漫*映*障*營*符*拍*配徒*痛*群*脅*迫非*脈*僞*贊*途*負*況*策*批*帝*梁*滅*珍出*突*包*圍*罰壬辰*潮智略*吏讀*羅步*畢*竟*糧憶*操首肺炎核持*努*慮*洪低壓*環*避針*被氷*築*燃*含骨*壁暖屋*構*侵*抗*秩*段*拒*拘*納際*洲*岳*麗*評*態*摘*鑛*藏*奇試*驗剛*朴*乳*掃*暫*班米*龍*楊柳*頌*兼賀*照*蛇*濟*庫走*爆*沒*銃*鉛*瞬*徵*吸*械*屈*悔

學期	配定 可能字數	學期	配定 可能字數	計	配定實數
1-1	25字	1-2	25字	50字	40-50字
2-1	47字	2-2	53字	100字	80-100字
3-1	75字	3-2	75字	150字	120-150字
4-1	100字	4-2	100字	200字	200字
5-1	176字	5-2	145字	321字	230-250字
6-1	135字	6-2	131字	266字	230-250字
				1087字	900-1000字

④ 第二案에 따른 읽기 指導案

國語時間을 利用하거나, 아니면 朝會前이나 下學後 時間을 利用하여 읽기 指導를 한다.

家街歌加可各間看感江强降開個改客去巨建見　結決京景敬競計界季古故苦固告高曲谷工功空共公果科過官關觀光廣敎交校橋口區九究求救國軍郡權貴極近根金今急己記期氣技基旗南男內女年念努農能多單短達答當堂大代對待德度道圖到島都讀獨同洞東冬動童豆頭斗得等登燈

落樂來量良兩旅力歷列令領例禮路老勞綠論料流六陸律里理利林立馬
萬滿末亡望買賣每妹面明命名母木目無武務門聞問文物未味美民密半
反班發方防放房拜白百番法別兵病保報步服福復本父部富婦否北分不
非悲比備貧氷士社史使射謝四事思師死舍山産算三上常賞相想商色生
西書石夕席先線選善船說設雪成城誠性姓星聖聲世稅歲細勢小少笑所
消素速俗孫松送水手數受授收守樹修首宿順術習勝示視時詩市始施植
食式識新申神身信臣實室失心十兒惡安愛野夜藥弱約羊洋陽養魚漁語
億言業餘如然硏煙熱榮永英五午玉溫完王往外要曜用容勇右雨友牛雲
運雄原願園遠元員院月位危偉由油有遺維育肉恩銀音陰飮邑衣義議意
二異耳移益人認因印引仁一日入子字自者姉作長將場章才材財在再爭
低貯敵的赤典前田全展戰電傳絶節接正政情精定庭停弟第題製助祖朝
造鳥調足族尊種終宗左罪主注住走週竹中重衆增證支地紙至知指志止
持直職進眞質集次車着察參唱窓創責處天千川鐵靑請淸體草初村總銃
最秋祝築蓄春出忠蟲取治則親七侵快他探太土通統退特波破八敗便平
閉砲布暴表品風必筆下夏河學限寒漢韓合港航海害解行幸向香鄕許現
賢血協兄形號好呼湖護化花貨火話和確活黃回會孝效後訓休黑興喜希

6) 指導方法

① 교과서에 나오는 漢字語의 指導는 漢字로 해야 그 理解가 빠르고, 正確하며 오래 갈 것임을 認識하여 낱말풀이를 할 때나 그 發音指導를 할 때에 漢字의 원뜻(訓)이나 聲調에 따라 하라.

<國語><나라국, 말씀어>…<나라의 말> 이 경우 <國歌, 國交, 國軍, 國旗, 强國, 建國, 救國, 大國…>의 뜻을 아울러 가르친다.

<聖人><성인성, 사람인>…<聖스러운 사람, 거룩한 孔子, 釋迦, 그리스도와 같은 분> 이 경우, '聖'字는 길게 發音되는 소리임을 알려 <聖歌, 聖堂, 聖母, 聖書, 聖職>의 發音과 뜻을 아울러 가르친다.

② 中學校에서는 「中學漢文」 指導와 連繫性 있는 教育을 하라.

③ 配定漢字를 部首別, 音別, 部門別로 갈라 掛圖를 만들라.

部首別 家宅安守宙室宿官……
雨雪雲電霜露雷霧……
音　別 工功攻恐空貢……
己起記忌紀……
部門別 一二三四五六七八九十百千萬億兆
前後左右 上中下 東西南北

④ 字典을 사게 하고 찾는 법을 지도하라.

⑤ 소년조선 「한자공부」 소년한국 「하루에 한 자씩 하자」에 의해 漢字 自習을 시키라.

⑥ 漢字指導方法을 硏究하라.

앞 面	뒷 面
天	하늘천
天地	하늘과 땅
天才	하늘이 낸 뛰어난 재주
天職	하늘이 준 직무
靑天	푸른 하늘
晴天	갠 하늘

위와 같은 漢字카아드를 만들어 아무 데서나 아무 때나 공부할 수 있도록 하여 每日 한 字도 좋고 두 字, 석 字도 좋다. 꾸준히 지도하면 큰 負擔없이 익히게 된다.

熱意・誠意를 가지면 方法은 저절로 생기게 마련이다.

4. 發音敎育

앞에서 發音의 紊亂에[12] 관해 言及한 바 있거니와 筆者는 國語의 發音問題에 대해서 순 우리말이나 漢字말에 관해 이미 몇 편의 論文을 쓴 바 있다.[13]

12) 本稿 II. 國民精神과 國語敎育 7. 發音의 紊亂.

오늘날 學校敎育에서 이 發音問題가 疎忽히 다루어지고 있는 것이 아닌가 하는데 그것은 매우 遺憾스러운 일이 아닐 수 없다.

學校敎育에 있어 마땅히 올바른 發音敎育의 努力이 있어야 되고 國語醇化라는 面에서도 이 問題는 크게 浮刻되어야 할 問題다.

과거의 研究를 整理해서 發音敎育의 참고 資料로 若干의 例를 提供하면 다음과 같다.

1) 순 우리말의 長短音에 대하여

(1) 體言中 單音節語나, 多音節語의 첫 音節이 中世語 文獻에 上聲點(:)이 찍혔던 것으로 오늘날 長音으로 發音되는 것에는 다음과 같은 것들이 있다. (-표는 語頭가 長母音임)

> 가(邊) 까̅치 거̅머리 거̅짓 게(蟹) 계̅집 곰(熊) 굴(揆) 굼̅벵이 길(躯大) 깁(絹)……

이들 體言(單音節)에 토가 붙어 添用(曲用)될 때에도 긴소리는 바뀌지 않는다. (傳統的으로 그렇다.)

(2) 中世語 文獻에서 用言語幹(1音節)에 上聲點이 찍힌 것으로 오늘날 그 語幹母音이 길게 發音되는 것에는 다음과 같은 것이 있다.

> 개다(晴) 꿰다(貫) 괴다(訂) 메다(擔. 塡) 새다(曙) 세다(强) 세다(白髮)……

13) 拙稿, 長短音攷, 국어국문학 12-13호, 1954, 11, 15, 國語學論文集, pp. 265-276, 再錄 一潮閣.

〃 韓國에서의 漢字音聲調 變遷研究-常用漢字를 中心으로 現代國語國字의 諸問題, pp. 191-322, 1970. 5. 30, 一潮閣.

〃 國語辭典의 分析研究-큰사전의 長短音表示를 中心으로 改訂 現代 國語國字의 諸問題, pp. 283-304, 1973. 3. 5, 一潮閣.

〃 基礎漢字의 긴소리, 된소리研究, 語文研究 3-10. 1974. 5-75. 12.

(3) 音節이 縮約되어 長母音으로 된 것에는 다음과 같은 것들이 있다.

감̄(ᄀᆞᄉᆞᆷ, 材料) 개̄(가히, 犬) 김̄(기슴, 耘) 들̄(드르, 野)……
베̄다(버히다, 伐)……

(4) 用言語幹의 終聲(받침소리)과 그 語幹母音의 長短의 相關關係는 다음과 같다.

① [k]終聲을 가지는 語幹母音은 原則的으로 短音이다.

ㄱ 「작̄다 적̄다」는 例外
ㄲ
ㄺ 「굵다」는 例外

② [t][p]終聲으로 發音되는 用言의 語幹(單音節) 母音은 變則用言을 除外하고 原則的으로 短音으로 發音한다.

ㄷ 規則用言 「얻다(得)」 例外. 中世語文獻에 上聲點.
ㅌ 〃
ㅅ 〃 「웃다(笑) 例外 中世語 文獻에 上聲點, 變則活用하던 것.
ㅆ 〃
ㅈ 〃
ㅊ 〃
ㅂ 〃
ㄼ 〃 「밟다(履) 例外. 中世語文獻에 上聲點, 變則活用하던 것인데 오늘날 規則活用하는 것으로 子音語尾 위에서만 그 語幹이 긴 소리로 發音된다.
ㄿ 〃
ㅄ 〃 「없다」 例外. 中世語文獻에 上聲點.

ㄷ・ㅅ・ㅂ 變則用言의 語幹母音은 子音語尾 위에서 대체로

長音인 傾向이 있는데 다음과 같다.

ㄷ 걷다(步) 겯다(編) 긷다(汲) 눋다(焦) 붇다(殖) 싣다(載)
※ '닫다(走) 듣다(聞)' 例外

ㅅ 긋다(劃) 낫다(勝, 癒) 붓다(注, 脹) 잇다(繼) 잣다(紡) 젓다(攪拌) 짓다(作)

ㅂ 겹다(不勝) 곱다(麗) 굽다(炙) 깁다(補) 눕다(臥) 덥다(署) 돕다(助) 쉽다(易) 줍다(拾)
※ 맵다(辛) 밉다(憎) 춥다(寒) 例外

이들도 거의 中世語 文獻에 上聲點이 찍혀 있는 것들이어서 傳統性을 維持하고 있는 것으로 볼 수 있다.

③ [m]終聲을 가진 用言의 語幹母音은 原則的으로 子音語尾 위에서 長音으로 發音된다.

ㅁ ㄻ

④ [l] 終聲을 가진 用言의 語幹母音은 子音語尾 위에서 長短 두 가지로 發音되는 것이 各各 相當數 있으나 長音으로 發音되는 쪽이 많다.

長音例 : 갈다(耕. 磨, 替) 걸다(掛, 肥沃), 골다(鼾), 괄다(過激) 굴다(行勢), 끌다(牽), 길다(長), 말다(休), 물다(賠償)……

短音例 : 깔다(敷), 날다(飛), 늘다(增), 달다(甘, 秤), 말다(捲, 물에) 물다(嚙)……

但, 'ㄾ, ㅀ' 받침을 가진 用言의 語幹母音은 모두 短音으로 발음된다.

그러나 「ㄼ」받침을 가진 用言의 語幹母音은 長短 두 가지로 발음되는 것이 있다.

長音例 : 떫다, 섧다, 엷다. '섧다, 엷다'는 中世語文獻에 上聲點으로 變則活用하던 것이다.
短音例 : 넓다, 얇다, 짧다.

⑤ [n] 終聲을 가진 用言의 語幹母音은 다음과 같이 발음된다.

ㄴ 신다(履), 안다(抱)……長音
ㄵ 앉다 얹다 ……短音
ㄶ 꿇다 끊다 ……短音
※ 「많다」는 例外

⑥ 以上에서 보면 無聲子音인 [k][t][p] 終聲을 가진 用言의 短音으로 발음되는 경향이 있는데 다만 變則用言(ㄷ·ㅅ·ㅂ)과 强調, 誇張을 필요로 하느 말(작다, 적다(少), 굵다, 없다 등)의 語幹母音은 長音으로 발음 되는 경향이 있는듯 하다.

有聲子音인 [m][n][l] 終聲을 가진 用言의 語幹母音은 子音語尾 위헤서 長音으로 발음되는 경향이 있는듯하나 다만 代表音이 [n][l]로 겹받침의 경우는 短音으로 발음되는 경향이 있는 듯하다.

ㄵ ㄶ ㄺ(맑게 얽고) ㄼ(넓다 얇다, 짧다) ㄾ ㄿ ㅀ

⑦ 用言의 語幹母音이 子音語尾 위에서는 長音이지마는 母音語尾 위에서나 被動, 使動詞의 接尾辭(子音이나 母音이나를 가리지 않음) 위에서 短音化하는 경향이 있다.

말다(休) 말고 말더니, 마는……長
말아서, 말아라, 말리다 ……短
옮다(移) 옮고 옮더니 옮는 ……長
옮아서, 옮아라, 옮기다 ……短

그러나 例外도 있다.

끌다(引), 벌다(生隙, 作錢) 웃다(笑)……

2) 漢字말의 긴소리, 된소리에 대하여 漢字音이나 그 聲調는 韓國化하는 過程에서 徐徐히 변화해 왔을 것임은 두말할 것도 없다.

聲調에 있어선 上·去聲사이에 變化가 가장 두드러진 것으로 去→上 72%, 上→去 26%의 變化를 보인 統計가 있고 上·平聲間의 聲調變化는 거의 없다.

대체로 15世紀末 現實聲調文獻 이후에 있어선 上→長, 去·平→短으로 나타나고, 入聲音(ㄱㄹㅂ) 漢字는 모두 短音이다.

中國韻書에 根據를 둔 聲調가 아닌, 韓國化한 聲調(15C末 諺解文獻 등이 보여주는)와 現代語長短을 比較한 結果[14]

平→短 家歌干看 등 657字
平→長 攻拳練苗 등 38字
去→短 鼓己起旣 등 142字
去→長 個慨孔硯 등 75字
上→短 犬絹頃顧 등 160字
上→長 可假感敢 등 504字

라는 통계가 있는 바 이를 聲調變化의 傾向이나 原因을 생각해 보면 앞에서 指摘하였듯이 日帝下 國語教育의 不在로 日本漢字音의 影響, 해방 6·25事變으로 因해 월남同胞나 피난민의 移動 등으로 서울發音의 混亂, 한글專用方向의 教育으로 漢字聲調에 對한 認識缺如, 發音教育 不在 등을 들 수 있겠는데 이 밖에도 類推作用에서 온 것으로 보이는 것도 있다.

要컨대 그 原因이야 어디에 있건 多數 言衆(서울 教養있는 壯

---

14) 拙稿 基礎漢字의 긴소리, 된소리 硏究 語文硏究 10호, 75. 12.

年層)의 現實發音을 尊重하는 방향으로 표준 발음이 確立되어야 할 것으로 아는 바 國語辭典에 따라 긴소리, 된소리 表示가 다른 것이 있고 辭典에 통일되어 있는 것도 問題點이 적지 않다.

얼마간의 例를 들어 보이면 다음과 같다.

큰사전(한글학회), 국어대사전(李熙昇編)에 長母音 表示가 있는 것을 短母音 처리로 해야 된다고 생각하는 것.

例 : 卷頭, 技術, 管理, 貫通, 慣例, 巧妙, 苟且, 露骨, 映畵, 資金, 帳幕, 淨化, 仲介, 病勢……

短母音으로 처리한 것을 長母音으로 처리해야 된다고 생각하는 것

例 : 佳人, 姦夫, 歸國, 濃厚, 援助, 姿態……

같은 글자가 長短 두 가지로 發音되는 漢字에는 다음과 같은 것이 있다.

例 :

間 간 -隔 -隙 -數
간: -接 -或 -食 -諜
簡 간 -單 -略 -便 -潔
간: -紙 -牒 -易
强 강 -力 -風 -權 -大
강: -制 -盜 -奪 -姦
景 경 -致 -氣 -況
경: -福 -慕 -品 -武臺
口 구 -錢 -子湯 -文
구: -頭 -熱 -舌

같은 漢字音이라도 長短 두 가지로 발음되는 것이 있다.

例 :	短	長
건	乾件巾	建健
도	刀島徒都圖挑跳逃 渡陶稻盜挑	到度道倒途導
련	連憐聯蓮	練鍊戀

3) 순 우리말이나 漢字말이나를 不問하고 語頭에서 長音으로 발음되는 것이 둘째音節以下에서는 短音化하는 경향이 있다.

例 : (1)

줌	목숨	감(柿)	곶감
새	참새	눈(雪)	함박눈
덥다	무덥다	없다	실없다
밟다	짓밟다	놀다	뛰놀다
밀다	내밀다	몰다	휘몰다

(2)

語學	國語	命令	生命
性質	男性	品質	上品

4) 同音異義語의 경우, 긴소리나 된소리 발음을 明確히 구별하지 못하면, 뜻의 混同을 가져올 염려가 있으므로 發音指導를 옳게 하여야 한다. 若干 例를 들어 보이면 다음과 같다.

例 (1)

눈싸움	눈싸움(雪戰)
별세계(別世界)	별세계(星 -)
새집(新家)	새집(鳥-)
걷다(收, 捲)	걷다(步)
곱다(曲)	곱다(麗)
굽다(曲)	굽다(炙)
깊다(深)	깁다(補)
낮다(低)	낫다(勝, 癒)
달다(甘, 懸)	달다(焦面)
덮다(覆)	덥다(暑)
말다(卷)	말다(休)

묻다(埋, 染)　　묻다(問)
물다(嚙)　　물다(賠償)
버리다(捨)　　벌이다(陳列)
붙다(付)　　붇다(殖)　　붓다(注, 脹)
앉다(坐)　　안다(抱)
업다(負), 엎다(覆)　　없다(無)
있다(有)　　잇다(繼)
적다(記錄)　　적다(少)
젖다(濡)　　젓다(攪拌)

(2) 無用　　舞踊
時調　　始祖
身長　　腎臟
鑑賞文　　感想文
素數　　小數
化粧　　火葬
絞首　　敎授

고가　高架　古家　高價(고까)
사법　司法　四法　私法(사뻡)
사과　沙果　謝過　四課(학과공부)　四課(사꽈, 事務單位)
단가　團歌　短歌　單價(단까)

5. 作文敎育

國語敎育이란 理解力과 發表力을 기르는데 그 목적이 있다 하겠으며 理解力이란 남의 글을 읽고, 또는 남의 말을 듣고 理解하는 힘이요, 發表力이란 내 思想 感情을 글로 또는 말로 發表하는 힘을 말한다.

作文敎育이란 바로 이 自己의 思想이나 感情을 글로서 表現하는 힘을 기르는 것인데 作文의 三大要訣이란 宋나라 歐陽脩의 看多, 做多, 商量多의 三多 즉 남의 글을 많이 읽어(보아)야 하고, 많이 지어야 하고 많이 생각해야 한다는 것이다.

1) 中學校에서 作文敎科書를 가지고 理論과 例文을 읽다보면

時間이 다 지나서 작문 자체는 宿題로 課하는 식은 좋지 않다.

2) 初, 中, 高의 作文時間에는 쓰기 前에 간단한 주의를 줄 뿐 짓게 하는 것이 바람직하다. 自身이 자꾸 짓는 經驗을 쌓는 일이 중요하다.

3) 作文時間 뿐만이 아니라, 국어時間에 詩나 時調를 배우고 나서 鑑賞文을 쓰게 한다든지 各種 散文을 읽고 大意를 쓰게 하고 教養書籍 등을 읽은 뒤 讀後感을 쓰게 하며 매일 日記를 쓰게 하는 등 모두가 作文教育의 領域이라 하겠다.

4) 그런데 이러한 作文教育이 잘 行해지지 않는 原因은 여러 가지가 있을 것이다.

① 教師의 批正에 時間과 精力을 많이 必要로 한다. 많은 學生, 많은 擔當時間 많은 雜務가 문제다.

② 各級學校 入試(高入試, 大入豫試)에 作文試驗이 없다. (大入試에 몇 大學에서 作文試驗을 課하는 일은 좋은 일이다.)

③ 해방후에 들어온 客觀的 考査法이란 게 있어 採點의 便宜만을 생각하게 하고 安逸을 助長하고 있는 것이나 아닌지 모르겠다. 自省해 볼 일이다. 생각해서 쓰는 機會가 적다.

要컨대 各級學校教育에서 크게 反省해야 될 일은 학교교육을 마치고도 履歷書하나 제대로 못쓰고 公文하나 제대로 起案하지 못하여 報告文하나 제대로 作成할 줄 모른다는 世評을 어떻게 할 것인가 하는 點이다.

一例로 中入試가 없어졌기 때문에 국민학교에서(漢字指導도) 作文指導도 할 수 있다는 逆說도 成立할 수 있다. 중학교의 경우도 그렇다. 五大都市의 경우 高校 平準化로 치열한 入試競爭이 없느니만큼 오히려 教育의 正道를 걸을 수 있지 않겠느냐 하는 것이다. 문제는 校長이나 教師가 국어교육에 대해 얼마만한 理解와 所信과 熱意가 있느냐에 따라서 국어교육의 成果도 左右될 것이다.

6. 그 밖의 문제

국어교육이 國民教育에서 차지하는 比重이 큰 것은 두말할 것도 없다.

1) 國語時間을 늘려야 될 것같다. 국어의 太半이 漢字語요, 그리고도 脊椎와 같은 存在이므로 漢字語의 母胎가 되는 漢字教育이 바로 國語教育의 지름길임을 말한 바 있다. 그런데 教育이란 有機的으로 反復的으로 行할 때 더욱 그 效率을 높일 수 있음에 비추어 다른 모든 教科書를 國漢混用(우선 高校, 또는 國漢併用(國·中校)으로 하는 것이 바람직한데 現在는 그렇지를 못하다. 中·高國語교과서를 除外한 모든 교과서가 순한글 教科書(國史책에 약간의 漢字가 들어감)요, 國民學校에서는 완전 한글 專用教育을 받은 아이들을 가지고 中高國語時間에만 漢字教育을 하게 되어 있을 뿐이므로 이런 現況에서 國語時間을 늘려야 되겠다는 것이다.

2) 국어教員·국민학교教員 강습에는 漢字學習이 있어야 한다.

지금 국민학교 教師나 中·高 국어教師 中 한글專用教育을 받았기 때문에 漢字에 對한 知識이 적은 것으로 보아야 한다. 그러므로 이들에 대해 漢字講習이 必要하다는 것이다. 筆順도 모르고 漢字를 그리고 있는 現實을 外面할 것이 아니다.

3) 實驗學校를 두어 研究하자.

解放 直後 無謀하게 한글 專用教育으로 줄달음쳤을 것이 아니라, 이러한 實驗을 거치는 愼重性을 보였으면 좋았을 것이다. 무슨 말인고 하면 국민학교 1학년부터 順次的으로 全科目에서 漢字를 露出시켜 가르친 경우를 比較해 볼 수 있는 實驗學校를 두어 실험해 보았어야 했을 것이다. 그러나 多幸히 京鄕의 몇몇 국민학교에서 이미 漢字教育을 실험하여 效果를 올린 事例를 우리는 알고 있다. 해방후 30餘年의 한글 專用方向의 교육의 結果는 이미 判明된 것이 아닌가, 이제는 漢字教育을 實踐해 보자는 것이다.

4) 客觀式 考試方法을 止揚하자.

이것은 唯獨 국어교육에서만의 문제는 아니고 全 教科에 걸쳐 함께 論議되어야 할 문제라고 본다. 해방후 登場한 客觀式 考試方法은 숱한 副作用을 낳은 것으로 보는데, 최근 大學入試 등에선 이 考試方法에 대한 懷疑가 일어나서 어느 程度 이 考査方法에서 脫皮한 듯이 보여 多幸으로 생각한다.

그러나 初·中·高 教育이나 各種試驗에서 이 客觀式 考試法에 依存해 있는 實情이다. 이런 教育이나 入試문제로 作文教育은 疏外되고 眞僞法이나 選擇法 등으로 擇一하는 方式이어서 思考力이나 表現力 내지 鑑賞文을 기를 수 없는 缺陷이 있다.

5) 讀書의 폭을 넓히고 新聞解讀 能力을 기르자.

國定이나 認定 교과서에만 依存하는 국어교육은 止揚하여야 할 것이다. 讀書의 폭을 넓히는 의미에서 名作이나 副讀本을 읽히고, 한편 學校教育을 마치고도 제나라 新聞하나 읽을 수 없다는 名譽롭지 못한 評을 謀免하는 뜻에서도 新聞 解讀能力을 길러 주었으면 한다.

이 밖에도 학교문법의 細部體系 統一문제, 專攻 奬學官이나 分野別 奬學委員(講讀, 文法, 古典, 作文, 漢字 및 漢文)을 두어 各級 學校의 국어교육을 指導하는 문제, 各種 教科書의 教師用 문제 中·高 國語教科書의 國定制를 檢認定制로 하는 문제 등 국어교육을 위해 여러 가지 改善을 하고 힘써야 될 문제가 하나 둘이 아니다. 關係者들의 熟考를 要할 問題들이 아닌가 생각한다.

〈『慶北教育의 未來』, 경상북도교육위원회편, 1977.〉

國語教育의 綜合診斷
-특히 初中等國語敎育의 正常化를 위해-

I

우리 語文敎育에도 서서히 曙光이 비치기 시작했다. 70년 國·中·高 각종 교과서가 깡그리 한글로 改版되고 中學校에서의 漢字敎育이 禁壓된 비극은 여론의 압력으로 얼마간 是正이 되었다. 漢文敎育用 基礎漢字 1,800字가 制定되고 中學校에서의 漢文敎育이 復活되었으며 국어교과서에 괄호 안에나마 한자가 되살아났다.

작년 '84년 봄, 作文敎育强化를 들고 나온 敎委가 있더니 3월, 6월, 8월에 각각 국민학교부터의 漢字敎育실시, 中高에서의 漢字敎育强化에 힘쓰겠다는 敎委가 있는가 하면 大學에서 論述考査를 課하게 된 것은 잘한 조처다.

지금까지의 現況은 어떠했던가.

(1) 의무교육인 國民學校를 卒業하고도 한글을 읽고 쓸 줄 모르는 이가 있다. 事例:晋州市 교육청 學力調査 結果 中1학생 17,871명 중 11. 9%(74. 5. 24 朝鮮日報)

(2) 中·高를 卒業하고도 漢字를 제대로 몰라 新聞을 잘 읽지를 못하고 太半이 제 本籍, 現住所, 父母姓名, 出身學校 이름도

漢字로 쓰지를 못한다.

(3) 學校敎育을 마치고도 履歷書 하나 제대로 못 쓰고 公文 하나 作成할 줄 모르며 제 생각을 글로 옮기지 못하는 이가 허다한 實情이다.

(4) 표준어敎育이 제대로 안 되고 發音은 엉망이다.

이런 現況에서 우리는 우선, 國語가 國土·民族과 더불어 國家形成의 三大要素의 하나로 모든 敎育의 核임을 認識해서 國語尊重의 精神을 가져야 한다.

國語科는 모든 科目에서 習得해야 할 知識吸收의 基本科目으로서도 그렇고, 讀書의 폭을 넓히는 데 있어서 解讀力을 기르는 面으로는 가장 力點이 주어져야 할 科目으로 重視되어야 하고 그 敎育이 正常化 되어야 한다.

그럼에도 國語國字에 대한 理解不足으로

① 國·中校의 國語時間이 적고
② 漢字疎外의 교과서로 한글전용방향의 國語敎育을 했으며
③ 현행 맞춤법이 어렵고 標準발음의 定立이 안돼 있다

그런데다가

① 入試制度(高入聯合考査·大入學力考査)에 의해 국어시험 出題가 客觀式위주다.
② 敎師의 수업시간이나 業務量이 過多하고 作文敎育 자체에 投入되는 敎師의 精力과 時間의 過重으로 正常的 作文敎育이 안 되고 있다.

등이 國語敎育 正常化를 저해해 온 要因이 아닌가 한다.

우리는 주어진 與件下에서 國語敎育을 正常化하는데 誠意를 다해 讀書의 힘을 기르고 표준발음의 國語生活과 글쓰는 힘도 길러야겠다.

Ⅱ

國民學校에서 3학년까지는 바른 생활(1·2학년)·국어(3학년) 책을 활용해서

- ◦基本字(24)應用字音(16)의 結合音節字
- ◦받침(홑받침, 쌍받침, 겹받침)用例
- ◦體言과 토 區別, 用言語幹과 語尾의 區別
- ◦口蓋音化表記例

등을 體系的, 合理的, 計劃的으로 지도하여 한글을 완전히 깨치게 한다. 4~6학년에서는 어려운 表記의 훈련으로 졸업까지에는 전학생이 한글을 옳게 읽고 쓸 수 있게한다.

具體案:「語文硏究」 34호(李應百·許元基)

Ⅲ

國民學校에서 각 학년별로 漢字指導 目標를 세운다.

<具體案 1> 敎科書에 나오는 漢字말과 관련해서

1학년	40~50字를 읽게 한다.
2학년	80~100字를 읽게 한다.
3학년	120~150字를 읽게 한다.
4학년	200字정도의 읽기와 100字정도 쓸 수 있게 한다.
5학년	230字정도의 읽기와 150字정도 쓸 수 있게 한다.
6학년	260字정도의 읽기와 200字정도 쓸 수 있게 한다.

以上 920~980字정도의 읽기와 450字 정도의 쓰기 指導(語文硏究34호)

國民學校 漢字敎育資料[Ⅰ]

朝會前이나 下學後時間을 이용하여 할 敎育資料(4,5,6학년)-30週分(漢字의 音・訓, 발음표시, 漢字語例)

國民學校 漢字敎育資料[Ⅱ]

國語時間을 이용하거나, 아니면 朝會前이나 下學後 時間을 이용하여 읽기 指導를 하는 資料600字(漢字의 音・訓, 발음표시, 漢字語例)

<實例>◦敎 가르칠 교 ◦敎育 ◦敎室 ◦敎壇 ◦敎卓 ◦敎科書 ◦敎會 ◦敎師 宗敎

*强 강할 강 强弱 强大 强力 增强 富强 列强

억지로 강 ◦强制 ◦强盜

◦표는 語頭에서 긴 소리 발음임

*표는 語頭에서 長短 두 가지로

國民學校 漢字敎育資料[Ⅲ]

國語敎科書(舊)에 나오는 漢字語 指導資料

國民學校 漢字敎育資料[Ⅳ]

4학년 이상 학생 1年365日 하루에 1字씩 家庭에서 하는 漢字공부

<實例>水 물 수(물을 나타내는 글자)

쓰임

水曜日(수요일)화요일의 다음 날.

水道(수도)물이 흐르는 길. 음료수를 공급하기 위한 설비.

이런 식으로 "水分 水門 水災 冷水 香水"를 더 들어 뜻풀이 해 있음.

(以上 Ⅰ Ⅱ Ⅲ Ⅳ資料 語文研究 34호 南廣祐)

<具體案Ⅱ>(京畿國校의 경우)

日常 가장 많이 쓰는 漢字말을 주로 만들어 3학년에 200字, 4학년에 250字, 5학년 300字, 6학년에 350字, 計 1,200字의 常用漢字를 글 속에 넣어 敎本을 만들어 가르친다.

특별히 漢字時間을 두지 않고 每週日의 進度를 提示, 스스로 공부하고 日記글·기타 文章에 활용하여 익히고 進度考査를 치르고 다음 課에 넘어가는 方式을 쓴다. 6학년쯤 되면 新聞을 읽을 수 있으며, 그 밖의 情報매체도 읽을 수 있어 知識과 生活의 폭이 넓어져 있음을 볼 수 있다. (語文硏究45호)

<具體案Ⅲ>(仁憲國民學校의 경우)

80學年度부터 2학년 以上하루 한 單語 위주로 授業日에 맞춰 각 학년마다 220單語로 하였다. (總 1,100單語)

漢字는 文敎部選定 1,800字 中에서 각 학년 水準을 고려하여 國語科를 토대로 日常用語 중심으로 構成하였다.

單語式敎材로 만든 까닭은 漢文知識이 없는 敎師도 能히 指導할 수 있게 함이다.

〈實例〉 永久 길영·오랠구, 길고 오램

以上 資料나 事例로 參考로 해서 指導한다.

Ⅳ

中高校에서는 各各 漢文敎科書가 있어 漢文敎育用 基礎漢字를 다루게는 되어 있으나 敎育效果를 높이기 위해 그와는 별도로 國語敎科書를 다룰 때 計劃을 세워 그 音·訓과 漢字語의 발음, 그 뜻을 가르치고 그 쓰기 指導를 할 것이며 語彙敎育에 힘써야 한다.

具體案　全南敎育委員會 常用漢字敎本 中學校用(1984. 12)

各學年 300字 計900字

1학년 敎科書안 238字+敎科書 外　62字

2학년　〃　263字+　〃　37字

3학년 〃 274字+ 〃 26字
計 〃 775字+ 〃 125字

<實例>

<table>
<tr><td rowspan="3">將</td><td rowspan="2">부수</td><td rowspan="2">획수</td><td rowspan="2">훈</td><td rowspan="2">음</td><td colspan="2">출전</td><td rowspan="2">Page</td></tr>
<tr><td>학년</td><td>단원</td></tr>
<tr><td>寸
(마디촌)</td><td>8</td><td>장수 · 장차</td><td>장</td><td>1~2</td><td>9~(1)
김종서 장군</td><td>173</td></tr>
</table>

[例文]

① 설사 모든 것을 잃을지라도 아직 將來(장래)가 남아 있다. -보비-
② 將軍(장군)의 적성은 판단과 신중이다. -C. 타키투스 · 역사-
③ 勇將(용장)밑에 弱卒(약졸)없다. -영국 격언-

[解說]

① 將來라는 것은 가장 값진 재산이다. 다 잃어도 將來만 잃지 않으면 두려워할 것이 없다.
② 정확한 판단력과 신중한 태도로 적을 대하면 절대 지지 않는다. 그래서 將軍은 판단력과 신중한 태도를 지녀야 한다.
③ 병졸들은 將帥(장수)를 따른다. 將帥가 용감하면 병졸도 용감하다.

[語彙]

* 將校(장교):군대의 지휘관
* 將來(장래):장차 옴, 앞날
* 將帥(장수):군사를 거느리고 지휘하는 사람 ㊥將軍(장군)
* 將卒(장졸):以下 뜻풀이는 생략
* 將次(장차) * 老將(노장)
* 猛將(맹장) * 名將(명장)
* 智將(지장) * 勇將(용장)

V

國·中·高 國語敎育에서 공통적으로 힘써야 할 일

(1) 國漢混用으로 日記를 쓰일 일, 計劃과 反省을 위해서도 좋고 文章力이 늘고 맞춤법의 熟達과 漢字쓰기를 익히기 위해서도 좋다.

(2) 辭典 字典을 가지게 하고 그 찾기의 生活化…自力으로 국어공부하는 訓練을 위해 必須的이다.

(3) 新聞 읽히기, 특히 中·高에서는 小說도 읽고 連載物이나 時事評論이나 社說을 읽혀라. 時事評論을 읽고 느낌을 써보기도 하고 社說을 읽어 그 論旨를 간추려 보기도 하며 모르는 漢字는 字典을, 뜻 모르는 漢字말은 辭典을 찾아서 익히도록 指導한다. 이것이 바로 論述考査의 對備策이다.

(4) 讀書指導를 하고 讀後感이나 줄거리를 요약하게 한다. 교과서만의 국어 공부로 入試準備가 되는 것은 아니다. 國民學校에서는 童話 童謠로 시작해서 中高에 이르러 隨筆 小說 등 名作도 좋지만 東洋의 典籍이나 우리의 古典 등 스스로 접근할 수 있게 해야 한다. 그러기 위해서 語彙力伸張을 해야 되고 漢字語의 母胎인 漢字敎育의 必要性이 浮刻되는 것이다.

(5) 각급학교에서 특히 國民學校 低學年(그 以前이 더 중요하지만)부터 發音敎育을 해야 되며, 그러기 위해 敎師가 師弟同參의 熱意가 필요하다.

맞춤법이나 漢字가 틀리는 것은 부끄럽다고 생각하면서 發音이 틀리는 것은 예사라고 생각한다면 그것은 잘못이다.

더욱이 英語의 액센트는 바르게 하려고 하면서 내나라 發音에 대해서는 무관심하다면 크게 잘못이다.

우리는 文化民族이요, 연면히 이어온 傳承發音이 있다.

發音指導例:

① ':말[語]'을 배울 때 '말[馬]'과의 발음이 다른 것을 알리고 그런 例 를 찾아보자 하여

:눈[雪]과 눈[眼], :밤[率]과 밤[夜], :발[簾]과 발[足]이 있음을 알리고 그 밖에도 긴소리 발음이 더 있는가 찾아보자 한다.
":거머리 · :고구마 · :김 · :들 · :벌[蜂]……"

② ':울고[泣]'를 배울 때 ":알고 · :살고 · :길게 · :멀게"의 긴소리를 알리고 이런 긴소리발음을 더 찾아보자 한다. ":남지 · :넘더니 · :묻는[問] · :웃던……"

③ 漢字 · 漢字말의 長短音例:

긴 소 리……史使四死事 正定整鄭……
짧은소리……師私寺社寫 政丁情貞庭……
긴 소 리……將校 將帥 將兵 將卒 將星
짧은소리……將來 將次 將軍……

④ 漢字말의 사이된소리

사이된소리……肺病 風病 心臟病 流行病……
예사소리……重病 問病 疾病 熱病……

(6) 한글과 漢字가 함께 國字임을 認識해서 指導方法을 연구하면 語彙가 확충되어 國語의 힘이 붙을 것이다.

이 경우, 학생의 自發學習을 誘導하고 칭찬과 격려를 아끼지 말아야 한다.

한글 指導例 :　:표는 긴소리표.

① ':개[犬]'를 배울 때 "고개 · 마개 · 조개"를 가르치고 나아가 ":내[川] · 대[竹] · :매[鷹] · 매[鞭] · 배[梨] · :새[鳥] 재[灰] 해[太陽]"를 가르친다.

② '깎-'을 배울 때 "꺾-·겪-·낚-·닦-·묶-·볶-·섞-·솎-·엮-·밖·(안)팎"을 가르친다.

이렇게 하면 文字指導·單語指導·發音指導가 겸해 이루어진다.

漢字의 指導例:

① 訓蒙字會식……'身體'부문에

身體顔面形容頸首頂顔眼目眉肩拳口舌唇齒臂掌指喉咽耳鼻心肝肺腸胃膽腎胸背腰膝尿髮腹呼吸息膚骨足脚影音聲性情志意哭冷笑淚血汗便糞眠夢覺……

·표의 '月'은 '육달월' 즉肉體의 뜻이 있음

× 표의 '口'는 '입'과 관계있는 글자

② 新增類合식……地理

山川溪峯丘岸巖樹林泉洞谷池郊野田原水火塵沙石泥土海島江湖浪波草木鳥獸

·표는 '氵 삼수변 물수水변', '물'과 관계 있는 글자들.

③ 部首別……계집녀女변(妻姉妹婦婚姑娘……) 얼음빙 冫이수변(冬冷凉凍……)

비우雨(雨雪雲電霜雷霧……)

④ 漢字音別……기(己記起紀忌其期基旗欺幾機畿奇寄騎氣技旣豈棄祈企飢器妓)

·표는 '己', ×표는 '其'가 音부분

⑤ 訓이 反對거나 비슷한 것

高低 長短 廣狹 晝夜 明暗 吉凶 禍福 優劣 勝敗 善惡 强弱 虛實
京鄕 發着 集散 昇降 斷續 始終 早晩 尊卑 可否 得失 朝夕 起伏
問答 輕重 深淺 眞假 攻防 出缺 安危 主從 表裏 生死 古今 往來
新舊 送迎 功過 正誤 順逆 動靜 有無 進退 貧富 貴賤 是非 曲直
賣買 授受 難易……
思慮 感想 慈愛 憂愁 意思 怨恨 心情 堅固 家庭 知識 肉身 尺度
茂盛 技藝 永遠 恒常 扶助 硏究 施設 神仙 皇帝 仁慈 淨潔 申告
精誠 到達 崇高 洞里 佛寺 希願……

등을 漢字로 써서 가르치면 反對나 類義槪念이 쉬 파악되고 思考力이 伸張된다.

⑥本籍·現住所·學校이름, 自己姓名·本貫·父母 이름이나 家族이름·學校 선생님이나 친구 이름, 愛國歌·校訓·級訓 등 生活環境이나 周邊事項에서 漢字指導資料를 취한다.

部首別 漢字音(長短音별 포함)別로 字典을 利用하여 漢字를 自力으로 익히도록 勸奬하고 한 달에 한번 정도의 試驗으로 成長을 확인하여 칭찬한다.

Ⅵ

(1) 國民學校 3학년까지에 한글을 體系的으로 가르쳐 완전히 깨치게 한다.

(2)國民學校부터 각 교과서를 활용해서 漢字의 音訓指導와 發音指導를 하고 中高를 卒業할 때까지 최소한 基礎漢字 1,800字의 完全習得을 目標로 한다.

(3) 日記쓰기·新聞읽히기·冊읽기·辭典 字典찾기 등을 自力으로 하도록 해서 語彙를 확충하고 文章力을 기르도록 한다.

우리가 日本人의 讀書量의 22%라는 統計가 있다. 讀書하는 국민이 되어야 겠다.

(1) 日本의 常用漢字는 1,945字요, 中學校에서 漢字가나 混用의 全 敎科書로 1년 76字, 2년 145字, 3년~6년 195字씩 1,000

字의 漢字를 가르친다.

(2) 中共의 常用漢字 1952년 2,000字(一等常用字 1,010字, 次等常用字 490字, 補充字 500字)

毛澤東選集 4권 本文 조사한 결과

100번 以上나온 것이 746字로 전체의 94.3%
50~100번 나온 것이 222字 로 2.5%
5번以下 나온 것이 2千餘字
常用漢字중 쓰인 글자 1,837字
1957년 吳怡耕·吳揚 三千常用字用法

小學1年 新國語敎科書(1958년)는 로마字를 5週間 60時間에 걸쳐 읽고 쓸 수 있게 한 다음에 비로소 漢字가 나오는데 卷 1에는 漢字 전부에 로마字로 音이 달려 있다. 그들은 小學校 6년(지금은 5년?)동안에 約 3,000字의 漢字敎育을 한다고 한다.

(3) 臺灣은 常用國字標準字體表(1979년 4,808字)가 나온 바 있다. 國民小學에서 國語敎科書 13冊(首冊과 각학년 2책씩)을 가르치는데 首冊은 1學年入學後 10週동안 注音符號를 배우게 한다. 4학년용까지에는 每漢字마다 注音符號가 달려 있으나 5·6학년 敎科書에는 注音符號가 달려 있지 않으며 國民小學 國語全敎科書에 실린 漢字數는 2,587字(새로 入手된 資料로는 2,838字)다.

(4) 82년 타임誌는 個人보다 社會에 더 큰 비중을 두는 「新儒敎精神」에 입각한 勞動倫理가 韓國·日本·홍콩·臺灣·싱가포르 경제발전의 원동력이라고 지적했다.

中共에서 孔子의 再評價가 이루어져 社會秩序의 回復과 經濟成長을 위한 思想的 武器로 孔子의 思想은 復權됐다.

83년 4월 레이건 行政府가 「敎育向上委員會」로 하여금 「危機報告書」라는 것을 만들라 했는데, "美國은 지금 危機에 處해 있다. 美國의 敎育制度는 쉬운 것을 좋아하는 風潮 때문에 엉망이 되고 있다. 만약 五列이 美國에 이러한 교육을 하도록 만들었다면 그것은 美國에 대한 宣戰布告다. 사실 우리는 지금 우리도 모르는 사이에 敎育的 武裝解除를 당하고 있다."

위의 몇 가지는 우리가 吟味할 만한 事例들이다. 우리는 先進祖國을 指向한다고 하고 86,88의 國際的 大行事를 앞두고 있다.

中共·日本의 浮上은 두드러지고 우리는 그들과 同文化圈의 一員이다. 우리가 知力에 있어 그들에 뒤질 수는 없으며, 과거는 접어 두고라도 文化交流를 위해서나 交易上 으로도 漢字공부는 必須的이요 日本略字나 中共簡化字도 學校敎育에서 다루어져야 한다.

우리나라에서 通用되고 있는 略字를 日本式略字云云으로 배격하기도 하나 그렇지 않다. 357字中 거의가 우리 古典에 實用例가 있고 固有의 日本略字는 10字 以內다. <兪昌均 還甲紀念論文集, '日本略字에 대하여', 南廣祐>

〈『語文硏究』第49號, 韓國語文敎育硏究會, 1986. 3.〉

國語教育問題 管見

國語는 國士·國民과 더불어 國家形成의 三大要素로 잡는다. 그렇게 생각하면 國語教育은 國民教育面에서 重要視되어야 하며 모든 學科의 道具科目으로서 바르게 말하고, 듣고, 쓰고, 읽는 힘을 길러야 함은 勿論이다.

古來로, 東西를 莫論하고 人間教育의 基礎教育, 實際的 基本으로서 읽기, 쓰기, 셈의 세 가지 方向을 設定하고 있는 것인데 이들은 社會的 活動, 社會的 適應의 基本能力이 되는 것이다. 그 읽기 쓰기의 힘이 國語教育의 領域인 것이다.

이 國語教育이란 것도 따지고 보면 家庭, 學校, 社會의 三面에서 展開되는 것이지마는, 여기에서는 주로 學校에 있어서의 國語教育, 그것도 國語教育에 있어서의 問題點중 하나 둘에 限해서 平素에 생각하던 바의 一端을 披瀝해 보고자 한다.

한글과 漢字의 指導方法-
傳統的 方式의 再評價

오늘날 우리의 教育이 특히 日本이나 美國의 影響을 크게 받고 있는 것이 아닌가 하는데 國語教育에 있어서도 例外는 아닌 듯이 생각된다. 教科書의 編纂에 있어 文字指導面에 祖上 傳來의 傳統的 方式이 考慮되었으면 하는 것이 筆者의 私見이지만,

現行教科書를 가지고도 指導方法을 硏究하면 次善策은 있을 것으로 期待한다.

그러면 우리의 祖上들은 한글 指導를 어떻게 했던가? 한글은 反切表에 의해 왔던 것이다.

反切表란 中宗 22年(1527年) 崔世珍의 訓蒙字會에 淵源이 있는 것이라 하겠는데 그 凡例를 보면 諺文字母라 하여

ㄱㄴㄷㄹㅁㅂㅅㆁ, ㅋㅌㅍㅈㅊㅿㅇㅎ, ㅏㅑㅓㅕㅗㅛㅜㅠㅡㅣㆍ

의 차례로 한글 字母를 들어 놓고 初中聲合用作字例라 하여

가갸거겨고교구규그기ᄀᆞ

를 든 다음

'가'字에 ㄱ받침을 하면 '각'字가 된다 하고, 初中終 三聲合作用字例라 하여

간갇갈감갑갓강

을 들고 있다. 이것이 뒤에 오랫동안 民間에서 한글 敎育用으로 쓰이던 反切表의 淵源이 된 것이라 하겠다. 그 뒤 오랫동안

* ㄱㄴㄷㄹㅁㅂㅅㅣㆁ
가갸거겨고교구규그기(ᄀᆞ)과궈
나냐너녀노뇨누뉴느니 놔눠
다댜더뎌도됴두듀드디 돠둬
라랴러려로료루류르리 롸뤄
마먀머며모묘무뮤므미 뫄뭐
바뱌버벼보뵤부뷰브비 봐붜
사샤서셔소쇼수슈스시 솨숴
아야어여오요우유으이 와워
자쟈저져조죠주쥬즈지 좌줘

차챠처쳐초쵸추츄츠치 좌춰
카캬커켜코쿄쿠큐크키 콰쿼
타탸터텨토툐투튜트티 톼퉈
파퍄퍼펴포표푸퓨프피 퐈풔
하햐허혀호효후휴흐히 화훠

와 같은 基本反切表(音節表)를 가지고 한글을 指導해 온 것이다.

*표는 八終聲(받침ㄱㄴㄷㄹㅁㅂㅅㅇ)으로 쓰이던 글자와(ㅣ)는 ㅣ母音이 後行하여 이루어지는<ㅐㅒㅔㅖㅚㅟㅙㅞ>發音의 指導를 위해 따로 들어간 것으로 생각되며(ㅣ)가 (ㅇ)앞으로 간 것은<기역·니은·디귿·리을·미음·비읍·시옷·이·행>과 같이 指導할 때에 읽기 좋게 音律的인 配慮를 한 것으로 해석된다.

('ᄀᆞ' 쓰지 않는 글자이므로 뺌, 'ᄂᆞ'이하도 같음)

이 400餘年 連綿히 이어온 傳統的인 한글指導方法이 根本的으로 事情이 다른 日本이나 西洋의 흉내로 헌신짝처럼 버려지고 李應百 博士의 글(74. 5. 31日字 「朝鮮日報」 한글教育方法을 고치자)에 따르면 오늘날 간혹 이 基本音節表를 入門期 兒童들의 教室에 써붙여 놓고 指導를 試圖할 경우 獎學陣이나 學校經營當路者는 이를 꺼려 쉽사리 許用하지 않는다는 것이다.

사실 한글의 24字의 單音文字로 되어 있다. 하지만 실인즉 漢字의 흉내를 내어 音節文字로서 實用하게 되어 있는 것이다. 그런데 앞에서 보인 音節表만 가지고 모든 한글字를 깨칠 수 있는 것도 아니다.

우리 한글은 소리낼 수 있는 音節字만도 19(初聲글자)×21(中聲글자)×7(받침소리)=2,793字가 되는 것이다. 물론 이중에는 실제로는 쓰이지 않는 글자도 있다. 그러나 그 反面에 받침은 7개뿐이 아니라 現用되는 받침이 28개로 되어 있어서 實用音節字는 아무래도 2千字를 훨씬 上廻하는 것으로 보아야 할 것이다. 거기에다 現行 맞춤법이 지나친 表意化로 받침이 많아지고 形態素

를 밝히는 등 어렵게 되어 있다. '깎, 뚫, 핥, 엾'어나, '걸음걸이, 할아버지, 넋두리, 꺾꽂이, 벼훑이'와 같은 表記가 그것이다. 이러한 한글을 英語나 日語의 흉내를 낸 교과서를 가지고 散發的으로 배우자니 文字解得이 非能率的이어서 中學 1年生으로서 한글을 모르는 학생이 11.9%라는 慨嘆할 現象이 빚어지지 않겠는가?

筆者는 다음과 같이 提言한다. 한글 指導에 있어 400餘年의 歷史를 가진 反節表(音節表)에 의한 指導方法이 再評價되어 實驗되기를 바란다.

가령, 敎科書編纂에 있어 '가'字가 나오는 課에서 '가갸거겨고교구규그기'를 集團的으로 가르치고 '나'字가 나오는 課에서 '나냐너녀노뇨누뉴느니'를 가르치며 이런 방식으로 '거'字가 나오는 課에서'거너더러머버서어저처커터퍼허'를 가르칠 수 있도록 配慮하고, 한글 基本音節表를 國民學校 1學年敎科書 卷頭(혹은 卷末)에 붙이고 敎室壁 에도 써 붙여서 國語時間마다 한차례씩 읽히는 方式을 취하도록 하는 것이 좋겠다. 좀더 敷衍하면 '개'字가 나올 때'개내대래매배새애재채캐태패해'를 가르칠 수 있도록 하고 '강'字가 나올 때 '강낭당랑망방상앙장창캉탕팡항'을 가르칠 수 있도록 교과서에서나 授業時間에 配慮하였으면 하는 것이다.[1)]

漢字敎育도 그렇다. 옛날 우리 祖上들에 의해 어린 나이 때에 千字文이나 類合이나 訓蒙字會에 의해 漢字敎育이 行해진 先驗이 있다.

이것이 日帝에 의해, 解放 後에는 한글專用이라는 大義名分에 짓눌려 잊어버리다시피한 것이다.

과연, 우리 祖上들이 行해 오던 幼兒期의 漢字敎育은 一顧의 餘地도 없는 그런 것일까?

訓蒙字會라는 책에는 漢字 3,360字를 上, 中, 下에 收錄해 있

---

1) 拙著, 「國語學硏究」, 中學校國語敎育의 綜合診斷, pp. 197-199.

는데

上 卷

天文, 地理, 花品, 草卉, 樹木, 果實, 禾穀, 蔬菜, 禽鳥, 獸畜, 鱗介, 蜫蟲, 身體, 天倫, 儒學, 書式

中 卷

人類, 宮宅, 官衙, 器皿, 服飾, 舟船, 車輿, 鞍具, 軍裝, 彩色, 布帛, 金寶, 音樂, 疾病, 喪葬

下 卷

雜語

로 갈라서 各字마다 音과 訓을 달아 놓는 方式을 취하고 있다.

新增類合이라는 책에는 漢字, 3,000字를 上下에 收錄해 놓았는데

上 卷

數目, 天文, 衆色, 草卉, 樹木, 果實, 禾穀, 菜蔬, 禽鳥, 獸畜, 鱗介, 蟲豸, 人倫, 都邑, 眷屬, 身體, 室屋, 鋪陳, 金帛, 資用, 器械, 食饌, 衣服

下 卷

心術, 動止, 事物

로 갈라서 各字마다 音과 訓을 달아 놓는 方式을 취하고 있다.

이와 같은 部門別 漢字排列에 따라 그 漢字의 音과 訓을 가르치는 方式은 오늘날에 있어서도 충분히 再評價할 만한 價値가 있는 것으로 생각한다.

이 方式이 漢文(中高)教科書나 國中高 漢字指導(課外 또는 國語時間)時에 活用되기를 希望하는 것이다.

漢字敎育의 具體的 方案

그러나 그렇다고 해서 訓蒙字會의 3,360字나 新增類合의 3,000字를 다 가르치자는 것은 아니고 2千字 程度를 上限線으로 하는 國民常用漢字도 좋고 아니면 敎育用漢字도 좋다. 中高漢文敎育用 基礎漢字 1,800字를 바탕으로 150~350字 가량을 添削하고 아울러 姓名用, 地名用 漢字를 150~200字 選定하여 常用도 하고 敎育도 함으로써 學校와 社會의 乖離를 보인 非理를 是正하자는 것이다.

이 1,800~2,000字의 漢字를 國民學校부터 段階的으로 敎育을 하라는 것이 識者들의 衆論이 아닌가 한다.

解放後 30餘年間 한글專用方向의 語文敎育이 빚어 온 弊害를 是正할 수 있는 길은

①國民學校부터 國語敎育의 一環으로 漢字敎育을 할 것과,

②각급 학교의 모든 敎科書를 國漢混用(다만 現實情에 비추어 段階的 措處가 필요함은 理解하나 그 期間은 짧을수록 좋다)으로 해서 교육의 效率化를 꾀함에 있음을 確言할 수 있다.

具體的 方案

國民學校

①現行 국어교과서 原文을 살리되 漢字語를 漢字로 써서 그 읽기 指導에 重點을 두어 指導하고 아울러 낱자의 音과 訓을 가르친다.

②漢字選定에 있어서 4學年까지엔 中學校用 基礎漢字 900字 중에서 選定하고 5, 6學年에 限해서 高校用 基礎漢字 중에서도 選定한다. (그러나 基礎漢字를 참고로 하되 새로 選定하는 것이 더 바람직하다.) 예 : 汽, 曜, 姓名用 漢字

漢字의 各級學校 各學年 配定案

학교 \ 학년		읽기		쓰기
		第一案	第二案	
國校	1	40~50字		
	2	80~100字		
	3	120~150字		
	4	200字	} 各 200字	100字
	5,6	各 230~250字		各 150~200字
	計	900~1,000字	600字	400~500字
中校	1,2,3	各 300~350字	各 300字	各 200~170字
	計	900~1,000字	900字	600~500
高校	1,2,3		各 100~200字	各 250~350字
	計	1,800~2,000字	1,800~2,000字	1,800~2,000字

③學年別 配定字數 第一案에 따른 읽기 指導案

1-1 25字

一大韓民國二學年先生三四山五門六運動會七八東南九十

1-2 25字

秋夕自車兄弟教室對答中工場日月火水木金土歲拜當者江

2-1 47字

英吉校冊順時間未安農夫世上害前記窓親舊異常香氣然昌溫度計醫師病公園問題語議弱基地圖放海浴昨熱心

2-2 53字

合唱植果樹市內方藥草青軍白音樂途愛己便紙午後煙人事收永停留西形電主兵丁定飮食實急話番號長本來情消防官精神分

3-1 75字

獨立萬空節口令家族堂高速道路京科書天使住所傳說明光景容正銀

第半仙女表討綠少願名利用方法讀角體育練習信貞寸葉端油發力過交通料界全部宗變共產傷處將近孫子錢

3-2 75字

見男重要救王成功多幸雪若秀講開面代父母登休下服色豊陽統領算活例北移旅行慶類太向訓歌臣理性別助手穀敵妙平野流勝命恩惠免賞相決孝城貴黃亡百姓故鄕種尙文集童

4-1 100字

篇謝過勇絶注意感想各興特勿論爲不新聞外研究字以示反同丁材始作止樂郡守宅快敢數如危壯報費筆財怨望凶短身或石解次强遠失採街足庭觀察敗爭湖陵千勞花必約餘品章元他當無淸燈衣限線洋在雄每指赤印漁船貨鮮魚量業滿卷

4-2 100字

視再課邑德期河純奉淑虎入選玉羊朝初村都化展識偉漢參考致適完之曲質改良的歷史雨佛藝可能罪終落莫關古鐵目左右俗貯席風現式丹楓廣客億得許若干位建設談原因直接効泰里言稅壽告和權尊義降甲溪谷祖絲泉橋保存華崇福加

5-1 176字

*級知閉請*蓄*續哲*稱*讚價*額個*潤*澤朱*郵證券擇進妹*苗應援早退*慰*票恨雜*誌夜*啓*蒙復備*臨*姿勢協院冷談呼盲治耕推志威*爆*彈憤怒禮砲忠患*監*督皇恒盡等卒結婚素調*査假舞臺*敏辭典*帳鳥*鑑*概*刻*模*樣*司死刑極希由味序*偶*昭詳歎*息至*測伏*稿*刷亂暴*討伐認經*緯川誤*黨*派末*賊穀島武*窮製造招待*器技*錦政府*鬼遺射單*覺悟責*任*陣友悲鳴*衛破片雷*網判*斷*漸聲錄句務閑*暇虛婦姉*邊*輪案*染依*需嚴*格*販*買厚施*寄宿舍*健*康*娛率增

5-2 145字

季*疲困*切*辱寧*寶物匹馬*傑連善*謠*程*確眞*轉敬*較*規則聖*險*辯*儉僧*護*殘惡難打士*壤*探*帥讓壞修*揮寺到仁肉*座求眼*鏡*侍從擧遇榮沙*據着更密林*標輕飛*機*錯田*航*帶逆*境*克*板*供給兩巨*逃*灰*像*裕*點*係念*張*球*岸*激*繼*征甚於星宇宙往嚴比*置戶靜*繁盛起源普遍*沓祝祭隧頭列*縱圓仰*旗看*員*職*孤兒慈養歡迎我*區與仕鐘畵才授*慾*寫根斗洗乙巳*條豆波殺*胞省

6-1 135字

*栗申思*嶺*陵*熟堅烏竹*軒勸叔*微笑*巡*警貧固執疑*惑*寢潔春*

髮*衰*勵*墓碑去益老*騎*底*折*怪*軟*粉紅*炭*資畜否*豫茂*牧就績夫支*州松雲*簡赤是*候*粧*城鼓*寂*懷抱*制*創*維*競勤*團*磨*宣*東*差回最*革衆受*裝聽綠*件*栽*培*導*提勉*踐*遂*缺布*床*肅充*蒼*趣細*博*覽*梅*背*秘*貝*般*商店*割*擔*襲*鬪陰*謀*齊*委混*蘇*聯*妨*總承*憲*毒*擊*準*延*占*附*舊*猛烈*獄*奪*還央*廳

6-2 131字

*局*象*副*整*演*優*劇*殊*傍*層取*組*織*專*屬*複*響*漫*映*障*營*符*拍*配*徒*痛*群*脅*迫非*脈*僞*贊*途*負*況*策*批*帝*梁*滅*珍出*突*包*圍*罰壬辰*潮智略*吏讀*羅步*畢*竟*糧憶*操首肺炎核持*努*慮*洪低壓*環*避針*被氷*築*燃*含骨*壁暖屋*構*侵*抗*秩*段*拒*拘納*際*洲*岳*麗*評*態*摘*鑛*藏*奇試*驗剛*朴*乳*掃*暫*班米*龍*楊柳*頌兼*賀*照*蛇*濟*庫走*爆*沒*銃*鉛*瞬*徵*吸*械*屈*悔

學期	配定可能字數	學期	配定可能字數	計	配定實數
1-1	25字	1-2	25字	50字	40~50字
2-1	47字	2-2	53字	100字	80~100字
3-1	75字	3-2	75字	150字	120~150字
4-1	99字	4-2	101字	200字	200字
5-1	176字	5-2	145字	321字	230~250字
6-1	135字	6-2	131字	266字	230~250字
				1,087字	900~1,000字

④ 第二案에 따른 읽기 指導案

國語時間을 利用하거나, 아니면 朝會前이나 下學後 時間을 利用하여 읽기 指導를 한다.

家街歌加可各間看感江强降開個改客去巨建見結決京景敬競計界季古故苦固告高曲谷工功空共公果科過官關觀光廣敎交校橋口區九究求救國軍郡權貴極近根金今急己記期氣技基旗南男內女年念努農能多單短達答當堂大代對待德度道圖到島都讀獨同洞東冬動童豆頭斗得等登燈落樂來量良兩旅力歷列令例禮路老勞綠論料流六陸里理利林立馬萬滿末亡望買賣每妹面明命名母木目無武務門聞問文物未味米美民密半反

班發方防放房拜白百番法別兵病保報步服福復本父部富婦否北分不非悲比備貧氷士社史使射謝四事思師死舍山産算三上常賞相想商色生西書石夕席先線選善船說設雪成城誠性姓星聖聲世稅歲細勢小少笑所消素速俗孫松送水手數受授收守樹修首宿順術習勝示視時詩市始施植食式識新申神身信臣實室失心十兒惡安愛野夜藥弱約羊洋陽養魚漁語億言業餘如然硏煙熱榮永英五午玉溫完王往外要曜用容勇右雨友牛雲運雄願園遠元員院月位危偉由油有遺維育肉恩銀音陰飮邑衣義議意二異耳移益人認因印引一日入子字自者姉作長將場章才材財在再爭低貯敵的赤典前田全展戰電傳絶節接正政情精定庭停弟第題製助祖朝造鳥調足族尊種終宗左罪主注住走週竹中重衆增證支地紙至知指志止持直職進眞質集次車着察參唱窓創責若天千川鐵靑請淸體草初村總銃最秋祝蓄春出忠蟲取治則親七侵快他探太土通統退特波破八敗便平閉砲布暴表品風必筆下夏河學限寒漢韓合港航海害解行幸向香鄕許現賢血協兄形號好呼湖護化花貨火話和確活黃回會孝効後訓休黑興喜希

指導方法

① 교과서에 나오는 漢字語의 指導는 漢字로 해야 그 理解가 빠르고, 正確하며 오래 갈 것임을 認識하여 낱말풀이를 할 때나 그 發音指導를 할 때에 漢字의 원뜻(訓)이나 聲調에 따라 하라.

<國語> <나라국, 말씀어>…<나라의 말> 이 경우<國歌, 國交, 國軍, 國旗, 强國, 建國, 救國, 大國…>의 뜻을 아울러 가르친다.

<聖人><성인성, 사람인>…<聖스러운 사람, 거룩한 孔子, 釋迦, 그리스도와 같은 분> 이 경우, '聖'字는 길게 發音되는 소리임을 알려 <聖歌, 聖堂, 聖母, 聖書, 聖職>의 發音과 뜻을 아울러 가르친다.

② 中學校에서는 「中學漢文」 指導와 連繫性 있는 敎育을 하라.

③ 配定漢字를 部首別, 音別, 部門別로 갈라 掛圖를 만들라.

部首別 家宅安守宗室宿官……
雨雪雲電霜露雷霧……
音　別 工功攻恐空貢……

己起記忌紀……
部門別 一二三四五六七八九十百千萬億兆
前後左右 上中下 東西南北

④ 字典을 사게 하고 찾는 법을 지도하라.

⑤ 소년조선 '한자공부', 소년한국 '하루에 한자씩 하자'에 의해 漢字自習을 시키라.

⑥ 漢字指導方法을 硏究하라.

앞 面	뒷 面
天	하늘천
天地	하늘과 땅
天才	하늘이 낸 뛰어난 재주
天職	하늘이 준 직무
靑天	푸른 하늘
晴天	갠 하늘

위와 같은 漢字카아드를 만들어 아무 데서나 아무 때나 공부할 수 있도록 하여 每日 한 字도 좋고 두 字, 석 字도 좋다. 꾸준히 지도하면 큰 負擔 없이 익히게 된다.

熱意・誠意를 가지면 방법은 저절로 생기게 마련이다.

發音敎育

筆者는 國語의 發音問題에 대해서 순우리말이나 漢字말에 관해 이미 몇 편의 論文을 쓴 바 있다.[2)]

---

2) 拙稿, <長短音攷> 「국어국문학」 12. 13호, 54. 11. 15, 「國語學論文集」, pp. 265-276, 再錄, 一潮閣.
拙稿, <韓國에서의 漢字音聲調 變遷硏究-常用漢字를中心으로>, 「現代國語國字의 諸問題」, pp. 196-322, 70. 5. 30, 一潮閣
拙稿, <國語辭典의 分析硏究-큰사전의 長短音表示를 중심으로>, 「改訂 現代國語國字의 諸問題」, pp. 283-304, 73. 3. 5, 一潮各.
拙稿, <基礎漢字의 긴소리, 된소리硏究>, 「語文硏究」 3-10, 74. 5~75. 12.

오늘날 學校教育에서 이 發音問題가 疎忽이 다루어지고 있는 것이 아닌가 하는데 그것은 매우 遺憾스러운 일이 아닐 수 없다. 學校教育에 있어 마땅히 올바른 發音教育의 노력이 있어야 하고 國語醇化라는 面에서도 이 문제는 크게 浮刻되어야 할 問題다.

과거의 硏究를 整理해서 發音教育의 참고 資料로 若干의 例를 提供하면 다음과 같다.

1) 순우리말의 長短音에 대하여

(1) 體言 중 單音節語나, 多音節語의 첫 音節이 中世語 文獻에 上聲點(:)이 찍혔던 것으로 오늘날 長音으로 發音되는 것에는 다음과 같은 것들이 있다. (-표는 語頭가 長母音임)

> 가(邊)까̅치 거̅머리 거̅짓 게(蟹) 계̅집 곰(熊) 굴(窟) 굼벵이 길(身長大) 깁(絹)…

이들 體言(短音節)에 토가 붙어 添用(曲用)될 때에도 긴소리는 바뀌지 않는다. (傳統的으로 그렇다.)

(2) 中世語 文獻에서 用言語幹(1音節)에 上聲點이 찍힌 것으로 오늘날 그 語幹母音이 길게 發音되는 것에는 다음과 같은 것이 있다.

> 개다(晴) 꿰다(貫) 괴다(訂) 메다(擔, 塡) 새다(曙) 세다(强) 세다(白髮)……

(3) 音節이 縮約되어 長母音으로 된 것에는 다음과 같은 것들이 있다.

> 감(ᄀᆞᅀᆞᆷ, 材料) 개̅(가히, 犬) 김̅(기음, 耘) 들̅(드르, 野)……
> 베̅다(버히다, 伐)……

(4) 用言語幹의 終聲(받침소리)과 그 語幹母音의 長短의 相關

關係는 다음과 같다.

① [k]終聲을 가지는 語幹母音은 原則的으로 短音이다.

ㄱ 「작다 적다」는 例外

ㄲ

ㄺ 「굵다」는 例外

② [t][p]終聲으로 發音되는 用言의 語幹(短音節)母音은 變則用言을 除外하고 原則的으로 短音으로 發音한다.

ㄷ 規則用言 「얻다(得)」 例外 中世語文獻에 上聲點.

ㅌ 規則用言

ㅅ 規則用言 「웃다(笑)」 例外 中世語 文獻에 上聲點, 變則活用한던 것.

ㅆ 規則用言

ㅈ 規則用言

ㅊ 規則用言

ㅂ 規則用言

ㄼ 規則用言 「밟다(履)例外 中世語文獻에 上聲點, 變則活用하던 것인데 오늘날 規則活用하는 것으로 子音語尾 위에서만 그 語幹이 긴 소리로 發音된다.」

ㄿ 規則用言

ㅄ 規則用言 「없다」 例外 中世語文獻에 上聲點

ㄷ·ㅅ·ㅂ 變則用言의 語幹母音을 子音語尾위에서 대체로 長音인 傾向이 있는데 다음과 같다.

ㄷ 걷다(步) 겯다(編) 긷다(汲) 눋다(焦) 붇다(殖) 싣다(載)
*'닫다(走) 듣다(聞), 例外'

ㅅ 긋다(劃) 낫다(勝, 癒) 붓다(注, 腸) 잇다(繼) 잣다(紡) 젓다(攪拌) 짓다(作)

ㅂ 겹다(不勝) 곱다(麗) 굽다(炙) 깁다(補) 눕다(臥) 덥다(署) 돕다(助) 쉽다(易) 줍다(拾)
*맵다(辛) 밉다(憎) 춥다(寒) 例外

이들도 거의 中世語文獻에 上聲點이 찍혀 있는 것들이어서 傳統性을 維持하고 있는 것으로 볼 수 있다.

③ [m]終聲을 가진 用言의 語幹母音은 原則的으로 子音語尾위에서 長音으로 發音된다.

ㅁ ㄻ

④ [l]終聲을 가진 用言의 語幹母音은 子音語尾위에서 長短 두 가지로 發音되는 것이 各各 相當數있으나 長音으로 發音되는 쪽이 많다.

長音例 : 갈다(耕, 磨, 替), 걸다(掛, 肥沃), 골다(鼾), 괄다(過激), 굴다(行勢), 끌다(牽), 길다(長), 말다(休), 몰다(賠償)……短音例 : 깔다(敷), 날다(飛), 늘다(增) 달다(甘, 秤), 말다(捲, 물에) 물다(嚙)……

但, 'ㄾ, ㅀ'받침을 가진 用言의 語幹母音은 모두 短音으로 발음된다.

그러나 「ㄼ」받침을 가진 用言의 語幹母音은 長短 두 가지로 발음되는 것이 있다.

長音例 : 떫다, 섧다, 엷다, '섧다, 엷다'는 中世語文獻에 上聲點으로 變則活用하던 것이다.
短音例 : 넓다, 얇다, 짧다

⑤ [n]終聲을 가진 用言의 語幹母音은 다음과 같이 발음된다.

ㄴ 신다(履) 안다(抱)……長音
ㄵ 앉다 얹다 ……短音
ㄶ 끊다 끊다 ……短音
* 「많다」는 例外

⑥ 이상에서 보며 無聲子音인 [k][t][p]終聲을 가진 用言의 語幹은 短音으로 발음되는 경향이 있는데 다만 變則用言(ㄷ·ㅅ·ㅂ)과 강조, 誇張을 필요로 하는 말(작다, 적다<少>, 굵다, 없다 등)의 語幹母音은 長音으로 발음되는 경향이 있는 듯하다.

有聲子音인[m][n][l]終聲을 가진 用言의 語幹母音은 子音語尾 위에서 長音으로 발음되는 경향이 있는 듯하나, 다만 代表音이 [n][l] 겹받침의 경우는 短音으로 발음되는 경향이 있는 듯하다.

ㄵㄶㄺ(맑게 읽고) ㄼ(넓다 얇다 짧다) ㄾ ㄿ ㅀ

⑦ 用言의 語幹母音이 子音語尾 위에서는 長音이지마는 母音語尾위에서나 被動, 使動詞의 接尾辭(子音이나 母音이나를 가리지 않음)위에서 短音化하는 경향이 있다.

말다(休) 말고 말더니 마는……長
말아서, 말아라, 말리다 ……短
옮다(移) 옮고 옮더니 옮은……長
옮아서, 옮아라, 옮기다 ……短

그러나 例外도 있다.

끌다(引), 벌다(生隙, 作錢) 웃다(笑)……

2) 漢字말의 긴소리, 된소리에 대하여 漢字音이나 그 聲調는 韓國化하는 過程에서 徐徐히 변화해 왔을 것임은 두말 할 것도 없다.

聲調에 있어선 上·去聲 사이에 變化가 가장 두드러진 것으로 去→上 72%, 上→去 26%의 變化를 보인 통계가 있고 上·平聲間의 聲調變化는 거의 없다.

대체로 15世紀末 現實聲調文獻이후에 있어선 上→長 , 去·平→短으로 나타나고, 入聲音(ㄱㄹㅂ)漢字는 모두 短音이다.

中國韻書에 根據를 둔 聲調가 아닌, 韓國化한 聲調(15C末 諺解文獻 등이 보여주는)와 現代語長短을 比較한 結果[3)]

平→短 家歌干看 등 657字
平→長 攻擧練苗 등 38字
去→短 鼓已起旣 등 142字
去→長 個慨孔硯 등 75字
上→短 犬絹頃顧 등 160字
上→長 可假感敢 등 504字

라는 통계가 있는 바 이들 聲調變化의 傾向이나 原因을 생각해 보면 日帝下 國語敎育의 不在로 日本漢字音의 影響을 받았고, 해방과 6·25事變으로 因해 越南同胞나 피난민의 移動 등이 있어 서울發音의 混亂이 일어났으며, 한글專用方向의 敎育으로 漢字聲調에 대한 認識이 缺如되어 있고 發音敎育의 不在 등을 들 수 있겠는데, 이 밖에도 類推作用에서 온 것으로 보이는 것도 있다.

要컨대 그 原因이야 어디에 있건 多數言衆(서울 敎養 있는 壯年層)의 現實發音을 尊重하는 방향으로 표준 발음이 確立되어야 할 것으로 아는 바 國語辭典에 따라 긴소리·된소리 表示가 다른 것이 있고 辭典에 통일되어 있는 것도 問題點이 적지 않다.

얼마간의 例를 들어 보이면 다음과 같다.

큰사전(한글학회), 국어대사전(李熙昇 編)에 長母音 表示가 있는 것을 單母音 처리로 해야 된다고 생각하는 것.

例 : 卷頭, 技術, 管理, 貫通, 慣例, 巧妙, 苟且, 露骨, 映畵, 資金, 帳幕, 淨化, 仲介, 症勢……

單母音으로 처리한 것을 長母音으로 처리해야 된다고 생각하

---

3) 拙稿, <基礎漢字의 긴소리, 된소리 硏究>, 「語文硏究」 10호, 1975. 12.

는 것

例 : 佳人, 姦夫, 歸國, 濃厚, 援助, 姿態……

같은 글자가 長短 두 가지로 발음되는 漢字에는 다음과 같은 것이 있다.

例:

間	간	-隔	-隙	-數	
	간:	-接	-或	-食	-諜
簡	간	-單	-略	-便	-潔
	간:	-紙	-牒	-易	
强	강	-力	-風	-權	-大
	강:	-制	-盜	-奪	-姦
景	경	-致	-氣	-況	
	경:	-福	-慕	-品	-武臺
口	구	-錢	-子湯	-文	
	구:	-頭	-熱	-舌	

같은 漢字音이라도 長短 두 가지로 발음되는 것이 있다.

例 :

	短	長
건	乾件巾	建健
도	刀島徒都圖桃跳逃渡陶稻盜挑	到度道倒途導
련	連憐聯蓮	練鍊戀

3) 순우리말이나 漢字말이나를 不問하고 語頭에서 長音으로 발음되는 것이 둘째 音節 以下에서는 短音化하는 경향이 있다.

例: (1)숨 목숨 감(柿) 곶감
새 참새 눈(雪) 함박눈

덥다　무덥다　없다　실없다
밟다　짓밟다　놀다　뛰놀다
밀다　내밀다　몰다　휘몰다
(2)語學　國語　命令　生命
性質　男性　品質　上品

4) 同音異義語의 경우, 긴소리나 된소리 발음을 明確히 구별하지 못하면, 뜻의 混同을 가져올 염려가 있으므로 發音指導를 옳게 하여야 한다. 若干例를 들어 보이면 다음과 같다.

例: (1)눈싸움　눈싸움(雪戰)
별세계(別世界)　별세계(星一)
새집(新家)　새집(鳥一)
걷다(收, 捲)　걷다(步)
곱다(曲)　곱다(麗)
굽다(曲)　굽다(炙)
깊다(深)　깁다(補)
낫다(低)　낫다(勝, 癒)
달다(甘, 懸)　달다(焦面)
덮다(覆)　덥다(署)
말다(卷)　말다(休)
묻다(埋, 染)　묻다(問)
물다(嚙)　물다(賠償)
버리다(捨)　벌이다(陳列)
붙다(付)　붇다(殖)　붓다(注, 脹)
앉다(坐)　안다(抱)
업다(負), 엎다(覆)　없다(無)
있다(有)　잇다(繼)
적다(記錄)　적다(少)
젖다(濡)　젓다(攪拌)
(2)無用　舞踊
時調　始祖
身長　腎臟

鑑賞文 感想文
素數 小數
化粧 火葬
絞首 教授

고가 高架 古家 高價(고까)
사법 司法 四法 私法(사뻡)
사과 沙果 謝過 四課(학과공부) 四課(사꽈, 事務單位)
단가 團歌 短歌 單價(단까)

<本稿는 77년 5월 10일 慶北教育委員會 主管의 校長研修會에서 行한 「國民精神과 國語教育」이란 講演 원고 중에서 추린 것이다.>

우리말 開發은 어떻게 할 것인가

우리말 開發은 세가지 面에서 생각할 수 있을 듯하다. 古語再生, 方言의 蒐集活用, 新造語에 의한 것이 그것이다.

1) 古語의 再生問題:古語 중에서 그대로 되살려 쓰거나 조금만 現代語식으로 손질해 쓰면 얼마든지 생명을 가질 말이 있다.

고요히 겨르로이 살아
또 팔과 정강이를 만지며, 굽히뤄
보라
친절한 설명으로 理解를 깊여
입을 벌이키고 藥물을 떠 넣어
들판을 두루걸어 하루해를 보내고
골목길을 두루다니는 警官
놀라지 아니하며 두리지 아니하며
도람듣는 雅量을 베풀어
嚴하고 질기굳으며 方正하므로
짐실이 마치고 돌아간 일꾼
물길이로 한나절을 보내는 나날
글게로 긁어 깨끗이 하여
둥글게로 등을 긁어대는 老人

굳바르다	긁빗다	빌먹다
죽살다	깁누비다	잡쥐다
잡들다	무르씹다	무르찧다
무르갈다	무르고다	무르끓이다
잡다루다	옮다니다	꺾꽂다
겨르롭다	서느럽다	시드럽다
머흐럽다…		
섞달리다	섞모이다	섞버무르다
길이키다	줄이키다……	

2) 方言의 蒐集 活用問題 : 方言 중 이미 서울에서도 널리 쓰이거나, 古語로 쓰이던 것, 아니면 語感이 좋고 필요한 말을 찾아내어 語彙를 늘리는 작업을 해 보았으면 한다.

강냉이 -게끔 나물밭 날건달 날굴 날래 남새스럽다 너랑 나랑 녹두지짐 논임자 높이보다 늘쌍 늦잠보 딴 말씀 뜬 소리 머저리 먼지털개 세우 손꾸락·발꾸락 수다쟁이 아래(지난날) 알으키다 액풀이 열스럽다 열적다 우정(일부러) 잔등 잰나비 저깔·숟갈 주절주절 주절거리다(중절거리다) 초슬목(초저녁)

3) 新造語(순우리말과 漢字말)問題 : 新語(순우리말) 濫造로 生硬한 말에 接했던 과거를 反省하여 억지 新語가 아닌, 傳統的인 우리말 造語法(漢字말포함)에 따른 新造語로 숱한 西歐系 外來語(새로 들어오는 外國語 포함)나 日語(순 日本식 漢字말 포함)의 殘滓를 줄이고 새말을 늘리는 일은 바람직하다.

연필까깨 電氣꽂이개(사시꼬미) 물뿌리개(조오로=如露)
노란둥이(辭典에는-동이) 順둥이
어수선쟁이(辭典에는-장이) 코쟁이 피아노쟁이(피아니스트)
野心꾸레기(辭典에는-꾸러기)
수다꾼 글꾼(作家 小說家 詩人 評論家 隨筆家 詩伯 詞伯 學者)

올리키다 높이키다(高揚하다 昻揚하다)
높솟은 빌딩 街, 늦깨달은 不孝, 높뛴 物價, 밉보인 處地, 空虛로운 人生, 慈愛로운 손길, 어른스러운 몸가짐, 大人다운 風度, 조용의 極致, "봄의 따뜻, 가을의 선선을 피부로 느낄 때……"

따개 조이개 손톱까깨 구두다깨 신깔이개 느림보 높보 解放둥이 戰爭둥이 깔끔쟁이 앙큼쟁이 愁心꾸래기 알랑꾼 아첨꾼 앙큼데기 고분고분데기 늦깨다 덮 씌우다 누르시들다 푸르높다 서울스럽다 虛虛롭다 旋風답다 쓸쓸 조촐 앙큼 어수선……

새 말은 簡潔 正確해야 하며, 말은 豊富할수록 좋은 것이매 漢字의 長點을 이용한 漢字造語는 계속돼야 한다. 漢字말 기피의 편협성을 탈피하여 外來語로 바꿔어 가는 漢字말을 되찾아 쓰는 슬기와 '安保 公害 核家族' 등 新語가 큰사전 후로 5萬이나 늘어난 사실을 認識해야 한다.

以上 세 方案은 모든 국민이 文化民族이라는 矜持를 가지고 내 말을 즐겨쓰는 氣風이 불꽃처럼 일어나야 實效를 거둘 수 있다.

<本稿는 76년 11월 13일 德成女大에서 있었던 韓國語文敎育硏究會 제16차 語文講演(제3차 國語醇化講演)會의 講演要旨다.>

〈『語文硏究』第15號, 韓國語文敎育硏究會, 1977. 8.〉

國語敎育의 重要性에 대한 認識과 그 方法

-國民學校 漢字敎育의 當爲性과 그 具體的 方法

序

國·中·高·大에 있어서의 국어교육이 모두 중요하고 이들에 있어서 허다한 문제점이 있는 것이 사실이나 本論에 있어서는 지금까지 특히 疏外되어온 漢字敎育問題와 發音敎育問題에 重點을 두되 그 중에서도 국민학교 漢字敎育의 當爲性과 그 具體的 方法에 대해 論하기로 한다.

Ⅰ. 國語敎育의 重要性

국어는 우리의 國土·民族과 더불어 우리나라를 형성하는 三大要素의 하나다. 그러므로 국어교육은 바로 國民敎育의 核이요, 本質이라 하겠다.

그런데 古來로 東西를 막론하고 人間敎育의 基礎敎養에 있어 그 基本으로 읽기·쓰기·算數의 세 가지에 重點을 두어 온 것은 널리 알려진 사실이다.

이 세 가지는 社會的 活動, 社會的 適應의 基本能力이 된다.

이 세 分野中 읽기 · 쓰기의 두 分野를 교육영역으로 하는 것이 국어교육이다. 그래서 어느 나라나 국민학교 低學年에서는 全敎科時間의 半을 국어교육에 충당하고 있으며 中 · 高 · 大에서도 국어교육은 모든 科目에서 習得해야 할 知識吸收의 基本科目으로도 그렇고, 讀書의 폭을 넓히는데 있어서 解讀力을 기르는 面으로도 가장 力點이 주어져야 할 科目으로 重要視하고 있다. 그러나 우리나라의 경우, 국민학교 졸업생이 한글을, 中 · 高졸업생이 漢字를, 大學졸업생이 英語를 잘 모른다 해서 「三代文盲」이란 말이 있어 왔다.

國 · 中 · 高 국어교육이 제대로 되지 않아 大學에서 基礎漢字敎育을 하지 않으면 안될 實情이다.

국어는 앞에서 말한 바대로 모든 科目에 先行되어야 할 基本科目이며, 理解力과 發表力과 思考力을 기르는 직접적인 목적에서뿐만 아니라 國民敎育의 중심으로서 국민정신을 昻揚하고 民族意識을 鼓吹하는 面에서도 重視되어야 한다.

그런데 光復 후 日帝治下와 맞먹는 세월하고도 6년이 더 흘렀지만 아직도 우리의 語文政策 내지 語文敎育政策은 正道를 걷지 못한 채, 混迷를 계속하고 있는 느낌을 받는다.

생각해보면 甲午更張 후 국어에 대한 自覺이 高調되고 해방이 되자 日帝에 짓눌렸던 '내말 내글'을 되찾은 감격과 흥분으로 語文政策이 한글전용이라는 滔滔한 흐름 속에 휩쓸린 것은 어쩌면 당연하였다고 하는 것이 옳을지 모른다.

그러나 곰곰 생각해보면 한글전용으로 치닫던 지난날의 결과는 得의 一面이 있었다고 보아야 하겠지만 내 생각으론 失이 너무도 많았다는 판단이다.

이제는 냉정하게 理性으로 돌아가 확고한 語文政策 내지는 語文敎育政策을 세워서 統一에 對備하여야 할 것이 아닌가 한다.

한글과 漢字에는 각각 長短點이 있는 바 短을 버리고 長을 취해 混用하는 것이 현명하다고 생각한다.

漢字의 長點인 視覺性 · 造語力 · 縮約力을 살리되, 그 短點인

字數의 過多는 常用漢字 1,800字(姓名用·地名用 별도 고려)쯤으로 하고 劃이 많아 쓰기 어려운 漢字는 略字로 해서 그 어려움을 덜었으면 하는 것이다.

機械化에 있어 漢字가 한글을 당할 수 없는 결함이 있었으나, 이제는 電子複寫가 되고 孔打가 있으며 漢字의 電算化도 현실화하기에 이르렀고 무엇보다도 解讀面에서 視覺性이 강한 漢字가 能率的인 것임은 누구나 體驗으로 아는 것이다.

앞으로의 造語에서도 漢字가 그 主要造語源임을 알아야 되고 國語醇化面에서도 漢字敎育은 强化되어야 한다.

漢字말의 發音을 옳게 하고 뜻을 제대로 알게 하며 범람하는 外來語(生硬한 外國語 포함)나 日語의 찌꺼기를 몰아내기 위해서도 우리말식 漢字造語力을 키워야 하는 面에서도 漢字敎育의 强化가 요청되는 것이다.

한편 우리의 國漢混用은 中國의 漢字만의 경우와는 달리 日本의 「漢字-가나混用」과 同軌의 것으로 表音·表意文字의 混用體制야말로 理想的인 것임을 인식해야 한다.

이제는 國漢混用體制로 굳히고 국민학교부터 모든 교과서를 國漢混用(다만 過渡措處는 필요하나 그 期間은 짧을수록 좋다)으로 하여 漢字교육을 철저히 하여 敎育效果를 높이며, 일반 社會에서는 폐단이 없는 限 한글愛用(전용이 아님)을 하고 우리말開發을 하도록 하는 것이 正道라고 생각한다.

Ⅱ. 漢字文化圈의 苦悶과 表音化운동의 背景 및 現況

漢字문제에 있어서 각 나라마다 漢字數가 많고 배우기 어렵고 쓰기 어려워 자연 文盲이 많았었다는 民族的 自覺에서 각각 表音化운동이 벌어졌으나 한편으론 적잖이 外勢의 使嗾 내지는 庇護 아래 進行되었음을 인식할 필요가 있다.

中共의 文字改革은 실로 國際共産黨과 소련의 文字侵略 음모로 그 主役은 스탈린이었다는 指摘이 있다.[1)]

中共의 毛澤東이 中國의 共産化를 위해 傳統文化의 근간이 되는 儒敎思想을 반대하여 批孔反儒운동을 벌이고[2)]그 一環으로 漢字를 버리고 로마字化를 궁극의 목표로 했다 한다.

北韓의 金日成이 소련의 庇護下에 집권하면서 傳統文化를 파괴하고 한글專用을 실시하였으며, 蒙古가 共産化되면서 자신들의 蒙古文字를 버리고 로마字化를 실시한 것이 같은 결과라고 指摘한 것은 正鵠을 찌른 말로 생각한다.[3)]

越南은 19C 불란서 統治下에 로마字가 國字로서 보급되어 젊은 學徒들이 漢字를 모름으로 해서 國學을 外面하고 自主性을 喪失하더니 드디어 共産化하였다.

日本의 경우, 敗戰 後에는 美軍總司令部의 이름으로 "日本의 敎科書를 모두 로마字로 하라"라는 방침을 내놓았다고 하고 볼少領이 그 急先鋒이었다 한다.[4)]

어떻든 當用漢字의 制定(1946. 11) 당시에는 美國敎育使節團으로부터의 로마字移行의 示唆가 있어 漢字制限의 氣運이 充溢해 있었다고 한다.[5)]

우리의 경우, 1945년 11월에 美軍政廳 학무국이 '조선교육 심의회'를 조직하고 그 교과서 분과위원회에서 "한자사용을 폐지하고, 초등·중등학교의 교과서는 전부 한글로 하되, 다만 필요에 따라 한자를 도림(괄호) 안에 넣을 수 있음"의 결의안을 12월 8일에 決議채택하고 美軍政廳 학무국에 의해 公表된 것이다.[6)]

---

1) 汗學文 : 論 中共的 文字改革, p. 3, 1978. 2.
2) 成元慶 : 中共簡化字, pp. 37-38.
3) 陳泰夏 : 語文硏究 48호, p. 536, 85. 12.
4) 大橋久利 : ダイミク セラーズ 發行.
5) 寺本前彦・瀨戶仁 : 改訂中學校學習指導要領の展開, 國語科編 漢字に關する事項, p. 147, 東京:明治圖書, 1977. 8.
6) 한글학회 50년사 : pp. 418-419, 1971. 12.

그런데 韓中日 三國의 表音化운동은 退勢에 있는 것이 아닌가 한다. 毛澤東이 言語改革 과도기 수단으로서 실시한 루비에 의한 普通話보급과 簡體字의 보급(확대계획은 中止)은 成功했으나 최후의 목표인 라틴化운동은 大陸內의 學者들까지 그 現實性을 부정하고 있었다[7]는 것이고 日本이 敗戰 後 충일했던 漢字制限의 기운이 크게 退勢, 常用漢字數가 늘고 漢字敎育이 强化되었으며 우리 또한 漢字가 恢復勢에 있는 것이 아닌가 한다. 로마字化다, 가나文字化다, 한글專用이다 하는 表音化운동의 發想이 비슷한데 東洋의 傳統이 그렇게 쉽사리 무너질 수는 없다.

Ⅲ. 漢字敎育 관련사항 略史와 言語反應

1945. 11. 13	한자페지회 發足(李克魯)
1945. 12. 18	美군정청 초·중등학교의 敎科書를 한글로 하로 決議(조선교육심의회)
1948. 10. 9	조선어학회 建議로 「한글전용에 관한 법률안」을 在席131명中 86:22로 可決, 公布[8]
1949. 9	漢字使用에 關한 建議案(任永信提案)을 座席人員 118명中 可89,否1로 可決
1950.	政府-국민학교에서 漢字교육 하기로
1951. 9	문교부 常用漢字 1,000字 制定
1957. 11	문교부 常用漢字 300字 追加
1963. 2	국민학교 교육과정 국어과 목록 4학년 읽기에 "일상생활에서 쓰는 한글과 한자, 숫자, 로마字의

7) 陳泰夏 : 中國의 語文敎育實態, 語文硏究 48호, p. 536, 簡體字도 失敗作이라는 證言도 있음(姜信沆).

8) 이 法案이 통과된 것은 ① 한글專用이 愛國이라는 생각과 漢字쓰기를 주장하는 것은 貴族的이요, 事大主義的이라는 그릇된 認識이 당시 共産主義者들과 國粹主義者(民族主義者)인 人士들 간에 공통적으로 있었던 것이 아닌가 한다. ② 우리 國語에 대한 理解不足과 漢字에 대한 認識不足에서 온 것이었다.

	구별을 알도록 한다."고 함.
1964. 7	국민학교 600字, 중학교 400字(도합 1,000字), 고등학교 300字(도합 1,300字) 범위 안에서 漢字를 露出시켜 難易度에 따른 段階的인 敎育을 實施하기로 決定[9]
1964. 11. 15	한글학회 한자교육 방침에 반대
1965.	以後의 國語科 모든 敎科書 漢字露出改編
1967. 3	문교부 542字 略字試案 발표 한글학회 등 反對로 포기.[10]

---

9) 이 方針이 발표되자 제 都下 각 신문은 社說로, 꼬십(사전에는 고십)으로 贊意를 표했던 것이다. 몇 新聞의 社說 취지를 옮겨보자.
「경향신문」은 '漢字混用의 敎育方針'(1964. 7. 18. 社說)에서,

우리는 敎育을 現實에 符合시키는 意味에서 漢字混用論을 하면서……
「朝鮮日報」는 '文敎部의 國漢文混用敎育 公式方案을 보고' 1964. 7. 19. 社說)에서,

國漢混用敎育을 公式化하려는 方針을 세운 데 대하여 原則上 贊意를 표한다. 그것은, …한글전용 교육이 國家民族에게 직접간접으로 형용키 어려운 정도의 巨大한 손실을 招來케 했다는 事實을 잘 알고 있기 때문이다.
첫째는, …4학년에서 시작할 것이 아니라 1학년부터 점진적으로 가르쳤으면 하는 것이고, 둘째는 常用漢字의 數 를 1,900字~2,000字 정도로 해서 文化發展에 별지장이 없도록 하는 것이 옳으리란 것이다.
「한국일보」는 '漢字敎育公式化를 찬성한다' 1964. 7. 24. 社說)에서 文敎部의 이번 漢字敎育公式化의 방안을 또한 원칙적으로는 찬성한다. 그러나 몇가지 견해를 말하면, …1,300字만으로 實效를 거둘 수 있는가, …다음으로…文字의 습득은 感受性이 예민한 어릴 적이 더 나을 걸로 생각되며, 또 처음부터 慣習化시키는 것이 효과적이라고 생각된다. 대체로 우리의 현행 언어에는 무수한 漢字用語가 섞여 있기 때문에 이같은 解得의 혼란을 막기 위해서도 국민학교 2,3학년부터라도 정상적인 학습과정으로 넣는 것이 옳지 않을까 한다.

10) 文敎部가 初·中·高校에서 가르치는 1,300字 가운데 복잡한 漢字 542字의 略字를 제정 발표함으로써 漢字를 전폐할 수 없는 현실을 認定하기도 한 셈이었다.
그런데 이 國漢混用의 현실을 認定한 略字案 발표는 한글專用論者들에게 반발을 받았고, '기왕이면 正字로'라는 또 다른 反論이 제기되어 實效를 거두지 못했다.

1968. 10. 9 朴大統領 1970. 1. 1부터 한글전용 促求[11]

결과적으로 漢字略字 是非는 한글전용이라는 지시를 내리는 契機가 된 셈이 되어버렸다.

그런데 이 한글專用으로의 즉시 旋回를 염려한 言論은 "文化的이어야 할 한글論議"(1967. 11. 10, 「朝鮮日報」 社說, "國文字專用再論"(1967. 11. 22. 「東亞日報」 社說), "딱한 한글專用의 神話"(1967. 11. 19.…朝鮮日報」 社說, "졸렬한 漢字政策"(1968. 5. 3. 「東亞日報」 社說, "無謀한 한글專用 計劃"(1968. 5. 3. 「朝鮮日報」 社說), "拙速피해야 할 한글專用"(1968. 1. 14. 「東亞日報」 社說) 등으로 그 無謀함을 나무랐다.

11) 이에 대해 "漢字혐오"(1968. 11. 19. 「東亞日報」 社說) "政治權力의 介入은 邪道-한글專用與否의 問題는 文化의 領域이다-"(1968. 11. 9. 「朝鮮日報」 社說), "한글論爭의 限界"(1968. 12. 22. 「朝鮮日報」 社說) 등 조선·동아의 兩大民族紙의 社說만으로도 급진적인 한글專用보다는 漸進쪽으로 신중을 期할 것을 촉구해 왔던 것이다.

실상 해방 후, 학교교육에서는 한글專用방향으로 치달리고 言論은 國漢混用으로 일관해서 平行線을 그어온 것은 잘못된 것이었다. 진작 步調의 일치를 보여야 할 일이었다. 결국 政府의 獨走가 문제였는데 언론에서도 漢字漸滅의 노력이 없었던 것은 아니다.

1968년 11월 2일 국어국문학회는 臨時總會(代表理事 南廣祐)를 열어 1962년 1월 한글전용문제가 대두되었을 때의 한글전용은 점진적으로 하는 것이 좋다는 建議를 再確認하고 이어 漢字教育문제로 議題를 좁혀 討議한 결과 漢字教育은 국민학교부터 단계적으로 해야 한다는 원칙을 確認하고 각 회원에게 書面으로 의견을 타진한 바 回信결과는 朝鮮·東亞紙 등에 "「制限漢字」 사용 거의가 贊成"(答信 「국어국문학」 44·45 합병호, pp. 461-465, 1969. 6. 26. 「東亞日報」), "漸進的 한글專用 68%(1969. 6. 26. 「朝鮮日報」)라는 題下에 보도되었다.

그리고 應答者 109명 중,

- 국민학교 課程에서 漢字를 가르쳐야 한다 : 71명
- 국민학교 국어교과서도 종전대로 600字 정도는 가르쳐야 한다 : 73명이었다.

한편 "拙速 한글專用反對, 著名人士 181명 語文教育研究會 발기"(1969. 6. 28. 「東亞日報」, 1969. 6. 29. 「朝鮮日報」)의 신문記事와 "語文教育의 危機"(1969. 6. 29. 「朝鮮日報」), "한글專用과 漢字教育""(1969. 6. 30. 「中央日報」)이라는 社說로 한글專用의 拙速을 나무랐다.

그 후 1969년 8월 7일, 8월末까지 初中校 教科書를 한글로 改版하겠다는 文教長官(洪鍾哲)의 발표가 있자 "暴走하는 語文政策"(1969. 8. 10. 「朝鮮日報」), "漢字없는 教科書"(1969. 8. 11. 中央日報), "한글專用은 점진적으로"(1969. 8. 12. 「東亞日報」)와 같은 社說 등으로 그 無謀한 思考의 지양을 바랐다.

1969. 7. 31 韓國語文敎育硏究會(會長 李熙昇)發足 敎科書 漢字廢止 中止促求[11)]

1970. 1. 1 한글전용 斷行

1970. 3. 1 각급학교 모든 교과서 한글改版(長官 權五炳)

3. 8 韓國語文敎育硏究會 등 20개 학술단체 漢字敎育復活促求建議案[12)]

1971. 7. 3 語文敎育是正促求建議案(韓國語文敎育硏究會, 국어국문학회, 국어학회, 韓國國語敎育硏究會) 國務總理(金鍾泌)에게 傳達[13)]

1971. 9. 21 學術院은 國務總理 諮問에 答申 "國民學校로부터 단계적으로 漢字敎育을 실시하되……"라고 하여 "漢字敎育을 실시하는 것에 全的으로 贊成한다" 라는 答申[13)]

---

12) "한글專用敎科書 開學 첫날부터 말썽-漢字音만 그대로 옮겨 '오등'·'천인단애' 등 이해에 힘들어."(1970. 3. 3.「朝鮮日報」), "拙速과 혼란 敎科書 한글專用, 억지 뜻글자소리化, 敎師는 原本依存授業 지장, 理解 무시한 注入式敎育"(1970. 3. 4.「東亞日報」) 등 社說과 '횡설수설'(1970. 3. 7.「東亞日報」)이 政府의 반성을 촉구하기도 했다.
1969년 7월 韓國語文敎育硏究會(會長 李熙昇)가 등장하여 國語國文學會 등과 語文政策 중 한글專用 반대, 漢字敎育의 復活 내지 강화촉구 문제는 공동보조를 취해왔던 것이다.
1971년 3월 8일 漢字敎育促求建議書(20개 學術團體 명의)를 내기도 했다. 이 建議에 대해 都下 각 신문이 대대적으로 取材報道하고 社說 등으로 호응했는데 社說만을 소개하면 "漢字敎育의 復活問題"(1972. 3. 13.「京鄕新聞」), "語文에 혼란없도록"(1971. 3. 13.「東亞日報」), "語文學術團體의 漢字敎育復活建議"(1971. 3. 12.「朝鮮日報」), "漢字敎育 復活論議"(1971. 3. 12.「韓國日報」가 그것이다.

13) 이 건의가 각 신문에 크게 보도되고 "常用漢字의 敎育"(1971. 8. 5.「中央日報」)이란 社說이 나가기도 했다.
이 答申 내용이 보도되자 언론은 크게 歡迎했는데 "文字政策을 되씹어 볼 때다"(1971. 9. 23.「京鄕新聞」 社說), "語文政策의 再檢討"(1971. 9. 24.「東亞日報」 社說), "漢字敎育의 復活論"(1971. 9. 24.「新亞日報」 社說), "語文政策再檢討의 契機-學術院의 답신은 결정적인 기초가 된다"(1971. 9. 23.「朝鮮日報」), "漢字敎育을 復活하라"(1971. 9. 23.「全南日報」 社說)가 그것이다.

1972. 8. 17 文敎部 中・高校 漢文敎育用 基礎漢字 選定 발표.

1972. 9 中學校와 失業高校 漢文敎育復活(文敎長官 閔寬植)

1973. 4. 20 劉鳳榮文公委員 主管 大學生의 國語(漢字語)實力 調査報告書(劉鳳榮・南廣祐) 한글專用으로 國語實力의 低下現象이 나타났다는 것 統計分析으로 提示14)

1974. 7. 11 '75 新學期부터 中・高교과서에 漢字倂用方針발표(文敎長官 閔寬植)15)

1975. 3 中・高校 國語敎科書 괄호안 漢字復活

1975. 6. 26 "敎育效果를 높이기 위하여 國民學校부터 漢字敎育을 實施하는 것이 좋다"는 大韓敎育聯合會의 建議를 받고 "빠르면 내년부터 실시할 것을 檢討추진中에 있다"고 발표(文敎長官 柳基春)16)

---

14) 實力調査는 서울大・延大・高大・慶北大 등 全國 12개 大學에서 시행되었는데 그 조사결과는 그 企劃을 하고 監督에 가담했으며 그 채점과 統計의 일을 지휘한 南廣祐에 의해 분석되었는데 1973년 4월 20일 서울新聞會館에서 報告會를 가졌었다.

이 보고는 京鄕 각 日刊紙는 물론, 週刊紙에까지 대대적으로 취재보도되었는데 "大學生의 漢字語實力"(1973. 4. 21.「中央日報」社說), "대학생 漢字實力의 교훈"(1973. 4. 22.「朝鮮日報」社說), "語文敎育의 反省과 强化"(1973. 4. 23.「東亞日報」社說), "漢字敎育 강화하라-新聞 더 못보는 대학생 實態"(1973. 4. 23.「全北每日」社說), "대학생의 國語實力을 높일 방안을 강구하자"(1973 . 4. 23.「京畿每日」社說)는 社說로 漢字敎育의 강화를 강조했다.

15) 이 사실은 대대적으로 신문에 보도되고 "漢字敎育 還元의 의미"(1974. 7. 12.「京鄕新聞」社說), "正常復歸한 語文政策"(1974. 7. 13.「서울신문」社說), "正道찾은 語文政策"(1974. 7. 13.「朝鮮日報」社說), "漢字의 敎育"(1974. 7. 16.「中央日報」社說), "國漢文倂記體制의 決斷"(1974. 7. 13,「韓國日報」社說), "語文政策의 變遷"(1974. 7. 15.「東亞日報」횡설수설)으로 환영의 뜻을 表했다.

이에 즉각 韓國語文敎育硏究會에서는 文敎部敎科書漢字倂記決定支持聲明書를 냈다.

16) 1975. 6. 26 국민학교 漢字敎育 실시를 檢討中이라는 발표에 대해 각 신문은 대대적으로 取材보도 했는데 東亞日報는 "漢字敎育은 빠를수록 좋다" 1975. 6. 27)는 社說로 즉각 贊意를 표했다.

1976. 7. 28　著名人士 300名, 國民常用漢字制定・국민학교 漢字教育復活촉구 건의서[16]

1976. 9. 22　文教部 국민학교 漢字教育 않기로 발표[17]

1977. 8. 18　朴大統領 常用漢字에 관해 談話 발표

1978. 7. 4　韓國語文教育硏究會는 73個 學術團體 및 345名 著名人士(各界)의 連署同調로 "국민학교부터 국어 교육의 一環으로 漢字가 露出된 教科書로 漢字教育을 할 것과 教育은 有機的 반복적으로 행할 때 그 效果를 거둘 수 있음에 비추어 모든 教科 書에도 필요한 漢字를 混用하기를 促求[18]

1976. 7. 26 著名人士의 국민학교・漢字教育 復活촉구 때도 각 신문은 대대적으로 이 사실을 취재보도했다. "漢字教育은 빠를수록 좋다. -常用漢字制定과 早期教育建議에 붙여-"(1976. 8. 4.「東亞日報」社說), "常用漢字의 교육"(1976. 7. 31.「中央日報」社說), "漢字教育의 확대"(1976. 7. 31.「新亞日報」社說), "국민학교부터 최소한의 常用漢字를 가르치는 것이 당연한 길"(1976. 8. 10.「한국일보」平行線) 등으로 贊意를 표했고, 서울신문 社說(1976. 7. 30)은 "漢字 내지는 漢文教育 그 자체를 반대하는 입장이 아닌 우리는"이라고 일단 교육에 대해서는 贊意를 표하고 常用漢字制定에 대해 서는 漢字의 永久化를 염려하여 異議를 제기해 政府기관지로서의 체모를 지키고 있다.

17) 國校生과 漢字教育-또 이의 早期實施를 촉구한다"-(1976. 9. 24.「東亞日報」社說) "國校生 漢字教育의 白紙化"(1976. 9. 28.「中央日報」社說)를 내어 漢字교육은 마땅히 국민학교에서부터 해야 될 當爲性을 세웠다.
「東亞日報」는 各界反響이라 하여 '常用漢字 즉각 制定하라'(南廣祐), '알면 便利하고 有用하다'(權重輝), '文化的 측면에서 꼭 필요'(金仁會), '부담간다고 안 가르쳐서야'(韓萬年), '하루 아침에 버릴 수는 없어'(姜龍俊), '폐지하려면 新聞・雜誌부터'(金慈璟) 등을 실었다.
1977. 8. 18. 朴大統領은 常用 漢字에 대해 "현실적으로 常用되고 있는 漢字를 없애자는 극단적인 주장도 옳지 않지만 常用漢字를 현재보다 늘려야 한다는 주장도 옳지 않은 것이며, 어느 面에서는 시대에 逆行하는 것이라고 생각한다"라는 견해를 피력했다.

18) 이 두 건의서는 言論의 대대적인 반응을 불러일으켰다. "절름발이 國語教育-이래서야「國籍있는 教育」되겠는가"(1978. 8. 6.「京鄕新聞」社說), "國語學과 漢字教育"1978. 8. 4.「東亞日報」社說), "우리글을 제대로 못 쓴다. 國語教育은 강화되어 마땅하다"(1978. 7. 19.「서울신문」社說), "불실한 國語教育"(1978. 7. 31.「中央日報」社說) 등의 社說과 朝鮮・한국

1978. 7. 13 국어국문학회 · 국어학회 · 韓國語文教育研究會 · 韓國國語教育研究會 등 語文관계 7개 學術團體 國語教育強化促求建議書를 냄[18)]

1981. 5. 31 大統領閣下께 드리는 建議書-국민학교 漢字教育強化와 漢字混用교과서 편찬을 바라는-尹潽善 · 李熙昇 · 兪鎭午 등 總2,072名 學界 · 教育界 · 政界 · 法曹界 · 言論界 · 宗教界 · 文壇人士 등 第八次까지 總4,571名(1984. 8. 31현재)

1984. 3 全南道教委(3월) 江原道教委(6월) 忠南道教委(8월)에서 국민학교 漢字教育실시.

1984. 11. 13 韓國語文教育研究會(會長 李熙昇) 語文教育是正促進會(會長 申淳彦) 연서로-국민학교 漢字教育復活과 漢字混用교과서 편찬을 바라는-建議書 賛同署名者 8,568名

1985. 7. 10 韓國國語教育研究會(會長 李應百) 初 · 中 · 高校의 한글 및 漢字教育政策 是正促求建議文

1986. 4. 7 韓國語文教育研究會(會長 李熙昇) 등 5개 단체 86行事에 즈음한 거리 看板 등 改善에 관한 建議[19)]

1986. 7. 21 韓國語文教育研究會(會長 李熙昇) 제5차 教育課程 개편審議에 부쳐 國民學校漢字教育과 漢字混用教科書 促求

1986. 8. 10 成均館(館長 朴重勳) 儒道會總本部(委員長 金敬洙) 第五次教育課程 改編審議에 부쳐 國民學校에서부터 漢字指導할 것과 배운 漢字 露出할 것 建議

등 全日刊紙의 取材報道로 큰 관심을 나타내었다.

19) 이 建議에 대해 朝鮮·中央兩紙의 取材報道가 있었고 이와 관련하여 "漢字의 早期教育"(1986. 4. 23. 「東亞日報」 社說)이란 글을 통해 국민학교부터의 漢字교육을 시키는 政策轉換의 必要를 論했다. "거리看板改善建議에 대한 是非를 보고"(1986. 5. 17. 「朝鮮日報」가 실림).

Ⅳ. 한글專用의 功過

<한글專用의 功>

1. 開化期時代나 해방직후 한글專用으로 國文밖에 모르는 사람들에게 한글로 된 책이나 신문을 읽을 수 있게 한 時代的인 功이 있다.

2. 한글 聖經으로 天主敎나 基督敎를 보급하는 데에 貢獻했다.

3. 放送用語나 對話用語가 쉬어졌다.

4. 文化의 大衆化·普遍化에 寄與했다. 한글전용으로 된 책 읽는 人口가 늘었다. 新聞·月刊雜誌 등에 눈에 띄게 漢字가 줄어들고 특히 女性誌는 거의 한글專用이다.

5. 印刷나 打字機·컴퓨터處理 등에 있어 漢字보다 쉽다.

6. 文章이나 用語가 쉬워졌다. 특히 어려웠던 각종 專門用語가 쉬운 用語로 바뀐 게 많다.

7. 순우리말 活用으로 文學性이 提高됐다. 詩나 小說, 隨筆, 戱曲 등

8. 海外同胞들에게 한글敎育으로 故國의 신문을 읽게 하고 한글看板을 달게 하는 등 母國에 固有文字가 있음을 알리는 것은 自尊心을 심어 줄 수 있어 좋다.

<한글專用의 過>

1. 國民의 知性低下 : 高級스런 文化用語·學術用語·技術用語 등 西歐化 경향도 있지만 아직도 漢字語가 많은 現實에서 思考能力을 前提로 하는 國民의 知性低下

2. 敎育效果 減退 : 漢字敎育이 國語敎育의 지름길, 국어를 媒體로 하는 모든 敎育의 效果를 增進하는 要諦이므로 漢字를 모르는 것이 敎育效果를 減退해 온 主要因, 제나라 新聞 하나 제대로 못 읽는 半文盲量産

3. 國語의 混亂招來

① 人爲的 改造語……作爲的 印象을 주어 心理的으로 違和感을 준다.

肉類-고기붙이, 記憶-갈무리, 使用-부려쓰기.
北韓의 殺菌-균죽이기, 近視-바투보기눈, 暖流-더운물흐름式과 脈이 같은 發想.

② 뜻을 正確히 모른다. 특히 同音異義語.

不正・不貞・不定・不淨・不精・否定・父情・夫情

그밖에 「莫逆」을 「漠然」으로 「冥福」을 「命福」으로 「眼鏡拾得」을 「顔鏡拾得」으로 잘못알고 있는 것은 한글전용敎育으로 빚어진 결과다.

③ 發音・맞춤법 등 混亂

4. 現實適應을 못한다.

洞會書記, 軍隊, 郵遞夫, 校正員 등의 職務遂行上의 어려움. 최근 官公署, 公共團體, 企業體 등에서는 물론, 一般 婦女子들 사이에서도 漢字・漢文공부가 성행하고 있는 것은 한글世代의 自救策이다.

5. 學術의 發展沮害, 특히 人文科學・社會科學・韓國語文學・國史學・東洋史學 등 日本에 뒤질 조짐이 있다.

6. 傳統文化를 輕視하는 風潮가 생긴다.

① 한글表記의 경우, 過去의 人名・地名, 그밖의 固有名詞・歷史的 事項 등 漢字로 된 것이 모두 無意味한 소리로 轉落하거나 엉뚱한 뜻으로 映像化한다.

姓名三字 「姓을 갈 놈」이 最大의 욕이요, 日帝時代 創氏改名이 얼마나 恥辱的이었던가. 姓은 血統을 밝히는 것이요, 行列은 血族사이의 관계를 보이는 것이며, 이름字는 父祖의 子孫에 대한 愛情이나 所望이 담긴 것.

正貞榮哲崇卓昌明賢信…등

「나라, 시원, 민들레, 튼튼이, 하나, 시내, 보라, 보람, 가까스로 놈이, 진달래, 나리, 아름」과 같은 순우리말式이름을 짓기도 하나 보통명사와 혼동되는 등 문제점이 있으며 朴→「박」으로 적으면 내 姓이 아니라는 主張이 있다.

申辛愼-新(신) 呂余-女(여) 全田錢-前(전) 「이개 임신중 주길련 강병원 강연구 임신부 한정식 허무 이호(부인)」

등 이름이 問題.

② 우리나라의 漢字로 된 20만권 쯤의 書籍은 死藏되어 좋은가.

崔致遠, 李滉, 李珥, 鄭若鏞 등 大學者의 脈은 끊어져서는 안된다. 漢字漢文敎育으로 저변확대해야 하며 國漢混用으로된 책을 읽도록 해야한다.

7. 同文化圈에서의 落後. 東洋文化는 漢字文化다. 日本과 中共의 浮上은 두드러지고 우리는 그들과 地政學的으로 이웃이며, 同文化圈의 一員이다. 우리가 知力에 있어 그들에게 뒤질 수는 없다. 한글전용교육의 계속은 이들에게 落後되는 결과를 가져온다.

8. 漢字의 造語를 통한 엄청난 造語源의 喪失로 말미암아-순우리말의 造語力은 다소간 恢復한다 해도 限界가 있으므로-西歐系外國語나 日製漢字語가 판을 치고 있다.

9. 한글에는 表意性이 없으므로 치밀한 思考나 正確한 判斷에 不適하다.

10. 電話번호부나 商店看板·道路標識板 등 漢字 모르는 이들이 볼 수 있는 利點이 있으나 人名·地名·商店 이름 등 漢字로 된 것은 그 기억이 쉽고 오래 가는데, 한글로 된 것은 映像化되지 않기 때문에 기억이 잘 안 되는 것이 있다.

11. 印刷나 機械化에 한글專用이 利點의 一面이 있으나, 反面

文選工이나 打字手는 한사람이므로, 그 時間的 利點에 비해 읽는 사람은 百도 千도 萬도 되므로 읽는 이의 不便은 莫大한 것이다.

漢字는 判讀이 쉬워 文字中 가장 效率的이다. 다만 배우는 데에 時間이 걸릴 뿐인데, 배우는 것도 읽는 쪽은 한글이나 餘他 言語보다 훨씬 빠르다. 다만 쓰는 것만이 느릴 뿐인데 그러나 쓰는 문제도 컴퓨터나 워드프로세서의 새로운 硏究開發로 解決되어가고 있다.

打字를 할 경우, 漢字 「美」는 키를 한번 누르면 되는데 한글 「아름답다」는 10번, 英字 「beautiful」은 9번을 누르게 되어 한글이 有利하다는 强點이 줄어들고 漢字가 有利해져간다.

Ⅴ. 國民學校 漢字敎育의 當爲性과 그 具體的 方法

1. 國民學校 漢字敎育의 當爲性

(1) 漢字語의 母胎가 되는 漢字교육이 바로 국어교육의 지름길이므로 우리말에는 「순우리말·漢字말·外來語」가 있다. 국어대사전(李熙昇 編)의 통계에 의하면 모두 257,854單語가 실려있는데 그 中 순우리말은 62,913, 漢字말은 178,745, 外來語는 16,196으로 漢字말은 전체의 69.32%나 된다.

이처럼 우리말의 70%가 漢字말이요, 그리고도 순우리말은 日常生活用語가 主인데 比하여 漢字말은 高級文化에 속하는 말이 대부분으로 우리말의 척추와 같은 存在임에 비추어 漢字말의 母胎가 되는 漢字교육이 바로 국어교육의 지름길이다.

一例로 基礎漢字에 「사」音 漢字가

士仕史使射謝四師寺死絲事思舍巳私社司蛇捨邪賜斜詐沙査寫辭似斯祀

등 32字인데 이들의 造語數는 1,617개다(東亞漢韓大辭典). 이들 말의 뜻을 漢字知識없이 기억한다는 부담이 얼마나 클 것인다.

(2) 漢字의 놀라운 造語力

현행 기초漢字 1,800字 중 中學校用 기초漢字 900字가 앞에 놓여 이루어진 말 總數가 62,374로 뒤에 놓여 이루어진 말 總數가 9,855다(동아출판사 漢韓大辭典에 의함).

이런 놀라운 造語力이 바로 국어교육의 一環으로 漢字教育을 국민학교부터 해야 된다는 理論的 근거의 하나가 되는 것이다.

精選된 900-1,000字 정도의 漢字교육으로 수많은 漢字말의 뜻을 쉽게 正確하게 理解하고 고 그 記憶을 오래 간직할 수 있다.

물론 이 정도의 學習으로도 부담이 따르는 것은 사실이지마는 漢字를 모르고 漢字말의 뜻을 하나하나 英語單語의 뜻을 외듯이 個別的으로 기억하는 것보다는 훨씬 能率的인 것이다.

(3) 同音異義語 등이 많은 漢字말의 特性

漢字말에는 同音異義語가 매우 많다. 중사전(한글학회)에 91,825 單語 중 22,983單語가 漢字말 同音異義語니까 總單語의 4分의 1이 되는 셈이다.

同音異義語에는 2개(國家・國歌)짜리에서, 6개짜리(冬期・同期・同氣・動機・童妓・銅器)는 말할 것도 없고 7,8개(不正・不定・不貞・不淨・不精・否定・副正・負定)짜리도 수두룩하며 10개가 넘는 것도 적지 않다.

「국어대사전」에는 4,5萬개의 同音異義語가 있는 것으로 推算되며 18개(상사・사전・정수), 심지어 23개짜리(사기・고사)도 있다.

同音異義語 말고도 漢字없이 뜻 識別이 어려운 한글一哥 한글兄弟도 수없이 많다.

'사'音 한글一哥('사'字 同姓) 한글兄弟('사'字 항렬)는

사감・사고・사기・사설・사실・사장・사정・사제・사족・사족・사직・사채・사표……가사・감사・공사・관사・대사・독사・면사・상사・은사・의사・치사・하사……

뿐이 아니다. 앞에서 同音異義語란 말을 썼지만 엄밀하게 따지면, 가령 한글로 '금수'로 적어도 '禽獸·禁輸·錦繡'가 있는 바 '禽獸'의 '禽'은 짧게 발음하고 '禁輸·錦繡'의 '禁·錦'은 길게 발음되는 것이다. '成人·聖人'도 그렇다. 발음이 다르다. 이런 同綴異義語數가 많아 漢字말의 경우 한글학회 「중사전」에는 6,796개가 있다는 통계가 있으므로 同綴異義語를 두 개씩만 잡아도 6,796×2=13,592 語彙는 長短구별을 해야 하는 형편이다.

이 比率로 따지면 「국어대사전」에는 數萬의 同綴異音語가 있다고 보아야 한다. 그런데 同綴異義語에는(괄호 안은 발음표시, : 는 긴소리)

정가…丁哥·鄭哥(정:가)·定價(정:까)·正價(정:까)·情歌
시가…詩歌·媤家·市街(시:가)·時價(시까)·市價(시:까)
사적…私敵·史蹟(사:적)·史籍(사:적)·私的(사쩍)·史的(사:쩍)

과 같은 것도 있어서 長短뿐만 아니라 된소리냐 아니냐도 구별되어야 하는데 '定價·正價·時價·市價·私的·史的'이라 쓰고 그 '價·的'을 된소리로 읽는다고 가르치면 '高價·米價·物價·廉價·公的·美的·人的·知的·情的'의 발음도 自得할 수 있다.

이런 것을 '정가·사가·사적·공적·정적' 등으로 적으면 뜻은 姑捨하고 제대로 읽을 수도 없는 것이다.

漢字無識의 한글 世代는 이렇게 해서 量産된 것이다.

표기법도 그렇다. 특히 同音語의 경우, 국리와 궁리, 격멸과 경멸, 문리와 물리, 국문와 궁문, 학문과 항문 등을 漢字知識없이 구별表記한다는 것은 英語 스펠링외는 식의 부담이 따르는 것이다.

以上에서 본바와 같이 한글표기로 漢字말의 뜻, 그 發音, 그

表記를 외는 것은 漢字 공부의 몇 10倍의 노력이 필요하다.

國民學校부터 漢字敎育을 하라는 理由의 하나가 여기에 있다.

(4) 同文化圈 안의 漢字敎育 現況에 비추어

① 中國 : 그들은 漢字專用이므로 우리와는 事情이 다르다.

中共의 言語敎育은 漢字에 로마字로 루비를 달아 표준발음敎育을 60時間쯤 한 후에 루비를 단 漢字만의 讀本에 의해 小學校 졸업까지에 3천 5백字 쯤의 漢字敎育을 한다.[20)]

北京의 第二實驗小學의 校長은 "1·2年生에 1,200字쯤이 목표지만 지금은 大躍進의 時代이까 1,800字쯤 외게 하고자 생각하고 있다"고 했다 한다.[21)]

臺灣은 主音字母로 표준발음敎育을 10週동안(120時間, 首冊으로)하고 4학년까지에는 主音字母로 루비를 달아 가르치고 5·6학년 冊은 루비없이 國語를 가르친다. 필자가 최근에 入手한 최근 國語敎科書에 의하면 6年 12冊에 나오는 漢字數는 2,838字(+96字)[22)]다. 그러나 다른 敎科書에만 쓰인 漢字도 있을 것이므로 3千字 內外를 가르치게 될 것이다.

② 일본 : 漢字가나混用體制다. 常用漢字 1,945字(敗戰을 잊지 말자는 意志의 暗示로 본다)로 小學校 1학년부터 6학년까지에 1千字, 中學校가지에 常用漢字를 가르치되 高校까지에는 쓰기까지의 完成을 期한다.

그러나 실제로는 一流私立高校에서 常用漢字의 쓰기까지를 요구하는 入試문제가 나오므로 中學校에서 그 쓰기까지의 完成을 목표로 할 수밖에 없다는 것이다.

한편 幼兒園·保育園에서의 漢字敎育이 盛行하여 實効를 거두고 있음은 널리 알려진 사실인데 특히 石井勳의 石井式漢字敎

20) 東亞日報 1981. 9. 19. 3面 "漢字宗主國의 問字고민".
필자 註 : 3,000字 쯤이라 하기도 한다.

21) 倉石武四郎, 漢字·日本語·中國語, p. 144, 東京 くろしお出版, 1981. 6.

22) 旣出字로서 聲調가 다른 漢字數.

育[23]이 유명하다.

③ 北韓 : 한글專用이던 北韓도 1964. 1. 3 金日成 談話 "지금 南朝鮮사람들이 우리 글자와 함께 漢字를 계속 쓰고 있는 이상, 우리가 漢字를 完全히 버릴 수는 없습니다. 만일 우리가 지금 漢字를 완전히 버리게 되면 우리는 南朝鮮에서 나오는 新聞도 雜誌도 읽을 수 없게 될 것입니다. 그러니 一定한 期間 우리는 漢字를 배워야 하며 그것을 써야합니다."가 있은 후 1968년도부터 中學校에서 漢文[24] 1시간이 되었다는 것이다.[25] 그런데 그들의 學齡은 우리보다 한 살이 낮다는 것이고 人民學校는 4年制이므로 우리로 치면 國民學校 2학년 學齡에 漢字敎育을 시작하는 셈이다.

우리는 地政學的으로 中共과 日本 사이에 있는바, 최근 그들의 浮上은 두드러진데 同文化圈에서 우리만 뒤질 수는 없다. 그런데 우리는 여러 條件에있어 不利하다. 이것을 克服하는 길은 敎育에 의한 知力과 倫理力 伸張에 있다고 본다. 敎育의 成敗가 국가 운명을 左右한다. 한글 전용 敎育으로 先進國으로의 발돋움이 可能하겠는가.

(5) 어려서 漢字敎育을 해온 先驗에 비추어 한글전용교육은 1945년 12월 美軍政廳下에 조선교육심의회가 初·中等교육에서는 원칙적으로 한글을 쓰고 漢字 안쓰기를 建議한데서 비롯된 美軍政의 遺產이다.

① 過去에 幼兒에게 千字文·類合·訓蒙字會를 가지고 傳統的으로 한자교육을 해온 先驗이 있다.

② 開化期에 初等敎育課程에서 모든 교과서를 國漢混用으로 하여 敎育을 해왔고 이것은 日帝侵略시대에도 모든 學科의 교육이 漢字混用 교과서로 계속되었다.

---

23) 石井勳の漢字教室 1·2·3·4·5 本卷 5·別卷4, 1983. 10, 東京 双柿舍.
24) 北韓 言語政策 資料集. p. 15, 極東問題研究所, 1973. 8.
25) 金敏洙, 北韓의 國語研究, 1985, 高大出版部.

③ 光復 후, 1948년 한글전용법안이 公布되었으나 1949년에 漢字使用에 關한 建議案(任永信議員提案)이 可決되어 국민학교에서도 4학년부터 漢字敎育이 행해졌고(1951년) 1964. 7 共和黨 政權下에서도 國民學校 600字, 중학교 100字(도합 1,300字) 범위 안에서 漢字를 露出시켜 難易度에 따른 段階的인 敎育을 실시하기로 決定하여 국어과 모든 敎科書는 漢字露出混用돼 교육(65년 봄~70년 봄)한 일이 있다.

(6) 早期敎育의 效能과 우리의 現實에 비추어

早期敎育은 세계적인 추세다. 우리도 어려서 千字文 등에 의한 漢字敎育을 해온 것이 오랜 傳統인데 漢字가 어렵다는 것은 어른의 杞憂에 지나지 않는다. 우리나라의 경우, 國·中만으로 학업을 폐하는 少年少女가 얼마나 많은가. 우리는 이들에게 900~1,000字 정도의 早期漢字敎育으로 推理力·思考力을 길러 知能啓發을 하고 環境(社會에서의 文字生活)에 適應할 수 있는 能力을 주어 獨學이라도 하여 漢字를 필요로 하는 業種의 직업이라도 가질 수 있는 힘을 길러 주기 위해서 국민학교부터의 漢字교육이 필요하다.

(7) 輿論의 절대적인 支持와 學父兄의 呼應

① 漢字敎育 관련사항 略史에서 밝혔듯이 국민학교부터 漢字敎育하라는 學術院答申(71. 9) 大韓敎聯建議(75. 6) 73個 學術團體 및 345名 著名人士建議(78. 7) 尹潽善·李熙昇·兪鎭午 등 學界·敎育界·政界·法曹界·言論界·宗敎界·文壇人士 등 4,571名(81. 5~84. 8) 儒林建議 8,568名(84. 11) 등이 잇달았다.

② 全南敎委(84. 3) 江原敎委(84. 6) 忠南敎委(84. 8)가 國校에서 漢字敎育 실시하고 있을 뿐 아니라 서울을 비롯한 전국 각지의 公私立 국민학교에서 아침 自習時間이나 特活시간 등을 利用해서 漢字敎育을 실시, 實效를 거두고 學父母의 대단한 呼應

을 얻고 있다.

③ Ⅲ 漢字敎育 관련사항 略史註에서 밝혔듯이 국민학교 漢字敎育에 대한 言論의 一貫한 절대적인 支持가 있어 왔다.

이상 국민학교 漢字敎育에 대한 衆論은 決定的인 것으로 본다. 이제 남은 것은 政策當局의 賢明한 決斷뿐이다.

2. 國民學校 漢字敎育의 具體的 方法

(1) 具體的方法에 앞서 생각해 볼 문제

국민학교에서의 漢字敎育에 대해 두가지 懷疑的인 反應이 있을 수 있다.

① 국민학교를 졸업하고도 한글을 제대로 읽고 쓸 줄 모르는 학생이 10% 以上이나 된다고 하면서 그보다 어려운 漢字를 어떻게 가르치느냐.

② 그동안의 한글전용교육으로 국민학교 敎師들이 漢字를 모르는데 어떻게 漢字指導를 할 수 있겠느냐는 것이 그것이다.

①의 懷疑에 대하여 : 그것은 과거의 한글敎育이 單語를 활용해서 字母·音節表지도로부터 시작해야 할 文字指導 방법을 취하지 않고 文章으로 시작되는 文字敎育의 잘못으로 빚어진 결과다.

'바둑이와 철수' 以來 一貫되어온 교육방법을 淸算하고 體系的 合理的으로 하면 2學年까지에 한글교육은 마칠 수 있다.[26]

②의 懷疑에 대해서는 第5次 敎育課程에 따른 新敎科書는 89년부터 使用하기로 되어 있다. 敎員硏修나 自體硏修의 시간적 여유는 충분하다. 한글世代敎師라 할지라도 2年制 내지 4年制大學을 나오고 그런 能力을 갖추지 못할 까닭이 없다.

(2) 漢字敎育에 앞서 한글指導의 철저를 期함은 물론, 漢字敎

---

26) 拙稿, 한글과 漢字의 體系的 敎育方法의 一考察, 語文硏究 50호. pp. 181-201, 1986. 7.

育은 音訓指導를 통해 漢字말의 뜻과 읽기 指導에 重點을 두고 쓰기[書寫]는 劃이 적고 日常性이 있는 것에 限해 권장한다.

① 한글의 基本音節表(된소리 · 二重母音 포함)와 받침의 대강을 1學年 1學期에 완성하도록 한다. (試案있음)

② 한글音節字의 深化反復學習을 2學年末까지 마치게 한다.

③ 1學年부터의 學年別 配定漢字表에 의해 漢字 1,000字를 읽게 하고 漢字쓰기는 3學年부터 6學年까지에 500字를 익히도록 한다.[27)]

④ 效果的인 發音指導를 위해 各 卷別 初出 긴소리 音節字를 欄外에 표시한다. 다만 1학년의 경우는 單元別 初出 긴소리 音節字를 표시하기로 한다.

된소리表示는 1학년 2학기부터 3학년까지에 틀리기 쉬운 것 중심으로 표시한다.

⑤ 국어사전 찾기는 3 · 4학년에, 漢字字典 찾기는 4 · 5학년에 각각 指導한다.

⑥ 국민학교 敎師는 全科目 담당이요, 生活指導를 할 수 있으므로 全日 · 全人敎育을 할 수 있다.

(3) 具體的事例를 통한 漢字敎育方法

① 漢字의 音과 訓을 가르친다. 이것이 우리나라의 漢字敎育의 傳統的方法이다.

---

27) 국민학교 各 學年別 漢字配定表

第一案 / 第二案

學 年	읽 기	쓰 기	學 年	읽 기	쓰 기
1	50		1		
2	100		2		
3	150	50	3	200	100
4	200	100	4	200	100
5	250	150	5	250	125
6	250	200	6	250	125
計	1,000	500	計	900	450

ㄱ. 漢字表記로 가르치면 뜻을 바로 알아차릴 수 있는 利點이 있다.

國…나라국
1, 2, 3학년 각 교과서에 나오는 말(복합어 제외)
國家 國歌 國軍 國旗 國立 國民 國寶 國語 國土 國花 愛國歌 外國
4, 5, 6학년 교과서에 나오는 말
國境 國慶日 國交 國內 國道 國力 國論 國務 國防 國法 國史 國産 國營 國王 國外 國威 國政 國際 國債 國風 國會 各國 10여個國 開國 故國 救國 歸國 內國稅 大國 萬國 亡國 母國 屬國 殉國 入國 敵國 全國 諸國 祖國 護國 先進國 會員國

이들 말의 '국'을 '國'으로 적고 '나라 국'으로 가르치면 '나라'의 뜻이 있음을 正確하게 한눈으로 알 수 있다.

電話局(바른2-2 사3-2) 藥局(바른2-2) 當局(도) 結局(국·사·도·자·체) 菊花(국·사·실) 등 '국'과의 意味識別도 쉬워진다.

뿐만 아니라 國家는 國歌, 本國은 本局, 諸國은 帝國, 國花는 菊花 등 同音異義語의 구별이 쉬워진다.

敎…가르칠 °교
1, 2, 3학년 교과서에 나오는 말(복합어 제외) °표는 긴소리표
敎科書 敎室 敎育 敎卓 敎會 敎訓
4, 5, 6학년 교과서에 나오는 말
敎區 敎壇 敎徒 敎務室 敎師 敎養 敎材 敎祖 敎職 敎皇 文敎部 佛敎 宣敎師 儒敎 宗敎 基督敎
校…학교 °교
1, 2, 3학년 교과서에 나오는 말
校監 校門 校長 登校 分校 學校
4, 5, 6학년 교과서에 나오는 말
校內 校服 校庭 校則
交…사귈 교

'交通'이

바른2-2에 나오고

交代 交流 交付金 交涉 交易 交集合 交替 交響曲 交響樂 交換 國交 外交

가 4, 5, 6학년 교과서에 나온다.
이밖에도 '교' 漢字音인 말은

比較(바른 2-2 슬기1-2)
大橋 陸橋
僑胞(도3-2)
巧緻性

등이 나온다.

이 경우 '敎 校 交 橋' 등 造語力이 강한 漢字는 그 訓을 가르치고 '較 僑' 등 漢字에는 '比較(비교) 僑胞(교포)'처럼 루비를 달아주면 '敎 校 交 較 僑' 등과 다른 뜻의 말임을 알 수 있어 敎育的이다.

또한 敎訓은 校訓, 敎區는 校具·敎具, 敎師는 校舍 등 同音異義語의 구별이 쉬워진다.

ㄴ. 漢字로 긴소리 발음임을 가르치면 발음지도가 쉬워서 바른 國語를 使用할 수 있다.

電 …번개 °전·전기 °전
1, 2, 3학년 교과서에 나온 말
電氣 電報 電線 電池 電話
4, 5, 6학년 교과서에 나온 말
電工 電球 電動 電燈 戰力 電流 電送 電信 電壓 電業社 電熱 電子 電磁石 電柱 電鐵 電蓄 電波 乾電池 漏電 無電 配電線 發電 送電線 停電

前…앞전

'前'은 바른1-1, 2-1 즐거2-1, 2-2에 나온다.

4, 5, 6학년 교과서에 나온 말
展開 展開圖 展望臺 發展 進展
戰…싸움 °전

戰爭 바른2-1에서부터 나오고

戰亂 戰略 戰笠 戰死 戰船 戰線 戰勢 戰術 戰勝 戰友 戰蹟地 戰車 戰鬪 戰艦 激戰 決戰 冷戰 作戰 敗戰 參戰 休戰 決勝戰

이 4, 5, 6학년 교과서에 나온다.

이 밖에도 '전'音 漢字말은

傳記 傳達 傳燈寺 傳來 傳習所 傳染 傳染病 傳統 傳播 傳하다 宣戰 遺傳全 傳轍 全羅道 全力 全滅 全景 全校 全國 全南 全般 全北 全速力 全身 全生涯 全學期 全世界 全州 全體 全廢 全혀 全然 全員 全地域 健全하다 保全 保傳 安全 完全 專念하다 專力하다 專賣事業 專門 專門家 專用田 田家 田園 錢 篆刻 餞送하다

가 나온다. 국민학교에만도 '전'音 漢字가 以上에서 보인 바, 電前展戰傳全專轉田錢篆餞 12字다. 이中 電展戰轉錢篆餞이 말 첫머리에 올 때에는 긴소린데 특히 '電展戰轉' 등은 자주 쓰이는 글자이므로 이들은 漢字表記로 교육할 경우 뜻 把握은 물론이요, 그 發音指導가 쉬워져 바른 國語를 使用할 수 있게 된다.

뿐만 아니라 漢字表記의 경우, (( )표는 국민학교 교과서에 나온 말)

(電工) 前功 專攻

(電氣) (傳記) 前期
(電線) 戰力 前歷 (全力) 專力 戰歷
(電送) (餞送)
(電信) 全身 前身 轉身
(電子) (電磁) 前者 篆字
(電波) (傳播)
(無電) 無錢 (發電) (發展), (停電) 停戰
(前文) 電文 專門 全文 前門 傳聞
(前後) 戰後
(以前) 移轉
(展示) 戰時
(戰略) 前略
(戰勢) 專貫
(戰術) 前述
(戰勝) 全勝
(戰車) 電車
(大戰) 對戰
(休戰) 休電
(傳說) 前說 前舌母音
(宣傳) 宣戰 善戰
(遺傳) 流轉 油田
(全國) 全局 戰局 戰國
(全般) 前半 前般
(全員) (田園) 電源
(全學期) 前學期
(全혀) 專혀
(保全) (保傳)
(專用) 轉用 全用

등 흔히 쓰이는 同音異義語(한글로 同綴異音인 것 포함)의 뜻구별은 물론 발음 구별이 분명해진다.

ㄷ. 漢字를 가르치면 表記를 옳게 하는데 도움이 된다.

以上에서 예로 든 말 中

국립 국민 국어 국내 국력 국론 국무 국영 국왕 국외 국위 전력 전류 전압 전업사 전열 전란 전략 전립 전우 전라도 전속력 전용 전락 전원

등은 실제 발음과는 다른 表記인데 '국(國) 전(電 戰 全 專 轉 田)'을 漢字로 가르치고 ㄹ 初聲의 '立 力 論 亂 略 笠 羅 落'의 漢字音을 理解해야 表記를 옳게 하는데 도움이 된다.

② 漢字를 部首別, 音別, 部門別로 體系的으로 가르치면 쉽게 興味롭게 공부할 수 있다.

①에서처럼 正課時間에 漢字말을 통해 漢字공부를 하는 것이 가장 좋은 방법이다.

그러나 自習時間이나 特活時間 등을 이용해서

<部首別> 家宅安宗宿宮宇宙… '宀'은 '집'의 뜻이 있다고 가르치면 이들 漢字가 '집'과 관계 있는 글자임을 바로 알 수 있다.

雨雪雲電雷需霧… '雨'는 '비'의 뜻이므로 이들 글자가 '비'와 관계 있는 글자임을 바로 알 수 있어 文理를 깨칠 수 있다.

江注波河洗洋流海浪浮浴淺淸深淑湖溪溫漁潔…氵
材林枝松果柳根栽植楓樹…木
詩話語說論談請謝講議讀…言

등에서 '氵'이 '물', '木'이 '나무', '言'이 '말'의 뜻이므로 '氵·木·言'변(邊) 붙은 글자가 각각 '물·나무·말'과 관계있는 글자들이다 식으로 가르친다.

<音別> 漢字는 대체로 뜻을 나타내는 부분과 音을 나타내는 부분으로 나뉜다.

工功攻恐空貢 …工 공
己起記忌紀 …己 기
靑淸晴請 …靑 청
亡忘忙望妄 …亡 망

音을 쉽게 알아낼 수 있다.

<部門別>

一二三四五六七八九十百千萬億兆　　…數
手足耳目鼻身體顔面頭首眼肩舌齒肝肺腸胃胸乳　　…身體

같은 部門의 漢字를 모아서 가르치면 敎育의 效果를 높일 수 있을 것이다.

<興味롭게>

好妙妻婦妄妨姑娘妖婆　…

이들 글자가 모두 「女子」의 뜻과 관련된 글자임을 說明하면 興味롭게 漢字를 배울 수 있다.

끝맺이

한글과 漢字는 함께 國語를 적어온 國字다. 각각 長短點이 있으므로 採長補短하여 國漢混用하는 정책이 賢明하다.

한글專用論者 가운데도 敎育만은 국민학교부터 해야 한다고 생각하는 분이 많은 것으로 안다. 사실상 한글專用을 위해서라도 漢字교육은 철저히 해야 한다는 論理가 成立되는 것이다.

어떻든 國民學校 漢字敎育은 행해지는 것이 국가 민족의 장래를 위해 좋다.

〈『國策硏究』, 가을호, 民主正義堂國策硏究所 社會論壇, 1986.〉

英語교육보다 國語교육이 더 중요하다

英語교육은 필수화 돼 가는데

교육부에선 世界化를 내세워 초등학교 3학년부터 英語교육을 필수화해서 週 2시간씩을 가르치겠다는 施行 방침인 듯하다.

이에 대해 言論에선 더러 '贊'論을 소개하기도 하지만 거의가 반대론인 듯하다.

△ '百年大計'고작 1년 준비
(동아일보 96. 10월 14일자)
초등교 내년 英語교육 문제점. 테이프 17개 두 달만에 졸속제작 교재부실, 百20시간 연수 "어떻게 가르치나" 敎師부족.
△ 영어교육학 전문가 意見
(동아일보 96. 10월 6일자)
'발음제외' 큰 효과 기대 못해
△ 우리말 지키고 가꾸자
(동아일보 96. 10월 10일자)
△ 초등교 英語교육 준비 부족
(동아일보 96. 10월 14일자)
"제대로 가르칠지 걱정". 敎材제작-敎師교육 不實.
"몇년 더 준비 바람직" 연기론 대두, 安교육 "계획대로 시행" 밝혀.

△ 모국어 없는 외국어교육 없다
(한국일보 96. 10월 8일자)
言語를 단순모방·암기 아닌 思考의 창작물, 국어 외면한 英語교육
'국제적 변종' 量産, 우리말 理論체계 바탕 다른 言語 교육해야.
△ 천대받는 한글…사전도 안 팔린다
(세계일보 96. 10월 9일자)
외국어 교육비디오 등은 大호황 "대조".
판매량 영어사전 30%도 못미쳐.
중고생 상당수는 사용법도 몰라.
내년 초등교 영어교육 실시땐 더욱 심화 예상.
△ 초등학교 영어교육, 국어교육에 큰 걸림돌 우려.
'人性' 강조 교육개혁에 역행.
(조선일보 96. 10월 10일자)
△ 우리말 우리글의 危機
(문화일보 96. 10월 9일자)
△ 國語 외면한 세계화 유감
(국민일보 96. 10월 15일자)
△ 초등학교 英語 테이프 教材, 발음·구성 '엉망'
(중앙일보 96. 10월 18일자)
△ "조기 英語教育 열풍…천대받는 한글", "국어의 소중함부터 일깨워야 한다"(大韓民國 憲政會 '憲政'96. 11월호)

그런데 서울市 劉仁種교육감(英文科 出身)의 意見은 "교육은 학년간 그리고 학교 級別間 연계성이 중요하기 때문에 새로운 과목을 導入하려면 전체 初·中·高校의 英語교육 科程을 全面 재검토해야 한다"며 "10년도 모자랄 엄청난 작업을 시험단계도 거치지 않고, 1년 만에 무리하게 시행하는 것은 말도 안 된다"라는 것이다. 正論이다.

國語교육 强化가 時急하다

"國語는 우리의 國土·民族과 더불어 우리나라를 형성하는 三

大要素다. 그러므로 國語교육은 바로 國民敎育의 核이요, 本質이다.

古來로 東西를 막론하고 人間敎育의 基礎敎養 實際的 基本으로 읽기, 쓰기, 數學의 세 가지 방향을 設定하고 있는 것은 널리 알려진 사실이다. 이 세 가지는 社會的 活動, 社會的 適應의 基本 能力이 된다.

이 分野는 현재, 대체로 初期段階인 초등학교 교육에서 실시되는 現狀인데 이 중 읽기・쓰기의 分野를 敎育領域으로 하는 것이 國語교육임은 말할 것도 없다.

그래서 어느 나라를 막론하고 초등학교 低學年에서 全敎科時間의 半을 國語교육에 충당하고 있으며 中・高・大에서도 國語교육은 모든 科目에서 習得해야 할 智識吸收의 基本科目으로서도 그렇고, 讀書의 폭을 넓히는 데 있어서 解讀力을 기르는 面으로도 가장 力點이 주어져야 할 科目으로 重要視하고 있다.

필자는 '初等學校 국어교육의 正常化 서둘러야-英語교육 必須에 앞서'-(語文會報 18호 96. 5월호)와 '漢字敎育의 正常化'(語文會報 19호 96. 8월호)라는 글을 연달아 썼다. 그 일부를 옮겨보면 다음과 같다.

초등학교 국어교육의 正常化 서둘러야
-英語교육 必須에 앞서-

英語는 初等學校 3학년부터 正規課程에서 週 2시간씩 가르치는데 "漢字는 재량시간에 3학년 이상에서 週 1시간씩 4단계로 600字를 가르치게 됐다(서울市 교육청)"한다. 이래서야 되겠는가. 마땅히 초등학교 1학년부터 漢字섞은 교과서로 漢字교육은 행해져야 한다.

日本 小學校에서는 1,006字를 모든 교과서에서 섞어 가르치고 中學校에서는 常用漢字 1,945字(별도로 人名用漢字)를 가르치고 있는 것이다.

이를 앞지르기 위한 克日의 意志로 국어교육의 正常化를 서둘러야 한다.

初·中·高 국어교육의 正常化로 讀書力을 길러 古典이나 敎養書籍도 읽게 하여 傳統倫理 회복에도 도움이 되게 해야할 것이다. 이것이 國力의 밑바탕이 되는 것이다.

우리도 이제 한글전용의 迷夢에서 벗어나 傳統文化 복원계승의 次元으로나 世界化·東北亞 時代에서는 韓·中·日 중심의 經濟圈 형성의 가능성이 漸高하는 마당에 共用文字인 漢字교육을 서둘러야 한다.

正論은 이렇다. 中(3,500字)·日(1,945字)이 常用漢字가 있는데 우리만 常用漢字가 없다. 이래서야 되겠는가. 2,000字정도의 常用漢字가 필요하다. 그리고 초등학교에서 1,000字, 中·高에서 常用漢字의 습득을 목표로 해야 한다. 우수한 한글이 있으나 우리의 傳統文化가 漢字文化요, 우리말의 70%가 漢字語라는 엄연한 사실, 앞으로도 중요한 造語源이 漢字임을 인식해야 하며 한걸음 나아가 漢字가 中國글자가 아니라 한글과 함께 國字의 하나임을 명심해야 한다.

漢字는 그 視覺性·縮約力에 있어 한글에 比해 월등하다. 時空을 초월한 점, 簡潔正確한 그 表意性을 살려 國漢(한漢)混用교육으로 되돌릴 때다.

漢文교육을 위해서 漢字교육을 하자는 것이 아니다. 국어교육의 정상화를 위해 국어교육의 一環으로 漢字교육을 하자는 것이다.

서울시 교육청 案에 의하면 年32 재량시간에 시간당 新習漢字를 3학년 1학기에 2字, 2학기에 4字, 4·5·6학년에서는 5·6字를 가르치라 했다. 이 재량시간 내신 국어시간으로 돌려 국어시간 한 시간을 늘리고 교과서에 필요한 한자를 적절히 섞어 그 漢字의 音·訓을 가르치면 국어 語彙力이 향상되어 모든 학과의 성적도 좋아질 것이다. 과도기 조치로 新出漢字에는 音을 달아주어도 좋다.

초등학교 1학년부터 국어교육의 일환으로 漢字교육을 하는 것이 教育改革의 核이다. 漢字교육으로 국어의 힘을 길러 讀書를 하게 하고, 中·日 兩國語에 접근할 수 있는 길을 트는 것이 특히 東北亞經濟圈에서 時急히 서둘러야 할 課題인 것이다.

漢字교육의 正常化

한글專用主義가 韓國經濟 발전 막아

李大根 박사(成均館大교수·經濟史學會長의 '한글轉用主義가 경제발전을 가로막고 있다'(月刊 朝鮮 95. 11월호)라는 一文은 注視할 만하다.

세계는 유럽聯合(EU)과 北美自由貿易地帶(NAFTA), 그리고 아시아(NIES)의 세 개로 나뉘게 되는데, 아시아圈에서 歷史·文化·經濟的 능력에 있어 中·日·韓이 핵심국가가 될 것임은 自明하다는 것이요, 이 경우 共用文字인 漢字의 位相은 높아진다는 것이다.

그는 政府의 文字政策을 경제학자로서 개탄한 적이 있다 하고, 財經院에서 오는 油印物 月報 등은 漢字가 새까맣게 깔려있는데 教育部·文體部의 公文書는 모조리 한글이라는 指摘이다. '語文政策·語文教育의 主務部處가 이래서야 되겠는가'라는 것일게다. 잠을 자고 있는 것이다. 全的으로 同感이다.

끝으로 그는 "특히 우리 사회의 말과 글, 그리고 행동의 혼란은 文字政策에서 비롯된 것이 많다. 시대에 뒤떨어진 한글專用主義가 대륙지향적으로 발전해가는 韓國經濟의 발전을 가로막는 장애물이 되어서는 안 된다"고 맺고 있다.

회고해 보면 한글 專用論이 한글학회를 중심으로 美軍政이래 政府의 庇護 아래 조직적인 활동을 벌인데 反해 漢字폐지 反對, 國漢混用論은 산발적·소극적이었다.

5·16 軍事革命 뒤 한글학회의 주장에 귀를 기울인 軍事政府는 그해 12월 初, 1962년 3월부터는 신문·잡지 기타의 모든 刊行物에 한글을 專用시키도록 하겠다고 발표했다.

1962년 1월 9일에 국어국문학회(代表理事 南廣祐)는 國語政策에 관한 建議書에서 한글전용 즉시 施行에 反對하였다. 이것이 學術團體로서 한글專用에 대해 反對意思를 표시한 최초의 것이었다. 이 반대로 한때 漢字가 국민 학교(현 초등학교) 국어교과서에 섞인 일이 있었다.

그 후로 한글학회의 끈질긴 한글專用 추진은 共和黨 朴正熙政權의 庇護로 急進展되어 갔다.

지난 69년 7월 31일 韓國語文敎育硏究會(初代 회장 李熙昇, 2代회장 南廣祐 88. 3~ 현재)가 창립된 후로는 漢字敎育 强化운동은 주로 이 硏究會 중심으로 展開하여 오늘에 이르고 있다.

오늘날 高唱되고 있는 敎育改革은 국어교육 革新으로 이루어져야 하며 국어교육의 革新은 國漢(한韓)混用교육으로 이루어져야 됨을 認識해야 한다.

초등학교 1학년부터 漢字교육

초등학교 1학년부터 '국어:나라국 國, 말씀어 語, 나라의 말', '국민: 백성민 民, 나라의 백성'으로 가르쳐야 뜻이 분명해지고, 발음은 "구거·궁민"이면서 '국어·국민'으로 적는 까닭도 自明해진다.

'부자'에는 '富者·父子'가 있다. '富'는 길고, '父'는 짧은 소리다. 발음은 어려서부터 익혀야 몸에 밴다. 國語순화의 빠른 길이 여기에 있으며 漢字교육을 초등학교 1학년부터 國語교육의 一環으로 漢字섞은 책으로 해야 되는 까닭도 여기에 있다.

일본, 英語교육 앞서 國語교육 重視

日本에선 小學校에서 매일 1시간씩 國語교육을 하고, 그 밖에 한 시간씩의 書道・讀書(도서관에서 책을 읽는 것)시간이 있으며, 특히 讀解・論述을 중시하고 있다고 한다.

예전에는 算數교육을 중시해 왔으나 지금은 國語교육을 가장 중시하고 있다고 한다. 우리도 초등학교에서 週 2시간씩의 英語교육 必須化에 앞서 國語교육에 視線을 돌리는 意志의 전환이 요청된다.

제2차 世界大戰 후 美蘇 兩大勢力의 영향으로 위축되었던 漢字勢가 이제 東勢西漸의 時代로, 특히 21世紀는 中國의 時代라는 말도 나오고 '漢字威力發揮時代'라는 口號도 번져가고 있는 추세다. 우리만 '우물 안 개구리'式 思考로 한글專用을 부르짖고 있을 때는 아니다.

최근 우리는 '한글은 世界 제일의 表音文字, 漢字는 東洋三國의 共用文字인 表意文字'로 한漢 混用이 가장 理想的이라는 주장을 내걸고 있다.

또한 漢字교육은 뜻의 把握, 正確한 發音, 올바른 表記를 위해 讀書力을 키우는데 必須的이며, 中國語・日本語 교육의 基礎도 된다.

漢字는 義務敎育을 마친 후 작게는 같은 文化圈內를 旅行할 때 出入國申告書라도 쓸 수 있어야 하고, 거리의 標識板이나 看板, 交換되는 名 이라도 읽을 수 있어야 하며 簡單한 用務는 筆談이라도 할 수 있어야 함은 물론이요, 크게는 文化交流・情報交換・交易 등 어느 모로 보나 有益하다.

이런 주장을 내걸고 있는 필자는 言論・出版界는 물론 學界・敎育界・政府・國會 등의 大悟覺醒을 促求한다.

英語교육보다 國語교육이 더 중요하다

최근 교육부장관 名義로 온 民願回信을 공개하면 다음과 같다.

> 귀학회에서 이번에 건의한 내용은 이미 여러 차례 우리부에 전달된 것으로, '한글전용'의 주장과 맞물려 있는 첨예한 사항들입니다. 한글전용법에 근거하여 우리부가 정부 수립 이후 추진해 온 일관된 문자 교육 정책은 "한글 전용을 바탕으로 하되 한문 교육을 병행한다"는 것입니다.
>
> 따라서, 초등학교 국어에 한자 1,000자를 1학년부터 단계적으로 넣고, 중·고 국어의 괄호 속 한자를 노출시키자는 주장은 지금까지 일관되게 추진해 온 문자 교육 정책에 혼란을 초래할 우려가 있음을 전에도 말씀드린 바 있습니다.
>
> 아울러, 국어의 발전과 보급 등 어문 정책 관련 업무는 문화체육부의 소관이며, 정해진 어문정책과 규범에 따른 교육 관련 업무는 우리부의 소관 사항입니다. 문자 교육 정책에 대하여는 그 미치는 영향이 크므로, 언어 문화 창달을 극대화하려는 각계의 노력에 귀를 기울이면서 신중히 대처하고 있음을 다시 알려 드립니다. 끝.
>
> 교육부장관

이 公翰 내용에도 명시됐듯이 '한글 專用法에 근거하여'라는 것이다. 그런데 그 '한글專用法'이란 公用文을 한글로 하라는 것이었지, 教科書에 미치는 것이 아니다. 그것은 한글專用法案 國會速記錄(語文硏究 24호 p. 477)에서 權泰羲 議員의 답변을 보더라도 분명하다.

> "權泰羲 의원: 그 公用文書의 內容은 우리 國家가 一般國民에게 指示한다든지 宣傳한다든지 알리어지는 모든 것을 말하는 것이지, 어떠한 무슨 그런 文書(교과서)에까지 미치는 것이 아니 올시다…."

이런 한글 專用法이 誤用되어 교과서에까지 미치고 있는 것이다.

교육은 국가의 百年大計다 후세대에 대한 교육이 실험적 대상이 될 수는 없다. 그런데도 우리는 아무렇지도 않게 후세대에 대한 교육을 즉흥적 實驗對象으로 삼아왔다.

지난 반세기 동안 후세대를 제 나라의 國號조차 쓰지 못하는 참담한 文盲으로 만들어 온 한글專用 교육이 그렇고, 미국 흉내를 낸 四選肢 客觀式 考査法 도입이 그랬으며, 엄청난 돈만 쏟아 붓고 실패했으면서도 아무도 책임지는 사람조차 없는 實驗大學이라는 것이 그랬다.

國際化니 世界化니 하여 英語가 필요한 것은 사실이다. 그러나 모든 국민이 西洋人들과 마주하여 英語로 日常化된 생활을 할 수는 없다. 통상 외국인과의 교류는 5~10%면 충분하다고 한다.

그런데도 우리는 全國民이 英語를 배우지 않으면 큰일나는 줄 알고 있다. 초등학교에서 英語교육을 하더라도 선택으로 돌려야 옳다.

半世紀 가까이 日語의 壓力에 눌려 지냈던 암울했던 과거가 回想되어 씁쓸하다. 英語를 배운다고 법석을 피우기에 앞서 英語교육보다 國語교육이 더 重要하다.

國語교육의 一環으로 漢字교육을 正常化하여 亞太시대에 中·日에 뒤지지 않도록 하는 것이 國益에 도움이 된다.

〈『民族正論』 통권41號, 韓國政策研究會, 民族正論社, 1996. 12.〉

國語科 教科書의 編纂

I.

'國語教科書 編纂'이란 표제의 원고 청탁이다. 初·中·高로 나누어 過去·現在의 教科書 內容·體制 등 編纂에 관한 것과 未來指向點을 지적하라는 注文이다. 나로서는 過分한 내용이다. 85년 9월 定年退任(나는 이렇게 쓴다) 以後 내 나름대로 국민학교 국어교과서 편찬 작업을 시작하여 현재 進行 중이다. 적은 人員으로 진행 중인 작업인 만큼 苦戰중이다. 그러나 어떻게 하면 이 나라 國語教育의 正常化를 위해 寄與할 것인가 하는 생각으로 골몰하고 있다. 우선 국민학교 국어교육에 注力을 하여 진행중이나, 中 高 국어과 교육에 대해서도 師大教授였던 만큼 자연히 관심과 애정을 가지고 생각하고 研究해 가는 중이다.

필자의 국어교육 관계 論說로서 다음과 같은 것들이 있다.

1. 中學校 國語教育의 綜合診斷
   <중학생 11.9%가 한글을 잘 모른다>를 읽고
   -國語教育의 問題點을 생각해 본다.

<拙著 國語學研究 pp.194∼210>

2. 우리 모두 正直하게 삽시다.
   -냉철하게 不條理·不合理를 없애가는 方向으로-

국민학교부터 國漢混用 教科書로 漢字말 指導를 해야 한다.

(1) 뜻의 把握을 빠르고 정확하게 할 수 있고 그 記憶은 오래 간다.

(2) 올바른 發音教育을 위해서도 漢字併記(→國漢混用)는 필요하다.

(3) 올바른 表記法을 위해서도 漢字併記(→國漢混用)가 教育的이다.

(4) 중 1-1에 글쓴이로 '이·장·임·정·전·조'씨가 나오고 '주시경'은 글제목으로, '선아·영수·경희'가 등장한다. 漢字 표기로 이미지 浮刻이나 발음이 분명해진다.

<새교육 1974. 11>

3. 國語教育의 現狀과 課題

-한글 전용이 愛國이라는 妄想에서 벗어나 우리말의 實態와 文化의 實狀을 正視, 國漢混用政策을 확립해야 한다-

<1984. 10 國會報>

4. 國語教育의 綜合診斷

-특히 初中等國語教育의 正常化를 위해

<語文研究 49 호, 1986. 3>

5. 讀書生活과 論述考査

<語文研究 50 호, 1986. 7>

6. 한글과 漢字의 體系的 教育方法의 一考察[Ⅰ]

-開化期教科書의 분석을 통해-

<語文研究 50 호, 1986. 7>

7. 한글과 漢字의 體系的 教育方法의 一考察[Ⅱ]

-조선어학회 지은 국어책과 英·日語教科書의 분석을 통해-

<仁荷大學校 人文科學研究所 論文集 第 12 輯, 1986. 11>

8. 國語教育의 重要性에 대한 認識과 그 方法

-國民學校 漢字教育의 當爲性과 그 具體的 方法-

<國策研究 (民正黨 國策研究所) 1986. 가을호>

9. 初·中·高에 있어서의 漢字敎育

<民族知性 1987. 1>

10. 中高校 國語科敎授法 改善의 바른길

<仁荷大 國語敎育科, 國語科敎授法의 問題點과 改善策, 1987. 5>

Ⅱ.

現行 국어교과서 중 국민학교 것은 순한글이고 中高敎科書는 괄호안에 漢字를 倂記해 있다. 漢字말 투성이요, 그 同音異義語가 적잖은 현실에서 漢字語의 母胎인 漢字疎外의 국어교육이 正常的일 수는 없다. 한글전용교육의 非能率性이나 폐단은 이제 再論의 필요가 없을 것이다.

日本에선 '가나'와 漢字를 함께 國字로 삼아 漢字가나 混用體制가 확립되어 있다. 小學校에서 1 千字, 中學校까지의 1945字의 常用漢字敎育으로 세계 第一의 讀書國民이 되어 知力戰에서 優位를 占하고 있지 않은가. 또 하나 小學校 국어시간이 우리 국민학교 국어시간에 比해서 많다는 점을 지적해 둔다.

漢字專用의 中共도 고민은 있으나, 小學校에 入學한 직후에는 로마字로 발음을 먼저 가르치고 漢字에 로마字로 루비를 달아 60時間(週 12×5)쯤 표준발음 指導를 하고는 國語敎育을 하는데, 小學校 졸업 때까지는 2千5百∼3千쯤은 가르친다는 것이다.

최근 入手된 中共 語大 6年制 小學課本에 의하면

語文 YUWEN 第一冊 生字 共260字
語文 YUWEN 第三冊 生字 共450字
語文 第五冊 生字 共389字
語文 第七冊 生字 共194字
<참고 5年制 小學課本 語文 YUWEN 第二冊 共414字>

로 되어 있다. 生字란 新出字를 뜻한다.

臺灣은 中共과는 달리 入學 직후 首冊이라 하여 別冊으로 10週(週 12 × 10) 동안 主音符號에 의해 표준발음 指導를 하고는 國語敎育을 하는데, 4학년 교과서까지는 모든 漢字에 主音符號가 달려 있다. 6년 동안에 배우는 漢字는 2 千 5 百字 以上이요, 역시 3 千字에는 未達이다.

北韓은 人民學校 4년 동안 한글로만 국어교육을 받는 것은 이쪽과 같은데 中學校(1 학년이 이쪽 국민학교 5 학년에 해당, 그쪽은 學齡이 우리보다 한 살이 낮다 함)에서 漢字敎育을 한다(최근 金萬鐵씨의 아들 金光戶군의 證言으로 확인)는 것이고, 人民學校 1·2 학년은 총 수업시간 24시간 중 그 半 以上인 13시간이 국어라는 것이다.

이제 先進祖國을 志向하는 이 마당에 中共·日本의 도약에 뒤질 수는 없다. 文化交流로나 交易上으로나 傳統文化의 계승으로나 知力戰에나 옛 文化民族의 긍지를 되살리기 위해서도 讀書하는 국민을 양성하는 교육이 펼쳐져야 하겠다.

Ⅲ.

해방된 직후는 祖國이 光復되고 내말 내글을 되찾은 감격과 흥분 속에 한글專用으로 치달았던 것이 아닌가 한다.

1945. 11. 13 한자폐지회 發足(李克魯)

1945. 12. 18 美군정청 초·중등학교의 敎科書를 한글로 하기로 決議(조선 교육 심의회)

1948. 10. 9 조선어학회 建議로 「한글전용에 관한 법률안」을 在席 131명 中 86:22로 可決, 公布

1949. 9 漢字使用에 關한 建議案(任永信 提案)을 在席 118명 中 可 89, 否 1로 可決

1950. 政府-국민학교에서 漢字敎育하기로

그런데 한글전용정책은 科學的 연구나 준비없이 性急하게 진행된 것으로 한글전용 법안이 통과된 것은 다음과 같은 理由에서였다고 본다.

1. 한글專用이 愛國이라는 생각과 漢字쓰기를 주장하는 것은 貴族的이요, 事大主義的이라는 그릇된 認識이 당시 共産主義者들과 國粹主義的(民族主義的)인 人士들 간에 공통적으로 있었던 것이 아닌가 한다.

2. 우리 國語에 대한 理解不足과 漢字에 대한 認識不足.

3. '必要할 때에는 漢字를 倂用할 수 있다'는 한글專用의 但書規定이 있고 '小學生에게 필요한 漢字라면 어느 정도까지 가르칠 수 있다', '公用文書란 教科書와 같은 것에 미치는 것이 아니다'와 같은 提案者들의 說明을 믿은 것이다. 그 한글전용 교과서의 實態는 어떠한가.

1945년 11월 6일 발행된 「한글첫걸음」과 1945년 12월 30일 발행된 「초등 국어교본」은 조선어학회가 지은 책이다. 그 중 「한글첫걸음」은 「초등 국어 상·중·하」 또는 「중등 국어 상·하」를 가르치기 前 入門書였다. 한글 字母 子音 19, 母音 21, 받침 26(ㄿ, ㅁ은 없음)이 p. 40까지에 다루어져 있고 p. 41～p. 49(36課～41課)는 文章으로 되어 있다. 한글 指導라는 一面으로만 생각하면 體系的으로 빈틈없이 짜여져 있고 漢字말도 日常生活과 친근한 말만 가려내어 그 指導에도 留念한 듯이 보인다. 43單語 82字다.

조선어학회 지음 군정청 학무국 發行 "초등 국어교본 상"은 p. 38까지에

1. 'ㅁ ㅏ ㅓ ㅣ ㅑ ㅕ…'의 차례로 40字母가 나옴.
2. 받침은 單語 중심으로 'ㅁ ㅂ ㅍ ㅇ ㄴ ㄹ ㅅ ㅈ ㅊ ㄱ ㅋ'의 體言에 붙는 홑받침이 보임.
3. 이밖에도 받침은 p. 27 "쓰레받기" 文章 中에서 p. 30에 "앉아 같이 가"가 나온다.
4. p. 21부터 短文이 나오기 시작한다. 一旦 한글文字를 概括的으로 교육하기로 되어 있다. p. 39부터 題目이 붙은 文章이 나온다.

5. p. 39부터 'ㅌ ㅎ ㄶ ㄺ ㄻ ㄼ ㅀ ㅄ ㅆ'의 9 받침이 더 나오나, 'ㄲ ㄳ ㄽ ㄾ ㄿ' 받침은 안 나온다.
6. p. 43 5課부터 처음으로 漢字가 나오는데 日常生活에 친근한 말만을 가려내어 그 指導에도 留念한 듯이 보인다. 46 單語 66字다.

위 두 책에 基本音節表는 보이지 않는다. 反切式을 버리고 字母式 指導法을 취한 것이다.

Ⅳ.

1972년 11월 初版 국어 1∽1은 本文 109面에, 부록으로 '새로 나온 낱말'이라 해서 pp. 110∽112에 실었다.

1. 우리, 나, 너, 우리, 우리 나라, 대한 민국(pp. 14∽15)

2. 우리들은 1학년, 가자, 기영아, 순이야, 기영아 가자, 순이야 가자, ……처음부터 單語 몇 개를 보이고는 文章이 나온다.

p. 14에 글이 나오는데 字母나 받침에 대한 配慮없이 基本音節表에도 없는 音節字가 쏟아져 나온다. 대한(p. 15), 민국(p. 15)들은, 학년(p. 16), 영순(p. 17), 안녕(p. 19), 선생님(p. 20), p. 35에는 '있', (p. 39)에 '잤', p. 40에는 '떴', p. 45에는 '뺵' 등이 그것이다. 책을 읽어가는 가운데에 자연스럽게 글자를 알게 하자는 方式인 듯하다.

해방후, 1948. 10. 15일 문교부 발행 '바둑이와 철수' 「국어 1-1」 이후, 오늘날에 이르기까지 一貫해서 이러한 국어교과서에 의한 교육이 행해져 온 것이 아닌가 한다.

文字指導에 대한 배려가 없는 것은 아니나 국어 1-1, 1-2, 2-1, 2-2에 나오는 新出音節字 數는 다음과 같다.

1~1 293字, 1~2 211字 計 504字
2~1 165字, 2~2 107字 計 272字 > 總 776字

現行教科書 바른생활 1·2학년用은 도덕·국어·사회의 통합

교과서로 週當 11시간에 다루기로 되어 있다. 그 1-1은 4·6倍版으로 卷末에 基本音節表가 들어 있는 것은 文字敎育面에서 進一步다.

文字指導에 대한 配慮도 72년版 국어 1-1에 比해 前進的이다. 1單元 '파란 하늘'이라 해서 '태극기·애국가·무궁화'가 나오고 希望의 象徵이라 할 수 있는 '파란 하늘'이 나오는 것은 어휘 지도面으로나 '도덕·사회'와의 통합 교과서의 性格으로 보아 理解는 되나, 역시 국어교육上 文字指導面으로 생각하면 절대 不可다. 이점 89년 교과서는 國語 단독으로 編纂하기로 되어 千萬多幸이다.

現行敎科書가 통합교과서라는 基本性格上 그런 것인지, 아니면 日語敎科書 혹은 英語敎科書가 外見上 文章으로 시작되어 있는 것을 모방해온 타성인지 모르나 文章으로 시작한 것은 잘못이다. 많은 音節文字를 가지고 있고 現行 맞춤법이 지나친 表意化로 받침이 많아진 점 등을 생각하면 不適한 방법임을 지적 않을 수 없다. 바른생활에서 文字指導를 留念한 것이 분명하지만 미흡하다는 얘기다.

바른생활 1-1, 1-2, 2-1, 2-2에 나오는 新出音節字數는 다음과 같다.

1~1 421字, 1~2 229字 計 650字
2~1 183字, 2~2 75字 計 258字 } 總 908字

에서 前 국어교과서 1·2학년(72·73년 발행) 總 776字가 나와 있음에 比해 얼마간 音節字가 늘기는 했으나 實用音節字의 半에도 못미쳐 文字指導上 半에도 못미쳐 文字指導上 未洽함은 한가지다.

그것은 한글字母가 24字母라고 하지만 初聲과 中聲을 合用(가나다라……) 또는 終聲(받침)을 합한(각낙닥락……) 音節文字로 實用된다는 점이 로마字와 가나와는 다르기 때문이다. 現用되는 初聲글자 19(子音 14字와 ㄲ ㄸ ㅃ ㅉ), 中聲글자 21(母音 10字

와 ㅐ ㅒ ㅔ ㅖ ㅚ ㅟ ㅘ ㅝ ㅙ ㅞ ㅢ), 終聲글자 7(現用 받침은 28개지만, 代表音 ㄱ ㄴ ㄷ ㄹ ㅁ ㅂ ㅇ)만으로도 19×21×7=2,793 字가 되는 바, 體系的인 글자 指導方法이 모색되어야 하는 것이다.

한편, 현행 한글맞춤법 통일안에 들어 있는 받침 中 ㅋ ㅎ ㄲ ㄵ ㄶ ㄾ ㅀ ㄿ ㅆ의 9받침은 實用例가 없고 'ㅎ ㄶ ㅀ' 등 ㅎ系列 받침은 母音語尾 위에서 脫落되어 발음되는 것이 現實인데 이 받침 指導가 쉬운 것이 아니다.

이런 많은 받침의 指導는 역시 體系的으로 하는 것이 效率的이다. 국민학교 低學年 국어교과서에서 이런 體系的인 한글指導를 할 수 있도록 하는 게 좋다.

英語敎育도 alphabet指導부터

英語를 적는 로마字는 26字는 26字에 불과하고 로마字는 同一字를 여러 가지로 발음한다. 一例로 'a'字의 경우

able[i] ability[ə] accent[æ] air[ɛ] all[ɔ:] art[a:] Aesop[i:]
any[e] area[ɛə] au[o] ay[a] aery[i]

와 같이 單語에 따라 발음이 다르므로 個別字의 발음을 익힌다는 것이 그리 큰 意味가 없다. 文章부터 출발하는 까닭이 여기에 있다고 본다. 그러면서도 英語 교과서는 第1卷頭에 alphabet 一覽表가 있는 것이다. 역시 個別字의 이름이나 발음指導나 쓰기指導를 먼저 하는 것이 우리 나라 英語敎育의 定石이 아닌가 한다.

現行 英語敎科書도 卷1卷頭에 alphabet 一覽表가 나오고 첫課에 'Good morning, Inho'가 나오는데

Listen :
1 morning
afternoon
evening

2 hello
How…?
fine
3 good-bye

로 시작되어 곧 文章으로 들어간다. 그러나 現場敎師의 證言에 의하면 역시 alphabet의 읽기와 大文字 小文字의 쓰기부터 指導한다는 것이다.

Nelson Grammar 시리즈 1~5卷은 단계적으로 7~12세에 배우게 되어 있는 책인데 그 卷1의 目次를 보면

의 順으로 되어 있음을 본다. 역시 文字指導가 먼저다.

日本敎育도 ひらがな부터

日本의 경우는 어떠한가. 日語를 적는 假名은 46字(51 字 中 いうえ重出, 종래의 ゐ를 い. ゑ를 え로 쓰므로)다.

濁音 'がざだば'行 20字(中 じ와 ぢ, ず와 づ은 오늘날 발음이 같음)와 半濁音 'ぱ' 行 5字 모두 合해야 71字에 きゃ, きゅ, きょ 등 拗音표기 12行×3=36까지를 合算한다 해도 文字學習의 부담은 그다지 큰 것은 아니다. 그러함에도 그들의 文字敎育에 대한 配慮는 참으로 철저하다.

그들 小學校 國語敎科書(光村圖書 こくご一上 かざぐるま, 1981 발행)를 보면 첫머리에

たかい たかい みえる みえる
あおい そら くもの うえ

가 나온다. 분명히 文章으로 시작되어 있다. 그러나 가만히 분석해 보면 'たかい'에서 'あい' 母音, 'みえる'에서 'えう', 'あおい, うえ'에서 5個 母音이 모두 登場하는 것이다. 그러면서 '높고 푸른 하늘'로 어린이의 가슴을 여는 것이다.

그리고 p. 35까지에는 ひらがな字 가 전부 한 번 以上 나오고 그 다음 페이지에는 ひらがな 一覽表가 나온다.

p. 18에서 처음으로 濁音글자(だがば), p. 23에서 처음으로 半濁音글자(ぱ), p. 24에서 淸濁音分別(かき かぎ), p. 26~29 長母音指導(おかあさん), p. 32~p. 34 促音指導(いっぱい), p. 37에서 'つ'는 促音 'っ'의 발음구별(きつね きっぷ), p. 38~p. 40拗音(ゃゅょ)指導(きゆうしょく でんしゃ), p. 40에 おとを わとは えとへ 助詞로 쓰이는 'をはへ' 指導

<カタカナ指導>

1. 1上에서 p. 35까지에 ひらがな를 다 다루고 p. 66부터는 漢字가 登場하는데 カタカナ는 p. 80부터 처음으로 登場한다.

2. 1上∽2下까지에 カタカナ 一覽表가 나오는데, 濁音・半濁音 キヤキュ キョ式 拗音表도 나온다. カタカナ 敎育은 2下까지에 完成된다.

<漢字指導>

1. 1上 p. 66부터 漢字登場

日山(66), 土木一つ(67), 目(70), 口(71), 金(73)
一上 p. 74 かんじのべんきょう(漢字공부)
(一) 그림과 漢字(えとかんじ) (74∽75)
象形字 山木川水月口手田

(二) 數와 漢字(かずとかんじ)
一二三四五六七八九十
本 人(數量單位로 쓰이는 글자로서 나옴)

1上 pp. 98~99 新出漢字의 읽기 등을 다음과 같이 보이고 있다.

例 : 漢字(かんじ)	읽기(よみかた)	筆順(かきじゅん)	페이지
日	ある日	7ㄇ日日	66

2. 1下~5下까지에는 앞冊까지에서 배운 漢字의 音訓을 들어 놓아 反復練習에 便케 해 있고 讀みかえの漢字(새 읽기의 漢字)라고 해서 새로 읽는 法과 使用例를 보이고 있다.

例 : 漢字	읽기	使用例	페이지
日	たち	日よう日	39

또한 新出字의 筆順을 보이고 있다.

3. 2上~5下까지에는 △표는 아직 배우지 않은 讀法(まに習っていない讀み方, 太字は送りがな), ※표는 中學校 以上에서 배울 讀法이라 해서 표시해 있다. 能力에 따라 더 前進할 수 있도록 配慮한 것으로 보인다.

例 : 音 おん
※いん
おと
△ね

4. 6上에는 6年間에 배울 漢字 996字라고 해서 音訓을 들고 字典찾기 指導를 위해 部首劃數를 보여 준다.

例：惡 アク 心 11
※オ
わるい

6下에는 6년간에 배운 漢字 996字라고 해서 部首別 總劃數順으로 排列하고 音訓을 달아 있는데 ※표를 해서 中學校 以上에서 배울 讀法도 보이고 있다.

<로마字指導>

1. 로마字指導는 4學年 1·2學期에 한다.

2. 로마字로 쓴 日本말 읽기와 日本말을 로마字로 쓰기를 指導한다.

3. 4上下에 각각 로마字表가 실려 있다.

4上에는 ひらがな와 對比한 一覽表
4下에는 ka[kwa] si[shi] ti[chi] tu[ʧu] hu[fu] sya[sha] syu[shu] syo[sho] tya[cha] tyu[chu] tyo[cho] o[wo]……

등 一覽表로 되어 있다.

4. 4上에서 Sansû Kôsaku hôsô 등 긴소리 적기와 읽기, 促音 Kippu Kitte 등 적기와 읽기를 指導.

4下에서 大文字와 小文字, 人名·地名 적기와 읽기, 同音語 異樣表記와 그 읽기.

Sima-Shima hue-fue
CHIBA(TIBA)

참으로 撤底한 文字指導다.

우리의 경우, 특히 文字敎育의 측면에서 생각하면 해방 후 '48년 문교부가 펴낸 '바둑이와 철수' 이래 固守해 온 文章式은 지양되어야 하고 漢字敎育이 復活되어야 한다.

앞으로 국어 교육課程이 개편되고 새 국어 교과서가 편찬될 경우.

開化期 國語教科書
조선어학회 지은 국어책
英·日語 教科書

등이 文字教育의 側面에서 제대로 照明되어 참고되기를 바란다. 한글을 體系的으로 가르칠 수 있도록 教科書가 편찬되어야 한다.

單語를 활용하여 字母法 音節法의 장점을 살리면서 차차 短文을 거쳐 긴 文章으로 나간다.

國民學校 國語教科書 編纂原則

1. 한글의 文字指導를 體系的 方法으로 短期間에 完成한다.
2. 國漢混用을 原則으로 하며, 段階的인 漢字指導를 꾀한다.
3. 語彙力 向上을 配慮한다.
4. 基本文法과 正書法을 體系的으로 指導한다.
5. 長短音·된소리 등 國語發音을 올바르게 指導한다.
6. 韓國의 傳統思想·美風良俗 등을 살려 民族的 矜持를 가지게 하고, 先進祖國을 志向하는 발랄한 氣像을 기를 수 있도록 한다.

細部方針

① 한글의 基本音節文字 指導는 1學年 1學期에 完成하도록 한다.

② 한글 音節字에 深化·反復學習을 2學年末까지 마치게 한다.

③ 1學年부터의 學年學期別 配定漢字表에 의해 漢字 1,000字를 읽게 하고, 漢字쓰기는 3學年부터 6學年까지에 500字를 익히도록 한다. 기본받침 指導를 마치는 1學年 1學期 中間單元부터 配定漢字를 混用한다.

④ 學年學期別 基本語彙配定表에 따라 題材를 執筆·選定한다.

⑤ 各卷末에 學年學期別 配定漢字表를 索引으로 싣는다.

⑥ 效果的인 發音指導를 위해 各卷別 初出 長音 音節字를 欄外에 表示해 준다. 1學年 경우는 기본받침 지도를 마치는 1學期 중간 단원부터 單元別 初出長音字를 표시하기도 한다.

⑦ 된소리表示는 1學年 2學期부터 3學年까지에 틀리기 쉬운 것 중심으로 欄外에 표시한다.

⑧ 國語辭典찾기는 3,4學年에, 漢字字典찾기는 4,5學年에 각각 指導하게 한다.

⑨ 漢字 略字는 6學年 1,2學期에 걸쳐 연습 문제에서 다룬다.

⑩ 國民學校 5學年 1,2學期에 걸쳐 로마字의 基本發音과 그 字形을 익히도록 한다. (日常的인 單位名稱이나 로마字 略字 또는 國語의 로마字 表記에 대한 기본적인 理解를 위하여)

⑪ 自由中國의 首冊처럼 文字의 體系的 指導를 위해 별도의 敎科書를 생각할 수도 있고, '우리들은 1학년'을 改編하여 初期 文字指導의 場으로 활용하는 方案도 硏究됨직하다.

V.

이상 主로 국민학교 국어교과서에 대해 言及, 그것도 文字敎育에 편중된 듯하다. 그것은 그만큼 국민학교 국어교육을 重要視해야 하며 그 중에서도 文字敎育의 一大革新이 없고서는 國語敎育의 改革이 이루어질 수 없다는 判斷에서 그렇게 되었다. 中·高 국어교과서 또한 現行과 같은 괄호안 漢字 倂記式은 是正되어야 한다고 보는 것이다. 露出混用이 敎育的이다. 다만 初出字에 대해서는 讀音을 달아주는 방법도 생각할 수 있다.

다음은 中共·臺灣·日本의 小學校 국어교과서에 나타나 있는 漢字에 대한 태도다.

中共 가로짜기 生字(新出字)에는 로마字로 루비를 달아 준다. (印刷의 便宜上 正字로 고쳐 싣는다)

例 : 六年制 小學課本 語文 YUWEN 第一冊 看圖學詞學句 1
min hui táng
人 民 大 會 堂

臺灣 세로짜기 生字(新出字) 뿐 아니라 4學年까지엔 모든 글자에 注音字母로 루비를 달아 준다.

5學年(卷9부터)부터는 全文을 루비없이 漢文一色이고 下欄에 生字(新出字)에 限해 注音字母로 루비를 달아 준다.

日本 세로짜기 新出字에도 루비는 달지 않고 다만 卷末附錄에 新出字의 읽는 法과 用例 筆順을 적는 方式을 취하고 있다.

그러나 人名·地名 등 固有名詞의 경우나 특별한 讀法 등 敎育的 配慮로 讀音을 달아 주고 있다.

例

さの ようこ かんざわ としこ め
佐野 洋子 (教育出版1下) 神澤 利子(〃2上) 女でな(〃3上)
かん まいとし じょうず ふたり
官女(〃) 毎年(〃) 上手(〃) 二人(〃)
やまか じっけん りよう さいりよう
山家(〃) 實驗(〃3下) 利用(〃) 材料(〃)
ひろさき じわ みしま
弘前地方(〃 4上) 琵琶湖(〃 4下) 三島池(〃)
だいよう しが
大東中學校(〃) 滋賀縣(〃)

우리는 漢字의 音訓指導(發音指導 포함)와 그 쓰기[書事] 指導 목표는 다음과 같았으면 좋겠다고 생각한다. 하나의 私案이다.

	音訓指導	쓰기 [書寫指導]
國	1,000字	500[音訓指導 1~4 배당 漢字]
中	800字	700[국민학교 音訓指導 5~6 배당 漢字 500

字 + 中學校 配當 漢字 중 200字]
高 總復習 600[中學校 音訓指導 배당 漢字 중 600字]

Ⅵ.

다음으로 初中高 국어교과서 전반에 걸친 문제를 적어보고 얼마간의 私見을 펴보이려 한다.

1. 국·중·고의 國語科敎育課程이 있는 이상 이제 國定을 해제하고 檢認定으로 돌리는 것이 아무래도 自由競爭으로 質이 向上되지 않을까 생각한다.

檢定制인 日本의 小·中·高 교과서를 보고 그들의 教科書 水準이 높은 것을 認定하지 않을 수 없다.

특히 그들의 かな나 漢字의 體系的인 指導에 대한 細心한 配慮는 敬歎을 禁할 수가 없다. 이 점 우리 국어교과서 편찬에 있어 大悟覺醒해야 할 대목이다. 漢字教育에 대한 不誠實은 不忠한 태도다.

2. 既成作家의 作品도 중요하지만 學生作品을 더 실어 친근한 느낌을 주고, 나도 「지을 수 있다」는 自信感을 심어주는 것이 教育的이라고 생각한다.

3. 特定作家 有名作品의 作品에 지나치게 편중됐을 경우, 그 폐단도 예상되므로 신중한 고려가 필요하다고 생각한다.

4. 日常時代를 배경으로 하는 作品이나 民族愛를 바탕으로 통일을 念願하는 分斷의 아픔을 배경으로 한 作品 등으로 感動을 주어 나라 사랑하는 마음을 鼓吹하도록 하면 좋겠다. 生動感 있는 作品이 아쉽다. 그런 面에서 對話 장면에선 '方言사용'의 許容도 고려되어야 하지 않을까 조심스럽게 생각해 본다.

5. 이끄는 말, 공부하는 문제가 더 研究돼야 한다는 의견이 있는 듯하다. 나는 앞으로 새 教科書가 엮어질 경우 다음과 같은 점이 고려되었으면 한다.

(1) 自律學習으로의 誘導를 위해 辭典찾기·字典찾기의 生活

化(국・中・高)와 俗談辭典・古語辭典 찾기(高) 등으로 幅넓은 讀書를 하고 古典을 自力으로 읽을 수 있는 힘을 붙이도록 '공부할 문제' 등에서 考慮.

(2) 三多生活로의 誘導・多讀・多作・多商量할 수 있도록 '공부할 문제' 등에서 再考.

讀書案內를 하고 各種文型으로 글을 짓게하여 個人의 作品을 만들게 하고 個人日記를 勸獎한다.

(3) 體系的・綜合的 指導를 할 수 있도록 '공부할 문제' 등에서 考慮. 새로 改定된(改定될) 맞춤법이나 표준말, 外來語 표기법의 내용에 대해 綜合的으로 概括해서 가르쳐야 될 것이다.

지금까지 국・中・高教育에서 疎外 내지는 소홀히(?) 되어 왔던 發音教育과 漢字教育에 대해 徹底를 期하도록 해야 한다. 참고로 日本 小學校, 中學校에 있어서 漢字指導가 얼마나 철저하고 體系的인가를 들어보겠다.

앞에서 光村圖書 발행 小學國語를 예로 들어 그 1上의 漢字教育과 1上에서 6下에 이르는 각 학년 각 학기 국어교과서 부록에서 新出字의 讀法・筆順・旣出字의 音訓, 그리고 6上에서 字典찾기 指導를 위해 部首劃數를 들어두었음을 소개한 바 있다.

이 漢字教育에 대한 配慮는 2上~6下(光村圖書)에도 課(單元) 末尾에 붙이는 형식으로 다음과 같이 나타나 있다.

二上 八 かん字の なかま(漢字 친구)

　　　　　　　　　　　あに あね

　東西南北 耳口目手足 父母兄弟姉妹

　春夏秋冬 魚鳥犬 算數 國語 圖工 會會 理科

二下 八 かん字の形 (漢字 모양)

　部首 : 言(話, 讀, 計…) 木(林, 村…) 亻(体, 作…)

　1. 비슷한 漢字 구별 : 大・太 小・少 力・刀……

三上 八 漢字のはたらき(漢字의 쓰임)

　同音異義字의 구별 : ひ一日 火 はな一花 鼻……

三下 八へんとつくり(部首)

(1) 作 根…へん(변 扁)

(2) 敎 放…つくり(방 旁)

(3) 花 算…かんむり(머리 冠)

(4) 兄 元…あし(발 脚)

(5) 道 遠…にはう(받침)

(6) 門 開…かまえ(몸)

(7) 廣 原…たれ(엄)

四上 五 辭典の使い方(辭典찾는 法)

1. 國語辭典の引き方(國語辭典 찾는 법)

2. 漢和辭典の引き方(漢字字典 찾는 법)

八 書きあやまりやすい漢字(잘못 쓰기 쉬운 漢字)

同音異義語 : め 一 目・芽, 分かれゐ, 別れゐ…

四下 八 漢字の音と訓

物…ブツ, モシ もの……

五上 八 あやまりやすい漢字(틀리기 쉬운 漢字)

週間・週刊 辭典・事典 夫人・婦人……

五下 六 漢字の讀み方と使い方(漢字 읽는 법과 쓰는 법)

男子・長男 明暗・光明…ダソシ チヨウナン メイアン ュウミヨウ

明確・性格 汽車・記者 セイカク・キシャ

특별한 것 : 一人 二人…ひとり・ふにり…

六上 八 熟語の出來方(熟語가 생기는 法)

二字 熟語 : 縱橫・頂上・純白・登山・不幸

三字 熟語 : 市町村・上中下

四字 以上 熟語 : 臨時列車・健康優良兒

六下 八 漢字とかなの由來(漢字와 가나의 由來)

同じ訓を持つ漢字(同訓字)

あつい 署・熟・厚

はかゐ 計・測・量

や　　家・屋

이 漢字敎育의 徹底함은 中學으로 이어진다. 現代の國語(三省黨 발행) 中1의 例를 든다.

3 單元

漢字の學習 1

5 ことばの研究③

和語・外來語・漢語

漢字の音と訓

象形文字と指事文字

會意文字と形聲文字

6 漢字の學習 2

등으로 그 學習의 徹底를 期하고 있는 것이다.

우리의 중학국어 1-1,2. 일기(日記)와 편지(便紙) 單元의 '공부할 문제'

5. 다음 한자를 익히자.

一 年 日 山 三 四 二 十

과는 對照的이다. 물론 教師의 使命感이나 학생의 自律訓練만 철저히 하면 그 效率을 올릴 수 있을 것이다. 그러나 무엇보다도 文教당국의 漢字教育에 대한 英斷, 教育開發院의 誠意에 기대를 건다.

<附 記>

朝鮮日報(87. 7. 1) 보도에 의하면 「北韓, 漢字教育 점차 강화」라 하여 在日학자 許東燦씨의 論文要指를 소개했다.

北韓은 72년 이후 고등중학교 1~4학년(우리의 국민학교 5~6학년, 중학교 1~2학년)에서 1 천 5 백자의 漢字를 가르치고 있음이 밝혀졌다. 월간 「北韓」 7월호에 「日本에서 본 北韓의 漢字教育」을 寄稿. '최근들어 어려운 漢字, 日常的으로 사용하지 않는 漢字成句, 개념에까지 학습시키는 등 語文政策上의 큰 변화를 보이고 있다'고 소개했다.

이는 70 년대 이후 北韓 言語學者들 사이에 널리 퍼진 「국어에 대한 위기감」의 발로라는 許氏의 분석. 그들은 漢字를 모르는 데서 오는 言語 및 思考能力 低下 현상을 우려했다는 것이다.

〈『새국어교육』 43·44號, 한국국어교육학회, 1988. 6. 1.〉

開發研究 및 敎材編纂의 經緯와 力點事項

Ⅰ. 研究 및 編纂의 經緯

본 國民學校 國語敎材 開發研究는 栗村獎學會 辛春浩 理事長의 提議로 栗村獎學會 研究費에 의해 進行된 사업이다.

이 사업은 1985년 9월부터 3개년 계획으로 進行되었는데, 그 결과는 바람직한 國民學校 국어교육을 指向하는 趣意로 엮어진 「韓國語」 12冊과 그 敎師用 指針書 1冊이다.

現行 국어교과서 중 國民學校 것은 순한글이고 中·高敎科書는 괄호 안에 漢字를 併記해 있다. 漢字말 투성이요, 그 同音異義語가 적잖은 현실에서 漢字語의 母胎인 漢字를 輕視하는 국어교육이 正常的일 수는 없다.

漢字는 특히 早期에 교육할수록 좋다. 우리가 옛날 千字文 등으로 早期敎育을 했던 先驗이 있지 않은가. 국민학교 시기부터 국어교과서에 섞어서 학습시키고 국어에서 배운 것을 다른 敎科書에도 섞도록 하는게 좋다. 현재 실시하고 있는 中·高·大에서의 漢字교육이 몸에 붙지 않는 까닭은 敎育의 適期를 놓치고 있기 때문이다.

이 「韓國語」를 편찬한 취지 중 漢字교육에 比重을 둔 것은 “漢字敎育이 바로 국어교육의 지름길”인 까닭이다.

이 사업은 編纂委員會의 研究企劃으로 進行되고 諮問檢討委員들의 所見을 수렴하여 최선을 다하느라 힘썼다.

漢字교육 外에도 국어교육의 正常化를 위해 편찬원칙·세부방침 등을 세워 진행해 왔다.

Ⅱ. 編纂原則

<1> 한글指導를 體系的·合理的 方法으로 短期間에 完成 한다.

<2> 國漢混用을 原則으로 하며, 段階的인 漢字指導를 꾀한다.

<3> 語彙力 向上을 配慮한다.

<4> 基礎的인 文法과 正書法을 體系的으로 指導한다.

<5> 長短音·된소리 등 國語發音을 올바르게 指導한다.

<6> 韓國의 傳統思想·美風良俗 등을 살려 民族的 矜持를 가지게 하고, 先進祖國을 志向하는 발랄한 氣像을 기를 수 있도록 한다.

Ⅲ. 編纂 細部方針

<1> 한글의 基本音節文字 指導는 1學年 1學期에 完成하도록 한다.

<2> 한글 音節字의 深化·反復學習을 2學年末까지 마치게 한다.

<3> 1學年부터의 學年學期別 配定漢字表에 의해 漢字 1,000字를 읽게 하고, 漢字쓰기는 3學年부터 6學年까지에 500字를 익히도록 한다. 기본받침 指導를 마치는 1學年 1學期 後半部부터 配定漢字를 混用한다.

<4> 本文은 學年學期別 基本單元構成計劃에 따라 精選된 筆者에게 題材를 執筆의뢰하거나, 國定敎科書 以外의 旣存資料에서 選定한다.

<5> 各卷末에 學年學期別 配定漢字表를 索引으로 싣는다.

<6> 效果的인 發音指導를 위해 긴소리 音節字를 欄外에 表示해 준다. 단, 1學年의 경우는 기본받침 지도를 마치는 1學期 후반부터 長音字를 每番표시하기로 하며, 2·3學年은 每單元 初出에, 4~5學年에서는 各卷別로 初出에, 6學年은 總括的인 次元에서 適切히 表示해 준다.

(예외)各單元末 新出漢字와 練習問題의 '읽어보기'에는 모두 表示한다.

<7> 된소리 등 表示는 1學年 2學期부터 틀리기 쉬운 것 중심으로 欄外에 표시하되, 自動的인 경우는 밝혀 적지 않는다.

<8> 國語辭典찾기는 3學年부터, 漢字字典찾기는 4學年부터 각각 指導하게 한다.

<9> 漢字略字는 103字를 選定하여 3學年부터 적절하게 本文欄外에 적어 알게 한다.

<10> 國民學校 5學年 1·2學期 卷末에서 로마字의 基本發音과 그 字形을 익혀 國語의 로마字表記에 대한 기본적인 理解를 가지도록 한다.

<11> 練習問題는 單純·分明한 것만을 묻는 選擇型·單答型 등을 되도록 止揚하고, 高等精神能力을 기르는 方向으로 作成하며, 읽기·쓰기·짓기·말하기·듣기의 諸領域을 통해 言語·文學·漢字 등을 調和롭게 익히도록 配慮한다.

<12> 單語漢字 모두가 해당 학년까지의 配定漢字인 경우에는 낱말單位로 漢字表記한다.

<13> 同一한 漢字語 낱말이 같은 페이지에 반복해 쓰인 경우는 敎育面·視覺面을 고려하여 適宜 調整한다.

<14> 通常 한글로 적는 漢字말(依해서, 爲하여 등)도 漢字에서 온 것임을 알리기 위해 한두 번 漢字로 적는다.

<15> 人名(文中人物·筆者)·地名·件名 등 固有名詞는 3學年부터 漢字로 적는다.

단, 固有名詞 모두가 1,000字 內면 本文에 漢字, 欄外에 한글로 表記하고, 固有名詞 중 한 자라도 1,000字 外면 本文에 한글, 欄外에 漢字로 表記한다.

(예외)題目에 나오는 固有名詞는 1,000字 外라도 漢字로 表記한다.

<16> 漢字 쓰기指導는 本文에 쓰인 낱말을 중심으로 練習問題를 통해 體系的으로 하되 읽기 指導用 漢字 중에서 500字를 각각 3學年(50字), 4學年(100字), 5學年(150字), 6學年(200字)에 配定하여 指導한다.

단, 쓰기 指導用 500字 중 43字는 略字로 쓰게 한다.

<17> 本 編纂委員會가 選定한 國民學校 읽기用 配定漢字는 다음과 같다.

<國民學校 學年別 읽기 指導用 配定漢字(1,000字)>
栗村文庫編纂委員會 選定

◎ 第一學年(50字) : 校敎九國軍金/男女年/大東/六/萬母木門民/白父北/四山三生西先小水室十/五王外月二人一日/長第中/青寸七/土/八/學韓兄火

◎ 第二學年 (100字) : 家歌間江車工空口氣記旗/男內農/答道冬動洞同登/來力老里林立/每面名命文問物/方百夫不/事算上色夕姓世少所手數市時食植心/安語然午右有育邑入/自子字場電全前正祖足左主住重紙地直/川千天草村秋春出/便平/下夏漢海話花活孝後休

◎ 第三學年(150字) : 角各感强開京界計高苦古公功共科果光交球區郡根近今急級/多短堂代對待圖度讀童頭等/樂例禮路綠理利李/明目聞米美/朴反半班發放番別病服本部分/社使死書石席線雪成省消速孫樹術習勝始式信身神神失/愛野夜弱藥洋陽言業英永溫勇用運園遠由油銀音飮意醫衣/者昨作章才在戰庭定第題朝族注晝集/窓淸體親/太通特/表風/合幸行向現形號和畵黃會訓

◎ 第四學年 (200字) : 價可加改客擧去建件健格見決結敬景輕競告考固曲課過關觀廣橋舊具救局貴規給己基技汽期吉/念能/團壇談當德到島都獨/落朗冷良量旅歷練領令勞料類流陸/馬末望亡賣買無/倍法變兵福奉比鼻費氷/仕士史思寫査産相商賞序仙鮮善船選說性歲洗束首宿順示識臣實/兒惡案約養魚漁億熱葉屋完要曜浴雨友牛雲雄元願原院偉位以耳因任/財材災再爭貯的赤典傳展節切店情停調操卒種終罪週州知止質/着參唱責鐵初最祝充致則/打他卓炭宅/板敗品必筆/河寒害許湖化患效凶黑

◎ 第五學年 (250字) : 假街監減康講個檢潔缺經境慶警係故官求究句宮權極禁器起/暖難怒努/斷端單檀達擔黨隊帶導督毒銅豆斗得燈/羅兩麗連列錄論留律/滿脈毛牧武務味未密/博房防訪配背拜罰伐壁邊報寶保步婦富復副府佛備悲非飛貧/謝師舍寺殺狀床常想設誠聖城聲星盛勢細稅掃笑素俗續送收授受修守純承視試詩施是息申深/眼暗壓液羊餘如逆煙演硏榮藝誤玉往謠容員圓爲衛肉恩陰應義議移益認印引/將障低敵田絶接精程政祭濟製際制提除助鳥造早尊宗走竹準衆增至志支指職進眞/次察創處請銃總築蓄蟲忠取測置齒治侵/快/態統退/波破砲包布暴票豊/限港航解香鄕虛驗賢血協惠呼護好戶貨確回吸興希

◎ 第六學年 (250字) : 假覺刻看簡干甘敢甲降巨據拒居傑儉擊激堅犬驚傾更鏡繼階戒季鷄系孤庫穀困骨孔攻管鑛構君群屈窮勸卷券歸均劇筋勤奇機紀奇/納/段徒逃盜/亂卵覽略糧慮烈龍柳輪離/妹勉鳴模妙墓舞/拍髮妨範犯辯普伏複否負憤粉秘批碑/辭絲私射散象傷宣舌屬損松頌秀肅叔崇氏/額樣嚴與易域延緣鉛燃營迎映豫偶優郵怨援源圍危威委慰遺乳遊儒隱依疑儀異仁/姿姊資殘雜壯腸裝獎帳張底適籍賊積績專轉錢折點占丁整靜帝條組潮存從鍾座周朱酒證誌持智織盡珍陣/差讚採冊泉聽廳招推縮趣就層寢針稱/彈歎脫探擇討痛鬪投/派判篇評閉胞爆標疲避/閑恨抗核憲險革顯刑或混婚紅華環歡況灰候厚揮喜

Ⅳ. 한글 指導

"한글指導를 體系的·合理的 방법으로 短期間에 완성한다"는 편찬원칙에 따라 "한글의 基本音節文字 指導는 1학년 1학기에 완성하도록 한다"는 방침으로 「한국어」 '1-1'은 한글의 體系的 指導를 配慮하여 다음과 같이 엮었다.

<單語를 통해>

① 單母音 ㅏㅓㅗㅜㅣ 익히기 pp. 4~5
二重母音ㅑㅕㅛㅠ 익히기 p. 6.
基本母音ㅏㅑㅓㅕㅗㅛㅜㅠㅡㅣ 익히기 p. 7.

② 基本子音 ㄱㄴㄷㄹㅁㅂㅅㅇㅈㅊㅋㅌㅍㅎ 익히기 pp. 8~11.

③ 基本音節 가나다라마바사아자차카타파하行 익히기 pp. 12~18.

④ 字母이름과 基本音節表 익히기 p. 19.

字母이름에서는 특히 "ㄱ기역 ㄷ디귿 ㅅ시옷"이름이 다른 字母이름과 다른 점을 認識시킨다.

基本音節表는 가갸거겨…式과 가나다라…式을 함께 리듬을 붙여 외우도록 指導하고 그 쓰기도 익숙해지도록 反復시킨다.

<文章을 통해>

⑤ 받침:ㄴㄹㅁㅇ 有聲子音 익히기 pp. 20~21.

⑥ 받침:ㄱㅂㅅ 無聲子音익히기 pp. 22~25.

⑦ 複合構造의 母音 ㅐㅔㅘㅝㅚㅟㅢ 익히기 pp. 26~33.

⑧ 된소리 ㄲㄸㅃㅆㅉ 익히기 pp. 34~37.

⑨ 그 밖의 複合構造의 母音 ㅒㅖㅙㅞ

⑩ 받침:ㅊㅍㄷㅌㅅㅎ 등 홑받침 익히기 pp. 42~47.
ㅋ받침은 p. 93에 넉.

⑪ 받침:쌍받친…ㄲㅆ, 겹반친 ㄶㄺㅀㅄ 이히기 pp. 48~51.

⑫ 받침:겹받침ㄳㄵㄻㄼㄾ 익히기 pp. 52~55.

와 같이 體系的인 學習을 시키고 56面 以下에 나오는 音節字를 합치면 基本音節字 10×14=140字를 비롯, 된소리 ㄲ ㄸ ㅃ ㅆ

ㅉ 初聲을 가지는 音節字 15字, 複合構造인 母音字를 가지는 音節字 89字, 홑받침 ㄱ~ㅎ이 들어있는 音節字 365字, 쌍받침 ㄲ ㅆ 겹받침 ㄳㄵㄶㄺㄻㄾㅀㅄ이 들어 있는 音節字 46字로 總 655字의 音節字를 익히는 것이 된다.

以上으로 初聲字 19(ㄱㄴㄷㄹㅁㅂㅅㅇㅈㅊㅋㅌㅍㅎㄲㄸㅃㅆㅉ), 中聲字 21(ㅏㅑㅓㅕㅗㅛㅜㅠㅡㅣㅐㅒㅔㅖㅚㅟㅝㅙㅞㅢ), 받침 25(ㄱㄴㄷㄹㅁㅂㅅㅇㅈㅊㅋㅌㅍㅎㄲㄳㄵㄶㄺㄻㄾㅀㅄㅆ)가 들어 있는 音節字를 고루 익히게 되어 所期의 목표를 달성하게 된다. 다만 'ㄽㄿ' 받침 例만이 들어 있지 않다.

'1-2'에는 卷末에 初聲字 19, 中聲字 21이 들어간 基本音節表를 실은 것은 正課時間이나 自習時間 또는 家庭學習을 통해 그 읽기나 쓰기를 指導해 주기를 바라는 뜻에서다.

이 基本音節表로 새로 익히게 되는 音節字는 '1-1'에서 나온 된소리 初聲音節字 15字, 複合構造인 母音字를 가지는 音節字 89字를 뺀 155字가 된다.

그外 新出音節字는 받침이 들어가는 新出 129字로 '1-2'에서 새로 배우게 되는 音節字 總 284字가 된다.

新出音節字가 '2-1'에는 143字, '2-2'에는 64字다.

以上으로 '1-1' 655字, '1-2' 284字로 合 939字요, '2-1·2' 207字를 합하면 1,146字가 되는데 初聲 19×中聲 21×終聲 7(ㄱㄴㄷㄹㅁㅂㅅㅇ)의 音節字의 習得은 遲進兒 外는 문제가 없다고 본다. 다만 ㄷㅈㅊㅋㅌㅍㅎ 등 홑받침字와 ㄲㄳㄵㄶㄺㄻㄼㄽㄾㄿㅀㅄㅆ 등 쌍·겹받침이 들어가는 音節字의 習得이 얼마간 부담이 된다고 생각한다.

V. 漢字指導

이 「韓國語」는 "國漢混用을 원칙으로 하며, 段階的으로 漢字指針을 꾀한다"는 원칙아래 "1학년부터의 學年學期別 配定漢字

表에 의해 漢字 1,000字를 읽게 하고, 漢字쓰기는 3學年부터 6學年까지에 500字를 익히도록 한다. 기본받침 指導를 마치는 1學年 1學期 後半部부터 配定漢字로 混用한다"는 方針에 의해 엮었다.

漢字配定을 1학년에 50字, 2학년에 100字를 配定하고 쓰기를 3학년부터로 한 것은 한글指導의 부담이 크기 때문이며 漢字의 어려움이 바로 쓰기에 있기 때문이다.

한글指導의 부담이 큰데 왜 1·2학년부터 漢字指導를 하느냐 하는 反論도 있을 수 있고, 한편 漢字指導에 있어 읽기指導만을 하고 쓰기指導를 하지 않는 것은 잘못이다. 쓰기를 함으로써 漢字에 대한 認知가 분명해지지 않겠느냐는 指摘도 있을 수 있다.

다 一理가 있다고 생각한다. 그러나 아무리 한글指導의 부담이 크다고 하나 漢字 早期教育이 效果的이라는 것을 認識하고 그 指導方法이 研究되고 熱意만 있다면 50字나 100字 정도의 읽기가 그렇게 큰 부담이 되는 것은 아니다. 配當된 漢字를 正課時間 또는 그 밖의 機會를 포착하여 지도를 하면 쉽게 成果를 거둘 수 있을 것으로 생각한다. 例컨대 1학년에 배당된 "一二三四五六七八九十月火水木金土日" 등 17字는 칠판에 매일 月日, 曜日을 적으면 얼마 안 가 누구나 다 익히게 될 것이며, "學校教室 大韓民國 父母兄弟 東西南北 大中小 先生…" 등도 日常生活에서 자주 등장하는 말이므로 큰 부담 없이 그 읽기의 指導는 쉽게 할 수 있다고 생각한다. 週 2~3字의 부담이 크다고 생각한다면 잘못된 생각이다.

쓰기指導를 3학년부터 시작을 하고 500字를 配定한 것은 최소한의 목표다. 당사자들이 쓰기를 원하고 教師의 所信으로 읽기와 쓰기의 併行을 하겠다 하면 1학년부터도 좋고 500字 이상도 좋다. 빠를수록 좋고 많을수록 좋지만 다만 한글指導의 부담이 큼을 인식해서 2학년 末까지엔 우선 一次的으로 한글指導에 重點이 주어져야 함은 물론이다.

오늘날 워드프로세서[W.P]의 발달이 놀라워 國漢混用에서 그 쓰기의 어려움을 덜어 주기에 이르렀다. 그 機能은 나날이 발달되고 그 값은 反比例해서 싸게 돼 가고 있어 머지않아 누구나 利用할 수 있는 時代가 올 것으로 展望된다.

쓰기의 어려움은 이제 W・P가 代行에 줄 시기가 닥쳐오고 있다는 것이다. 그렇다고 해서 누구나 W・P에 依存할 수 있는 것은 아니요, 언제나 W・P에 依存할 수 있는 것도 아니므로 쓰기 指導를 소홀히 해서는 안 될 것임은 물론이다.

Ⅳ. 發音指導

암흑의 일제시대, 우리말과 글의 교육이나 연구가 제대로 행해질 수 없었던 그 시대는 말할 것도 없거니와 조국이 광복된 지도 수십년의 긴 세월이 흘렀건만 우리는 本格的인 우리말 發音辭典 하나 가지지 못하고 있었다.

하기야 여러 종류의 국어사전이 있어 그 사전의 표제어에 긴소리나 사이된소리 등의 표시가 되어 있기는 하다. 그러나 이 사전들은 앞 辭典을 그대로 따랐거나, 現實發音을 지나치게 외면한 것이 있는가 하면, 반대로 지나치게 첨단적으로 앞서가는 사전도 있고, 어떤 것은 編纂者의 出身地域의 발음이 영향을 끼친 듯한 사전도 있으며, 綴字發音에 치우친 경향이나 관념적으로 規格化하려는 경향 등 갖가지 문제점이 있는 것이 아닌가 한다. 한 마디로 科學的인 硏究가 되어 있지 않았었다고 해도 지나친 말은 아닐 것이다.

표준발음 確立의 필요성이 여기에 있다.

오늘날 학교교육에서 발음문제가 소홀히 다루어지고 있음은 유감이 아닐 수 없다. 학교교육에 있어 마땅히 올바른 發音敎育의 노력이 있어야 하고, 國語醇化라는 면에서도 이 문제는 크게 浮刻되어야 한다.

표준국어발음의 普及으로 全國民이 같은 말을 쓴다면 國民總

和는 이미 절반 이상 저절로 이루어진 것으로 보아도 좋을 것이다. 地方色을 돋보이게 하는 사투리 발음으로 인하여 불필요한 지역 간의 편견과 違和感이 생기는 것은 현대국가 발전에 막대한 지장을 초래한다.

이렇게 國家統治, 특히 國民總和에 國語統一 醇化가 지대한 영향력을 가진다는 사실을 일찍이 간파한 유럽 각국은 翰林院을 통하여 그 나라의 국어를 統一·整理·醇化해 왔다.

철자가 발음을 정밀하게 반영하는 경우에는 正書法의 정리로 표준발음의 보급이 쉽게 될 수 있겠으나, 그렇지 않은 대부분의 경우에는 發音辭典이 따로 필요한 것이다.

우리 現代國語의 경우, 母音의 장단이나 '사이된소리' 등 現行 맞춤법에 반영되지 않은 音韻 때문에 맞춤법만 가지고는 사투리 사용자가 진정한 표준발음을 배울 수 없으므로 따로 발음표기를 하지 않을 수 없는 것이다.

세계 선진 각국에는 으레 권위 있는 발음사전이 있고(佛 P. Fouché의 「발음사전」, 日 平山輝男의 「악센트사전」 등), 특히 우리에게 잘 알려진 영국의 경우, 1917년에 初版이 나온 D. Jones의 「영어발음사전」은 그 후 계속 판을 거듭하여 1967년에 제13판이 나왔고, 지금도 영국 안에서는 물론 全유럽·아프리카·동남아시아 각국에서 영어발음 교육상 절대적인 권위를 누리고 있는 것이다.

오늘날 우리말, 즉 순우리말이나 漢字말 발음의 混濁現象의 要因은 다음과 같다.

① 訓民正音 制定 후 壬亂에 이르기까지는 聲點표시를 하여 발음의 典範을 보인 것인데, 壬亂·丙亂 등으로 우리말 표기의 規範性이 무너지고 傍點표시가 없어졌다.

② 三韻聲彙·奎章全韻 등이 있으나 中國韻書의 四聲 그대로여서 上·去聲은 현실 聲調와 距離가 있다.

③ 池錫永의 字典釋要나 總督府사전 이래의 현대어 사전에 발음표시가 있으나 각 사전 사이에 통일성이 없다.

④ 1934년 표준말 査定때 긴소리·사이된소리 등 표준발음 査定을 하지 못했다.

⑤ 日帝下 국어교육의 不在(이른바 조선어교육이 행해지기는 했으나 日語敎育에 比해 시간수가 적었으며 그나마도 1938년에는 隨意科目[오늘날의 선택과목]으로 되었었고 1941년에는 폐지됨)로 傳承발음 교육의 기회가 없었고, 한편 日本漢字音의 영향을 받았다.

⑥ 8·15광복과 6·25사변으로 인한 越南同胞나 피난민의 이동 등이 있어 서울발음의 혼란이 빚어졌다.

⑦ 광복, 6·25, 4·19, 5·16, 10·26 등 광복 후 오늘날에 이르는 사이의 연달은 혼란 상태나 데모 事態 등으로 人心은 메마르고 각박해질대로 각박해져서인지 이것은 사람의 心性에도 적잖이 영향이 미쳤을 것으로 보인다. 특히 된소리化 경향에서 그 점을 느낀다.

⑧ 지금까지 국어교육에 있어 읽기·쓰기 중심의 敎育으로 말하기·듣기의 敎育이 소홀해서 發音敎育은 不毛地帶였다.

⑨ 한글전용 방향의 교육으로 漢字聲調에 관한 認識이 缺如되어 있고, 따라서 발음교육이 있을 수가 없었다.

⑩ 혹 발음교육에 뜻이 있는 이가 있었다 하더라도 표준발음이 定立되어있지 않았다.

⑪ 학교 敎師나 라디오·TV 등 放送員이나 出演人士들의 잘못된 발음에 의한 오염이 또한 크다.

그러나 그 要因이야 어디에 있건 多數言衆(서울말을 쓰는 교양 있는 壯年層)의 現實發音을 존중하는 방향으로 표준발음이 확립되어야 할 것이다.

<編纂委員會>

代表 南廣祐(仁荷大 名譽敎授, 國語學, 韓國語文敎育硏究會 會長)

幹事 文斌永(仁荷大 敎授·國語學·國語敎育學)

委員 朴美子 吳昇姬 任文子 申月均 南基英 任恩實

<諮問・檢討委員>

金敏洙(高麗大 敎授・國語學, 周時經硏究所 所長)
金章浩(梧亭國 校長, 서울市初等國語硏究會 會長)
金鐘祥(惟石國 校監, 한국글짓기지도회 會長)
朴恩受(前淑明女大 敎授・佛文學)
申英澈(中洞國 校長, 韓國國語敎育硏究會 理事)
沈暻錫(서울敎大附國 校長, 兒童文學家)
尹錫喆(서울大 敎授・經營學)
李應百(서울大 名譽敎授・國語敎育學, 韓國國語敎育硏究會 會長)
李喆洙(仁荷大 敎授・國語學・國語敎育學)
車元材(奉恩國 校長・한국글짓기지도회 副會長)
崔英哉(서울師大附國 敎師, 兒童文學家)

〈『語文硏究』第61號, 韓國語文敎育硏究會, 1989. 5.〉

開化期 國語教科書의 一考察

—文字敎育의 側面에서—

국민학교 1학년에서는 한 달 過程으로 '우리들은 1학년'에 의해 入門교육을 하고 '바른생활', '슬기로운생활', '즐거운생활'이라 해서 統合敎科 형태로 교과서가 되어 있다. 이 統合敎科書에 대한 批判의 소리가 높은듯하다.

특히 文字敎育의 側面에서는 '바른생활' 1~1은 재검토 되어야 하리라고 본다. 현행교과서가 종전 교과서에 비해 한글의 體系的인 교육을 위해 배려한 점을 인정하나 오직 미흡하다고 지적할 수밖에 없다.

文字敎育의 側面에서 開化期 國語敎科書를 고찰해 보고자 한다.

初等小學(1906. 10. 8卷 4冊 國民敎育會) 卷1 첫머리에는 單語 중심으로

張2	나무, 木	노루, 獐	삽화
	도미, 鯛		삽화
張3	도마, 俎	두주	삽화
	리어, 鯉	리화	삽화

와 같이 ㄱㄴㄷㄹ……ㅎ行順으로 그 用例를 들고 該當漢字를

보였다.

張 12,13에서는 한글의 基本音節表 '가갸거겨 式'과 '과궈놔눠 式'을 들어 놓았다.

張 14부터 短文的 文章으로 바뀐다. 비로소 받침이 나오고 겹글자도 나오는데 된소리는 張 19에서 처음으로 등장한다.

張 14에 국기 國旗
거북 거북 두 마리가,
기여 가오. 거북 龜

와 같이 ㄱ初聲의 글자와 ㄱ받침을 머리에 둔 것이 분명하다. 이런 式으로 하여 卷一에서 한글 읽기의 完成을 목표로 하고 漢字의 訓指導도 留意하고 있는 것이다. 그런데 部門別 單語指導에도 신경을 쓰고 있는데 <붓, 筆 벼로, 硯 먹, 墨>, <날, 日 달, 月 별, 星 구룸, 雲>, 卷二 第七 '혜는 것'에 '一二三四五六七八九十', 第十二 '人의 신테'라 하여 '耳目鼻口手足'이 문장속에 나온다. 漢字의 音・訓指導를 목표로 한 것이다.

卷二에서 보면 新出漢字를

日父母山主人 燈火 尺分寸耳目鼻口手
足東西南北姑母我金言大地晝夜時秒

와 같다. 漢字를 節制한 흔적이 분명하고 그 漢字도 日常用語에 그치려는 것이 意圖的이다. 卷3, 4를 釋卷, 卷5, 6(3학년용)부터는 漢字말은 모두 漢字로 써 있어 制限이 없다.

最新初等小學(1908. 7. 4卷 2冊 鄭寅璣 편술발행) 卷1은 한글의 基礎的 音韻組織과 活用을 이용한 單元構成 방법을 취해 있다.

한글 25字를 5日上課로

하루공과 (기러기 그림)　　　ㄱ러기
　　　　　ㄱ기　　　　　　　ㄴ니
　　　　　(지구儀그림)　　　ㄷ구
　　　　　ㄷ디　　　　　　　ㄹ리

나흘공과 (아버지와 아들 그림) ㅏ바지
ㅏ아 ㅑ야
(어머니와 딸 그림) ㅓ머니
ㅓ어 ㅕ여

와 같이 가르치고 나서

엿새공과 (까치 그림) 가치 (거미 그림) 거미
(고추 그림) 고추 (구두 그림) 구두
(그림 그리는 모습) 그림 그리다
가 갸 거 겨 고 교 구 규 그 기 ᄀᆞ

式으로 20日工課에 ㅎ行까지를 마치고 21日工課로

(그림) 쌀이 솨르르 (그림) 돌이 와르르
(그림) 비가 좌르르 (그림) 물이 콰르르
(그림) 불이 화르르
과궈놔눠……화훠

가 나온다.

6日工課부터는 그림 그리다
가지 느러져
붓을 드러
사람을 으르르
마른입히 브스스
통소소리 스러져

처럼 받침 들어간 말과 動·形容詞 들어간 글이 보이고 22日工課부터는 文章式으로 되어 있으며 23日工課에 '父母'가 漢字로 표기되어 있고 27日工課서부터는 漢字가 쏟아져 나온다. 國漢混用의 글인 것이다. 卷2~卷4는 모두 國漢混用文이다.

新纂初等小學(1909. 9 年釆 편집 발행 6卷 6冊), 卷1 卷項에 한글 字母와 音節表를 보이고서 第1課 子音字 第2課 母音字 第3課 가지茄 가자미鰈 第4課 거루 나무木 노루獐 第5課 가갸거겨고교구규그기ᄀᆞ 第6課 나냐너녀노뇨누뉴느니ᄂᆞ 式으로 ㅎ行까지를 第27課까지에 담고 있다. 27課에는 '과궈 와워 화훠'式과 終聲 'ㄱㄴㄷㄹㅁㅂㅅㅇㅣ'를 들고

각간갇갈감갑갓강개……
를을른은슨슬즌즐
에헤집밥옷솟힉학

으로 되어 基本音節과 받침을 일단 모두 다루어 있는 셈이다. 第28課~第41課까지의 소위 9終聲活用, 간단한 曲用, 活用을 익히기 위한 統文型을 ㄱㄴㄷㄹ順 單語를 單元이름(국긔 농부 대둑겁이……)으로 하여 배열하였다.

第3課부터는 가지茄 式으로 漢字의 訓을 익히는 방법을 취했는데 물론 41課 중에 43字의 漢字가 나온다.

卷 6까지에 1992字에 漢字가 나오는데 卷 2부터는 國漢混用의 글로 되어 있다.

普通學校學徒用 國漢讀本(1907. 2. 學部 편찬발행, 8卷 8冊)은 그 內容에 있어 日本人의 영향을 받았음은 물론이지만 그 形式面에서도 그 영향을 받은 흔적이 있다. 그것은 한글의 指導方法이 순전히 우리나라 사람의 손에 이루어진 말의 冊들과는 다른 점이 눈에 띈다.

그것은 前者들이 한글字母, 基本音節表, 받침 등 順으로 文字指導를 體系的으로 하려한 데 反해 이 冊은 卷1 처음에 字母만을 보이고 第1課부터 논 나무 버 버무 비 비너 式으로 單語부터 내놓는 방식을 취해 있는 點이다.

第7課까지는 單語중심(받침 없는), 第8課에서부터는 받침이 있고 소위 重中聲字 들어간 複合語를, 第2課부터는 主+述, 主+目+述 등의 간단한 短文부터 차차 복잡한 短文으로 나갔다. 第21

課부터는 國漢混用이고 45課로 끝나는데 卷末에는 國文綴字라 하여 基本音節表, 終聲附 받침 8終聲 重中聲이라 하여 과궈놔눠式과 개걔게계式이 나오고 激音된시옷이라 하여 까쨔式을 보이고 重終聲 들받침이라 하여 'ㄺ ㄻ ㄼ ㄳ' 받침을 '갉갊갋갃式'으로 들어 놓았다.

그러나 卷1 卷末에 한글 音節字를 총망라해 놓은 점은 1학년 1학기로 한글을 모두 깨치는 것을 목표로 해 왔음을 알 수 있다. 卷2부터는 모두 國漢混用인데 漢字를 制限하겠다는 氣色은 전혀 없다.

우리는 이 開化期國語教科書에서 특히 文字教育의 側面에서 배울 점이 없다고 본다.

1. 現行 한글 맞춤법이 表意化를 꾀해 받침數가 많고 形態素를 밝히는 방식이어서 맞춤법을 외우고 書寫하는 데 부담이 크기는 하나 低學年에서 體系的으로 완전 解得을 목표로 하고,

2. 1학년 1학기 6월쯤에서부터 段階的으로 漢字를 배당하여 6년동안에 900~1,000字정도의 읽기와 450~500字정도의 쓰기를 목표로 하는 文字指導를 하도록 새 教育課程에 의한 88년부터의 국민학교 教科書에서는 考慮되어야 한다.

〈『국어국문학』 95號, 국어국문학회, 1986.〉

高校敎科書의 古典 註釋 問題

旣發表分

○ 註釋에 있어서의 態度

1955. 6. 1. 한글 109호, 정정 홋수 111호 收錄
1955. 7. 1. 한글 110호, 정정 홋수 112호
拙著 國語學論文集 pp. 361~369, 1962. 6. 初版 再收錄

<關東別曲> 高 3

① 가디록…갈수록　　× 際涯없이

② 올나ᄒᆞ니…오르니, 오른즉　　× 올라가니

혜여ᄒᆞ니, 니러ᄒᆞ니, 뭇쟈ᄒᆞ니, 아쟈ᄒᆞ니, 보랴ᄒᆞ니, 메여ᄒᆞ니,

③ 섯돌며…섞어돌며(세차게 돌며)　　×서리어 돌며

섯…'混・交'의 뜻. '盤・蟠'의 뜻이 아님
섯흘리다. 섯겯다. 섯버믈다. 섯듣다. 섯불다.

④ 헌ᄉᆞ토 헌ᄉᆞᄒᆞᆯ샤…喧辭하기도 喧辭하는구나(들레기도 들레는구나, 떠들썩하게 소문 퍼치고자 야단스럽게 구는구나)
× 繁華하다. 부산하다. 거룩하다. 훌륭하다. 戱弄하다. 傳言하다.

騷亂하다. 장하다…

'喧辭'라면 '훤ᄉᆞ'라야 正綴이나 孤山遺稿에 窓喧던헌'(冬詞 8)이 있으며, 春香傳에 '황챠(況且)'라야 할 '황'이, '항'으로 나옴을 보면, '훤>헌, 황>항'의 單母音化例가 있다.

⑤ 안ᄌᆞᆫ말이…앉은즉, 앉으니　　× 앉아서 하는 말이

<思美人曲> 高 2

① 그더ᄃᆡ…그동안에　　× 그때에, 지금께, 지난번

② 지게…등에 지는 지게　　× 支機, 지게문(戶)

산호슈지게 우희 ᄇᆡᆨ옥함의 다마두고 님의게 보내오려 님겨신ᄃᆡ ᄇᆞ라보니

③ 深山 窮谷점 낫ᄀᆞ티 ᄆᆡᆼ그쇼셔…深山 窮谷을 좀 낮같이 만드소서

× 深山 窮谷을 정낮같이 만드소서

내논 다 ᄆᆡ여든 네 논 졈 ᄆᆡ여주마

○ 松江歌辭에 나타난 難解語에 대하여

1958. 6 新興大 高凰 第二卷 第一號 收錄

上揭 拙著 國語學論文集 pp. 347～360 再錄

<關東別曲> 高 3

① 밤듕만…한 밤중, 깊은 밤중, 夜半　　× 밤중쯤, 밤중에

낫만…日中, 午(內訓·杜解)　　낫…晝

② ᄆᆞ니ᄇᆞᆯ와…繼續하여 밟아, 잇달아 밟아(躑躅길을 繼續 밟아 가며)

躑躅이 滿發한 산길을 羽蓋芝輪속에 몸을 담아 翫賞하며 가는 것을 描寫한 대목 × 짓밟아, 늘이어 밟아

'믄다'의 轉成副詞

'므노ᄅᆞᆯ, 므너, 므는' (永嘉 · 佛頂 · 王郞傳)
'드리ᄃᆞ라, ᄀᆞ리어러'와 같은 語形

③ 울ᄒᆞᆫ소개…둘린 속에 에워싼 속에 × 鬱ᄒᆞᆫ(울창한, 우거진, 茂盛한)

울홈(籬) 울힐옹(擁) 울헤(籬)

4. 이ᄅᆡ 5. 바라나니 6. 오뎐된 7. ᄀᆞ리어러 8. 어ᄃᆡ다혀 9. 에도ᄃᆞ시 10. 츼도ᄃᆞ시11. 솟벼 12. ᄡᅳ리고 13. 기울계대 니거든 14. 십년지이 15. 다 닛거든 16. 바회 17. 볏귀 본ᄃᆞᆯ 18. 져믈가마ᄂᆞᆫ 19. 귀느릐여 20. 덜믈거시

<松江短歌> 實業高 2
④ 바회…바퀴 × 바위

심의산 세네 바회 감도라 휘도라드러

○ 古歌謠에 나타난 難解語에 대하여
—麗謠를 中心으로—

한글 126호 pp. 29-44 收錄.
拙著 國語學論文集 pp. 329-346 再錄

<鄭瓜亭>

① ᄉᆞᆯ웃븐뎌…죽고 싶은 것이여! 사라지고만 싶은 것이여!
× 슬픈 것이여, 슬프도다. 사뢰고 싶은 것이여! 사뢰고 싶다.
고ᄫᆞᆫ님 몯 보ᅀᆞ바 ᄉᆞᆯ웃 우니다니(月釋 8:87)
고ᄫᆞ니 몯 보아 ᄉᆞᆯ웃 우니다니 님하 오ᄂᆞᆳ나래 넉시라 마로리어다(月釋 8:102)

門밧긔 서어겨샤 兩分이 여희싫제 솔하디여 우러 녀시니(月釋 8:84)

말 다ᄒᆞ시고 솔하디여 우러 여희시니(月釋 8:97)

ᄶᅡ해 업데여 그울며 솔하디여 우니(月釋 8:103)

밤즁만 솔하더 우러 님의 귀에 들리리라(古時調 그려사디)

비와 구룸괘 ᄉᆞ라디여 업슬씨오(月釋 10:85)

즉제 ᄉᆞ라디ᄂᆞ니라=卽消(馬解下 111)

솔웃 = 솔하디여

솔+웃+브+ㄴ더

놀+웃(ᄂᆞ다) 깃브다. 뉘웃브다. 잇브다. 애받브다…

② 하…李朝 初期에는 분명히 의식적으로 尊稱呼格으로 씌었으나, 古代에는 一般呼格의 하나로 씌었던 것으로 본다.

× 尊稱 呼格助詞, 上古時代의 呼格은 모두 '하'

누릿 가온ᄃᆡ 나곤 몸하 ᄒᆞ올로 녈셔(動動)

혀고시라 밀오시라 鄭少年하(翰林別曲)

딩아돌하 當今에 계샹이다(鄭石歌)

佛道 向隱心下(均如傳 常隨佛學歌)

龜何龜何 首其現也(龜旨歌)

突阿樂 脫解王時作也(三國史 卷三十二 樂志)

③ 도람드르샤…돌려 들으시어, 용서하여 들으시어(도람…副詞)

× 도람…名詞, 돌릴만한 것, 자세한 사연, 잔사설.

ᄀᆞ람 부러, ᄀᆞ람 더운 소ᄂᆞ로

니섬니서, 니엄, 니음다라, 나암나암, 나담나다, 드리염 ᄠᅳᄂᆞ니…

4. 곰비림비 5. 서린 6. 선ᄒᆞ면 7. 새셔 가만ᄒᆞ얘라 8. 滿春 ᄃᆞᆯ 욋고지여

<은근과 끈기> <가시리 評說>

① 선ᄒᆞ면…서낙하면, 사나우면, 그악스러우면

× 선뜻, 선선하면, 서운하면

(文世榮 사전) 선하다—'서낙하다'의 준말

서낙하다…장난이 심하다. 그악하다.

○ 松江歌辭의 急所 征服키이

1965. 7 進學(중복된 것. 高校 教科書에 없는 것은 略함)

<關東別曲>

① ᄌᆞ자시니…잦아 있으니('잦았으니'의 뜻)

× 'ᄌᆞᆽ+앗+이니'로 分析함은 잘못

× '물이 잦다(涸)'의 뜻으로 보려는 見解

(ᄌᆞᆽ+아+시니) 니어시니, 거러시니, 펴뎌시니, 버러시니…

ᄀᆞ마니 슈믈(있음을) 堅固히 ᄒᆞ야

ᄆᆞᅀᆞ매 가져 실(있는) 씨라

뷘 ᄆᆞᄉᆞᆯ힌 버미 셔(있어) ᄃᆞ토놋다

벼슬ᄒᆞ야 쇼매(있으매)

브터 숄(있을) ᄯᅡ히 업도다

벼슬ᄒᆞ여 신(있는) 저기나 벼슬 업슨 저기나

② 고이ᄒᆞᆯ까…怪異할까 × 곱게할까

③ 집픠다…뭉게뭉게 모여들다 × 짓피어나다(當時엔 즛디타·즏붋다)

구름 지픠다 : 雲集하다 × 짙피어나다(當時에 '짙' 아닌 딜— '디터'와 같이 쓰이던 것)

어름 지픠다(잡히다)

살 지픠다(주름살 잡히다)

④ 일위더니…뒤흔들리더니　　× '얼위다'로 보아 '混沌하다'의 뜻, 그러나 '얼의다'는 있으나 '얼위다'는 없음.

풍파의 일니던 ᄇᆡ 어드러로 가닷말가(松江時調)

일다(淘 : 쌀을 일다)…원뜻 '흔들다'

일위다=일니다

쌀을 '일구다'→ㄱ떨어져 '일우다'→被動接尾辭 붙어 '일위다'

일다—이루다(成)

밀다—미루다(推)

일다—일우다(淘=搖)

⑤ 자도잘샤…자기도 자는구나(바람이 자서 물결이 일지 않고 水面이 다리미로 다린 듯이 곱게 펴져 있는 모습을 그린 것)

× 잘기도 잘구나—'細'의 뜻이면 'ᄌᆞ도ᄌᆞᆯ샤'

'자다'는 宿・寢

<思美人曲> 高 2

① 삼기실제…태어나게 하실 제

삼기다>상기다>생기다 (① 태어나다
② 지어내다, 만들어내다, 태어나게하다

② 願ᄒᆞ요ᄃᆡ…원하되　　× 원하옵되

새닐웻 ᄉᆞ시ᄅᆞᆯ ᄉᆞ랑ᄒᆞ요ᄃᆡ(釋譜)

③ 늙거야…늙어서야

ᄌᆡ죄 업서 名位ᄅᆞᆯ 늣거ᅀᅡ 호니(朴解)

④ 얼킈연디…얽힌지

十月에 아으 져미연 ᄇᆞᄅᆞᆺ다호라(動動)

⑤ 안니다가…앉곤 하다가, 돌아다니며 앉다가
'안+니'의 複合. (우니다, 사니다, ᄂᆞ니다, 노니다…)
"안+니('닐起'의 ㄹ脫落)"의 複合이 아님.

<賞春曲> 高 3
○ 煙霞日輝ᄂᆞᆫ 錦繡를 재폇ᄂᆞᆫᄃᆞᆺ…'재'는 '채'의 脫劃('가득히'의 뜻)으로 본다.

'긴 깁을 ᄎᆡ폇ᄂᆞᆫᄃᆞᆺ'(俛仰亭歌)이 바로 이 '채폇ᄂᆞᆫᄃᆞᆺ'임.

※ 纖雲이 四捲ᄒᆞ고, 믈결이 채 잔격의(星山別曲)
채…다, 완전히, 가득히
黃金을 채 ᄉᆡ로려 ᄒᆞ니(月印)

未發表分

高 2. 고대산문의 음미
<弔針文>
① p. 244/14 동지상사 낙점을 <u>무르와</u>…무르와 내어, (임금께) 타내어

落點…三望中 임금이 親히 點을 찍음

"무롭다…바ᄆᆞᆯ 무롭고 ᄎᆞ자가니 : 冒也尋之(東新續三)"의 用例가 있는 바

'무르와'는 '무릅다(冒)'의 副詞形

② p. 245/16 <u>두렷한</u> 귀…둥근 귀 × 뚜렷한 귀

두렫 원 : 圓(石千), 두렫ᄒᆞᆯ 단 : 團(類合)

<古代小說에 대하여>

① p. 249/9 물 머금어 양수하여…攘嗽하여('攘'은 '除'의 뜻) = 漱(입가실 수)

② p. 249/19 에테하고…에 퇴하고, 공연히 트집잡고 심술부려, 아무데서나 침 잘 뱉고 × 거만하고

高 3. 古典文學의 鑑賞

<春香傳에서>

① p. 244/14 하향에 볼 일이 있어…遐鄕. 먼시골 × 下鄕

② p. 232/9 백방사주 진 치마를 되는 대로 팔아다가…白紡絲紬 긴 치마

방ᄉᆞ쥬 : 紡紬(同文解下 24)

<關東別曲>

① 화풍이 습습ᄒᆞ야 냥ᄋᆡᆨ을 추혀 드니, 구만리 댱공애 져기면 ᄂᆞᆯ리로다…발돋음 하면(발끝으로 땅을 차면) × 저기(副詞)+면

하ᄂᆞᆯ이 놉다ᄒᆞ고 발져겨 셔지 말며(朱義植時調)

<賞春曲>

① 杜鵑花를 부치들고 峯頭의 급피 올라

① 진달래꽃을 바람에 나부끼게 꺾어들고; '부치다, 부칠표 飄·부칠료 颻(石千)'의 語幹 '부치'가 副詞로 쓰인 것

② '브티ᄃᆞᆼ기다·브티들다·브티ᄋᆞᆫ나'에서 알 수 있듯이 '브티다'의 語幹 '브티'와 '들다'의 複合語의 後身으로 보면, '붙들고, 붙잡고'가 된다.

後者(②)가 나을 듯하다.

<鄭瓜亭>

① 내님믈…내 임을　　× 내가 임을

② 우니다니…늘 울었더니　　× 울며 돌아다녔더니

사니다, 노니다, ᄂᆞ니다, 안니다…

③ 벼기더시니…굳이 하시던 이<罪 줄 것(귀양 보낼 것)을 굳이 내세우던이>. 어미 마조 가 손 자바 니르혀아 盟誓ᄅᆞᆯ 벼기니이다(月釋 23:66)

<은근과 끈기>

① 사면이 거머어득 저문 천지 적막 <u>가치놀</u> 떠 있는데…白頭波

'놀'은 波濤, '가치'는 '까치(鵲)' 사나운 파도를 이름(파도가 굽이칠 때 白波가 까치대가리 같은 데서)

教科書의 誤謬 高 3

<시조 감상 일수>

① p. 33 이몸이 시어져서 접동새 넋이 되어
이화 피온 가지 속잎에 싸였다가
밤중만 살아서 울어 임의 귀에 들리리라(失名氏)

사라지…죽도록, 피나게(各時調文獻에 ᄉᆞᆯ하져, 살아뎌 × ᄉᆞ라셔)

② p. 47 나무도 <u>바윗돌도</u> 없는 뫼에 매게 휘쫓긴 까토리 안과

바회 돌도…全혀(바이) 돌도

'바윗돌'이라면 當時라도 사이ㅅ이 들어가 있어야 함('바횟벌' 用例)

<춘향전에서>

① p. 221 슬프다 우리 벗님, 어디로 가겠는고

구추단풍 잎 지듯이 서나서나 떨어지고
새벽하늘 별 지듯이 삼오삼오 쓰러지니
가는 길이 어드멘고　　　　(스러지니…사라지니)

<두시언해>

② p. 259 吳와 楚왜 東南녀귀 岾덧고 吳楚東南拆
岾덧고

岾디다…터지다(拆) 月釋・楞解・杜解・訓蒙
岾디다 : ① 떨어지다 ② 터지다 裂・拆(類合・訓蒙・杜解)

〈『국어국문학』 64號, 국어국문학회, 1974.〉

讀書生活과 論述考査

現行大入制度에도 나름대로의 名分이 있을 것이다. 그러나 아무래도 大入試는 원칙적으로 大學에 되돌리는 방향으로 노력하는 것이 正道가 아닌가 한다.

그러나 現 入試制度에서 86년도 大入試에 論述考査를 導入한 것은 잘 한 일로 보아 贊意를 표한 바 있다. 첫 試驗인 만큼 施行錯誤的인 面도 있었을 것으로 보나 그 문제점을 포착·分析해서 改善策을 마련하면 所期의 목적을 달성할 수 있을 것이다.

過去의 入試가 知識偏重이었으며 選多型식이어서 暗記爲主로 點數 따기식이요, 出題範圍는 教科書에 局限하고 되도록이면 쉬운 문제를 내는 방침이어서 教科書爲主로 入試中心의 공부에만 沒頭하고 讀書를 하지 않는 中高生을 量産해 왔다는 世評이었고 거기에다 한글專用教育으로 中·高를 졸업하고도 新聞 하나 제대로 못 읽는 半文盲을 量産해 왔다는 酷評조차 있던 터에 이 大入論述考査는 讀書教育(初·中·高)을 導入할 수 있는 契機가 될 수 있을 것으로 믿어 期待를 거는 것이다.

어린이 讀書憲章

1. 어려서부터 좋은 책을 읽어 마음의 糧食을 장만 한다.
2. 책에서 옛것과 새것을 배워 참 知識을 만든다.
3. 책에서 바른 글과 바른 말을 익혀 바른 마음을 닦는다.
4. 책을 읽어 즐겁고 보람 있게 자라며 삶의 힘을 기른다.

5. 책을 읽어 슬기와 勇氣를 갖춘 쓸모 있는 韓國사람이 된다.

中·高학생에게도 自己反省을 하고 지금이나 앞으로 길잡이가 될 수 있는 글이다. '그렇다!'고 생각하는 학생은 계속 그런 생활을 할 것이요, '그렇지 못한데!'하는 학생은 '즐겁고 보람 있는 삶'을 위해 讀書生活을 시작하도록 指導하기를 바라는 것이다.

大入試突破라는 實利追求만을 위해 讀書를 권하는 것이 아니라 마음의 糧食을 장만하기 위해 책에서 옛것과 새것을 배우는 溫故知新의 讀書生活을 하게 되면 자연 幅 넓은 知識을 얻을 수 있게 되고 깊이 있는 思考, 올바른 判斷 아래 社會를 위해, 民族이나 國家를 위해 올바른 行動을 할 수 있는 有用한 韓國사람으로 成長하는 길이 열리게 되는 것이다. 물론 所望하는 大入試에 合格의 榮光이 뒤따를 것은 두말할 나위 없는 일이다.

三多生活

'論述쓰기'나 '글짓기'가 하루아침에 되는 것은 아니다. 꾸준히 계속해나가야 힘이 붙게 되어 있다.

'三多'라는 말이 있다. 훌륭한 文章을 지으려면 세 가지 필요한 條件이 있다.

多讀 많이 읽는다 '看多'
多作 많이 짓는다 '做多'
多商量 많이 생각해서 推敲한다.

가 그것이다.

經驗談

千字文 공부 머귀오梧, 머귀동桐

秋收冬藏 앵무새처럼 따라 읽었을 뿐 이해가 되지 않았다.

普 通 學 校 – 國語(朝鮮語), 日語

가갸거겨式反切表(教室 앞에)

國語나 日語나 그 밖의 책이 모두 漢字混用이어서

3학년~6학년 - 옛날 애기책, 日文책 '킹구'라는 日文大衆雜誌도 읽었다.

師範學校 1學年부터 東亞日報, 朝鮮日報, 國文小說, 日譯小說 耽讀

○재미追求 朝光·三千里

○目的追求 克己的인 努力, 教育·倫理·哲學入門

日記쓰기

新聞을 읽고 古典·名作을 읽어라 - 그를 위해서는 漢字教育의 徹底를.

政治·經濟·社會·教育·文化 各分野에 걸쳐 取材, 社說·論說·評說·解說記事를 읽고 그 論旨를 要約도 해보고 批判도 加해보는 노력, 모르는 漢字를 찾고, 모르는 말은 國語辭典, 모르는 事項은 百科事典을 찾아 스스로 해결하는 生活態度가 緊要하다. - 自己成長의 要諦, 入試準備의 盛行도 自力으로 解決하는 訓練이 안 되어 있기 때문이다.

論述考査 出題의 模型

85년 3월 以來로 各 日刊新聞은 다투어 大入論述考査에 대해 크게 紙面을 割愛했다. '紙上論述지도', '論述학습실', '論述紙上특강', '大入論述 그 高地에 이르는 길', '論述교실', '大入논술고사 每日作戰', '論述 이렇게 出題한다', '大學別 論述 출제방침' 등등 고마운 企劃들이다. 아마 신문도 많이 팔렸을 것이다.

그러나 한편 생각해보면 受驗生이나 指導教師들이 혹 當惑感 같은 것은 느끼지 않았을까 하는 杞憂해 보았다.

◦ 人生의 봄과 自然의 봄

◦ 韓龍雲 詩「服從」의 비판

◦ 民族主義와 世界主義

◦ 기계文明과 精神文化
◦ 우리民俗의 再發見
◦ 한글의 진정한 意味 - 말 한마디가 천냥빚 갚는다는데…
◦ 言語가 생활에 끼치는 영향
◦ 청소년文化
◦ 科學의 發達은 人間을 편리하고 幸福하게 하기도 하지만 不幸과 破滅로 이끌 가능성도 크다는 지적이다. 이러한 문제를 基調로 하여 科學을 대하는 우리들의 올바른 태도는 무엇인지 論하다.
◦ 流行과 個性
◦ 최근 「이솝寓話」가 죽느냐 사느냐, 惡이냐 善이냐 등의 지나친 黑白論理의 강조로 어릴 때부터 어린이의 意識을 兩極化시킬 우려가 있으므로 國民學校 교과서에 실리는 것은 옳지 않다는 국어학자의 주장이 보도된 바 있다. 이에 대해 自身의 意見을 체계적으로 論述하라.
◦ 修學旅行의 效用性
◦ 藥의 效用과 우리가 지킬 姿勢
◦ 化學肥料 사용의 올바른 方向
◦ 男女 思考類型의 差異點
◦ 내가 尊敬하는 선생님
◦ 바람직한 子女敎育觀 - 寓話 어머니와 도둑아들을 읽고
◦ 바람직한 大學生活
◦ 外國語 早期敎育의 長短點을 論하라.
◦ 오늘날 세계는 交通·通信技術의 발달로 점점 좁아지고 있다. 이런 觀點에서 西歐文化를 받아들이는 우리의 올바른 姿勢를 논술하라.
◦ 나라사랑 이렇게 해야 한다-시조 丹心歌와 何如歌를 읽고
◦ 學校敎育과 독서의 관계-책이 人生에 미치는 영향과 관련하여
◦ 올바른 社會生活의 姿勢-共生과 寄生의 의미를 생각하며

◦ 電子娛樂과 靑少年들-情緖世界에 어떤 영향을 미치나

◦ 俗談에 反映된 家族觀-「귀머거리 3년, 벙어리 3년, 장님 3년」, 「배 썩은 것은 딸을 주고, 밤 썩은 것은 며느리를 준다」 등 7개의 俗談을 읽고 현대적인 觀點에서 批判하라

◦ 中高生과 異性交際

◦ 産業化와 環境汚染

◦ 種의 起源에 담긴 지혜

◦ 火藥이 歷史변동에 미친 영향

◦ 日帝下의 한 人物을 論한다-日警·친일파와 맞선 逸話를 읽고

◦ 自動車文化

◦ 人間과 公害

◦ 圖表(학생범죄의 動機別 상황)를 보고 다음 질문에 답하시오

① 靑少年 범죄의 動機別 實態를 써라

② 靑少年 범죄 증가원인을 규명하고 범죄예방의 각종 對策을 제시하라.

◦ 인스턴트食品과 우리 生活

◦ 校服自律化문제에는 찬성과 反對意見이 있었다. 이 문제에 대한 所信을 밝히고 그 理由를 論述하라

◦ 統一의 展望에 대해 樂觀·悲觀 兩論이 있다. 統一意識에 대한 貴下의 態度를 밝히고 貴下의 所信과 다른 見解들을 비판하라.

◦ 原子力發展의 持續的인 보급에 관한 贊反 兩論중 한쪽을 택해 自身의 立場을 論述하다.

◦ 精神과 肉體의 關係

◦ 가난한 한 시골에 工場이 들어서게 되었다. 이 工場이 세워지면 이 마을이 開發되어 住民들이 여러 가지 直·間接惠澤을 입을 것으로 예상 된다 그러나 이 工場은 化學藥品을 다루는 工場이다. 이 마을의 개천과 空氣를 오염시킬 것이다. 이러한 경우에 工場을 세우는데 贊成할 것인지, 反對할 것인지 한쪽을 택해

서 自身의 意見을 論하라.

◦ 요즘 서울거리에는 <寄生虫 없는 국민, 올림픽에 勝利한다>는 懸垂幕이 나붙어 있다. 이 현수막은 寄生虫 없는 국민과 올림픽에서의 勝利를 직접 연결시킨 것이다. 이 연결이 타당한지 與否를 論하라.

◦ 農産物 輸入開放과 우리의 姿勢

◦ 우리 生活의 非合理的 思考方式

◦ 女子도 男子처럼 職業을 갖는 것이 바람직하다는 主張이 있는 反面, 反對의 意見도 있다. 그 贊反을 論하라.

◦ 大衆媒體가 青少年에 미치는 機能에 대한 見解를 論述하라.

◦ 國民健康과 藥의 服用

◦ 科學技術과 先進諸國에 관해 論述하라.

◦「山이 날 에워싸고」를 읽고

◦ 만약 教育이 職業과 知識의 방면에서만 이루어진다면 社會에는 반드시 영향이 발생할 것이다. 그 하나는 사람과 사람의 간격을 점차로 分離시키는 것이요, 다른 하나는 人間을 競爭 속에 몰아넣는 것이다.

<문제 1> 이런 教育의 결과를 원고지 4百字 정도로 부연해서 써보라.

<문제 2> 위의 폐단을 없애는 방법에 대해서 원고지 6百字 정도로 써라.

◦ 人間과 宗教

◦ TV와 青少年문제의 관계에 대한 自身의 見解를 밝혀라.

◦ 洛東江 河口둑工事가 완공될 경우에 예상되는 철새 渡來地, 환경의 변화와 住民들의 生活에 미치는 영향, 漢江開發에 따른 물고기 棲息條件의 변화, 山을 깍아 通路를 만들 때 나타나는 明暗 등 科學技術의 발달은 필연적으로 自然의 打破를 隨伴한다.

<물음> 自然破壞를 발달의 過程으로 불가피하게 여기고 말 것

인가. 아니면 반드시 解決해야 할 문제점으로 받아들일 것인가에 관해 論述하라.

◦ 漢字의 長短點을 論하라.

◦ 한글의 長短點을 論하라.

◦ 한글專用論의 功過를 論하라.

◦ 國漢混用論의 當爲性에 대해 贊反의 어느 한쪽에 서서 論하라.

以上에서 보인 바는 각 新聞 등에 나타난 出題模型의 一部를 提示한 것에 지나지 않는다. 그럼에도 참으로 各分野에 걸쳐 多樣한 出題를 보이고 있다.

幅넓게 讀書를 해야 될 理由를 깨닫게 될 것이다. 나는 新聞이 중요한 讀書目錄에 들어간다고 생각한다. 우리 古典이나 東西洋의 古典・名作은 물론이요 새 知識을 담은 敎養書籍 등을 化粧室에서나 電鐵안 등에서 읽는 것을 生活化하도록 指導해야 한다.

이런 讀書를 위해서는 漢字敎育의 철저를 期해야 됨을 再强調해 둔다.

〈『語文硏究』第50號, 韓國語文敎育硏究會, 1986. 7.〉

國語 · 國字 問題의 現段階

常用 漢字 問題

필자는 한글 專用에 앞서야 할 일―한글 卽時 專用이란 實現難―(新思潮 62 · 9), 한글 段階的 專用論에 붙임―卽興이나 感情으로 다루지 말라―(新世界 68 · 1), 한글 專用을 위한 設計―한글 專用은 順理대로―(女苑 68 · 2), 漢字 制限 使用을 提唱(中大新聞 66 · 3 · 23) 韓國 新聞 協會 漢字 制限案을 審議하고, (世代 68 · 2) 漢字 약자화 이렇게 본다. 「贊」(中央日報 67 · 3 · 7), 漢字 略字 制定의 問題點(조선일보 67 · 11 · 14) 등 拙稿에서

1. 한글 卽時 專用은 어렵다.

2. 한글의 段階的 專用이란 大方針은 卽時 專用을 부르짖는 것보다는 愼重해서 좋다. 그러나 5년이나 10년이란 時限을 定해 놓고 年次的으로 몇 字씩을 없애간다는 식은 弊端이 없다면 모르나 漢字를 없애는 自體가 目的이 아니라면 賢明한 일은 아닐 것이다.

3. 현 段階는 漢字의 制限 使用 단계다. 과거의 文敎部 制定 常用漢字 1,000字나 1,300字를 허심 탄회하게 재 검토하고 社會 輿論의 뒷받침 아래 衆智를 모아 常用 漢字를 制定하라. 그 연후에 漸減 方法을 모색해 볼 일이다.

4. 漢字의 略字 制定은 필요하다. 그러나 一時에 많은 略字를

採擇하려 말고 異論 없는 것부터 實用하라는 趣意의 所見을 편 바 있다.

1. 한글 卽時 專用은 어렵다.

「한글은 優秀하다. 해방 20여년에 한글 專用이 안될 것이 무엇이냐? 北韓에서는 한글 專用이 되어 있다. 民族 主體性을 생각해서라도 한글 專用을 해야 한다. 한글 專用을 해야 國利 民福을 이룩할 수 있다. 또 그래야만 文化 發展이 빠르다.」 등이 한글 專用을 부르짖는 분들이 내세우는 名分이다.

한글이 優秀한 것이 사실이다. 해방 20여년이 된 것도 사실이다. 北韓에서 한글 專用을 하는 것도 사실인 듯하다. 民族 主體性을 생각해서 한글 專用을 생각해 봄직도 하다. 실상 내 것을 소중히 생각하는 심정은 고맙기조차 하다. 李朝 때나 日帝下에서 賤待 내지 壓力까지 받던 생각을 하면 그런 主張者가 나올 법도 하다.

그러나 現段階로선 한글 卽時 專用이 어렵다. 그야 專用을 斷行하면 할 수야 있겠지. 北傀가 斷行한 前例도 있으니까. 또한 앞날에 統一이 되었을 때를 생각하면 北韓에선 한글 專用을 해오고 南韓에서는 國漢文 混用을 해온 터에 거기에서 빚어지는 그 어떠한 混亂이나 副作用같은 것을 예상할 수도 있다. 그러나 그렇다고 北傀의 政策이 옳았다고 생각되지는 않으며 北韓의 文化發展이 급속도로 이루어졌다는 보장이 없는 限 그 政策을 따를 필요는 없다.

실상 우리가 경험한 바로는 해방 후 20여년을 학교 교육에서 한글 專用 方向으로 교육을 해오고 漢字를 疎外視함으로써 얻은 것이 무엇인가를 곰곰이 생각할 때 필자의 생각으론 얻은 것보다 잃은 것이 많은 것이 아닌가 하는 것이다.

1. 義務 敎育은 고사하고 中·高校를 졸업하고도 신문 한 장 못 읽었다.

2. 해방 후 한글 專用 敎育으로 小說책이나 詩集은 많이 읽었을는지 모르나 漢字를 소홀히 하였으므로 漢字 混用의 書籍도

읽지 못하게 되었다.(英語 敎育은 중시하였으나 洋書를 읽는 사람은 몇이나 될까?)

3. 한글 專用 敎育의 학교와 漢字 무제한 使用의 社會는 遊離되어 平行線을 걸어왔다.

4. 한글 專用 교육으로 국어 實力이 低下되었다는 것은 天下公知의 사실이요, 국어 實力의 低下는 連鎖的으로 국어의 理解를 밑바탕으로 하는 學科의 實力 低下를 招來하였다.

5. 漢字 교육을 받은 해방 전에는 普通學校(國民學校)만 나와도 面書記의 業務라도 감당할 수 있었는데 한글 專用 교육을 받은 이들은 漢字 지식을 필요로 하는 직업(郵遞夫, 戶籍書記, 印章刻工, 文選工 등)에도 종사할 수 없게 되었다.

6. 漢字를 소홀히 하는 교육으로 漢字 文化圈內에서의 孤立은 물론이고 우리 古典 文學(漢文學 包含), 國史學, 東洋史學 등을 專攻하겠다는 學徒는 줄어들었다. 그렇잖아도 古典 國譯을 담당할 만한 人士도 局限되어 있어 國譯 사업의 앞날은 어둡기조차 하다는 것이다.

國譯이 되지 않은 채 숱한 古典이 死藏이 된다면 우리 文化의 傳統이나 祖上의 文化 遺産을 물려받지 못하는 恨도 크거니와 그 損失 또한 크다 할 것이다. 한 마디로 학교 교육에서만의 한글 專用 교육으로 학교와 社會는 遊離되고 文化의 後退를 가져왔으며 實社會에 適應할 수 없는 二世를 輩出한 결과를 낳고 말았다고 結論지을 수밖에 없다.

그런데 論者에 따라서는 한글 專用을 斷行하면 義務 敎育을 마친 국민이 신문 한 장 제대로 읽지 못하는 政策上의 커다란 矛盾 一掃(62·3·8 서울신문 文敎部가 發表한 한글 專用의 利點에서)가 된다 하고 학교와 사회의 遊離라는 비난은 자연 소멸될 것이 아니냐고 할 것이다. 아닌게 아니라 한글 專用의 신문이 나온다면 신문을 읽을 수 있는 人口가 늘어날 것은 분명하다. 그러나 新聞 購讀者가 늘어난다는 保障은 없다. 오히려 그 購讀者가 줄어들 것으로 보는 것이 신문사 측의 展望인 듯하다.

한글 專用을 하는 신문이 생겨나지 않는 이유가 바로 이러한 데 있는 것으로 보인다. 國漢文 混用의 신문을 즐겨 읽는 大衆에게는 그런 신문을 읽히고 漢字를 모르는 大衆을 위해서는 政府에서 한글版 신문을 펴내 보는 것도 좋을 것이다. 民主社會에서 구태여 國漢文 混用의 신문을 한글 專用으로 하라는 强要는 있을 수 없다.

한글 專用을 하자는 정신은 國産品을 애용하자는 정신과도 相通하여 불편이나 폐단만 없다면 굳이 이것을 마다할 사람이 있겠는가? 그러나 漢字 내지 漢字語 생활을 2천년이나 해온 터에 아무런 준비나 연구 또는 過渡조치같은 것도 거침이 없이 우선해 놓고 보자 하는 것은 試行 錯誤를 犯하기 쉬운 無謀한 짓이라고 할 수 밖에 없다. 더구나 漢字는 우리 국어(漢字語는 국어다)를 적은 國字의 구실을 해온 것이다. 漢字語가 너무나 많은 現實은 이것을 한글로만 적을 수 없는 決定的인 이유가 되는 것이다.

2. 常用 漢字 제정 사용이 賢明하다.

국산품을 애용하는 데 있어서도 그 정신만 가지고 애용이 되기는 어렵다. 국산품의 품질이 좋아져야 愛用度가 높아질 것이다. 한글은 거의 무슨 소리든지 적을 수 있는 훌륭한 表音 문자다. 그러나 過去 우리는 表意 文字인 漢字로 된 말을 받아들이고 한편 만들어서 써왔었다. 때문에 숱한 漢字語가 생기게 되었고 따라서 이것을 한글로 적을 수는 있으나 뜻을 얼른 알아차릴 수 없는 결함이 있어 숱한 漢字語가 있는 동안은 漢字를 익혀 쓰는 것이 實利的이다. 더구나 造語力이 强한 漢字는 이것을 남겨 表音 文字와 表意 文字의 配合으로 理想的인 言語·文字 生活을 할 수 있다면 그보다 더한 행복은 없다. 中國이 경우와 같이 全的으로 漢字에 依存해야 될 경우라면 그 수도 莫大한 것이어서 그 文字 生活의 負擔이 클 것으로 생각도 되나 이제 우리나라에서는 漢字 制限의 움직임이 具體的으로 있어서 二千字(학교 교육에선 1,000字~1,300字)로 신문에서도 制限하여 쓰자는 것인즉 실상 이 정도의 漢字를 그토록 미워하고 싫어하고 몰아내려고 熱을 올릴 것은 없다. 우리가 만부득이한 경우 生活의 편의를 위해서 돈을 더 주고도 外來品을 사쓰는 수도 있고 活動에 편하도록 洋服을 입기도 하는데 돈 안 들이고 漢字를 빌어 써서 우리말을 豊足하게 할 수 있고 편리한 점이 있다면 그렇게 원수처럼 대할 것이 아니다.

漢字 때문에 文化 發展이 안되고 科學의 發達이 안되는 것처럼 열을 올리는 論者들이 있지만 정말 漢字의 굴레에서 허덕이는 中共도 核物理學을 배워 原子彈을 만들어 소련과 共産圈의 主導權 다툼을 할 지경이 되었고 漢字 尙存의 日本에서도 노벨賞 受賞者도 생겼을 뿐 아니라 그 復興 發展相도 놀라워 다시 東南亞에서 覇權을 노려 虎視 耽耽하고 있는 것이 아닌가? 그런가 하면 漢字를 먼저 버린 越南은 과연 어떠한가? 文化의 꽃은 피고 地上의 낙원이 되었는가? 해방 직후 순수한 民族 感情에 便乘하고 時流를 좇아 한글 卽時 專用論만이 愛國의 길인 양 高唱하고 학교 교육에서 漢字를 몰아내는데 殊勳을 세운 一部 人士는 이제 漢字를 모르는 숱한 愚民을 養成하여 한글 專用論의 同調者를 얻은데 勇氣를 내었는지 기회 있을 때마다 主張 貫徹을 꾀해 왔다. 그 끈덕진 노력에 驚歎 不禁이다.

그런데 昨年 542字의 略字 制定 試案이 발표되자 그 수효의 過多, 눈에 선 것이 많자 한글 專用論者들은 다시 好機를 놓칠세라 물고 늘어져 한글의 단계적 專用論이 나오게까지 몰고 갔으니 이것은 그들의 공로로 쳐도 좋다. 그러나 실상은 해방 직후 이 극성스러운 한글 卽時 專用論者가 좀 妥協的이었던들 오히려 한자의 制限 使用은 일찍이 이루어져 한글 전용을 목표로 한 前進이 있었을는지도 모를 일이었다.

却說하고 世論을 代辯하는 신문은 한글 卽時 專用을 찬성하지 않고 올 1月을 期해 漢字 制限을 斷行하였다. 이 制限 使用에 대한 百人의 意見(世代 68·2)이라는 것을 보아도 이미 알려진 一部 專用論者를 제외하고는 거의가 贊意를 표하고 漸滅되기를 바라고 있다. 한편 현재 국어 교과서에 限해서 국민학교 4학년부터 漢字의 露出을 하여 국민학교에서 600字, 중학교에서 1,000字, 고등학교에서 1,300字를 가르치기로 되어 있다. 이 國漢文 混用의 敎育 方針이 發表(64・7)되자, 都下 各 新聞은 社說로 까십으로 贊意를 表한 바 있음을 보면 이것이 輿論의 反映으로 보아야 옳을 것이다. 그런데 일부 옹고집의 한글 卽時 專用論者는 이런 輿論에는 아예 外面한 채 如前한 獨善的인 言論을 弄하고 있다.

같은 국어를 硏究하는 처지에 내 말이나 글자를 사랑하고 아끼는 심정으로 자기의 所信을 펴는 이들을 崔萬理(訓民正音 創制 反對 上疏者) 무리라고도 하고 더욱이 같이 獄中 生活까지 한 분도 몰아쳐 우리말의 大敵이라고 몰아세우더니 이제는 신판 事大主義者니 反動分子니 하는 칭호까지 붙이기를 주저하지 않는다. 참으로 놀라운 發言이다.

新世界(68. 1)을 보면 「이미 한글만으로 교육을 받고 교문을 나와 사회로 진출한 청년 남녀가 수백만 명(필자 註 이 숫자는 바로 漢字를 疏外한 절름발이 교육을 받은 한글 專用論者에 의한 被害者의 숫자다)에 달하여 있고 수 많은 국군이 한글만의 교육을 받아 세계적으로 그 강병됨을 과시하고 있다.(필자 註 마치 세계적 强兵이 한글 專用으로 양성된 것같은 글투다)」라고 한 다음에 학교 교육 그것도 국어 교육에서 만이라도 漢字를 混用하자는 주장으로 국민학교 4학년부터나마 國漢文 混用 敎育을 있게 한 有功者(필자 註 輿論의 支持를 받은)들을 「몇몇 반동분자의 음모스런 장난」, 「몇몇 반동분자의 책략」, 「한자의 존속을 고집하는 사람의 신판 사대주의스런 심리」 등으로 꾸짖더니 우리 정부는 바야흐로 제2차 5개년 계획에 들어서서 조국의 근대화를 성취하고자 갖은 방법을 강구하고 있는 줄로 안다 라고 政府를 부추기고 나서 유독 문교부만은 내 말을 버리고 남의 글을 취하여 교육적 효과를 1/4내지 1/6로 저하시키고 그 능률을 극도로 둔화시키는 반 근대화 반 자주 독립의 교육 정책을 취하여 그칠 줄 모르니 이 무슨 일인고? 라고 하여 사뭇 慨歎調다. 漢字 混用 교육으로 교육적 효과가 1/4 내지 1/6로 低下한다는 統計 숫자는 어떻게 해서 算出된 것인가? 참으로 奇怪한 數學도 있다. 高校까지 마치는데 1,300字의 漢字를 가르친다 하여 그토록 교육적 효과가 低下한다는 말인가? 참 알다가도 모를 일이다. 필자의 拙見으로는 1,300字의 音·訓을 알고 익혀 그 漢字를 쓰는데 필요한 精力의 소모는 그다지 큰 것이 아니다. 옛날엔 國民학교 졸업만으로 이 정도의 漢字는 익혔던 것이다. 우리는 이 1,300字의 漢字 學習의 부담이 있는 反面에 다음과 같은 利點이 있다는 것을 잊어서는 안된다. 첫째 많은 漢字語의 뜻을 하나 하나 기억하지 않더라도 좋은 利點이 있다는 것이다. 1,300字의 相互 結合으로 이루어진 漢字語는 65,399個다. 둘째 漢字語를 한글로만 적을 경우 그 낱말 하나하나의 맞춤법을 기억하는 부담 또한 過重한데 그러한 부담이 輕減되어 좋다. 漢字말을 한글만으로 적을 때 漢字를 알고 있으면 그 맞춤법은 그리 큰 문제가 아니다. 漢字를 모르는 사람이면 그 부담이 크다는 것이다. 무슨 말인고 하면 「침략 조총련 선례 환융 급모 막료」와 같은 말이 실제로는 「침냑 조총년 설례 환뉼 금모 망뇨」와 같이 발음되는 것이므로 「侵略 朝總聯 先例 換率 急募 幕僚」와 같은 漢字말이라는 사실을 모르는 이들에게는 그 맞춤법 記憶이 또한 크다는 것이다. 똑같이 「궁니」로 발음되는 것을 하나는 「국리(國利)」, 하나는 「궁리(窮理)」로 적고 똑같이 「방명」으로 발음되는 「薄命」과 「芳名」을 하나는 「박명」, 하나는 「방명」으로 기억하는 부담이 결코 적은 것은 아닐 것이다. 그런데 漢字를 알고 있으면 이러한 부담이 輕減된다. 셋째 漢字말을 한글로만 적었을 경우, 숱한 同音異義語의 識別이 어려운 것은 물론이고 또한 그 長短의 區別까지 해내기란 큰 부담이라 아니할 수 없다. 일례로 「상사」라고만 적어 놓고 앞뒤 文章으로 그 뜻을 분간할 수 있다고 한다지만 「上士 上司 相似 相思 商社 商事 詳事 喪事 賞賜」의 뜻을 얼른 알아낸다는 것은 어려운 일이고 그것은 漢字

지식이 있는 사람은 可能할지는 모르나 漢字 지식이 없는 사람은 읽을 수는 있어도 그 뜻을 분간해 내기란 더욱 어려울 것이다. 뿐만 아니라 「상사」라고만 적어 놓고 「上士 上司 想思」의 「上·想」은 長母音이고 그밖의 「相似 相思 商社 商事 詳事 喪事 賞賜」의 「相·商·詳·喪·賞」은 短母音이란 것으로 구별해 내기란 큰 負擔이 아닐 수 없다. 그러나 漢字를 배우면 이런 負擔은 除去된다. 넷째 表音文字가 表意文字보다 優秀하다 하고 表音文字 中에서도 우리 한글은 훌륭한 글자라고 自負하여도 좋다. 다만 우리는 과거 表意文字인 漢字 生活로 숱한 漢字語가 생겼다는 엄연한 사실을 感情的으로만 外面할 수가 없다. 더구나 우리 생활에 아주 익어버린 漢字語가 아닌 것은 역시 表意文字로 적어야 그 理解가 빠른 利點이 있다. 이러한 사실은 正常的인 判斷力을 가진 사람이면 否認할 수 없을 것이다. 다섯째로 1,000字나 2,000字(필자의 생각으로는 造語力이 强한 漢字나 同音異義語를 분간하는 데 필요한 漢字, 劃數 적은 漢字 등으로 가려 뽑으면 이 숫자는 훨씬 줄어들 수 있지 않을까 한다)를 익힘으로써 그 놀라운 造語力으로 국어의 語彙가 豊富해지는 利點이 있을 뿐 아니라 表意文字의 長點을 이용하여 복잡한 뜻을 지닌 말이라도 간단한 音節數의 漢字말로 나타낼 수 있는 利點이 있다.

내 고장 지키는 法—鄕土 防衛法—鄕防法
아시아 共同 市場—亞洲 共同 市場—亞共市
追加 更新 豫算(덧붙여 고치기 예산)—追更 豫算—追豫
糧穀 市場 組合—糧市 組合—糧市. 航空 母艦—航母

以上 예를 보인 것에서 「鄕防法·亞共市·追豫·糧市·航母」는 視覺을 통해 바로 그 뜻을 짐작할 수 있으나 「향방법·아공시·추예·양시·항모」로는 이 말이 많이 쓰여져 익어 버리기 전에는 그 理解가 더딘 것은 사실이 아니겠는가? 「늦추위나 늦더위」를 「春寒 苦熱」로 「아침 저녁」을 「朝夕」으로 나타낼 수 있

는 利點이 있다는 것은 實利的이라 아니할 수 없다.

요컨대 현 段階로선 漢字 制限 使用이 현명하지, 한글 卽時 專用이 현명한 것은 아니다. 우선 폐단이 없는 限, 한글을 즐겨 쓰는 氣風을 불러일으킬 것과 우리말 式 造語 方法에 따른 새말이 많이 늘어나도록 啓蒙 운동을 벌이고 古語를 되살리는 노력 등으로 固有語 어휘를 풍부히 하는 한편 古典의 國譯 사업을 계속 推進하고 固有名詞에 대한 政策的 配慮를 하여야 할 것이다. 漢字 제한에서 癌이 되는 것은 固有名詞에 쓰이는 숱한 僻字이기 때문이다. 한글 卽時 專用을 무리하게 밀고 나가는 愚를 犯해서는 안된다. 一例로 大法院이 戶籍과 各種 登記 文書의 한글 專用을 檢討中인데 10個年 計劃에 10億원의 豫算을 필요로 한다는 報道가 있다. 꼭 10個年 계획으로 10億원이란 莫大한 경비를 들여야 할 것인지 熟考해야 할 일이다. 이런 돈은 學校 增築 등에 活用하는 것이 좋을 것이다. 이것이 꼭 필요한 계획이라 하더라도 賢明하게 경비를 덜 들이고 實效를 거두는 방향으로 摸索해 볼 일이다.

지금 학교 교육에선 常用 漢字 1,000字 내지 1,300字를 新年 劈頭에 韓國 新聞 協會에서 보다 읽기 쉬운 新聞 製作을 위해 2,000字로 常用漢字를 制限하였다. 물론 字數의 多寡나 字種에 대한 異見이 있을 것이다. 그런데 後者는 言論界의 自律的인 團合에 의해 이루어진 것으로 同慶해 마지 않는다. 그러나 이것이 眞善 眞美 最上案이라는 보장은 없으므로 實用해 가면서 補完·漸減 方案이 摸索되어야 할 것이다. 필자의 私見으로는 漸減策이 모색될 때 그 對象으론 造語力이 弱한 것, 예컨대 常用 漢字 1,000字 중 「械·較·但·曇·袋·途·妨·弗·箱·氏·曜·又·云·洲」 등 1,300字 중에서도 「扱·孃·謂·裕·坪·函·圜」 등 글자는 우선 一次的으로 줄여도 그토록 큰 支障은 없지 않을까 생각한다. 물론 이것은 例示에 지나지 않으므로 新聞 協會 常用 漢字 2,000字 중에서도 몇 百字 더 줄일 수도 있을 것이다. 衆智를 모아 볼 일이다.

六. 국어 교육 및 其他 문제

국어 교육이 국민 교육에서 차지하는 比重이 큰 것은 물론이다.

1. 국어 시간을 늘려야 될 것 같다.

그것은 我田引水는 아니다. 현재 漢字를 다루는 것이 국어 시간의 領域으로 되어 있다. 만약에 常用 漢字를 각 교과서에서 活用하는 정책이 채택되었더라면 국어 시간에 漢字를 다루는 부담은 훨씬 輕減되었을 것이다. 그러나 敬遠(?)되는 漢字 교육이나 漢文 교육은 全的으로 국어 시간에 一任되어 있다. 그런데 현 時點에서 漢字 내지 漢文 교육이 그토록 소홀히 다루어져 좋은 것일까? 깊이 생각해 볼 일이다. 漢字 내지 漢文 교육에 배당되는 시간은 中高校를 통해 기껏 1시간, 그것도 배당 않는 학교도 있는 實情이다.

2. 국어 教育 강습에는 漢字 강습이 있어야 한다.

지금 국민학교 教師나 中高 국어 教師 중 해방 후 出身은 한글 專用 교육을 받았기 때문에 漢字에 대한 知識은 적은 것으로 보아야 한다. 그러므로 이들에 대해 漢字 강습이 필요하다는 것이다. 筆順도 모르고 漢字를 그리고 있는 현실을 外面할 것이 아니다.

3. 實驗 학교를 두어 研究하자.

이것은 해방 직후 無謀하게 한글 專用 교육으로 줄달음질쳤을 것이 아니라, 이러한 實驗을 거치는 愼重性을 보였으면 좋았을 것이다. 무슨 말인고 하면 국민학교 1학년부터 順次的으로 全科目에서 漢字를 露出시켜 가르친 경우를 比較해 볼 수 있는 實驗學校(국립 師大附國·中·高나 願하는 私大 師大附國·中·高)를 두어 實驗해 보는 것이 좋겠다는 것이다. 이것은 맞춤법 같은 것도 마찬가지다. 지금대로가 좋으냐(받침 制限, 지나치게 語源 밝히는 것 止揚 등) 다른 代案이 좋으냐?

4. 客觀式 考試 方法을 止揚하자.

이것은 唯獨 국어 교육에서만의 문제는 아니고 全敎科에 걸쳐 함께 論議되어야 할 문제라고 본다. 해방 후 登場한 客觀式 方法은 숱한 副作用을 낳은 것으로 보는데 최근 大學 入試 등에선 이 考試 方法에 대한 懷疑가 일어나서 어느 정도 이 考試 方法에서 脫皮한 듯이 보여 다행으로 생각한다. 그러나 中·高 교육이나 中 高 入試에선 여전히 주로 客觀式 考試法에 依存해 있는 實情이다. 이런 교육이나 入試 문제로 作文 교육은 疎外되고 眞僞法이나 選擇法 등으로 擇一하는 方式이어서 思考力이나 表現力 내지 鑑賞力을 기를 수 없는 것이 있다. 학교교육에서 作文 교육이 소홀히 되어서는 안되며 入試에 있어서도 作文이 課해지기를 바란다.

5. 讀書의 폭을 넓히고 新聞 解讀 能力을 기르자.

國定이나 認定 교과서에만 依存하는 국어 교육은 止揚하여야 할 것이다. 讀書의 폭을 넓히는 의미에서 名作이나 副讀本을 읽히고 한편 학교 교육을 마치고도 제나라 新聞하나 읽을 수 없다는 명예롭지 못한 評을 모면한다는 뜻에서도 신문 解讀 能力을 길러 주었으면 한다. 辭典이나 玉篇(字典) 찾는 버릇을 길러 모르는 말이나 漢字를 찾아 自力으로 解決할 수 있는 힘을 길러야 하겠다.

6. 학교 문법의 細部 體系도 統一되어야 한다.

7. 專攻 奬學官이나 分野別 奬學 委員을 두기를 바란다.

대학에서 국어, 국문학을 專攻하고 多年間 그 방면 硏究에 종사하여 識見이 있는 이로 하여금 국어 擔當 奬學官으로 任命하기를 바란다. 현재는 다른 科 專攻의 奬學官이 代行을 하고 있는 듯하다. 한편 국민학교 국어 교육만을 專擔하는 奬學 委員이나 中·高교에서는 講讀·文法·古典·作文·漢字 및 漢文 등 分野別 奬學 委員을 두어 各級 學校의 국어 교육을 指導하게 했으면 좋겠다.

8. 敎師用이 있어야 하겠다.

國·中·高의 국정 국어 교과서의 敎師用은 물론이고 中·高

의 認定 교과서의 教師用이 있어야 하겠다. 그런데 認定 교과서의 教師用을 내도록 文教部의 권장은 있으나 出版社에서는 이를 달갑게 생각하지 않는 듯하며 몇 出版社만 내고 있는 實情인 듯하다.

9. 中·高 국어 교과서의 國定制는 마땅히 풀어야 한다.

이것은 懸案 문제의 하나다. 唯獨 국어 교과서만을 國定으로 해야 하는 合理的인 이유는 없다. 檢定으로 善意의 競爭을 하되 綜合的인 性格을 띈 教科書로 하여 質을 높이도록 하였으면 좋겠고 認定 制度 運用도 좀 더 首肯할 수 있도록 研究해 주면 좋겠다.

이 밖에도 국어 국자 문제로 言及하고 싶은 것은 더 있다. 新造語 문제, 方言의 채택문제, 古語의 再生 문제, 辭典 문제, 國學研究를 위한 學術 團體의 育成 문제 등.

以上 여러 문제의 研究를 위해서는 大學에 國語 研究所를 두어 研究員의 確保 財政的 뒷받침으로 研究를 하도록 하고 국가에 審議機關을 두는 등 국어 국자 문제를 合理的 科學的으로 다룰 수 있는 政策的 配慮가 있기를 거듭 간곡히 바라 마지 않는다.

<世代 1969·4月號 揭載 原稿 중에서>

〈『국어국문학』 44·45號, 국어국문학회, 1969.〉

蘭汀 南廣祐 文集 編輯을 마치며

漢字教育을 통한 國語教育의 正常化를 推進하고자 결성하신 韓國語文教育研究會의 國語運動과 研究活動을 盤石위에 올려놓으셨고, 漢字教育을 振興시키기 위하여 韓國漢字能力檢定會를 設立하셨으며, 이들 두 團體의 活動을 確固不動하게 뒷받침하고자 社團法人 韓國語文會를 조직하신 蘭汀 南廣祐先生님께서 돌아가신지 10年이 되었다.

선생님께서 돌아가신 후, 蘭汀先生님의 글들을 한데 모아 보자는 意見은 그동안 꾸준히 있어왔으나 막상 모으려 하다 보니 原稿의 全體 分量이 어느 정도나 되는지 가늠하기조차 어려워 實質的인 作業은 이루어지지 못하였었다. 그러던 중 2007年 4月부터 崔洪烈 教授에 의하여 蘭汀先生님께서 쓰신 글들의 目錄作成 作業이 비로소 시작되었다. 쓰신 글들이 收錄된 論文集과 新聞, 雜誌 등을 살펴 목록을 確認하는 작업은 그 量이 尨大하여 朴光敏 先生과 韓東完 教授 그리고 韓國漢字能力檢定會 全鍾國 本部長도 함께 목록 작성에 힘을 보태었다. 蘭汀先生님을 기리는 마음으로부터 시작된 일이라고는 하나 그저 고마울 뿐이다.

확인을 마치고 整理된 글의 分量은 실로 尨大하였다. 이에 南基卓 教授, 崔尙鎭 教授 그리고 韓東完 教授는 의논 끝에, 방대한 글 모두를 한 번에 한 자리에 모으는 일이 慾心이라는 判斷을 하게 되었다. 차근차근 정리하는 것이 일의 穩當한 進行 方案이라고 생각한 것이다. 그리하여 이번의 整理 作業 對象을 일단 專攻 論文에 局限하기로 하였다. 論說文이라든가 隨筆類 등의 글들의 정리 작업은 다음 順序로 미룬 것이다. 여기저기 흩어져 있는 論文을 모은다는 意味를 가진 작업이라는 사실을 考慮하여, 蘭汀先生님께서 生前에 묶어 出版하신 冊에 실린 논문들은 除外하기로 하였다.

5월부터 진행된 電算入力 作業에는 江原大學校 國語國文學科의 鄭成美 先生과 洪慈嬰 先生 그리고 손진희 先生 등이 애써주었으며, 韓國漢字能力檢定會의 金世敬 先生과 韓芝善 先生도 힘을 아끼지 않았고, 入力이 進行되고 난 후의 全般的인 編輯과 校訂 作業은 韓國漢字能力檢定會의 李光珍 博士가 全的으로 도맡아 주었다. 細細한 編輯 規則에서부터 文集의 全體 體制 決定에 이르기까지 모든 걸림돌을 解決하고, 總括해 준 韓在永 教授, 그저 感謝할 뿐이다.

蘭汀先生님의 글들을 한데 모아 보자는 처음의 뜻과는 여전히 距離를 두고 있는 일의 結果가 많은 아쉬움을 가지게는 하나, 이만한 結果를 보이는 데에도 참으로 많은 분들의 도움이 없었다면 이룰 수 없는 일임을 記憶하여 거듭 고맙다는 人事의 말씀을 드린다.

끝으로 出版界의 어려운 事情에도 不拘하고 尨大한 蘭汀 南廣祐 文集의 出版을 快히 許諾해 주신 月印의 朴成福 社長님과 編輯部 職員 여러분들의 勞苦에도 이 자리를 빌어 고마운 마음의 뜻을 드리는 바이다.

蘭汀先生님을 다시 한번 마음에 기리며, 우리의 작은 마음 씀씀이와 努力의 結果가 행여 先生님의 業績에 累를 끼쳐 드리지나 않았으면 하는 바람뿐이다.

2007年 12月 4日

蘭汀 南廣祐 文集 刊行委員會 삼가 적음

蘭汀 南廣祐 文集 1

國語學과 國語教育

인 쇄 • 2007년 11월 26일
발 행 • 2007년 11월 29일

펴낸이 • 韓國語文教育研究會
서울시 서초구 서초1동 1627-1
전 화 • (02) 1566-1400

배포처 • 도서출판 月印
서울시 강북구 흰구름길 19-3(수유2동 252-9)
등록 • 제6-0364호 / **등록일** • 1998년 5월 4일
대표전화 • (02) 912-5000 / **팩스** • (02) 900-5036
http://www.worin.net

ISBN 978-89-8477-381-3 (세트)
ISBN 978-89-8477-382-0 94710

값 32,000원